图书在版编目（CIP）数据

湖南统计年鉴. 2022 = Hunan Statistical Yearbook 2022 : 汉英对照 / 湖南省统计局，国家统计局湖南调查总队编. -- 北京 : 中国统计出版社，2022.10
ISBN 978-7-5037-9942-6

Ⅰ. ①湖… Ⅱ. ①湖… ②国… Ⅲ. ①统计资料—湖南—2022—年鉴—汉、英 Ⅳ. ①C832.64-54

中国版本图书馆 CIP 数据核字（2022）第 157075 号

湖南统计年鉴 2022

作　　者 / 湖南省统计局　国家统计局湖南调查总队
责任编辑 / 高媛媛
校　　对 / 廖闻菲
装帧设计 / 廖闻菲　　王　艳
出版发行 / 中国统计出版社有限公司
地　　址 / 北京市丰台区西三环南路甲 6 号
邮政编码 / 100073
电　　话 / 邮购（010）63376909　书店（010）68783171
网　　址 / http://www.zgtjcbs.com
印　　刷 / 湖南雅嘉彩色印刷有限公司
经　　销 / 新华书店
开　　本 / 890mm×1240mm　1/16
字　　数 / 1102 千字
印　　张 / 44.5　0.75 彩页
版　　别 / 2022 年 10 月第 1 版
版　　次 / 2022 年 10 月第 1 次印刷
定　　价 / 350.00 元　　Price:350.00 yuan(RMB)

本书附同版本 CD-ROM 一张，光盘内容以书面文字为准。
如有印装差错，由本社发行部调换。

地区生产总值（亿元）

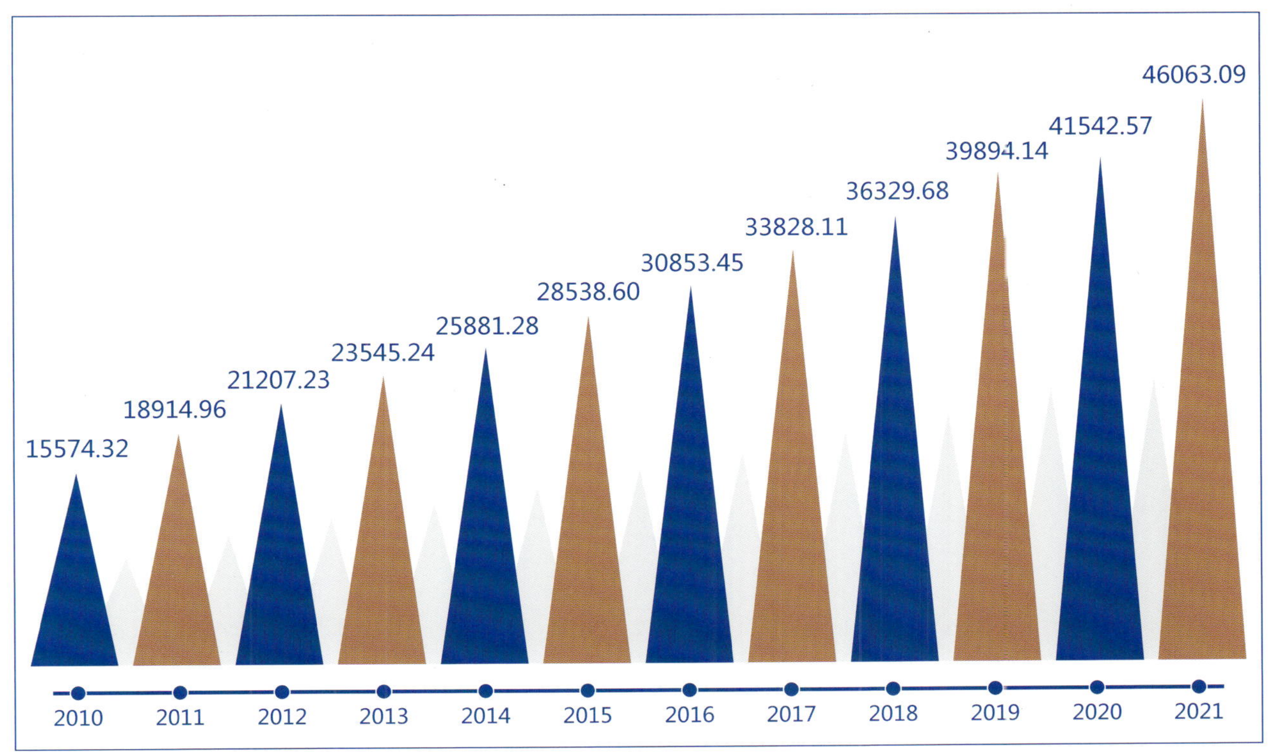

三次产业增加值（亿元）

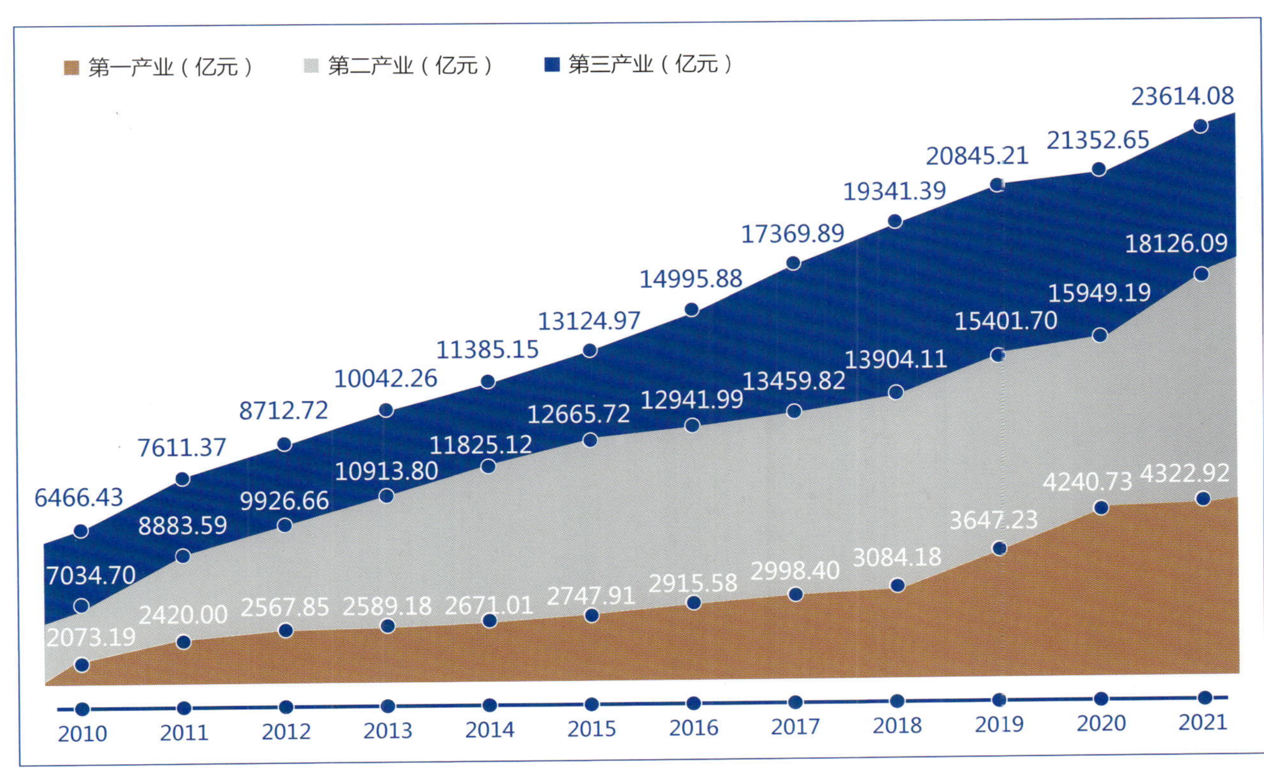

人均地区生产总值（元）

常住人口（万人）

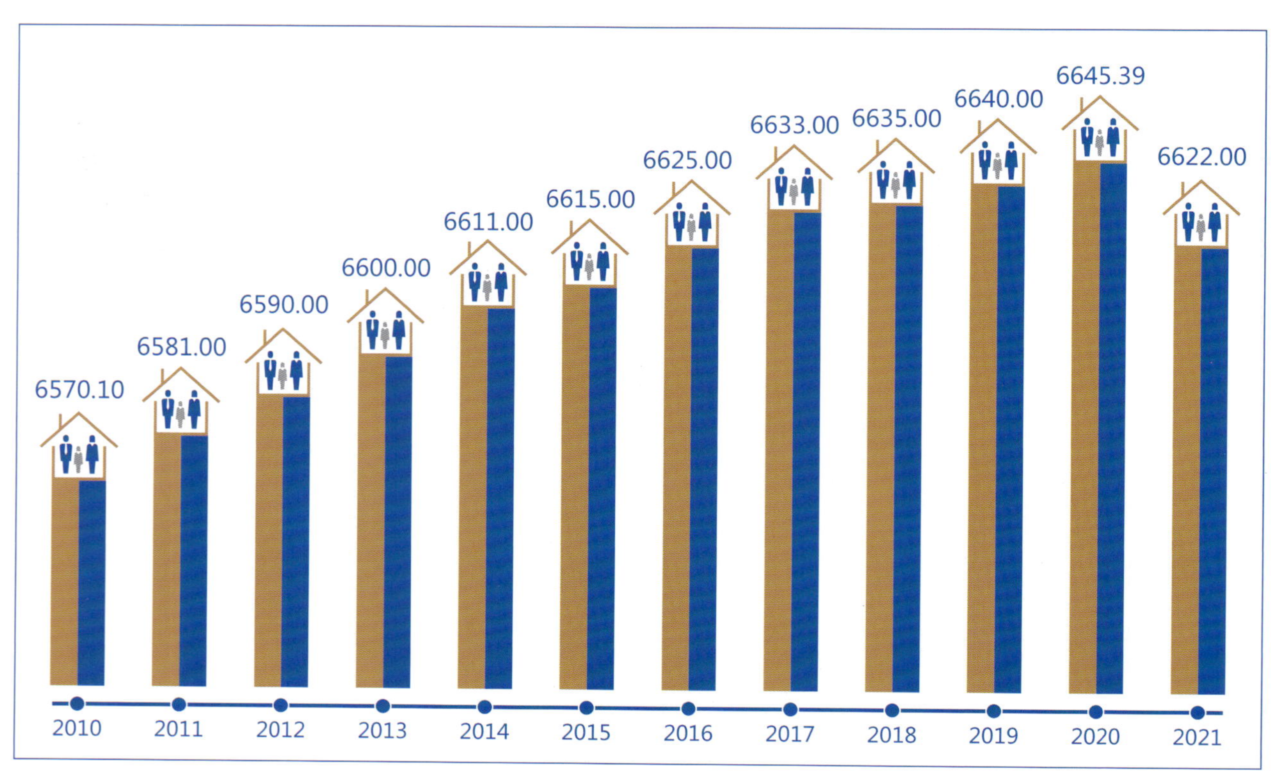

城镇化率（%）

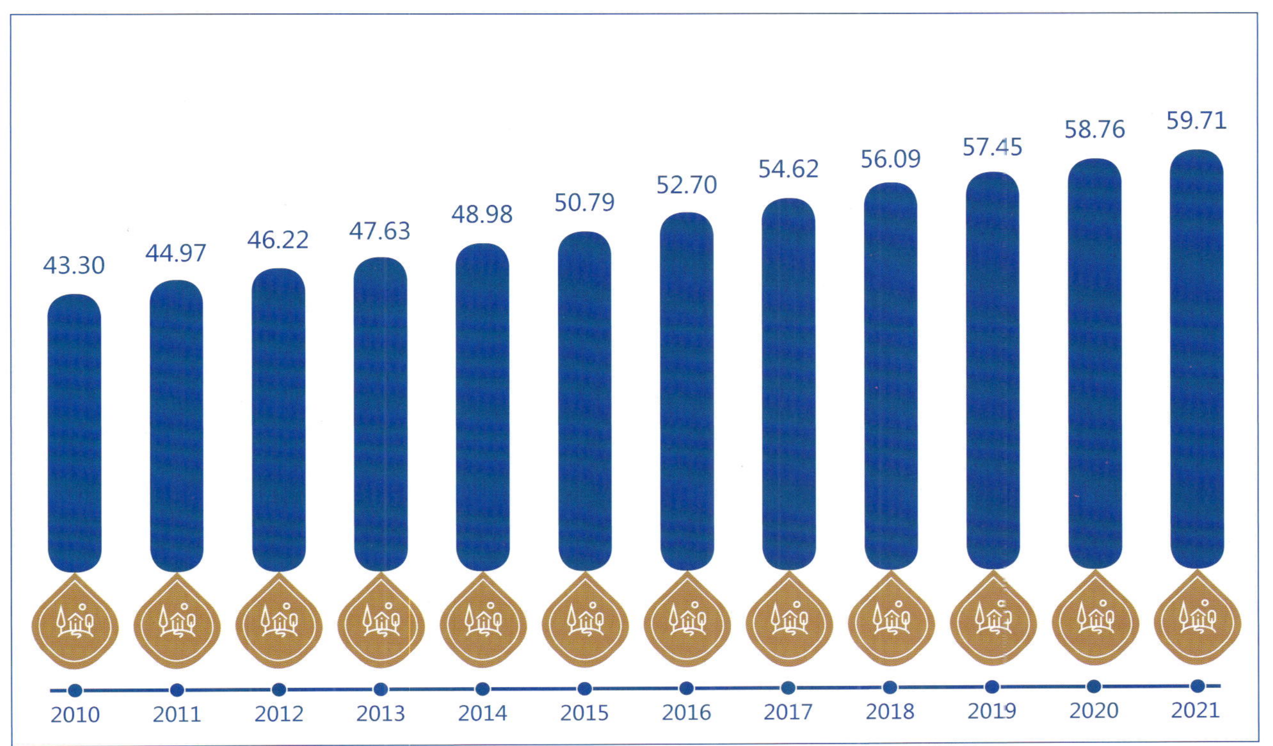

三次产业从业人口（万人）

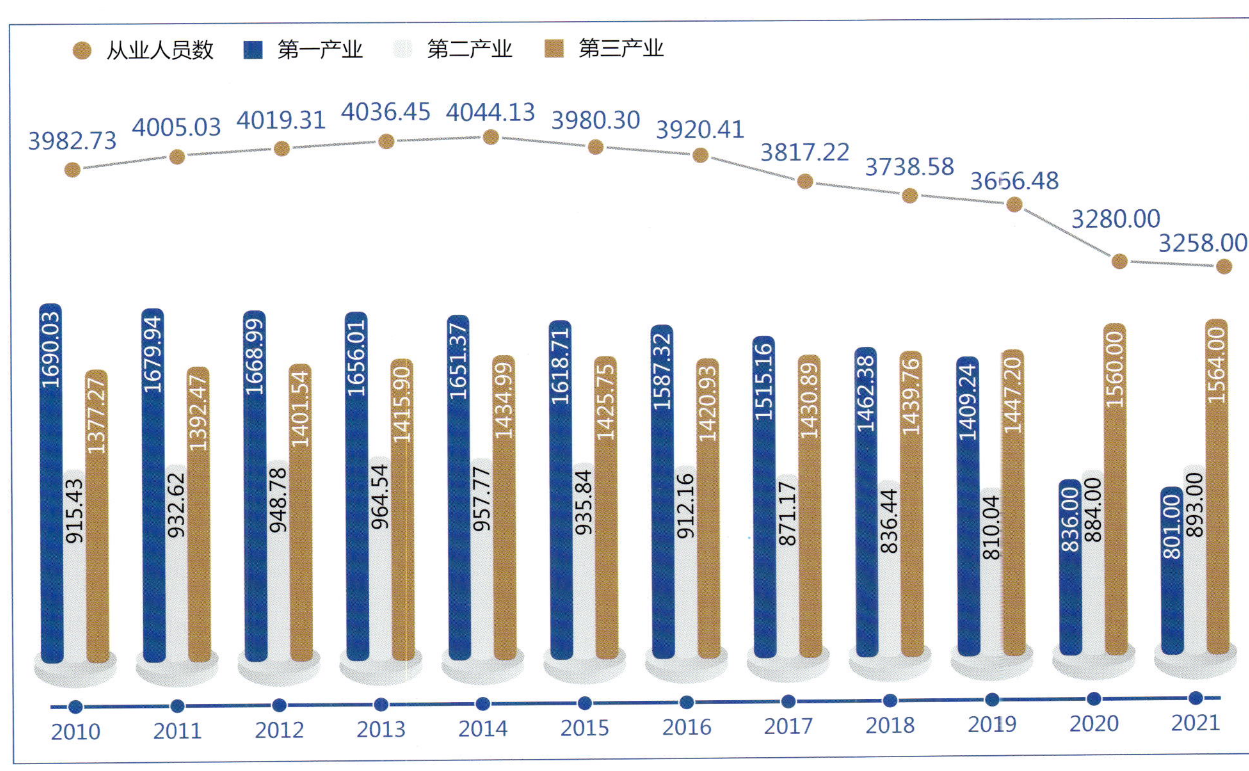

规模工业增加值增速（%）

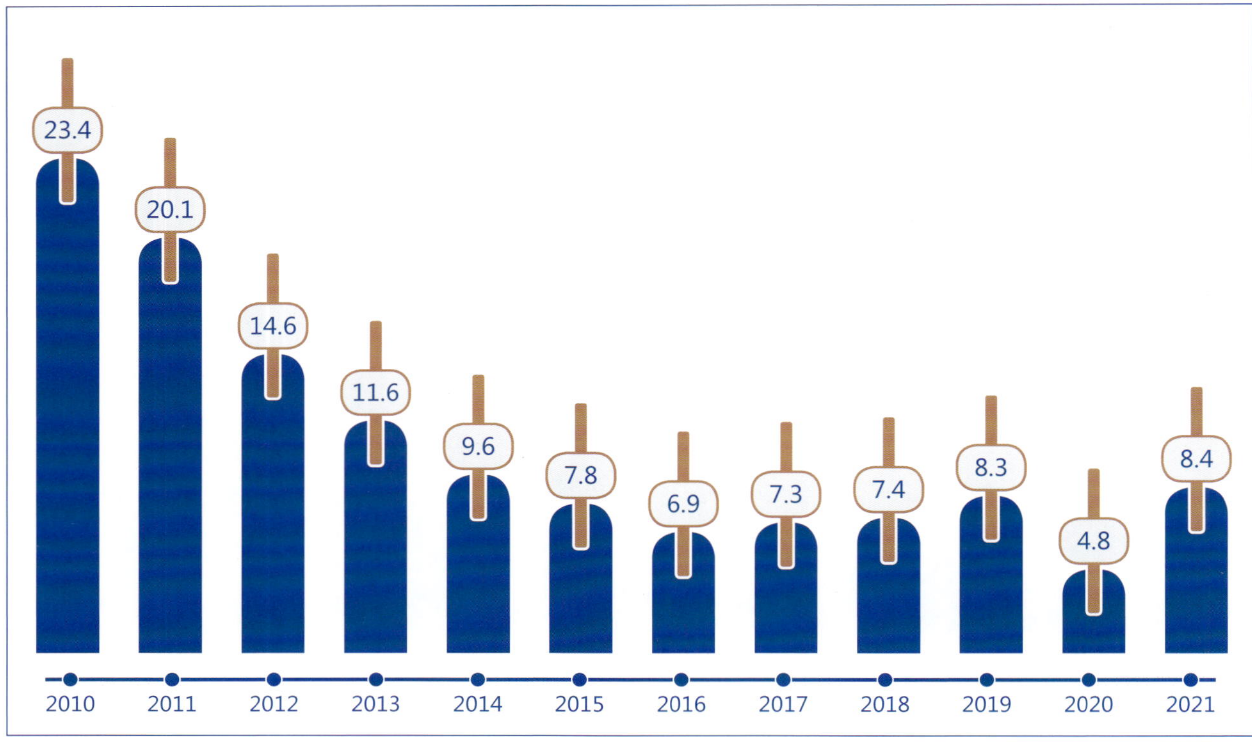

固定资产投资增速（%）

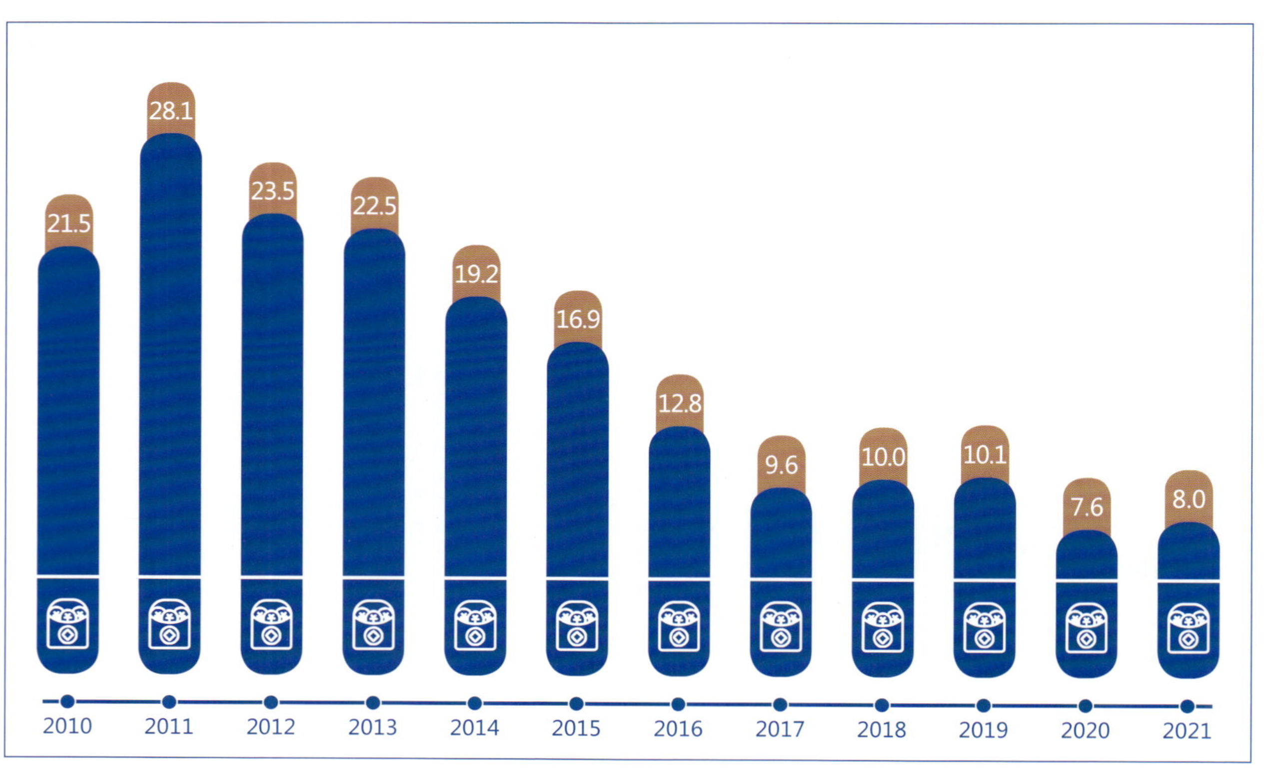

社会消费品零售总额（亿元）

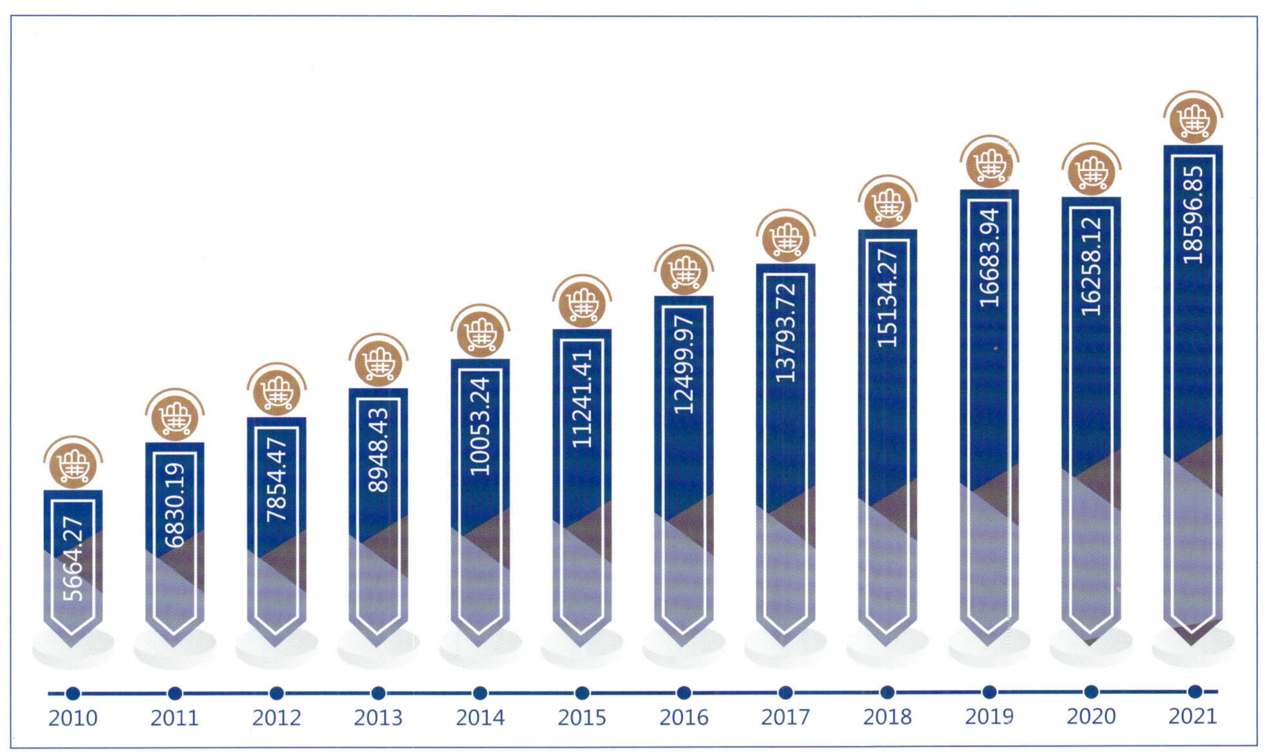

进出口总额（亿美元）

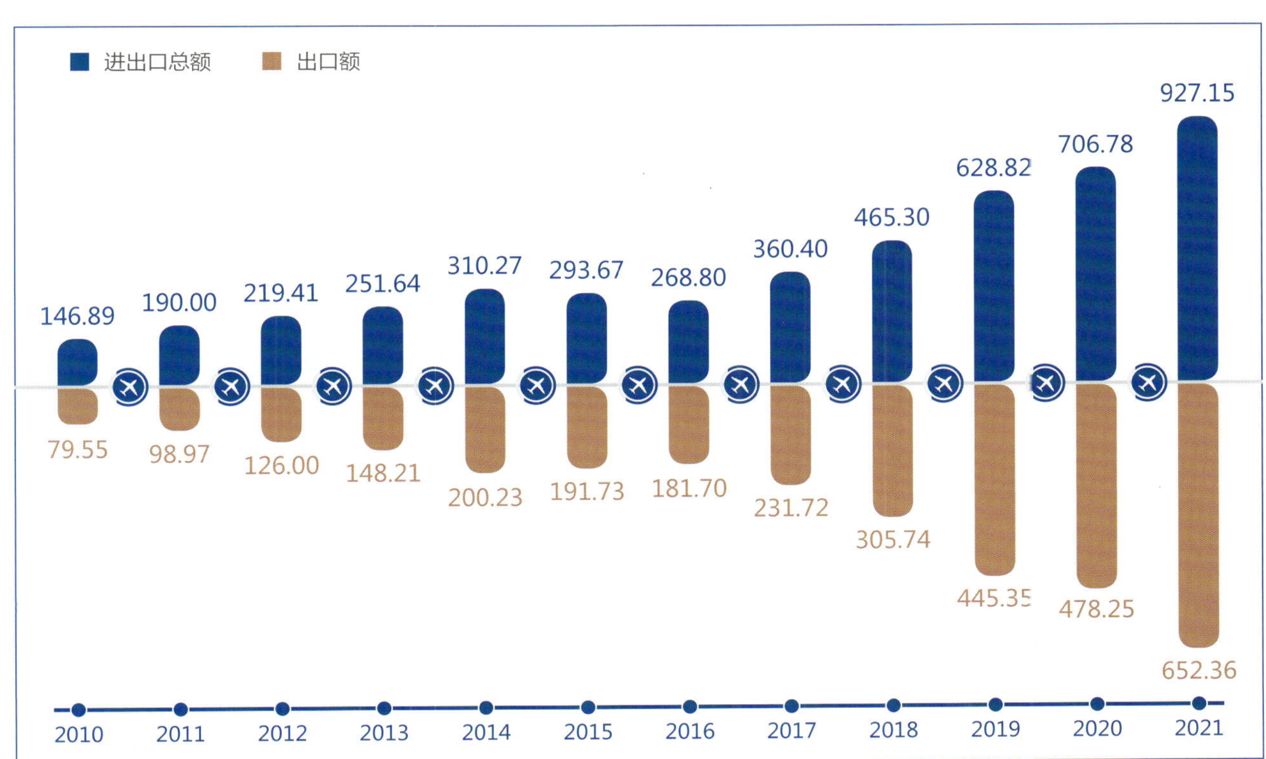

DIGITAL HUNAN

财政收支（亿元）

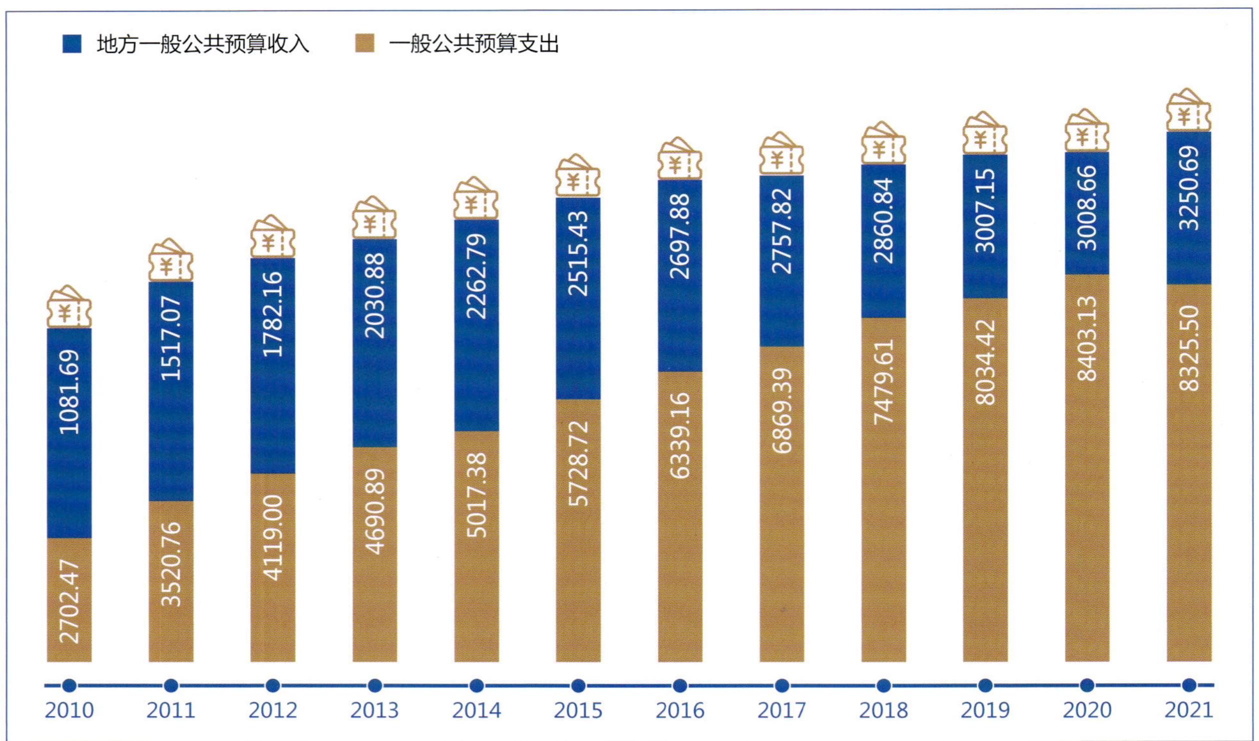

金融机构人民币存贷款余额（亿元）

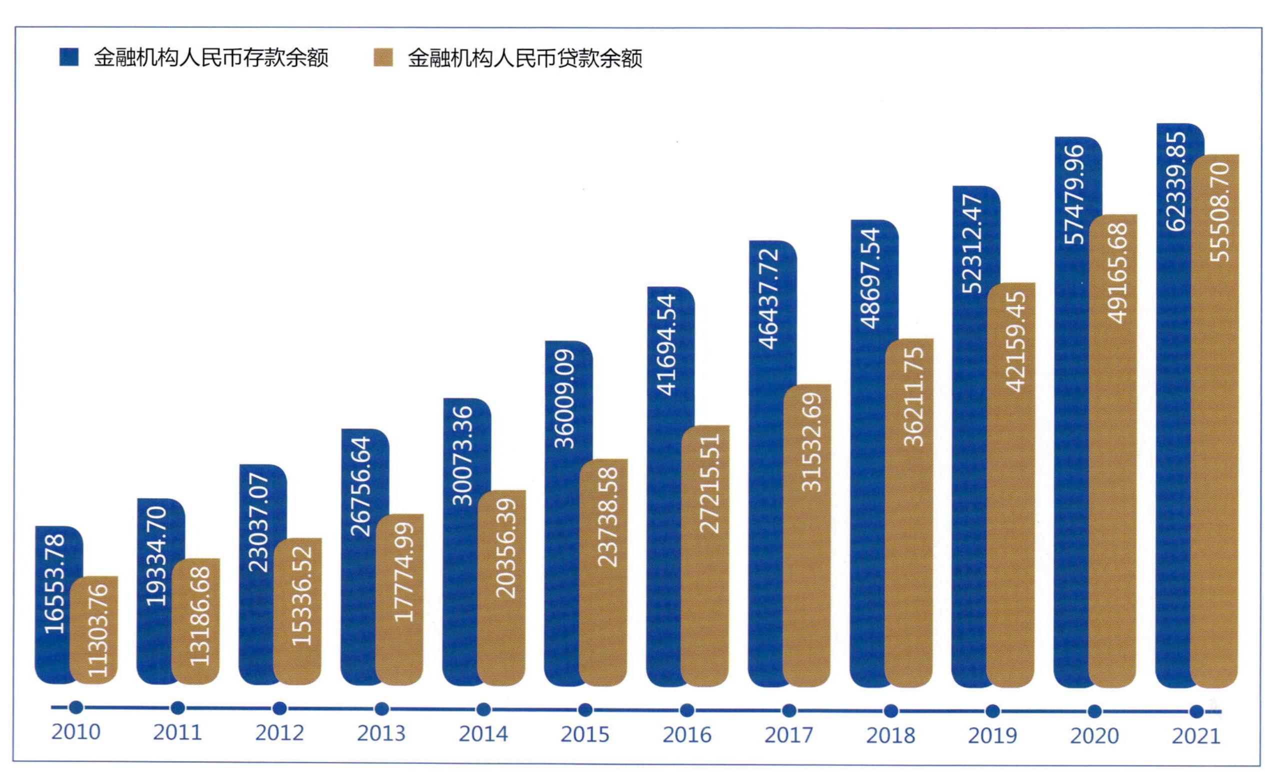

2022

湖南统计年鉴

编辑委员会和编辑工作人员

2022

Hunan Statistical Yearbook
Editorial Board and Editorial Staff

Editorial Board

Editorial Staff

编辑说明

一、《湖南统计年鉴 2022》系统收录了全省及各市、州、县 2021 年经济和社会发展方面的大量统计数据，以及重要历史年份的全省主要统计数据，是一部全面反映湖南省经济和社会发展情况的资料性年刊。

二、全书分为首卷和统计资料。首卷为特载《2022 年湖南省政府工作报告》和《2021 年湖南省国民经济和社会发展统计公报》。统计资料分为 22 个章节，即：1. 综合；2. 国民经济核算；3. 人口；4. 就业人员和工资；5. 价格；6. 人民生活；7. 固定资产投资；8. 对外经济、旅游和开发区；9. 能源；10. 财政、金融和保险；11. 城市建设和环境保护；12. 农业；13. 工业；14. 建筑业；15. 交通运输、邮电和其他服务业；16. 批发和零售业、住宿和餐饮业；17. 教育和科技；18. 文化、体育和卫生；19. 党群、政法和社会服务；20. 区域经济；21. 各市、州主要经济和社会统计指标；22. 各县（市、区）主要经济和社会统计指标。为方便读者使用，各篇章篇末附有《主要统计指标解释》。

三、本年鉴中的长株潭城市群包括长沙市、株洲市和湘潭市；环长株潭城市群包括长沙市、株洲市、湘潭市、衡阳市、岳阳市、常德市、益阳市和娄底市；湘南地区包括衡阳市、郴州市和永州市；大湘西地区包括湘西自治州、怀化市、张家界市、邵阳市和娄底市；洞庭湖地区包括岳阳市、常德市、益阳市。

四、与《湖南统计年鉴 2021》相比较，本年鉴在内容和篇章结构上主要做了如下修订：删减各类学校代课教师及临时工人表、旅游业基本情况表、国际旅游人数和人天数表、接待外国人按国别分组表、分市州星级饭店数表、分市州旅游业基本情况表。

五、本年鉴按照《中国统计年鉴》大体框架和规范要求编辑。统一使用《中国统计年鉴》指标解释。所使用的度量衡单位均采用国际统一标准计量单位。

六、本年鉴中涉及到的历史数据，均以最新出版的本年鉴为准；本年鉴中部分数据合计数或相对数由于单位取舍不同而产生的计算误差，均未作机械调整。

七、本年鉴中 2021 年国民经济核算数据为快报数据。特载《2022 年湖南省政府工作报告》《2021 年湖南省国民经济和社会发展统计公报》使用的数据均为快报数或初步统计数。

八、本年鉴中的符号使用说明："空格"表示该项统计指标数据不详、无该项统计数据或数据不足最小计量单位；"#"表示其中的主要项。

九、本年鉴编辑中如有不足之处，恳请广大读者批评指正。

EDITOR'S NOTES

Ⅰ. *Hunan Statistical Yearbook* 2022 is an annual statistical publication, which reflects comprehensively the economic and social development of Hunan. It covers data for 2021 and key statistical data in some historically important years at provincial level and local levels of cities, prefecture and counties.

Ⅱ. *Hunan Statistical Yearbook* 2022 includes a special issue and statistical figures. The special issue are 2022 Hunan Provincial Government Work Report and Hunan Province Statistical Communiqué for the 2021 National Economic and Social Development. The statistical data contain the following 22 parts: 1. General Survey; 2. National Accounts; 3. Population; 4. Employment and Wages; 5. Prices; 6. People's Livelihoods; 7. Investment in Fixed Assets; 8.Foreign Economy, Tourism and Development Zones; 9. Energy; 10. Government Finance, Banking and Insurance; 11. Construction of Cities and Environmental Protection; 12. Agriculture; 13. Industry; 14. Construction; 15. Transportation, Post , Telecommunication and other Services; 16. Wholesale and Retail Trades, Hotels and Catering Services; 17. Education, Science and Technology; 18. Culture, Sports and Public Health; 19.Party and Mass, Politics and Law, Social Service; 20. Regional Economy; 21. Main Economic and Social Statistics Indicators of Cities and States; 22. Main Economic and Social Statistics Indicators of Counties and Cities (districts). To facilitate readers, at the end of each chapter, Explanatory Notes on Main Statistical Indicators are included.

Ⅲ. The Chang-Zhu-Tan City Clusters in this yearbook includes Changsha city, Zhuzhou city and Xiangtan City; The Rim Chang-Zhu-Tan City Clusters consists of Changsha, Zhuzhou, Xiangtan, Hengyang, Yueyang, Changde, Yiyang and Loudi; Southern Hunan includes Hengyang city, Chenzhou city and Yongzhou City; Great Xiangxi Region includes Xiangxi Autonomous Prefecture, Huaihua city, Zhangjiajie City, Shaoyang City and Loudi City; Dongting Lake includes Yueyang, Changde, Yiyang.

Ⅳ. Compared with *Hunan Statistical Yearbook* 2021, this yearbook has made the following revisions in terms of content and chapter structure: the list of substitute teachers and temporary workers in all types of schools, the list of basic information about tourism, the list of the number of international tourists and the number of people per day, the list of foreigners received by country, the list of star-rated hotels by city and state, and the list of basic information about tourism by city and state were deleted.

Ⅴ. The yearbook is edited according to the frame and standard of China Statistical Yearbook. The indicator explanatory notes are edited according to *China Statistical Yearbook*. The units of measurement adopted in *China Statistical Yearbook* are internationally unified standard.

Ⅵ. The historical data involved in this yearbook are subject to the latest edition of this yearbook; No mechanical adjustment has been made for the calculation errors caused by different units of total or relative data in this yearbook.

Ⅶ. The 2021 national economic accounting data in this yearbook are express data. The data used in 2022 Hunan Provincial Government Work Report and Hunan Province Statistical Communiqué for the 2021 National Economic and Social Development are all express numbers or preliminary statistics.

Ⅷ. Notations used in the yearbook: (blank space) indicates that data are unknown ,or are not available ,or the figure is not large enough to be measured with the smallest unit in the table; "#" indicates the major items of the total.

Ⅸ. Based on our limited level, perhaps there are some mistakes in the yearbook, all candid comments and criticism from our readers are heartily welcome.

特 载

SPECIAL ISSUE

统计资料

STATISTICAL DATA

一、综合

General Survey

二、国民经济核算

National Accounts

三、人口

Population

四、就业人员和工资
Employment and Wages

五、价格
Prices

六、人民生活

People's Livelihoods

七、固定资产投资

Investment in Fixde Assets

八、对外经济、旅游和开发区

Foreign Economy ,Tourism and Development Zones

九、能源

Energy

十、财政、金融和保险

Government Finance, Banking and Insurance

十一、城市建设和环境保护

Construction of Cities and Environmental Protection

十二、农业
Agriculture

十三、工业
Industry

十四、建筑业

Construction

十五、交通运输、邮电和其他服务业

Transportation, Postal, Telecommunication and Other Services

十六、批发和零售业、住宿和餐饮业

Wholesale and Retail Trades, Hotels and Catering Services

十七、教育和科技

Education, Science and Technology

十八、文化、体育和卫生

Culture, Sports and Public Health

十九、党群、政法和社会服务

Party and Mass, Politics and Law, Social Service

二十、区域经济
Regional Economy

二十一、各市、州主要经济和社会统计指标

Main Economic and Social Statistics Indicators of Cities and Prefecture

二十二、各县(市、区)主要经济和社会统计指标

Main Economic and Social Statistics Indicators of Counties and Cities (Districts)

政府工作报告

——2022 年 1 月 17 日在湖南省第十三届人民代表大会第五次会议上

湖南省人民政府省长　毛伟明

各位代表：

现在，我代表省人民政府，向大会作政府工作报告，请予审议，并请各位政协委员提出意见。

一、2021 年工作回顾

2021 年是党和国家历史上具有里程碑意义的一年。全省上下坚持以习近平新时代中国特色社会主义思想为指导，认真贯彻习近平总书记对湖南重要讲话重要指示批示精神，贯彻落实党中央、国务院决策部署，在中共湖南省委坚强领导下，立足新发展阶段，贯彻新发展理念，融入新发展格局，坚持稳中求进工作总基调，沉着应对复杂形势和世纪疫情，全面落实“三高四新”战略定位和使命任务，统筹疫情防控和经济社会发展，扎实做好“六稳”“六保”工作，圆满完成了年初确定的主要目标任务，在“十四五”开局之年迈好了第一步、见到了新气象。

——发展态势保持平稳。实现地区生产总值 4.6 万亿元，增长 7.7%，两年平均增长 5.7%，高于全国平均水平 0.6 个百分点。粮食总产达 614.9 亿斤，居近十年高位。投资增长 8%，消费增长 14.4%，进出口增长 22.6%，其中出口增长 27.5%。存贷款余额分别达 6.3 万亿元、5.6 万亿元，分别增长 8.6%、13%，存贷比提高到 88.8%。城镇调查失业率稳定在 5.5% 以内。居民消费价格涨幅控制在 1% 以内。

——发展动能持续增进。全员劳动生产率增长 15%。规模以上高技术制造业增加值增长 21%。100 亿元以上项目开工 19 个，三一智联重卡、三安半导体、中联智慧产业城等重大项目进展顺利。全社会研发经费投入增长 12%，新入选两院院士 5 人，获国家科学技术奖 15 项。高新技术企业突破万家，高新技术产业增加值占地区生产总值比重提高 0.8 个百分点。新增上市企业 15 家，新增全国专精特新“小巨人”企业 162 家，总数居全国第 7 位、中部第 1 位。净增“四上”企业 880 家，三一重工、华菱集团有望进入世界 500 强。

——发展质量不断提高。数字经济增长 17%，规模以上电子信息制造业增加值、软件和信息技术服务业营业收入分别增长 23.2%、44%。地方一般公共预算收入、地方税收分别增长 8%、9.1%。非税占比 30.9%，下降 0.7 个百分点，为近五年来最好水平。39 个工业大类行业全部盈利，规模以上工业、服务业利润总额分别增长 10%、25%。城乡居民收入分别达 44866 元、18295 元，分别增长 7.6%、10.3%。人均地区生产总值突破 1 万美元、达 10675 美元。万元地区生产总值能耗下降 3.8%。

——发展环境气象更新。现代化综合交通运输体系加快形成，高铁总里程突破 2000 公里、达 2240 公里，高速公路总里程突破 7000 公里、达 7083 公里，普通国省干线公路 3.2 万公里，全省高速公路基本成网、高速铁路基本成环，张吉怀高铁开通运营铺就了湘西地区奔向共同富裕的康庄大道。营商环境大幅改善，“一件事一次办”改革经验在全国推广，19 项工作受到国务院真抓实干督查激励，在全国工商联组织的“万家民营企业评营商环境”活动中，综合得分居全国第 8 位、中部第 1 位。平稳健康的经济环境、和谐稳定的社会环境、风清气正的政治环境，在三湘大地蔚然成势。

主要做了八个方面的工作：

一是立足全局统筹发展和安全。我们难中求成、稳中求进，既没有使风险“失控”，又没有使发展“失速”，实现了防风险、保稳定、促发展的有机统一。全力打赢两轮散发疫情歼灭战。做好常态化疫情防控，坚持从快从严从实从细，抓好重点地区、重点场所、重点人群防控，推动疫苗接种应接尽接；针对部分市县输入性疫情，及时采取有力措施，要求已发生病例的地区“零外溢”、没有病例的地区“零输入”、医疗机构“零院感”，果断以最快速度、最短时间、最小代价，取得了最好的结果。全力推动经济稳定恢复。出台支持张家界增信心补短板和促进全省消费领域企业发展的战疫“双十条”。全省限额以上批发零售、住宿餐饮业单位零售额增长 14.5%，接待游客人次、旅游总收入分别增长 9%、10%。落实助企纾困增效政策，新增减税降费 240 亿元，金融减费让利 44.5 亿元，普惠小微企业贷款余额增长 22%。市场主体日均净增 1569 家，总数达 546.1 万家。全力确保社会安全稳定。强化重要节点调度、重点领域防控、专项整治攻坚，生产安全事故起数、死亡人数分别下降 5.7%、4.5%，实现了重特大事故零发生的目标。以“保民生、保安全、保重点”为目标，加大外电、外煤输入力度，加强电力需求侧管理，平稳度过了冬夏电力高峰。强化债务风险管控，有效整治“一非三贷”金融乱象，守住了不发生区域性金融风险的底线。有效应对了多轮强降雨和局部阶段性干旱，化解了大批信访突出问题，社会治安保持稳定，人民群众的获得感、幸福感、安全感持续增强。

二是综合施策推进“三个高地”建设。细化路径、实化举措，推动“三个高地”建设取得实质性进展。坚持顶层设计与分层衔接相结合，实施科技创新“七大计划”、先进制造业“八大工程”、改革开放“九大行动”，出台财源建设、金融支持、“小巨人”企业培育、职业教育发展等政策措施。坚持战略目标与战术落地相结合，抓紧抓实企业、产业、产业链、产业生态，落实一链一名省领导、一链一行对接融资机制，支持链主企业垂直延伸、横向整合，发布产融合作制造业企业“白名单”，提升工程机械、轨道交通、中小航空发动机等世界级产业集群优势，壮大电子信息、新材料、新能源与节能等国家级产业集群规模，布局车联网、人工智能等未来产业。坚持重点突破与面上推进相结合，“十大产业项目”完成投资 327 亿元，华菱涟钢薄板深加工、意华交通装备产业园等项目部分投产。“十大技术攻关项目”形成了一批工程样机和新产品，实现大型掘进机主轴承、8 英寸离子注入机等国产化替代，突破量子点激光器、碳化硅芯片、6 英寸分子束外延装备等重大技术。坚持平台建设与人才招引相结合，抢占产业、技术、人才、平台制高点，谋深谋实岳麓山实验室、岳麓山工业创新中心、岳麓山大学科技城、马栏山视频文创产业园发展，新获批国家耐盐碱水稻技术创新中心等 4 个国家级创新平台，引进高层次人才 216 名、创新团队 19 个，落户院士专家工作站 8 家。有效发明专利增长 25.1%。坚持深化改革与扩大开放相结合，突出“两端、两有、两带动、一环境”，推出 28 大项、165 小项重点改革任务，国企改革三年行动任务总体完成 85%，财税改革整体处于全国“第一方阵”，低空空域管理改革、长沙数字人民币改革试点走在全国前列。自贸试验区改革试点任务实施率 92.6%，首创改革事项 13 个。中欧班列全年开行数量突破 1000 列、居全国第 5 位。成功举办第二届中非经贸博览会、中国民营企业 500 强峰会、世界计算大会、北斗规模应用国际峰会、长沙国际工程机械展览会、湘台经贸文化交流合作会，全省实际引进内外资分别增长 29.1%、72.3%，各方投资者看好湖南、拥抱湖南。

三是高处着手不断夯实发展基础。着眼打基础、利长远，提升全省发展力、竞争力、持续力。高标准完善基础设施。坚持省领导联系重点项目制度，分3批集中开工10亿元以上项目289个，“十大基础设施项目”完成年度投资计划，常益长高铁、长沙机场改扩建等项目进展顺利，湘江永州至衡阳三级航道改扩建、呼北高速湖南段、宁电入湘等工程建设加快，韶山至井冈山铁路开通运营，永州电厂建成投用，雅中—江西特高压直流工程湖南段、南昌—长沙特高压交流工程竣工投产。高起点创建“五好”园区。聚焦“三生融合”“三态协同”，出台落实“1+3”政策体系和“20条”政策举措，完善“以亩产论英雄”评价激励机制，园区技工贸总收入达5.89万亿元、增长14.5%，园区规模工业增加值占全省的比重达69.1%，省级以上园区亩均税收增长12.2%，企业上交税金增长12.5%。邵阳、永州经开区成功晋升国家级园区。高水平优化营商环境。深化“放管服”改革，深入开展优化营商环境攻坚行动，推进营商环境评价市县全覆盖，推动审批服务“四减”、政务服务“好差评”、证明事项告知承诺制，落实民营经济“一榜一奖一中心，一册一办一平台”工作，企业开办时间平均压缩至1.5个工作日以内。

四是多措并举促进区域协调发展。落实国家区域协调发展战略，推进“一核两副三带四区”协调联动。强化“核”的引领。长株潭都市圈建设列入国家“十四五”规划，“十同”重点任务有力落实，三十大标志性工程完成年度投资计划的112%，长株潭国家自主创新示范区加快建设，绿心中央公园布局一批绿色增值项目，三市经济总量占全省的比重达41.8%。加强“块”的协同。岳阳、衡阳两个省域副中心城市加快建设，洞庭湖生态经济区绿色发展水平稳步提升，湘南湘西承接产业转移示范区引进“三类500强”项目134个。增强“城”的带动。县城基础设施补短板、强弱项工作深入推进，城乡客运一体化走在全国前列。15个国省示范县城产业平台公共配套设施建设加快，新增10个省级特色产业小镇。住房保障力度加大，房地产市场保持平稳，全省城镇化率提高1个百分点。促进“域”的协作。加强省际交流，深化与央企战略合作，深度参与泛珠三角、长江中游等区域合作，加快融入粤港澳大湾区，湘赣边合作示范区建设上升为国家战略，湘赣边、湘鄂渝黔革命老区整体纳入重点革命老区范围。

五是接续奋斗实施乡村振兴战略。全力做好巩固拓展脱贫攻坚成果与乡村振兴有效衔接，守住了不发生规模性返贫的底线。巩固脱贫成果。保持主要帮扶政策总体稳定，写好易地扶贫搬迁后半篇文章，做实防止返贫监测帮扶，消除返贫致贫风险8.8万户22.3万人。发展现代农业。大力实施“六大强农”行动，新增一批国家农业现代化示范区、现代农业产业园和农业产业强镇。农业十大优势特色产业不断壮大，生猪产能持续恢复，农产品加工业营业收入增长7%。深化农村改革。农村宅基地制度改革全国试点有序推进，供销社改革成效明显。推进乡村建设。统筹村庄清洁行动、农村污染治理、“空心房”整治等工作，创造农村“厕所革命”全国经验，持续推进移风易俗，打造301个省级美丽乡村和100个特色精品乡村。湖南农业基础地位不断巩固，呈现出“山乡巨变”的时代画卷。

六是力度空前推进绿色低碳循环发展。全面落实河湖林长制，污染防治攻坚战工作连续两年获评国家优秀。坚持政出必行。常抓不懈整改长江经济带生态环境警示片和中央环保督察反馈问题，抓实“十年禁渔”，出台洞庭湖保护条例，健全自然资源督察执法和审计协作联动机制。推进碳达峰碳中和行动。实施重点攻坚。聚焦“一江一湖三山四水”主战场，突出治水、治气、治土，完成2693项“夏季攻势”任务。生态环境各项约束性指标好于或达到国家考核标准，147个国考断面水质优良率达97.3%、提高4个百分点，全省空气质量优良天数比率达91%。强化示范带动。完成湘江流域和洞庭湖生态保护修复工程试点，建成国家级绿色矿山65座，打造10条省级示范生态廊道，森林覆盖率达59.97%。新建投产垃圾焚烧厂14座，生活垃圾无害化日处理能力达4.3万吨。坚决守住红线。科学编制国土空间生态修复规划，严格实施“三线一单”生态环境分区管控；强化对重点行业、重点区域的生态环境准入约束，坚决遏制“两高”项目盲目发展。搬迁改造沿江化工企业38家，严肃查处环境违法案件2793件，启动生态损害赔偿989件。我们以实际行动“守护好一江碧水”，擦亮了美丽湖南的生态品牌。

七是用心用情用力保障改善民生。始终把实现好、维护好、发展好最广大人民根本利益作为一切工作的出发点和落脚点，全力解决群众急难愁盼问题。增投入。完成十大重点民生实事，全省民生支出占比保持在70%以上，并压减盘活省直部门资金78亿元用于社会民生事业。减负担。部分常用药品和医用耗材降价明显，更多药品进入医保报销范围。义务教育“双减”工作初见成效，101所“芙蓉学校”全部投入使用，增加公办幼儿园学位13.5万个。提标准。退休人员养老金、城乡低保、残疾人“两项补贴”、特困人员救助供养标准，以及城乡居民大病保险和医疗救助保障水平稳步提高，被征地农民社会保障成效显著。扩范围。稳定和扩大就业，城镇新增就业75.3万人，新增农村劳动力转移就业44.4万人。推进基本养老保险全民参保，工伤保险全面实行省级统筹。虽然事有大小，但凡老百姓关心的事，我们都将不遗余力地做。

八是真抓实干提高政府治理效能。从党的百年奋斗重大成就和历史经验中汲取力量，实现对党负责、为民尽责和依法履责的有机结合。坚持党建引领。推动党史学习教育走深走实，落实领导领学和主题党课常态化制度，在党史学习教育中强作风、提能力、办实事。坚持机制创新。健全抓落实工作机制，全面完成“十四五”规划纲要和78个专项规划编制，做到了早规划、早实施、早见效。坚持依法行政。深入推进法治政府建设，出台法治湖南建设规划和法治政府建设实施方案，全面推进行政复议改革。坚持督查问效。持续开展真抓实干督查激励。自觉接受人大法律监督、工作监督和政协民主监督及社会监督，提请省人大常委会审议地方性法规议案14件，办理省人大代表建议1514件、省政协提案665件。强化审计监督，配合做好国家统计督察。坚持廉洁从政。深入推进政府系统党风廉政建设，坚决整治形式主义、官僚主义，把忠诚、为民、务实、清廉、高效的理念贯穿政府工作全领域、各方面。

我们大力推动各项事业发展。推出“湖湘潮百年颂”“百年大党风华正茂”等系列专题专栏，新增9个全国爱国主义教育示范基地，新时代文明实践中心建设在全省铺开。圆满举行辛丑年祭祀炎帝陵典礼，4项考古发现入选国家“百年百大考古发现”，矮寨·十八洞·德夯大峡谷景区成为5A级景区，参加东京奥运会、陕西全运会取得优异成绩。档案史志、外事侨务、港澳台事务、民族宗教、机关事务、参事文史、地震气象等工作取得新进展，老龄、慈善、工会、青少年、妇女儿童、残疾人、红十字等事业取得新成效。

我们全力推动国防动员和后备力量建设创新发展，全面深化民兵调整改革，创新发展兵役征集、国防教育、人民防空、军事设施保护，扎实做好退役军人服务保障工作，维护军人军属合法权益。

各位代表！

过去一年，我们开局就加速、起步就起势，始终牢记习近平总书记嘱托，狠抓创造性落实，努力保持向上向好势头，力求开局精彩、全程出彩；我们全面发力、精准施策，以日保月、以月保季、以季保年，力求以一域之光为全局添彩；我们众志成城、群策群力，画最大同心圆、求最大公约数、聚最大向心力，战疫情、抗洪涝、稳煤电、夺丰收、庆华诞，向党和人民交出了满意答卷。这是以习近平同志为核心的党中央坚强领导的结果，是中共湖南省委带领全省人民团结奋斗的结果，是各级人大、政协以及监察、司法机关监督支持与社会各界大力帮助的结果。在此，我代表省人民政府，向全省各族人民，向各民主党派、工商联、无党派人士、各人民团体，向驻湘人民解放军指战员、武警部队官兵、政法干警、民兵预备役人员、消防救援人员，向中央驻湘单位，向关心支持湖南改革发展的海内外各界人士，表示诚挚的感谢！

各位代表！

看似寻常最奇崛，成如容易却艰辛。回望过去一年，我们深刻体会到，党的领导是前提，必须始终在思想上政治上行动上同以习近平同志为核心的党中央保持高度一致，确保中央大政方针在湖南落地生根、开花结果。维护核心是根本，必须坚定捍卫“两个确立”、坚决做到“两个维护”，坚定不移沿着习近平总书记指引的方向前进。实事求是是基础，必须坚持以人民为中心，尊重市场规律，坚持实践标准，实现有效市场和有为政府更好结合。改革开放是关键，必须以改革增动力，以开放添活力，提高利用两个市场、两种资源的能力和水平，推动质量变革、效率变革、动力变革。

我们也清醒地看到，当前我省经济社会发展还面临一些困难挑战和短板弱项：一是疫情形势依然严峻。统筹常态化疫情防控和经济社会发展面临挑战。二是有效需求仍有不足。投资拉动经济增长的效应有待增强，居民消费意愿降低，住宿餐饮、批发零售、文化旅游等服务消费恢复向好的基础还不稳固。三是保供稳价还有短板。能源供应紧张，大宗商品价格、部分生产要素成本持续上涨，部分行业“缺芯”问题较为凸显。四是财政收支压力增大。市县财政增收放缓，刚性支出增长较快，基层财政紧张程度加大。五是政府建设还需加强。一些干部破解难题本领不强，一些地方改革创新力度不大，党风廉政建设还存在薄弱环节。对这些问题，我们要勇于面对，迎难而上，尽心竭力加以解决。

二、关于 2022 年工作

今年将召开党的二十大，做好全年工作意义重大。

我们要看到，在世纪疫情冲击下，外部环境更趋复杂和不确定，我国经济发展面临多年未见的需求收缩、供给冲击、预期转弱三重压力，但长期向好的基本面没有改变，并依然保持强大的韧性，这为我省稳住经济基本盘创造了基础和条件。我们要坚定必胜信心，既要紧跟时代步伐、顺势而为，更要积极主动作为、逆风前行，以时不我待的紧迫感、舍我其谁的使命感，过险滩、闯难关，奋力在新时代新征程上赢得更大胜利荣光。

今年工作的总体要求是：以习近平新时代中国特色社会主义思想为指导，全面贯彻党的十九大和十九届历次全会、中央经济工作会议精神，深入落实习近平总书记对湖南重要讲话重要指示批示精神，弘扬伟大建党精神，全面落实省第十二次党代会部署要求，坚持稳中求进工作总基调，完整、准确、全面贯彻新发展理念，服务和融入新发展格局，全面深化改革开放，坚持创新驱动发展，推动高质量发展，全面落实“三高四新”战略定位和使命任务，坚持以供给侧结构性改革为主线，统筹疫情防控和经济社会发展，统筹发展和安全，继续做好“六稳”“六保”工作，持续改善民生，保持经济运行在合理区间，保持社会大局稳定，迎接好党的二十大胜利召开。

今年主要预期目标是：地区生产总值增长 6.5% 以上，规模工业增加值增长 7.2%，固定资产投资增长 7.5%，地方一般公共预算收入增长 6%，居民消费价格涨幅 3% 左右。城镇新增就业 70 万人，城镇调查失业率控制在 5.5% 以内，居民收入增长与经济增长基本同步。粮食产量 600 亿斤以上。生态环境质量持续改善。

完成全年预期目标，我们要坚持“稳”字当头，稳中求进，促进经济平稳健康运行；保持“进”的态势，持续推进转型升级、提质增效，实现高质量的发展；把握“高”的要求，更高水平、更大力度落实“三高四新”战略定位和使命任务；实现“新”的作为，全面激发创新创造创业活力，奋力推进现代化新湖南建设，努力走在中部崛起前列。

今年要重点抓好以下工作：

（一）持续推动经济稳定增长

发展是最大的民生。要始终坚持以经济建设为中心，力争地区生产总值突破5万亿元，不断巩固向上向好势头。

积极扩大有效投资。聚焦完善“五张网”，适度超前开展基础设施投资，重点抓好十大基础设施项目，即长赣高铁、常益长高铁、平伍益高速、耒宜高速扩容、长沙机场改扩建、犬木塘水库、洞庭湖区重点垸堤防加固工程、重大能源工程、高标准农田建设、国家医学中心。聚焦产业发展，深入开展产业项目建设年活动，重点抓好十大产业项目，即中联泵送智能装备基地、三一智联装备基地、中石化巴陵己内酰胺、邵阳特种玻璃、三安半导体二期、邦盛储能电池材料、湘钢提质增效、中车时代功率半导体核心元器件、长远锂电池正极材料、正威铜基新材料。聚焦民生领域，大力实施“一老一小”、医疗和公共卫生等重大项目。完善社会资本参与政策，支持和引导资本规范健康发展。

促进消费持续恢复。巩固提升传统消费，扶持一批老字号领军企业创新发展，促进湘菜、湘茶、湘酒、湘瓷、湘绣品牌化发展。培育消费新业态、新场景，推动新型消费，发展共享消费、定制消费、体验消费和“智能+”服务消费等新模式。加强县域商业体系建设，推动农村消费梯次升级，促进农村耐用消费品更新换代。支持长沙建设国际消费中心城市，打造一批“夜间经济”地标和商旅文融合“打卡地”。推进知名电商总部入湘，规范发展直播电商、社区电商、乡村电商。加大消费者权益保护力度。

畅通产业链供应链循环。全面实施“链长制”，分行业编制产业链全景图和现状图，推进工程机械、轨道交通、航空动力、电子信息、新材料等重点领域全球配置资源。“一业一策”助推冶金、石化等行业稳定增长，促进产业链大中小企业融通发展，推动上下游企业共同延链补链强链。

激发市场主体发展活力。开展“纾困增效”专项行动，推行“免申即享”，落实新的组合式减税降费政策，积极促进中小企业融资增量、扩面、降本，有效治理拖欠中小微企业账款。扎实推进民营经济“六个一”工作，实施市场主体倍增工程和企业上市“金芙蓉”跃升行动，持续推动个转企、小升规、规改股、股上市。完善社会信用体系，激发和保护企业家精神。用好市县营商环境评价成果，深入推进全过程公开监管、全周期提升服务，推行“首违不罚”等柔性执法，持续打造市场化法治化国际化营商环境。

就今年而言，稳住就是胜利。我们要加强要素保障，做好保供稳价和市场预期管理，让经济发展韧性更强、动力更足、潜力更大。

（二）全力培塑高质量发展新优势

以打造“三个高地”集聚创新要素，加快建设现代化经济体系，不断增强创新力和竞争力，着力抢占发展制高点。

提升制造业核心竞争力。创建国家制造业高质量发展试验区，实施产业发展“万千百”工程，升级建设“3+3+2”产业集群，做大产业、做强企业、做实项目、做优生态。培优育强22个优势产业链，支持领航企业、链主企业整合产业链资源，带动零部件、原材料企业链式发展。实施“新增规模以上工业企业”

行动，打造一批领航企业、专精特新“小巨人”企业、制造业单项冠军企业，净增1000家以上规模工业企业、1000家以上高新技术企业。推进产业基础再造，编制工业“六基”攻关目录清单。支持制造业优势企业拓展全生命周期增值服务，为上下游企业提供研发设计、创业孵化等服务，打造一批集战略咨询、研发设计、成果转化、引才引智、商贸会展于一体的综合性公共服务平台。加大装备首台套、新材料及关键核心零部件首批次、软件首版次应用推广和政府支持力度。

提升创新引领力。加快创新型省份建设，构建以长株潭国家自主创新示范区为引领、以郴州国家可持续发展议程创新示范区和创新型城市、创新型县市、“科创中国”试点城市为依托的区域创新体系。加快“三区两山两中心”等平台建设，高标准建设岳麓山实验室，推动在湘国家重点实验室和工程技术中心优化提质，推进省级重点实验室结构优化，加强产业研究院、中试基地建设，争取国家战略科技力量在我省布局。加快“卡脖子”技术攻关揭榜挂帅，强化基础研究和应用基础研究，力争在种业、计算、装备制造、北斗应用、生命健康等领域取得一批原创性科技成果，重点抓好十大技术攻关项目，即新一代轨道交通高效驱动系统技术、高弹性低轨卫星网系统设计、深海风电输变电核心技术、镉低积累水稻育种及栽培关键技术、新一代光子晶体光纤陀螺、多用途轻型运输飞机关键技术、航空发动机异形构件精密铸造技术、高性能GPU芯片、大尺寸超高清显示屏技术、超高清视频算法。加快优化科技创新生态，加强与“大院大所大企”合作，支持创新型领军企业组建创新联合体，畅通源头创新、成果转化、市场应用链条。推动科技与金融深度融合发展。强化知识产权保护。

提升数字驱动力。力争数字经济增长15%以上。推进产业数字化，支持企业“上云用数赋智”，培育数字化转型标杆企业，打造产业发展、政务服务、社会治理等重点领域十大数字化应用场景。推进数字产业化，大力发展新一代信息技术，加快培育“大智移云”战略性新兴产业，壮大先进计算、北斗应用、超高清视频、智能网联汽车等优势产业，布局光电信息、量子信息、人工智能等未来产业。完善数字基础设施，优化算力算法和大数据中心布局，升级改造国家超算长沙中心，加快推进国家级互联网骨干直联点建设，推进国家区块链创新应用试点，打造全国先进绿色算力枢纽。加快5G网络和IPv6规模化部署，新建5G基站2.5万个。

提升“五好”园区支撑力。力争全省千亿园区达到16家，技工贸总收入突破6.5万亿元。落实“1+3”政策体系，深化园区“放管服”改革。优化园区布局，依法依规调区扩区，推动创新创业平台资源向园区集中。创新园区发展体制机制，建设产城、产教、产金、产研融合的产业综合体，促进形态、业态、质态协同。突出绿色发展和亩均效益导向，完善园区评价激励机制，促进园区争先进位、提档升级。

人才是第一资源，得人才者，得竞争力、得创新力。要深入实施“芙蓉人才行动计划”，健全落实管理、评价、激励制度，加快构建以增加知识价值为导向的收入分配机制，以期许之心育才、以宽容之心用才、以开放之心引才，匠心打造高品质人才生态，让各类人才各得其所、各展其才、圆梦三湘。

（三）全面深化改革开放

以供给侧结构性改革为主线，推动改革开放在重点领域、关键环节取得重大突破。

深化重点领域改革。争取长株潭要素市场化配置国家综合改革试点，深化供应链金融、科创金融、绿色金融、普惠金融改革创新，扩大科技企业知识价值信贷试点范围。加快湖南金融中心和湘江基金小镇建设。全面完成国企改革三年行动目标任务，深化混合所有制改革，加快国有经济布局优化和结构调整。推动预算改革，推进财政领域五大专项整治。深入开展财源建设工程，更好支持基层政府保基本民生、保工资、保运转。有序推进教育医疗、养老托幼、社会保障、社会救助改革，深化收入分配制度改革。推进重点领域统计调查改革。全面完成低空空域管理改革任务。

提升开放平台能级。加快探索建立自贸试验区联动创新区，形成一批湖南特色制度创新成果。加快建设中非经贸深度合作先行区，完善对非经贸合作长效机制，打造永不落幕的中非经贸博览会。加快海关特殊监管区提质升级，打造中西部跨境电商集散中心，推动外贸新业态新模式实现新突破。加快建设海峡两岸（湖南）产业合作区，推动湘台产业链供应链深度融合。加快五大国际物流通道和货运集结中心建设，重点构建 RCEP 国家区域航空中转枢纽，支持怀化、永州、邵阳融入西部陆海新通道，提升中欧班列货值和效益，拓展江海联运接力航线，推动湘粤非铁海联运通道提质上量。

高水平引进来走出去。全面对接 RCEP 经贸新规则，实施新版外资准入负面清单和鼓励外商投资产业目录。深耕重点国别，抱团发展重点产业、重点项目。扩大重要装备、关键零部件以及优质消费品进口。开展百强外贸企业招引工程，瞄准“三类 500 强”企业、专精特新“小巨人”企业和隐形冠军企业，精准开展产业链招商、专业招商和以商招商。推动外经合作创新发展，创新办好“京洽周”“沪洽周”等经贸活动。深入推进“迎老乡回故乡建家乡”，吸引湘商总部、产业、资本和人才回归。

改革开放愈进愈难、愈进愈险，而又不进则退、非进不可。我们要大胆试、大胆闯，善作善成，行稳致远。

（四）加快推进农业农村现代化

深入实施“六大强农”行动，坚持不懈推进农业强、农村美、农民富，促进乡村振兴取得新进展。

严守耕地红线和粮食安全底线。落实耕地保护建设硬措施，推动建立“田长制”，编制耕地保护专项规划，加强耕地用途管制。扎实推进高标准农田建设，坚决遏制耕地“非农化”、防止“非粮化”。全面落实粮食安全党政同责要求，切实保障农资供应和价格稳定，确保粮食播种面积稳定在7135万亩以上、产量 600 亿斤以上。

促进农业高质高效发展。抓好农业现代化示范区和现代农业产业园建设，深入实施优质湘米、粮油、湘猪、菜果茶工程，打造农业优势特色千亿产业。加快推进种业创新和智慧农机产业发展，做大做强农业省级区域公用品牌，支持供粤港澳大湾区“菜篮子”“米袋子”“果盘子”优势片建设。强化农产品质量安全监管。推动农村一二三产业融合，大力发展休闲农业，打造乡村旅游精品线路。加强农资农技农艺服务，完善农产品冷链物流体系。加大农业新型经营主体培育力度，提升农业组织化水平。

巩固拓展脱贫攻坚成果。健全防止返贫致贫动态监测和帮扶机制，加强农村低收入人口常态化帮扶，突出抓好脱贫人口稳岗就业，守住不发生规模性返贫的底线。持续推动“三保障”和饮水安全问题动态清零，强化易地扶贫搬迁后续扶持，让脱贫群众生活更上一层楼。发挥好驻村帮扶和对口帮扶作用，抓好乡村振兴重点帮扶和示范创建，广泛动员社会力量参与乡村振兴。

实施乡村建设行动。推进村庄规划编制。大力开展农村人居环境整治，统筹推进生活污水治理、生活垃圾处理，创建一批美丽乡村。持续推进农村危房改造，强化农村供水保障，加快农村电气化步伐。加强和改进乡村治理，推进数字乡村建设。丰富乡村文化产品供给，持续推动移风易俗，大力倡导健康向上之风。

全面深化农村综合改革。健全“三农”投入优先保障和稳定增长机制，落实提高土地出让收入用于农业农村比例政策。深入推进新一轮现代农业综合改革试点，扎实推进第二轮土地承包到期后再延长 30 年试点，有序开展农村宅基地制度改革试点，巩固农村集体产权制度改革成果。深化粮食收储、供销合作、集体林权等改革。大力发展新型农村集体经济，加快推进全省农村产权交易市场建设，鼓励金融机构增加涉农信贷投放。

稳经济，必须稳住农业基本盘。我们要着眼国家战略需要，以更硬的措施、更强的执行力，确保稳产保供，确保农业农村稳定发展。

（五）扎实推动区域协调发展

促进“一核两副三带四区”优势互补、融合发展，增强区域发展整体实力。

对接融入国家区域重大战略。落实新时代推动中部地区高质量发展的意见，密切长株潭与武汉、南昌都市圈的深度联接，积极参与长江经济带上中下游协作发展。深入实施对接粤港澳大湾区方案，深化泛珠三角区域合作，推动实施一批跨区域重大项目。提升湘赣边区域合作示范区建设水平。

激发区域发展活力。深入实施主体功能区战略，建立全省国土空间信息平台和规划“一张图”。实施强省会战略，引领带动长株潭都市圈发展，高标准建设长株潭绿心中央公园等标志性工程，创新长沙火车站与高铁城际多式联运，实现高效率的“零换乘”，打造“轨道上的长株潭”。加快建设湘江西岸科创走廊和东岸先进制造业走廊。加快岳阳、衡阳省域副中心城市建设步伐。深入推进沿京广、沪昆、渝长厦通道的三大经济带建设。推动洞庭湖建设秀美富饶的大湖经济区，大力发展绿色品牌农业、滨水产业、港口经济。增强湘南、湘西地区综合承载能力，推动湘南建设中西部地区内陆开放合作示范区、大湘西建设脱贫地区高质量发展先行区，促进张吉怀高铁沿线文旅融合发展。因地制宜推动革命老区、民族地区、欠发达地区振兴发展，支持湘鄂渝黔革命老区跨省区域合作。做好对口支援新疆、西藏工作。

推进以人为核心的新型城镇化。引导常住人口向中心城市、城市群和城镇转移，支持新型城镇化示范县建设。着力提升城镇品质，大力发展绿色建筑、装配式建筑、超低能耗建筑，建设一批具有湖湘特色的海绵城市、韧性城市、宜居城市。大力实施城市更新行动，加快城市燃气等管网改造升级，加强无障碍环境建设和改造，加力解决重点区域停车难问题，完善社区养老服务设施。推进保障性住房建设，着力解决外来务工人员、新就业大学生等新市民住房、子女上学等问题，促进房地产业健康发展和良性循环。

大力发展县域经济。深化扩权强县改革，提档升级县域产业园区，鼓励有条件的县市发展总部经济。积极开展县城基础设施补短板、强弱项工作，促进特色小镇健康发展，分批次推进高品质通航小镇建设。持续推进省与市县财政事权和支出责任划分改革，加大均衡性转移支付、新增债券等财力下沉力度，激励县域培育优质财源、促进税收增长。

等闲识得东风面，万紫千红才是春。我们要着力解决发展不平衡不充分问题，深入挖掘区域发展潜力，形成扬长避短、竞相发展的生动局面。

（六）深入推进生态文明建设

落实绿色成为普遍形态要求，彰显绿色生态之美、绿色产业之美、绿色文化之美、绿色制度之美。

促进绿色低碳循环发展。出台全省碳达峰行动方案和“双碳”工作实施意见，加快推进能源、用地、产业、交通运输结构调整。构建资源循环利用体系，推进清洁生产，推行绿色制造，坚决遏制“两高”项目盲目发展，推进能源低碳绿色转型和重点领域节能降碳。加快建设岳阳长江经济带绿色发展示范区，支持湘西自治州打造全国生态文明样板州。推进生活垃圾分类管理利用和快递包装绿色转型，治理塑料污染，建设绿色机关、绿色家庭、绿色社区，倡导绿色出行。

深入打好污染防治攻坚战。持续开展“夏季攻势”，扎实抓好中央交办问题整改。推进重污染天气消除、臭氧污染防治、柴油货车污染治理、大气面源和噪声污染治理。抓好长江保护修复、黑臭水体治理和洞庭湖总磷控制与削减，大力整治水质不达标断面，强化饮用水水源地保护。加强农业面源污染治理和农用地土壤污染防治。严格危险废物管控和化学品环境管理，深入推进医疗废物收集处理，强化地下水污染防治和垃圾填埋场污染治理。深入推进乡镇污水处理设施建设，实现全省建制镇污水处理设施基本覆盖。

抓好生态系统保护修复。加强“一江一湖三山四水”重要生态功能区保护，推进山水林田湖草沙系统保护修复。科学开展国土绿化行动，加快构建以国家公园为主体、自然保护区为基础、各类自然公园为补充的自然保护地体系。加强生态廊道建设，推动天然林和湿地生态系统有效恢复，加强生态脆弱区治理。加快推进“锰三角”、锡矿山等重点区域矿山、废弃矿山和尾矿库治理，推进矿山绿色发展。落实长江流域“十年禁渔”，加强“旗舰”物种、特有物种保护，推进遗传资源保护管理。全面强化生物安全。

提升生态环境治理现代化水平。强化国土空间规划和用途管控，科学划定“三条控制线”，合理确定开发强度，推动生产、生活、生态空间深度融合、相生相长。推动出台环境保护地方标准，完善落实生态环境补偿和资源有偿使用等制度，探索健全生态产品价值实现机制。做实河湖林长制，落实生态环境保护工作责任规定和生态损害赔偿制度，压实生态环境治理各方责任。推进生态环境监测、执法、督察、应急能力建设，不断提高环境风险应急防范水平。

人不负青山，青山定不负人。我们要保持历史耐心和战略定力，谋在长远，干在当下，让绿水青山造福人民、泽被后世。

（七）繁荣文化事业和文化产业

推进文化铸魂、文化赋能、文化惠民，加快文化强省建设。

弘扬社会主义核心价值观。加强和改进新时代思想政治工作，拓展新时代文明实践中心建设，全域全员全程全面开展文明创建。擦亮“雷锋家乡学雷锋”活动品牌，弘扬劳模精神、工匠精神。加强家庭家教家风建设，提升社会道德素养。培育积极健康的网络文化，营造安靖网络空间。广泛开展全民阅读活动，建设“书香湖南”。打造湖湘新型智库。

提升公共文化服务效能。全面繁荣新闻出版、广播影视、文学艺术、哲学社会科学事业，不断推出反映时代新气象、讴歌人民新创造的精品力作。大力推动公共文化服务体系高质量发展，创新实施数字农家书屋、智慧广电乡村工程、“欢乐潇湘”等文化惠民项目。统筹推进省市县媒体深度融合发展。加快推进长征国家文化公园湖南段建设，改扩建省科技创新馆。加强文物古籍保护、研究、利用，强化重要文化和自然遗产、非物质文化遗产系统性保护，支持省博物馆争创世界一流博物馆。

推进文旅融合高质量发展。巩固提升广电、出版传统优势，大力推进马栏山视频文创产业园建设，努力打造具有中国特色、全国领先、全球影响力的媒体融合新地标。大力实施全域旅游战略，打造一批精品景区景点、旅游线路，建设一批文旅产业千亿市、百亿县、亿元镇，促进“文旅+”产业融合发展，培育新型文化业态和文化消费模式。办好全省旅游发展大会，让湖南旅游唱响全国、走向世界。

文化自信是更基本、更深沉、更持久的力量。我们要弘扬湖湘文化优秀传统，赓续红色血脉，从中汲取砥砺奋进的精神力量。

（八）着力保障和改善民生

加强普惠性、基础性、兜底性民生建设，在高质量发展中促进共同富裕。

强化就业优先导向。发挥劳动密集型企业、中小微企业、民营企业就业主渠道作用。抓好高校毕业生、退役军人、农民工等群体就业，推进脱贫人口稳岗就业，帮扶残疾人、零就业家庭成员等困难人员就业。打造“创响三湘”品牌，支持外出务工人员返乡创业，发展多渠道灵活就业和新就业形态。大力提升就业服务质量，广泛开展职业技能培训，培育特色劳务品牌。落实保障农民工工资支付长效机制，构建和谐劳动关系。

办好人民满意教育。推进学前教育优质普惠、义务教育优质均衡和城乡一体化发展，增加公办义务教育学位，推进乡镇标准化寄宿制学校建设，促进县域普通高中发展提升。扩大优质高等教育资源供给，推进高校新一轮“双一流”建设和职业教育产教融合。规范发展民办教育。落实“双减”政策，规范校外培训。深化新时代教育评价改革，加强和改进德育、体育、美育、劳动教育，关爱师生心理健康。加强师德师风建设。

深化健康湖南建设。改革完善疾病预防控制体系。发展城市医联体和县域医共体，加快国家区域医疗中心建设，建成一批达到三级医院水平的县级医院。积极建设国家中医药综合改革示范区，做精“湘医”、做强“湘药”。扩大药品、高值医用耗材集中带量采购范围，深化医保支付方式改革。规范发展社会办医，加快发展大健康产业。依法实施三孩生育政策及配套支持措施，健全计划生育特殊家庭全方位帮扶保障制度。深入推进爱国卫生运动。推进长沙奥体中心建设，完善体育公园、潇湘健身步道等全民健身场地设施。全力备战亚运会，办好省运会、省残运会。

健全社会保障体系。推进基本养老保险全国统筹，提高城乡居民医保财政补助标准，推进失业保险省级统筹。健全重特大疾病医疗保险和救助制度，落实医疗保障待遇清单制度，优化跨省异地就医直接结算服务。强化低收入家庭救助帮扶，加强特困人员救助供养，提高困难群众最低生活保障水平。完善社区居家养老服务网络，着力构建老年友好型社会。保障妇女儿童合法权益，关爱保护困境儿童、农村留守儿童。发挥第三次分配作用，发展慈善事业。

抓好重点民生实事。坚持一件事、一个方案、一套班子、一抓到底，竭尽全力办好十大民生实事：① 增加公办义务教育学位；②职业教育楚怡行动；③特殊群体健康保障；④城乡低保和残疾人“两项补贴”提标；⑤老年人服务保障；⑥城镇老旧小区改造；⑦中小学安防设施建设；⑧农村饮用水水源地突出环境问题整治；⑨农村“三路”建设；⑩农村水源保障及灌溉能力提升。

民生无小事，枝叶总关情。我们要心系千家万户，情牵百姓忧乐，让发展更有温度、民生更有质感。

（九）不断提升安全发展水平

牢固树立总体国家安全观，统筹发展和安全两件大事，为高质量发展、高品质生活提供有力支撑。

精准做好常态化疫情防控。坚决贯彻“外防输入、内防反弹”总策略、“动态清零”总方针，保持联防联控机制常态化运行，持续推进疫苗接种，加强重点单位、重点场所、重点人群、重大活动精准防控。完善多点触发监测预警机制，动态调整应急预案，提高应急处置能力。

积极防范化解重大风险。防范化解地方政府债务风险，加快平台公司市场化转型，坚决遏制新增地方政府隐性债务。强化专项债券全生命周期管理。常态化开展“一非三贷”整治。健全食品药品监管责任体系，坚决守住食品药品安全底线。加快自然灾害防治重点工程建设，有效应对气象、地质、森林火灾等自然灾害。

维护社会稳定和安全。扎实做好新一轮县域警务工作，推行“互联网 + 基层治理”，加快构建立体化智能化社会治安防控体系。持续推进严打暴恐专项行动，常态化开展扫黑除恶斗争，坚决防范和打击各类违法犯罪。巩固提升安全生产专项整治，强力开展“打非治违”，排查整治老旧管道、非煤矿山、道路交通、建筑施工、农村危房、消防等重点领域隐患，突出抓好煤矿、烟花爆竹、危险化学品、文旅等重点行业领域安全监管，坚决杜绝重特大事故。

加强和创新社会治理。健全城乡基层治理体系，推进市域社会治理现代化和市县乡村社会治理创新。坚持和发展新时代“枫桥经验”，畅通信访渠道，健全社会矛盾多元化解机制。促进民族团结、宗教和谐。支持工会、共青团、妇联、红十字会等群团组织和社会组织更好发挥作用。

促一方发展，保一方平安，是我们的政治责任。我们要下好先手棋，打好主动仗，守护好万家灯火。

全力支持国防和军队现代化建设。坚决贯彻习近平强军思想，统筹经济发展与国防建设，深化国防动员体制改革和兵役制度改革，巩固民兵调整改革成果。加强全民国防教育，推进湖南革命军事馆建设。健全退役军人工作体系和保障制度，深入开展“双拥”共建，巩固和发展军政军民团结大好局面。

三、全面加强政府自身建设

打铁必须自身硬。要坚持党的全面领导，坚定捍卫“两个确立”，坚决做到“两个维护”，努力在新的赶考之路上，答好时代之卷。

加强政府系统党的建设。坚持以习近平新时代中国特色社会主义思想为根本遵循，深刻学习领会“十个明确”，自觉用党的创新理论最新成果指导实践、推动发展。弘扬伟大建党精神，持续深化以党史为重点的“四史”教育。始终把党的政治建设贯穿政府工作各领域、全过程，不断提高政治判断力、政治领悟力、政治执行力。

推进法治政府建设。落实法治政府建设实施方案，加强重点和新兴领域政府立法。进一步规范依法行政，全面实行政府权责清单制度，健全重大行政决策机制。发挥政府法律顾问作用。严格规范公正文明执法。全面实施“八五”普法规划，增强全民法治观念。依法接受同级人大及其常委会监督，自觉接受人民政协民主监督，主动接受社会和舆论监督。强化审计监督、统计监督。

提高政府效能。加快数字政府建设，深化“放管服”改革，打造“一件事一次办”升级版，推动更多事项“一网通办”“全省通办”“跨省通办”，提升监管规范化法治化精细化水平。深化工程建设项目审批制度改革。全面推行政务服务“好差评”和行政效能电子监察“红黄牌”制度，办好“12345”热线。

改进工作作风。贯彻落实中央八项规定及其实施细则精神的实施意见，力戒形式主义、官僚主义，以钉钉子精神抓部署、抓落实、抓督查。扎实推进清廉湖南建设，落实党风廉政建设“一岗双责”，加强公共资源交易等重点领域的大数据应用、智能化监管。落实好过紧日子的要求，坚持勤俭办一切事业，严控一般性支出，保障好重点支出，坚决不搞政绩工程、形象工程。

增强工作本领。加强经济知识、科技知识、历史知识的学习，敬畏历史、敬畏文化、敬畏生态，强化专业精神、提升专业素养。切实关心基层干部，完善干部担当作为激励保护机制，真正为基层松绑减负，让干部轻装上阵、勇担重任。

各位代表！站在现代化新湖南建设的历史起点，承担“三高四新”战略定位和使命任务，面对勤劳智慧、勇毅奋进的湖湘儿女，惟有不懈奋斗，方能不负重托。让我们紧密团结在以习近平同志为核心的党中央周围，在中共湖南省委坚强领导下，牢记嘱托、不负使命，干在实处、走在前列，以实际行动迎接党的二十大胜利召开！

湖南省 2021 年国民经济和社会发展统计公报 [1]

湖南省统计局　国家统计局湖南调查总队

2022 年 3 月 22 日

2021 年是党和国家历史上具有里程碑意义的一年。在以习近平同志为核心的党中央坚强领导下，全省上下认真落实习近平总书记对湖南重要讲话重要指示批示精神，坚决贯彻党中央、国务院决策部署和省委、省政府工作要求，坚持稳中求进工作总基调，完整、准确、全面贯彻新发展理念，加快构建新发展格局，全面落实“三高四新”战略定位和使命任务，统筹疫情防控和经济社会发展，扎实做好“六稳”“六保”工作，积极有效应对各种困难挑战，经济运行稳中有进、稳中提质，社会大局和谐稳定，实现了“十四五”良好开局。

一、综　合

根据地区生产总值统一核算结果，全年地区生产总值 [2] 46063.1 亿元，比上年增长 7.7%；两年平均增长 5.7%，高于全国平均水平。其中，第一产业增加值 4322.9 亿元，增长 9.3%；第二产业增加值 18126.1 亿元，增长 6.9%；第三产业增加值 23614.1 亿元，增长 7.9%。按常住人口计算，人均地区生产总值 69440 元，增长 7.8%。

三次产业结构为 9.4 ∶ 39.3 ∶ 51.3。工业增加值增长 8.3%，占地区生产总值的比重为 30.7%；高新技术产业增加值增长 19.0%，占地区生产总值的比重为 23.9%；战略性新兴产业增加值增长 12.3%，占地区生产总值的比重为 10.3%。第一、二、三产业增加值对经济增长的贡献率分别为 12.4%、34.6% 和 53.0%。其中，工业对经济增长的贡献率为 32.3%，生产性服务业对经济增长的贡献率为 24.2%。

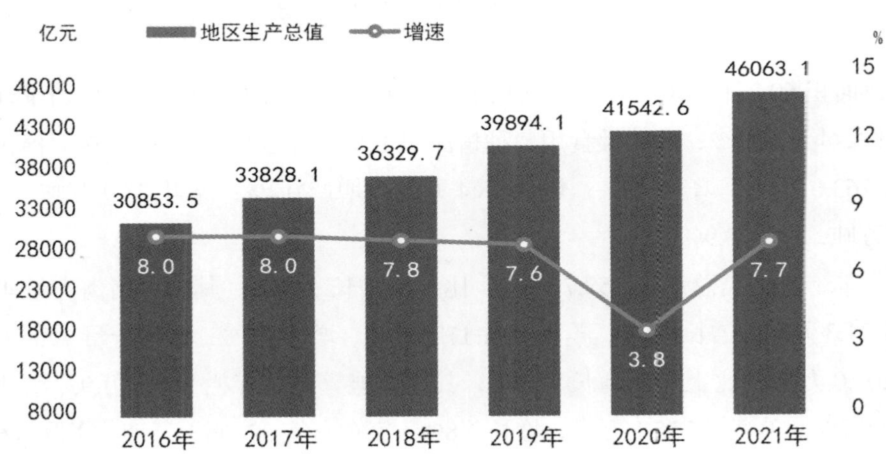

图 1　2016-2021 年地区生产总值及其增长速度

分区域看，长株潭地区[3]生产总值 19239.3 亿元，比上年增长 7.6%；湘南地区生产总值 8871.5 亿元，增长 8.1%；大湘西地区生产总值 7477.5 亿元，增长 8.0%；洞庭湖地区生产总值 10476.4 亿元，增长 8.0%。

二、农　业

全年农林牧渔业总产值 7662.4 亿元，增长 10.4%。其中，农业产值 3532.9 亿元，增长 3.6%；林业产值 455.8 亿元，增长 9.5%；牧业产值 2542.5 亿元，增长 20.6%；渔业产值 570.8 亿元，增长 4.3%。

全年粮食种植面积 4758.4 千公顷，比上年增加 3.6 千公顷，增长 0.1%。其中，夏粮面积 113.9 千公顷，增加 7.6 千公顷，增长 7.1%；早稻面积 1219.6 千公顷，减少 6.1 千公顷，下降 0.5%；秋粮面积 3424.9 千公顷，增加 2.2 千公顷，增长 0.1%。秋粮面积中，中稻及一季晚稻面积 1479.2 千公顷，增加 3.1 千公顷，增长 0.2%；双季晚稻面积 1272.3 千公顷，减少 19.7 千公顷，下降 1.5%。全年粮食产量 3074.4 万吨，比上年增加 59.2 万吨，增产 2.0%。其中，夏粮产量 45.2 万吨，增加 2.0 万吨，增产 4.7%；早稻产量 743.8 万吨，增加 25.1 万吨，增产 3.5%；秋粮产量 2285.4 万吨，增加 32.1 万吨，增产 1.4%。

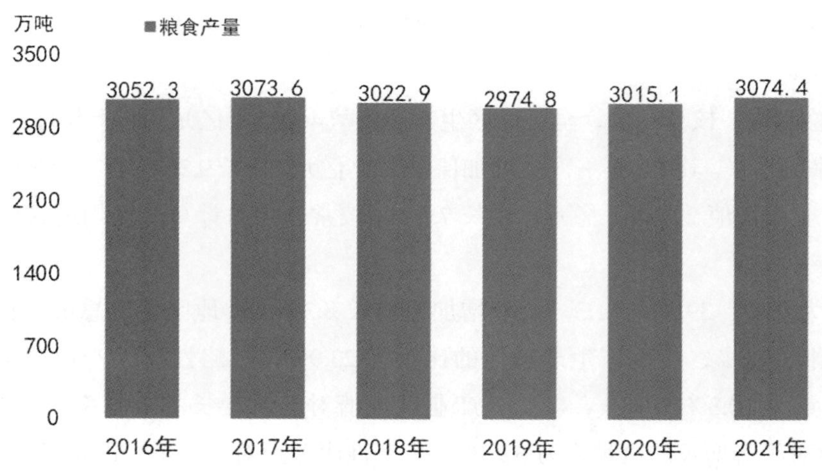

图 2　2016–2021 年粮食产量

全年棉花种植面积 60.2 千公顷，比上年增长 1.2%；糖料种植面积 7.5 千公顷，下降 0.8%；油料种植面积 1479.8 千公顷，增长 1.8%；蔬菜及食用菌种植面积 1391.5 千公顷，增长 2.7%。棉花产量 8.0 万吨，增产 8.1%；油料 263.0 万吨，增产 0.9%；烤烟 18.4 万吨，增产 0.4%；茶叶 25.9 万吨，增产 3.4%；蔬菜及食用菌 4268.9 万吨，增产 3.9%。

全年猪、牛、羊、禽肉类总产量 559.7 万吨，比上年增长 23.7%。其中，猪肉产量 443.1 万吨，增长 31.2%；牛肉产量 21.3 万吨，增长 3.9%；羊肉产量 17.5 万吨，增长 8.7%；禽肉产量 77.8 万吨，下降 0.5%。年末生猪存栏 4202.0 万头，比上年末增长 12.5%，其中，能繁母猪存栏 368.1 万头，增长 4.7%；牛存栏 435.1 万头，下降 0.7%；羊存栏 775.1 万只，增长 1.8%；家禽存笼 37456.1 万羽，下降 0.6%。全年生猪出栏 6121.8 万头，比上年增长 31.4%；牛出栏 180.7 万头，增长 3.5%；羊出栏 1064.1 万只，增长 8.2%；家禽出笼 54025.2 万羽，下降 0.7%。禽蛋产量 117.9 万吨，下降 0.8%；牛奶产量 5.7 万吨，增长 1.8%；水产品产量 266.1 万吨，增长 2.8%。

全年新增农田有效灌溉面积 21.3 千公顷，新增节水灌溉面积 27.8 千公顷。实施高标准农田建设项目 166 个，高标准农田建设面积 463 万亩。开工各类水利工程 7.0 万处，投入资金 267.1 亿元，完成水利工程土石方 0.7 亿立方米。农村公路提质改造 4510 公里。

三、工业和建筑业

全年规模以上工业增加值比上年增长 8.4%。其中，民营企业增加值增长 8.6%，占规模以上工业的比重为 70.6%。高技术制造业[4]增加值增长 21.0%，占规模以上工业的比重为 13.0%，比上年提高 1.3 个百分点。装备制造业[5]增加值增长 13.7%，占规模以上工业的比重为 31.7%。省级及以上产业园区工业增加值增长 10.1%，占规模以上工业的比重为 69.8%，比上年提高 0.7 个百分点。六大高耗能行业增加值增长 4.8%，占规模以上工业的比重为 30.2%。分区域看，长株潭地区规模以上工业增加值增长 9.0%，湘南地区规模以上工业增加值增长 9.6%，大湘西地区规模以上工业增加值增长 9.9%，洞庭湖地区规模以上工业增加值增长 8.1%。

全年规模以上工业统计的主要产品产量中，大米 1908.1 万吨，比上年增长 6.2%；饲料 2038.3 万吨，增长 17.6%；原油加工量 808.9 万吨，下降 7.9%；水泥 10454.8 万吨，下降 5.0%；钢材 2979.7 万吨，增长 8.3%；十种有色金属 233.2 万吨，增长 10.1%；混凝土机械 3.7 万台，下降 6.8%；汽车 67.3 万辆，增长 4.9%；发电量 1658.6 亿千瓦时，增长 10.1%。

表 1　2021 年规模以上工业主要产品产量及其增长速度[6]

产品名称	计量单位	产　量	比上年增长（%）
原　煤	万吨	723.4	–31.3
原　盐	万吨	332.8	0.7
大　米	万吨	1908.1	6.2
饲　料	万吨	2038.3	17.6
精制食用植物油	万吨	287.2	–2.4
卷　烟	亿支	1644.1	1.2
机制纸及纸板（外购原纸加工除外）	万吨	343.7	5.5
原油加工量	万吨	808.9	–7.9
硫　酸（折 100%）	万吨	189.3	–4.5
烧　碱（折 100%）	万吨	62.0	3.8
合成氨（无水氨）	万吨	59.5	–0.8
化　肥（折 100%）	万吨	59.6	1.5
水　泥	万吨	10454.8	–5.0

表1 续

产品名称	计量单位	产 量	比上年增长（%）
平板玻璃	万重量箱	4091.3	9.6
生 铁	万吨	2177.4	3.4
钢 材	万吨	2979.7	8.3
十种有色金属	万吨	233.2	10.1
白 银（银锭）	吨	5635.7	12.1
起重机	万吨	255.4	0.3
混凝土机械	万台	3.7	-6.8
建筑工程用机械	万台	17.9	18.2
汽 车	万辆	67.3	4.9
其中：基本型乘用车（轿车）	万辆	45.4	31.1
运动型多用途乘用车（SUV）	万辆	16.9	-26.9
新能源汽车	万辆	19.0	106.3
城市轨道车辆	辆	1630	-5.9
发电机组（发电设备）	万千瓦	958.8	-16.9
交流电动机	万千瓦	2186.4	30.5
变压器	万千伏安	12757.9	-32.3
发电量	亿千瓦时	1658.6	10.1
其中：火电	亿千瓦时	1016.4	19.1
水电	亿千瓦时	486.0	-10.5

规模以上工业企业实现利润总额[7]2060.0亿元，比上年增长10.7%。分经济类型看，国有企业106.2亿元，增长31.8%；集体企业3.5亿元，下降9.2%；股份合作制企业0.2亿元，下降36.8%；股份制企业1716.6亿元，增长15.3%；外商及港澳台商投资企业175.3亿元，下降24.4%；其他内资企业58.3亿元，增长4.4%。利润总额居前五位的大类行业中，非金属矿物制品业236.9亿元，增长7.1%；专用设备制造业182.5亿元，下降21.7%；化学原料和化学制品制造业173.8亿元，增长20.6%；计算机、通信和其他电子设备制造业161.7亿元，增长3.7%；农副食品加工业113.4亿元，增长0.2%。规模以上工业企业每百元营业收入中的成本为82.67元；营业收入利润率为4.82%。年末规模以上工业企业资产负债率为49.9%。

全年建筑业增加值3973.4亿元，比上年增长2.0%。资质以上总承包和专业承包建筑业企业利润总额339.4亿元，增长1.4%。房屋建筑施工面积76367.9万平方米，增长12.3%。房屋建筑竣工面积24029.1万平方米，增长13.1%。

四、服务业

全年批发和零售业增加值 4563.0 亿元，比上年增长 9.4%；交通运输、仓储和邮政业增加值 1652.4 亿元，增长 8.0%；住宿和餐饮业增加值 913.5 亿元，增长 13.3%；金融业增加值 2288.0 亿元，增长 4.5%；房地产业增加值 2945.4 亿元，增长 2.4%；信息传输、软件和信息技术服务业增加值 1000.7 亿元，增长 15.7%；租赁和商务服务业增加值 1414.5 亿元，增长 7.7%。全年规模以上服务业企业营业收入增长 17.6%，利润总额增长 41.7%。

全年客货运输换算周转量 3608.3 亿吨公里，比上年增长 10.6%。货物周转量 2915.9 亿吨公里，增长 11.3%。其中，铁路周 转量 986.9 亿吨公里，增长 15.2%；公路周转量 1461.2 亿吨公里，增长 8.2%。旅客周转量 1013.3 亿人公里，增长 3.4%。其中，铁路周转量 660.6 亿人公里，增长 8.7%；公路周转量 195.4 亿人公里，下降 13.1%；民航周转量 155.7 亿人公里，增长 6.9%。

年末公路通车里程 24.19 万公里，比上年末增长 0.3%。其中，高速公路通车里程 7083 公里，比上年末增加 132 公里。铁路营业里程 5909 公里，增长 4.7%。其中，高速铁路 2250 公里，增加 254 公里。民用汽车保有量 1035.0 万辆，增长 8.2%。其中，私人汽车保有量 963.8 万辆，增长 8.3%。轿车保有量 567.3 万辆，增长 8.6%。

表 2　2021 年各种运输方式完成客货运输量及其增长速度

指　　标	计量单位	绝对数	比上年增长（%）
货运量	万吨	225517.1	11.7
其中：铁路	万吨	4770.6	3.9
公路	万吨	198422.6	12.5
水运	万吨	21272.2	7.2
民航	万吨	11.2	2.5
管道	万吨	1040.4	–4.5
客运量	万人	51810.8	–9.6
其中：铁路	万人	12865.1	12.9
公路	万人	37030.9	–16.1
水运	万人	763.9	12.9
民航	万人	1150.9	5.6

全年邮政行业业务总量[8]295.8 亿元，比上年增长 27.9%；电信业务总量[9]629.0 亿元，增长 30.8%。年末固定电话用户 568.3 万户，下降 4.1%；移动电话用户 6942.3 万户，增长 3.3%。年末互联网宽带用户 2323.0 万户，增长 9.9%。

五、固定资产投资

全年固定资产投资（不含农户）比上年增长 8.0%。其中，民间投资增长 9.6%。分经济类型看，国有投资下降 5.1%，非国有投资增长 12.9%。分投资方向看，民生工程投资下降 3.8%，生态环境投资增长 3.9%，基础设施投资增长 3.6%，高技术产业投资 [10] 增长 15.6%，工业技改投资增长 17.5%。分区域看，长株潭地区投资增长 7.3%，湘南地区投资增长 7.5%，大湘西地区投资增长 6.2%，洞庭湖地区投资增长 9.5%。

全年房地产开发投资 5427.8 亿元，比上年增长 11.2%。其中，住宅投资 4164.6 亿元，增长 15.2%。商品房销售面积 9188.8 万平方米，下降 2.6%。其中，住宅销售面积 8316.7 万平方米，下降 2.2%。商品房销售额 6040.5 亿元，增长 1.6%。其中，住宅销售额 5390.4 亿元，增长 3.2%。年末商品房待售面积 1146.3 万平方米，比上年末减少 187.5 万平方米，下降 14.1%。

表 3　2021 年固定资产投资增长速度

指　　标	比上年增长（%）
固定资产投资（不含农户）	8.0
第一产业	10.1
第二产业	14.0
其中：采矿业	−0.5
制造业	17.5
电力、热力、燃气及水生产和供应业	−3.9
建筑业	−32.4
第三产业	4.3
其中：交通运输、仓储和邮政业	6.7
信息传输、软件和信息技术服务业	28.5
批发和零售业	−17.7
住宿和餐饮业	5.5
金融业	39.1
房地产业	7.0
租赁和商务服务业	2.2
科学研究和技术服务业	5.3
水利、环境和公共设施管理	1.5
居民服务、修理和其他服务业	−11.5
教育	1.8
卫生和社会工作	−3.7
文化、体育和娱乐业	7.9
公共管理、社会保障和社会组织	−6.3

六、国内贸易和物价

全年社会消费品零售总额 18596.9 亿元，比上年增长 14.4%。分经营地看，城镇消费品零售额 16082.3 亿元，增长 14.5%；乡村消费品零售额 2514.6 亿元，增长 13.6%。分消费类型看，商品零售额 16326.0 亿元，增长 13.6%；餐饮收入额 2270.8 亿元，增长 20.6%。分区域看，长株潭地区社会消费品零售总额 7228.4 亿元，增长 14.5%；湘南地区社会消费品零售总额 3768.4 亿元，增长 14.2%；大湘西地区社会消费品零售总额 3338.9 亿元，增长 13.8%；洞庭湖地区社会消费品零售总额 4261.0 亿元，增长 14.8%。

表 4　2021 年社会消费品零售总额及其增长速度

指　　标	零售额（亿元）	比上年增长（%）
社会消费品零售总额	18596.9	14.4
按经营地分		
其中：城镇	16082.3	14.5
乡村	2514.6	13.6
限额以上法人批发和零售业商品零售额	5799.2	14.0
其中：粮油、食品类	778.2	23.9
饮料类	117.8	21.0
烟酒类	128.6	23.5
服装、鞋帽、针纺织品类	350.7	10.9
化妆品类	96.6	16.8
金银珠宝类	77.6	15.6
日用品类	198.9	15.3
五金、电料类	51.3	5.3
体育、娱乐用品类	18.5	14.7
书报杂志类	71.5	12.8
电子出版物及音像制品类	2.0	-13.8
家用电器和音像器材类	335.3	10.4
中西药品类	306.9	9.4
文化办公用品类	100.0	6.7
家具类	73.1	12.6
通讯器材类	55.3	-6.0
石油及制品类	1091.9	19.0
建筑及装潢材料类	96.0	18.0
机电产品及设备类	36.0	-4.8
汽车类	1681.3	10.2

全年限额以上法人批发和零售业商品零售额 5799.2 亿元，比上年增长 14.0%。分商品类别看，粮油、食品类零售额增长 23.9%，化妆品类增长 16.8%，家用电器和音像器材类增长 10.4%，中西药品类增长 9.4%，

通讯器材类下降6.0%，石油及制品类增长19.0%，汽车类增长10.2%。绿色智能商品中，可穿戴智能设备零售额增长18.5%，智能手机增长17.6%，新能源汽车增长61.9%。

全年实物商品网上零售额1755.2亿元，比上年增长12.1%，占社会消费品零售总额的比重为9.4%。

全年居民消费价格比上年上涨0.5%。其中，城市上涨0.7%，农村与上年持平。商品零售价格上涨1.6%。工业生产者出厂价格上涨5.9%，工业生产者购进价格上涨8.1%。农产品生产者价格下跌9.9%。

表5　2021年居民消费价格比上年涨跌幅度

指　标	涨跌幅度（%）	按城乡分	
		城市	农村
居民消费价格	0.5	0.7	0.0
其中：食品烟酒	−2.0	−1.4	−3.3
衣着	0.7	0.8	0.4
居住	1.2	1.1	1.2
生活用品及服务	0.3	0.3	0.2
交通和通信	4.8	5.0	4.3
教育文化及娱乐	1.0	1.1	0.8
医疗保健	0.7	0.9	0.4
其他用品和服务	−2.1	−2.2	−1.8

七、对外经济

全年进出口总额[11]5988.6亿元，比上年增长22.6%。其中，出口4212.7亿元，增长27.5%；进口1775.8亿元，增长12.3%。分贸易方式看，一般贸易出口3570.1亿元，增长35.8%；加工贸易出口399.2亿元，下降23.3%。出口额居前五位的商品中，电子元件237.3亿元，增长38.2%；钢材226.4亿元，增长245.1%；服装及衣着附件197.5亿元，增长12.7%；鞋靴188.3亿元，增长51.7%；电工器材170.2亿元，增长52.7%。分产销国别（地区）看，出口美国726.9亿元，增长59.1%；出口香港519.1亿元，下降9.1%；出口欧盟[12]477.5亿元，增长33.7%；出口东盟713.0亿元，增长20.7%。

表6　2021年进出口总额及其增长速度

指　标	绝对数（亿元）	比上年增长（%）
进出口总额	5988.6	22.6
出口额	4212.7	27.5
按贸易方式分		
其中：一般贸易	3570.1	35.8
加工贸易	399.2	−23.3
按重点商品分		

表6 续

指 标	绝对数（亿元）	比上年增长（%）
其中：机电产品	1838.2	23.1
高新技术产品	502.0	8.0
农产品	150.9	29.1
进口额	1775.8	12.3
按贸易方式分		
其中：一般贸易	1192.1	22.2
加工贸易	312.1	–27.4
按重点商品分		
其中：机电产品	571.1	–13.3
高新技术产品	420.5	–6.5
农产品	285.6	14.3

全年实际使用外商直接投资 24.1 亿美元，比上年增长 72.3%。其中，第一产业 0.3 亿美元，增长 883.0%；第二产业 3.7 亿美元，下降 13.8%；第三产业 20.2 亿美元，增长 108.6%。新引进世界 500 强企业 6 家。实际到位境内省外资金 11280.3 亿元，增长 29.1%。其中，第一产业 651.8 亿元，下降 5.3%；第二产业 5357.2 亿元，增长 31.4%；第三产业 5271.4 亿元，增长 32.7%。合同签约 2 亿元（外资 3000 万美元）以上重大项目 1035 个。

全年对外承包工程新签合同金额 55.6 亿美元，比上年增长 24.6%；实现营业额 27.6 亿美元，增长 22.5%；派出各类劳务人员 0.77 万人，增长 40.0%。对外直接投资新增中方合同额 8.2 亿美元，下降 62.4%。对外直接投资实际投资额 16.7 亿美元，增长 12.1%。

八、财政和金融

全年地方一般公共预算收入 3250.7 亿元，比上年增长 8.0%。其中，税收收入 2246.0 亿元，增长 9.1%；非税收入 1004.7 亿元，增长 5.7%。税收收入中，国内增值税 784.2 亿元，增长 11.9%；企业所得税 271.0 亿元，增长 5.9%。一般公共预算支出 8364.8 亿元，增长 3.4%。其中，教育支出 1389.9 亿元，增长 4.9%；社会保障和就业支出 1345.1 亿元，增长 3.4%；卫生健康支出 775.4 亿元，增长 6.6%；科学技术支出 221.0 亿元，增长 5.6%；住房保障支出 240.4 亿元，增长 1.1%。

表 7　2021 年地方一般公共预算收支及其增长速度

指 标	绝对数（亿元）	比上年增长（%）
地方一般公共预算收入	3250.7	8.0
其中：税收收入	2246.0	9.1
国内增值税	784.2	11.9
企业所得税	271.0	5.9

表 7 续

指　标	绝对数（亿元）	比上年增长（%）
非税收入	1004.7	5.7
一般公共预算支出	8364.8	3.4
其中：一般公共服务	772.0	-6.6
教育	1389.9	4.9
科学技术	221.0	5.6
文化体育与传媒	140.0	3.9
社会保障和就业	1345.1	3.4
卫生健康支出	775.4	6.6
节能环保	190.5	3.3
城乡社区	916.3	16.6
农林水	953.5	3.3
交通运输	240.4	1.1

年末金融机构本外币各项存款余额 62891.0 亿元，比上年末增长 8.6%。其中，住户存款余额 35531.4 亿元，增长 11.5%；非金融企业存款余额 13818.2 亿元，增长 2.7%。本外币各项贷款余额 55845.0 亿元，增长 13.0%。其中，住户贷款余额 20776.5 亿元，增长 13.0%；非金融企业及机关团体贷款余额 34950.3 亿元，增长 12.9%。

表 8　2021 年末金融机构本外币存贷款余额及其新增额

指　标	年末余额（亿元）	比年初新增额（亿元）
各项存款	**62891.0**	**4979.0**
其中：境内存款	62797.0	4961.5
#住户存款	35531.4	3662.3
活期存款	11650.4	466.8
定期及其他存款	23881.0	3195.5
非金融企业存款	13818.2	362.5
活期存款	6896.4	-339.3
定期及其他存款	6921.7	701.8
非银行业金融机构存款	3070.6	514.7
境外存款	94.1	17.5
各项贷款	**55845.0**	**6442.2**
其中：境内贷款	55773.3	6414.8
#住户贷款	20776.5	2384.2
短期贷款	5189.6	760.1
中长期贷款	15586.9	1624.1

表 8　续

指　　标	年末余额（亿元）	比年初新增额（亿元）
非金融企业及机关团体贷款	34950.3	3984.3
短期贷款	6581.0	316.3
中长期贷款	26214.5	3243.2
境外贷款	71.7	27.4

年末全省境内上市公司 132 家，全年直接融资总额 5193.8 亿元，比上年增长 11.1%。年末 A 股上市公司总市值 19944.0 亿元，增长 13.8%。年末证券公司营业部 439 家，增加 3 家；全年证券交易额 121727.9 亿元，增长 71.0%。年末辖区共有期货公司 2 家，同比减少 1 家；全年成交金额 71384.1 亿元，增长 21.7%。

全年保险公司原保险保费收入 1508.8 亿元，比上年增长 4.8%。其中，寿险保费收入 748.5 亿元，增长 6.2%；健康险保费收入 328.3 亿元，增长 12.6%；人身意外伤害险保费收入 40.7 亿元，增长 4.9%；财产险保费收入 391.2 亿元，下降 3.2%。原保险赔付支出 528.9 亿元，增长 11.3%。

九、教育和科学技术

年末有普通高校 114 所。研究生教育毕业生 2.7 万人，普通高等教育毕业生 39.4 万人，中等职业教育毕业生 20.6 万人，普通高中毕业生 39.4 万人，初中毕业生 84.0 万人，普通小学毕业生 88.7 万人。在园幼儿 229.4 万人，比上年下降 0.9%。小学适龄儿童入学率[13]100%，高中阶段教育毛入学率[14]94.28%。各类民办学校 10912 所，在校学生 261.4 万人。发放高校国家奖学金、助学金（本专科生）13.0 亿元，资助高校学生（本专科生）68.6 万人次。发放中职国家助学金 5.0 亿元，资助中职学生 50.3 万人次。落实义务教育保障资金 105.6 亿元，发放普通高中国家助学金 5.2 亿元。

表 9　2021 年各级学校招生、在校及毕业生人数及其增长速度

指　　标	招生人数		在校（学）人数		毕业人数	
	绝对数（万人）	比上年增长（%）	绝对数（万人）	比上年增长（%）	绝对数（万人）	比上年增长（%）
研究生教育	3.6	4.6	11.1	8.1	2.7	7.2
普通高等教育	49.4	1.0	159.6	5.7	39.4	4.8
成人高等教育	29.5	4.2	61.0	9.9	22.3	16.4
中等职业教育	28.3	13.8	74.7	9.3	20.6	–0.8
普通高中	48.1	7.1	135.4	6.3	39.4	2.2
初中	89.7	8.8	257.4	2.2	84.0	6.8
普通小学	84.0	–1.0	530.1	–0.8	88.7	9.1
特殊教育	0.8	3.6	5.4	–0.4	0.7	–4.8

年末有国家工程研究中心（工程实验室）11 个，省级工程研究中心（工程实验室）331 个。国家地方联合工程研究中心（工程实验室）38 个。国家认定企业技术中心 65 个。国家工程技术研究中心 14 个，省级工程技术研究中心 452 个。国家级重点实验室 19 个，省级重点实验室 339 个。签订技术合同 17721 项，技术合同成交金额 1261.3 亿元。登记科技成果 929 项。专利授权量 98936 件，增长 25.7%。其中，发明专利授权量 16564 件，增长 43.6%。工矿企业、大专院校和科研单位专利授权量分别为 60457 件、14785 件和 746 件。

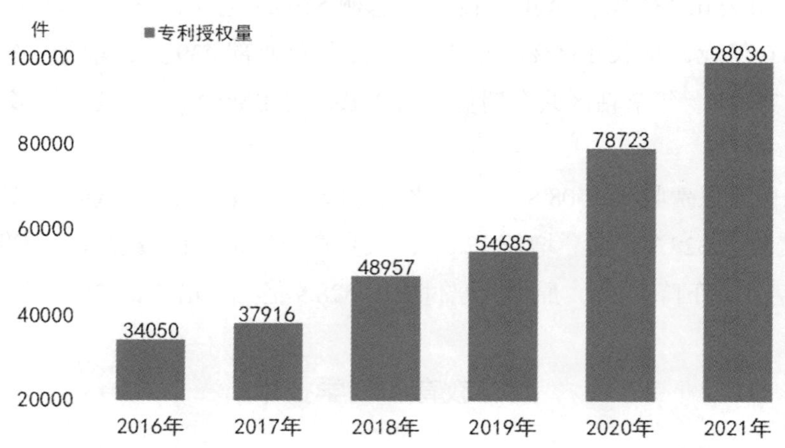

图 3　2016-2021 年专利授权量

年末有检验检测机构 2041 个。其中，国家产品质量监督检验中心 24 个。法定计量检定机构 103 个。特种设备生产单位 1860 家，特种设备 47.4 万台。重点工业产品监督抽查合格率 87.6%。参与制定国际标准 7 项，参与制定国家标准 210 项，组织制定地方标准 329 项。公开出版地图 1526 幅，天地图用户访问量 37.6 万次，提供地理空间数据成果 179.4 万幅。

十、文化、卫生和体育

年末有艺术表演团体 631 个，群众艺术馆、文化馆 146 个，公共图书馆 143 个，博物馆、纪念馆 122 个。广播电视台（播出机构）108 座。有线电视用户 548.5 万户。广播综合人口覆盖率 99.42%，电视综合人口覆盖率 99.80%。国家级非物质文化遗产保护目录 118 个，省级非物质文化遗产保护目录 324 个。出版图书 11605 种、期刊 254 种、报纸 45 种，图书、期刊、报纸出版总印数分别为 5.1 亿册、0.9 亿册和 6.7 亿份。

年末有卫生机构 55682 个。其中，医院 1716 个，妇幼保健院（所、站）136 个，专科疾病防治院（所、站）78 个，乡镇卫生院 2099 个，社区卫生服务中心（站）970 个，诊所、卫生所、医务室 12200 个，村卫生室 37082 个。卫生技术人员 50.6 万人，比上年增长 1.1%。其中，执业医师和执业助理医师 19.2 万人，注册护士 23.9 万人。医院拥有床位 39.0 万张，增长 3.6%；乡镇卫生院拥有床位 10.6 万张，减少 1.0%。

全省经常参加体育锻炼人数 2666.0 万人，开展全民健身项目 1577 项次。新建农民体育健身工程的行政村 1025 个。全年获得 67 个全国冠军。体育场地 159267 个。其中，体育馆 263 座，运动场 6859 个，游泳池 1001 个，各种训练房 7934 个。

十一、人口、居民收入消费和社会保障

年末全省常住人口 6622 万人。其中，城镇人口 3954 万人，城镇化率 59.71%，比上年末提高 0.95 个百分点。全年出生人口 47.3 万人，出生率 7.13‰；死亡人口 54.93 万人，死亡率 8.28‰；人口自然增长率 -1.15‰。0—15 岁（含不满 16 周岁）人口占常住人口的比重为 20.19%，下降 0.56 个百分点；16—59 岁（含不满 60 周岁）人口比重为 60.03%，提高 0.65 个百分点；60 岁及以上人口比重为 19.78%，下降 0.10 个百分点。

表 10　2021 年末常住人口数及构成

指　标	年末数（万人）	比重（%）
常住人口	6622	100
其中：城镇	3954	59.71
乡村	2668	40.29
其中：男性	3392	51.22
女性	3230	48.78
其中：0-15 岁（含不满 16 周岁）[15]	1337	20.19
16-59 岁（含不满 60 周岁）	3975	60.03
60 岁及以上	1310	19.78
其中：65 岁及以上	1024	15.46

全年全省居民人均可支配收入 31993 元，比上年增长 8.9%；人均可支配收入中位数 25834 元，增长 8.6%。按常住地分，城镇居民人均可支配收入 44866 元，增长 7.6%；城镇居民人均可支配收入中位数 40177 元，增长 7.2%。农村居民人均可支配收入 18295 元，增长 10.3%；农村居民人均可支配收入中位数 16496 元，增长 11.2%。城乡居民可支配收入比值由上年的 2.51 缩小为 2.45。分区域看，长株潭地区居民人均可支配收入 48924 元，增长 8.1%；湘南地区居民人均可支配收入 29543 元，增长 8.7%；大湘西地区居民人均可支配收入 22190 元，增长 9.2%；洞庭湖地区居民人均可支配收入 29165 元，增长 9.3%。脱贫县 [16] 农村居民人均可支配收入 13537 元，增长 12.6%。

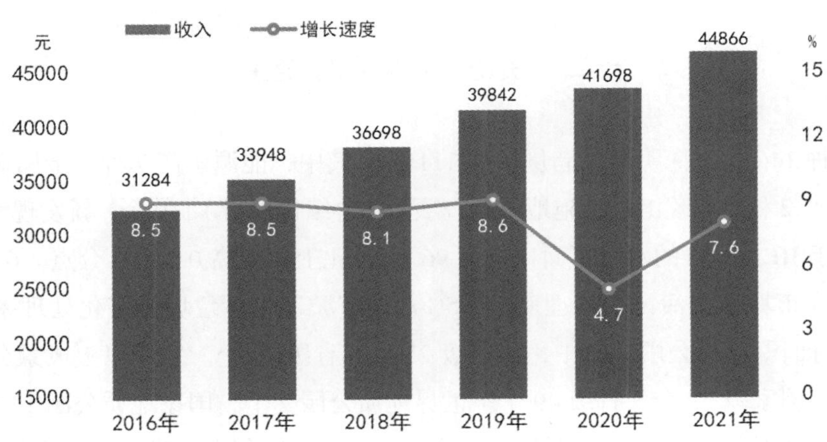

图 4　2016- 2021 年城镇居民人均可支配收入及其增长速度

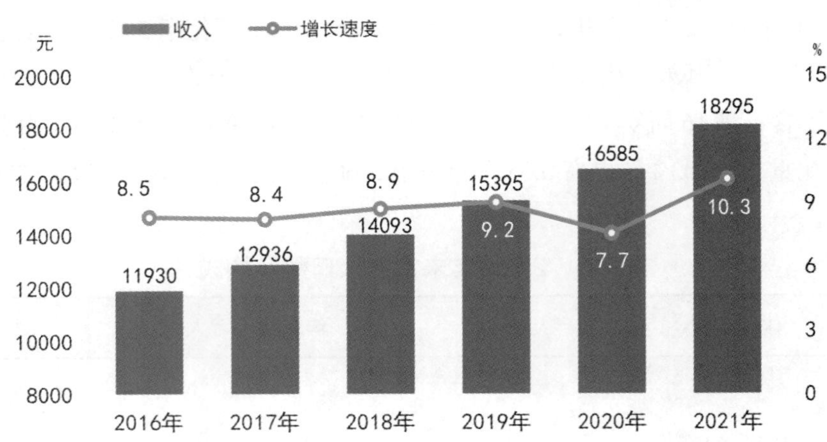

图 5　2016-2021 年农村居民人均可支配收入及其增长速度

全年全省居民人均消费支出 22798 元，比上年增长 8.6%。按常住地分，城镇居民人均消费支出 28294 元，增长 5.6%；农村居民人均消费支出 16951 元，增长 13.2%。

全年城镇新增就业人员 75.3 万人。年末城乡居民基本养老保险参保人数 3443.6 万人，下降 0.8%。城镇职工基本养老保险参保人数 1849.5 万人，增长 6.9%。其中，在职职工 1141.4 万人，离退休人员 427.6 万人。基本医疗保险参保人数 6748.7 万人。其中，城乡居民基本医疗保险参保人数 5723.5 万人，城镇职工基本医疗保险参保人数 1025.2 万人。参加失业保险职工人数 687.4 万人，增长 7.3%。参加工伤保险职工人数 853.3 万人。参加生育保险职工人数 652.8 万人。年末领取失业保险职工人数 17.2 万人。获得政府最低生活保障的城镇居民 39.0 万人，发放最低生活保障经费 21.0 亿元；获得政府最低生活保障的农村居民 145.3 万人，发放最低生活保障经费 47.2 亿元。年末提供住宿民政机构床位 27.8 万张，收养人数 12.4 万人。其中，养老机构床位 26.2 万张，养老机构服务人数 11.6 万人。社区服务机构和设施 3.2 万个。全年销售社会福利彩票 51.4 亿元，筹集福彩公益金 16.7 亿元。圆满完成 20 件重点民生实事。其中，建成芙蓉学校 101 所，增加公办幼儿园学位 13.5 万个，办理法律援助案件 6.12 万件，政府补贴性职业技能培训 156.2 万人次。

十二、资源、环境和安全生产

全省已发现矿种 146 种，探明资源储量矿种 111 种。其中，能源矿产 7 种，金属矿产 39 种，非金属矿产 63 种，水气矿产 2 种。财政出资实施地质勘查项目（含续作项目）119 个，新发现大中型矿产地 9 处。

全年达到或优于 III 类标准的水质断面比例为 96.1%，比上年提高 0.2 个百分点。6 个市级城市空气质量达到二级标准。设市城市生活污水处理率 97.95%，设市城市生活垃圾无害化处理率 100%。省级以上自然保护区 53 个，面积 91 万公顷。其中，国家级 23 个，省级 30 个。省级以上风景名胜区 71 个，面积 74.1 万公顷。其中，国家级 22 个，省级 49 个。世界地质公园 2 个，国家地质公园 14 个。全年完成造林面积 42.5 万公顷。年末林地面积 1273.6 万公顷，活立木蓄积 6.41 亿立方米，森林覆盖率 59.97%。

初步核算，全年规模以上工业综合能源消费量比上年增长 5.3%。其中，六大高耗能行业综合能源消费量增长 6.5%。

全年发生各类生产经营性安全事故 1484 起，生产经营性安全事故死亡人数 1579 人。亿元地区生产总值事故死亡人数 0.03 人，煤矿百万吨死亡人数 0.003 人。道路交通事故死亡率 3.34 人 / 万辆，下降 0.38 人 / 万辆。

注释：

[1] 本公报数据均为初步统计数，部分数据因四舍五入的原因，存在与分项合计不等情况。

[2] 地区生产总值、三次产业及相关行业增加值、人均地区生产总值绝对数按现价计算，增长速度按不变价格计算。

[3] 长株潭地区是指长沙、株洲和湘潭 3 市，湘南地区是指衡阳、郴州和永州 3 市，大湘西地区是指邵阳、张家界、怀化、娄底和湘西自治州 5 市（州），洞庭湖地区是指岳阳、常德和益阳 3 市。

[4] 高技术制造业包括医药制造业，航空、航天器及设备制造业，电子及通信设备制造业，计算机及办公设备制造业，医疗仪器设备及仪器仪表制造业，信息化学品制造业。

[5] 装备制造业主要包括金属制品业，通用设备制造业，专用设备制造业，汽车制造业，铁路、船舶、航空航天和其他运输设备制造业，电气机械和器材制造业，计算机、通信和其他电子设备制造业，仪器仪表制造业。

[6] 2020 年部分产品产量数据进行了核实调整，2021 年产量增速按可比口径计算。

[7] 由于统计调查制度规定的口径调整、统计执法、剔除重复数据等因素，2021 年规模以上工业企业财务指标增速及变化按可比口径计算。

[8] 邮政行业业务总量按 2020 年价格计算。

[9] 电信业务总量按 2020 年价格计算。

[10] 高技术产业投资包括医药制造，航空、航天器及设备制造，电子及通信设备制造，计算机及办公设备制造，医疗仪器设备及仪器仪表制造，信息化学品制造等六大类高技术制造业投资和信息服务、电子商务服务、检验检测服务、专业技术服务业中的高技术服务、研发设计服务、科技成果转化服务、知识产权及相关法律服务、环境监测及治理服务和其他高技术服务等九大类高技术服务业投资。

[11] 根据有关规定，对外贸易采用人民币计价。

[12] 对欧盟的货物进出口金额不包括英国数据，增速按可比口径计算。

[13] 小学适龄儿童入学率指调查范围内已入小学学习的学龄儿童占校内外学龄儿童总数的百分比。

[14] 高中阶段教育毛入学率主要反映高中阶段教育覆盖面，是指高中阶段在校生总数占 15—17 岁学龄人口数的百分比。

[15] 2021 年末，全省 0—14 岁（含不满 15 周岁）人口为 1249 万人，15—59 岁（含不满 60 周岁）人口为 4063 万人。

[16] 湖南省脱贫县，即原湖南贫困地区，包括原集中连片特困地区和片区外的原国家扶贫开发工作重点县，共 40 个县。其中集中连片特困地区覆盖 37 个县，国家扶贫开发工作重点县共计 20 个，集中连片特困地区包含 17 个国家扶贫开发工作重点县。

资料来源：

本公报中财政数据来自省财政厅；铁路运输、铁路里程数据来自中国铁路广州局集团有限公司、石长铁路有限责任公司和南宁铁路有限公司；公路运输、水路运输、公路里程数据来自省交通运输厅；民航运输数据来自省机场管理集团有限公司、中国南方航空股份有限公司湖南分公司；管道运输数据来自中国石油化工股份有限公司长岭分公司、中国石化集团资产经营管理有限公司长岭分公司、中国石化集团资产经营管理有限公司巴陵石化分公司、中国石化销售有限公司华中分公司湖南输油管理处、长沙新奥燃气有限公司、长沙华润燃气有限公司、湘潭新奥燃气有限公司、常德中石油昆仑燃气有限公司、娄底华润燃气有限公司等；汽车保有量数据来自省公安厅；电信业务量、移动电话用户、固定电话用户、互联网宽带用户数据来自省通信管理局；邮政业务数据来自省邮政管理局；存贷款数据来自中国人民银行长沙中心支行；上市公司数据来自省地方金融监督管理局；证券、期货数据来自中国证券监督管理委员会湖南监管局；保险业数据来自中国银行保险监督管理委员会湖南监管局；教育数据来自省教育厅；科技数据来自省科技厅；专利、质量检测、行业标准数据来自省市场监督管理局；测绘、矿产资源数据来自省自然资源厅；艺术表演团体、博物馆、公共图书馆、文化馆、非物质文化遗产保护数据来自省文化和旅游厅；广播、电视数据来自省广播电视局；报纸、期刊、图书数据来自省委宣传部；卫生数据来自省卫生健康委员会；体育数据来自省体育局；城镇新增就业、社会保险、职业技能培训数据来自省人力资源和社会保障厅；医疗保险、生育保险数据来自省医疗保障局；城乡低保、社会福利、社区服务数据来自省民政厅；法律援助案件数据来自省司法厅；水利建设数据来自省水利厅；水产品产量、高标准农田建设数据来自省农业农村厅；城市建设数据来自省住房和城乡建设厅；自然保护区、地质公园、林地、造林、活立木、森林覆盖率数据来自省林业局；地表水质量、空气质量数据来自省生态环境厅；安全生产数据来自省应急管理厅；其他数据来自省统计局和国家统计局湖南调查总队。

Hunan Province Statistical Communiqué for the 2021 National Economic and Social Development[1]

Hunan Bureau of Statistics, Hunan Survey Office of the National Bureau of Statistics

March 22, 2022

2021 was a milestone in the history of the Communist Party of China (CPC) and our country. Under the leadership of the CPC Central Committee with Comrade Xi Jinping at its core, Hunan followed the instruction of Xi Jinping in Hunan, firmly implemented the decisions and plans of the Party Central Committee and the work requirement of Hunan Provincial Committee and Hunan Provincial People's Government; acted on the general principle of pursuing progress while ensuring stability; applied the new development philosophy in full, in the right way, and in all fields of endeavor and moved faster to create a new pattern of development; fully implemented the SanGaoSiXin strategy and mission; responded to Covid-19 and pursued economic and social development in a well-coordinated way; continued to ensure stability on six key fronts and maintain security in six key areas; actively responded to difficulties and challenges, kept the economy pursuing progress while ensuring stability, ensured steady and high-quality growth, maintained social harmony and stability, making a good start to the 14th Five-Year Plan.

I. General Outlook

According to preliminary estimation, Hunan's gross regional product (GDP) [2] was 4,606.31billion Yuan, representing a 7.7 percent increase over the previous year, putting the two-year average growth to 5.7 percent, higher than the national average. Out of this total, the added value of the primary industry was 432.29 billion Yuan, up by 9.3 percent; that of the secondary industry was 1,812.61 billion Yuan, up by 6.9 percent; and that of the tertiary industry was 2,361.41 billion Yuan, up by 7.9 percent. According to the residential population, the per capita regional GDP was 69,440 yuan, up by 7.8 percent.

The proportion of the three industries in Hunan Province was calculated as 9.4: 39.3: 51.3. The added value of the industrial sector accounted for 30.7 percent of Hunan's GDP, up by 8.3 percent from the preceding year. The added value of the high and new technology industry accounted for 23.9 percent of Hunan's GDP, up by 19.0 percent. The added value of strategic emerging industry increased by 10.3 percent, accounting for 12.3 percent of Hunan's GDP. The contribution rates of the primary, secondary and tertiary industry to economic growth were 12.4 percent, 34.6 percent and 53.0 percent respectively. The contribution rate of industrial sector to economic growth was 32.3 percent, and that of producer services sector to economic growth was 24.2 percent.

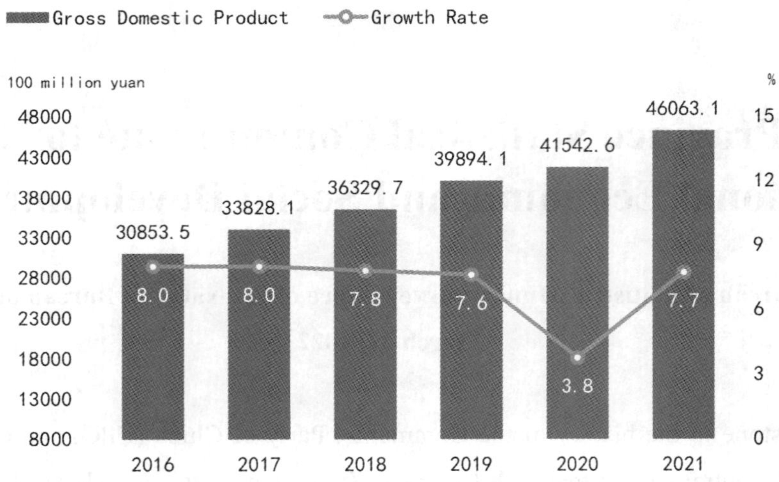

Figure 1 Gross Regional Product and its Growth Rate, 2016-2021

Looking from regions, the GDP of Changsha-Zhuzhou-Xiangtan (CZT) [3] region was 1,923.93 billion Yuan, up by 7.6 percent over the previous year; the GDP of southern Hunan was 887.15 billion Yuan, up by 8.1 percent; the GDP of large western Hunan was 747.75 billion Yuan, up by 8.0 percent; and the GDP of Dongting Lake areas was 1,047.64 billion Yuan, up by 8.0 percent.

II. Agriculture

In 2021, the value of agriculture and forestry animal husbandry and fishery was 766.24 billion Yuan, up by 10.4 percent over the previous year. Of this total, the value of agriculture was 353.29 billion Yuan, up by 3.6 percent; that of forestry was 45.58 billion Yuan, up by 9.5 percent; that of animal husbandry was 254.25 billion Yuan, up by 20.6 percent; and that of fishery was 57.08 billion Yuan, up by 4.3 percent.

The sown area of grain was 4,758,400 hectares, a increase of 3,600 hectares compared with that in 2020, up by 0.1 percent, of which, summer crops was 113,900 hectares, an increase of 7,600 hectares, up by 7.1 percent; early rice was 1,219,600 hectares, a decrease of 6,100 hectares down by 0.5 percent; and autumn grain was 3,424,900 hectares, an increase of 2,200 hectares, up by 0.1 percent. Of the autumn grain sown area, medium rice and late rice was 1,479,200 hectares, an increase of 3,100 hectares, up by 0.2 percent; double cropping late-season rice was 1,272,300 hectares, a decrease of 19,700 hectares, down by 1.5 percent. The total output of grain was 30,744,000 tons, an increase of 592,000 tons, up by 2.0 percent from the previous year. Of this total, the output of summer crops was 452,000 tons, in increase of 20,000 tons, up by 4.7 percent; the output of early rice was 7,438,000 tons, an increase of 251,000 tons, up by 3.5 percent; and the output of autumn grain was 22,854,000 tons, an increase of 321,000 tons, up by 1.4 percent.

The sown area of cotton was 60,200 hectares, an increase by 1.2 percent. The sown area of sugar crops was 7,500 hectares, a decrease by 0.8 percent. The sown area of oil-bearing crops was 1,479,800 hectares, an increase by 1.8 percent. The sown area of vegetables was 1,391,500 hectares, an increase by 2.7 percent. The output of cotton decreased by 8.1 percent to 80,000 tons, that of oil-bearing crops increased by 0.9 percent to 2,630,000 tons, that of flue-cured tobacco increased by 0.4 percent to 184,000 tons, that of tea and vegetables increased by 3.4 percent and 3.9 percent to 259,000 tons and 42,689,000 tons respectively.

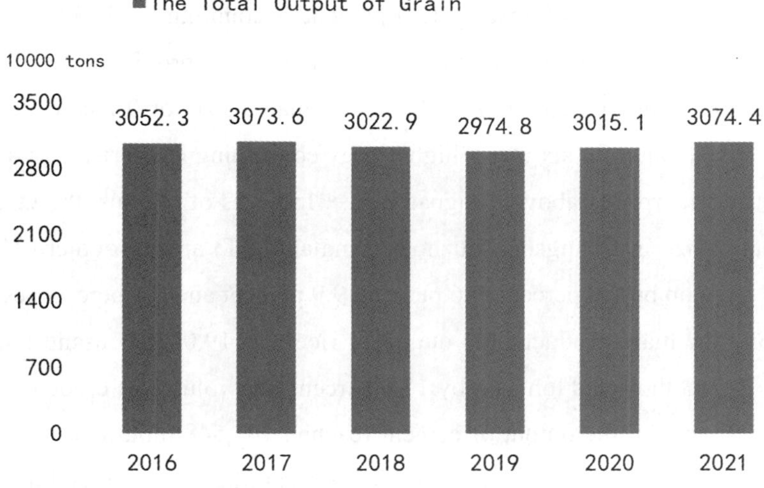

Figure 2 The Total Output of Grain, 2016-2021

The total output of pork, beef, mutton and poultry in 2021 was 5,597 thousand tons, up by 23.7 percent over the previous year. Of this total, the output of pork was 4,431 thousand tons, up by 31.2 percent; that of beef was 213 thousand tons, up by 3.9 percent; that of mutton was 175 thousand tons, up by 8.7 percent; and that of poultry was 778 thousand tons, down by 0.5 percent. At the end of 2021, 42,020 thousand pigs were registered in the total stocks, up by 12.5 percent; 3,681 thousand female hogs with fertility were registered, up by 4.7 percent; 4,351 thousand cattle were registered, down by 0.7 percent; and 7,751 thousand sheep were registered, up by 1.8 percent. 374,561 thousand poultry were registered, down by 0.6 percent. During the year, 61,218 thousand pigs were slaughtered, up by 31.4 percent; 1,807 thousand cattle were slaughtered, up by 3.5 percent; and 10,641 thousand sheep were slaughtered, up by 8.2 percent. 540,252 thousand poultry were slaughtered, down by 0.7 percent. The total output of eggs was 1,179 thousand tons, down by 0.8 percent. The production of milk was 57 thousand tons, up by 1.8 percent. The total output of aquatic products was 2,661 thousand tons, up by 2.8 percent over the previous year.

Over 21,300 hectares of farmland were newly equipped with irrigation systems, and another 27,800 hectares of farmland were newly equipped with water-saving irrigation systems. 166 high-standard farmland constructions were implemented and the area of high-standard cropland is 4630 thousand hectares. There were 70,000 water conservancy projects under construction with the investment of 26.71 billion Yuan, and the completed rock excavated volume was 0.07 billion cubic meters. The length of rural highway reconstructed was 4,510 kilometers.

III. Industry and Construction

The value added of industrial enterprises above the designated size grew by 8.4 percent. Of the industrial enterprises above the designated size, the added value of non-public sector increased by 8.6 percent, taking up 70.6 percent of the total industrial value. The high-tech manufacturing industries[4] rose by 21.0 percent, taking up 13.0 percent of the above-scale industrial added value, or 1.3 percentage points higher than 2020. The added value of equipment manufacturing industry[5] rose by 13.7 percent, accounting for 31.7 percent of that of industrial enterprises above designated size. The industrial parks at and above the provincial level rose by 10.1 percent, accounting for 69.8 percent of industrial enterprises above designated size, or 0.7 percentage points higher than 2020. The growth of the added value for six major high energy consuming industries was 4.8 percent, accounting for 30.2 percent of industrial enterprises above designated size. In terms of regions, the value added of industrial enterprises above designated size in Changsha-Zhuzhou-Xiangtan(CZT) areas, southern Hunan, western Hunan and Dongting Lake areas grew up by 9.0 percent, 9.6 percent, 9.9 percent and 8.1 percent respectively.

In the statistic, among the main products, the output of rice was 19,081 thousand tons, up by 6.2 percent; the output of fodder was 20,383 thousand tons, up by 17.6 percent; the volume of crude oil processing was 8,089 thousand tons, down by 7.9 percent; the output of cement reached 104,548 thousand tons, down by 5.0 percent; the output of rolled steel was 29,797 thousand tons, up by 8.3 percent; the output of ten kinds of non-ferrous metal was 2,332 thousand tons, up by 10.1 percent; the output of concrete machineries totaled 37 thousand, down by 6.8 percent; the output of cars[6] was 673 thousand, up by 4.9 percent; and the electric energy production was 165.86 billion kilowatt-hours, up by 10.1 percent compared with the previous year.

Table 1: Outputs and Growth Rates of Major Products in Industries above Designated Size in 2021[6]

Product	Unit	Output	Increase over 2020 (percent)
Crude Coal	10 000 tons	723.4	-31.3
Crude Salt	10 000 tons	332.8	0.7
Rice	10 000 tons	1908.1	6.2
Feedstuff	10 000 tons	2038.3	17.6
Edible Vegetable Oil	10 000 tons	287.2	-2.4
Cigarette	100 million	1644.1	1.2
Machine-made Paper and Paperboard	10 000 tons	343.7	5.5
Crude Processing Volume	10 000 tons	808.9	-7.9
Sulfuric Acid (converted into 100 percent)	10 000 tons	189.3	-4.5
Caustic Soda (converted into 100 percent)	10 000 tons	62.0	3.8

Table 1 continued

Product	Unit	Output	Increase over 2020 (percent)
Synthetic Ammonia	10 000 tons	59.5	-0.8
Fertilizers (converted into pure)	10 000 tons	59.6	1.5
Cement	10 000 tons	10454.8	-5.0
Flat Glass	10 000 weight cases	4091.3	9.6
Pig iron	10 000 tons	2177.4	3.4
Rolled Steel	10 000 tons	2979.7	8.3
Ten kinds of Nonferrous Metals	10 000 tons	233.2	10.1
Silver	tons	5635.7	12.1
Jack-up Equipment	10 000 tons	255.4	0.3
Concrete Machinery	10 000 units	3.7	-6.8
Construction Machinery	10 000 units	17.9	18.2
Motor Vehicles	10 000 units	67.3	4.9
Of which: Car	10 000 units	45.4	31.1
SUV	10 000 units	16.9	-26.9
New-energy vehicles	10 000 units	19.0	106.3
Urban Rail Transit	units	1630	-5.9
Power Generating Equipment	10 000 kilowatts	958.8	-16.9
AC Electric Motor	10 000 kilowatts	2186.4	30.5
Transformer	10 000 KVA	12757.9	-32.3
Electricity	100 million kilowatt-hours	1658.6	10.1
Of which: Thermal power	100 million kilowatt-hours	1016.4	19.1
Hydropower	100 million kilowatt-hours	486.0	-10.5

The profits[7] made by industrial enterprises above designated size were 206.0 billion Yuan, up by 10.7 percent over the previous year. In terms of ownership, the profits of the state-holding enterprises were 10.62 billion Yuan, up by 31.8 percent; those of the collective enterprises were 0.35 billion Yuan, down by 9.2 percent; those of the share collaboration enterprises were 0.02 billion Yuan, down by 36.8 percent; those of the share-holding enterprises were 171.66 billion Yuan, up by 15.3 percent; those of the enterprises funded by foreign investors and investors from Hong Kong, Macao and Taiwan were 17.53 billion Yuan, down by 24.4 percent; those of other domestic-funded enterprises were 5.83 billion Yuan, up by 4.4 percent. Among the top five industrial sectors, those of non-metallic mineral products were 23.69 billion Yuan, up by 7.1 percent; the profits of special equipment were

18.25 billion Yuan, down by 21.7 percent over the previous year; those of raw chemical materials and chemical products were 17.38 billion Yuan, up by 20.6 percent; those of computer, communication and other electronic equipment industry were 16.17 billion Yuan, up by 3.7 percent; those of agricultural and sideline food processing industry were 11.34 billion Yuan, up by 0.2 percent. The cost in industrial enterprises above designated size was 82.67 Yuan per 100 Yuan prime operating revenue. The operating income profit ratio is 4.82 percent. The asset-liability ratio of industrial enterprises above designated size was 49.9 percent at the end of 2021.

The added value of construction enterprises was 397.34 billion in 2021, up by 2.0 percent over the previous year. The total profits of construction enterprises qualified for general contracts and specialized contracts reached 33.94 billion yuan, up by 1.4 percent over the previous year. The floor space under construction of building was 763.679 million square meters, up by 12.3 percent. The completed building area was 240.291 million square meters, up by 13.1 percent.

IV. The Service Industry

The added value of the Wholesale and Retail Sale industry reached 456.3 billion Yuan, up by 9.4 percent over the previous year. That of Transportation, Warehousing and Postal Service reached 165.24 billion Yuan, up by 8.0 percent. That of Hotels and Catering Service reached 91.35 billion Yuan, up by 13.3 percent. That of Financial Industry reached 228.8 billion Yuan, up by 4.5 percent. That of Real Estate reached 294.54 billion Yuan, up by 2.4 percent. That of Information Transmission, Software and IT Service reached 100.07 billion Yuan, up by 15.7 percent. That of Leasing and Commercial Service reached 141.45 billion Yuan, up by 7.7 percent. The Operating revenue of the Service Industry above designated size increased by 17.6 percent while the total profit grew by 41.7 percent.

The provincial converted turnover volume of passenger and freight transportation reached 360.83 billion ton-km, with a growth of 10.6 percent compared with 2020. The freight flows were 291.59 billion ton-kilometers, with a growth of 11.3 percent compared with 2020. The volume of freight handled by railways totaled 98.69 billion ton-kilometers, up by 15.2 percent; that handled by highways totaled 146.12 billion ton-kilometers, up by 8.2 percent. The total passenger traffic reached 101.33 billion person-kilometers, up by 3.4 percent over 2020. Of this total, the volume of passenger handled by railways totaled 66.06 billion person-kilometers, up by 8.7 percent; that handled by highways totaled 19.54 billion person-kilometers, down by 13.1 percent; that handled by civil aviation totaled 15.57 billion person-kilometers, up by 6.9 percent.

At the end of 2021, the mileage in highway open to traffic reached 241.9 thousand kilometers, with an increase of 0.3 percent over the previous year, of which, the mileage in highways open to traffic reached 7,083 kilometers, with an increase of 132 kilometers over the previous year. The railroad lines in service reached 5,909 kilometers, with an increase of 4.7 percent, of which, high-speed railways reached 2,250 kilometers, with an increase of 254 kilometers over the previous year. The total number of motor vehicles for civilian use reached 10.35 million by the end of 2021, up by 8.2 percent; the privately-owned vehicles reached 9.638 million, up by 8.3 percent; and the number of cars reached 5.673 million, up by 8.6 percent.

Table 2: Volume of Passenger and Freight Traffic by Various Means and Growth Rates in 2021

Index	Unit	Absolute Number	Increase over 2020 (percent)
Volume of Freight Traffic	10 000 tons	225517.1	11.7
Of which: Railway	10 000 tons	4770.6	3.9
Highway	10 000 tons	198422.6	12.5
Waterway	10 000 tons	21272.2	7.2
Civil Aviation	10 000 tons	11.2	2.5
Pipeline	10 000 tons	1040.4	-4.5
Volume of Passenger Traffic	10 000 persons	51810.8	-9.6
Of which: Railway	10 000 persons	12865.1	12.9
Highway	10 000 persons	37030.9	-16.1
Waterway	10 000 persons	763.9	12.9
Civil Aviation	10 000 persons	1150.9	5.6

The turnover of post services[8] totaled 29.58 billion Yuan, up by 27.9 percent over the previous year. The turnover of telecommunication services[9] totaled 62.9 billion Yuan, up by 30.8 percent over the previous year. There were 5.683 million fixed-line subscribers, down by 4.1 percent; and 69.423 million mobile phone subscribers, up by 3.3 percent. There were 23.23 million broadband internet users, up by 9.9 percent over the previous year.

V. Investment in Fixed Assets

In 2021, the total investment in fixed assets (excluding rural households) increased by 8.0 percent compared with the previous year. Of the total, the private investment increased by 9.6 percent. In terms of ownership, the investment of state-owned units decreased by 5.1 percent, and that of non-state-owned units increased by 12.9 percent. In terms of investment orientation, the investment in people's livelihood decreased by 3.8 percent; that in ecology increased by 3.9 percent; that in infrastructure increased by 3.6 percent; that in high and new technology industries[10] increased by 15.6 percent, and that in industrial technology increased by 17.5 percent. In terms of region, the investment in Changsha-Zhuzhou-Xiangtan areas, southern Hunan, western Hunan and Dongting Lake areas grew by 7.3 percent, 7.5 percent, 6.2 percent and 9.5 percent respectively.

In 2021, the investment in real estate development was 542.78 billion Yuan, up by 11.2 percent compared with the previous year. Of this total, the investment in residential buildings reached 416.46 billion Yuan, up by 15.2 percent. The floor space of commercialized buildings sold was 91.888 million square meters, down by 2.6 percent, of which, the floor space of residential buildings sold was 83.167 million square meters, a decrease of 2.2 percent. The sales revenue of commercialized buildings was 604.05 billion Yuan, an increase of 1.6 percent, of which, the residential buildings was 539.04 billion Yuan, an increase of 3.2 percent. At the end of the year, the area of commercialized buildings for sale was 11.463 million square meters, a decrease of 14.1 percent, or a decrease of 1.875 million square meters.

Table 3: Growth Rates of Investment in Fixed Assets in 2021

Index	Increase over 2020 (percent)
Fixed Assets Investment (Excluding Rural Households)	8.0
Primary Industry	10.1
Secondary Industry	14.0
Of which: Mining Industry	-0.5
Manufacturing Industry	17.5
Production and Supply of Electricity, Heat, Gas and Water	-3.9
Construction Industry	-32.4
Tertiary Industry	4.3
Of which: Transportation, Warehousing and Postal Service	6.7
Information Transmission, Software and IT Service	28.5
Wholesale and Retail Sale	-17.7
Hotels and Catering Service	5.5
Financial Industry	39.1
Real Estate	7.0
Leasing and Commercial Service	2.2
Scientific Research and Technological Service	5.3
Management of Water Conservancy, Environment and Public Facilities	1.5
Residents Service, Repair and Other Services	-11.5
Education	1.8
Sanitation and Social Work	-3.7
Culture, Sport and Entertainment	7.9
Public Management, Social Security and Social Organization	-6.3

VI. Domestic Trade and Price

In 2021, Hunan's total retail sales of consumer goods reached 1,859.69 billion Yuan, an increase of 14.4 percent over the previous year. An analysis on different areas showed that the retail sales of consumer goods in urban areas stood at 1,608.23 billion Yuan, up by 14.5 percent, and that in rural areas reached 251.46 billion Yuan, up by 13.6 percent. Grouped by consumption patterns, the retail sales of commodities was 1,632.6 billion yuan, up by 13.6 percent, and that of catering industry was 227.08 billion yuan, up by 20.6 percent. In terms of region, the retail sales of consumer goods in Changsha-Zhuzhou-Xiangtan (CZT) zone, southern Hunan, western Hunan and Dongting Lake areas were 722.84 billion Yuan, 376.84 billion Yuan, 333.89 billion Yuan and 426.1 billion Yuan respectively, with year-on-year growth of 14.5 percent, 14.2 percent, 13.8percent and 14.8 percent.

Table 4: Retail Sales and Growth Rates of Social Consumer Goods in 2021

Index	Retail Sale (100 million yuan)	Increase over 2020 (percent)
Total Retail Sale of Consumer Goods	18596.9	14.4
Grouped by Location		
Of which: Town	16082.3	14.5
Village	2514.6	13.6
Retail Sales of Above-norm Corporate Wholesale and Retailing Merchandise	5799.2	14.0
Of which: Grain and Oils, and Food	778.2	23.9
Beverages and Alcohols	117.8	21.0
Tobaccos	128.6	23.5
Clothing, Shoes, Hats, Textiles	350.7	10.9
Cosmetics	96.6	16.8
Silver and Jewelry	77.6	15.6
Daily Commodity	198.9	15.3
Hardware and Electrical Materials	51.3	5.3
Sports and Recreation Articles	18.5	14.7
Newspapers and Magazines	71.5	12.8
Electronic Publications and Audio and Video Products	2.0	-13.8
Household Appliances and Audio and Video Accessories	335.3	10.4
Traditional Chinese and Western Medicines	305.9	9.4
Culture and Office Articles	100.0	6.7
Furniture	73.1	12.6
Communication Appliances	55.3	-6.0
Petroleum and Related Products	1091.9	19.0
Building and Decoration Materials	96.0	18.0
Mechanical and Electrical Products	36.0	-4.8
Automobiles	1681.3	10.2

The retail sales of the legal entities' wholesale and retail industry above designated size was 579.92 billion Yuan, a growth of 14.0 percent over the previous year. Grouped by commodity type, the year-on-year growth of retail sales for grain, oil and food went up by 23.9 percent; cosmetics up by 16.8 percent; household appliances and audio-video equipment up by 10.4 percent; traditional Chinese and western medicines up by 9.4 percent; communication appliances down by 6.0 percent; petroleum and petroleum products up by 19.0 percent; and motor vehicles up by 10.2 percent. Among intelligent and environmentally friendly products, wearable devices grew by 18.5 percent. Smartphones grew by 17.6 percent, and new-energy vehicles grew by 61.9 percent.

The online retail sales of physical goods were 175.52 billion yuan, up by 12.1 percent over the previous year, accounting for 9.4 percent of the total retail sales of consumer goods.

The consumer prices index of household in Hunan was 0.5 percent higher than the previous year, while in urban area the index grew up by 0.7 percent, and in rural area same as last year. The retail prices of commodities increased by 1.6 percent. The producer price index for industrial products increased by 5.9 percent and purchasing price index for industrial products increased by 8.1 percent. The producer price of agricultural products decreased by 9.9 percent.

Table 5: The Change Rates of Consumer Prices compared with the previous year in 2021

Index	Increase over 2020 (percent)	Region	
		Urban	Rural
CPI (Consumer Price Index)	0.5	0.7	0.0
Of which: Food and Tobacco	-2.0	-1.4	-3.3
Clothing Articles	0.7	0.8	0.4
Residence	1.2	1.1	1.2
Articles for Daily Use and Services	0.3	0.3	0.2
Traffic and Telecommunications	4.8	5.0	4.3
Recreation, Education and Cultural Articles	1.0	1.1	0.8
Health Care and Personal Items	0.7	0.9	0.4
Other Products And Service	-2.1	-2.2	-1.8

VII. Foreign Economic Relations

The total value of imports and exports[11] of goods reached 598.86 billion Yuan, an increase of 22.6 percent compared with the previous year. The value of goods exported was 421.27 billion Yuan, up by 27.5 percent, and the value of goods imported was 177.58 billion Yuan, up by 12.3 percent. In terms of trade, the value of goods exported through general trade totaled 357.01 billion Yuan, up by 35.8 percent, and the value of goods exported through processing trade totaled 39.92 billion Yuan, down by 23.3 percent. Among the top five kinds of goods exported, the value of electronic components totaled 23.73 billion Yuan, up by 38.2 percent; that of steel totaled 22.64 billion Yuan, up by 245.1 percent; the value of clothes and clothing accessories totaled 19.75 billion Yuan, down by 12.7 percent; that of footwear totaled 18.83 billion Yuan, up by 51.7 percent; that of electrical material totaled 17.02 billion Yuan, up by 52.7 percent. In terms of region, the exports to United States, Hong Kong,

European Union [12] and ASEAN reached 72.69 billion Yuan, 51.91 billion Yuan, 47.75 billion Yuan and 71.3 billion Yuan, with the growth rates of 59.1 percent, -9.1 percent, 33.7 percent, and 20.7 percent respectively.

Table 6: Total Exports and Imports and Growth Rates in 2021

Index	Absolute Number (100 million yuan)	Increase over 2020 (percent)
Total Imports and Exports	5988.6	22.6
Exports	4212.7	27.5
Grouped by Mode of Trade		
Of which: Original Trade	3570.1	35.8
Processing Trade	399.2	-23.3
Grouped by Main Commodity		
Of which: Electromechanical Products	1838.2	23.1
High-tech Products	502.0	8.0
Agricultural Products	150.9	29.1
Imports	1775.8	12.3
Grouped by Mode of Trade		
Of which: Original Trade	1192.1	22.2
Processing Trade	312.1	-27.4
Grouped by Main Commodity		
Of which: Electromechanical Products	571.1	-13.3
High-tech Products	420.5	-6.5
Agricultural Products	285.6	14.3

The year 2021 witnessed the foreign direct investment actually utilized reached 2.41billion US dollars, up by 72.3 percent over the previous year. The foreign direct investment utilized by primary industry totaled 0.03 billion US dollars, up by 883.0 percent; that utilized by secondary industry totaled 0.37 billion US dollars, down by 13.8 percent; and that utilized by tertiary industry totaled 2.02 billion US dollars, up by 108.6 percent. At the end of 2021, there were 6 world top-500 enterprises newly invested. The actually utilized capital out of the province and inside China reached 1128.03 billion Yuan, up by 29.1 percent, of which, the amount utilized by primary industry was 65.18 billion Yuan, down by 5.3percent, that utilized by secondary industry was 535.72 billion Yuan, up by 31.4 percent, and that utilized by tertiary industry was 527.14 billion Yuan, up by 32.7 percent. There were 1035 projects with contracts more than 0.2 billion (30 million dollars).

The added contractual value signed through overseas engineering projects, labor forces and design and consultation amounted to 5.56 billion US dollars, with an increase of 24.6 percent over the previous year. The accomplished business revenue reached 2.76 billion US dollars, up by 22.5 percent. The number of labor forces sent abroad through overseas labor contracts was 7.7 thousand, up by 40.0 percent. The contractual foreign investment amounted 0.82 billion US dollars, with a decrease of 62.4 percent. The actual foreign investment was 1.67 billion US dollars, with an increase of 12.1 percent.

VIII. Finance and Financial Intermediation

The local general public budget revenue reached 325.07 billion Yuan, up by 8.0 percent compared with the previous year, of which tax revenue reached 224.6 billion Yuan, up by 9.1 percent, and non-tax revenue reached 100.47 billion Yuan, up by 5.7 percent. Among the tax revenue, the value-added tax amounted to 78.42 billion Yuan, up by 11.9 percent; and the income tax amounted to 27.1 billion Yuan, up by 5.9 percent. The general public budget expenditure reached 836.48 billion Yuan, up by 3.4 percent, of which the education expenditure was 138.99 Yuan, up by 4.9 percent; the social security and employment expenditure was 134.51 billion Yuan, up by 3.4 percent; the hygiene health expenditure was 77.54 billion Yuan, up by 6.6 percent; the science and technology expenditure was 22.1 billion Yuan, up by 5.6 percent; the housing security expenditure was 24.04 billion Yuan, up by 1.1 percent.

Table 7: Revenue and Expenditure of Public Finance and Growth Rates in 2021

Index	Absolute Number (100 million yuan)	Increase over 2020 (percent)
Revenue of General Public Budget	3250.7	8.0
Of which: Tax Revenue	2246.0	9.1
Value-added Tax Revenue	784.2	11.9
Income Tax Revenue	271.0	5.9
Nontax Revenue	1004.7	5.7
Expenditure of General Public Budget	8364.8	3.4
Of which: General Public Services	772.0	-6.6
Education	1389.9	4.9
Science and Technology	221.0	5.6
Culture, Sports and Media	140.0	3.9
Social Security and Employment	1345.1	3.4
Health Care	775.4	6.6
Environmental Protection	190.5	3.3
Urban & Rural Community	916.3	16.6
Agriculture, Forestry and Fisheries	953.5	3.3
Transportation	240.4	1.1

Savings deposit in Renminbi and foreign currencies in all items of financial institutions reached 6289.1 billion yuan, an increase of 8.6 percent compared with that at the end of 2020. Of this total, the deposit balance of household totaled 3,553.14 billion Yuan, up by 11.5 percent, and that of non-financial enterprises totaled 1,381.82 billion Yuan, up by 2.7 percent. Loans in Renminbi and foreign currencies in all items of financial institutions reached 5,584.5 billion Yuan, an increase of 13.0 percent, of which, loan balance of household totaled 2,077.65

billion Yuan, up by 13.0 percent, and that of non-financial enterprises and government organizations totaled 3,495.03 billion Yuan, up by 12.9 percent.

Table 8: Deposit and Loan Balances of RMB and Foreign Currencies in Financial Institutions and Added Balances at the End of 2021

Index	Balances (100 million yuan)	Added Balances over the Beginning of 2021 (100 million yuan)
Total Deposit Balances	62891.0	4979.0
Of which: Domestic Deposits	62797.0	4961.5
Household	35531.4	3662.3
Current Deposits	11650.4	466.8
Time Deposits and Other Deposits	23881.0	3195.5
Non-financial Enterprise	13818.2	362.5
Current Deposits	6896.4	-339.3
Time Deposits and Other Deposits	6921.7	701.8
Non-banking Financial Institution	3070.6	514.7
Overseas Deposits	94.1	17.5
Total Loan Balances	55845.0	6442.2
Of which: Domestic Loans	55773.3	6414.8
Household	20776.5	2384.2
Short-term Loans	5189.6	760.1
Medium and Long-term Loans	15586.9	1624.1
Non-financial Enterprise and Government Organization	34950.3	3984.3
Short-term Loans	6581.0	316.3
Medium and Long-term Loans	26214.5	3243.2
Overseas Loans	71.7	27.4

There were 132 listed companies by the end of 2021 in Hunan. The fund raised through direct finance amounted to 519.38 billion Yuan, up by 11.1 percent compared with that in 2020. The market value of the listed companies totaled 1,994.4 billion Yuan, an increase of 13.8 percent. There were 439 business departments of security companies, 3 more than that in 2020. The turnover of security companies reached 12,172.79 billion Yuan, up by 71.0 percent all year. There were 2 futures companies, down 1 company year on year, whose revenue reached 7,138.41 billion Yuan, up by 21.7 percent.

The premium of primary insurance totaled 150.88 billion Yuan, marking an increase of 4.8 percent. Of this total, life insurance premium of primary insurance amounted to 74.85 billion Yuan, up by 6.2 percent; health insurance premium of primary insurance amounted to 32.83 billion Yuan, up by 12.6 percent; casualty insurance premium of primary insurance amounted to 4.07 billion Yuan, up by 4.9 percent; and property insurance premium of primary insurance amounted to 39.12 billion Yuan, down by 3.2 percent. Insurance companies paid an indemnity worth of 52.89 billion Yuan, up by 11.3 percent.

IX. Education, Science and Technology

At the end of 2021 there were 114 regular institutions of higher learning in Hunan. The post-graduate education graduates were 27 thousand, the general tertiary education graduates were 394 thousand, the vocational secondary school graduates were 206 thousand, the senior secondary school graduates were 394 thousand, the junior secondary school graduates were 840 thousand, and the primary education graduates were 887 thousand. Children enrolled in kindergartens were 2,294 thousand, with a decrease of 0.9 percent over the previous year. Enrollment rate[13] of children in primary education hit 100 percent. Gross enrollment rate[14] of teenagers in senior secondary school was 94.28 percent. The enrollment in the 10,912 voluntary schools were 2.614 million students. There were 686 thousand college students funded by 1.3 billion Yuan state scholarships and grants for colleges and universities, and 503 thousand vocational students supported by 500 million Yuan state grants. There were 10.56 billion Yuan allocated for compulsory education guarantee fund and 520 million Yuan were granted to regular high school students.

Table 9: Numbers of New Students Enrollment, Students Enrollment and Graduates in Schools at Different Levels and Growth Rates in 2021

Index	New Students Enrollment		Students Enrollment		Graduates	
	Absolute Number (10 000 persons)	Increase over 2020 (percent)	Absolute Number (10 000 persons)	Increase over 2020 (percent)	Absolute Number (10 000 persons)	Increase over 2020 (percent)
Post-graduate Education	3.6	4.6	11.1	8.1	2.7	7.2
Regular Higher Education	49.4	1.0	159.6	5.7	39.4	4.8
Adult Higher Education	29.5	4.2	61.0	9.9	22.3	16.4
Secondary Vocational Education	28.3	13.8	74.7	9.3	20.6	-0.8
Regular Senior Secondary School	48.1	7.1	135.4	6.3	39.4	2.2
Junior Middle School	89.7	8.8	257.4	2.2	84.0	6.8
Regular Primary School	84.0	-1.0	530.1	-0.8	88.7	9.1
Special Education	0.8	3.6	5.4	-0.4	0.7	-4.8

By the end of 2021, there were 11 national engineering research centers, 331 provincial engineering research centers, and 38 national combined with the local engineering research centers. There were 65 state-level enterprise technology centers, 14 national engineering technology research centers, 452 provincial engineering technology research centers, 19 national key laboratories, and 339 provincial key laboratories. A total of 17,721 technology transfer contracts were signed, totally worth of 126.13 billion Yuan. There were 929 scientific and technological achievements registered. There were 98,936 patents authorized, up by 25.7 percent, of which, 16,564 were invention patents, up by 43.6 percent. The numbers of patents authorized in industrial and mining enterprises, universities and colleges, and scientific research institutions reached 60,457, 14,785 and 746.

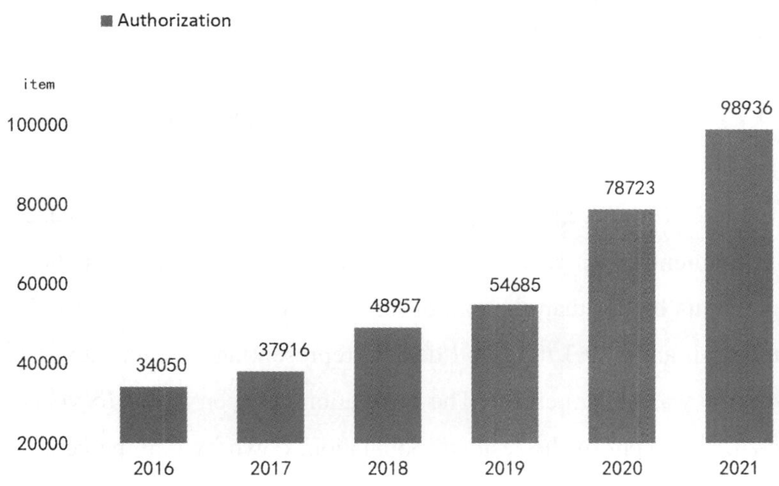

Figure 3　The Number of Patent Authorization, 2016-2021

There were 2,041 testing and inspection agencies, and 24 of them were national product quality supervision and inspection centers. There were 103 authorized measurement institutions. There were 1,860 entities for special equipment production and 474 thousand special equipment available. The qualification rate of key industrial products reached 87.6 percent. A total of 7 international standards, 210 national standards and 329 local standards were developed or revised during the year. Land and resources departments published 1,526 maps and provided 376 thousand achievements of geospatial data. The total visits to Map World reached 1,794 thousand.

X. Culture, Public Health and Sport

By the end of 2021, there were 631 art-performing groups, 146 mass art centers and culture centers, 143 public libraries, 122 museums and memorials, and 108 television stations. Subscribers to cable television programs numbered 5.485 million. By the end of 2021, radio broadcasting coverage rate was 99.42 percent, and television broadcasting coverage rate was 99.80 percent. There were 118 state-level intangible cultural heritage protection projects and 324 provincial-level protection projects. There were 11,605 kinds of books, 254 types of magazines and 45 categories of newspapers published. The total copies were 510 million books, 90 million magazines and 670 million newspapers.

By the end of 2021, there were 55,682 medical and health institutions in the province, including 1,716 hospitals, 136 maternal and child health-care institutions, 78 specialized health institutions, 2,099 township centers, 970 community health service centers, 12,200 clinics and infirmaries, and 37,082 village clinics. There were 506 thousand health technical personnel, up by 1.1 percent, including 192 thousand licensed doctors and licensed assistant doctors and 239 thousand registered nurses. The hospitals possessed 390 thousand beds, up by 3.6 percent; and the township centers possessed 106 thousand beds, down by 1.0 percent.

The fitness programs carried out during the year amounted to 1,577 and people participated in the programs amounted to 26.66 million. There were 1,025 administrative villages newly built with fitness equipment. The athletes won 67 National Championships. There were 159,267 sports fields, including 263 gyms, 6,859 sports grounds, 1,001 swimming pools, and 7,934 training rooms.

XI. Population, Living Conditions and Social Security

By the end of 2021, there were 66.22 million resident population in the province, including 39.54 million urban population. The permanent urban residents accounted for 59.71 percent of the total population in the province, 0.95 percentage points higher than the end of last year. The year 2021 saw 473 thousand births with a birth rate of 7.13 per thousand, and 549.3 thousand deaths, representing a death rate of 8.28 per thousand. The natural population growth rate was -1.15 percent. The population between 0 and 15 years old (not including 16 years old) accounted for 20.19 percent of the resident population, down by 0.56 percent; the population between 16 and 59 years old (not including 60 years old) accounted for 60.03 percent of the resident population, up by 0.65 percent; the population aged 60 and above accounted for 19.78 percent of the resident population, down by 0.10 percent.

Tablet10: Number and percentage of the resident population at the end of 2021

Gauge	Number at end of 2021 (10 000 people)	percentage (%)
Resident Population	6622	100
Of which: Urban	3954	59.71
Country	2668	40.29
Of which: Male	3392	51.22
Female	3230	48.78
Of which: Age 0-15(including under 16 years)[15]	1337	20.19
Age 16-59 (including under 60 years)	3975	60.03
Age 60 and over	1310	19.78
Of which: Age 65 and over	1024	15.46

In Hunan province, the per capita disposable income reached 31,993 Yuan, an increase of 8.9 percent, and the median of per capita disposable income reached 25,834 Yuan, an increase of 8.6 percent. The per capita disposable income of urban households reached 44,866 Yuan, up by 7.6 percent; and the median cf per capita disposable income of urban households reached 40,177 Yuan, up by 7.2 percent. The per capita disposable income of rural households reached[14] 18,295 Yuan, up by 10.3 percent; and the median of per capita disposable income of rural households reached 16,496 Yuan, up by 11.2 percent. The urban-rural income ratio decreased to 2.45:1 from 2.51:1 in 2020. In terms of region, the per capita disposable incomes in Changsha-Zhuzhou-Xiangtan areas, southern Hunan, western Hunan and Dongting Lake areas were 48,924 Yuan, 29,543 Yuan, 22,190 Yuan, and 29,165 Yuan respectively, up by 8.1 percent, 8.7 percent, 9.2 percent and 9.3 percent. The per capita disposable income of counties that emerged from poverty[16] was 13,537 Yuan, an increase of 12.6 percent.

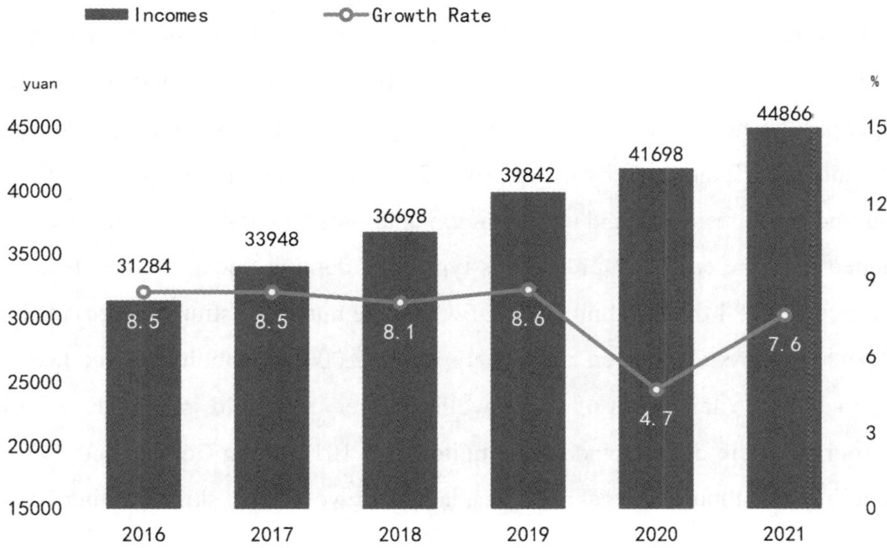

Figure 4 The Average per Capita Disposable Incomes of City Dwellers and the Growth Rates, 2016-2021

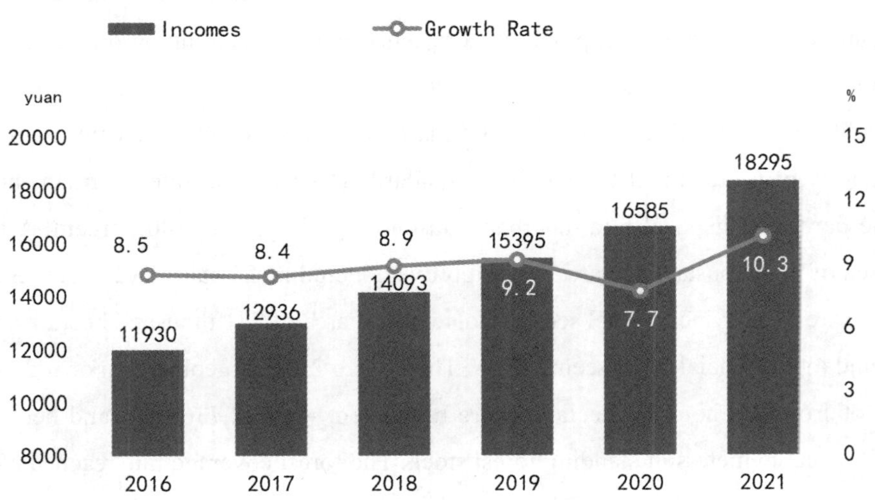

Figure 5 The Average per Capita net Incomes of Rural Residents and the Growth Rates, 2016-2021

The per capita consumption expenditure reached 22,798 Yuan, up by 8.6 percent over the previous year. The per capita consumption expenditure of urban households was 28,294 Yuan, up by 5.6 percent; and the per capita consumption expenditure of rural households was 16,951 Yuan, up by 13.2 percent.

The newly increased employed people in urban areas numbered 753 thousand. At the end of 2021, a total of 34.436 million people participated in basic endowment insurance program for urban and rural residents, down by 0.8 percent; a total of 18.495 million people participated in basic endowment insurance program for urban workers, an increase of 6.9 percent over that by the end of 2020. Of the total, the insured employees was 11.414 million and the retirees was 4.276 million. A total of 67.487 million people participated in basic medical insurance program, of which 57.235 million participated in basic program for urban and rural residents and 10.252 million in basic program for urban employees. 6.874 million people participated in unemployment insurance program, an increase of 7.3 percent. A total of 8.533 million people participated in work-related injury insurance. A total of 6.528 million people participated in maternity insurance program. The number of people receiving unemployment insurance payment stood at 172 thousand by the end of 2021. Minimum living allowances of 2.1 billion Yuan were granted to 390 thousand urban residents, and minimum living allowances of 4.72 billion Yuan were granted to 1,453 thousand rural residents. At the end of 2021, various types of Adopting Social Welfare Institutions provided 278 thousand beds and accepted 124 thousand inmates. Of which the nursing institutions provided 262 thousand beds, and 116 thousand persons were taken cared here. There were 32,000 community service facilities set up in urban areas. A total of 5.14 billion Yuan worth of social welfare lottery was sold, raising 1.67 billion Yuan of social welfare fund. 20 programs were done including the building of 101 Furong College and 135 thousand places for nursery school, handling 61.2 thousand legal aid cases, launching vocational skills training 1.562 million persons.

XII. Resources, Environment and Work Safety

A total of 146 minerals have been discovered in the province and the reserves of 111 minerals have been explored, including 7 energy minerals, 39 metal minerals, 63 non-metal minerals and 2 groundwater and gas minerals. Implementations of geological explorations projects (including continuing projects) were 119. A total of 9 new mineral deposits in large or medium size were discovered.

The water quality of Grade III and above the standard accounted for 96.1 percent, with an increase of 0.2 percent. The air quality of 6 cities met the Grade II standard. The handling rate of urban sanitary sewage was 97.95 percent. The harmless disposal rate of urban household garbage was 100 percent. A total of 53 natural reserves with an area of 910 thousand hectares were approved, including 23 state-level reserves and 30 provincial-level reserves. There are 71 provincial-level scenic spots with an area of 741 thousand hectares, including 22 state-level scenic spots and 49 provincial-level scenic spots. There were 2 world geology parks and 14 national geology parks. In 2021, a total of 425 thousand hectares were reforested, with 12,736 thousand hectares of forest. And there were 641 million cubic meters of standing forest stock. The forest coverage rate reached 59.97 percent.

According to preliminary estimation, comprehensive energy consumption of enterprises above designated size was 5.3 percentage points higher than the previous year. The comprehensive energy consumption for the major six high energy consuming industries was up by 6.5 percent.

In 2021, a total of 1,484[17] accidents of production and business were reported. The death toll due to commercial production safety accidents amounted to 1,579. The death toll from work accidents every 100 million Yuan worth of GDP was 0.03 people. The death toll for producing one million tons of coal in coalmines was 0.003 person. The road fatality rate was 3.34 fatalities per 10 thousand vehicles, down by 0.38 fatalities per 10 thousand vehicles.

Notes:

[1] All figures in this Communiqué are preliminary statistics. There may be slight discrepancy between the sum of individual items and the total owing to rounding.

[2] The absolute numbers of gross regional product (GDP) and value added of the three and related industries, gross regional product per capita are calculated at current prices, whereas their growth rates are calculated at constant prices.

[3] Changsha-Zhuzhou-Xiangtan (CZT) region refers to Changsha, Zhuzhou and Xiangtan; southern Hunan refers to Hengyang, Chenzhou and Yongzhou; western Hunan refers to Shaoyang, Zhangjiajie, Huaihua, Loudi and Xiangxi autonomous prefecture; Dongting Lake areas refers to Yueyang, Changde and Yiyang.

[4] The high-tech manufacturing industries include the manufacturing of medicine, aerospace, electronic and telecommunication equipment, computer and office equipment, medical equipment and instrumentation, and chemicals used in information store.

[5] Equipment manufacturing industry includes Metal Product Manufacturing, Ordinarily Machinery Manufacturing, Special Equipment Manufacturing, Automobile Manufacturing; Railway, Shipbuilding, Aerospace And Other Transportation Equipment Manufacturing, Electrical Machinery And Equipment Manufacturing, Computer Communications And Other Electronic Equipment Manufacturing, Instrument Manufacturing.

[6] Some product production data for 2020 has been verified and adjusted, and production growth for 2021 is calculated on a comparable basis.

[7] According to relevant state statistics regulations, vehicle output does not include Changsha Branch of Shanghai Volkswagen Automotive. The output of 2021 is calculated on a comparable basis.

[8] The turnover of post services is calculated in 2020 equivalent.

[9] The turnover of telecommunication services is calculated in 2020 equivalent.

[10] High and New Technology Industries include Manufacture of Medicines, Manufacture of Aerospace Transport Equipments, Manufacture of Electronic and Communication Equipments, Manufacture of Computer Equipments, Manufacture of Medical Equipments, Manufacture of Chemical Products; and include Investment and Information Service, Electronic Business Service, Inspection and testing services, as well as High Technical Service, Research and Design Service, Transformation Services of Scientific and Technological Achievements, Intellectual Property and Related Legal Services, Environmental Monitoring and Treatment Services, Other High Technical Service in Professional Technical Sevices.

[11] According to relevant regulations, the foreign trades are accounted in RMB.

[12] The export to UK is not included in the export to EU. The increase rate is calculated in a comparable basis.

[13] The enrollment rate for elementary-age kids refers to the percentage of school-age children in primary school to the total number inside and outside of the school within the scope of investigation.

[14] The secondary gross enrollment ratio mainly reflects the coverage of senior secondary education, referring to the percentage of the total number of high school students to population aged 15-17.

[15] At the end of 2021, the province has a population of 12.49 million people aged 0-14 years (including those under 15 years) and 40.63 million people aged 15-59 years (including those under 60 years).

[16] Counties in Hunan that emerged from poverty, the original poor regions, include the original counties in National Concentrative poor Regions and the original officially designated poor counties out of National Concentrative poor Regions, a total of 40 counties, including 37 counties in National Concentrative poor Regions(17 officially designated poor counties included) and 20 officially designated poor counties.

Source:

In this communique, fiscal data are from the Provincial Department of Finance; data of railway transportation and railway mileage are from China Railway Guangzhou Group Co., Ltd, Shichang Railway Co., Ltd, and China Railway Nanning Group Co., Ltd; data of highway transportation, waterway transportation and highway mileage are from Department of Transportation of Hunan Province; data of civil aviation are from Hunan Airport Management Co., Ltd and China Southern Airlines Company Limited Hunan Branch; date of pipelines are from Changling branch of China Petrochemical co., LTD, Changling Branch and Baling Branch of China Petrochemical Group Assets Management co., LTD, Hunan Oil Transportation Management Department of China Petrochemical Marketing co., LTD central-China Branch, Changsha ENN Gas co., LTD, Changsha Huarun Gas co., LTD, Xiangtan ENN Gas co., LTD, Changde Petrochina Kunlun Gas co., LTD and Loudi Huarun Gas co., LTD; data of motor vehicles for civilian use, traffic accidents and "one village and one auxiliary police" are from Public Security Department of Hunan Province; data of telecommunications services, mobile phone subscribers, fixed-line subscribers and broadband internet users are from Hunan Communications Administration; data of postal service are from Hunan Postal Service Administration; data of deposit and loans are from Changsha Central Sub-branch of the People's Bank of China; data of listed companies are from Hunan Local Financial Supervision and Administration; data of stocks and futures are from Hunan Authority of China Securities Regulatory Commission; insurance data are from Hunan Authority of China Insurance Regulatory Commission; education data are from Education Department of Hunan Province; data of science and technology are from Department of Science and Technology of Hunan Province; data of patent, quality inspection and industry standard are from Hunan Administration for Market Regulation; data of mapping and mineral resources are from Department of Natural Resources of Hunan Province; data of tourism, art performing groups, museums, public libraries, cultural centers and non-material cultural heritage protection are from Hunan Provincial Department of Culture and Tourism; data of radio and television are from Hunan Provincial Radio and Television Bureau; data of newspapers, periodicals and books are from Hunan Provincial Party Committee Propaganda Department; data of health care are from Health Commission of Hunan Province; data of sports are from the Sports Bureau of Hunan Province; data of newly-added urban jobs and social security, vocational skills training are from Human Resources and Social Security Department of Human Province; data of medical insurance and maternity insurance are from Healthcare Security Administration of Hunan Province; data of urban and rural minimum living allowances, social welfare and social services are from Department of Civil Affairs of Hunan Province; data of legal aid cases are from Department of Justice of Hunan Province; data of water conservancy constructions and rural residents newly supplied with tap water are from Water Resources Department of Hunan Province; data of aquatic products output and high-standard cropland construction are from Department of Agriculture and Rural Affairs of Hunan Province; data of city construction are from Hunan Provincial Department of Housing and Urban-Rural Development; data of nature reserves, geological parks, forestation, standing tree and coverage of forest are from Hunan Forestry Department; data of the quality of surface water and pollutant emission are from Ecology and Environment Department of Hunan; data of safe production are from Department of Emergency Management of Hunan Province; all the other data are from Hunan Bureau of Statistics and Hunan Survey Organization of National Bureau of Statistics of China.

01 综　合

General Survey

资料整理人员：周　玲　欧阳普　宋　超　赵　宏
邓鸿鹄　吕　涛　田杰平　谢　凡
贺淑贞　彭　颖　王月松　杨　耒
吕　燕　廖闻菲　彭亓吾　王　丹
陈晗文　朱　鹏　易　贝　王　璐
罗金城　陈　婷　傅磊峰　王湘杰
孙　靖　王梓权　凌　骞　韩建芳
孙邦昕　肖首雄　赵莉淇　郭开金
甘杨辉　邓海波

1-1 行政区划
Administrative Divisions

单位：个 (unit)

年 份 Year	市 州 Cities and A.P	地级市 Number of Cities at Prefectural Level	地州数 Number of Prefecture and A.P	县级市 Number of Cities at County Level	县 数 Number of Counties	市辖区数 Districts Under the Jurisdiction of Cities at Prefectural Level	镇 数 Number of Towns	乡 数 Number of Township
	1978	3	12	7	90	13	154	3295
	1980	5	12	9	90	22	155	3321
	1985	6	9	14	84	27	544	3011
	1986	6	7	16	82	27	581	2895
	1987	6	7	18	80	26	585	2903
	1988	8	6	17	78	30	596	2889
	1989	8	6	17	78	30	621	2807
	1990	8	6	18	78	29	628	2801
	1991	8	6	18	78	29	639	2784
	1992	8	6	19	77	26	663	2773
	1993	8	6	20	76	26	748	2689
	1994	9	5	20	74	28	769	2658
	1995	10	4	19	73	30	899	1406
	1996	11	3	17	73	32	950	1360
	1997	11	3	18	72	32	979	1327
	1998	12	2	17	72	33	1001	1350
	1999	13	1	16	72	34	1023	1330
	2000	13	1	16	72	34	1055	1310
	2001	13	1	16	72	34	1087	1275
	2002	13	1	16	72	34	1097	1257
	2003	13	1	16	72	34	1098	1264
	2004	13	1	16	72	34	1098	1244
	2005	13	1	16	72	34	1089	1087
	2006	13	1	16	72	34	1091	1085
	2007	13	1	16	72	34	1095	1071
	2008	13	1	16	72	34	1101	1063
	2009	13	1	16	72	34	1106	959
	2010	13	1	16	72	34	1109	1052
	2011	13	1	16	71	35	1121	1038
	2012	13	1	16	71	35	1131	952
	2013	13	1	16	71	35	1138	828
	2014	13	1	16	71	35	1153	805
	2015	13	1	16	71	35	1119	417
	2016	13	1	16	71	35	1135	401
	2017	13	1	17	70	35	1134	398
	2018	13	1	17	69	36	1138	392
	2019	13	1	18	68	36	1134	392
	2020	13	1	18	68	36	1133	392
	2021	13	1	19	67	36	1133	389
长沙市	Changsha City	1		2	1	6	69	5
株洲市	Zhuzhou City	1		1	3	5	61	7
湘潭市	Xiangtan City	1		2	1	2	35	10
衡阳市	Hengyang City	1		2	5	5	114	31
邵阳市	Shaoyang City	1		2	7	3	113	53
岳阳市	Yueyang City	1		2	4	3	88	14
常德市	Changde City	1		1	6	2	107	19
张家界市	Zhangjiajie City	1			2	2	33	30
益阳市	Yiyang City	1		1	3	2	72	9
郴州市	Chenzhou City	1		1	8	2	99	37
永州市	Yongzhou City	1		1	8	2	110	40
怀化市	Huaihua City	1		1	10	1	103	90
娄底市	Loudi City	1		2	2	1	54	14
湘西土家族苗族自治州	Xiangxi Tujiazu&Miaozu Autonomous Prefecture		1	1	7		75	30

1-1 续表 Continued

长沙市 **Changsha City**

芙蓉区 (Furong District)、天心区 (Tianxin District)、岳麓区 (Yuelu District)、开福区 (Kaifu District)、雨花区 (Yuhua District)
望城区 (Wangcheng District)、长沙县 (Changsha County)、浏阳市 (Liuyang City)、宁乡市 (Ningxiang City)

株洲市 **Zhuzhou City**

荷塘区 (Hetang District)、石峰区 (Shifeng District)、芦淞区 (LuSong District)、天元区 (Tianyuan District)、渌口区 (Lukou District)
醴陵市 (Liling City)、攸县 (You County)、茶陵县 (Chaling County)、炎陵县 (Yanling County)

湘潭市 **Xiangtan City**

雨湖区 (Yuhu District)、岳塘区 (Yuetang District)、湘乡市 (Xiangxiang City)、韶山市 (Shaoshan City)、湘潭县 (Xiangtan County)

衡阳市 **Hengyang City**

珠晖区 (Zhuhui District)、雁峰区 (Yanfeng District)、石鼓区 (Shigu District)、蒸湘区 (Zhengxiang District)、南岳区 (Nanyue District)、
耒阳市 (Leiyang City)、常宁市 (Changning City)、衡阳县 (Hengyang County)、衡南县 (Hengnan County)、衡山县 (Hengshan County)
衡东县 (Hengdong County)、祁东县 (Qidong County)

邵阳市 **Shaoyang City**

双清区 (Shuangqing District)、大祥区 (Daxiang District)、北塔区 (Beita District)、武冈市 (Wugang City)、邵东市 (Shaodong City)
新邵县 (Xinshao County)、邵阳县 (Shaoyang County)、隆回县 (Longhui County)、洞口县 (Dongkou County)、新宁县 (Xinning County)、
绥宁县 (Suining County)、城步苗族自治县 (Chengbu Miao Autonomous County)

岳阳市 **Yueyang City**

岳阳楼区 (Yueyanglou District)、云溪区 (Yunxi District)、君山区 (Junshan District)、汨罗市 (Miluo City)、临湘市 (Linxiang City)
岳阳县 (Yueyang County)、平江县 (Pingjiang County)、湘阴县 (Xiangyin County)、华容县 (Huarong County)

常德市 **Changde City**

武陵区 (Wuling District)、鼎城区 (Dingcheng District)、津市市 (Jinshi City)、安乡县 (Anxiang County)、汉寿县 (Hanshou County)
澧县 (Li County)、临澧县 (Linli County)、桃源县 (Taoyuan County)、石门县 (Shimen County)

张家界市 **Zhangjiajie City**

永定区 (Yongding District)、武陵源区 (Wulingyuan District)、慈利县 (Cili County)、桑植县 (Sangzhi County)

益阳市 **Yiyang City**

资阳区 (Ziyang District)、赫山区 (Heshan District)、沅江市 (Yuanjiang City)、南县 (Nan County)、桃江县 (Taojiang County)、
安化县 (Anhuan County)

郴州市 **Chenzhou City**

北湖区 (Beihu District)、苏仙区 (Suxian District)、资兴市 (Zixing City)、桂阳县 (Guiyang County)、永兴县 (Yongxing County)、
宜章县 (Yizhang County)、嘉禾县 (Jiahe County)、临武县 (Linwu County)、汝城县 (Rucheng County)、桂东县 (Guidong County)、
安仁县 (Anren County)

永州市 **Yongzhou City**

零陵区 (Lingling District)、冷水滩区 (Lengshuitan District)、东安县 (Dongan County)、道县 (Dao County)、宁远县 (Ningyuan County)、
江永县 (Jiangyong County)、江华瑶族自治县 (Jianghua Yao Autonomous County)、蓝山县 (Lanshan County)、新田县 (Xintian County)、
双牌县 (Shuangpai County)、祁阳市 (Qiyang City)

怀化市 **Huaihua City**

鹤城区 (Hecheng District)、洪江市 (Hongjiang City)、中方县 (Zhongfang County)、沅陵县 (Yuanling County)、辰溪县 (Chenxi County)、
溆浦县 (Xupu County)、麻阳苗族自治县 (Mayang Miao Autonomous County)、会同县 (Huitong County)
新晃侗族自治县 (Xinhuang Tong Autonomous County)、芷江侗族自治县 (Zhijiang Tong Autonomous County),
靖州苗族侗族自治县 (Jingzhou Miao and Tong Autonomous County)、通道侗族自治县 (Tongdao Tong Autonomous County)

娄底市 **Loudi City**

娄星区 (Louxing District)、冷水江市 (Lengshuijiang City)、涟源市 (Lianyuan City)、双峰县 (Shuangfeng County)、新化县 (Xinhua County)

湘西土家族苗族自治州 **Xiangxi Tujiazu&Miaozu Autonomous Prefecture**

吉首市 (Jishou City)、泸溪县 (Luxi County)、凤凰县 (Fenghuang County)、花垣县 (Huayuan County)、保靖县 (Baojing County)、
古丈县 (Guzhang County)、永顺县 (Yongshun County)、龙山县 (Longshan County)

1-2 人口和自然资源
Population and Natural Resources

项 目		Item		2021
人口		**Population**		
年末常住人口	（万人）	Population at the Year-end	(10 000 persons)	6622.00
土地		**Land**		
土地面积	（万平方公里）	Area of Land	(10 000 sq.km)	21.18
耕地面积	（万公顷）	Area of Cultivated Land	(10 000 hectares)	362.11
气候		**Climate**		
年平均降水量	（毫米）	Annual Average Precipitation	(mm)	1490
年降水总量	（亿立方米）	Annual Total Precipitation	(100 million cu.m)	3156
森林与湿地		**Forests and Wetlands**		
林地面积	（万公顷）	Area of Woodland	(10 000 hectares)	1273.57
森林覆盖率	（%）	Forest Coverage Rate	(%)	59.97
活木林蓄积量	（万立方米）	Standing Forest Stock Volume	(10 000 cu.m)	64146.76
湿地面积	（万公顷）	Area of wetland	(10 000 hectares)	101.97
湿地保护率	（%）	Wetland Conservation Rate	(%)	70.54
水文、水利		**Water**		
5 公里以上河流	（条）	Rivers Over 5 km	(unit)	5341
5 公里以上河流长度	（万公里）	Total Length of Rivers Over 5 km	(10 000 km)	8.5
水资源总量	（亿立方米）	Total Water Resources	(100 million cu.m)	1791
地表水资源量	（亿立方米）	Total Surface Water Resources	(100 million cu.m)	1784
地下水资源量	（亿立方米）	Total Ground Water Resources	(100 million cu.m)	437.4
矿产资源保有资源量（截至 2021 年底）		**Reserves of Mineral Resources (at the 2021 year-end)**		
煤炭	（亿吨）	Coal	(100 million tons)	36.66
铁矿（矿石）	（亿吨）	Iron Ore(ore)	(100 million tons)	14.23
磷矿（矿石）	（亿吨）	Phosphate Ore(ore)	(100 million tons)	19.67
盐矿（矿石）	（亿吨）	Salt Ore(ore)	(100 million tons)	25.75

注：耕地面积是指年末耕地总资源面积，包括常用耕地和临时性耕地。由国土部门提供（后同）。林地面积和湿地面积数据均为初步统计数。

The data of cultivated land is actual cultivated land total resources(year end), including common cultivated land and temporary cultivated land. The date came from Hunan Province Territory Resource Burear。The same as in the following table。The data of forest area and wetland area are preliminary statistics.

1–3 主要山脉基本情况
Major Mountain Ranges

名 称	Name	平均高度（米） Average Height (m)	最高峰（米） Hightest Peak (m)	
雪峰山	Xuefeng Mountain Range	1500	2021 （城步县二宝顶）	Erbao Peak in Chengbu County
武陵山	Wuling Mountain Range	500–1200	2098.7 （石门县壶瓶山）	Huping Mountain in Shimen County
南岭山脉（指大庾岭、骑田岭、萌渚岭、都庞岭、越城岭）	Nanling Mountain Range (Dayu Peak,Qitian Peak, Mengzhu Peak, DuPang Peak, Yuecheng Peak)		2009 （道县韭菜岭）	Jiucai Peak in Dao County
幕阜山—罗霄山	Mofu Mountain–Luoxiao Mountain Range	1000	2052 （炎陵县斗笠顶）	Douli Peak in Yanling County
			2041.1 （桂东县八面山）	Bamian Mountain in Guidong County

1–4 主要河流基本情况
Major Rivers

名 称	Item	河长（公里） Length of River (km)	#省内 #In Province	河流条数（条） Number of River (unit)	流域面积（平方公里） Drainage Area (sq.km)	#省内 #In Province	省内年径流量（亿立方米） Annual Flow in Province (100 million cu.m)	水力资源蕴藏量（万千瓦） Hydro-power Resources (10 000 kw)	#可开发量 Develop-able Resources
总 计	**Total**			**5341**		**211311**	**2560.00**	**1532.45**	**1083.84**
湘 江	Xiangjiang River	948	670	2157	94721	85225	1059.62	470.70	318.29
资 水	Zishui River	661	630	771	28211	26883	319.96	201.03	147.71
沅 江	Yuanjiang River	1053	568	1491	89833	52225	609.49	537.51	460.21
澧 水	Lishui River	407	388	326	16959	13842	190.55	152.46	137.11
洞庭湖水系	Water System of Dongting Lake			432		27269	299.71	140.20	13.65
鄱阳湖水系	Water System of Poyang Lake			16		683	10.79	3.12	0.58
珠江水系	Water System of Zhujiang River			148		5185	69.88	27.43	6.29

注：1. 河流条数指河长 5 公里以上的河流数，河长共 9 万公里。
2. 资水河长以夫夷水作水源计算。
3. 据 1986 年勘定，洞庭湖面积为 2691 平方公里。

a. Rivers refer to those which are more than 5 km long, and the total length of the rivers are 90 000 km.
b. The length of Zishui River refers to that of Fuyi River.
c. The figure on the area of Dongting Lake was taken from the survey in 1986.

1—5 主要城市平均气温(2021年)
Monthly Average Temperature of Major Cities (2021)

单位：摄氏度 (℃)

城 市	City	1月 January	2月 February	3月 March	4月 April	5月 May	6月 June	7月 July
长沙市	Changsha	6.5	11.4	13.3	16.2	22.2	27.6	30.1
株洲市	Zhuzhou	7.2	12.0	13.8	16.5	22.8	28.0	30.8
湘潭市	Xiangtan	6.6	11.2	13.4	16.2	22.2	27.6	30.1
衡阳市	Hengyang	8.3	13.0	14.7	16.8	22.9	28.3	31.6
邵阳市	Shaoyang	6.8	11.4	13.1	15.1	21.5	26.4	29.1
岳阳市	Yueyang	6.9	11.7	13.2	16.4	22.1	27.6	29.8
常德市	Changde	6.5	10.8	12.4	15.5	21.1	26.5	28.8
张家界市	Zhangjiajie	6.4	10.8	12.9	15.7	21.1	25.8	28.5
益阳市	Yiyang	6.8	11.3	13.3	16.2	22.5	27.9	30.5
郴州市	Chenzhou	7.8	13.0	14.6	16.1	22.3	26.5	28.8
永州市	Yongzhou	8.3	13.4	14.5	16.5	22.8	27.6	30.6
怀化市	Huaihua	6.0	10.8	13.0	15.1	21.7	26.5	29.3
娄底市	Loudi	6.9	11.4	13.2	15.4	21.8	26.8	29.7
吉首市	Jishou	6.3	11.0	12.8	15.3	21.3	26.0	28.8

注：长沙为长沙黄花站资料。
Changsha huanghua station information for Changsha.

1—5 续表 Continued

单位：摄氏度 (℃)

城 市	City	8月 August	9月 September	10月 October	11月 November	12月 December	全年平均 Annual Total	上年平均 Annual Average Preceding Year
长沙市	Changsha	28.4	28.6	18.8	13.7	8.7	18.8	18.1
株洲市	Zhuzhou	29.3	29.5	19.3	14.4	9.2	19.4	18.8
湘潭市	Xiangtan	28.6	28.9	18.7	13.7	8.5	18.8	18.1
衡阳市	Hengyang	29.8	30.4	19.7	14.9	10.1	20.0	19.5
邵阳市	Shaoyang	27.9	28.0	17.7	13.1	8.3	18.2	17.5
岳阳市	Yueyang	28.3	28.2	18.8	14.7	9.1	18.9	18.0
常德市	Changde	27.1	27.2	17.7	13.6	8.8	18.0	17.0
张家界市	Zhangjiajie	27.0	26.9	17.9	12.7	8.2	17.8	16.9
益阳市	Yiyang	28.5	28.7	18.7	14.2	8.7	18.9	18.1
郴州市	Chenzhou	27.9	28.1	17.6	13.6	8.8	18.8	18.1
永州市	Yongzhou	29.5	29.8	18.7	14.0	9.5	19.6	18.9
怀化市	Huaihua	28.3	27.7	17.8	13.0	8.0	18.1	17.4
娄底市	Loudi	28.2	28.7	18.3	13.5	8.8	18.6	17.7
吉首市	Jishou	27.5	27.0	17.7	13.0	8.2	17.9	16.9

1−6　主要城市降水量(2021年)
Monthly Precipitation in Major Cities (2021)

单位：毫米　　(millimeter)

城　市	City	1月 January	2月 February	3月 March	4月 April	5月 May	6月 June	7月 July
长沙市	Changsha	13.1	114.4	159.6	205.8	343.0	102.7	107.1
株洲市	Zhuzhou	8.2	142.4	139.8	146.3	334.6	122.4	65.5
湘潭市	Xiangtan	8.4	142.5	195.4	118.1	291.7	114.8	111.2
衡阳市	Hengyang	3.3	114.4	99.6	163.8	321.1	79.3	133.2
邵阳市	Shaoyang	2.1	84.0	77.4	169.5	313.6	100.8	50.2
岳阳市	Yueyang	31.9	80.4	90.4	211.9	265.2	65.6	128.6
常德市	Changde	20.2	57.7	109.7	226.8	290.7	107.3	139.0
张家界市	Zhangjiajie	24.0	46.6	88.6	247.7	298.0	172.7	107.1
益阳市	Yiyang	21.8	119.1	148.7	247.8	194.6	261.1	55.9
郴州市	Chenzhou	6.8	100.0	106.7	191.1	374.9	95.5	58.6
永州市	Yongzhou	6.0	95.3	203.2	187.3	411.3	90.7	48.9
怀化市	Huaihua	29.5	100.2	116.0	218.7	333.2	261.0	218.5
娄底市	Loudi	7.6	100.1	98.3	120.6	264.2	122.2	56.5
吉首市	Jishou	21.4	95.4	80.9	187.0	254.4	139.9	220.1

注：长沙为长沙黄花站资料。
Changsha huanghua station information for Changsha.

1−6　续表　Continued

单位：毫米　　(millimeter)

城　市	City	8月 August	9月 September	10月 October	11月 November	12月 December	全年 Annual Total	上年全年 Annual Total Preceding Year
长沙市	Changsha	237.9	40.4	73.7	46.1	29.1	1472.9	1721.0
株洲市	Zhuzhou	114.6	10.9	63.2	61.2	35.8	1244.9	1803.2
湘潭市	Xiangtan	92.3	24.2	70.9	54.9	29.0	1253.4	1612.3
衡阳市	Hengyang	92.3	12.2	95.0	135.0	20.5	1269.7	1159.8
邵阳市	Shaoyang	132.7	26.7	108.0	81.3	32.0	1178.3	1460.8
岳阳市	Yueyang	257.8	53.7	52.0	59.1	14.0	1310.6	1813.6
常德市	Changde	159.4	40.1	64.3	62.1	21.4	1298.7	1554.9
张家界市	Zhangjiajie	268.5	3.6	89.6	46.9	21.9	1415.2	1973.0
益阳市	Yiyang	259.2	77.2	138.5	47.5	30.7	1602.1	1711.0
郴州市	Chenzhou	128.6	22.8	159.7	250.9	28.6	1524.2	1397.4
永州市	Yongzhou	63.2	25.1	171.2	217.7	24.1	1544.0	1403.0
怀化市	Huaihua	168.6	80.6	120.8	103.3	47.6	1798.0	1805.8
娄底市	Loudi	100.6	20.8	73.4	73.0	32.5	1069.8	1844.6
吉首市	Jishou	337.4	26.8	116.9	49.0	25.1	1554.3	2106.0

1-7 主要城市日照时数(2021年)
Monthly Sunshine Hours in Major Cities (2021)

单位：小时 (hour)

城 市	City	1月 January	2月 February	3月 March	4月 April	5月 May	6月 June	7月 July
长沙市	Changsha	122	92	55	31	86	150	219
株洲市	Zhuzhou	143	97	54	27	84	153	240
湘潭市	Xiangtan	126	95	53	33	99	183	260
衡阳市	Hengyang	124	104	54	38	77	155	233
邵阳市	Shaoyang	118	88	47	23	76	143	222
岳阳市	Yueyang	118	157	68	57	106	168	194
常德市	Changde	124	100	77	50	101	161	191
张家界市	Zhangjiajie	103	89	57	44	78	136	171
益阳市	Yiyang	122	97	60	41	113	164	199
郴州市	Chenzhou	215	172	133	55	80	149	239
永州市	Yongzhou	115	105	39	30	71	140	238
怀化市	Huaihua	88	81	56	37	100	175	231
娄底市	Loudi	113	81	48	23	88	147	218
吉首市	Jishou	97	77	42	35	73	128	175

注：长沙为长沙黄花站资料。
Changsha huanghua station information for Changsha.

1-7 续表 Continued

单位：小时 (hour)

城 市	City	8月 August	9月 September	10月 October	11月 November	12月 December	全年 Annual Total	上年全年 Annual Total Preceding Year
长沙市	Changsha	149	245	89	141	123	1501	1298
株洲市	Zhuzhou	162	252	86	140	123	1560	1305
湘潭市	Xiangtan	173	271	88	143	124	1646	1486
衡阳市	Hengyang	170	240	88	119	152	1552	1402
邵阳市	Shaoyang	138	216	83	105	122	1381	1338
岳阳市	Yueyang	158	256	106	145	133	1666	1408
常德市	Changde	143	232	90	135	149	1554	1325
张家界市	Zhangjiajie	134	211	82	107	126	1337	993
益阳市	Yiyang	144	223	93	146	129	1531	1280
郴州市	Chenzhou	178	219	86	114	137	1776	1398
永州市	Yongzhou	173	245	83	110	130	1478	1224
怀化市	Huaihua	201	236	87	100	97	1489	978
娄底市	Loudi	150	234	92	133	120	1447	1228
吉首市	Jishou	136	200	98	88	89	1237	922

1-8 国民经济和社会发展总量指标
Principal Indicators of National Economy and Social Development

指 标	Item	总量指标 Aggregate Data			
		2000	2010	2020	2021
人口与就业	**Population and Employment**				
人口 （万人）	**Population (10 000 persons)**				
年末常住人口	Population at the Year-end		6570.10	6645.39	6622.00
城镇人口	Urban		2845.01	3905.13	3954.01
乡村人口	Rural		3725.09	2740.26	2667.99
男性人口	Male		3377.65	3400.02	3392.00
女性人口	Female		3192.45	3245.37	3230.00
就业 （万人）	**Employment (10 000 persons)**				
从业人员数	Employees	3577.58	3982.73	3280.00	3258.00
在岗职工数	Staff and Workers on the Job	580.82	531.00	554.24	559.35
宏观经济	**Macro-economy**				
国民经济核算 （亿元）	**National Accounting (100 million yuan)**				
地区生产总值	Gross Domestic Products	3551.49	15574.32	41542.57	46063.09
第一产业	Primary Industry	784.92	2073.19	4240.73	4322.92
第二产业	Secondary Industry	1293.18	7034.70	15949.19	18126.09
第三产业	Tertiary Industry	1473.39	6466.43	21352.65	23614.08
人均地区生产总值 （元）	Per Capita Gross Regional Product (yuan)	5590	24005	62537	69440
财政 （亿元）	**Public Finance (100 million yuan)**				
地方一般公共预算收入	General Public Budget Revenue	177.04	1081.69	3008.66	3250.69
一般公共预算支出	General Public Budget Expenditure	347.83	2702.47	8403.13	8325.50
使用外资 （万美元）	**Utilization of Foreign Capital (USD 10 000)**				
实际使用外资	Actually Used Foreign Capital	110843	518441	2099782	241490
产业	**Industry**				
农业	**Agriculture**				
耕地面积 （万公顷）	Cultivated Areas (10 000 hectares)	392.16	413.75		362.11
农林牧渔业总产值（亿元）	Gross Output Value of Farming, Forestry, Animal Husbandry and Fishery (100 million yuan)	1251.89	3518.10	7511.96	7662.36
农业	Farming	633.84	1848.89	3364.77	3532.87
林业	Forestry	51.01	207.43	428.00	455.82
牧业	Animal Husbandry	486.13	1062.04	2721.63	2542.51
渔业	Fishery	80.91	222.58	477.55	570.82
主要农产品产量 （万吨）	Output of Major Farm Products (10 000 tons)				
粮食	Grain	2874.97	2847.50	3015.12	3074.40
棉花	Cotton	17.13	22.70	7.44	8.05
油料	Oil-bearing Crops	139.35	178.11	260.67	263.00
黄红麻（熟麻）	Jute and Ambary Hemp (Cooked Hemp)	0.23	0.07	0.03	0.03
苎麻	Ramie	6.62	4.06	0.43	0.35
烤烟	Fluecured Tobacco	15.55	15.45	18.34	18.41
茶叶	Tea	5.73	11.72	25.01	25.85
柑橘	Citrus	125.92	385.30	626.66	643.20
猪牛羊肉	Pork, Beef and Mutton	391.40	439.28	374.30	481.90

注：1. 实际使用外资金额 2021 年前包括直接投资和间接投资，2021 年不包括外商投资企业在湘设立内资企业的投资数据（后表同）。
2. 2021 年耕地面积数据为初步统计数。

a. The actual amount of foreign capital used before 2021 includes direct investment and indirect investment. The year 2021 does not include the investment data of foreign-invested enterprises setting up domestic enterprises in Hunan (the following table is the same).

b. The data of cultivated land area in 2021 are preliminary statistics.

1-8 续表 1 Continued

指 标	Item	总量指标 Aggregate Data			
		2000	2010	2020	2021
工业	**Industry**				
主要工业产品产量	Output of Major Industrial Products				
布 （亿米）	Cloth (100 million m)	3.41	4.65	1.31	1.04
机制纸及纸板 （万吨）	Machine-made Paper and Paperboards (10 000 tons)	70.07	384.63	316.10	343.75
合成洗涤剂 （万吨）	Synthetic Detergents (10 000 tons)	8.12	36.30	32.15	27.17
原煤 （万吨）	Coal (10 000 tons)	1490.81	7670.12	1053.30	723.38
发电量 （亿千瓦小时）	Electricity (100 million kw.h)	354.42	1186.44	1496.21	1658.62
粗钢 （万吨）	Crude Steel (10 000 tons)	304.13	1766.52	2612.90	2612.68
钢材 （万吨）	Steel (10 000 tons)	299.05	1811.73	2720.67	2979.70
水泥 （万吨）	Cement (10 000 tons)	2395.72	8691.20	10989.09	10408.05
规模工业企业财务指标	Principal Financial Item of Industrial Enterprises above Designated Size				
利润总额 （亿元）	Total Profits (100 million yuan)	34.48	1451.45	2559.92	2618.32
建筑业	**Construction**				
建筑业企业人数 （万人）	Number of Employed Person (10 000 persons)	76.30	150.41	303.03	301.25
建筑业总产值 （亿元）	Gross Output Value of Construction (100 million yuan)	354.29	3161.73	11863.77	13280.16
施工房屋面积 （万平方米）	Floor Space of Buildings Under Construction (10 000 sq.m)	5087.93	27680.25	67978.77	76367.89
#竣工房屋面积	#Floor Space of Buildings Completed	2603.03	10573.45	21235.27	24029.21
交通运输	**Transportation**				
货运量 （万吨）	Freight Traffic (10 000 tons)	51228	149794	201977	225517
铁路	Railways	4676	5716	4592	4771
公路	Highways	42868	127635	176442	198423
水运	Waterways	3406	15811	19844	21272
客运量 （万人）	Passenger Traffic (10 000 persons)	87462	156871	57512	51811
铁路	Railways	5233	7111	11392	12865
公路	Highways	81005	148235	44144	37031
水运	Waterways	1094	919	840	764
邮电通信业	**Postal and Telecommunications Services**				
邮政业务总量 （亿元）	Total Postal Services (100 million yuan)	9.16	32.03	429.22	295.84
函件 （万件）	Number of Letters Delivered (10 000 pieces)	21255.00	8358.00	1648.15	1699.59
报刊期发数 （万份）	Newspapers and Magazines Distributed (10 000 copies)	1042.72	718.00	522.47	474.70
快递业务量 （万件）	Express Business (10 000 pieces)			147131.61	197803.10
电信业务总量 （亿元）	Total Telecommunications Services (100 million yuan)	131.76	325.24	5671.25	628.99
固定电话用户数（万户）	Local Telephone Subscribers (10 000 households)	638.48	1076.96	592.43	568.34
移动电话用户数（万户）	Mobile Telephone Subscribers (10 000 households)	279.00	3259.76	6719.40	6942.31
固定互联网用户数(万户)	Number of Local Internet Users (10 000 households)			2113.17	2322.99
移动互联网用户数(万户)	Number of Mobile Internet Users (10 000 households)			5771.21	6026.18

注：1. 2013 年开始，公路水路客货运输数据，源自交通运输业经济统计专项调查，统计口径有所调整。2019 年公路货运数据采用交通运输部专项调查数据，统计口径发生改变。电信业务总量 2017 年至 2020 年执行 2015 年不变价，2021 年执行 2020 年不变价。邮政业务总量 2010 年至 2020 年执行 2010 年不变价 ,2021 年起执行 2020 年不变价（后同）。

2. 2021 年，水路客运统计方式由行业统计改为企业统计，统计口径有所调整（后同）。

a. Beginning in 2013,highway and waterway freight volume data, from traffic transportation economic statistics,special investigation, statistical adjustments. Road freight data for 2019 are based on the special survey data of the Ministry of Transport,the statistical caliber has changed 。Total telecom business from 2017 to 2020 to implement the 2015 unchanged price, 2021 to implement the 2020 unchanged price. The total postal business volume will be subject to the 2010 constant price from 2010 to 2020, and will be subject to the 2020 constant price from 2021 (the same hereafter).

b. In 2021, the statistical method of waterway passenger transport was changed from industry statistics to enterprise statistics, and the statistical caliber was adjusted (the same below).

1-8 续表 2 Continued

指　标	Item	总量指标 Aggregate Data			
		2000	2010	2020	2021
国内商业　（亿元）	**Domestic Trade (100 million yuan)**				
社会消费品零售总额	Total Retail Sales of Consumer Goods	1359.79	5664.27	16258.12	18596.85
对外经济贸易和旅游	**Foreign Trade and Tourism**				
进出口总额（亿美元）	Total Exports and Imports (USD 100 million)	25.13	146.89	706.78	927.15
进口额	Imports	8.60	67.34	228.53	274.79
出口额	Exports	16.53	79.55	478.25	652.36
国际旅游	International Tourism				
来湘旅游人数（万人次）	Tourism to Hunan (10 000 person-times)	45.40	189.87	17.04	
旅游外汇收入（亿美元）	Foreign Exchange Earnings from Tourism (USD 100 million)	2.21	8.87	0.51	
金融保险　（亿元）	**Finance and Insurance (100 million yuan)**				
金融机构人民币存款余额	Total Saving Deposits of Financial Institutions	2874.75	16553.78	57479.96	62339.85
金融机构人民币贷款余额	Total Loan Balances of Financial Institutions	2403.39	11303.76	49165.68	55508.70
财产险保费收入	Premium Income from Property Insurance	13.12	100.70	408.92	391.25
人身险保费收入	Premium Income from Life Insurance	46.78	300.75	1104.14	1117.50
教育、科技、文化	**Education, Science and Technology, Culture**				
教育	**Education**				
专任教师数　（万人）	Full-time Teachers (10 000 persons)				
普通高等学校	Institutions of Higher Education	2.03	5.96	7.96	7.92
中等职业学校	Specialized Secondary Schools	1.08	2.80	3.24	3.74
普通中学	Secondary Schools	22.37	24.05	27.89	29.06
小学	Primary Schools	30.64	25.00	30.00	31.10
在校学生　（万人）	Students Enrollment (10 000 persons)				
普通高等学校	Institutions of Higher Education	25.31	104.43	151.03	159.61
中等职业学校	Specialized Secondary Schools			68.30	74.66
普通中学	Secondary Schools	391.73	316.82	379.31	392.81
小学	Primary Schools	663.93	479.16	534.25	530.06
国家财政性教育经费（亿元）	State Fiscal Funding on Education (100 million yuan)	85.77	480.57	1449.71	
科技	**Science and Technology**				
各类专业技术人员数（万人）	Scientific and Technical Personnel (10 000 persons)	109.34	102.29	103.43	104.50
科技拨款　（亿元）	Funding for Scientific and Technical Activities (100 million yuan)	5.55	35.00	220.66	217.30
技术市场技术交易成交额（亿元）	Transaction Value in Technical Market (100 million yuan)	10.95	25.95	276.93	416.60
文化	**Culture**				
出版数量	Publications				
图书　（万册）	Number of Books (10 000 copies)	24844	31153	48269	50978
杂志　（万册）	Number of Magazines (10 000 copies)	10504	12762	9549	9218
报纸　（万份）	Number of Newspapers Issue (10 000 copies)	83467	129101	72306	66948
电视节目每周播出时间（小时）	Time for TV Programs Telecasting (hour)	2338	13740	15053	15342

注：1. 对外贸易中的进出口总额，统一按海关统计数据。

2. 根据中国银保监会统计标准，2021 年全省保费收入不包含风险处置中机构的数据。

a. Figures on total imports and exports from foreign trade are obtained from the customs statistics.

b. According to the statistical standards of China Banking and Insurance Regulatory Commission, the provincial premium income in 2021 does not include the data of institutions in risk disposal.

1-8 续表 3 Continued

指　标	Item	总量指标 Aggregate Data			
		2000	2010	2020	2021
家庭、生活、环境	**Family, People's Livelihood and Environment**				
家庭　（人）	**Family　(person)**				
城镇居民户均家庭人口	Average Household Size in Urban Areas	3.09	2.90	3.15	3.22
农村居民户均常住人口	Average Household Size in Rural Areas	3.97	3.88	3.23	3.16
婚姻　（万对）	**Marriages and Divorces　(10 000 couples)**				
结婚数	Number of Marriages	38.31	63.46	35.75	30.17
离婚数	Number of Divorces	6.45	15.37	19.8	13.68
居住　（平方米/人）	**Housing　(sq.m/person)**				
城市居民人均居住面积	Per Capita Floor Space of Urban Residents	11.75	31.20	51.14	52.30
农村居民人均住房面积	Per Capita Floor Space of Rural Residents	30.92	42.20	65.28	63.89
生活　（元）	**People's Livelihood　(yuan)**				
城镇居民人均可支配收入	Per Disposable Income of Urban Households	6219	16566	41698	44866
农村居民人均可支配收入	Per Disposable Income of Rural Households	2197	5622	16585	18295
城镇居民人均消费支出	Per Capita Consumption Expenditure of Urban Households	5219	11825	26796	28294
农村居民人均消费支出	Per Capita Consumption Expenditure of Rural Households	1943	4310	14974	16951
工资福利	**Wages and Welfare**				
在岗职工工资总额　（亿元）	Total Wages on the Job　(100 million yuan)	377.19	1413.82	4501.49	4884.98
在岗职工平均工资　（元）	Average Wage of Staff and Workers on the Job　(yuan)	6515	30483	82356	88874
卫生	**Health Care**				
医院与卫生院　（个）	Number of Hospitals　(unit)	3339	3066	3796	3815
执业（助理）医师　（万人）	Number of Doctors　(10 000 persons)	8.87	10.42	19.04	19.25
医院床位数　（万张）	Number of Hospital Beds　(10 000 units)	9.32	14.99	37.67	38.98
市政建设	**City Construction**				
供水总量　（亿立方米）	Volume of Tap Water Supply　(100 million tons)	28.24	18.92	22.47	24.01
排水管道长度　（公里）	Length of Sewer Pipelines　(km)	3754	8882	22665	25364
液化石油气用量　（万吨）	Volume of Liquefied Petroleum Gas　(10 000 tons)	20.20	25.29	25.24	25.38
天然气供气量　（亿立方米）	Volume of Natural Gas　(100 million tons)			28.39	32.09
公共汽车总数　（辆）	Total Number of Public Buses　(unit)	9083	12298	32229	32903
公交客运总量　（万人次）	Total Passenger Traffic of Public Transportation　(10 000 person-times)	106227	246471	209776	227396

注：2002 年起，医生数是指执业医生数。2000 年起，城镇居民人均居住面积由建设厅提供。2006 年劳动厅取消有关离退休人员人数、劳保福利费等统计指标。2007 年起，卫健委网络直报数据包含了诊所、医务室、卫生所、社区服务站；而 2007 年前是没有包括的。

Data of doctors are doctors and assistant doctors since 2002. Data on living floor space of urban residents came from Constructional Bureau of Hunan Province since 2000. The statistical indicators on retired staff and workers have been canceled in 2006.Since 2007, the online direct reporting data of the National Health Commission of China has included clinics, infirmary offices, health centers and community service stations. It was not included before 2007.

1-9 国民经济和社会发展速度指标
Develop Speed of National Economy and Social Development

单位：% (%)

指 标	Item	发展速度（上年=100） Growth Rate (Preceding year=100)			
		2000	2010	2020	2021
人口与就业	**Population and Employment**				
人口	**Population**				
年末常住人口	Population at the Year-end			100.1	99.6
城镇人口	Urban			102.4	101.3
乡村人口	Rural			97.0	97.4
男性人口	Male				99.8
女性人口	Female				99.5
就业	**Employment**				
从业人员数	Employees	99.3	101.2	89.5	99.3
在岗职工人数	Staff and Workers on the Job	98.3	105.6	102.3	100.9
宏观经济	**Macro-economy**				
国民经济核算	**National Accounting**				
地区生产总值	Gross Domestic Products	109.0	114.6	103.8	107.7
第一产业	Primary Industry	103.9	104.2	103.7	109.3
第二产业	Secondary Industry	110.6	120.3	104.6	106.9
第三产业	Tertiary Industry	110.5	111.5	103.1	107.9
人均地区生产总值	Per Capita Gross Regional Product	108.5	112.9	103.7	107.8
固定资产投资	**Investment in Fixed Assets**				
固定资产投资总额	Total Investment in Fixed Assets	113.0	121.5	107.6	108.0
国有投资	State Investment	109.8		107.3	94.9
非国有投资	Non-state Investment	117.0		107.8	112.9
财政	**Pubic Finance**				
地方一般公共预算收入	General Public Budget Revenue	106.3	127.6	100.1	108.0
一般公共预算支出	General Public Budget Expenditure	111.1	122.3	104.6	99.1
物价总指数	**Price Index**				
居民消费价格总指数	General Consumer Price Index	101.4	103.1	102.3	100.5
商品零售价格总指数	General Retail Price Index	99.3	103.1	101.3	101.6
农产品生产者价格指数	Producer Price Indices of Farm Products	96.8	109.9	123.3	90.1
使用外资	**Utilization of Foreign Capital**				
实际使用外资	Actually Used Foreign Capital	103.6	112.8	116.0	
产业	**Industry**				
农业	**Agriculture**				
耕地面积	Cultivated Areas	122.1	100.1		99.8
农林牧渔业总产值	Gross Output Value of Farming, Forestry,Animal Husbandry and Fishery	104.3	104.3	104.1	110.4
农业	Farming	103.1	104.3	104.1	103.6
林业	Forestry	104.3	106.9	108.3	109.5
牧业	Animal Husbandry	103.9	103.4	102.5	120.6
渔业	Fishery	111.5	105.5	104.3	104.3

注：2021 年实际使用外资数据口径调整，与上年数据不可比。

In 2021, the data on the actual use of foreign capital was adjusted, which was not comparable with the data of the previous year.

1-9 续表 1 Continued

单位：% (%)

指 标	Item	发展速度（上年 =100） Growth Rate (Preceding year=100)			
		2000	2010	2020	2021
主要农产品产量	Output of Major Farm Products				
粮食	Grain	106.5	98.1	101.4	102.0
棉花	Cotton	89.3	107.1	91.0	108.1
油料	Oil-bearing Crops	107.1	102.2	109.0	100.9
黄红麻（熟麻）	Jute and Ambary Hemp (Cooked Hemp)	100.0	149.7	101.4	100.7
苎麻	Ramie	173.3	74.1	103.6	81.4
烤烟	Fluecured Tobacco	125.4	75.0	99.9	100.4
茶叶	Tea	101.8	119.4	107.1	103.4
柑橘	Citrus	84.1	114.6	111.8	102.6
猪牛羊肉	Pork, Beef and Mutton	102.1	104.1	97.6	128.7
工业	**Industry**				
主要规模工业产品产量	Output of Major Industrial Products above Designated Size				
布	Cloth	118.8	95.7	73.6	84.6
机制纸及纸板	Machine-made Paper and Paperboards	132.1	109.9	95.4	105.5
合成洗涤剂	Synthetic Detergents	119.6	96.5	88.8	85.0
原煤	Coal	104.0	116.7	76.6	68.8
发电量	Electricity	106.6	120.6	99.4	110.1
粗钢	Crude Steel	98.4	123.0	109.5	100.0
钢材	Steel	103.6	120.5	111.0	108.3
水泥	Cement	105.4	115.3	98.2	94.8
规模工业企业财务指标	Principal Financial Item of Industrial Enterprises above Designated Size				
利润总额	Total Profits	212.7	191.4	114.9	102.3
建筑业	**Construction**				
建筑业企业人数	Number of Employed Person	98.9	103.8	102.9	99.4
建筑业总产值	Gross Output Value of Construction	106.1	126.1	109.8	111.9
施工房屋面积	Floor Space of Buildings Under Construction	97.8	123.3	104.2	112.3
# 竣工房屋面积	# Floor Space of Buildings Completed	97.1	107.8	100.9	113.1
交通运输	**Transportation**				
货运量	Freight Traffic	100.1	116.1	105.8	111.7
铁路	Railways	104.9	106.0	100.8	103.9
公路	Highways	99.0	114.6	106.9	112.5
水运	Waterways	107.2	133.6	98.8	107.2
客运量	Passenger Traffic	99.6	111.2	55.8	90.4
铁路	Railways	104.5	111.0	72.9	112.9
公路	Highways	99.2	111.2	52.5	83.9
水运	Waterways	109.2	123.0	51.2	112.9

注：1. 2019 年公路货运数据采用交通运输部专项调查数据，统计口径发生改变，与上年数据不可比。

2. 2021 年，水路客运统计方式由行业统计改为企业统计，发展速度按可比口径计算。

a. Road freight data for 2019 are based on the special survey data of the Ministry of Transport. The statistical caliber has changed ,There is no comparison with last year's data.

b. In 2021, the statistical method of waterway passenger transport was changed from industry statistics to enterprise statistics, and the development speed was calculated according to the comparable caliber.

1-9 续表 2 Continued

单位：% (%)

指　标	Item	发展速度(上年=100) Growth Rate (Preceding year=100)			
		2000	2010	2020	2021
邮电通信业	**Postal and Telecommunications Services**				
邮政业务总量	Total Postal Services	110.1		133.4	127.9
函件	Number of Letters Delivered	83.8	81.3	78.6	103.1
报刊期发数	Newspapers and Magazines Distributed	65.1	101.3	108.5	90.9
快递业务量	Express Business			142.7	134.4
电信业务总量	Total Telecommunications Services	156.6		133.5	130.8
固定电话用户数	Local Telephone Subscribers		92.3	95.1	95.9
移动电话用户数	Mobile Telephone Subscribers		119.1	101.1	103.3
固定互联网用户数	Number of Local Internet Users			112.8	109.9
移动互联网用户数	Number of Mobile Internet Users			105.1	104.4
国内商业	**Domestic Trade**				
社会消费品零售总额	Total Retail Sales of Consumer Goods	110.7	119.9	97.4	114.4
对外经济贸易和旅游	**Foreign Trade and Tourism**				
进出口总额	Total Exports and Imports	128.5	144.7	112.5	131.2
进口额	Imports	127.6	144.5	124.8	120.2
出口额	Exports	128.9	144.8	107.4	136.4
国际旅游	International Tourism				
来湘旅游人数	Number of Tourism to Hunan	117.7	145.1	3.7	
旅游外汇收入	Foreign Exchange Earnings from Tourism	119.2	131.8	2.3	
金融保险	**Finance and Insurance**				
金融机构人民币存款余额	Total Saving Deposits of Financial Institutions	113.2	118.7	109.9	108.5
金融机构人民币贷款余额	Total Loan Balances of Financial Institutions	99.8	120.6	116.6	112.9
财产险保费收入	Premium Income from Property Insurance	102.0	134.3	102.8	96.8
人身险保费收入	Premium Income from Life Insurance	159.0	110.0	110.6	108.0
教育、科技、文化	**Education, Science and Technology, Culture**				
教育	**Education**				
专任教师数	Full-time Teachers				
普通高等学校	Institutions of Higher Education	112.9	101.4	104.0	99.5
中等职业学校	Specialized Secondary Schools			104.4	115.4
普通中学	Secondary Schools	105.3	98.6	104.8	104.2
小学	Primary Schools	99.7	99.8	104.5	103.7
在校学生	Students Enrollment				
普通高等学校	Institutions of Higher Education	140.7	103.0	107.3	105.7
中等职业学校	Specialized Secondary Schools			101.9	109.3
普通中学	Secondary Schools	124.7	98.8	102.4	103.6
小学	Primary Schools	92.0	102.1	101.0	99.2
国家财政性教育经费	State Fiscal on Education	107.1	113.2	107.3	
科技	**Science and Technology**				
各类专业技术人员数	Number of Scientific and Technical Personnel	101.8	100.1	102.8	101.0
科技拨款	Funding for Scientific and Technical Activities	126.1	118.2	128.4	98.5
技术市场技术交易成交额	Transaction Value in Technical Market	153.2	101.0	144.5	150.4

注：1. 2021 年，邮政业务总量与电信业务总量均变更为按 2020 年不变价格计算，发展速度按可比口径计算。

2. 根据中国银保监会统计标准，2021 年全省保费收入不包含风险处置中机构的数据，2021 年增速为同口径增速。

3. 对外贸易中的进出口总额，统一按海关统计数据。

a. In 2021, the total postal and telecom business volumes were changed to be calculated at 2020 constant prices, and the development speed was calculated by comparable caliber.

b. According to the statistical standards of China Banking and Insurance Regulatory Commission, the provincial premium income in 2021 does not include the data of institutions in risk disposal, and the growth rate in 2021 is the same.

c. Figures on total imports and exports from foreign trade are obtained from the customs statistics.

1-9 续表 3 Continued

单位：% (%)

指 标	Item	发展速度（上年 =100）Growth Rate (Preceding year=100)			
		2000	2010	2020	2021
文化	**Culture**				
出版数量	Publications				
图书	Number of Books	80.8	118.9	99.0	105.6
杂志	Number of Magazines	84.5	110.9	101.0	96.5
报纸	Number of Newspapers Issue	98.2	101.8	91.0	92.6
电视节目每周播出时间	Time for TV Programs Telecasting	107.7	103.0	102.4	102.0
家庭、生活、环境	**Family, People's Livelihood and Environment**				
家庭	**Family**				
城镇居民平均每户家庭人口	Average Household Size in Urban Areas	100.3	100.0	100.0	102.2
农村居民平均每户常住人口	Average Household Size in Rural Areas	101.0	99.7	101.6	97.8
婚姻	**Marriages and Divorces**				
结婚数	Number of Marriages	94.6	97.5	94.0	84.4
离婚数	Number of Divorces	113.8	107.9	89.8	69.1
居住	**Housing**				
城市居民人均自有现住房面积	Per Capita Floor Space of Urban Residents	104.5	103.3	103.0	102.3
农村居民人均自有现住房面积	Per Capita Floor Space of Rural Residents	103.5	101.2	102.1	97.9
生活	**People's Livelihood**				
城镇居民人均可支配收入	Per Disposable Income of Urban Households	106.9	109.8	104.7	107.6
农村居民人均可支配收入	Per Disposable Income of Rural Households	102.3	114.5	107.7	110.3
城镇居民人均消费支出	Per Capita Consumption Expenditure of Urban Households	108.7	109.2	99.5	105.6
农村居民人均消费支出	Per Capita Consumption Expenditure of Rural Households	101.2	107.2	107.2	113.2
工资福利	**Wages and Welfare**				
在岗职工工资总额	Total Wages on the Job	108.1	117.1	108.8	108.5
在岗职工平均工资	Average Wage of Staff and Workers on the Job	108.3	112.6	106.2	107.9
卫生	**Health Care**				
医院与卫生院	Number of Hospitals	99.4	98.8	100.2	100.5
执业（助理）医师	Number of Doctors	104.5	103.5	100.0	101.1
医院床位数	Number of Hospital Beds	106.5	109.7	103.2	103.5
市政建设	**City Construction**				
供水总量	Volume of Tap Water Supply	99.7	105.3	100.7	106.9
排水管道长度	Length of Sewer Pipelines	76.3	113.7	115.6	111.9
液化石油气用量	Volume of Liquefied Petroleum Gas	106.5	107.2	98.3	100.6
天然气供气量	Volume of Natural Gas			100.2	113.0
公共汽车总数	Total Number of Public Buses	102.2	104.8	101.2	102.1
公交客运总量	Total Passenger Traffic of Public Transportation	115.7	123.8	73.6	108.4

1-10 国民经济和社会发展效益指标
Beneficial Indicators of National Economy and Social Development

指 标		Item		2000	2010	2020	2021
人口与就业		**Population and Employment**					
人口出生率	(‰)	Birth Rate	(‰)	11.45	13.10	8.53	7.13
人口死亡率	(‰)	Death Rate	(‰)	6.79	6.7	7.92	8.28
人口自然增长率	(‰)	Natural Growth Rate	(‰)	4.66	6.4	0.61	-1.15
就业者负担人口	(人)	Dependency Rate	(person)	1.83	1.78	2.03	2.03
宏观经济		**Macro Economy**					
全社会劳动生产率	(元/年人)	Overall Labor Productivity	(yuan/person year)	9894	39339	119608	140909
第一产业		Primary Industry		3785	12256	37775	52815
第二产业		Secondary Industry		15399	77646	188298	204008
第三产业		Tertiary Industry		21791	47497	142010	151179
人均地区生产总值	(元)	Per Capita Gross Regional Product	(yuan)	5590	24005	62537	69440
国有经济项目投产率	(%)	Rate of Projects Completed and Put into Use in State-owned Economic	(%)	62.3	50.5	52.7	63.1
地方一般公共预算收入相当于生产总值	(%)	General Public Budget Revenue to GDP	(%)	5.0	6.9	7.2	7.1
一般公共预算支出相当于生产总值	(%)	General Public Budget Expenditure to GDP	(%)	9.8	17.4	20.2	18.1
产业		**Industry**					
人均耕地面积	(公顷)	Per Capita Cultivated Land	(hectare)	0.06	0.06	0.06	0.05
每公顷耕地农业机械总动力	(千瓦)	Total Power of Agricultural Machinery Per Hectare Cultivated Land	(kw)	5.63	11.20		
每公顷耕地生产的农业产值	(元)	Agricultural Output Value Per Hectare Cultivated Land	(yuan)	31923	44700		
每公顷播种面积农产品产量	(公斤)	Output of Farm Products per Hectare Sown Area	(kg)				
粮食		Grain		5716	5921	6341	6461
棉花		Cotton		1173	1297	1252	1345
油料		Oil-bearing Crops		1490	1506	1793	1793
规模以上工业企业效益		Benefits of Industrial Enterprises above Designated Size					
资产负债率	(%)	Size Ratio of Asset-liability	(%)	67.6	57.55	50.99	50.67
成本费用利润率	(%)	Ratio of Cost Profit	(%)	2.4	8.7	7.3	6.6
百元销售收入实现利润	(元)	Profits per 100 Yuan Sales Revenue	(yuan)	2.2	7.8	6.6	6.0

1-10 续表 Continued

指 标	Item	2000	2010	2020	2021
建筑业技术装备率 （元／人）	Value of Machinery in Construction per Laborer (yuan/person)	5428	9289	7049	5867
建筑业动力装备率 （千瓦／人）	Power of Machinery per Laborer (kw/person)	4.7	5.6	3.6	4.6
建筑业产值利税率 （%）	Ratio of Per-tax Profits to Gross Output Value (%)	4.3	7.2	6.0	5.7
建筑业全员劳动生产率 （元／人）	Overall Labor Productivity (yuan/person-year)	46436	193653	391507	440835
运输业铁路网密度（公里／万平方公里）	Railway Density in Transportation (km/10 000 sq.km)	138.07	174.46	266.57	278.99
运输业公路网密度（公里／万平方公里）	Highway Density in Transportation (km/10 000 sq.km)	2872.90	10764.77	11385.16	11423.04
全省人均消费品零售额 （元）	Per Capita Retail Sales of Consumer Goods (yuan)	2149.05	8730.32	24475.19	28033.92
进出口总额相当于生产总值 （%）	Proportion of Total Imports and Exports to GDP (%)	5.63	6.20	11.69	13.00
每一来湘旅游客人次支出 （美元）	Expenditure per International Tourist in Hunan (USD)	486.92	467.04	300.27	
教育、科技、文化	**Education, Science and Technology , Culture**				
学龄儿童入学率 （%）	Rate of School-age Children Enrollment (%)	98.42	99.92	100.00	100.00
小学升学率 （%）	Rate of Graduates of Primary Schools Entering Junior Secondary Schools (%)	97.04	100.86	101.40	101.11
初中升学率 （%）	Rate of Graduates of Junior Secondary Schools Entering Senior Secondary Schools (%)	51.15	98.32	94.28	94.28
学校每一专任教师负担学生人数	Number of Students Supported by Each Fulltime Teacher				
#高等学校 （人）	#Institutions of Higher Education (person)	12.50	17.53	22.08	25.21
普通中学 （人）	Secondary Schools (person)	17.50	13.17	13.60	13.52
小学学校 （人）	Primary Schools (person)	21.70	19.16	17.81	17.04
国家财政性教育经费占GDP比例（%）	Proportion of State Fiscal Funding on Education to GDP (%)	2.42	3.00	3.49	
科技拨款相当于生产总值 （%）	Proportion of Funding for Scientific and Technical Activities to GDP (%)	0.15	0.22	0.53	0.54
每百万人有艺术表演团体 （个）	Number of Troupes per Million Person (unit)	1.39	2.84	9.50	10.19
每百万人有公共图书馆 （个）	Number of Public Libraries per Million Person (unit)	1.75	1.75	2.15	2.17
家庭、生活、环境	**Family , People's Livelihood and Environment**				
离婚率 （‰）	Divorce Rate (‰)	1.97	4.39	2.98	2.07
每万人口中医院卫生院数 （个）	Number of Hospitals per 10 000 Persons (unit)	0.51	0.43	0.57	0.58
每千人口中执业（助理）医师数 （人）	Number of Doctors per 1000 Persons (person)	1.35	1.47	2.87	2.91
每千人口中医院床位数 （张）	Number of Hospital Beds per 1000 Persons (bed)	2.19	3.29	5.67	5.89
医院病床使用率 （%）	Utilization Rate of Hospital Beds (%)	45.59	93.10	76.20	77.60
城市用水普及率 （%）	Percentage of Households with Access to Tap Water (%)	97.50	95.17	98.94	98.99
城市燃气普及率 （%）	Percentage of Households with Access to Natural Gas (%)	78.35	87.00	97.29	97.45
人均公园绿地面积 （平方米）	Park Green Land Per Capita (sq.m)	5.10	8.89	12.16	12.61

注：自2010年起艺术表演团体含民间职业剧团，此前为文化部门专业剧团数据。

Since 2010, arts performance troupes included folk troupes. And before that, arts performance troupes included professional troupes of cultural department only.

1–11 国民经济主要比例关系
Main Proportional Relations of National Economy

单位：%　(%)

指　标	Item	2000	2010	2020	2021
地区生产总值（生产法）	**Ratio of Gross Domestic Products**				
第一产业	Primary Industry	22.1	13.3	10.2	9.4
第二产业	Secondary Industry	36.4	45.2	38.4	39.3
第三产业	Tertiary Industry	41.5	41.5	51.4	51.3
固定资产投资的资金来源	**Ratio of Investment in Fixed Assets by Source of Finance**				
国家预算内投资	State Budgetary Appropriation			4.1	4.2
国内贷款	Domestic Loans			8.0	6.8
债券	Bunds			0.7	0.5
利用外资	Foreign Investment			0.2	0.1
自筹投资	Fundraising			66.0	70.0
其他投资	Others			21.1	18.4
国有经济投资中各行业	**Investment in Fixed Assets by Sector**				
（国有经济）	(State-owned Economic)				
农、林、牧、渔业	Agriculture, Forestry, Animal Husbandry and Fishery			2.9	2.7
工业	Industry			18.3	21.0
地方一般公共预算收入	**General Public Budget Revenue**				
企业所得税	Income Tax of Enterprises	7.7	5.6	8.5	8.3
个人所得税	Corporate Income Tax	6.5	3.5	2.9	2.8

注：从2013年执行新的三次产业划分规定，即第一产业不含农林牧渔服务业；第二产业不含采矿业的开采辅助活动和制造业的金属制品、机械和设备修理业，因此第二产业不等于工业加建筑业，下表同。

Since 2013,the rules of the new division of three industries has been executed.That is the first industry exclude agriculture, forestry, animal husbandry and fishery services, the secondary industry exclude mining auxiliary activities in mining industry and metal products, machinery and equipment repair in manufacturing industry. So the secondary industry is not equal to the industry and the construction industry. The same applies to the relevant tables following.

1-11 续表 Continued

单位：% (%)

指 标	Item	2000	2010	2020	2021
农林牧渔业总产值	**Gross Output Value of Farming, Forestry, Animal Husbandry and Fishery**				
农业	Farming	50.6	52.6	44.8	46.1
林业	Forestry	4.1	5.9	5.7	5.9
牧业	Animal Husbandry	38.8	30.2	36.2	33.2
渔业	Fishery	6.5	6.3	6.4	7.4
客运量	**Total Passenger Traffic**				
铁路	Railways	6.0	4.5	19.8	24.8
公路	Highways	92.6	94.5	76.8	71.5
水运	Waterways	1.3	0.6	1.5	1.5
民用航空	Civil Aviation	0.2	0.4	2.0	2.2
货运量	**Total Freight Traffic**				
铁路	Railways	9.2	3.8	2.3	2.1
公路	Highways	83.7	85.2	87.4	88.0
水运	Waterways	6.6	10.6	9.8	9.4
货物周转量	**Total Freight Ton-kilometers**				
铁路	Railways	58.8	35.1	32.7	33.8
公路	Highways	27.7	52.9	51.5	50.1
水运	Waterways	13.4	11.8	15.1	15.4
全社会消费品零售总额	**Total Retail Sales of Consumer Goods**				
城镇	Urban		90.4	86.4	86.5
其中：城区	City Proper		60.6	60.4	60.3
乡村	Rural		9.6	13.6	13.5

注：从2010年起，社会消费品零售总额统计采用新的分组，即将经营单位所在地分组由“市”、“县”、“县以下”改为“城镇”、“乡村”。公路货运、货运周转量使用2019年交通部专项调查数据，统计口径发生改变。

From 2010, new grouping method is adopted for the statistics on the total retail sales of consumer goods: grouping according to operation location changes from city, county and below county level to urban and rural areas.Road freight data for 2019 are based on the special survey data of the Ministry of Transport. The statistical caliber has changed.

1-12 平均每天主要社会经济活动
Selected Indicators of Average Daily Social and Economic Activities

指 标		Item		2000	2010	2020	2021
全省每天创造的财富		**Daily Production**					
地区生产总值	（亿元）	Gross Domestic Product	(100 million yuan)	9.73	42.67	113.82	126.20
农林牧渔业总产值	（亿元）	Gross Output Value of Farming, Forestry, Animal Husbandry and Fishery	(100 million yuan)	3.43	9.64	20.58	20.99
地方一般公共预算收入	（万元）	General Public Budget Revenue	(10 000 yuan)	4850.40	29635.34	82429.13	89059.97
布	（万米）	Cloth	(10 000 m)	93.42	127.46	35.89	28.55
机制纸及纸板	（吨）	Machine-made Paper and Paperboard	(ton)	1919.73	10537.78	8660.27	9417.71
原煤	（万吨）	Coal	(10 000 tons)	4.08	21.01	2.89	1.98
发电量	（万度）	Electricity	(10 000 kw.h)	9710.14	32505.23	40992.05	45441.61
原油加工量	（吨）	Machining Crude Oil	(ton)	14422.47	16182.82	24050.68	22162.03
粗钢	（吨）	Crude Steel	(ton)	8331.51	48397.88	71586.30	71580.30
钢材	（吨）	Steel	(ton)	8193.15	49636.35	74538.90	81635.58
水泥	（万吨）	Cement	(10 000 tons)	6.56	23.81	30.11	28.52
粮食	（万吨）	Grain	(10 000 tons)	7.88	7.80	8.26	8.42
棉花	（吨）	Cotton	(ton)	469.32	621.92	204.02	220.52
油料	（吨）	Oil-bearing Crops	(ton)	3817.81	4879.62	7141.59	7205.35
苎麻	（吨）	Ramie	(ton)	181.37	111.13	11.81	9.61
烤烟	（吨）	Flue-cured Tobacco	(ton)	426.03	423.26	502.54	504.40
茶叶	（吨）	Tea	(ton)	156.99	320.99	685.15	708.32
柑橘	（吨）	Citrus	(ton)	3449.86	10556.13	17168.81	17621.93
猪牛羊肉	（吨）	Pork, Beef and Mutton	(ton)	11959.18	12035.14	10254.79	13202.70
进出口总额	（万美元）	Total Imports and Exports	(USD 10 000)	688.49	4024.34	19363.95	25401.33
# 进口额		# Total Imports		235.62	1844.93	6261.24	7528.43
出口额		Total Exports		452.88	2179.42	13102.71	17872.90
其他经济活动		**Other Daily Economic Activities**					
邮政业务总量	（万元）	Business Volume of Postal Services	(10 000 yuan)	250.96	877.47	11759.32	8105.26
电信业务总量	（万元）	Business Volume of Telecommunications Services	(10 000 yuan)	3609.86	8910.68	155376.71	17232.49
出版图书	（万册）	Books Published	(10 000 copies)	68.07	85.35	132.24	139.66
出版杂志	（万册）	Magazines Published	(10 000 copies)	28.78	34.96	26.16	25.25
出版报纸	（万份）	Newspaper Published	(10 000 pieces)	228.68	353.70	198.10	183.41
全省每天人口变动和婚姻		**Daily Population Changes and Marriages**					
出生	（人）	Births	(person)	2054	2510	1552	1296
死亡	（人）	Deaths	(person)	1218	1284	1441	1505
结婚	（对）	Marriages	(couples)	1050	1739	979	825
离婚	（对）	Divorces	(couples)	177	421	542	374

注：出生、死亡人口数从 2014 年起为常住人口口径。

The number of births and deaths has been the permanent population since 2014.

1-13 人均主要工农业产品产量

Per Capita Output of Major Agricultural and Industrial Products

指 标		Item		2000	2010	2020	2021
甘蔗	（公斤）	Sugarcane	(kg)	17.70	5.12	5.26	5.27
烤烟	（公斤）	Flue-cured Tobacco	(kg)	2.40	3.15	2.76	2.78
茶叶	（公斤）	Tea	(kg)	0.90	3.04	3.76	3.90
水果	（公斤）	Fruit	(kg)	23.00	97.56	173.24	179.94
#柑橘	（公斤）	#Citrus	(kg)	19.20	77.20	94.34	96.96
纱（混合数）	（公斤）	Yarn	(kg)	2.53	11.08	15.44	15.73
布（混合数）	（米）	Cloth	(meter)	5.19	6.56	1.98	1.57
机制纸及纸板	（公斤）	Machine-made Paper and Paperboard	(kg)	10.68	54.25	47.57	51.91
合成洗涤剂	（公斤）	Synthetic Detergents	(kg)	1.24	5.12	4.84	4.10
原盐	（公斤）	Salt	(kg)	11.11	52.24	49.73	50.25
卷烟	（箱/百人）	Cigarettes	(cases/100 persons)	3.51	4.94	4.89	4.97
原煤	（吨）	Coal	(ton)	0.23	1.08	0.16	0.11
原油加工量	（千克）	Machining Crude Oil	(kg)	80.22	83.32	132.10	121.94
发电量	（千瓦小时）	Electricity	(kw.h)	540.11	1673.51	2251.50	2500.29
生铁	（公斤）	Pig Iron	(kg)	50.70	239.88	316.83	328.81
粗钢	（公斤）	Crude Steel	(kg)	46.35	249.17	393.19	394.55
钢材	（公斤）	Steel	(kg)	45.57	255.55	409.41	449.97
水泥	（吨）	Cement	(ton)	0.37	1.23	1.65	1.57
合成氨	（公斤）	Synthetic Ammonia	(kg)	25.49	23.14	9.41	8.99
农用化肥（折纯量）	（公斤）	Chemical Fertilizers	(kg)	21.60	47.05	8.83	8.99
#氮肥	（公斤）	#Nitrogen Fertilizers	(kg)	17.21	41.75	7.33	7.61
化学农药原药	（公斤）	Chemical Pesticide	(kg)	0.70	1.86	1.96	2.54
汽车	（辆/万人）	Motor Vehicles	(unit/10 000 persons)	2.68	33.88	95.57	95.70
摩托车	（辆/万人）	Motorcycles	(unit/10 000 persons)	21.72	32.72	20.07	24.17

1–14 脱贫摘帽县（市、区）基本情况(2021年)

Basic Information of Counties (Cities and Districts) in Poverty Alleviation (2021)

市 县	Counties and Cities	常住人口（万人）Total Population (10 000 persons)	地区生产总值（万元）Gross Regional Product (10 000 yuan)	第一产业增加值（万元）Added Value of Primary Industry (10 000 yuan)	工业增加值（万元）Added Value of Industry (10 000 yuan)	地方一般公共预算收入（万元）General Public Budget Revenue (10 000 yuan)	粮食产量（吨）Total Output of Grain (ton)	农村居民人均可支配收入（元）Per Capita Disposable Income of Rural Households (yuan)
武陵山片区	**Wuling Mountainous Area**							
新邵县	Xinshao County	59.99	1768307	377798	380010	80453	315388	14831
邵阳县	Shaoyang County	73.11	1951068	456343	439688	67121	467422	14682
隆回县	Longhui County	100.08	2559414	524230	565738	104185	526482	14092
洞口县	Dongkou County	66.94	2049860	639787	413040	76705	491181	14577
绥宁县	Suining County	28.82	1083668	254957	249794	20920	153326	13377
新宁县	Xinning County	50.64	1271872	358576	247331	55122	300229	13235
城步县	Chengbu County	22.53	614329	132198	134532	27769	84481	11424
武冈市	Wugang City	63.09	1858035	592682	363469	85249	467101	16356
石门县	Shimen County	55.50	3424986	522575	1023459	122296	308385	15776
慈利县	Cili County	56.22	1885985	388156	172758	81159	337586	14212
桑植县	Sangzhi County	37.54	1064071	164405	84924	37635	153426	11241
安化县	Anhua County	77.53	2609139	522737	737590	95690	244525	12109
中方县	Zhongfang County	23.63	1296961	183320	559952	54303	116269	15224
沅陵县	Yuanling County	50.84	1957667	308040	733450	102964	258757	13063
辰溪县	Chenxi County	40.53	1348707	235079	310213	65657	212473	13622
溆浦县	Xupu County	75.75	2003234	448306	439672	74108	366686	15238
会同县	Huitong County	29.05	1002615	173652	137414	44821	134139	13771
麻阳县	Mayang County	28.82	1011173	212938	249352	46563	116427	11779
新晃县	Xinhuang County	22.04	811488	121944	220839	45998	82853	11969
芷江县	Zhijiang County	30.73	1132403	245405	281714	61015	236706	12263
靖州县	Jingzhou County	23.35	923346	181163	214079	39070	138053	13275
通道县	Tongdao County	20.09	608385	93277	143931	31402	93631	11427
新化县	Xinhua County	118.03	3098138	586666	717140	130191	487793	11871
涟源市	Lianyuan City	85.46	3296571	531466	963157	87096	401198	13771
泸溪县	Luxi County	23.49	778591	117529	226828	38678	84000	11562
凤凰县	Fenghuang County	35.36	959305	127959	145104	78737	133579	13679
花垣县	Huayuan County	24.23	832564	97243	258987	56599	95729	12003
保靖县	Baojing County	23.16	800549	117080	232059	31516	96025	13108
古丈县	Guzhang County	10.72	339174	82475	69593	27168	34907	10982
永顺县	Yongshun County	40.73	948446	228987	131200	51257	230047	11203
龙山县	Longshan County	46.82	1060064	265067	157676	76529	191013	12651

1-14 续表 Continued

市 县	Counties and Cities	常住人口（万人）Total Population (10 000 persons)	地区生产总值（万元）Gross Regional Product (10 000 yuan)	第一产业增加值（万元）Added Value of Primary Industry (10 000 yuan)	工业增加值（万元）Added Value of Industry (10 000 yuan)	地方一般公共预算收入（万元）General Public Budget Revenue (10 000 yuan)	粮食产量（吨）Total Output of Grain (ton)	农村居民人均可支配收入（元）Per Capita Disposable Income of Rural Households (yuan)
罗霄山片区	**Luoxiao Mountainous Area**							
茶陵县	Chaling County	48.86	2451850	431962	527315	89535	256872	12847
炎陵县	Yanling County	15.91	981201	166936	353724	38334	86223	11907
宜章县	Yizhang County	56.52	2421808	292619	759492	98996	274294	12632
汝城县	Rucheng County	34.31	1000606	181475	204911	51120	146684	13079
桂东县	Guidong County	16.02	505312	70789	108015	28685	66962	12570
安仁县	Anren County	35.03	1243300	265479	267987	49252	296420	14364
片区外国扶县	**Other State Aided Counties**							
平江县	Pingjiang County	94.53	3612392	597599	1315995	134396	423587	12601
新田县	Xintian County	34.19	878831	237467	97007	58950	157574	12221
江华县	Jianghua County	45.14	1460855	314541	476907	99323	235189	13845
片区外省扶县	**Other Province Aided Counties**							
祁东县	Qidong County	76.79	3355641	629716	847798	106822	446941	18577
永定区	Yongding District	51.20	2396691	251916	216770	67397	147895	13467
武陵源区	Wulingyuan District	6.07	456163	23718	5975	37249	14675	17121
双牌县	Shuangpai County	15.55	844832	195665	275699	54022	72754	11735
江永县	Jiangyong County	21.98	876653	272003	175022	51297	135752	13367
宁远县	Ningyuan County	65.95	2520775	367441	617749	158565	311650	19025
鹤城区	Hecheng District	71.30	4301126	123741	604959	92684	55053	19788
洪江市	Hongjiang City	39.82	1780940	329300	600796	88356	180652	14908
双峰县	Shuangfeng County	68.11	2770695	546832	708164	75701	512645	16275
吉首市	Jishou City	43.12	2202359	103696	738711	113718	54060	14334

注：洪江市的数据，包含了洪江区。

Hongjiang City data, including Hongjiang District.

1-15 城乡私营企业基本情况(2021年)
Basic Statistics on Private Enterprises in Urban and Rural Areas (2021)

项目	Item	户数（户）Number of Enterprises (household)	注册资本（万元）Registered Capital (10 000 yuan)
总计	**Total**	**1139434**	**654050874**
独资企业	Private-funded Enterprises	91702	6932685
合伙企业	Private Partnership Enterprises	20838	63006718
有限责任公司	Private Limited Liability Corporations	1019056	565388805
股份有限公司	Private Share-holding Corporations Ltd.	7838	18722666

注：本表资料由湖南省市场监督管理局提供。
Data in the table were obtained from Administration for Market Regulation of Hunan Province.

1-16 城乡个体工商业基本情况(2021年)
Basic Statistics on Individuals and Commerce in Urban and Rural Areas (2021)

项目	Item	期末户数（户）Number of Enterprise (household)	投资总额（万元）Total Amount of Investment (10 000 yuan)
总计	**Total**	**4098658**	**49561101**
农、林、牧、渔业	Farming, Forestry, Animal Husbandry and Fishery	107309	4398225
采矿业	Mining and Quarrying	1331	108536
制造业	Manufacturing	165640	2777562
电力、热力、燃气及水生产和供应业	Production and Distribution of Electricity, Heat,Gas and Water	3159	190524
建筑业	Construction	19577	556610
批发和零售业	Wholesale and Retail Trades	2426076	25001679
交通运输、仓储和邮政业	Transport, Storage and Post	192892	2874976
住宿和餐饮业	Hotels and Catering Services	576106	7086934
信息传输、软件和信息技术服务业	Information Transfer, Computer Services and Software	37810	335171
金融业	Financial Intermediation	186	3590
房地产业	Real Estate Trade	4315	52644
租赁和商务服务业	Tenancy and Business Services	130759	1501149
科学研究和技术服务业	Scientific Research, Technical Services	5533	69252
水利、环境和公共设施管理业	Management of Water Conservancy, Environment and Public Facilities	7208	57608
居民服务、修理和其他服务业	Resident Services Repair and Other Services	375929	3635870
教育	Education	3202	67101
卫生和社会工作	Health and Social Service	12860	165830
文化、体育和娱乐业	Culture,Sports and Entertainment	28215	668995
其他	Others	551	8845

注：本表资料由湖南省市场监督管理局提供。
Data in the table were obtained from Administration for Market Regulation of Hunan Province.

1-17 外商投资企业投资基本情况(2021年)
Basic Statistics on Investment of Foreign-invested Enterprises (2021)

类 别	Item	本期投资总额（万美元）Total Amount of Investment (USD 10 000)	期末实有户数（户）Number of Registered Enterprises (household)	#本年新增企业 Newly Increase this Year
总计	**Total**	**23571460**	**11698**	**1447**
中外合资	Sino-foreign Joint Ventures	13416654	949	
中外合作（法人）	Sino-foreign Cooperative Enterprises	479635	75	
中外合作（非法人）	Unincorporated Sino-foreign Cooperative Enterprises			
外资企业	Foreign Enterprises	4225764	1374	
2020 年 1 月 1 日起登记的外商投资有限责任公司	Foreign Investment Limited Liability Company Registered Since January 1, 2020	4446499	594	366
外商投资股份有限公司	Companies Limited by Shares with Foreign Investment	966986	36	
其他外商投资企业	Other Kinds of Foreign-invested Enterprises			
合伙企业	Partnerships		54	15
普通合伙企业	General Partnerships		6	
特殊的普通合伙企业	Special General Partnerships			
有限合伙企业	Limited Partnerships		48	15
其他企业	Others	35921	18	6
在中国境内从事经营活动的外国（地区）企业	Foreign (Regional) Enterprises Engaged in Business Activities in China		16	
外商投资企业分支机构	Branches of Foreign-invested Enterprises		8582	1060
按国民经济行业分组	**By Economic Sector**			
农、林、牧、渔业	Agriculture, Forestry, Animal Husbandry and Fishery	331550	163	15
采矿业	Mining			
制造业	Manufacturing	17414	13	1
电力、热力、燃气及水生产和供应业	Production and Distribution of Electricity, Heat, Gas and Water	3578956	1084	76
建筑业	Construction	708149	215	11
批发和零售业	Wholesale and Retail Trade	637127	97	18
交通运输、仓储和邮政业	Transportation, Storage and Post	409684	6419	821
住宿和餐饮业	Hotels and Catering Services	1030371	131	13
信息传输、软件和信息技术服务业	Information Transmission, Software and Information Technology	53099	997	176
金融业	Financial Intermediation	606801	219	14
房地产业	Real Estate Trade	11206118	333	21
租赁和商务服务业	Tenancy and Business Services	816749	718	105
科学研究和技术服务业	Scientific Research, Technical Services,	2117075	366	74
水利、环境和公共设施管理业	Management of Water Conservancy, Environment and Public Facilities	306118	46	3
居民服务、修理和其他服务业	Services to Households, Repair and Other Services	17982	85	5
教育	Education	250	9	2
卫生和社会工作	Health and Social Service	63396	25	4
文化、体育和娱乐业	Culture, Sports and Entertainment	33193	109	14

注：本表资料由湖南省市场监督管理局提供。

Data in the table were obtained from Administration for Market Regulation of Hunan Province.

1-17 续表 Continued

类 别	Item	本期投资总额（万美元）Total Amount of Investment (USD 10 000)	期末实有户数（户）Number of Registered Enterprises (household)	#本年新增企业 Newly Increase this Year
按国别（地区）分组	By Country (Region)			
亚洲	Asian	21434383	2330	305
香港	Hong Kong	20291728	1492	176
澳门	Macao	57685	45	8
台湾	Taiwan	312967	461	88
日本	Japan	175421	53	1
韩国	Republic of Korea	21371	60	5
亚洲其他国家（地区）	Other Asian Countries (Region)	575211	219	27
非洲	Africa	212916	77	22
欧洲	Europe	783196	188	13
德国	Federal Republic of Germany	132927	34	2
法国	France	4393	13	1
英国	United Kingdom	53962	32	2
欧洲其他国家（地区）	Other European Countries (Region)	591757	104	8
拉丁美洲	Latin America	484180	103	3
维尔京群岛	Virgin Islands	373284	80	
北美洲	North America	335825	206	15
加拿大	Canada	63834	56	4
美国	United States	210606	138	9
大洋洲	Oceanic	127851	70	4
澳大利亚	Australia	57418	33	2
新西兰	New Zealand	115	3	

1-18 民营经济指标(2021年)
Private Economic Indicators (2021)

指 标	Item	总量指标 Aggregate Date	发展速度(%)(以上年为100) Growth Rate(%) (preceding year=100)	人均增加值(元) Per Capita Value Added (yuan)
增加值 (亿元)	**Value Added of Non-public Economy (100 million yuan)**	**32257.08**	**107.8**	**48626**
农林牧渔业	Agriculture, Forestry, Animal Husbandry and Fishery	4529.46	109.2	
工业	Industry	10168.56	108.5	
建筑业	Construction	2785.32	101.4	
批发和零售业	Wholesale and Retail Trades	3896.81	109.3	
交通运输、仓储和邮政业	Transport, Storage and Post	1178.16	107.4	
住宿和餐饮业	Hotels and Catering Services	896.11	113.5	
金融业	Financial Intermediation	480.47	104.6	
房地产业	Real Estate	2842.31	101.3	
其他服务业	Others	5479.87	110.2	
第一产业	Primary Industry	4290.99	109.3	
第二产业	Secondary Industry	12944.27	107.0	
第三产业	Tertiary Industry	15021.81	107.9	
增加值按市州分列 (亿元)	Cities and Prefecture (100 million yuan)			
长沙市	Changsha City	8579.89	107.5	84530
株洲市	Zhuzhou City	2383.25	109.3	61216
湘潭市	Xiangtan City	1812.07	108.1	66694
衡阳市	Hengyang City	2798.03	108.3	42192
邵阳市	Shaoyang City	1798.80	108.4	27610
岳阳市	Yueyang City	3296.31	108.3	65334
常德市	Changde City	2747.02	108.5	52253
张家界市	Zhangjiajie City	388.16	104.6	25642
益阳市	Yiyang City	1541.91	108.6	40163
郴州市	Chenzhou City	2090.70	109.1	44788
永州市	Yongzhou City	1651.40	107.3	31495
怀化市	Huaihua City	1267.01	109.3	27718
娄底市	Loudi City	1287.65	106.9	33777
湘西土家族苗族自治州	Xiangxi Tujia and Miao A.P	537.03	108.8	21651

1–19 按登记注册类型分产业法人单位数（2021年）
Corporate Units by Registration Type and Industry (2021)

单位：个 (unit)

指 标	Item	合计 Total	第一产业 Primary Industry	第二产业 Secondary Industry	第三产业 Tertiary Industry
总计	**Total**	**935745**	**67657**	**167984**	**700104**
内资	Internal–invested	933776	67612	167182	698982
国有	State–owned	49197	200	618	48379
集体	Collective–owned	4578	73	1092	3413
股份合作	Cooperated by Joint–stock	342	7	61	274
联营	Cooperative	628	11	74	543
国有联营	State–owned Cooperative	78	3	12	63
集体联营	Collective–owned Cooperative	203	5	45	153
国有与集体联营	State–owned and Collective–owned Cooperative	59		8	51
其他联营	Other Cooperative	288	3	9	276
有限责任公司	Limited Liability Company	32864	800	7260	24804
国有独资公司	Wholly State–owned Cooperative Company	2309	25	569	1715
其他有限责任公司	Other Limited Liability Company	30555	775	6691	23089
股份有限公司	Company Limited by Shares	3017	133	717	2167
私营	Individual–owned	705526	25417	156481	523628
私营独资	Wholly Individual–owned	59800	6861	9448	43491
私营合伙	Individual–owned Partnership	14425	691	3175	10559
私营有限责任公司	Individual–owned Limited Liability Company	624160	17551	141915	464694
私营股份有限公司	Individual–owned Company Limited by Shares	7141	314	1943	4884
其他内资	Other Internal–invested	137624	40971	879	95774
港澳台商投资	Enterprises Funded by Entrepreneurs From Hong Kong, Macao and Taiwan	1051	41	439	571
与港澳台商合资经营	Uoint Venture with Entrepreneurs From Hong Kong, Macao and Taiwan	380	15	173	192
与港澳台商合作经营	Cooperative Venture with Entrepreneurs From Hong Kong,Macao and Taiwan	15	1	5	9
港澳台商独资	Wholly Entrepreneurs–owned From Hong Kong, Macao and Taiwan	598	25	234	339
港澳台商投资股份有限公司	Enterprises Limited by Shares Funded by Entrepreneurs From Hong Kong,Macao and Taiwan	29		14	15
其他港、澳、台商投资	Other Enterprises Funded by Entrepreneurs From Hong Kong, Macao and Taiwan	29		13	16
外商投资	Enterprises Funded by Foreigners	918	4	363	551
中外合资经营	Sino–foreign Joint Equity	346	1	164	181
中外合作经营	Sino–foreign Cooperative Ventures	24		12	12
外资企业	Foreign–funded Enterprise	463	3	163	297
外商投资股份有限公司	Enterprises Limited by Shares Funded by Foreigners	33		9	24
其他外商投资	Other Enterprises Funded by Foreigners	52		15	37

1-20 按登记注册类型分机构类型法人单位数(2021年)
Corporate Units by Registration Type and Organization Type (2021)

单位：个 (unit)

指 标	Item	合计 Total	企 业 Enterprises	事业单位 Public Institution	机 关 Government Department	社会团体 Social Organization	民办非企业单位 Private Non-enterprise Units
总计	**Total**	**935745**	**738644**	**36540**	**9160**	**17076**	**21950**
内资	Internal-invested	933776	736676	36540	9160	17076	21950
国有	State-owned	49197	2223	34702	9160	2432	560
集体	Collective-owned	4578	2131	1153		913	258
股份合作	Cooperated by Joint-stock	342	147	14		12	158
联营	Cooperative	628	184	103		203	112
国有联营	State-owned Cooperative	78	39	33		6	
集体联营	Collective-owned Cooperative	203	95	10		66	26
国有与集体联营	State-owned and Collective-owned Cooperative	59	16	25		17	1
其他联营	Other Cooperative	288	34	35		114	85
有限责任公司	Limited Liability Company	32864	32513			91	239
国有独资公司	Wholly State-owned Cooperative Company	2309	2305			3	1
其他有限责任公司	Other Limited Liability Company	30555	30208			88	238
股份有限公司	Company Limited by Shares	3017	2946			11	55
私营	Individual-owned	705526	695672			733	8712
私营独资	Wholly Individual-owned	59800	54034			308	5385
私营合伙	Individual-owned Partnership	14425	12409			157	1613
私营有限责任公司	Individual-owned Limited Liability Company	624160	622206			267	1607
私营股份有限公司	Individual-owned Company Limited by Shares	7141	7023			1	107
其他内资	Other Internal-invested	137624	860	568		12681	11856
港澳台商投资	Enterprises Funded by Entrepreneurs From Hong Kong, Macao and Taiwan	1051	1050				
与港澳台商合资经营	Joint Venture with Entrepreneurs From Hong Kong, Macao and Taiwan	380	379				
与港澳台商合作经营	Cooperative Venture with Entrepreneurs From Hong Kong,Macao and Taiwan	15	15				
港澳台商独资	Wholly Entrepreneurs-owned From Hong Kong, Macao and Taiwan	598	598				
港澳台商投资股份有限公司	Enterprises Limited by Shares Funded by Entrepreneurs From Hong Kong, Macao and Taiwan	29	29				
其他港、澳、台商投资	Other Enterprises Funded by Entrepreneurs From Hong Kong, Macao and Taiwan	29	29				
外商投资	Enterprises Funded by Foreigners	918	918				
中外合资经营	Sino-foreign Joint Equity	346	346				
中外合作经营	Sino-foreign Cooperative Ventures	24	24				
外资企业	Foreign-funded Enterprise	463	463				
外商投资股份有限公司	Enterprises Limited by Shares Funded by Foreigners	33	33				
其他外商投资	Other Enterprises Funded by Foreigners	52	52				

1-20 续表 Continued

单位：个 (unit)

指标	Item	基金会 Foundation	居委会 Neighborhood Committee	村委会 Village Committee	农民专业合作社 Farmer Specialized Cooperative	其他组织机构 Other Organization
总计	**Total**	**322**	**5391**	**23870**	**79431**	**3361**
内资	Internal-invested	321	5391	23870	79431	3361
国有	State-owned	62				58
集体	Collective-owned	6				117
股份合作	Cooperated by Joint-stock					11
联营	Cooperative					26
国有联营	State-owned Cooperative					
集体联营	Collective-owned Cooperative					6
国有与集体联营	State-owned and Collective-owned Cooperative					
其他联营	Other Cooperative					20
有限责任公司	Limited Liability Company	3				18
国有独资公司	Wholly State-owned Cooperative Company					
其他有限责任公司	Other Limited Liability Company	3				18
股份有限公司	Company Limited by Shares					5
私营	Individual-owned	15				394
私营独资	Wholly Individual-owned	5				68
私营合伙	Individual-owned Partnership	2				244
私营有限责任公司	Individual-owned Limited Liability Company	8				72
私营股份有限公司	Individual-owned Company Limited by Shares					10
其他内资	Other Internal-invested	235	5391	23870	79431	2732
港澳台商投资	Enterprises Funded by Entrepreneurs From Hong Kong, Macao and Taiwan	1				
与港澳台商合资经营	Joint Venture with Entrepreneurs From Hong Kong, Macao and Taiwan	1				
与港澳台商合作经营	Cooperative Venture with Entrepreneurs From Hong Kong,Macao and Taiwan					
港澳台商独资	Wholly Entrepreneurs-owned From Hong Kong, Macao and Taiwan					
港澳台商投资股份有限公司	Enterprises Limited by Shares Funded by Entrepreneurs From Hong Kong, Macao and Taiwan					
其他港、澳、台商投资	Other Enterprises Funded by Entrepreneurs From Hong Kong, Macao and Taiwan					
外商投资	Enterprises Funded by Foreigners					
中外合资经营	Sino-foreign Joint Equity					
中外合作经营	Sino-foreign Cooperative Ventures					
外资企业	Foreign-funded Enterprise					
外商投资股份有限公司	Enterprises Limited by Shares Funded by Foreigners					
其他外商投资	Other Enterprises Funded by Foreigners					

1-21 按登记注册类型分行业法人单位数(2021年)
Corporate Units by Registration Type and Sector (2021)

单位：个 (unit)

指标	Item	合计 Total	农、林、牧、渔业 Agriculture, Forestry, Animal Husbandry and Fishing	采矿业 Mining	制造业 Manufacturing	电力、燃气及水的生产和供应业 Production and Supply of Electricity,Gas and Water	建筑业 Construction
总计	**Total**	**935745**	**88916**	**3529**	**81494**	**7284**	**76605**
内资	Internal-invested	933776	88866	3524	80800	7195	76589
国有	State-owned	49197	606	16	162	309	133
集体	Collective-owned	4578	115	58	403	459	177
股份合作	Cooperated by Joint-stock	342	9	5	33	23	1
联营	Cooperative	628	17	3	20	45	6
有限责任公司	Limited Liability Company	32864	1031	189	3796	1116	2188
股份有限公司	Company Limited by Shares	3017	169	33	419	126	140
私营	Individual-owned	705526	31409	3219	75168	5077	73903
其他内资	Other Internal-invested	137624	55510	1	799	40	41
港澳台商投资	Enterprises Funded by Entrepreneurs From Hong Kong,Macao and Taiwan	1051	43	3	369	56	12
与港澳台商合资经营	Joint Venture with Entrepreneurs From Hong Kong,Macao and Taiwan	380	15		138	30	5
与港澳台商合作经营	Cooperative Venture with Entrepreneurs From Hong Kong,Macao and Taiwan	15	2		3	2	
港澳台商独资	Wholly Entrepreneurs-owned From Hong Kong, Macao and Taiwan	598	26	3	203	22	6
港澳台商投资股份有限公司	Enterprises Limited by Shares Funded by Entrepreneurs From Hong Kong,Macao and Taiwan	29			15		
其他港、澳、台商投资	Other Enterprises Funded by Entrepreneurs From Hong Kong, Macao and Taiwan	29			10	2	1
外商投资	Enterprises Funded by Foreigners	918	7	2	325	33	4
中外合资经营	Sino-foreign Joint Equity	346	1		148	15	1
中外合作经营	Sino-foreign Cooperative Ventures	24	1	1	11		
外资企业	Foreign-funded Enterprise	463	4	1	144	15	3
外商投资股份有限公司	Enterprises Limited by Shares Funded by Foreigners	33			8	1	
其他外商投资	Other Enterprises Funded by Foreigners	52	1		14	2	

1-21 续表 1 Continued

单位：个 (unit)

指 标	Item	批发和零售业 Wholesale and Retail Trade	交通运输、仓储和邮政业 Transport, Storage and Post	住宿和餐饮业 Hotels and Catering Services	信息传输、计算机服务和软件业 Information Transmission,Computer Services and Software	金融业 Banking	房地产业 Real Estate	租赁和商务服务业 Leasing and Business Services
总计	**Total**	**215185**	**20313**	**16506**	**42731**	**2342**	**29569**	**109269**
内资	Internal-invested	214890	20242	16426	42667	2291	29360	109120
国有	State-owned	345	444	86	291	139	294	1708
集体	Collective-owned	455	113	36	9	5	101	174
股份合作	Cooperated by Joint-stock	28	4	4	1	3	7	26
联营	Cooperative	35	10	1	2	2	7	25
有限责任公司	Limited Liability Company	5255	978	926	1834	285	3681	4885
股份有限公司	Company Limited by Shares	412	76	55	132	637	154	235
私营	Individual-owned	197707	18553	15216	40241	1206	25061	99629
其他内资	Other Internal-invested	10653	64	102	157	14	55	2438
港澳台商投资	Enterprises Funded by Entrepreneurs From Hong Kong,Macao and Taiwan	129	37	37	32	9	138	90
与港澳台商合资经营	Joint Venture with Entrepreneurs From Hong Kong,Macao and Taiwan	33	14	15	7	3	46	34
与港澳台商合作经营	Cooperative Venture with Entrepreneurs From Hong Kong,Macao and Taiwan	2	1			1	3	1
港澳台商独资	Wholly Entrepreneurs-owned From Hong Kong, Macao and Taiwan	84	20	19	23	5	86	51
港澳台商投资股份有限公司	Enterprises Limited by Shares Funded by Entrepreneurs From Hong Kong,Macao and Taiwan	5		2	2		1	1
其他港、澳、台商投资	Other Enterprises Funded by Entrepreneurs From Hong Kong, Macao and Taiwan	5	2	1			2	3
外商投资	Enterprises Funded by Foreigners	166	34	43	32	42	71	59
中外合资经营	Sino-foreign Joint Equity	48	6	10	6	16	33	14
中外合作经营	Sino-foreign Cooperative Ventures	2	3	2	1		2	1
外资企业	Foreign-funded Enterprise	101	24	31	24	12	30	31
外商投资股份有限公司	Enterprises Limited by Shares Funded by Foreigners	5				14	2	2
其他外商投资	Other Enterprises Funded by Foreigners	10	1		1		4	11

1-21 续表 2 Continued

单位：个 (unit)

指 标	Item	科学研究和技术服务业 Scientific Research, Technical Service and Geologic Perambulation	水利、环境和公共设施管理业 Water Conservancy, Environment and Public Facilities Management	居民服务、修理和其他服务业 Services to Households and Other Services	教育 Education	卫生和社会工作 Sanitation, Social Security and Social Welfare	文化、体育和娱乐业 Culture, Sports and Entertainment	公共管理、社会保障和社会组织 Public Management and Social Organization	国际组织 International Organization
总计	**Total**	**66523**	**8594**	**17637**	**35911**	**11744**	**31077**	**70516**	
内资	Internal-invested	66420	8580	17616	35901	11737	31037	70515	
国有	State-owned	3158	1862	214	9202	5004	1500	23724	
集体	Collective-owned	152	69	32	352	625	107	1136	
股份合作	Cooperated by Joint-stock	8	3	1	129	33	9	15	
联营	Cooperative	22	5	11	94	57	19	247	
有限责任公司	Limited Liability Company	2990	812	601	663	356	1183	95	
股份有限公司	Company Limited by Shares	170	26	30	75	30	86	12	
私营	Individual-owned	48898	5614	16334	17098	3764	26659	770	
其他内资	Other Internal-invested	11022	189	393	8288	1868	1474	44516	
港澳台商投资	Enterprises Funded by Entrepreneurs From Hong Kong,Macao and Taiwan	47	7	12	1	2	26	1	
与港澳台商合资经营	Joint Venture with Entrepreneurs From Hong Kong,Macao and Taiwan	17	3	5		2	12	1	
与港澳台商合作经营	Cooperative Venture with Entrepreneurs From Hong Kong,Macao and Taiwan								
港澳台商独资	Wholly Entrepreneurs-owned From Hong Kong, Macao and Taiwan	25	4	6	1		14		
港澳台商投资股份有限公司	Enterprises Limited by Shares Funded by Entrepreneurs From Hong Kong,Macao and Taiwan	3							
其他港、澳、台商投资	Other Enterprises Funded by Entrepreneurs From Hong Kong, Macao and Taiwan	2		1					
外商投资	Enterprises Funded by Foreigners	56	7	9	9	5	14		
中外合资经营	Sino-foreign Joint Equity	31	3	2	4		8		
中外合作经营	Sino-foreign Cooperative Ventures								
外资企业	Foreign-funded Enterprise	23	4	5	5	5	1		
外商投资股份有限公司	Enterprises Limited by Shares Funded by Foreigners	1							
其他外商投资	Other Enterprises Funded by Foreigners	1		2			5		

主要统计指标解释

行政区划 指国家对行政区域的划分。根据有关法规规定，我国的行政区域划分如下：(1)全国分为省、自治区、直辖市；(2)省、自治区分为自治州、县、自治县、市；(3)自治州分为县、自治县、市；(4)县、自治县分为乡、民族乡、镇； (5)直辖市和较大的市分为区、县；(6)国家在必要时设立的特别行政区。

国民经济行业分类 自2017年年报和2018年定期报表开始使用新的《国民经济行业分类》（GB/T4754-2017）。该分类是由国家统计局组织修订，国家市场监督管理总局和中国国家标准化管理委员会于2017年6月30日发布。这次修订是在2011年分类标准的基础上，结合我国经济活动特点，参照联合国《全部经济活动的国际标准产业分类》（ISIC/Rev.4）进行的。修订后的《国民经济行业分类》(GB/T4754-2017)共有门类20个，大类97个，中类473个，小类1382个。

企业登记注册类型 是以在市场监管部门登记注册的各类企业为划分对象，以市场监管部门对企业登记注册的类型为依据，将企业登记注册类型分为内资企业、港澳台商投资企业和外商投资企业三大类。内资企业包括国有企业、集体企业、股份合作企业、联营企业、有限责任公司、股份有限公司、私营企业和其他企业；港澳台商投资企业和外商投资企业分别包括合资经营企业、合作经营企业、独资经营企业和股份有限公司等。

国有企业 指企业全部资产归国家所有，并按《中华人民共和国企业法人登记管理条例》规定登记注册的非公司制的经济组织。不包括有限责任公司中的国有独资公司。

集体企业 指企业资产归集体所有，并按《中华人民共和国企业法人登记管理条例》规定登记注册的经济组织。

股份合作企业 指以合作制为基础，由企业职工共同出资入股，吸收一定比例的社会资产投资组建，实行自主经营，自负盈亏，共同劳动，民主管理，按劳分配与按股分红相结合的一种集体经济组织。

联营企业 指两个及两个以上相同或不同所有制性质的企业法人或事业单位法人，按自愿、平等、互利的原则，共同投资组成的经济组织。联营企业包括国有联营企业、集体联营企业、国有与集体联营企业和其他联营企业。

有限责任公司 指根据《中华人民共和国公司登记管理条例》规定登记注册，由两个以上、五十个以下的股东共同出资，每个股东以其所认缴的出资额对公司承担有限责任，公司以其全部资产对其债务承担责任的经济组织。有限责任公司包括国有独资公司以及其他有限责任公司。

股份有限公司 指根据《中华人民共和国公司登记管理条例》规定登记注册，其全部注册资本由等额股份构成并通过发行股票筹集资本，股东以其认购的股份对公司承担有限责任，公司以其全部资产对其债务承担责任的经济组织。

私营企业 指由自然人投资设立或由自然人控股，以雇佣劳动为基础的营利性经济组织。包括按照《公司法》《合伙企业法》《个人独资企业法》规定登记注册的私营独资企业、私营合伙企业、私营有限责任公司、私营股份有限公司和个人独资企业。

其他企业 指上述企业之外的其他内资经济组织。

与港澳台商合资经营企业 指港澳台地区投资者与内地企业依照《中华人民共和国中外合资经营企业法》及有关法律的规定，按合同规定的比例投资设立，分享利润、分担风险的企业。

与港澳台商合作经营企业 指港澳台地区投资者与内地企业依照《中华人民共和国中外合作经营企业法》及有关法律的规定，依照合作合同的约定进行投资或提供条件设立，分配利润、分担风险和亏损的企业。

港澳台商独资经营企业 指依照《中华人民共和国外资企业法》及有关法律的规定，在内地由港澳台地区投资者全额投资设立的企业。

港澳台商投资股份有限公司 指根据国家有关规定，经商务部（原外经贸部）依法批准设立，并且其中港、澳、台商的股本占公司注册资本的比例达25%以上的股份有限公司。凡其中港、澳、台商的股本占公司注册资本的比例小于25%的，属于内资企业中的股份有限公司。

其他港澳台商投资企业 指在中国境内参照《外国企业或个人在中国境内设立合伙企业管理办法》和《外商投资合伙企业登记管理规定》，依法设立的港、澳、台商投资合伙企业等。

中外合资经营企业 指外国企业或外国人与中国内地企业依照《中华人民共和国中外合资经营企业法》及有关法律的规定，按合同规定的比例投资设立，分享利润和分担风险的企业。

中外合作经营企业 指外国企业或外国人与中国内地企业依照《中华人民共和国中外合作经营企业法》及有关法律的规定，依照合作合同的约定进行投资或提供条件设立，分配利润、分担风险和亏损的企业。

外资企业 指依照《中华人民共和国外资企业法》及有关法律的规定，在中国内地由外国投资者全额投资设立的企业。

外商投资股份有限公司 指根据国家有关规定，经商务部（原外经贸部）依法批准设立，并且其中外资的股本占公司注册资本的比例达25%以上的股份有限公司。凡其中外资股本占公司注册资本的比例小于25%的，属于内资企业中的股份有限公司。

其他外商投资企业 指在中国境内依照《外国企业或个人在中国境内设立合伙企业管理办法》和《外商投资合伙企业登记管理规定》，依法设立的外商投资合伙企业等。

国家财政性教育经费 包括一般公共预算安排的教育经费，政府性基金预算安排的教育经费，企业办学中的企业拨款，校办产业和社会服务收入用于教育的经费，其他属于国家财政性教育经费。

Explanatory Notes on Main Statistical Indicators

Divisions of Administrative Areas refer to the division of administrative areas by the State. The relative laws define the administrative division as follows: (1) the whole country is divided into provinces, autonomous regions and municipalities directly under the Central Government; (2) provinces and autonomous regions are further divided into autonomous prefectures, counties, autonomous counties and cities; (3) autonomous prefectures are further divided into counties, autonomous counties and cities; (4) counties and autonomous counties are further divided into townships, ethnic townships and towns; (5) municipalities directly under the Central Government and large cities are divided into districts and counties, (6) the State shall, when necessary, establish special administrative regions.

Industrial Classification of the National Economy The new Industrial Classification of the National Economy (GB/T 4754-2017) is introduced starting from the compilation of 2017 annual statistics and 2018 monthly or quarterly statistics. The revision, based on the 2011 classification, was organized by the National Bureau of Statistics taking into consideration of the characteristics of economic activities in China and the International Standards of the Industrial Classification of All Economic Activities (ISIC/Rev.4) of the United Nations. The new Classification was promulgated by the State Administration for Market Regulation and the Standardization Administration of the People's Republic of China on June 30, 2017. The revised version of the Industrial Classification of the National Economy (GB/T 4754-2017) is composed of 20 sections, 97 divisions, 473 groups and 1382 classes.

Registration Status of Enterprises (units) Enterprises are classified into 3 categories, namely enterprises with domestic investment, enterprises with investment from Hong Kong, Macao and Taiwan, and enterprises with foreign investment, according to the registration status of an enterprise in market supervision administration. Domestic-invested enterprises include state-owned enterprises, collective-owned enterprises, cooperative enterprises, joint ownership enterprises, limited liability corporations, share-holding corporations Ltd., private enterprises and other enterprises. Included in the enterprises with investment from Hong Kong, Macao and Taiwan and enterprises with foreign investment are joint-venture enterprises, cooperative enterprises, sole- proprietorship enterprises and share-holding corporations Ltd.

State-owned Enterprises refer to non-corporation economic units where the entire assets are owned by the state and which have been registered in accordance with the Regulation of the People's Republic of China on the Management of Registration of Corporate Enterprises. Not included from this category are state sole-proprietorship corporations in the limited liability corporations.

Collective-owned Enterprises refer to economic units where the assets are owned collectively and which have been registered in accordance with the Regulation of the People's Republic of China on the Management of Registration of Corporate Enterprises.

Cooperative Enterprises refer to a form of collective economic units (enterprises) where capitals come mainly from employees as their shares, with certain proportion of capital from the outside, where production is organized on the basis of independent operation, independent accounting for profits and losses, joint work, democratic management, and a distribution system that integrates remuneration according to work with dividend according to capital share.

Joint Ownership Enterprises refer to economic units established by two or more corporate enterprises or corporate institutions of the same or different ownership, through joint investment on the basis of voluntary participation, equality, and mutual benefits. They include state joint ownership enterprises; collective joint ownership enterprises; joint state-collective enterprises; and other joint ownership enterprises.

Limited Liability Corporations refer to economic units established with investment from 2-50 investors and registered in accordance with the Regulation of the People's Republic of China on the Management of Registration of Corporations, each investor bearing limited liability to the corporation depending on its share of investment, and the corporation bearing liability to its debt to the maximum of its total assets. Limited liability corporations include state sole-proprietorship corporations and other limited liability corporations.

Share-holding Corporations Ltd. refer to economic units registered in accordance with the Regulation of the People's Republic of China on the Management of Registration of Corporations, with total registered capital divided into equal shares and additional capitals raised through issuing stocks. Each investor bears limited liability to the corporation depending on the holding of shares, and the corporation bears liability to its debt to the maximum of its total assets.

Private Enterprises refer to profit-making economic units invested and established by natural person, or controlled by natural person, using employed labour. Included in this category are private sole-proprietorship enterprise, private partnership enterprise, private limited liability companies, private limited-liability company by shares and individual sole-proprietorship enterprise registered in accordance with the Company Law, the Law on Partnership Business and the Law on Individual Proprietorship Enterprises.

Other Domestic-Invested Enterprises refer to domestic-invested economic units other than those mentioned above.

Joint Venture Enterprises with Hong Kong, Macao and Taiwan are enterprises jointly established by investors from Hong Kong, Macao and Taiwan with enterprises in the mainland of China in accordance with the Law of the People's Republic of China on Sino-foreign Equity Joint Ventures and other relevant laws, where the establishment of the investment and the sharing of profits, taking risks and loss are stipulated in joint venture contracts.

Cooperative Enterprises with Hong Kong, Macao and Taiwan established by investors from Hong Kong, Macao and Taiwan with enterprises in the mainland of China in accordance with the Law of the People's Republic of China on Sino-foreign Contractual Joint Venture and other relevant laws, where the investment or provision of facilities and the sharing of profits and risks are stipulated under cooperative contracts.

Sole-proprietorship Enterprises with Investment from Hong Kong, Macao and Taiwan refer to enterprises established in the mainland of China with exclusive investment from investors from Hong Kong, Macao and Taiwan in accordance with the Law of the People's Republic of China on Enterprises with Foreign Investment and other relevant laws.

Share-holding Corporations Ltd. with Investment from Hong Kong, Macao and Taiwan refer to share-holding corporations Ltd. established with the approval from the Ministry of Commerce (the former Ministry of Foreign Trade and Economic Relations) in line with relevant state regulations, where the share of investment from Hong Kong, Macao or Taiwan businessmen exceeds 25% of the total registered capital of the corporation. In case the share of investment from Hong Kong, Macao or Taiwan is less than 25% of the total registered capital, the enterprise is to be classified as domestic-invested share-holding corporation Ltd.

Other Enterprises with Funds From Hong Kong, Macao and Taiwan refer to partnership enterprises with investments from Hong Kong, Macao and Taiwan established within the territory of China in accordance with Administrative Measures on the Establishment of Partnership Enterprises in China by Foreign Enterprises or Foreign Individuals and Regulations for the Administration of the Registration of Foreign-invested Partnership Enterprises.

Joint Venture Enterprises with Foreign Investment refer to enterprises jointly established by foreign enterprises or foreigners with enterprises in the mainland of China in accordance with the Law of the People's Republic of China on Sino-foreign Equity Joint Ventures and other relevant laws, where the sharing of investment, profits and risks is stipulated in contracts.

Cooperative Enterprises with Foreign Investment refer to enterprises jointly established by foreign enterprises or foreigners with enterprises in the mainland of China in accordance with the Law of the People's Republic of China on Sino-foreign Contractual Joint Venture and other relevant laws, where the investment or provision of facilities and the sharing of profits and taking risks and loss are stipulated in cooperative contracts.

Sole-proprietorship Enterprises with Foreign Investment refer to enterprises established in the mainland of China with exclusive investment from foreign investors in accordance with the Law of the People's Republic of China on Enterprises with Foreign Investment and other relevant laws.

Share-holding Corporations Ltd. with Foreign Investment refer to share-holding corporations Ltd. established with the approval from the Ministry of Commerce (the former Ministry of Foreign Trade and Economic Relations) in line with relevant state regulations, where the share of investment from foreign investors exceeds 25% of the total registered capital of the corporation. In case the share of foreign investment is less than 25% of the total registered capital, the enterprise is to be classified as domestic-invested share-holding corporation Ltd.

Other Enterprises with Foreign Funds refer to partnership enterprises established within the territory of China in accordance with Administrative Measures on the Establishment of Partnership Enterprises in China by Foreign Enterprises or Foreign Individuals and Regulations for the Administration of the Registration of Foreign-invested Partnership Enterprises.

Government Appropriation for Education refers to the general public budget appropriation fund for education, educational funds budgeted by government funds, enterprise appropriation for enterprise-run schools, income from school-run enterprises and social services that are used for education purpose and other government appropriations for education.

国民经济核算

National Accounts

资料整理人员：周　玲

2−1 按产业分的地区生产总值
Gross Domestic Product by Industry

单位：亿元 (100 million yuan)

年份 Year	地区生产总值 Gross Domestic Product	第一产业 Primary Industry	第二产业 Secondary Industry	第三产业 Tertiary Industry	人均地区生产总值（元） Per Capita Gross Domestic Product (yuan)
1952	27.81	18.72	3.43	5.66	86
1953	30.29	18.48	4.28	7.53	91
1954	30.51	17.03	5.13	8.35	90
1955	35.83	21.13	5.76	8.94	104
1956	37.93	20.56	6.57	10.80	109
1957	45.20	26.41	7.45	11.34	127
1958	55.85	26.65	16.63	12.57	154
1959	61.95	23.60	21.57	16.78	168
1960	64.07	20.58	25.47	18.02	176
1961	46.64	20.78	11.69	14.17	132
1962	51.19	27.17	10.59	13.43	144
1963	48.08	25.11	11.37	11.60	131
1964	57.36	30.41	15.60	11.35	153
1965	65.32	34.00	19.17	12.15	170
1966	72.73	37.30	22.16	13.27	184
1967	73.51	40.07	19.89	13.55	181
1968	75.67	44.85	17.31	13.51	181
1969	81.26	44.08	21.98	15.20	189
1970	93.05	44.62	31.98	16.45	211
1971	99.10	46.31	35.33	17.46	218
1972	107.01	47.73	39.91	19.37	230
1973	115.80	51.91	43.35	20.54	244
1974	108.17	53.17	34.87	20.13	223
1975	118.40	54.97	41.96	21.47	239
1976	118.53	55.07	41.47	21.99	236
1977	129.17	55.95	49.59	23.63	254
1978	146.99	59.83	59.82	27.34	286
1979	178.01	79.40	68.42	30.19	343
1980	191.72	81.14	76.99	33.59	365
1981	209.68	93.29	77.78	38.61	394
1982	232.52	107.99	82.51	42.02	430
1983	257.43	117.79	93.37	46.27	470
1984	287.29	128.28	104.34	54.67	519
1985	349.95	147.72	127.08	75.15	626

2-1 续表 Continued

单位：亿元 (100 million yuan)

年份 Year	地区生产总值 Gross Domestic Product	第一产业 Primary Industry	第二产业 Secondary Industry	第三产业 Tertiary Industry	人均地区生产总值（元） Per Capita Gross Domestic Product (yuan)
1986	397.68	165.28	143.31	89.09	703
1987	469.44	187.09	172.45	109.90	818
1988	584.07	217.03	221.28	145.76	999
1989	640.80	234.31	238.15	168.34	1074
1990	744.44	279.09	249.98	215.37	1228
1991	833.30	301.02	281.95	250.33	1357
1992	986.98	323.91	337.17	325.90	1595
1993	1244.71	383.68	470.05	390.98	1997
1994	1650.02	532.89	589.72	527.41	2630
1995	2132.13	685.30	770.67	676.16	3359
1996	2540.13	793.98	920.06	826.09	3963
1997	2849.27	855.75	1041.79	951.73	4420
1998	3025.53	828.31	1123.08	1074.14	4667
1999	3214.54	778.25	1192.99	1243.30	4933
2000	3551.49	784.92	1293.18	1473.39	5590
2001	3831.90	825.73	1412.82	1593.35	6120
2002	4151.54	847.25	1523.50	1780.79	6734
2003	4659.95	869.68	1772.29	2017.98	7589
2004	5542.62	1022.45	2135.55	2384.62	9004
2005	6369.87	1078.34	2490.17	2801.36	10200
2006	7431.55	1244.63	3030.72	3156.20	11733
2007	9285.45	1563.81	3867.42	3854.22	14626
2008	11307.36	1761.78	4870.03	4675.56	17758
2009	12772.80	1795.80	5494.66	5482.34	19979
2010	15574.32	2073.19	7034.70	6466.43	24005
2011	18914.96	2420.00	8883.59	7611.37	28766
2012	21207.23	2567.85	9926.66	8712.72	32203
2013	23545.24	2589.18	10913.80	10042.26	35702
2014	25881.28	2671.01	11825.12	11385.15	39181
2015	28538.60	2747.91	12665.72	13124.97	43155
2016	30853.45	2915.58	12941.99	14995.88	46606
2017	33828.11	2998.40	13459.82	17369.89	51030
2018	36329.68	3084.18	13904.11	19341.39	54763
2019	39894.14	3647.23	15401.70	20845.21	60104
2020	41542.57	4240.73	15949.19	21352.65	62537
2021	46063.09	4322.92	18126.09	23614.08	69440

2-2 分行业增加值

Value Added by Sector

单位：亿元 (100 million yuan)

年份 Year	农、林、牧、渔业 Agriculture, Forestry, Animal Husbandry and Fishery	工业 Industry	建筑业 Construction	批发和零售业 Wholesale and Retail Trade	交通运输、仓储和邮政业 Traffic, Transport, Storage and Post	金融业 Finance	房地产业 Real Estate
1952	18.72	2.94	0.49	2.50	1.10		
1953	18.48	3.53	0.75	3.54	1.64		
1954	17.03	4.22	0.91	3.98	1.77		
1955	21.13	4.25	1.51	3.83	2.07		
1956	20.56	5.19	1.38	4.83	2.38		
1957	26.41	5.94	1.51	4.51	2.71		
1958	26.65	12.40	4.23	4.58	3.51		
1959	23.60	16.57	5.00	6.04	5.45		
1960	20.58	19.22	6.25	6.60	5.42		
1961	20.78	10.25	1.44	4.95	3.20		
1962	27.17	9.46	1.13	4.93	2.73		
1963	25.11	10.31	1.06	2.82	3.25		
1964	30.41	13.50	2.10	3.45	2.57		
1965	34.00	16.86	2.31	3.68	2.98		
1966	37.30	19.67	2.49	4.41	3.14		
1967	40.07	17.46	2.43	4.54	3.03		
1968	44.85	15.03	2.28	4.22	2.92		
1969	44.08	19.39	2.59	5.20	3.37		
1970	44.62	28.83	3.15	5.67	3.96		
1971	46.31	30.35	4.98	5.63	4.34		
1972	47.73	34.31	5.60	6.68	4.89		
1973	51.91	37.92	5.43	7.23	5.01		
1974	53.17	29.21	5.66	6.98	4.34		
1975	54.97	35.58	6.38	7.29	4.92		
1976	55.07	34.95	6.52	7.17	4.83		
1977	55.95	43.41	6.45	8.06	5.33		
1978	59.83	51.94	7.88	8.78	5.91	2.55	2.03
1979	79.40	59.23	9.19	9.54	6.47	2.50	2.10
1980	81.14	65.31	11.68	10.11	6.77	2.70	2.32
1981	93.29	67.19	10.59	11.66	6.93	3.60	3.56
1982	107.99	71.31	11.20	10.91	7.61	5.02	3.96
1983	117.79	78.84	14.53	10.32	8.16	5.66	5.18
1984	128.28	90.79	13.55	13.07	9.30	6.53	5.76
1985	147.72	110.05	17.03	20.30	13.23	8.85	7.84

2-2 续表 Continued

单位：亿元 (100 million yuan)

年份 Year	农、林、牧、渔业 Agriculture, Forestry, Animal Husbandry and Fishery	工业 Industry	建筑业 Construction	批发和零售业 Wholesale and Retail Trade	交通运输、仓储和邮政业 Traffic, Transport, Storage and Post	金融业 Finance	房地产业 Real Estate
1986	165.28	124.30	19.01	24.78	15.00	12.55	7.93
1987	187.09	149.67	22.78	31.42	20.13	15.94	8.53
1988	217.03	190.40	30.88	42.83	24.12	20.91	9.96
1989	234.31	212.21	25.94	41.20	26.81	26.94	11.00
1990	279.09	220.69	29.29	54.57	32.27	31.01	16.25
1991	301.02	242.96	38.99	63.93	41.68	38.26	17.73
1992	323.91	284.66	52.51	91.32	51.29	49.01	20.57
1993	383.68	399.58	70.47	109.32	72.71	47.53	26.45
1994	532.89	499.97	89.75	152.19	100.30	54.07	34.13
1995	685.30	658.67	112.00	191.47	133.71	64.96	44.43
1996	793.98	790.19	129.87	218.08	171.14	74.32	64.06
1997	855.75	903.90	137.89	235.76	198.66	82.66	75.47
1998	828.31	960.70	162.38	252.92	220.86	85.44	89.28
1999	778.25	1010.53	182.46	268.19	246.08	86.57	105.50
2000	784.92	1094.76	198.42	291.85	288.16	88.88	131.58
2001	825.73	1180.43	232.39	319.75	303.88	91.71	138.41
2002	847.25	1265.72	257.78	349.58	333.51	92.43	165.29
2003	886.47	1475.76	296.53	389.68	372.33	99.72	196.39
2004	1041.10	1768.81	366.75	499.51	323.80	116.49	206.99
2005	1100.65	2075.40	414.77	590.00	367.41	156.91	240.70
2006	1272.22	2547.40	483.32	649.30	418.13	198.84	299.94
2007	1594.93	3260.63	606.79	822.55	501.67	259.85	383.33
2008	1815.27	4110.84	759.19	1053.87	601.91	334.13	453.46
2009	1857.28	4565.66	929.00	1338.85	677.92	403.02	560.73
2010	2150.25	5913.41	1121.29	1594.03	795.45	463.84	682.83
2011	2509.78	7535.54	1348.05	1868.72	899.38	501.19	798.51
2012	2671.09	8423.06	1503.60	2108.96	1016.52	580.75	920.86
2013	2702.12	9179.73	1742.85	2356.56	1102.92	763.07	1095.51
2014	2793.05	9859.94	1975.78	2619.01	1184.81	962.67	1214.62
2015	2878.86	10458.80	2217.11	2884.78	1251.25	1209.83	1473.06
2016	3063.11	10540.12	2411.74	3141.53	1309.63	1340.07	1815.00
2017	3165.28	10709.81	2760.20	3423.25	1440.63	1701.79	2215.01
2018	3266.53	10785.57	3128.34	3705.44	1516.22	1809.85	2623.44
2019	3850.48	11995.78	3416.90	4004.38	1577.95	1938.57	2725.06
2020	4461.96	12401.35	3558.42	4062.94	1486.51	2099.83	2813.28
2021	4561.39	14162.34	3973.36	4563.01	1652.40	2287.97	2945.40

2-3 地区生产总值构成
Composition of GDP

单位：% (GDP=100) (%)

年份 Year	地区生产总值 Gross Domestic Product	第一产业 Primary Industry	第二产业 Secondary Industry	第三产业 Tertiary Industry
1952	100.0	67.3	12.3	20.4
1953	100.0	61.0	14.1	24.9
1954	100.0	55.8	16.8	27.4
1955	100.0	59.0	16.1	25.0
1956	100.0	54.2	17.3	28.5
1957	100.0	58.4	16.5	25.1
1958	100.0	47.7	29.8	22.5
1959	100.0	38.1	34.8	27.1
1960	100.0	32.1	39.8	28.1
1961	100.0	44.6	25.1	30.4
1962	100.0	53.1	20.7	26.2
1963	100.0	52.2	23.6	24.1
1964	100.0	53.0	27.2	19.8
1965	100.0	52.1	29.3	18.6
1966	100.0	51.3	30.5	18.2
1967	100.0	54.5	27.1	18.4
1968	100.0	59.3	22.9	17.9
1969	100.0	54.2	27.0	18.7
1970	100.0	48.0	34.4	17.7
1971	100.0	46.7	35.7	17.6
1972	100.0	44.6	37.3	18.1
1973	100.0	44.8	37.4	17.7
1974	100.0	49.2	32.2	18.6
1975	100.0	46.4	35.4	18.1
1976	100.0	46.5	35.0	18.6
1977	100.0	43.3	38.4	18.3
1978	100.0	40.7	40.7	18.6
1979	100.0	44.6	38.4	17.0
1980	100.0	42.3	40.2	17.5
1981	100.0	44.5	37.1	18.4
1982	100.0	46.4	35.5	18.1
1983	100.0	45.8	36.3	17.9
1984	100.0	44.7	36.3	19.0
1985	100.0	42.2	36.3	21.5

2-3 续表 Continued

单位：% (GDP=100) (%)

年份 Year	地区生产总值 Gross Domestic Product	第一产业 Primary Industry	第二产业 Secondary Industry	第三产业 Tertiary Industry
1986	100.0	41.6	36.0	22.4
1987	100.0	39.9	36.7	23.4
1988	100.0	37.2	37.9	24.9
1989	100.0	36.6	37.2	26.2
1990	100.0	37.5	33.6	28.9
1991	100.0	36.1	33.8	30.1
1992	100.0	32.8	34.2	33.0
1993	100.0	30.8	37.8	31.4
1994	100.0	32.3	35.7	32.0
1995	100.0	32.1	36.1	31.8
1996	100.0	31.3	36.2	32.5
1997	100.0	30.0	36.6	33.4
1998	100.0	27.4	37.1	35.5
1999	100.0	24.2	37.1	38.7
2000	100.0	22.1	36.4	41.5
2001	100.0	21.5	36.9	41.6
2002	100.0	20.4	36.7	42.9
2003	100.0	18.7	38.0	43.3
2004	100.0	18.5	38.5	43.0
2005	100.0	16.9	39.1	44.0
2006	100.0	16.7	40.8	42.5
2007	100.0	16.8	41.7	41.5
2008	100.0	15.6	43.1	41.3
2009	100.0	14.1	43.0	42.9
2010	100.0	13.3	45.2	41.5
2011	100.0	12.8	47.0	40.2
2012	100.0	12.1	46.8	41.1
2013	100.0	11.0	46.4	42.6
2014	100.0	10.3	45.7	44.0
2015	100.0	9.6	44.4	46.0
2016	100.0	9.4	42.0	48.6
2017	100.0	8.9	39.8	51.3
2018	100.0	8.5	38.3	53.2
2019	100.0	9.1	38.6	52.3
2020	100.0	10.2	38.4	51.4
2021	100.0	9.4	39.3	51.3

2-4 地区生产总值发展速度
Growth Rate of GDP

单位：%　　(上年 =100) (preceding year=100)　　(%)

年份 Year	地区生产总值 Gross Domestic Product	第一产业 Primary Industry	第二产业 Secondary Industry	第三产业 Tertiary Industry	人均地区生产总值 Per Capita Gross Domestic Product
1978	116.4	111.7	121.8	115.6	115.2
1979	109.1	106.8	111.4	109.0	108.0
1980	105.2	98.9	111.0	105.4	103.9
1981	105.5	107.0	100.2	114.0	104.1
1982	109.4	113.0	106.0	108.1	107.7
1983	109.2	103.7	116.7	107.4	107.8
1984	109.4	106.6	109.7	115.2	108.3
1985	112.0	103.7	113.6	126.3	110.9
1986	108.1	105.2	107.7	113.9	106.8
1987	109.3	102.9	112.8	113.5	107.7
1988	108.2	97.7	115.0	111.7	106.2
1989	103.6	105.7	101.2	105.2	101.5
1990	104.0	103.2	104.6	104.0	102.4
1991	107.9	105.6	108.5	110.2	106.5
1992	111.1	103.5	117.3	113.5	110.3
1993	112.4	104.3	118.2	114.7	111.6
1994	110.6	105.4	115.4	110.1	109.9
1995	110.3	106.5	113.5	110.0	109.0
1996	112.1	106.2	116.3	112.2	111.0
1997	110.6	106.1	113.3	111.0	110.0
1998	108.5	100.9	111.5	110.9	107.9
1999	108.4	103.3	109.3	111.1	107.8
2000	109.0	103.9	110.6	110.5	108.5
2001	109.0	104.0	110.3	110.5	110.6
2002	109.0	102.6	110.9	110.5	110.7
2003	109.6	103.4	112.7	109.7	110.0
2004	111.1	107.3	114.5	109.7	110.8
2005	112.2	105.7	113.1	114.1	110.6
2006	112.8	104.7	117.3	111.8	111.2
2007	115.1	103.9	118.9	115.5	114.8
2008	114.1	105.1	115.6	115.4	113.7
2009	113.9	105.0	119.3	111.3	113.4
2010	114.6	104.2	120.3	111.5	112.9
2011	112.8	104.2	117.0	111.0	111.3
2012	111.4	102.8	113.0	112.1	111.2
2013	110.1	102.7	111.0	111.0	109.9
2014	109.5	104.5	109.6	110.7	109.3
2015	108.5	103.6	107.6	110.8	108.4
2016	108.0	103.3	106.8	110.1	107.9
2017	108.0	103.6	106.9	109.8	107.8
2018	107.8	103.5	107.4	109.1	107.8
2019	107.6	103.2	107.8	108.1	107.5
2020	103.8	103.7	104.6	103.1	103.7
2021	107.7	109.3	106.9	107.9	107.8

2-5 主要行业增加值发展速度
Growth Rate of Value Added by Sector

单位：% （上年 =100）(preceding year=100) (%)

年份 Year	农、林、牧、渔业 Agriculture, Forestry, Animal Husbandry and Fishery	工业 Industry	建筑业 Construction	批发和零售业 Wholesale and Retail Trade	交通运输、仓储和邮政业 Traffic, Transport, Storage and Post	金融业 Finance	房地产业 Real Estate
1978	111.7	121.6	123.3	116.2	110.7	115.3	104.0
1979	106.8	111.3	112.1	110.0	109.3	96.5	101.7
1980	98.9	109.7	120.4	102.3	104.5	97.8	110.4
1981	107.0	101.4	93.5	114.4	102.6	131.0	146.4
1982	113.0	106.1	105.4	90.3	109.6	137.3	110.3
1983	103.7	114.8	128.3	96.1	107.2	110.1	128.5
1984	106.6	113.0	91.7	122.2	113.9	111.9	110.0
1985	103.7	114.3	108.9	138.8	140.6	122.1	128.4
1986	105.2	108.5	102.0	113.8	112.6	135.3	100.9
1987	102.9	113.3	109.0	114.5	127.1	114.9	105.0
1988	97.7	115.3	112.7	107.2	120.4	104.6	109.5
1989	105.7	103.0	86.8	87.7	97.3	150.6	86.7
1990	103.2	104.5	105.5	82.1	113.7	109.0	109.0
1991	105.6	107.4	116.8	111.5	118.6	115.5	106.1
1992	103.5	116.8	120.8	108.8	112.8	130.3	110.6
1993	104.3	120.0	106.1	110.9	125.2	121.3	124.0
1994	105.4	115.9	111.6	107.1	110.6	105.7	112.0
1995	106.5	113.4	114.3	108.7	116.3	106.0	114.7
1996	106.2	116.8	112.4	109.2	117.8	110.6	117.1
1997	106.1	114.3	105.2	109.1	115.0	110.3	110.2
1998	100.9	111.2	114.1	109.4	113.4	105.2	113.3
1999	103.3	109.0	111.9	110.7	108.0	105.1	117.3
2000	103.9	110.5	111.4	111.4	114.5	106.0	109.2
2001	104.0	109.9	112.5	111.3	110.2	103.5	109.3
2002	102.6	111.0	110.4	111.5	109.9	103.2	111.2
2003	103.6	112.7	112.9	110.4	110.0	105.8	110.0
2004	107.4	114.0	117.0	109.7	113.6	102.5	106.6
2005	105.7	113.6	110.5	118.0	112.8	113.0	108.3
2006	104.7	118.2	112.5	112.5	111.0	115.6	112.7
2007	103.9	119.8	114.1	117.7	115.9	121.3	111.1
2008	105.2	116.3	111.8	119.7	116.0	118.5	107.8
2009	105.0	118.6	123.1	115.8	106.8	118.4	111.1
2010	104.3	121.2	115.6	112.5	112.9	109.5	110.3
2011	104.2	118.2	110.9	109.2	112.2	106.0	105.1
2012	103.0	113.7	109.4	108.8	111.1	114.0	107.9
2013	102.8	111.2	110.5	108.9	105.6	119.2	109.4
2014	104.6	109.3	111.2	108.4	104.6	124.3	103.9
2015	103.5	107.4	108.7	105.9	104.7	115.3	113.2
2016	103.5	106.5	108.0	106.8	102.7	108.0	110.0
2017	103.9	107.0	106.5	106.7	106.1	111.2	104.7
2018	103.7	107.4	107.1	104.8	102.3	102.9	106.5
2019	103.5	108.3	104.8	106.2	103.9	107.8	105.0
2020	103.9	104.5	105.0	100.6	98.6	108.0	103.4
2021	109.2	108.3	102.0	109.4	108.0	104.5	102.4

2-6 地区生产总值指数
Indices of Gross Domestic Product

(1952年=100) (year of 1952=100)

年份 Year	地区生产总值 Gross Domestic Product	第一产业 Primary Industry	第二产业 Secondary Industry	第三产业 Tertiary Industry	人均地区生产总值 Per Capita Gross Domestic Product
1952	100.0	100.0	100.0	100.0	100.0
1953	108.4	99.9	131.5	122.5	105.3
1954	106.3	89.8	157.9	130.1	101.5
1955	126.0	110.3	190.0	139.6	118.4
1956	132.8	106.4	226.8	163.6	123.4
1957	152.9	129.2	253.4	171.0	139.0
1958	183.1	130.9	522.7	181.4	163.5
1959	199.3	113.5	661.3	245.4	174.9
1960	197.3	90.4	766.4	260.9	175.4
1961	127.2	82.8	332.6	164.4	116.5
1962	131.1	101.8	284.7	144.1	119.3
1963	126.3	92.8	307.2	141.1	111.4
1964	150.1	107.1	433.2	146.9	129.6
1965	169.7	111.7	559.2	164.5	142.9
1966	191.5	121.9	670.5	180.7	156.6
1967	192.1	130.9	610.8	181.9	152.9
1968	189.4	142.3	512.5	178.5	146.5
1969	209.4	138.3	685.2	203.6	157.4
1970	246.3	139.6	1007.3	221.3	180.6
1971	260.1	140.4	1124.1	237.9	184.9
1972	280.9	142.9	1286.0	263.6	195.1
1973	300.0	154.4	1363.1	278.7	204.3
1974	277.8	158.1	1072.8	273.9	185.1
1975	306.7	162.7	1327.0	292.6	200.1
1976	305.2	162.8	1291.2	299.3	196.2
1977	334.4	165.3	1563.7	321.4	212.3
1978	389.3	184.6	1904.5	371.6	244.6
1979	424.7	197.2	2121.6	405.0	264.2
1980	446.8	195.0	2355.0	426.9	274.5
1981	471.4	208.6	2359.7	486.6	285.7
1982	515.7	235.8	2501.3	526.1	307.7
1983	563.1	244.5	2919.0	565.0	331.8
1984	616.1	260.6	3202.2	650.9	359.3
1985	690.0	270.3	3637.7	822.1	398.4

2-6 续表 1 Continued

(1952 年 =100) (year of 1952=100)

年份 Year	地区生产总值 Gross Domestic Product	第一产业 Primary Industry	第二产业 Secondary Industry	第三产业 Tertiary Industry	人均地区生产总值 Per Capita Gross Domestic Product
1986	745.9	284.3	3917.8	936.3	425.5
1987	815.3	292.6	4419.3	1062.7	458.3
1988	882.1	285.8	5082.2	1187.1	486.7
1989	913.9	302.1	5143.1	1248.8	494.0
1990	950.4	311.8	5379.7	1298.7	505.9
1991	1025.5	329.3	5837.0	1431.2	538.8
1992	1139.3	340.8	6846.8	1624.4	594.3
1993	1280.6	355.4	8092.9	1863.2	663.2
1994	1416.4	374.6	9339.2	2051.4	728.8
1995	1562.2	399.0	10600.0	2256.5	794.4
1996	1751.3	423.7	12327.9	2531.8	881.8
1997	1936.9	449.6	13967.5	2810.3	970.0
1998	2101.5	453.6	15573.7	3116.7	1046.6
1999	2278.1	468.6	17022.1	3462.6	1128.3
2000	2483.1	486.8	18826.4	3826.2	1224.2
2001	2706.6	506.3	20765.5	4228.0	1354.0
2002	2950.2	519.5	23029.0	4671.9	1498.8
2003	3233.4	537.1	25953.7	5125.1	1648.7
2004	3592.3	576.4	29716.9	5622.2	1826.8
2005	4030.6	609.2	33609.9	6414.9	2020.4
2006	4546.5	637.8	39424.4	7171.9	2246.7
2007	5233.0	662.7	46875.6	8283.5	2579.2
2008	5970.8	696.5	54188.1	9559.2	2932.6
2009	6800.8	731.3	64646.5	10639.4	3325.5
2010	7793.7	762.1	77769.7	11862.9	3754.5
2011	8791.3	794.1	90990.5	13167.8	4178.8
2012	9793.5	816.3	102819.3	14761.1	4646.8
2013	10782.6	838.3	114129.4	16384.9	5106.8
2014	11807.0	876.1	125085.9	18138.0	5581.8
2015	12810.6	907.6	134592.4	20097.0	6050.6
2016	13835.4	937.6	143744.7	22126.7	6528.6
2017	14942.3	971.3	153663.0	24295.2	7037.9
2018	16107.8	1005.3	165034.1	26506.0	7586.8
2019	17332.0	1037.5	177906.8	28653.0	8155.8
2020	17990.6	1075.9	186090.5	29541.3	8457.6
2021	19375.8	1175.9	198930.7	31875.0	9117.3

2-6 续表 2 Continued

(1978 年 =100) (year of 1978=100)

年份 Year	地区生产总值 Gross Domestic Product	第一产业 Primary Industry	第二产业 Secondary Industry	第三产业 Tertiary Industry	人均地区生产总值 Per Capita Gross Domestic Product
1978	100.0	100.0	100.0	100.0	100.0
1979	109.1	106.8	111.4	109.0	108.0
1980	114.8	105.6	123.7	114.9	112.2
1981	121.1	113.0	123.9	131.0	116.8
1982	132.5	127.7	131.3	141.6	125.8
1983	144.7	132.4	153.3	152.1	135.6
1984	158.3	141.2	168.1	175.2	146.9
1985	177.2	146.4	191.0	221.2	162.9
1986	191.6	154.0	205.7	252.0	174.0
1987	209.4	158.5	232.0	286.0	187.4
1988	226.6	154.8	266.8	319.5	199.0
1989	234.7	163.7	270.0	336.1	202.0
1990	244.1	168.9	282.5	349.5	206.8
1991	263.4	178.4	306.5	385.2	220.2
1992	292.7	184.6	359.5	437.2	242.9
1993	329.0	192.5	424.9	501.4	271.1
1994	363.8	202.9	490.4	552.1	298.0
1995	401.3	216.1	556.6	607.3	324.8
1996	449.9	229.5	647.3	681.4	360.5
1997	497.5	243.5	733.4	756.3	396.5
1998	539.8	245.7	817.7	838.8	427.9
1999	585.2	253.8	893.8	931.9	461.2
2000	637.8	263.7	988.5	1029.7	500.5
2001	695.2	274.3	1090.3	1137.9	553.5
2002	757.8	281.4	1209.2	1257.3	612.7
2003	830.6	291.0	1362.7	1379.3	674.0
2004	922.8	312.2	1560.3	1513.1	746.8
2005	1035.3	330.0	1764.7	1726.4	825.9
2006	1167.9	345.5	2070.0	1930.1	918.5
2007	1344.2	359.0	2461.3	2229.3	1054.4
2008	1533.7	377.3	2845.2	2572.6	1198.8
2009	1746.9	396.2	3394.3	2863.3	1359.5
2010	2002.0	412.8	4083.4	3192.6	1534.8
2011	2258.2	430.1	4777.6	3543.8	1708.3
2012	2515.7	442.2	5398.7	3972.6	1899.6
2013	2769.8	454.1	5992.5	4409.6	2087.7
2014	3032.9	474.6	6567.8	4881.4	2281.8
2015	3290.7	491.6	7067.0	5408.6	2473.5
2016	3553.9	507.9	7547.5	5954.9	2668.9
2017	3838.3	526.2	8068.3	6538.5	2877.1
2018	4137.7	544.6	8665.3	7133.5	3101.5
2019	4452.1	562.0	9341.2	7711.3	3334.1
2020	4621.3	582.8	9770.9	7950.3	3457.5
2021	4977.1	637.0	10445.1	8578.4	3727.2

2–7 主要行业增加值指数
Indices of Value Added by Sector

(1978 年 =100) (year of 1978=100)

年份 Year	农、林、牧、渔业 Agriculture, Forestry, Animal Husbandry and Fishery	工业 Industry	建筑业 Construction	批发和零售业 Wholesale and Retail Trade	交通运输、仓储和邮政业 Traffic, Transport, Storage and Post	金融业 Finance	房地产业 Real Estate
1978	100.0	100.0	100.0	100.0	100.0	100.0	100.0
1979	106.8	111.3	112.1	110.0	109.3	96.5	101.7
1980	105.6	122.1	135.0	112.5	114.2	94.4	112.3
1981	113.0	123.8	126.2	128.7	117.2	123.6	164.4
1982	127.7	131.4	133.0	116.2	128.4	169.7	181.3
1983	132.4	150.8	170.7	111.7	137.7	186.9	233.0
1984	141.2	170.4	156.5	136.5	156.8	209.1	256.3
1985	146.4	194.8	170.4	189.5	220.5	255.4	329.1
1986	154.0	211.3	173.8	215.6	248.3	345.5	332.0
1987	158.5	239.4	189.5	246.9	315.6	397.0	348.6
1988	154.8	276.1	213.5	264.7	379.9	415.2	381.7
1989	163.7	284.3	185.3	232.1	369.7	625.3	331.0
1990	168.9	297.1	195.5	190.6	420.3	681.6	360.8
1991	178.4	319.1	228.4	212.5	498.5	787.3	382.8
1992	184.6	372.7	275.9	231.2	562.3	1025.8	423.3
1993	192.5	447.3	292.7	256.4	704.0	1244.3	524.9
1994	202.9	518.4	326.7	274.6	778.6	1315.2	587.9
1995	216.1	587.9	373.4	298.5	905.6	1394.2	674.3
1996	229.5	686.6	419.7	325.9	1066.7	1541.9	789.7
1997	243.5	784.8	441.5	355.6	1226.8	1700.8	870.2
1998	245.7	872.7	503.8	389.0	1391.1	1789.2	985.9
1999	253.8	951.3	563.7	430.6	1502.4	1880.4	1156.5
2000	263.7	1051.2	628.0	479.7	1720.3	1993.3	1262.9
2001	274.3	1155.2	706.5	533.9	1895.8	2063.0	1380.4
2002	281.4	1282.3	780.0	595.4	2083.4	2129.0	1535.0
2003	291.5	1445.2	880.6	657.3	2291.8	2252.5	1688.4
2004	313.1	1647.5	1030.3	721.0	2603.5	2308.8	1799.9
2005	331.0	1871.5	1138.4	850.8	2936.7	2609.0	1949.3
2006	346.5	2212.2	1280.8	957.2	3259.7	3016.0	2196.8
2007	360.0	2650.2	1461.3	1126.6	3778.0	3658.4	2440.7
2008	378.7	3082.1	1633.8	1348.5	4382.5	4335.2	2631.1
2009	397.7	3655.4	2011.2	1561.6	4680.5	5132.9	2923.1
2010	414.8	4430.4	2324.9	1756.8	5284.3	5620.5	3224.2
2011	432.2	5236.7	2578.3	1918.4	5929.0	5957.7	3388.6
2012	445.2	5954.1	2820.7	2087.2	6587.1	6791.8	3656.3
2013	457.6	6621.0	3116.9	2273.0	6956.0	8095.9	4000.0
2014	478.7	7236.8	3466.0	2463.9	7276.0	10063.2	4156.0
2015	495.4	7772.3	3767.5	2609.3	7618.0	11602.8	4704.6
2016	512.8	8277.5	4068.9	2786.7	7823.6	12531.0	5175.1
2017	532.8	8856.9	4333.4	2973.4	8300.9	13934.5	5418.3
2018	552.5	9512.3	4641.1	3116.1	8491.8	14338.6	5770.5
2019	571.8	10301.8	4863.8	3309.3	8823.0	15442.7	6059.0
2020	594.1	10765.4	5107.0	3329.2	8699.5	16693.6	6265.0
2021	648.8	11658.9	5209.2	3642.1	9395.4	17444.8	6415.4

2-8 三次产业对地区生产总值增长的贡献率和拉动

Contribution Share and Contribution of the Three Strata of Industry to the Growth of GDP

本表按不变价格计算

Data in this table are calculated at constant prices

年份 Year	贡献率（%） Contribution Share (%)				拉动（百分点） Contribution (percentage points)				
	第一产业 Primary Industry	第二产业 Secondary Industry	第三产业 Tertiary Industry	#工业 Industry	地区生产总值 Gross Regional Product	第一产业 Primary Industry	第二产业 Secondary Industry	第三产业 Tertiary Industry	#工业 Industry
1990	25.7	49.3	25.0	43.7	4.0	1.0	2.0	1.0	1.7
1991	26.6	36.1	37.3	27.8	7.9	2.1	2.9	2.9	2.2
1992	11.6	52.6	35.8	44.7	11.1	1.3	5.8	4.0	5.0
1993	11.9	52.3	35.8	50.0	12.4	1.5	6.5	4.4	6.2
1994	16.2	54.4	29.4	49.7	10.6	1.7	5.8	3.1	5.3
1995	19.1	51.3	29.6	45.2	10.3	2.0	5.3	3.0	4.7
1996	15.0	54.2	30.8	49.5	12.1	1.8	6.6	3.7	6.0
1997	15.9	52.4	31.7	50.2	10.6	1.7	5.5	3.4	5.3
1998	2.8	57.9	39.3	50.6	8.5	0.2	4.9	3.4	4.3
1999	9.7	48.7	41.6	42.2	8.4	0.8	4.1	3.5	3.5
2000	10.2	52.2	37.6	46.2	9.0	0.9	4.7	3.4	4.2
2001	9.8	41.7	48.5	33.9	9.0	0.9	3.7	4.4	3.1
2002	6.1	44.6	49.3	38.0	9.0	0.6	4.0	4.4	3.4
2003	7.0	49.7	43.3	41.9	9.6	0.7	4.8	4.1	4.0
2004	12.4	50.2	37.4	41.0	11.1	1.4	5.6	4.1	4.6
2005	8.4	42.7	48.9	37.2	12.2	1.0	5.2	6.0	4.5
2006	6.2	53.0	40.8	46.6	12.8	0.8	6.8	5.2	6.0
2007	4.0	51.1	44.9	45.0	15.1	0.6	7.7	6.8	6.8
2008	5.2	46.8	48.0	41.4	14.1	0.7	6.6	6.8	5.8
2009	4.7	59.2	36.1	48.7	13.9	0.7	8.2	5.0	6.8
2010	3.5	62.3	34.2	55.0	14.6	0.5	9.1	5.0	8.0
2011	4.4	60.1	35.5	53.9	12.8	0.6	7.7	4.5	6.9
2012	3.1	53.7	43.2	47.8	11.4	0.4	6.1	4.9	5.5
2013	3.0	52.0	45.0	45.1	10.1	0.3	5.3	4.5	4.6
2014	5.0	48.3	46.7	40.2	9.5	0.5	4.6	4.4	3.8
2015	4.2	42.7	53.1	35.5	8.5	0.4	3.6	4.5	3.0
2016	3.9	37.7	58.4	29.8	8.0	0.3	3.0	4.7	2.4
2017	4.2	38.0	57.8	31.7	8.0	0.4	3.0	4.6	2.5
2018	4.0	40.7	55.3	33.8	7.8	0.3	3.2	4.3	2.6
2019	3.6	44.4	52.0	39.3	7.6	0.3	3.4	3.9	3.0
2020	8.1	52.5	39.4	42.7	3.8	0.3	2.0	1.5	1.6
2021	12.4	34.6	53.0	32.3	7.7	1.0	2.6	4.1	2.4

主要统计指标解释

国内生产总值(GDP) 指一个国家所有常住单位在一定时期内生产活动的最终成果。国内生产总值有三种表现形态，即价值形态、收入形态和产品形态。从价值形态看，它是所有常住单位在一定时期内生产的全部货物和服务价值与同期投入的全部非固定资产货物和服务价值的差额，即所有常住单位的增加值之和；从收入形态看，它是所有常住单位在一定时期内创造的各项收入之和，包括劳动者报酬、生产税净额、固定资产折旧和营业盈余；从产品形态看，它是所有常住单位在一定时期内最终使用的货物和服务价值与货物和服务净出口价值之和。在实际核算中，国内生产总值有三种计算方法，即生产法、收入法和支出法。三种方法分别从不同的方面反映国内生产总值及其构成。

对于一个地区来说，称为地区生产总值或地区 GDP。

三次产业 三次产业的划分是世界上较为常用的产业结构分类，但各国的划分不尽一致。根据《国民经济行业分类》（GB/T 4754-2017）和《三次产业划分规定》，我国的三次产业划分是：

第一产业是指农、林、牧、渔业（不含农、林、牧、渔专业及辅助性活动）。

第二产业是指采矿业（不含开采专业及辅助性活动），制造业（不含金属制品、机械和设备修理业），电力、热力、燃气及水生产和供应业，建筑业。

第三产业即服务业，是指除第一产业、第二产业以外的其他行业。

当年价格 指报告期的实际价格，如工业品的出厂价格，农产品的收购价格，商业的零售价格等。按当年价格计算，是指一些以货币表现的物量指标，如工农业总产值、国内生产总值等，按照当年的实际价格来计算总量。使用当年价格计算的数字，是为了使国民经济各项指标互相衔接，便于考察当年社会经济效益，便于对生产流通、生产和分配、生产和消费进行经济核算和综合平衡。

按当年价格计算的价值指标，在不同年份之间进行对比时，因为包含有各年间价格变动的因素，不能确切地反映实物量的增减变动。必须消除价格变动因素后，才能真实反映经济发展动态。因此，在计算增长速度时都使用按可比价格计算的数字。

可比价格 指计算各种总量指标所采用的扣除了价格变动因素的价格，可进行不同时期总量指标的对比。按可比价格计算总量指标有两种方法：一种是直接用产品产量乘某一年的不变价格计算，另一种是用价格指数进行换算。

Explanatory Notes on Main Statistical Indicators

Gross Domestic Product (GDP) refers to the final products produced by all resident units in a country during a certain period of time. Gross domestic product is expressed in three different perspectives, namely value, income, and products respectively. GDP in its value perspective refers to the balance of total value of all goods and services produced by all resident units during a certain period of time, minus the total value of input of goods and services of the nature of non-fixed assets; in other words, it is the sum of the value-added of all resident units. GDP from the perspective of income refers to the sum of all kinds of revenue, including Compensation of Employees, Net Taxes on Production, Depreciation of Fixed Assets, and Operating Surplus. GDP from the perspective of products refers to the value of all goods and services for final demand by all resident units plus the net exports of goods and services during a given period of time. In the practice of national accounting, gross domestic product is calculated from three approaches, namely production approach, income approach and expenditure approach, which reflect gross domestic product and its composition from different angles.

For a region, it is called as Gross Regional Product(GRP) or regional GDP.

Three Strata of Industry Classification of economic activities into three strata of industries is a common practice in the world, although the grouping varies to some extent from country to country. In China, according to *Industrial Classification for National Economic Activities (GB/T 4754-2017) and Rules on Division of Three Strata of Industries*, economic activities are categorized into the following three strata of industries:

Primary industry refers to agriculture, forestry, animal husbandry and fishery industries (not including services in support of agriculture, forestry, animal husbandry and fishery industries).

Secondary industry refers to mining and quarrying (not including support activities for mining), manufacturing (not including repair service of metal products, machinery and equipment), production and supply of electricity, heat, gas and water, and construction.

Tertiary industry refers to all other economic activities not included in the primary or secondary industries.

Current Price refers to the actual price during the reporting period, such as Ex-factory Price of Industrial Products, purchasing price of agricultural produces and retail price. Some indicators calculated at current price are volume indicators in the value form, such as total value of output of industrial and agricultural industries and GDP, etc. Data calculated at current price are useful when it comes to evaluating the economic development and analyzing different aspects of economy, such as production, circulation, distribution and consumption.

When the different indicators calculated at current price are compared, it is in evitable that price changes will affect the comparison. Therefore, the change in volume cannot be showed. In order to eliminate the effect of price and reflect economic development, growth rate is calculated at current price.

Constant Price refers to the price without the effect of price change. By using constant price, total amount indices of different periods can be compared. There are two methods in which total amount indices are obtained, one using current price of some year to multiply the physical volume of certain products and the other using price index.

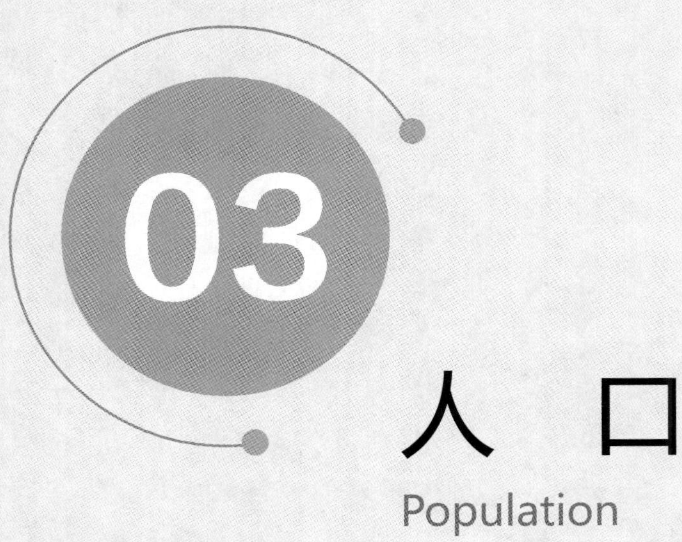

人 口

Population

资料整理人员：宋 超 赵 宏 张 驰

3-1 户籍人口数
Household Population

年份 Year	总户数（万户） Total Households (10 000 households)	总人口（万人） Total Population (10 000 persons)	按性别分 By Gender 男 Male	女 Female	按城乡分 By Residence 市镇 Urban	乡村 Rural
1949	689.40	2986.83	1558.45	1428.38	235.95	2750.88
1950	683.75	3074.34	1601.97	1472.37	245.79	2828.55
1951	743.32	3190.67	1664.24	1526.43	255.57	2935.10
1952	830.46	3271.20	1707.79	1563.41	259.08	3012.12
1953	836.11	3349.70	1751.22	1598.48	260.55	3089.15
1954	844.34	3429.02	1807.89	1621.13	277.21	3151.81
1955	855.56	3472.83	1831.58	1641.25	327.94	3144.89
1956	870.53	3507.43	1836.26	1671.17	329.02	3178.41
1957	883.15	3603.24	1887.55	1715.69	314.67	3288.57
1958	881.54	3672.72	1919.61	1753.11	352.78	3319.94
1959	874.96	3691.95	1933.47	1758.48	494.52	3197.43
1960	891.98	3569.37	1857.07	1712.30	404.63	3164.74
1961	932.08	3507.98	1819.55	1688.43	477.73	3030.25
1962	928.07	3600.26	1870.89	1729.37	384.66	3215.60
1963	920.52	3715.20	1926.81	1788.39	375.34	3339.86
1964	920.20	3785.13	1965.75	1819.38	429.54	3355.59
1965	934.09	3901.47	2022.78	1878.69	405.64	3495.83
1966	939.30	4009.65	2079.48	1930.17	411.87	3597.78
1967	953.11	4122.56	2138.25	1984.31	429.40	3693.16
1968	967.12	4238.65	2198.68	2039.97	446.93	3791.72
1969	981.34	4358.01	2260.82	2097.19	464.46	3893.55
1970	995.77	4480.76	2324.73	2156.03	481.97	3998.79
1971	1044.49	4598.27	2384.91	2213.36	470.86	4127.41
1972	1055.62	4700.56	2438.55	2262.01	489.75	4210.81
1973	1069.65	4809.79	2497.79	2312.00	506.49	4303.30
1974	1082.86	4900.86	2545.64	2355.22	522.34	4378.52
1975	1102.82	4991.36	2594.18	2397.18	531.82	4459.54
1976	1125.37	5056.81	2629.85	2426.96	544.71	4512.10
1977	1149.83	5111.83	2657.88	2453.95	561.21	4550.62
1978	1167.53	5165.91	2684.80	2481.11	593.86	4572.05
1979	1184.84	5223.05	2712.32	2510.73	639.60	4583.45
1980	1197.88	5280.95	2740.40	2540.55	671.05	4609.90
1981	1228.84	5360.05	2783.12	2576.93	694.72	4665.33
1982	1251.33	5452.12	2831.03	2621.09	774.75	4677.37
1983	1273.06	5509.43	2864.09	2645.34	794.46	4714.97
1984	1299.34	5561.32	2893.92	2667.40	857.56	4703.76
1985	1334.54	5622.49	2928.44	2694.05	915.90	4706.59

注：1995 年以前的人口数均为年报数；2000 年和 2010 年的人口数根据人口普查有关数据推算，其余各年人口数均根据人口变动抽样调查资料推算。2013 年起，为公安户籍统计数据。

The data on the total population are collected from the year-reports before 1995. The data on the total population in 2000 and 2010 are collected from population surveys. The data of other years are estimated on the basis of the data collected from the sample surveys on population changes. Since 2013, data of population at the year-end were hukou data from Public Security Bureau.

3-1 续表 Continued

年份 Year	总户数（万户） Total Households (10 000 households)	总人口（万人） Total Population (10 000 persons)	按性别分 By Gender		按城乡分 By Residence	
			男 Male	女 Female	市镇 Urban	乡村 Rural
1986	1407.45	5695.73	2966.85	2728.88	963.15	4732.58
1987	1485.85	5782.61	3012.59	2770.02	1003.28	4779.33
1988	1562.45	5915.68	3079.65	2836.03	1044.12	4871.56
1989	1623.00	6013.62	3130.76	2882.86	1049.25	4964.37
1990	1661.65	6110.89	3178.31	2932.58	1072.46	5038.43
1991	1697.69	6166.33	3208.42	2957.91	1147.86	5018.47
1992	1725.72	6207.78	3231.73	2976.05	1217.74	4990.04
1993	1745.47	6245.58	3249.20	2996.38	1205.95	5039.63
1994	1765.67	6302.58	3279.07	3023.51	1356.56	4946.02
1995	1796.19	6392.00	3322.27	3069.73	1550.99	4841.01
1996	1799.97	6428.00	3339.25	3088.75	1606.95	4821.05
1997	1798.83	6465.00	3356.43	3108.57	1629.00	4836.00
1998	1809.00	6502.00	3374.33	3127.67	1684.00	4818.00
1999	1814.64	6532.00	3389.32	3142.68	1724.00	4808.00
2000	1874.87	6562.05	3422.77	3139.28	1952.21	4609.84
2001	1884.47	6595.85	3409.72	3186.13	2031.52	4564.33
2002	1899.30	6628.50	3433.56	3194.94	2121.12	4507.38
2003	1929.59	6662.80	3453.33	3209.47	2232.04	4430.76
2004	1991.34	6697.70	3470.75	3226.95	2377.68	4320.02
2005	2031.01	6732.10	3490.59	3241.51	2490.88	4241.22
2006	2048.17	6768.10	3513.35	3254.75	2619.93	4148.17
2007	2085.91	6805.70	3533.87	3271.83	2752.91	4052.79
2008	2113.88	6845.20	3549.30	3295.90	2885.25	3959.95
2009	2126.05	6900.20	3583.24	3316.96	2980.89	3919.31
2010	2152.90	7089.53	3674.49	3415.04	3069.77	4019.76
2011	2186.60	7135.60	3699.10	3436.50	3218.16	3917.44
2012	2224.69	7179.87	3725.63	3454.24	3349.41	3830.46
2013	2286.57	7147.28	3712.32	3434.96	3427.84	3719.44
2014	2313.58	7202.29	3740.97	3461.32	3549.29	3653.00
2015	2330.12	7242.02	3761.09	3480.93	2037.29	5204.73
2016	2353.70	7318.81	3797.57	3521.24	2187.82	5130.99
2017	2363.83	7296.26	3781.75	3514.51	2446.87	4849.39
2018	2383.84	7326.62	3796.24	3530.38	2519.76	4806.86
2019	2386.27	7319.53	3794.45	3525.08	2557.35	4762.18
2020	2410.59	7295.58	3778.99	3516.59	2630.82	4664.76
2021	2407.89	7246.26	3755.24	3491.02	2715.30	4530.96

3-2 人口出生率、死亡率、自然增长率
Birth Rate, Death Rate and Natural Growth Rate of Population

年份 Year	出生率（‰） Birth Rate（‰）	死亡率（‰） Death Rate（‰）	自然增长率（‰） Natural Growth Rate（‰）	出生人口数（万人） Population of Birth (10 000 persons)	死亡人口数（万人） Population of Death (10 000 persons)	自然增长人数（万人） Population of Natural Growth (10 000 persons)
1950	37.00	20.00	17.00	112.13	60.61	51.52
1951	37.00	19.00	18.00	115.90	59.52	56.39
1952	37.00	19.00	18.00	119.54	61.39	58.16
1953	36.00	17.00	19.00	119.18	56.28	62.90
1954	37.85	17.54	20.31	128.29	59.45	68.84
1955	31.10	16.36	14.74	107.32	56.46	50.87
1956	29.59	11.51	18.08	103.27	40.17	63.10
1957	33.47	10.41	23.06	119.00	37.01	81.99
1958	29.96	11.65	18.32	108.99	42.38	66.61
1959	24.00	12.99	11.00	88.38	47.83	40.54
1960	19.49	29.42	-9.93	70.76	106.81	-36.05
1961	12.51	17.48	-4.97	44.27	61.86	-17.59
1962	41.40	10.23	31.16	147.14	36.36	110.78
1963	47.29	10.26	37.03	172.97	37.53	135.45
1964	42.20	12.88	29.31	158.26	48.30	109.95
1965	42.25	11.19	31.06	162.38	43.01	119.37
1966	37.23	10.15	27.08	147.27	40.15	107.12
1967	35.61	9.89	25.72	144.79	40.21	104.58
1968	33.99	9.63	24.36	142.10	40.26	101.84
1969	32.37	9.37	23.00	139.14	40.28	98.86
1970	30.75	9.11	21.64	135.90	40.26	95.64
1971	29.13	8.86	20.26	132.24	40.22	92.02
1972	29.93	9.01	20.91	139.16	41.89	97.27
1973	29.21	8.05	21.15	138.90	38.28	100.62
1974	27.11	8.67	18.44	131.63	42.10	89.53
1975	25.04	8.34	16.70	123.85	41.25	82.60
1976	20.07	7.70	12.36	100.83	38.69	62.15
1977	18.61	7.79	10.82	94.62	39.61	55.01
1978	17.40	7.01	10.39	89.42	36.02	53.39
1979	17.84	7.12	10.72	92.67	36.98	55.68
1980	17.68	6.88	10.80	92.86	36.13	56.72
1981	21.11	7.03	14.08	112.32	37.40	74.91
1982	21.98	6.77	15.21	118.83	36.60	82.23
1983	16.48	6.79	9.69	90.32	37.21	53.11
1984	16.66	7.20	9.46	92.22	39.85	52.36
1985	18.16	6.47	11.69	101.55	36.18	65.37

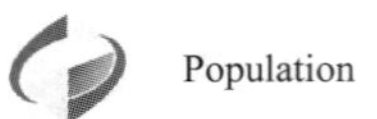

3-2 续表 Continued

年份 Year	出生率(‰) Birth Rate (‰)	死亡率(‰) Death Rate (‰)	自然增长率(‰) Natural Growth Rate (‰)	出生人口数(万人) Population of Birth (10 000 persons)	死亡人口数(万人) Population of Death (10 000 persons)	自然增长人数(万人) Population of Natural Growth (10 000 persons)
1986	19.90	6.30	13.60	112.62	35.65	76.96
1987	23.62	7.07	16.55	135.56	40.58	94.98
1988	23.32	6.82	16.50	136.40	39.89	96.51
1989	22.91	7.07	15.84	136.65	42.17	94.48
1990	23.93	7.23	16.70	145.07	43.83	101.24
1991	20.50	7.30	13.20	125.84	44.81	81.03
1992	16.70	7.30	9.40	103.32	45.17	58.16
1993	14.08	7.13	6.95	87.67	44.40	43.28
1994	13.88	7.03	6.85	87.08	44.11	42.98
1995	13.02	7.15	5.87	82.64	45.38	37.26
1996	12.81	7.20	5.61	82.11	46.15	35.96
1997	12.59	6.99	5.60	81.16	45.06	36.10
1998	12.31	7.10	5.21	79.81	46.03	33.78
1999	11.72	7.12	4.60	76.38	46.40	29.98
2000	11.45	6.79	4.66	74.96	44.45	30.51
2001	11.80	6.72	5.08	77.63	44.21	33.42
2002	11.56	6.70	4.86	76.44	44.30	32.14
2003	11.82	6.87	4.95	78.55	45.66	32.90
2004	11.89	6.80	5.09	79.43	45.43	34.00
2005	11.90	6.75	5.15	79.91	45.33	34.58
2006	11.92	6.73	5.19	80.46	45.43	35.03
2007	11.96	6.71	5.25	81.17	45.54	35.63
2008	12.68	7.28	5.40	86.55	49.69	36.86
2009	13.05	6.94	6.11	89.69	47.70	41.99
2010	13.10	6.70	6.40	91.63	46.87	44.77
2011	14.44	7.36	7.08	94.95	48.37	46.59
2012	14.76	7.62	7.14	97.20	50.17	47.03
2013	14.66	7.56	7.10	96.71	49.86	46.85
2014	13.74	7.00	6.74	90.77	46.26	44.51
2015	13.88	7.01	6.87	91.80	46.37	45.43
2016	13.94	7.20	6.74	92.31	47.69	44.62
2017	13.69	7.31	6.39	90.78	48.43	42.35
2018	12.64	7.34	5.30	83.86	48.71	35.15
2019	10.81	7.58	3.24	71.78	50.29	21.49
2020	8.53	7.92	0.61	56.64	52.61	4.03
2021	7.13	8.28	-1.15	47.30	54.93	-7.63

注：根据“七人普”对2011年-2019年全省常住人口修订结果，对相应年份出生率、死亡率、自然增长率进行同步修订。

The birth rate, death rate and natural growth rate of the corresponding years were simultaneously revised according to the revision results of the provincial resident population from 2011 to 2019 by the "Seven People's General Population".

3-3 第1-4次全国人口普查基本情况

Basic Statistics on National Population of 1st-4th Censuses

单位：万人 (10 000 persons)

指 标	Item	第一次 1953 First	第二次 1964 Second	第三次 1982 Third	第四次 1990 Fourth
总户数 （万户）	**Total Households (10 000 households)**	**836.11**	**916.20**	**1233.88**	**1573.79**
家庭户	Family Households			1227.89	1564.88
集体户	Collective Households			5.99	8.91
总人口	**Total Population**	**3322.69**	**3718.23**	**5401.05**	**6065.80**
男性人口	Male	1752.64	1931.70	2805.23	3149.76
女性人口	Female	1570.05	1786.53	2595.82	2916.04
#育龄妇女（15-49岁）	#Women at Childbearing Age(Age 15-49)	750.73	819.43	1301.08	1607.99
各年龄组人口	**Population by Age**				
0-6岁	Age 0-6	669.02	706.05	701.81	869.47
7-14岁	Age 7-14	519.19	768.91	1131.16	826.93
劳动年龄人口	Population within Working Age	1720.75	1878.68	2936.91	3618.26
男60、女55岁以上人口	Males Aged 60 and Females Aged 55 and Over	319.57	285.00	503.39	628.16
民族人口	**Population by Nationality**				
汉族	Han Nationality	3254.67	3589.80	5180.92	5583.42
少数民族	Minority Nationalities	68.02	128.43	220.13	482.38
15岁以上婚姻人口	**Marital Status of Population Aged 15 and Over**				
未婚	Unmarried			1009.86	1099.89
有配偶	Married			2271.76	2963.86
丧偶	Widowed			262.16	278.87
离婚	Divorced			24.31	26.77
6岁以上文化程度人口	**Population Aged 6 and Over by Educational Level**				
大学本科	Undergraduates		9.77	24.56	20.72
大学专科	Junior College Student				48.27
中专	Specialized Secondary School		40.99	353.64	81.82
高中	Senior Secondary School				404.79
初中	Junior Secondary School		160.27	932.53	1370.42
小学	Primary School		1256.03	2325.78	2552.16
不识字或识字很少	Illiterate and Semi-Illiterate		1255.57	1173.52	822.76
#文盲、半文盲人口	#Illiterate and Semi-Illiterate Aged 15 and Over		1255.57	943.97	742.56
在业人口	**Employed Population**			**2827.75**	**3489.74**
不在业人口	**Unemployed Population**			**740.34**	**879.65**
市镇县人口	**Population of Cities,Towns and Counties**				
市	Cities	134.97	161.31	507.43	765.62
镇	Towns	157.57	160.79	260.00	328.20
县	Counties	3030.15	3396.13	4633.62	4971.98

注：1. 劳动年龄人口指男16-59岁，女16-54岁人口。

2. 各年龄组人口缺15岁人口和年龄不详人口，加总不等于总人口。

3. 由于四次普查所设指标不同，故此表空栏处均表示该年度普查无此调查项目。

4. 1964年人口普查时，6-12岁不在校儿童没有调查其相当的文化程度，故各项文化程度人口加总不等于6周岁及以上人口数。

a. Working age range refers to 16-59 years for men and 16-54 years for women.

b. The sum of the population of the age group is not equal to the total population, because the population aged 15 is not shown and there is population whose true age is unknown.

c. Since the quota in the four population censuses were set differently, the blank space indicates the absence of this item of the year.

d. Data in 1964 excludes the children in school aged from 6-12, thus the sum of the population at all education levels does not equal to the population aged above six.

3-4 第五次全国人口普查基本情况
Basic Statistics on National Population of Fifth Censuses

单位：万人 (10 000 persons)

指　标		Item		数量 Volume
总户数	**（万户）**	**Number of Households**	**(10 000 households)**	**1800.38**
家庭户		Family Households		1766.21
集体户		Collective Households		34.17
总人口		**Total Population**		**6327.42**
家庭户人口		Family Household Population		6106.15
集体户人口		Collective Household Population		221.27
平均家庭户规模	**（人/户）**	**Average Family Size**	**(person/household)**	**3.46**
总人口中：男性人口		**In Total:** Male		3299.37
女性人口		Female		3028.05
性别比		Sex Ratio		108.96
总人口中：汉族人口		**In Total:** Han Nationality		5686.35
少数民族人口		Minority Nationalities		641.07
少数民族人口比重	（%）	Percentage of Minority Nationalities Population	(%)	10.13
总人口中：市镇人口		**In Total:** Urban Population		1915.92
乡村人口		Rural Population		4524.15
总人口中：0-5岁人口		**In Total:** Age 0-5		387.71
6-14岁人口		Age 6-14		1012.25
15-64岁人口		Age 15-64		4454.80
65岁以上人口		Aged 65 and Over		472.66
6周岁及以上人口		**Population Aged 6 and Over by Educational Level**		**5939.70**
未上过学		No Schooling		298.22
扫盲班		Literacy Courses		67.69
小学		Primary School		2421.99
初中		Junior Secondary School		2259.38
高中和中专		Senior and Specialized Secondary School		707.25
大专及以上		Junior College or Above		185.17
每十万人口中：小学文化	（人）	**Per 100000 Population:** Primary School	(person)	38278
初中文化	（人）	Junior Secondary School	(person)	35708
高中和中专	（人）	Senior and Specialized Secondary School	(person)	11177
大专及以上	（人）	Junior College or Above	(person)	2926
文盲、半文盲人口		**Population of Illiterate and Semi Literate**		**294.96**
文盲率	**（%）**	**Illiterate Rate**	**(%)**	**5.99**
普查年度出生率	**（‰）**	**Birth Rate in Census Year**	**(‰)**	**11.45**
普查年度死亡率	**（‰）**	**Death Rate in Census Year**	**(‰)**	**6.79**
普查年度自然增长率	**（‰）**	**Natural Growth Rate in Census Year**	**(‰)**	**4.66**

注：1. 表中的各项数据均按普查登记的口径计算，不包括本省外出的人口，包括外省来本省的人口。

2. 普查年度是指1999年11月1日0时至2000年10月31日24时。

3. 城乡人口是按国家统计局1999年发布的《关于统计上划分城乡的规定（试行）》计算。

a. The data in table are calculated according to the approach of censuses. The data excluded the population of going to other provinces and included the population from other provinces.

b. The censuses year is 1999-11-1 zero o'clock to 2000-10-31 24 o'clock.

c. The urban population and rural population are calculated according to the 《regulations concerning plot out urban and rural in the statistical (test run)》 promulgated in 1999.

3-5 第六次全国人口普查基本情况
Basic Statistics on National Population of Sixth Censuses

单位：万人　　(10 000 persons)

指 标		Item		数量 Volume
家庭户	**（万户）**	**Number of Households**	**(10 000 households)**	**1862.57**
总人口		**Total Population**		**6570.08**
家庭户人口		Family Household Population		6191.14
集体户人口		Collective Household Population		378.93
平均家庭户规模	**（人/户）**	**Average Family Size**	**(person/household)**	**3.32**
总人口中：		**In Total**		
男性人口		Male		3377.65
女性人口		Female		3192.43
性别比		Sex Ratio		105.80
总人口中：		**In Total**		
0-14 岁人口		Age 0-14		1157.65
15-64 岁人口		Age 15-64		4770.49
65 岁以上人口		Aged 65 and Over		641.94
0-14 岁人口比重	（%）	Proportion of Age 0-14	(%)	17.62
15-64 岁人口比重	（%）	Proportion of Age 15-64	(%)	72.61
65 岁以上人口比重	（%）	Proportion of Aged 65 and Over	(%)	9.77
受教育程度		**Population Aged 6 and Over by Educational Level**		
小　学		Primary School		1760.09
初　中		Junior Secondary School		2597.71
高中和中专		Senior and Specialized Secondary School		1013.39
大专及以上		Junior College or Above		499.19
每十万人口中：		**Per 100000 Population**		
小学文化	（人）	Primary School	(person)	26790
初中文化	（人）	Junior Secondary School	(person)	39539
高中和中专	（人）	Senior and Specialized Secondary School	(person)	15425
大专及以上	（人）	Junior College or Above	(person)	7598
文盲、半文盲人口		**Population of Illiterate and Semi Literate**		**175.43**
文盲率	**（%）**	**Illiterate Rate**	**(%)**	**3.24**

注：1. 以上数据均为 2010 年人口普查机器汇总数。

2. 普查登记的对象是指普查标准时点在中华人民共和国境内的自然人以及在中华人民共和国境外但未定居的中国公民，不包括在中华人民共和国境内短期停留的境外人员。

3. 总人口，是普查登记的 2010 年 11 月 1 日零时的常住人口。常住人口包括，居住在本乡镇街道、户口在本乡镇街道或户口待定的人；居住在本乡镇街道、离开户口所在的乡镇街道半年以上的人；户口在本乡镇街道、外出不满半年或在境外二作学习的人。

4. 家庭户是指以家庭成员关系为主、居住一处共同生活的人组成的户。

5. 文盲率是指全省常住人口中 15 岁及以上不识字人口所占比重。

a. All figures above are machine results of the 2010 Population Census.

b. The population census covers all natural persons residing in the territory of the People's Republic of China and the Chinese citizens residing outside but not permanently settled down in locations beyond the territory of the People's Republic of China at the census reference time, excluding foreigners temporarily staying in the territory of the People's Republic of China.

c. The population, which was registered on zero hour of November 1, 2010.Resident population of a given town/street include: people living in the current town/street where their household registration is located or with their household registration to be settled; people living in the current town/street and leaving the town/street of their household registration for over 6 months; people leaving the town/street of their household registration for less than 6 months or working or studying overseas, with their household registration located in the current town/street.

d. Population of family households refer to households consists of persons, bonded by family relations, staying under the same roof and sharing living arrangement.

e. Illiterate rate refers to the population over 15 years of age who cannot read divided by the Resident population of the Whole province.

3-6 第七次全国人口普查基本情况
Basic Statistics on National Population of Seventh Censuses

单位：万人 (10 000 persons)

指 标		Item		数量 Volume
家庭户	**（万户）**	**Number of Households**	**(10 000 households)**	**2287.83**
总人口		Total Population		6644.49
家庭户人口		Family Household Population		6112.11
集体户人口		Collective Household Population		532.38
平均家庭户规模	**（人/户）**	**Average Family Size**	**(person/household)**	**2.67**
总人口中：		**In Total**		
男性人口		Male		3399.57
女性人口		Female		3244.92
性别比		Sex Ratio		104.77
总人口中：		**In Total**		
0-14 岁人口		Age 0-14		1296.95
15-59 岁人口		Age 15-59		4026.41
60 岁以上人口		Aged 60 and Over		1321.13
65 岁以上人口		Aged 65 and Over		984.21
0-14 岁人口比重	（%）	Proportion of Age 0-14	(%)	19.52
15-59 岁人口比重	（%）	Proportion of Age 15-59	(%)	60.60
60 岁以上人口比重	（%）	Proportion of Aged 60 and Over	(%)	19.88
65 岁以上人口比重	（%）	Proportion of Aged 65 and Over	(%)	14.81
受教育程度		**Population Aged 6 and Over by Educational Level**		
小 学		Primary School		1675.31
初 中		Junior Secondary School		2367.82
高中和中专		Senior and Specialized Secondary School		1181.10
大专及以上		Junior College or Above		813.22
每十万人口中：		**Per 100000 Population**		
小学文化	（人）	Primary School	(person)	25214
初中文化	（人）	Junior Secondary School	(person)	35636
高中和中专	（人）	Senior and Specialized Secondary School	(person)	17776
大专及以上	（人）	Junior College or Above	(person)	12239
文盲人口		**Population of Illiterate**		**113.73**
文盲率	**（%）**	**Illiterate Rate**	**(%)**	**1.71**

注：1. 以上数据为 2020 年全国人口普查初步汇总数据。

2. 普查登记的对象是指普查标准时点在中华人民共和国境内的自然人以及在中华人民共和国境外但未定居的中国公民，不包括在中华人民共和国境内短期停留的境外人员。

3. 总人口，是普查登记的 2020 年 11 月 1 日零时的常住人口。常住人口包括，居住在本乡镇街道、户口在本乡镇街道或户口待定的人；居住在本乡镇街道、离开户口所在的乡镇街道半年以上的人；户口在本乡镇街道、外出不满半年或在境外工作学习的人。

4. 家庭户是指以家庭成员关系为主、居住一处共同生活的人组成的户。

5. 文盲率是指全省常住人口中 15 岁及以上不识字人口所占比重。

a. The data are preliminary Data from the 2020 Population Census.

b. The population census covers all natural persons residing in the territory of the People's Republic of China and the Chinese citizens residing outside but not permanently settled down in locations beyond the territory of the People' s Republic of China at the census reference time, excluding foreigners temporarily staying in the territory of the People' s Republic of China.

c. The population, which was registered on zero hour of November 1, 2020.Resident population of a given town/street include: people living in the current town/street where their household registration is located or with their household registration to be settled; people living in the current town/street and leaving the town/street of their household registration for over 6 months; people leaving the town/street of their household registration for less than 6 months or working or studying overseas, with their household registration located in the current town/street.

d. Population of family households refer to households consists of persons, bonded by family relations, staying under the same roof and sharing living arrangement.

e. Illiterate rate refers to the population over 15 years of age who cannot read divided by the Resident population of the Whole province.

3-7 2011年至2019年全省分市州年末常住人口
Permanent Resident Population at Year-end of Provinces and Municipalities From 2011 to 2019

单位：万人 (10 000 persons)

市州名称	Cities and Prefecture	2011			2012		
		年末常住人口 Population at the Year-end	城镇人口 Urban Population	城镇化率（%） Urbanization Rate (%)	年末常住人口 Population at the Year-end	城镇人口 Urban Population	城镇化率（%） Urbanization Rate (%)
全省	Total	6581.00	2959.47	44.97	6590.00	3045.89	46.22
长沙市	Changsha	740.36	508.05	68.62	766.18	528.62	68.99
株洲市	Zhuzhou	386.11	222.78	57.70	385.94	228.36	59.17
湘潭市	Xiangtan	275.19	142.79	51.89	274.77	146.53	53.33
衡阳市	Hengyang	710.58	330.23	46.47	707.11	333.27	47.13
邵阳市	Shaoyang	704.01	240.48	34.16	702.91	251.43	35.77
岳阳市	Yueyang	541.91	258.78	47.75	537.75	263.47	48.99
常德市	Changde	566.23	226.73	40.04	562.39	237.63	42.25
张家界市	Zhangjiajie	148.81	58.00	38.98	149.62	60.50	40.44
益阳市	Yiyang	425.45	173.51	40.78	422.82	175.01	41.39
郴州市	Chenzhou	459.36	198.81	43.28	459.71	206.23	44.86
永州市	Yongzhou	519.57	192.46	37.04	520.95	197.97	38.00
怀化市	Huaihua	471.11	175.72	37.30	466.26	178.22	38.22
娄底市	Loudi	377.75	139.13	36.83	378.50	143.15	37.82
湘西自治州	Xiangxi	254.56	92.00	36.14	255.09	95.50	37.44

注：本表2011-2019年数据根据第七次全国人口普查数据修订。
Data in this table from 2011 to 2019 are revised according to the 2020 Population Census.

3-7 续表 1

单位：万人

市州名称	Cities and Prefecture	2013			2014		
		年末常住人口 Population at the Year-end	城镇人口 Urban Population	城镇化率（%） Urbanization Rate (%)	年末常住人口 Population at the Year-end	城镇人口 Urban Population	城镇化率（%） Urbanization Rate (%)
全省	Total	6600.00	3143.58	47.63	6611.00	3238.06	48.98
长沙市	Changsha	787.46	555.55	70.55	813.11	589.09	72.45
株洲市	Zhuzhou	387.27	234.34	60.51	387.02	238.39	61.60
湘潭市	Xiangtan	274.31	149.59	54.53	273.65	152.84	55.85
衡阳市	Hengyang	705.52	334.48	47.41	703.85	336.00	47.74
邵阳市	Shaoyang	698.78	265.14	37.94	693.63	277.23	39.97
岳阳市	Yueyang	534.47	270.00	50.52	531.09	276.11	51.99
常德市	Changde	557.15	245.06	43.98	555.43	252.18	45.40
张家界市	Zhangjiajie	150.24	62.71	41.74	150.85	64.58	42.81
益阳市	Yiyang	420.11	177.16	42.17	416.38	179.62	43.14
郴州市	Chenzhou	461.18	215.54	46.74	461.63	223.01	48.31
永州市	Yongzhou	524.21	204.02	38.92	524.00	208.52	39.79
怀化市	Huaihua	465.19	182.63	39.26	465.05	185.74	39.94
娄底市	Loudi	379.23	148.36	39.12	379.95	152.39	40.11
湘西自治州	Xiangxi	254.88	99.00	38.84	255.36	102.36	40.08

Continued

(10 000 persons)

2015			2016			2017		
年末常住人口 Population at the Year-end	城镇人口 Urban Population	城镇化率（%） Urbanization Rate (%)	年末常住人口 Population at the Year-end	城镇人口 Urban Population	城镇化率（%） Urbanization Rate (%)	年末常住人口 Population at the Year-end	城镇人口 Urban Population	城镇化率（%） Urbanization Rate (%)
6615.00	3359.75	50.79	6625.00	3491.37	52.70	6633.00	3622.94	54.62
828.27	624.84	75.44	859.03	666.23	77.56	902.94	721.07	79.86
388.32	245.04	63.10	388.51	255.14	65.67	388.76	260.19	66.93
273.81	157.95	57.69	274.10	163.36	59.60	273.41	167.33	61.20
701.12	339.04	48.36	687.20	344.05	50.07	669.29	345.55	51.63
690.33	292.95	42.44	688.84	307.95	44.71	687.21	321.35	46.76
526.66	283.84	53.89	524.00	291.05	55.54	521.20	297.79	57.14
554.09	261.99	47.28	551.79	271.76	49.25	549.48	281.97	51.32
150.85	66.80	44.28	151.46	69.33	45.77	150.70	71.94	47.74
412.59	182.88	44.32	408.76	185.29	45.33	399.40	187.85	47.03
464.56	234.62	50.50	465.12	244.29	52.52	464.56	251.23	54.08
525.00	215.30	41.01	526.00	222.70	42.34	526.00	229.10	43.56
463.89	190.81	41.13	463.77	196.06	42.28	463.46	202.36	43.66
380.65	157.45	41.36	381.34	161.99	42.48	382.99	168.40	43.97
254.86	106.24	41.69	255.08	112.17	43.97	253.60	116.81	46.06

3-7 续表 2

单位：万人 (10 000 persons)

市州名称	Cities and Prefecture	2018			2019		
		年末常住人口 Population at the Year-end	城镇人口 Urban Population	城镇化率（%） Urbanization Rate (%)	年末常住人口 Population at the Year-end	城镇人口 Urban Population	城镇化率（%） Urbanization Rate (%)
全省	Total	6635.00	3721.57	56.09	6640.00	3814.68	57.45
长沙市	Changsha	928.00	760.34	81.93	963.56	794.51	82.46
株洲市	Zhuzhou	388.95	269.86	69.38	390.05	275.45	70.62
湘潭市	Xiangtan	272.70	169.00	61.97	272.93	175.30	64.23
衡阳市	Hengyang	668.82	351.25	52.52	671.08	358.69	53.45
邵阳市	Shaoyang	679.04	329.06	48.46	665.39	330.97	49.74
岳阳市	Yueyang	520.05	301.12	57.90	509.90	303.26	59.47
常德市	Changde	543.95	286.99	52.76	536.05	289.46	54.00
张家界市	Zhangjiajie	151.29	74.13	49.00	151.58	76.65	50.57
益阳市	Yiyang	392.69	189.23	48.19	390.73	192.26	49.21
郴州市	Chenzhou	465.54	257.50	55.31	466.52	266.24	57.07
永州市	Yongzhou	527.00	234.46	44.49	528.00	241.38	45.72
怀化市	Huaihua	461.24	207.16	44.91	461.24	212.13	45.99
娄底市	Loudi	382.67	170.00	44.42	382.35	173.99	45.51
湘西自治州	Xiangxi	253.06	121.47	48.00	250.62	124.39	49.63

主要统计指标解释

常住人口 常住人口包括，居住在本乡镇街道、户口在本乡镇街道或户口待定的人；居住在本乡镇街道、离开户口所在的乡镇街道半年以上的人；户口在本乡镇街道、外出不满半年或在境外工作学习的人。年度统计的全国人口总数内未包含香港、澳门特别行政区和台湾地区以及海外华侨人数。

城镇人口和乡村人口 城镇人口是指居住在城镇范围内的常住人口；乡村人口是除上述人口以外的全部常住人口。

出生率（又称粗出生率） 指在一定时期内（通常为一年）一定地区的出生人数与同期内平均人数（或期中人数）之比，用千分率表示。本资料中的出生率指年出生率，其计算公式为：

$$出生率=\frac{年出生人数}{年平均人数}\times 1000‰$$

式中，出生人数指活产婴儿，即胎儿脱离母体时（不管怀孕月数），有过呼吸或其他生命现象。年平均人数指年初、年底人口数的平均数，也可用年中人口数代替。

死亡率（又称粗死亡率） 指在一定时期内（通常为一年）一定地区的死亡人数与同期内平均人数（或期中人数）之比，用千分率表示。本资料中的死亡率指年死亡率，其计算公式为：

$$死亡率=\frac{年死亡人数}{年平均人数}\times 1000‰$$

人口自然增长率 指在一定时期内（通常为一年）人口自然增加数（出生人数减死亡人数）与该时期内平均人数（或期中人数）之比，用千分率表示。计算公式为：

$$人口自然增长率=\frac{本年出生人数-本年死亡人数}{年平均人数}\times 1000‰$$
$$=人口出生率-人口死亡率$$

Explanatory Notes on Main Statistical Indicators

The Population of Permanent Residents Resident population of a given town/street include, people living in the current town/street where their household registration is located or with their household registration to be settled; people living in the current town/street and leaving the town/street of their household registration for over 6 months; people leaving the town/street of their household registration for less than 6 months or working or studying overseas, with their household registration located in the current town/street. The annual national population statistics do not include the number of people from the Hong Kong and Macao Special Administrative Regions, Taiwan Regions and overseas Chinese.

Urban Population and Rural Population Urban population refers to the permanent residents living in cities and towns; The rural population is the entire permanent population except the above population.

Birth Rate (or Crude Birth Rate) refers to the ratio of the number of births to the average population (or mid-period population) during a certain period of time (usually a year), expressed in ‰. Birth rate in the chapter refers to annual birth rate. The following formula is used:

$$\text{Birth Rate} = \frac{\text{Number of Births}}{\text{Annual Average Population}} \times 1000‰$$

Number of births in the formula refers to live births, i.e. when a baby has breathed or showed any vital phenomena regardless of the length of pregnancy.

Annual average population is the average of the number of population at the beginning of the year and that at the end of the year. Sometimes it is substituted by the mid-year population.

Death Rate (or Crude Death Rate) refers to the ratio of the number of deaths to the average population (or mid-period population) during a certain period of time (usually a year), expressed in ‰. Death rate in the chapter refers to annual death rate. The following formula is used:

$$\text{Death Rate} = \frac{\text{Number of Deaths}}{\text{Annual Average Population}} \times 1000‰$$

Natural Growth Rate of Population refers to the ratio of natural increase in population (number of births minus number of deaths) in a certain period of time (usually a year) to the average population (or mid-period population) of the same period, expressed in ‰. The following formula is applied:

$$\text{Natural Growth Rate of Population} = \frac{\text{Number of Births - Number of Deaths}}{\text{Annual Average Population}} \times 1000‰$$

Natural Growth Rate of Population = Birth Rate-Death Rate

就业人员和工资

Employment and Wages

资料整理人员：欧阳普　　赵莉淇

4-1 年末从业人员人数
Number of Employed Person at the Year-end

单位：万人 (10 000 persons)

年份 Year	从业人员人数 Number of Employed Person	城镇非私营单位在岗职工人数 Number of Employed Employees in Urban Non-private Units	国有经济 State-owned Economic Units	城镇集体经济 Urban Collective-owned Economic Units	其他经济类型 Economic Units of Other Types	城镇私营单位及其他从业人员 Urban Private Units and Other Employees	乡村从业人员 Employees in Rural
1950	1107.76	40.67	22.81	0.18	17.68	38.93	1028.16
1951	1147.20	52.01	33.55	0.37	18.09	42.71	1052.48
1952	1188.76	69.25	48.87	0.77	19.61	46.70	1072.81
1953	1213.15	76.15	53.12	2.32	20.71	50.68	1086.32
1954	1223.84	80.68	54.61	8.56	17.51	42.92	1100.24
1955	1250.49	90.26	60.67	14.10	15.49	31.45	1128.78
1956	1271.31	121.24	73.66	35.78	11.80	7.62	1142.45
1957	1353.51	130.24	81.84	36.62	11.78	2.00	1221.27
1958	1461.08	226.98	190.02	30.49	6.47		1234.10
1959	1466.09	218.08	174.09	36.76	7.23		1248.01
1960	1508.04	242.89	182.44	54.05	6.40		1265.15
1961	1302.48	234.40	163.50	70.90		3.92	1064.16
1962	1401.22	201.97	135.76	66.21		5.62	1193.63
1963	1443.01	191.19	129.40	61.79		3.11	1248.71
1964	1508.43	192.88	130.34	62.54		4.99	1310.56
1965	1551.93	206.96	139.24	67.72		3.91	1341.06
1966	1607.49	211.73	144.17	67.56		3.41	1392.35
1967	1668.06	215.65	148.25	67.40		2.97	1449.44
1968	1728.41	216.95	149.71	67.24		2.59	1508.87
1969	1795.01	222.02	154.93	67.09		2.26	1570.73
1970	1880.85	243.75	176.81	66.94		1.97	1635.13
1971	1975.89	272.00	205.21	66.79		1.72	1702.17
1972	2056.50	285.73	219.04	66.69		1.50	1769.27
1973	2089.11	285.65	218.99	66.66		1.32	1802.14
1974	2117.00	291.53	223.43	68.10		1.10	1824.37
1975	2152.00	304.17	232.56	71.61		0.32	1847.51
1976	2183.24	313.31	238.79	74.52		0.26	1869.67
1977	2216.19	321.24	242.64	78.60		0.37	1894.58
1978	2280.05	363.78	282.06	81.72		0.35	1915.92
1979	2328.12	388.16	299.36	88.80		0.32	1939.64
1980	2399.95	409.16	316.80	92.36		1.81	1988.98
1981	2449.46	426.88	332.46	94.42		3.43	2019.15
1982	2541.05	441.48	344.41	97.07		5.21	2094.36
1983	2594.37	447.81	348.97	98.84		9.72	2136.84
1984	2672.86	460.71	340.94	119.75	0.02	13.18	2198.97
1985	2728.71	475.15	352.73	122.34	0.08	16.19	2237.37

注：1. 2020 年起，全省从业人员人数由国家统计局根据劳动力抽样调查资料统一测算。

2. 从 2011 年起，“职工人数”指标更改为“在岗职工人数”指标。

a. Starting from 2020, the number of employees in the province will be uniformly calculated by the National Bureau of Statistics based on the sample survey of labor force.

b. From 2011,the index of "Staff and Workers" changed into "Staff and Workers of the Job".

4-1 续表 Continued

单位：万人 (10 000 persons)

年份 Year	从业人员人数 Number of Employed Person	城镇非私营单位在岗职工人数 Number of Employed Employees in Urban Non-private Units	国有经济 State-owned Economic Units	城镇集体经济 Urban Collective-owned Economic Units	其他经济类型 Economic Units of Other Types	城镇私营单位及其他从业人员 Urban Private Units and Other Employees	乡村从业人员 Employees in Rural
1986	2808.87	492.79	367.31	125.25	0.23	18.44	2297.64
1987	2904.10	515.22	386.34	128.60	0.28	24.72	2364.16
1988	2998.64	530.20	401.75	128.14	0.31	30.75	2437.69
1989	3091.37	536.64	411.34	124.81	0.49	30.43	2524.30
1990	3158.42	551.03	422.28	128.07	0.68	31.94	2575.45
1991	3222.43	567.07	435.66	130.35	1.06	32.52	2622.84
1992	3278.83	579.74	447.88	130.43	1.43	39.93	2659.16
1993	3345.61	588.87	454.26	126.70	7.91	60.42	2675.75
1994	3400.29	589.48	459.14	121.57	8.77	106.51	2685.54
1995	3467.31	597.50	466.00	119.13	12.37	133.86	2717.38
1996	3514.16	596.84	471.55	114.47	10.82	166.21	2732.35
1997	3560.29	597.48	471.52	110.48	15.48	200.36	2744.33
1998	3603.17	594.16	461.65	101.21	31.30	222.46	2772.59
1999	3601.39	590.75	461.83	96.01	32.91	210.29	2784.00
2000	3577.58	580.82	456.28	90.33	34.21	148.54	2832.04
2001	3607.96	534.22	407.55	70.95	55.72	199.76	2856.70
2002	3644.52	525.28	398.42	66.19	60.67	231.87	2870.32
2003	3694.78	500.27	379.72	56.55	64.00	335.94	2836.36
2004	3747.10	471.07	353.36	49.38	68.33	457.18	2792.67
2005	3801.48	451.80	293.79	40.12	117.89	547.83	2776.76
2006	3842.17	450.89	290.67	37.72	122.50	603.29	2762.41
2007	3883.41	460.03	283.72	37.50	138.81	635.94	2762.07
2008	3910.06	460.31	276.11	34.83	149.37	654.57	2761.85
2009	3935.21	474.43	268.57	29.21	176.65	665.17	2769.94
2010	3982.73	531.00	287.13	33.24	210.63	698.48	2753.25
2011	4005.03	514.73	258.99	23.92	231.82	894.18	2596.12
2012	4019.31	523.27	261.12	24.60	237.56	951.90	2544.14
2013	4036.45	554.44	249.67	20.92	283.85	1018.02	2463.99
2014	4044.13	552.81	245.28	19.53	288.00	1114.06	2377.26
2015	3980.30	534.77	229.95	16.14	288.68	1156.56	2288.97
2016	3920.41	523.97	228.35	16.78	278.84	1209.58	2186.86
2017	3817.22	520.37	219.75	14.83	285.79	1272.86	2023.99
2018	3738.58	496.78	219.21	11.10	266.47	1367.07	1874.73
2019	3666.48	541.95	229.67	11.90	300.38	1398.99	1725.54
2020	3280.00	554.24	239.87	12.41	301.96	1316.76	1409.00
2021	3258.00	559.35	236.28	11.62	311.45	1337.65	1361.00

4-2 按三次产业分年末从业人员

Number of Employed Person at Year-end by Three Strata of Industry

年份 Year	从业人员人数（万人） Number of Employed Person (10 000 persons)	第一产业 Primary Industry	第二产业 Secondary Industry	第三产业 Tertiary Industry	构成（以合计为 100） Composition in Percentage (total=100)	第一产业 Primary Industry	第二产业 Secondary Industry	第三产业 Tertiary Industry
1950	1107.76	980.83	54.86	72.07	100.0	88.5	5.0	6.5
1951	1147.20	1001.38	64.12	81.70	100.0	87.3	5.6	7.1
1952	1188.76	989.38	76.72	122.66	100.0	83.2	6.5	10.3
1953	1213.15	1014.03	90.34	108.78	100.0	83.6	7.5	9.0
1954	1223.84	982.69	89.39	151.76	100.0	80.3	7.3	12.4
1955	1250.49	1061.22	74.72	114.55	100.0	84.9	6.0	9.2
1956	1271.31	1055.72	101.21	114.38	100.0	83.0	8.0	9.0
1957	1353.51	1134.13	93.05	126.33	100.0	83.8	6.9	9.3
1958	1461.08	898.17	251.10	311.81	100.0	61.5	17.2	21.3
1959	1466.09	861.58	258.27	346.24	100.0	58.8	17.6	23.6
1960	1508.04	1023.93	199.05	285.06	100.0	67.9	13.2	18.9
1961	1302.48	1053.45	128.89	120.14	100.0	80.9	9.9	9.2
1962	1401.22	1180.33	98.04	122.85	100.0	84.2	7.0	8.8
1963	1443.01	1222.67	111.47	108.87	100.0	84.7	7.7	7.5
1964	1508.43	1274.86	116.73	116.84	100.0	84.5	7.7	7.8
1965	1551.93	1305.83	124.66	121.44	100.0	84.1	8.0	7.8
1966	1607.49	1355.48	129.72	122.29	100.0	84.3	8.1	7.6
1967	1668.06	1405.14	135.05	127.87	100.0	84.2	8.1	7.7
1968	1728.41	1456.39	140.79	131.23	100.0	84.3	8.2	7.6
1969	1795.01	1511.41	151.70	131.90	100.0	84.2	8.5	7.4
1970	1880.85	1564.21	179.69	136.95	100.0	83.2	9.6	7.3
1971	1975.89	1624.30	206.63	144.96	100.0	82.2	10.5	7.3
1972	2056.50	1683.60	227.31	145.59	100.0	81.9	11.1	7.1
1973	2089.11	1718.66	226.17	144.28	100.0	82.3	10.8	6.9
1974	2117.00	1732.28	236.13	148.59	100.0	81.8	11.2	7.0
1975	2152.00	1742.28	257.39	152.33	100.0	81.0	12.0	7.1
1976	2183.24	1759.48	266.42	157.34	100.0	80.6	12.2	7.2
1977	2216.19	1775.31	273.17	167.71	100.0	80.1	12.3	7.6
1978	2280.05	1788.17	305.37	186.51	100.0	78.4	13.4	8.2
1979	2328.12	1798.27	325.70	204.15	100.0	77.2	14.0	8.8
1980	2399.95	1846.46	339.06	214.43	100.0	77.0	14.1	8.9
1981	2449.46	1887.54	339.52	222.40	100.0	77.0	13.9	9.1
1982	2541.05	1955.49	350.79	234.77	100.0	77.0	13.8	9.2
1983	2594.37	1966.48	361.77	266.12	100.0	75.8	13.9	10.3
1984	2672.86	1971.93	414.00	286.93	100.0	73.8	15.5	10.7
1985	2728.71	1946.85	458.68	323.18	100.0	71.4	16.8	11.8

注：从 2020 年起，全省从业人员人数及分三次产业从业人员人数由国家统计局根据劳动力抽样调查资料统一测算。

Starting from 2020, the number of employees in the province and the number of employees in three industries will be uniformly calculated by the National Bureau of Statistics based on the sample labor force survey data.

4-2 续表 Continued

年份 Year	从业人员人数（万人） Number of Employed Person (10 000 persons)	第一产业 Primary Industry	第二产业 Secondary Industry	第三产业 Tertiary Industry	构成（以合计为 100） Composition in Percentage (total=100)	第一产业 Primary Industry	第二产业 Secondary Industry	第三产业 Tertiary Industry
1986	2808.87	1969.64	494.51	344.72	100.0	70.1	17.6	12.3
1987	2904.10	2011.35	531.70	361.05	100.0	69.3	18.3	12.4
1988	2998.64	2050.72	550.38	397.54	100.0	68.4	18.4	13.2
1989	3091.37	2104.60	550.26	436.51	100.0	68.1	17.8	14.1
1990	3158.42	2176.70	553.83	427.89	100.0	68.9	17.5	13.6
1991	3222.43	2219.82	570.35	432.26	100.0	68.9	17.7	13.4
1992	3278.83	2213.42	613.57	451.84	100.0	67.5	18.7	13.8
1993	3345.61	2140.76	679.22	525.63	100.0	64.0	20.3	15.7
1994	3400.29	2076.14	731.01	593.14	100.0	61.1	21.5	17.4
1995	3467.31	2071.61	756.54	639.16	100.0	59.8	21.8	18.4
1996	3514.16	1994.90	810.38	708.88	100.0	56.8	23.0	20.2
1997	3560.29	1998.59	802.25	759.45	100.0	56.1	22.5	21.4
1998	3603.17	2002.51	822.49	778.17	100.0	55.6	22.8	21.6
1999	3601.39	2026.09	839.09	736.21	100.0	56.3	23.3	20.4
2000	3577.58	2120.98	840.52	616.08	100.0	59.3	23.5	17.2
2001	3607.96	2078.36	748.90	780.70	100.0	57.6	20.8	21.6
2002	3644.52	2034.04	757.26	853.22	100.0	55.8	20.8	23.4
2003	3694.78	1961.93	790.68	942.17	100.0	53.1	21.4	25.5
2004	3747.10	1885.06	804.91	1057.13	100.0	50.3	21.5	28.2
2005	3801.48	1846.90	818.10	1136.48	100.0	48.6	21.5	29.9
2006	3842.17	1790.46	829.92	1221.79	100.0	46.6	21.6	31.8
2007	3883.41	1743.65	854.35	1285.41	100.0	44.9	22.0	33.1
2008	3910.06	1720.44	875.84	1313.78	100.0	44.0	22.4	33.6
2009	3935.21	1693.05	896.57	1345.59	100.0	43.0	22.8	34.2
2010	3982.73	1690.03	915.43	1377.27	100.0	42.4	23.0	34.6
2011	4005.03	1679.94	932.62	1392.47	100.0	41.9	23.3	34.8
2012	4019.31	1668.99	948.78	1401.54	100.0	41.5	23.6	34.9
2013	4036.45	1656.01	964.54	1415.90	100.0	41.0	23.9	35.1
2014	4044.13	1651.37	957.77	1434.99	100.0	40.8	23.7	35.5
2015	3980.30	1618.71	935.84	1425.75	100.0	40.7	23.5	35.8
2016	3920.41	1587.32	912.16	1420.93	100.0	40.5	23.3	36.2
2017	3817.22	1515.16	871.17	1430.89	100.0	39.7	22.8	37.5
2018	3738.58	1462.38	836.44	1439.76	100.0	39.1	22.4	38.5
2019	3666.48	1409.24	810.04	1447.20	100.0	38.4	22.1	39.5
2020	3280.00	836.00	884.00	1560.00	100.0	25.5	26.9	47.6
2021	3258.00	801.00	893.00	1564.00	100.0	24.6	27.4	48.0

4-3 年末城镇从业人员

Number of Employed Person in Urban Areas at the Year-end

年份 Year	城镇从业人员合计（万人） Number of Employed Person in Urban Areas (10 000 persons)	国有经济 State-owned Economic	城镇集体经济 Urban Collective-owned Economic	其他经济 Economic Units of Other Types	内资经济 Domestic Funded Economic	港澳台投资经济 Economy With Funded From H.K,Macao and Taiwan	外商投资经济 Economic With Funded Foreign	城镇私营经济 Urban Private Economic	城镇其他从业人员 Employees in Other Urban
1978	364.13								
1979	388.48								
1980	410.97								
1981	430.31								
1982	446.69								
1983	457.53								
1984	473.89								
1985	491.34								
1986	511.23								
1987	539.94								
1988	560.95								
1989	567.07								
1990	582.97								
1991	599.59								
1992	619.67								
1993	669.86								
1994	714.75								
1995	749.93	482.68	120.83	12.56	6.62	2.73	3.21	17.60	116.26
1996	781.81	487.94	116.61	11.05	5.12	2.59	3.34	22.80	143.41
1997	815.96	486.58	113.19	15.83	9.23	2.96	3.64	26.94	173.42
1998	830.58	472.37	103.56	32.19	25.21	3.20	3.78	36.89	185.57
1999	817.39	474.23	98.95	33.92	27.54	3.19	3.19	34.52	175.77
2000	745.54	467.98	92.99	36.04	29.81	3.07	3.16	33.54	114.99
2001	751.26	419.71	73.62	58.17	52.35	3.15	2.67	44.43	155.33
2002	774.20	410.13	68.73	63.47	56.88	3.51	3.08	65.63	166.24
2003	858.42	395.39	59.65	67.45	60.04	3.50	3.90	87.56	248.38
2004	954.43	370.64	52.86	73.75	65.62	4.31	3.82	143.11	314.07
2005	1024.72	306.70	43.43	126.76	111.93	8.29	6.54	165.80	382.03
2006	1079.76	302.73	40.96	132.78	116.28	8.50	8.00	214.19	389.10
2007	1121.34	294.47	40.63	150.30	131.93	9.13	9.24	223.33	412.61
2008	1148.21	291.65	37.73	164.26	144.57	9.90	9.79	218.99	435.58
2009	1175.27	283.50	32.48	194.13	170.51	11.02	12.60	227.67	437.49
2010	1229.48	287.13	33.24	210.63	186.38	11.91	12.34	234.04	464.44
2011	1408.91	275.01	27.84	248.58	218.97	16.16	13.45	260.62	596.86
2012	1475.17	282.57	27.46	257.45	225.47	18.64	13.34	291.65	616.03
2013	1572.46	265.99	23.69	311.47	274.36	21.64	15.47	311.84	659.47
2014	1666.87	261.52	22.07	314.31	277.58	22.04	14.69	334.81	734.16
2015	1691.33	244.57	18.53	316.04	281.97	20.29	13.78	364.53	747.66
2016	1733.55	242.25	19.24	306.92	269.67	23.57	13.68	385.30	779.84
2017	1793.23	232.85	17.19	315.70	275.93	26.17	13.60	406.29	821.20
2018	1863.85	232.11	13.28	300.89	265.77	21.70	13.42	423.12	894.45
2019	1940.94	243.31	14.02	339.37	302.94	23.66	12.77	439.02	905.22
2020	1871.00	251.96	14.21	338.75	300.28	24.70	13.77	493.46	772.62
2021	1897.00	247.46	13.20	345.30	304.09	27.54	13.67	483.82	807.22

4-4 年末城镇非私营单位按行业分组的女性从业人员（2021年）
Number of Female Employees in Urban Non-private Units at the Year-end by Sector (2021)

单位：万人 (10 000 persons)

行 业	Item	女性从业人员 Number of Female Employees	国有经济 State-owned Economic Units	城镇集体 Urban Collective-owned Economic Units	其他经济 Economic Units of Other Types
总计	**Total**	**238.00**	**112.37**	**4.10**	**121.53**
农、林、牧、渔业	Agriculture, Forestry, Farming of Animals and Fishing	0.50	0.23	0.01	0.26
采矿业	Mining	0.55		0.02	0.53
制造业	Manufacturing	36.07	0.89	0.39	34.79
电力、热力、燃气及水生产和供应业	Production and Distribution of Electricity, Heat, Gas and Water	3.92	2.16	0.10	1.67
建筑业	Construction	11.65	0.49	0.80	10.36
批发和零售业	Wholesale and Retail Trade	12.58	0.72	0.13	11.73
交通运输、仓储和邮政业	Information Transfer,Computer Services and Software	6.83	0.80	0.09	5.94
住宿和餐饮业	Hotels and Catering Services	3.94	0.28	0.05	3.62
信息传输、软件和信息技术服务业	Information Transfer, Software and Information technology Services	3.38	0.32		3.06
金融业	Finance	17.62	1.55		16.06
房地产业	Real Estate Trade	6.58	0.17	0.07	6.34
租赁和商务服务业	Tenancy and Business Services	5.96	0.77	0.09	5.09
科学研究和技术服务业	Scientific Research and Technical Services	4.05	1.79	0.03	2.23
水利、环境和公共设施管理业	Management of Water Conservancy, Environment and Public Establishment	3.69	2.49	0.02	1.18
居民服务、修理和其他服务业	Resident Services , Repair and Other Services	1.08	0.17	0.01	0.90
教育	Education	57.68	44.66	0.81	12.21
卫生和社会工作	Sanitation and Social Work	32.88	27.95	1.37	3.55
文化、体育和娱乐业	Culture,Sports and Entertainment	2.92	1.41	0.02	1.49
公共管理、社会保障和社会组织	Public Management, Social Security and Social Organization	26.12	25.52	0.09	0.51

4-5 城镇非私营单位分行业年末在岗职工(2021年)
Employed Employees in Urban Non-private Units in Different Industries at the Year-end (2021)

单位：万人 (10 000 persons)

行 业	Item	全部在岗职工 Number of Staff and Workers on the Job	国有经济 State-owned Economic	城镇集体 Urban Collective-owned Economic
总计	**Total**	**559.35**	**236.28**	**11.62**
农、林、牧、渔业	**Agriculture, Forestry, Farming of Animals and Fishing**	**1.63**	**0.91**	**0.06**
农业	Agriculture	0.28	0.07	0.01
林业	Forestry	0.46	0.39	0.03
畜牧业	Farming of Animals	0.27	0.01	
渔业	Fishing	0.06	0.03	0.01
农、林、牧、渔专业及辅助性活动	Agriculture, Forestry, Animal Husbandry, Fishery and Auxiliary Activities	0.56	0.42	0.01
采矿业	**Mining**	**4.15**	**0.02**	**0.20**
煤炭开采和洗选业	Mining and Washing of Coal	1.93		0.08
石油和天然气开采业	Petroleum and Natural Gas Extraction			
黑色金属矿采选业	Mining of Ferrous Metal Ores	0.07		0.01
有色金属矿采选业	Mining of Non-ferrous Metal Ores	1.45	0.01	0.01
非金属矿采选业	Mining and Processing of Nonmetal Ores	0.70	0.01	0.11
开采专业及辅助性活动	Professional and Support Activities for Mining			
其他采矿业	Mining of Other Mineral	0.01		
制造业	**Manufacturing**	**99.00**	**2.78**	**1.04**
农副食品加工业	Processing of Food from Agricultural Products	5.33	0.10	0.05
食品制造业	Manufacture of Foods	2.58	0.02	
酒、饮料和精制茶制造业	Manufacture of Beverage, Drink and Tea	1.86	0.02	0.01
烟草制品业	Manufacture of Tobacco	1.11	0.86	
纺织业	Manufacture of Textile	1.22	0.02	0.01
纺织服装、服饰业	Manufacture of Textile Wearing Apparel	1.05		0.01
皮革、毛皮、羽毛及其制品和制鞋业	Leather,Fur,Feather and Its Products and Footwear Products	4.41		
木材加工和木、竹、藤、棕、草制品业	Processing of Timbers, Manufacture of Wood, Bamboo, Rattan,Palm and Straw Products	0.77	0.01	0.02
家具制造业	Manufacture of Furniture	0.29		
造纸和纸制品业	Manufacture of Paper and Paper Products	1.03		0.05
印刷和记录媒介复制业	Printing,Reproduction of Recording Media	1.08	0.01	0.14
文教、工美、体育和娱乐用品制造业	Manufacture of Articles for Culture,Education and Sport Activity	1.38		
石油、煤炭及其他燃料加工业	Processing of Petroleum, Coal and Other Fuels	1.12	0.57	
化学原料和化学制品制造业	Manufacture of Chemical Raw Material and Chemical Products	4.34	0.04	0.27
医药制造业	Manufacture of Medicines	3.19		0.05
化学纤维制造业	Manufacture of Chemical Fiber	0.23		
橡胶和塑料制品业	Manufacture of Rubber and plastic	1.34	0.03	0.04
非金属矿物制品业	Manufacture of Non-metallic Mineral Products	8.36	0.09	0.13
黑色金属冶炼和压延加工业	Manufacture and Processing of Ferrous Metals	3.09	0.05	
有色金属冶炼和压延加工业	Manufacture and Processing of Non-ferrous Metals	3.52	0.33	0.03
金属制品业	Manufacture of Metal Products	2.94	0.03	0.02

4-5 续表 1 Continued

单位：万人 (10 000 persons)

行 业	Item	全部在岗职工 Number of Staff and Workers on the Job	国有经济 State-owned Economic	城镇集体 Urban Collective-owned Economic
通用设备制造业	Manufacture of General Purpose Machinery	5.23	0.02	0.06
专用设备制造业	Manufacture of Special Purpose Machinery	4.39	0.10	0.02
汽车制造业	Automobile Industry	8.17	0.02	
铁路、船舶、航空航天和其他运输设备制造业	Manufacture of Railway,Marine,Aerospace and Other Transport Equipment	4.09	0.02	0.01
电气机械和器材制造业	Manufacture of Electrical Machinery and Equipment	5.11	0.22	0.03
计算机、通信和其他电子设备制造业	Manufacture of Communication Equipment, Computer and Other Electronic Equipment	20.17	0.17	
仪器仪表制造业	Manufacture of Measuring Instrument	0.70		0.01
其他制造业	Other Manufacture	0.28	0.02	
废弃资源综合利用业	Utilization of Waste Resources	0.39		0.01
金属制品、机械和设备修理业	Mental Products,Machine and Equipment Repair	0.24		0.06
电力、热力、燃气及水生产和供应业	**Production and Distribution of Electricity, Gas and Water**	**14.96**	**8.96**	**0.33**
电力、热力生产和供应业	Production and Supply of Electric Power and Heat Power	11.22	7.61	0.20
燃气生产和供应业	Production and Distribution of Gas	0.72	0.03	
水的生产和供应业	Production and Distribution of Water	3.02	1.33	0.13
建筑业	**Construction**	**81.86**	**3.50**	**5.28**
房屋建筑业	Construction of Building	59.88	1.60	5.18
土木工程建筑业	Construction of Civil Engineering	17.23	1.73	0.03
建筑安装业	Architectural Installation	3.51	0.09	0.07
建筑装饰和其他建筑业	Architectural Decoration and Other Construction	1.24	0.09	
批发和零售业	**Wholesale and Retail Trade**	**22.10**	**2.12**	**0.31**
批发业	Wholesale	6.71	1.62	0.08
零售业	Retail Trade	15.39	0.50	0.24
交通运输、仓储和邮政业	**Traffic,Transport,Storage and Post**	**24.27**	**2.62**	**0.37**
铁路运输业	Transport Via Railway	7.37		
道路运输业	Transport Via Road	11.50	1.97	0.24
水上运输业	Water Transport	0.29	0.04	0.02
航空运输业	Air Transport	0.81	0.06	
管道运输业	Pipeline Transportation Industry	0.06		
装卸搬运和运输代理业	Loading,Unloading,Portage and Other Transport Services	0.20		
仓储业	Storage	1.51	0.21	0.11
邮政业	Post	2.54	0.33	
住宿和餐饮业	**Hotels and Catering Services**	**6.03**	**0.45**	**0.07**
住宿业	Accommodation	2.73	0.39	0.06
餐饮业	Restaurants	3.30	0.06	0.01
信息传输、软件和信息技术服务业	**Information Transfer,Software and Information Technology Service**	**8.64**	**0.83**	**0.01**
电信、广播电视和卫星传输服务	Telecom, Broadcasting and Satellite Transmission Service	5.07	0.67	0.01
互联网和相关服务	The Internet and Related Services	0.93	0.02	
软件和信息技术服务业	Software and Information Technology Service	2.64	0.15	

4-5 续表 2 Continued

单位：万人 (10 000 persons)

行 业	Item	全部在岗职工 Number of Staff and Workers on the Job	国有经济 State-owned Economic	城镇集体 Urban Collective-owned Economic
金融业	**Finance**	**18.61**	**2.97**	
货币金融服务	Monetary and Financial Services	12.10	2.65	
资本市场服务	Capital Markets Services	1.56	0.01	
保险业	Insurance	4.82	0.27	
其他金融业	Other Financial Activities	0.13	0.04	
房地产业	**Real Estate**	**14.98**	**0.43**	**0.14**
租赁和商务服务业	**Tenancy and Business Services**	**14.21**	**2.20**	**0.20**
租赁业	Tenancy	0.21	0.02	
商务服务业	Business Service	14.00	2.18	0.20
科学研究和技术服务业	**Scientific Research,Technical Service**	**12.75**	**5.39**	**0.10**
研究和试验发展	Research and Experimental Development	1.37	0.70	0.02
专业技术服务业	Professional Technique Services	9.05	3.99	0.07
科技推广和应用服务业	Services of S&T Intercommunion and Generalization	2.33	0.70	0.01
水利、环境和公共设施管理业	**Management of Water Conservancy,Environment and Public Establishment**	**8.64**	**5.89**	**0.09**
水利管理业	Management of Water Conservancy	1.43	1.30	0.05
生态保护和环境治理业	Environmental Management	0.88	0.45	0.01
公共设施管理业	Management of Public Establishment	5.71	4.04	0.03
土地管理业	Land Management	0.62	0.09	
居民服务、修理和其他服务业	**Resident Services and Other Services**	**2.63**	**0.38**	**0.03**
居民服务业	Resident Services	1.94	0.23	0.02
机动车、电子产品和日用产品修理业	Motor,Electronic Products and Daily Products Repair Service	0.13	0.01	0.01
其他服务业	Other Services	0.56	0.15	
教育	**Education**	**87.07**	**69.96**	**1.19**
卫生和社会工作	**Health and Social Work**	**46.22**	**39.39**	**1.90**
卫生	Health	44.41	38.43	1.82
社会工作	Social Work	1.81	0.96	0.08
文化、体育和娱乐业	**Culture, Sports and Entertainment**	**5.81**	**2.99**	**0.04**
新闻和出版业	Journalism and Publishing Activities	0.79	0.44	
广播、电视、电影和影视录音制作业	Broadcasting,Movies,Television and Audiovisual Activities	1.79	1.02	0.01
文化艺术业	Culture and Art	1.83	1.21	0.03
体育	Sports Activities	0.40	0.19	
娱乐业	Entertainment	0.99	0.13	
公共管理、社会保障和社会组织	**Public Management and Social Organization**	**85.79**	**84.49**	**0.23**
中国共产党机关	Organ of Communist Party of China	4.44	4.44	
国家机构	Organ of State	78.47	78.12	0.18
人民政协、民主党派	People's Political Consultative Conference and Democratic Party	0.52	0.52	
社会保障	Social Insurance	0.84	0.84	
群众团体、社会团体和其他成员组织	Mass Community,Social Community and Religion Organizations	1.53	0.58	0.04

4-6 城镇非私营单位在岗职工工资总额及年平均工资

Total Wages and Average Annual Wage of Employed Staff and Workers in Urban Non-private Units

年份 Year	在岗职工工资总额（亿元） Total Wages of Staff and Workers on the Job (100 million yuan)	国有经济 State-owned Economic	城镇集体经济 Urban Collective-owned Economic	其他经济 Economic Units of Other Types	在岗职工年平均工资（元） Average Annual Wages of Staff and Workers on the Job (yuan)	国有经济 State-owned Economic	城镇集体经济 Urban Collective-owned Economic	其他经济 Economic Units of Other Types
1978	20.33	16.29	4.04		563	589	474	
1979	23.39	18.50	4.89		628	644	580	
1980	28.73	23.09	5.64		718	746	625	
1981	30.09	24.17	5.92		725	748	643	
1982	32.46	26.13	6.33		750	772	670	
1983	34.48	27.71	6.77		780	803	700	
1984	41.69	32.28	9.41		922	965	800	
1985	49.30	38.36	10.93	0.01	1059	1111	912	1270
1986	58.80	45.97	12.81	0.02	1220	1281	1043	1078
1987	70.14	55.16	14.94	0.04	1400	1470	1190	1483
1988	87.38	69.78	17.54	0.06	1688	1777	1407	1966
1989	96.78	78.66	18.02	0.10	1836	1945	1475	2125
1990	108.97	88.92	19.91	0.14	2014	2141	1593	2089
1991	119.67	97.57	21.91	0.19	2152	2278	1727	2361
1992	143.69	118.37	24.96	0.36	2526	2686	1966	2852
1993	181.84	148.64	29.51	3.69	3142	3324	2379	4970
1994	238.22	198.56	34.76	4.90	4104	4388	2910	5762
1995	282.05	233.48	41.12	7.45	4797	5082	3525	6259
1996	299.57	251.74	41.59	6.24	5100	5412	3724	5897
1997	314.91	265.53	40.70	8.68	5326	5683	3736	5733
1998	323.76	269.17	35.94	18.65	5473	5849	3585	5994
1999	349.06	293.70	34.55	20.81	5939	6385	3627	6403
2000	377.19	318.62	34.21	24.36	6515	6999	3800	7217
2001	407.58	335.75	29.00	42.83	7698	8295	4146	7825
2002	458.53	374.41	30.05	54.07	8734	9403	4522	8958
2003	494.42	400.01	29.04	65.37	9855	10484	5108	10327
2004	543.76	432.98	31.20	79.58	11463	12173	6228	11602
2005	616.86	426.50	33.17	157.19	13718	14521	8355	13522
2006	715.23	488.02	36.31	190.90	16031	16898	9792	15874
2007	898.65	600.05	47.05	251.55	19711	21173	12921	18482
2008	1057.07	688.10	53.73	315.24	23082	24939	15529	21379
2009	1225.42	755.58	51.98	417.86	26008	28202	17867	23994
2010	1434.62	845.54	60.02	529.06	29275	31343	20221	27757
2011	1797.05	942.06	65.43	789.52	35520	36654	27034	35139
2012	2076.46	1080.35	72.93	923.18	40028	41628	30204	39270
2013	2407.62	1127.78	69.09	1210.75	43893	45342	33919	43330
2014	2665.89	1219.28	72.94	1373.67	48525	49784	37487	48196
2015	2866.49	1311.08	65.53	1489.88	53889	57308	41324	51860
2016	3111.00	1506.02	69.86	1535.12	60160	66349	42684	56073
2017	3375.91	1648.07	65.67	1662.17	65994	75394	45651	59668
2018	3606.06	1816.46	54.80	1734.80	73300	83190	51122	65991
2019	4137.22	1990.73	63.89	2082.60	77563	87187	54756	70981
2020	4501.49	2222.08	70.23	2209.18	82356	93196	57941	74625
2021	4884.98	2342.30	67.95	2474.73	88874	99706	61259	81503

注：从 2011 年起，“职工工资总额”及“职工年平均工资”指标更改为“在岗职工工资总额”及“在岗职工年平均工资”指标。

Form 2011, index of "Wages of Saff and Workers"and "Average Annual Wages of Staff and Workers" changed into"Wages of Saff and Workers on the Job"and "Average Annual Wages of Staff and Workers on the Jobs".

 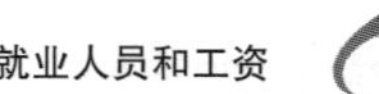

4-7 城镇非私营单位分行业在岗职工工资总额(2021年)

Total Wages of Employed Staff and Workers in Urban Non-private Units by Sector (2021)

单位：万元 (10 000 yuan)

行 业	Item	全部在岗职工 Number of Staff and Workers on the Job	国有经济 State-owned Economic	城镇集体 Urban Collective-owned Economic
总计	**Total**	**48849826**	**23422981**	**679518**
农、林、牧、渔业	**Agriculture, Forestry, Farming of Animals and Fishing**	**98474**	**60973**	**2436**
农业	Agriculture	13818	4724	190
林业	Forestry	25559	23180	1099
畜牧业	Farming of Animals	16118	528	29
渔业	Fishing	3579	2434	277
农、林、牧、渔专业及辅助性活动	Agriculture, Forestry, Animal Husbandry, Fishery and Auxiliary Activities	38399	30107	842
采矿业	**Mining**	**286912**	**1019**	**14344**
煤炭开采和洗选业	Mining and Washing of Coal	124680	52	7055
石油和天然气开采业	Petroleum and Natural Gas Extraction			
黑色金属矿采选业	Mining of Ferrous Metal Ores	4419		300
有色金属矿采选业	Mining of Non-ferrous Metal Ores	114489	635	669
非金属矿采选业	Mining and Processing of Nonmetal Ores	42517	333	6319
开采专业及辅助性活动	Professional and Support Activities for Mining			
其他采矿业	Mining of Other Mineral	808		
制造业	**Manufacturing**	**7914571**	**444540**	**65256**
农副食品加工业	Processing of Food from Agricultural Products	311743	5379	1944
食品制造业	Manufacture of Foods	136326	1044	58
酒、饮料和精制茶制造业	Manufacture of Beverage, Drink and Tea	131555	941	317
烟草制品业	Manufacture of Tobacco	274117	250760	30
纺织业	Manufacture of Textile	60873	570	393
纺织服装、服饰业	Manufacture of Textile Wearing Apparel	51356	10	639
皮革、毛皮、羽毛及其制品和制鞋业	Leather,Fur,Feather and Its Products and Footwear	204167		
木材加工和木、竹、藤、棕、草制品业	Processing of Timbers, Manufacture of Wood, Bamboo, Rattan, Palm and Straw Products	37281	578	1091
家具制造业	Manufacture of Furniture	15214		
造纸和纸制品业	Manufacture of Paper and Paper Products	73948	159	2114
印刷和记录媒介复制业	Printing,Reproduction of Recording Media	81106	672	10710
文教、工美、体育和娱乐用品制造业	Manufacture of Articles for Culture,Education and Sport Activity	70337	228	213
石油、煤炭及其他燃料加工业	Processing of Petroleum, Coal and Other Fuels	163253	91743	
化学原料和化学制品制造业	Manufacture of Chemical Raw Material and Chemical Products	324443	3754	15223
医药制造业	Manufacture of Medicines	231788	240	2416
化学纤维制造业	Manufacture of Chemical Fiber	14382		
橡胶和塑料制品业	Manufacture of Rubber and Plastic	91903	2137	4142
非金属矿物制品业	Manufacture of Non-metallic Mineral Products	582900	3340	6225
黑色金属冶炼和压延加工业	Manufacture and Processing of Ferrous Metals	375403	2537	
有色金属冶炼和压延加工业	Manufacture and Processing of Non-ferrous Metals	264865	29689	2085
金属制品业	Manufacture of Metal Products	214577	3078	860

4-7 续表 1 Continued

单位：万元 (10 000 yuan)

行 业	Item	全部在岗职工 Number of Staff and Workers on the Job	国有经济 State-owned Economic	城镇集体 Urban Collective-owned Economic
通用设备制造业	Manufacture of General Purpose Machinery	533992	870	4341
专用设备制造业	Manufacture of Special Purpose Machinery	466671	11591	1155
汽车制造业	Automobile Industry	608946	1025	
铁路、船舶、航空航天和其他运输设备制造业	Manufacture of Railway,Marine,Aerospace and Other Transport Equipment	570329	3172	1377
电气机械和器材制造业	Manufacture of Electrical Machinery and Equipment	390640	13189	1969
计算机、通信和其他电子设备制造业	Manufacture of Communication Equipment, Computer and Other Electronic Equipment	1502878	16252	
仪器仪表制造业	Manufacture of Measuring Instrument	59141		199
其他制造业	Other Manufacture	16619	1256	
废弃资源综合利用业	Utilization of Waste Resources	31321	211	927
金属制品、机械和设备修理业	Mental Products,Machine and Equipment Repair	22496	115	6830
电力、热力、燃气及水生产和供应业	**Production and Distribution of Electricity,Gas and Water**	**1609198**	**1012761**	**15991**
电力、热力生产和供应业	Production and Supply of Electric Power and Heat Power	1301247	907668	8947
燃气生产和供应业	Production and Distribution of Gas	61998	2819	
水的生产和供应业	Production and Distribution of Water	245954	102274	7043
建筑业	**Construction**	**4946914**	**176047**	**236846**
房屋建筑业	Construction of Building	3333236	71080	231403
土木工程建筑业	Construction of Civil Engineering	1287709	97403	1529
建筑安装业	Architectural Installation	241655	4398	3903
建筑装饰和其他建筑业	Architectural Decoration and Other Construction	84314	3167	12
批发和零售业	**Wholesale and Retail Trade**	**1572187**	**317583**	**12281**
批发业	Wholesale	719101	289839	4248
零售业	Retail Trade	853086	27744	8032
交通运输、仓储和邮政业	**Traffic,Transport,Storage and Post**	**2353147**	**212428**	**14523**
铁路运输业	Transport Via Railway	992243		
道路运输业	Transport Via Road	806876	139907	7859
水上运输业	Water Transport	24221	3535	961
航空运输业	Air Transport	115717	10675	
管道运输业	Pipeline Transportation Industry	6309		
装卸搬运和运输代理业	Loading,Unloading,Portage and Other Transport Services	16934	35	118
仓储业	Storage	105575	15405	5585
邮政业	Post	285272	42872	
住宿和餐饮业	**Hotels and Catering Services**	**266792**	**21065**	**3632**
住宿业	Accommodation	132012	17766	3276
餐饮业	Restaurants	134780	3299	356
信息传输、软件和信息技术服务业	**Information Transfer,Software and Information Technology Service**	**1019801**	**75403**	**791**
电信、广播电视和卫星传输服务	Telecom, Broadcasting and Satellite Transmission Service	597697	57607	791
互联网和相关服务	The Internet and Related Services	95893	1521	
软件和信息技术服务业	Software and Information Technology Service	326212	16275	

4-7 续表 2 Continued

单位：万元 (10 000 yuan)

行 业	Item	全部在岗职工 Number of Staff and Workers on the Job	国有经济 State-owned Economic	城镇集体 Urban Collective-owned Economic
金融业	**Finance**	**3020880**	**455521**	**238**
货币金融服务	Monetary and Financial Services	2061136	422546	238
资本市场服务	Capital Markets Services	445707	965	
保险业	Insurance	491700	24826	
其他金融业	Other Financial Activities	22336	7184	
房地产业	**Real Estate**	**1185521**	**35558**	**9857**
租赁和商务服务业	**Tenancy and Business Services**	**1041934**	**175843**	**9907**
租赁业	Tenancy	11153	1107	131
商务服务业	Business Service	1030781	174736	9776
科学研究和技术服务业	**Scientific Research,Technical Service&Geologic Perambulation**	**1401053**	**583089**	**8277**
研究和试验发展	Research and Experimental Development	181405	89007	1743
专业技术服务业	Professional Technique Services	1073124	433523	6032
科技推广和应用服务业	Services of S&T Intercommunion and Generalization	146524	60560	502
水利、环境和公共设施管理业	**Management of Water Conservancy, Environment and Public Establishment**	**552870**	**376328**	**7163**
水利管理业	Management of Water Conservancy	99731	91205	3240
生态保护和环境治理业	Environmental Management	55389	33538	1141
公共设施管理业	Management of Public Establishment	331380	243238	2783
土地管理业	Land Management	66370	8347	
居民服务、修理和其他服务业	**Resident Services and Other Services**	**205897**	**29092**	**1685**
居民服务业	Resident Services	170406	17912	983
机动车、电子产品和日用产品修理业	Motor, Electronic Products and Daily Products Repair Service	8038	620	675
其他服务业	Other Services	27453	10560	27
教育	**Education**	**7527073**	**6580066**	**103501**
卫生和社会工作	**Health and Social Work**	**5440622**	**4917031**	**151965**
卫生	Health	5326602	4842866	148459
社会工作	Social Work	114020	74165	3506
文化、体育和娱乐业	**Culture, Sports and Entertainment**	**665171**	**353617**	**2414**
新闻和出版业	Journalism and Publishing Activities	112941	53983	36
广播、电视、电影和影视录音制作业	Broadcasting, Movies, Television and Audiovisual Activities	329037	175274	774
文化艺术业	Culture and Art	130785	95509	1588
体育	Sports Activities	30987	19676	
娱乐业	Entertainment	61421	9175	16
公共管理、社会保障和社会组织	**Public Management and Social Organization**	**7740808**	**7595017**	**18412**
中国共产党机关	Organ of Communist Party of China	417554	417205	349
国家机构	Organ of State	7044203	7018905	13524
人民政协、民主党派	People's Political Consultative Conference and Democratic Party	50840	50840	
社会保障	Social Insurance	62062	61949	
群众团体、社会团体和其他成员组织	Mass Community,Social Community and Religion Organizations	166149	46119	4539

4-8 城镇非私营单位分行业在岗职工年平均工资(2021年)
Average Annual Wage of Employed Staff and Workers in Urban Non-private Units by Sector (2021)

单位：元 (yuan)

行 业	Item	全部在岗职工 Number of Staff and Workers on the Job	国有经济 State-owned Economic	城镇集体 Urban Collective-owned Economic
总计	**Total**	**88874**	**99706**	**61259**
农、林、牧、渔业	**Agriculture, Forestry, Farming of Animals and Fishing**	**60047**	**67025**	**40617**
农业	Agriculture	49291	71311	32713
林业	Forestry	57277	60481	32425
畜牧业	Farming of Animals	59099	57391	40714
渔业	Fishing	60419	73385	47915
农、林、牧、渔专业及辅助性活动	Agriculture, Forestry, Animal Husbandry, Fishery and Auxiliary Activities	68091	72055	61000
采矿业	**Mining**	**69874**	**64101**	**69161**
煤炭开采和洗选业	Mining and Washing of Coal	65189	43250	86145
石油和天然气开采业	Petroleum and Natural Gas Extraction			
黑色金属矿采选业	Mining of Ferrous Metal Ores	67256		54600
有色金属矿采选业	Mining of Non-ferrous Metal Ores	80247	73791	55306
非金属矿采选业	Mining and Processing of Nonmetal Ores	61406	54541	58564
开采专业及辅助性活动	Professional and Support Activities for Mining			
其他采矿业	Mining of Other Mineral	92300		
制造业	**Manufacturing**	**82958**	**162445**	**64754**
农副食品加工业	Processing of Food from Agricultural Products	60332	53913	38113
食品制造业	Manufacture of Foods	55350	54385	48583
酒、饮料和精制茶制造业	Manufacture of Beverage，Drink and Tea	70557	36488	41750
烟草制品业	Manufacture of Tobacco	248475	291310	25333
纺织业	Manufacture of Textile	52037	66302	57721
纺织服装、服饰业	Manufacture of Textile Wearing Apparel	49940	20800	46956
皮革、毛皮、羽毛及其制品和制鞋业	Leather,Fur,Feather and Its Products and Footwear	48266		
木材加工和木、竹、藤、棕、草制品业	Processing of Timbers, Manufacture of Wood, Bamboo, Rattan, Palm and Straw Products	51072	45646	70831
家具制造业	Manufacture of Furniture	51610		
造纸和纸制品业	Manufacture of Paper and Paper Products	73811	61077	47610
印刷和记录媒介复制业	Printing,Reproduction of Recording Media	75870	51321	75168
文教、工美、体育和娱乐用品制造业	Manufacture of Articles for Culture, Education and Sport Activity	51846	73581	50738
石油、煤炭及其他燃料加工业	Processing of Petroleum, Coal and Other Fuels	145249	160867	
化学原料和化学制品制造业	Manufacture of Chemical Raw Material and Chemical Products	76946	85784	59828
医药制造业	Manufacture of Medicines	74343	114333	38966
化学纤维制造业	Manufacture of Chemical Fiber	64091		
橡胶和塑料制品业	Manufacture of Rubber and Plastic	70594	68288	102017
非金属矿物制品业	Manufacture of Non-metallic Mineral Products	71417	70985	56171
黑色金属冶炼和压延加工业	Manufacture and Processing of Ferrous Metals	121036	53515	
有色金属冶炼和压延加工业	Manufacture and Processing of Non-ferrous Metals	75082	89777	68592
金属制品业	Manufacture of Metal Products	74193	99595	55825

4-8 续表 1 Continued

单位：元 (yuan)

行 业	Item	全部在岗职工 Number of Staff and Workers on the Job	国有经济 State-owned Economic	城镇集体 Urban Collective-owned Economic
通用设备制造业	Manufacture of General Purpose Machinery	102650	44832	73359
专用设备制造业	Manufacture of Special Purpose Machinery	105854	113859	53702
汽车制造业	Automobile Industry	87262	78808	
铁路、船舶、航空航天和其他运输设备制造业	Manufacture of Railway, Marine, Aerospace and Other Transport Equipment	137616	133831	105521
电气机械和器材制造业	Manufacture of Electrical Machinery and Equipment	77801	61631	62118
计算机、通信和其他电子设备制造业	Manufacture of Communication Equipment,Computer and Other Electronic Equipment	79050	85988	
仪器仪表制造业	Manufacture of Measuring Instrument	93341		30677
其他制造业	Other Manufacture	62222	61544	
废弃资源综合利用业	Utilization of Waste Resources	81024	66031	101813
金属制品、机械和设备修理业	Mental Products,Machine and Equipment Repair	91422	48083	104753
电力、热力、燃气及水生产和供应业	**Production and Distribution of Electricity, Gas and Water**	**107517**	**112884**	**48766**
电力、热力生产和供应业	Production and Supply of Electric Power and Heat Power	116020	119100	45398
燃气生产和供应业	Production and Distribution of Gas	87058	115049	
水的生产和供应业	Production and Distribution of Water	80928	77123	53840
建筑业	**Construction**	**63503**	**51781**	**49695**
房屋建筑业	Construction of Building	58904	45433	49616
土木工程建筑业	Construction of Civil Engineering	76410	57998	47766
建筑安装业	Architectural Installation	74784	55667	55910
建筑装饰和其他建筑业	Architectural Decoration and Other Construction	68597	41178	39333
批发和零售业	**Wholesale and Retail Trade**	**72103**	**149591**	**39302**
批发业	Wholesale	108005	178177	55460
零售业	Retail Trade	56321	55900	34054
交通运输、仓储和邮政业	**Traffic, Transport, Storage and Post**	**97091**	**80794**	**37661**
铁路运输业	Transport Via Railway	134149		
道路运输业	Transport Via Road	69748	70423	32386
水上运输业	Water Transport	83950	90131	54513
航空运输业	Air Transport	144304	187938	
管道运输业	Pipeline Transportation Industry	108409		
装卸搬运和运输代理业	Loading,Unloading,Portage and Other Transport Services	84802	69200	73938
仓储业	Storage	75920	72652	45137
邮政业	Post	112639	128338	
住宿和餐饮业	**Hotels and Catering Services**	**45027**	**46582**	**52107**
住宿业	Accommodation	48116	45396	51759
餐饮业	Restaurants	42364	54214	55547
信息传输、软件和信息技术服务业	**Information Transfer,Software and Information Technology Service**	**119307**	**91221**	**58593**
电信、广播电视和卫星传输服务	Telecom, Broadcasting and Satellite Transmission Service	116246	86590	58593
互联网和相关服务	The Internet and Related Services	106772	67912	
软件和信息技术服务业	Software and Information Technology Service	130070	117160	

4-8 续表 2 Continued

单位：元 (yuan)

行业	Item	全部在岗职工 Number of Staff and Workers on the Job	国有经济 State-owned Economic	城镇集体 Urban Collective-owned Economic
金融业	**Finance**	**162306**	**153216**	**122154**
货币金融服务	Monetary and Financial Services	170283	158777	122154
资本市场服务	Capital Markets Services	287466	107267	
保险业	Insurance	101878	94074	
其他金融业	Other Financial Activities	170222	184684	
房地产业	**Real Estate**	**78185**	**82188**	**60005**
租赁和商务服务业	**Tenancy and Business Services**	**72469**	**80302**	**47690**
租赁业	Tenancy	55008	65100	56957
商务服务业	Business Service	72719	80421	47586
科学研究和技术服务业	**Scientific Research,Technical Service&Geologic Perambulation**	**111590**	**108450**	**78849**
研究和试验发展	Research and Experimental Development	134640	128695	84179
专业技术服务业	Professional Technique Services	120574	108749	79096
科技推广和应用服务业	Services of S&T Intercommunion and Generalization	63490	86702	62700
水利、环境和公共设施管理业	**Management of Water Conservancy, Environment and Public Establishment**	**64268**	**63312**	**76341**
水利管理业	Management of Water Conservancy	69731	70017	68081
生态保护和环境治理业	Environmental Management	67763	74303	79222
公共设施管理业	Management of Public Establishment	57807	59378	87380
土地管理业	Land Management	106625	89205	
居民服务、修理和其他服务业	**Resident Services and Other Services**	**79428**	**76252**	**55607**
居民服务业	Resident Services	90040	77856	65093
机动车、电子产品和日用产品修理业	Motor,Electronic Products and Daily Products Repair Service	57460	98365	46253
其他服务业	Other Services	49040	72750	44500
教育	**Education**	**87458**	**95007**	**88139**
卫生和社会工作	**Health and Social Work**	**118832**	**125916**	**80351**
卫生	Health	121089	127098	81943
社会工作	Social Work	63525	78360	44078
文化、体育和娱乐业	**Culture, Sports and Entertainment**	**115349**	**119387**	**54358**
新闻和出版业	Journalism and Publishing Activities	145612	123863	60000
广播、电视、电影和影视录音制作业	Broadcasting, Movies, Television and Audiovisual Activities	185428	172690	52264
文化艺术业	Culture and Art	71620	80062	55916
体育	Sports Activities	77388	105080	
娱乐业	Entertainment	62043	70050	26667
公共管理、社会保障和社会组织	**Public Management and Social Organization**	**90431**	**90108**	**80310**
中国共产党机关	Organ of Communist Party of China	94720	94733	81047
国家机构	Organ of State	89945	90024	73080
人民政协、民主党派	People's Political Consultative Conference and Democratic Party	101806	101806	
社会保障	Social Insurance	73243	73348	
群众团体、社会团体和其他成员组织	Mass Community, Social Community and Religion Organizations	108771	80443	113764

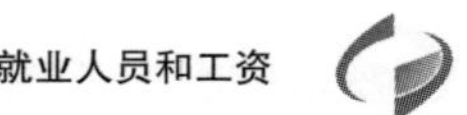

4–9 社会保险参保人员情况
Basic Indicators of Staff and Workers Participated in Social Security System

单位：万人 (10 000 persons)

年份 Year	养老保险参保人数 Person in Pension Insurance	机关事业单位 Agencies and Institutions	企 业 单 位 Enter–prises	离退休人 员 Lay–off Workers	城乡居民 Rural Residents	医疗保险参保人数 Person in Health Programs	城 镇 职 工 Urban Workers	城乡居民 Rural Residents	失业保险参保人数 Person in Unemploy–ment Programs	工伤保险参保人数 Person in Injury Insurance	生育保险参保人数 Person in Maternity Insurance
1999	419.46		314.36	105.10		35.00	35.00		345.60		
2000	568.07	133.24	323.33	111.50		127.30	127.30		346.48		
2001	603.41	140.79	314.62	148.00		351.60	351.60		351.99		
2002	616.36	145.48	313.18	157.70		398.13	398.13		326.61		3.37
2003	636.19	151.25	317.44	167.51		423.50	423.50		347.50	8.59	3.28
2004	691.70	152.50	353.80	185.40		476.97	476.97		380.46	203.33	212.92
2005	718.65	154.26	369.15	195.24		503.35	503.35		382.67	228.22	250.24
2006	751.65	155.63	386.14	209.88		560.47	560.47		386.30	280.1	308.53
2007	783.98	155.89	400.77	227.32		724.47	620.57	103.90	388.97	342.44	369.34
2008	829.06	157.13	436.59	235.34		1348.51	682.02	666.49	390.12	403.53	431.55
2009	879.07	157.47	475.46	246.14		1831.93	746.40	1085.53	392.01	472.08	502.43
2010	937.66	155.97	516.88	264.81		1894.47	777.32	1117.15	399.50	515.97	527.13
2011	988.19	156.14	554.15	277.90		1941.21	789.52	1151.70	429.70	635.48	538.77
2012	1048.08	156.40	591.22	300.46		2341.90	797.60	1544.30	449.90	693.83	546.00
2013	1091.73	156.55	605.67	329.51		2316.19	799.25	1516.94	461.66	731.15	535.96
2014	1118.89	156.82	613.03	349.04		2300.70	807.89	1492.81	509.50	747.97	537.59
2015	1160.06	156.57	634.50	368.99		2662.40	818.80	1843.60	521.00	777.98	544.00
2016	1204.00	154.00	662.00	388.00		2647.00	830.00	1817.00	538.00	773.00	543.00
2017	4595.23	170.36	685.00	417.86	3322.01	6906.27	867.15	6039.12	563.00	782.82	561.91
2018	4807.36	177.97	770.00	454.42	3404.97	6838.03	898.48	5939.55	584.00	793.00	571.81
2019	4971.42	182.18	889.67	485.98	3413.59	6716.52	930.62	5785.90	606.59	807.00	599.97
2020	5198.17	183.08	1039.02	502.66	3473.41	6731.82	989.77	5742.05	640.87	820.47	633.75
2021	5293.06	186.32	1141.42	521.77	3443.55	6748.66	1025.20	5723.46	687.42	853.76	652.77

主要统计指标解释

就业人员 指年满十六周岁，为取得报酬或经营利润，在调查周内从事了 1 小时（含 1 小时）以上劳动的人员；或由于在职学习、休假等原因在调查周内暂时未工作的人员；或由于停工、单位不景气等原因临时未工作的人员。

单位就业人员 指报告期末最后一日在本单位工作，并取得工资或其他形式劳动报酬的人员数。该指标为时点指标，不包括最后一日当天及以前已经与单位解除劳动合同关系的人员，是在岗职工、劳务派遣人员及其他就业人员之和。就业人员不包括：

(1) 离开本单位仍保留劳动关系，并定期领取生活费的人员；

(2) 在本单位实习的各类在校学生；

(3) 本单位以劳务外包形式使用的人员，如：建筑业整建制使用的人员。

城镇私营和个体就业人员 城镇私营就业人员指在工商管理部门注册登记，其经营地址设在县城关镇（含县城关镇）以上的私营企业就业人员，包括私营企业投资者和雇工。城镇个体就业人员指在工商管理部门注册登记，并持有城镇户口或在城镇长期居住，经批准从事个体工商经营的就业人员，包括个体经营者和在个体工商户劳动的家庭帮工和雇工。

在岗职工 指在本单位工作且与本单位签订劳动合同，并由单位支付各项工资和社会保险、住房公积金的人员，以及上述人员中由于学习、病伤、产假等原因暂未工作仍由单位支付工资的人员。在岗职工还包括：

(1) 应订立劳动合同而未订立劳动合同人员（如使用的农村户籍人员）；

(2) 处于试用期人员；

(3) 编制外招用的人员，如临时人员；

(4) 派往外单位工作，但工资仍由本单位发放的人员（如挂职锻炼、外派工作等情况）。

工资总额 指根据《关于工资总额组成的规定》（1990 年 1 月 1 日国家统计局发布的一号令）进行修订，本单位在报告期内（季度或年度）直接支付给本单位全部就业人员的劳动报酬总额。包括计时工资、计件工资、奖金、津贴和补贴、加班加点工资、特殊情况下支付的工资，是在岗职工工资总额、劳务派遣人员工资总额和其他就业人员工资总额之和。

工资总额是税前工资，包括单位从个人工资中直接为其代扣或代缴的房费、水费、电费、住房公积金和社会保险基金个人缴纳部分等。

工资总额不论是计入成本的还是不计入成本的，不论是以货币形式支付的还是以实物形式支付的，均应列入工资总额的计算范围。

平均工资 指单位就业人员在一定时期内平均每人所得的工资额。它表明一定时期工资收入的高低程度，是反映就业人员工资水平的主要指标。计算公式为：

$$平均工资 = \frac{报告期实际支付的全部就业人员工资总额}{报告期全部就业人员平均人数}$$

Explanatory Notes on Main Statistical Indicators

Employed Persons refer to persons, aged 16 and over, who performed some work for compensation or business gains for one hour or more during the reference period; or persons who do not work for the reasons of study or on holiday; or persons who are temporarily absent from a job for disorganization or suspension of work, recession, etc.

Person Employed in Various Units refer to the total number of employees who work at his unit and obtain wages or other forms of payment at the end of the reporting period. This indicator is a kind of time point index and it equals to the sum of the number of employed staff and workers, labor dispatch personnel and other employed person. Employed person do not include:

(1) person who have left their working units while keeping their labour contract (employment relation) unchanged and receiving regular alimony;

(2) all kinds of enrolled students who do internship in various units;

(3) person employed due to labor outsourcing, for example, person employed in the organizational system of construction industry.

Person Employed in Private Enterprises and Self-Employed Individuals in Urban Areas Person employed in private enterprises refer to the person employed in the private enterprises which have been registered at the departments of industrial and commercial administration for which the business operation are situated at a county town (i.e. a town where the county government is located), or at urban areas with administrative hierarchy higher than a county town. The self-employed individuals in urban areas refer to person who hold the certificates of residence in urban areas or have resided in the urban areas for a long time and have been registered at the departments of industrial and commercial administration and approved to be engaged in individual industrial or commercial business, including self-employed person as well as helpers and hired laborers who work in individual households.

Employed Staff and Workers refer to person who signed labor contracts with working units and working units would pay wages, social insurance and housing funds for them. Person who have their work posts but are temporarily absent from work for reasons of study or on sick, injury or maternal leave and still receive wages from their working units are also included. Employed staff and workers also include:

(1) Person who should have signed the labor contracts but not (like people with rural household registration);

(2) Employees on probation;

(3) Employees beyond the staffing quota, for example, temporary employees;

(4) Employees who are sent to other working units but still obtain wages from their original units (situations like on-the-job placement, expatriated assignment, etc.)

Total Wage Bill It is revised according to the "Provision of Composition of Total Wages" (Order No.1 by National Bureau of Statistics on January, 1st, ,1990), total wage bill refers to the total remuneration payment to all employed person in various units during the reporting period (by quarter or by year), including hourly-paid wages, piece-rate wages, bonuses, allowance and subsidies, overtime wages and wages paid under special circumstances. It equals to the sum of total wages of employed staff and workers, dispatch labors and other employed person.

Total wage bill is pre-tax wages, including the room charges, utility bills, housing funds and social insurance paid or withheld by employee's units.

Total wage bill, whether or not included in cost, whether or not paid in money or in kind, shall be included in the calculation of total wage.

Average Wage refers to the average per capita wage during a certain period of time for employed person. It shows the general level of wage income during a certain period of time, one major indicator to reflect the wage level. It is calculated as follows:

$$\text{Average Wage} = \frac{\text{Total Wage Bill of Employed Persons at Reference Time}}{\text{Average Number of Persons Employed at Reference Time}}$$

价　格

Prices

资料整理人员：傅磊峰　王湘杰　宋迪敏　陈　婷

5-1　各种物价总指数
Various Price Indices

(上年=100)　　(Preceding=100)

年份 Year	居民消费价格指数 Consumer Price Index	商品零售价格指数 Retail Price Index	农产品生产者价格指数 Producer Price Index for Farm Products	工业生产者购进价格指数 Purchasing Price Index for Industrial Producers	工业品出厂价格指数 Producer Price Index for Industrial Products
1985	110.9	111.1	111.6		
1986	105.3	104.8	105.7		
1987	109.8	110.6	110.2		
1988	125.6	125.9	123.1		
1989	118.2	118.1	106.8	122.5	118.1
1990	100.4	99.4	94.1	103.3	100.6
1991	104.4	104.1	94.3	110.4	104.7
1992	110.7	109.5	99.1	116.2	111.1
1993	116.8	115.1	114.7	139.7	128.9
1994	125.3	124.5	114.1	119.6	117.6
1995	119.0	115.5	117.2	117.6	121.4
1996	107.7	105.2	104.9	105.7	105.6
1997	102.8	100.3	95.3	100.1	99.2
1998	100.2	97.9	90.4	94.8	95.9
1999	100.5	97.6	91.1	96.2	98.5
2000	101.4	99.3	96.8	106.7	102.9
2001	99.1	98.8	100.9	101.1	99.8
2002	99.5	99.2	99.9	99.3	99.2
2003	102.4	100.6	106.8	106.7	102.6
2004	105.1	103.9	127.3	114.4	108.0
2005	102.3	102.3	99.5	109.4	106.0
2006	101.4	101.3	100.7	106.5	104.3
2007	105.6	104.3	130.6	106.1	106.1
2008	106.0	105.6	126.7	112.0	109.3
2009	99.6	98.5	90.6	92.6	94.3
2010	103.1	103.1	109.9	110.0	106.9
2011	105.5	105.5	121.9	110.8	108.5
2012	102.0	101.7	100.2	100.1	99.1
2013	102.5	101.7	102.1	98.4	98.5
2014	101.9	101.2	98.6	97.9	98.4
2015	101.4	99.9	104.1	94.5	96.3
2016	101.9	101.0	104.7	98.0	98.9
2017	101.4	101.3	98.0	107.2	105.8
2018	102.0	102.3	95.4	103.5	103.2
2019	102.9	102.3	118.0	100.2	99.6
2020	102.3	101.3	123.3	98.9	99.0
2021	100.5	101.6	90.1	108.1	105.9

注：1. 主要原材料、燃料、动力购进价格指数和工业品出厂价格指数以 1988 年为 100。
2. 固定资产投资价格指数以 1982 年为 100。
a. The main raw material, fuel and power purchase price index and industrial producer price index were 100 in 1988.
b. The investment price index of fixed assets was 100 in 1982.

5–1 续表 Continued

(1978 年 =100) (year of 1978=100)

年份 Year	居民消费价格指数 Consumer Price Index	商品零售价格指数 Retail Price Index	农产品生产者价格指数 Producer Price Index for Farm Products	工业生产者购进价格指数 Purchasing Price Index for Industrial Producers	工业品出厂价格指数 Producer Price Index for Industrial Products
1985	143.6	137.1	190.3		
1986	151.2	143.7	201.1		
1987	166.0	158.9	221.6		
1988	208.5	200.1	272.8		
1989	246.4	236.3	291.4	122.5	118.1
1990	247.4	234.9	274.2	126.5	118.8
1991	258.3	244.5	258.6	139.7	124.4
1992	285.9	267.7	256.3	162.3	138.2
1993	333.9	308.2	294.0	226.7	178.1
1994	418.4	383.6	335.5	271.1	209.4
1995	497.9	443.1	393.2	318.8	254.2
1996	536.2	466.1	412.5	337.0	268.4
1997	551.2	467.5	393.1	337.3	266.3
1998	552.3	457.7	355.4	319.8	255.4
1999	555.1	446.7	323.8	307.6	251.6
2000	562.9	443.6	313.4	328.2	258.9
2001	557.8	438.3	316.2	331.8	258.4
2002	555.0	434.8	315.9	329.5	256.3
2003	568.3	437.4	337.4	351.6	263.0
2004	597.3	454.5	429.5	402.2	284.0
2005	611.0	465.0	427.4	440.0	301.0
2006	619.6	471.0	430.4	468.6	313.9
2007	654.3	491.3	562.1	497.2	333.0
2008	693.6	518.8	712.2	556.9	364.0
2009	690.8	511.0	645.3	515.7	343.3
2010	712.2	526.8	654.3	567.3	367.0
2011	751.4	555.8	797.6	628.6	398.2
2012	766.4	565.2	799.2	629.2	394.6
2013	785.6	574.8	816.0	619.1	388.7
2014	800.5	581.7	804.6	606.1	382.5
2015	811.7	581.1	837.6	572.8	368.3
2016	827.1	586.9	877.0	561.3	364.3
2017	838.9	594.2	859.4	601.7	385.4
2018	855.4	607.7	819.9	622.8	397.7
2019	880.2	621.7	967.5	624.0	396.1
2020	900.4	629.8	1192.9	617.1	392.1
2021	904.9	639.9	1074.8	667.1	415.3

5-2 居民消费价格指数
Consumer Price Indices

年份 Year	居民消费价格指数（上年=100） Consumer Price Index (preceding year=100)	城 市 Urban Indices	农 村 Rural Indices	居民消费价格指数（1985年=100） Consumer Price Index (year of 1985=100)	城 市 Urban Indices	农 村 Rural Indices
1985	110.9	111.9	110.2	100	100	100
1986	105.3	105.4	105.3	105.3	105.4	105.3
1987	109.8	111.3	108.8	115.6	117.3	114.6
1988	125.6	125.7	125.4	145.2	147.5	143.7
1989	118.2	117.3	119.1	171.6	173.0	171.1
1990	100.4	100.6	100.2	172.3	174.0	171.4
1991	104.4	105.1	103.8	179.9	182.9	178.0
1992	110.7	113.5	107.9	199.2	207.6	192.0
1993	116.8	117.4	116.4	232.6	243.7	223.5
1994	125.3	124.8	125.6	291.5	304.1	280.7
1995	119.0	118.1	119.5	346.9	359.2	335.7
1996	107.7	107.2	108.2	373.6	385.1	363.2
1997	102.8	103.0	102.5	384.1	396.7	372.3
1998	100.2	100.5	100.1	384.9	398.7	372.7
1999	100.5	99.6	101.4	386.8	397.1	377.9
2000	101.4	101.3	101.4	392.2	402.3	383.2
2001	99.1	98.9	99.3	388.7	397.9	380.5
2002	99.5	99.6	99.4	386.8	396.3	378.2
2003	102.4	101.4	104.1	396.1	401.8	393.7
2004	105.1	104.1	105.7	416.3	418.3	416.2
2005	102.3	102.1	102.8	425.8	427.1	427.9
2006	101.4	101.6	101.2	431.8	433.9	433.0
2007	105.6	105.2	106.9	456.0	456.5	462.9
2008	106.0	105.8	107.4	483.4	483.0	497.2
2009	99.6	99.7	99.6	481.5	480.5	495.2
2010	103.1	103.1	103.2	496.4	495.4	511.1
2011	105.5	105.5	105.6	523.7	522.6	539.7
2012	102.0	102.2	101.6	534.2	534.1	548.3
2013	102.5	102.6	102.5	547.6	548.0	562.0
2014	101.9	102.1	101.4	558.0	559.5	569.9
2015	101.4	101.5	101.1	565.8	567.9	576.1
2016	101.9	101.9	101.9	576.4	578.5	587.2
2017	101.4	101.6	101.1	584.8	587.8	593.7
2018	102.0	101.9	102.0	596.3	599.3	605.5
2019	102.9	102.8	103.1	613.6	616.1	624.3
2020	102.3	102.0	102.9	627.7	628.4	642.4
2021	100.5	100.7	100.0	630.8	632.8	642.4

5-3 农村相关价格指数
Rural-related Price Indices

(上年 =100) (preceding year=100)

年份 Year	农村居民消费 价格指数 Rural Consumer Price Index	农产品生产者 价格指数 Producer Price Indices for Farm Products
1978	99.4	101.7
1979	103.3	127.1
1980	113.6	111.2
1981	102.6	107.3
1982	101.6	103.7
1983	102.7	105.4
1984	102.9	102.9
1985	110.2	111.6
1986	105.3	105.7
1987	108.8	110.2
1988	125.4	123.1
1989	119.1	106.8
1990	100.2	94.1
1991	103.8	94.3
1992	107.9	99.1
1993	116.4	114.7
1994	125.6	144.1
1995	119.5	117.2
1996	108.2	104.9
1997	102.5	95.3
1998	100.1	90.4
1999	101.4	91.1
2000	101.4	96.8
2001	99.3	100.9
2002	99.4	99.9
2003	104.1	106.8
2004	105.7	127.3
2005	102.8	99.5
2006	101.2	100.7
2007	106.9	130.6
2008	107.4	126.7
2009	99.6	90.6
2010	103.2	109.9
2011	105.6	121.9
2012	101.6	100.2
2013	102.5	102.1
2014	101.4	98.6
2015	101.1	104.1
2016	101.9	105.4
2017	101.1	98.0
2018	102.0	95.4
2019	103.1	118.0
2020	102.9	123.3
2021	100.0	90.1

5-4 居民消费价格分类指数(2021年)
Consumer Price Indices by Category (2021)

(上年=100) (preceding year=100)

项目名称	Item	全 省 Provincial Indices	城 市 Urban Indices	农 村 Rural Indices
居民消费价格指数	**Consumer Price Index**	**100.5**	**100.7**	**100.0**
服务项目价格指数	**Price Indices for Services**	**100.8**	**100.9**	**100.6**
工业品价格指数	**Industrial Price Index**	**102.3**	**102.4**	**102.3**
消费品价格指数	**Consumer Goods Price Index**	**100.3**	**100.6**	**99.5**
扣除食品和能源价格指数	**Core Price Index**	**100.8**	**100.9**	**100.6**
食品烟酒	**Food Tobacoo and Liquor**	**98.0**	**98.6**	**96.7**
食品	Food	96.6	97.1	95.4
粮食	Grain	102.1	102.6	101.2
薯类	Tubers	99.5	101.1	92.9
豆类	Beans	104.3	104.0	105.1
食用油	Edible Oil and Fats	102.3	103.5	100.2
菜及食用菌	Vegetable and Edible Mushroom	104.0	104.4	102.9
畜肉类	Meat of Livestock	78.0	79.2	75.8
禽肉类	Meat of Poultry	97.7	97.0	99.6
水产品	Aquatic Products	116.8	114.6	122.4
蛋类	Eggs	105.7	105.2	106.8
奶类	Milk	100.8	100.7	100.8
干鲜瓜果类	Dried and Fresh Melons and Fruits	102.8	103.0	102.0
糖果糕点类	Candy and Cake	100.8	100.8	100.7
调味品	Flavoring	101.4	100.8	102.1
其他食品类	Other Foods	100.5	100.6	100.2
茶及饮料	Tea ang Beverages	100.4	100.3	100.6
烟酒	Tobacco and Liquor	102.3	103.4	100.2
在外餐饮	Dining Out	100.6	100.8	99.9
衣着	**Clothing**	**100.7**	**100.8**	**100.4**
服装	Garments	100.7	100.8	100.3
男士服装	Men's clothing	100.8	100.8	100.8
女士服装	Women's clothing	100.6	100.8	100.1
儿童服装	Children's clothes	100.7	100.8	100.4
衣着材料及配件	Clothing Materials and Accessories	99.9	100.2	98.8
衣着服务费	Dress Service Charge	100.3	100.3	100.0
鞋类	Footware	101.0	101.2	100.5
居住	**Residence**	**101.2**	**101.1**	**101.2**
租赁房房租	Rent of Rental Housing	101.6	101.7	100.8
住房保养维修及管理	Housing Maintenance and Management	101.1	101.0	101.4
水电燃料	Water, Electricity and Fuels	101.1	100.9	101.4
自有住房	Private Housing	101.2	101.2	101.1
生活用品及服务	**Articles for Daily Use and Services**	**100.3**	**100.3**	**100.2**
家具及室内装饰品	Furniture and Interior Decorations	100.5	100.8	99.7
家用器具	Home Appliances	101.1	101.0	101.2
家用纺织品	Home Textiles	100.3	100.3	100.3
家庭日用杂品	Daily Use Household Articles	99.9	100.0	99.6
个人护理用品	Personal-care Supplies	99.1	99.0	99.5
家庭服务	Household Services	100.8	100.9	100.4
交通和通信	**Transport and Communications**	**104.8**	**105.0**	**104.3**
交通	Transport	106.0	106.2	105.5
通信	Communications	100.6	100.5	100.7
教育文化和娱乐	**Education, Culture and Recreation**	**101.0**	**101.1**	**100.8**
教育	Education	101.1	101.0	101.1
文化娱乐	Culture and Recreation	101.0	101.3	99.8
医疗保健	**Health Care**	**100.7**	**100.9**	**100.4**
药品及医疗器具	Medicine and Medical Instrument	101.0	100.9	101.0
医疗服务	Medical Services	100.7	100.9	100.3
其他用品和服务	**Other Articles and Services**	**97.9**	**97.8**	**98.2**
其他用品类	Other Articles	99.4	99.4	99.6
其他服务类	Other Services	96.4	96.5	96.3

5-5 商品零售价格指数
Retail Price Index

年份 Year	上年=100 (preceding year=100)			1985年=100 (year of 1985=100)		
	商品零售价格指数 Retail Price Index	城市 Urban	农村 Rural	商品零售价格指数 Retail Price Index	城市 Urban	农村 Rural
1985	111.1	112.4	110.1	100.0	100.0	100.0
1986	104.8	105.2	104.4	104.8	105.2	104.4
1987	110.6	111.3	110.2	115.9	117.1	115.0
1988	125.9	126.0	125.8	145.9	147.5	144.7
1989	118.1	116.2	119.4	172.3	171.4	172.8
1990	99.4	99.2	99.6	171.3	170.0	172.1
1991	104.1	104.4	103.1	178.3	177.6	177.4
1992	109.5	111.4	106.6	195.2	197.7	189.2
1993	115.1	115.7	114.6	224.8	228.9	216.8
1994	124.5	121.7	126.5	279.9	278.4	274.3
1995	115.5	114.5	116.8	323.2	318.9	320.3
1996	105.2	105.2	105.1	340.0	335.5	336.6
1997	100.3	100.6	99.8	341.0	337.5	335.9
1998	97.9	98.3	97.4	333.8	331.8	327.3
1999	97.6	97.8	97.5	325.9	324.4	319.0
2000	99.3	99.8	98.4	323.6	323.8	313.9
2001	98.8	98.1	99.4	319.7	317.6	312.0
2002	99.2	99.1	99.3	317.1	314.7	309.9
2003	100.6	100.1	101.1	319.0	315.1	313.3
2004	103.9	103.0	105.0	331.4	324.6	329.0
2005	102.3	101.6	103.0	339.0	329.7	338.8
2006	101.3	101.2	101.4	343.5	333.7	343.5
2007	104.3	103.6	106.7	358.2	345.8	366.6
2008	105.6	104.5	108.7	378.4	361.1	398.3
2009	98.5	98.2	98.8	372.7	354.8	393.7
2010	103.1	102.9	103.3	384.2	365.2	406.7
2011	105.5	105.4	105.6	405.3	384.9	429.5
2012	101.7	101.7	101.8	412.2	391.4	437.2
2013	101.7	101.4	102.3	419.2	396.9	447.3
2014	101.2	101.3	101.1	424.2	402.0	452.2
2015	99.9	99.7	100.0	423.8	400.8	452.2
2016	101.0	101.0	101.1	428.0	404.7	457.2
2017	101.3	101.2	101.4	433.4	409.7	463.5
2018	102.3	102.3	102.0	443.2	419.2	472.9
2019	102.3	102.2	102.4	453.4	428.4	484.2
2020	101.3	101.2	102.5	459.3	433.5	496.3
2021	101.6	101.7	100.8	466.6	440.9	500.3

5-6 工业生产者出厂、购进价格指数
Producer Price Indices for Industrial Products、Purchasing Price Indices for Industrial Producers over the Years

（上年 =100） (preceding year=100)

年份 Year	工业生产者出厂价格指数 Producer Price Indices for Industrial Products	工业生产者购进价格指数 Purchasing Price Indices for Industrial Producers
1989	118.1	122.5
1990	100.6	103.3
1991	104.7	110.4
1992	111.1	116.2
1993	128.9	139.7
1994	117.6	119.6
1995	121.4	117.6
1996	105.6	105.7
1997	99.2	100.1
1998	95.9	94.8
1999	98.5	96.2
2000	102.9	106.7
2001	99.8	101.1
2002	99.2	99.3
2003	102.6	106.7
2004	108.0	114.4
2005	106.0	109.4
2006	104.3	106.5
2007	106.1	106.1
2008	109.3	112.0
2009	94.3	92.6
2010	106.9	110.0
2011	108.5	110.8
2012	99.1	100.1
2013	98.5	98.4
2014	98.4	97.9
2015	96.3	94.5
2016	98.9	98.0
2017	105.8	107.2
2018	103.2	103.5
2019	99.6	100.2
2020	99.0	98.9
2021	105.9	108.1

5-7 工业生产者出厂价格分类指数
Producer Price Indices for Industrial Products by Category

（上年 =100） (preceding year=100)

类 别	Item	2013	2014	2015	2016	2017	2018	2019	2020	2021
总指数	**General Index**	**98.5**	**98.4**	**96.3**	**98.9**	**105.8**	**103.2**	**99.6**	**99.0**	**105.9**
生产资料	**Means of Production**	**97.7**	**97.9**	**95.2**	**98.4**	**107.3**	**104.0**	**99.1**	**98.3**	**108.0**
采掘工业	Mining & Quarrying Industry	94.4	96.1	91.8	98.8	122.9	107.3	97.4	97.1	110.3
原材料工业	Raw Materials Industry	96.4	97.8	93.3	96.9	111.5	103.5	96.4	95.1	113.1
加工工业	Processing Industry	98.7	98.1	96.4	98.9	104.9	104.0	100.2	99.3	106.5
生活资料	**Consumer Goods**	**101.3**	**100.6**	**100.4**	**100.2**	**101.1**	**100.6**	**101.2**	**101.4**	**101.0**
食品类	Food	101.6	100.9	100.8	100.9	101.1	100.6	101.3	102.1	100.3
衣着类	Clothing	101.7	100.2	100.2	100.6	99.1	100.6	101.2	100.4	102.4
一般日用品	Articles for Daily Use	100.9	99.9	99.4	99.9	102.3	101.1	101.5	101.1	103.8
耐用消费品	Durable Consumer Goods	99.7	100.5	99.8	97.2	99.9	99.7	100.3	99.3	99.6

5-8 工业生产者购进价格指数
Purchasing Price Indices for Industrial Producers

（上年 =100） (preceding year=100)

类 别	Item	2013	2014	2015	2016	2017	2018	2019	2020	2021
总指数	**General Index**	**98.4**	**97.9**	**94.5**	**98.0**	**107.2**	**103.5**	**100.2**	**98.9**	**108.1**
燃料动力类	Fuel and Power	97.9	97.4	87.9	94.3	112.3	106.6	99.3	95.0	108.5
黑色金属材料类	Ferrous Matals	95.7	95.3	91.0	99.2	114.9	105.3	102.8	100.5	117.2
有色金属材料及电线	Nonferrous Metals	95.1	96.2	93.6	96.4	115.9	103.6	96.8	97.4	119.8
化工原料类	Raw Chemical Materials	98.1	98.5	97.3	99.4	105.6	103.1	98.1	94.7	107.5
木材及纸浆类	Timber and Paper Pulp	100.6	100.0	99.5	100.4	104.8	102.8	100.6	98.8	103.2
建材及非金属矿	Building Materials	98.5	100.1	97.8	100.2	104.2	106.5	105.0	104.7	110.8
其他工业原料及半成品	Other Industrial Raw Materials and Semi-finished Products	98.8	98.0	98.5	98.7	101.2	100.5	101.0	101.2	101.0
农副产品类	Agricultural Products	102.8	99.1	99.2	98.6	100.3	101.3	100.7	102.0	107.1
纺织原料类	Textile Materials	99.2	98.3	93.3	99.3	106.3	103.3	99.7	99.9	103.7

5-9 农产品生产者价格指数
Producer Price Indices for Farm Products

（上年 =100） (preceding year =100)

指 标	Item	2013	2014	2015	2016	2017	2018	2019	2020	2021
总指数	**General Index**	**102.1**	**98.6**	**104.1**	**104.7**	**98.0**	**95.4**	**118.0**	**123.3**	**90.1**
农业产品	**Farm Products**	**101.1**	**100.0**	**101.5**	**96.2**	**107.4**	**98.2**	**102.0**	**102.7**	**101.3**
谷物（原粮）	Grain (Raw Grain)	98.1	101.4	102.2	96.2	101.7	99.5	98.9	106.6	98.5
稻谷	Rice	97.9	101.4	102.3	96.7	101.5	99.0	99.0	106.5	97.4
早籼稻	Early Indica Rice	98.0	101.6	100.0	100.3	99.2	102.7			
晚籼稻	Late Indica Rice	97.7	102.3	104.3	93.9	103.2	96.5			
中籼稻	Middle Indica Rice			101.5	95.1	102.7	94.8			
玉米	Corn	102.7	99.7	100.1	85.7	106.7	108.2	97.8	108.7	118.8
薯类	Tubers	106.2	101.1	89.2	124.8	104.3	110.1	112.1	103.1	104.1
马铃薯	Potatoes	126.1	91.1	97.3	114.7	99.8	119.9			
甘薯	Sweet potato			87.0	127.6	105.5	133.7			
油料	Oil-bearing Crops	103.9	100.4	102.0	102.9	103.6	100.7	105.5	108.3	104.0
花生	Peanuts		97.9	100.0						
油菜籽	Rapeseeds	104.1	100.0	103.0	100.1	101.1	95.3			
豆类	Legume	104.9	101.4	101.1	108.4	97.3	89.7	104.3	107.5	121.1
棉花（籽棉）	Cotton(Seed Cotton)	99.1	87.1	90.5	91.5	121.9	93.9	103.2	90.4	108.7
未加工烟草	Raw Tobacco			103.1	103.8	110.4				
蔬菜及食用菌	Vegetables and Edible Fungus			101.6	101.6	98.8	100.4			
蔬菜	Vegetables	109.5	98.0	101.6	101.6	98.8	100.3	117.5	106.5	102.3
叶菜类	Leaf Vegetables	100.8	100.8	101.7	107.5	77.4	106.3			
白菜类	Chinese cabbage			102.2	110.7	88.8	103.3			
甘蓝类	Cabbage			103.5	109.5	83.2	103.0			
瓜菜类	Melon Vegetables	109.0	96.1	103.1	103.6	100.6	93.6			
根茎类	Root Vegetables	110.1	109.9	97.7	97.2	103.6	101.4			
茄果类	Solanum Vegetable	111.7	97.8	102.6	96.4	103.8	101.3			
莴苣类	Lettuce			98.8	104.9	88.6	99.0			
葱蒜类	Shallot and Garlic Vegetables	103.8	97.5	104.0	103.8	101.4	115.5			
豆类（蔬菜）	Vegetable Legume	105.6	99.5	100.1	103.9	101.1	103.5			
食用菌	Edible Fungus	102.1	106.6	103.0	102.4	95.5	109.7			
水果	Fruits			111.3	82.1	122.8	91.3	117.8	94.8	96.2
梨	Pear			106.1	110.7	116.4	96.4			
柑橘类水果	Citrus Fruit			115.7	73.4	123.8	90.7			
葡萄	Grape			94.4	96.3	96.8	88.5			
瓜类水果	Melon Fruit	104.0		104.6	101.8	129.7	94.1			
茶及饮料原料	Tea and Other Beverages	96.1	106.4	104.0	99.6	98.1	101.9			
茶叶	Tea	96.1	106.4	104.0	99.6	98.1	101.9	112.8	103.0	100.5
中草药材	Chinese Herbs	93.4	100.1	105.5	95.1	105.3	113.2			

5-9 续表 Continued

（上年 =100） (preceding year =100)

项　目		2013	2014	2015	2016	2017	2018	2019	2020	2021
林业产品	**Forestry Products**	**111.5**	**104.9**	**96.3**	**93.0**	**91.9**	**101.4**	**101.2**	**94.1**	**99.5**
木材采伐产品	Wood	103.9	93.6	95.6	95.8	95.7	102.8	95.3		
原木	Logs	106.0	93.6	95.6	95.8	95.7	102.8			
竹材采伐产品	Bamboo-Wood	102.0	101.8	95.1	90.5	88.3	93.9	102.1		
竹材	Bamboo			95.1	90.5	88.3	93.9		94.6	104.6
饲养动物及其产品	**Animal Husbandry**	**102.2**	**95.9**	**108.1**	**115.9**	**86.6**	**91.6**	**139.8**	**151.7**	**74.3**
活牲畜	Livestock	101.9	95.1	108.6	117.6	85.4	89.8	149.6		
牛	Cow	116.6	105.6	100.4	96.5	104.1	86.9	112.9	122.5	106.2
羊	Sheep	108.4	104.9	94.8	88.0	90.5	97.9	116.6	119.3	99.9
猪	Pig	99.5	92.9	100.8	121.6	82.5	110.9	149.6	166.9	64.1
活家禽	Fowl	105.8	106.2	103.7	103.6	97.7	105.0	110.1	89.0	100.2
活鸡	Chickens	102.8	106.4	105.5	99.8	110.5	109.4			
活鸭	Ducks	107.7	106.1	102.5	106.1	89.3	102.1			
禽蛋	Eggs	105.8	102.8	101.8	89.4	98.8	119.0	99.4	88.5	113.7
鸡蛋	Henapple	104.8	103.9	102.8	84.4	107.2	114.7			
鸭蛋	Duck Eggs	106.7	101.9	101.0	93.5	91.9	122.5			
渔业产品	**Fishery Product**	**104.9**	**102.7**	**101.2**	**103.1**	**102.8**	**95.8**	**101.1**	**103.1**	**112.3**
淡水养殖产品	Freshwater aquaculture	104.9	102.7	101.2	103.1	102.8	95.8	101.1	103.1	112.3
养殖淡水鱼	Freshwater Fish	104.9	102.9	100.7	99.5	102.4	95.7			
养殖淡水青鱼	Black Carp		103.5	101.3	106.6	98.5	92.2			
养殖淡水草鱼	Grass Carp	103.1	106.7	101.1	100.0	108.5	102.9			
养殖淡水鲤鱼	Common Carp	106.6	101.4	103.5	105.0	105.5	108.5			
养殖淡水鲢鱼	Silver Carp	107.1	100.2	100.9	97.1	98.1	97.4			
养殖淡水鲫鱼	Crucian Carp	103.6	98.6	99.9	102.1	102.9	90.0			
养殖淡水鳙鱼	Bighead	99.5	101.3	101.2	100.3	105.0	98.7			
养殖淡水鳊鲂	Bream			96.4						
养殖淡水鲶鱼	Catfish			96.0						
养殖淡水黄鳝	Monopterus Albus			96.4						
养殖淡水泥鳅	Loach			76.9						
淡水养殖蟹	Crab			97.6	82.8	114.0	99.5			

主要统计指标解释

居民消费价格指数 是反映一定时期内城乡居民所购买的生活消费品和服务项目价格变动趋势和程度的相对数。

商品零售价格指数 是反映一定时期内城乡商品零售价格变动趋势和程度的相对数。

农产品生产者价格指数 是反映一定时期内，农产品生产者出售农产品价格水平变动趋势及幅度的相对数。该指数可以客观反映全国农产品生产价格水平和结构变动情况，满足农业与国民经济核算需要。其中某代表品生产价格指数是通过对全部有出售该产品行为的调查单位的个体指数进行几何平均求得的，类价格指数是通过对其所属的类（或代表品）的价格指数进行加权平均求得的。季度累计价格指数的计算方法与分季指数的计算方法相同。

工业生产者出厂价格指数 是反映一定时期内全部工业产品第一次出售时的出厂价格总水平的变动趋势和变动幅度的相对数。

工业生产者购进价格指数 是反映作为中间投入的原材料、燃料、动力购进价格总水平的变动趋势和变动幅度的相对数。

Explanatory Notes on Main Statistical Indicators

Consumer Price Indices are relative figures reflecting the trend and degree of changes in prices of consumer goods and services purchased by urban and rural households during a given period.

Retail Price Indices are relative figures reflecting the trend and degree of changes in retail prices of commodities during a given period.

Producer Prices Indices for Farm Products are relative figures reflecting the trend and degree of changes in producers' prices received by farmers when they sell farm products during a given period. These indices depict the change in the level and structure of producer prices for farm products of the country and meet the needs of agricultural statistics and national accounts statistics. The producer price index for a given product is calculated as the geometrical mean of individual indices for all surveyed units which sell such products, and the indices for a product category is obtained as the weighted mean of price indices for all products in the category. Method for calculating accumulative quarterly indices is the same as for calculating the distinctive quarterly indices.

Producer Price Indices for Industrial Products are relative figures reflecting the trend and degree of changes in general ex-factory prices of all manufactured goods for first sale during a given period.

Purchasing Price Indices for Industrial Producers are relative figures reflecting changes in the level and degree of purchasing prices such as intermediate input such as raw materials, fuels and power.

人民生活

People's Livelihoods

资料整理人员：王　璐

6-1 城镇居民生活
Urban Households' Life

年份 Year	平均每人每年（元） Per Capita Per Year (yuan)				每一就业者负担人数（人） Supported by Per Employee (person)	人均居住面积（平方米） Living Floor Space of Residents (sq.m)
	可支配收入 Disposable Income	指数（1978年=100） Indices (year of 1978 = 100)	消费支出 Consumption Expenditure	食品支出 Food		
1978	323.9	100.0	289.6	166.1	1.90	3.90
1980	475.9	125.2	425.5	244.1	1.76	4.30
1981	505.1	118.7	465.8	260.3	1.72	4.80
1982	519.0	116.8	449.4	264.5	1.70	5.10
1983	564.0	123.2	492.7	289.4	1.72	5.40
1984	645.0	138.0	540.8	310.4	1.71	5.80
1985	760.8	161.8	685.3	366.5	1.88	6.00
1986	904.4	182.5	775.3	427.9	1.90	6.40
1987	1017.8	184.5	871.6	497.1	1.87	6.50
1988	1255.0	181.0	1142.7	580.7	1.84	6.90
1989	1492.6	183.5	1234.0	678.3	1.82	7.00
1990	1591.5	194.5	1294.0	720.3	1.80	6.91
1991	1783.2	207.3	1446.0	772.1	1.80	7.07
1992	2166.5	221.9	1732.0	881.6	1.76	7.41
1993	2816.5	245.8	2194.0	1049.4	1.73	8.14
1994	3887.6	271.9	3138.0	1496.8	1.70	7.93
1995	4699.2	278.7	3886.0	1898.1	1.67	7.75
1996	5052.1	279.2	4098.0	1986.6	1.64	8.06
1997	5209.7	280.1	4317.2	1972.8	1.64	8.66
1998	5434.3	290.7	4371.0	1907.6	1.62	9.91
1999	5815.4	312.2	4800.0	1942.2	1.66	10.77
2000	6218.7	328.9	5218.8	1943.7	1.71	11.75
2001	6780.6	362.6	5546.2	1943.6	1.77	11.80
2002	6958.6	399.7	5574.7	1985.9	1.97	12.40
2003	7674.2	434.7	6082.6	2179.3	1.89	24.43
2004	8617.5	468.9	6884.6	2479.6	1.88	25.39
2005	9524.0	507.6	7505.0	2689.4	2.05	22.03
2006	10504.7	551.2	8169.3	2850.9	2.03	22.54
2007	12293.5	613.2	8990.7	3243.9	1.99	34.71
2008	13821.2	651.2	9945.5	3970.4	2.10	36.52
2009	15084.3	713.1	10828.2	4174.6	2.06	37.25
2010	16565.7	759.4	11825.3	4322.1	2.07	37.51
2011	18844.1	819.4	13402.9	4943.9	2.15	39.69
2012	22172.8	907.1	14609.0	5441.6	2.05	40.22
2013	24352.0	970.6	16867.3	5323.0	1.95	39.97
2014	26570.2	1037.6	18334.7	5596.0	1.84	39.52
2015	28838.1	1109.2	19501.4	6075.5	1.90	41.02
2016	31283.9	1181.3	21420.0	6407.7	1.96	44.04
2017	33947.9	1261.6	23162.6	6585.0	1.98	46.48
2018	36698.3	1338.6	25064.2	6848.9	2.03	48.76
2019	39841.9	1413.7	26924.0	7499.6	2.02	49.66
2020	41697.5	1450.4	26796.4	7807.1	2.06	51.14
2021	44866.1	1520.0	28293.8	8129.8	1.99	52.30

注：1. 1991年及以前的可支配收入均系全部收入。

2. 2002年起，可支配收入剔除了出售财物收入和个人交纳的社会保障支出；消费支出中，居住支出剔除了自有房屋折算金。

a. Data on disposable income prior to 1991 refer to those on the total income.

b. Since 2002,Data on disposable income exclude income of selling property and individual expenditure for social security programs; Data on living expenditure exclude converted rents of self-owned housing .

6–2 历年城镇居民人均可支配收入
Per Capita Annual Disposable Income of Urban Households

单位：元 (yuan)

年份 Year	可支配收入 Disposable Income	工资性收入 Income of Wages and Salaries	经营净收入 Net Business Income	财产净收入 Net Income from Property	转移净收入 Net Income from Transfer
1978	323.9	306.0			
1980	475.9	466.2			9.7
1981	505.1	496.6	0.3		8.2
1982	519.0	507.3	0.1		11.6
1983	564.0	549.7			14.3
1984	645.0	627.7	0.4		16.9
1985	760.8	651.1	9.5		100.2
1986	904.4	752.4	9.7		142.4
1987	1017.8	840.4	11.2		166.2
1988	1255.0	1078.7	21.3		155.0
1989	1492.6	1213.2	28.2	14.2	237.0
1990	1591.5	1327.7	23.6	16.4	223.7
1991	1783.2	1567.0	14.4	19.8	182.1
1992	2166.6	1768.2	18.2	28.8	356.8
1993	2821.6	2298.9	31.2	54.5	437.4
1994	3892.7	3154.5	27.8	81.5	629.2
1995	4699.2	3971.1	26.0	81.6	626.5
1996	5052.1	4309.5	44.3	86.8	619.4
1997	5209.7	4433.6	35.2	112.0	668.1
1998	5434.3	4517.5	35.4	142.6	779.1
1999	5815.4	4723.6	52.4	153.9	925.8
2000	6218.7	4954.2	140.1	158.8	1008.1
2001	6780.6	5168.4	170.0	239.5	1254.7
2002	6958.6	5408.2	235.4	111.0	1617.2
2003	7674.2	5984.8	356.2	100.7	1703.4
2004	8617.5	6807.3	494.0	92.9	1796.0
2005	9524.0	6805.4	872.2	195.6	2232.9
2006	10504.7	7401.7	929.8	287.2	2527.3
2007	12293.5	8612.5	2343.4	170.9	3022.1
2008	13821.2	9071.0	1575.1	316.5	3614.7
2009	15084.3	9854.1	1744.4	419.2	4060.5
2010	16565.7	10782.0	1880.9	541.1	4453.0
2011	18844.1	11550.1	2674.2	770.7	5089.0
2012	22172.8	13237.1	3008.3	867.8	5691.4
2013	24352.0	13453.0	3254.8	2387.3	5256.8
2014	26570.2	14661.7	3566.7	2628.6	5713.1
2015	28838.1	15902.8	3993.6	2801.0	6140.8
2016	31283.9	17274.9	4339.2	3009.6	6660.2
2017	33947.9	18765.9	4605.8	3204.1	7372.2
2018	36698.3	20021.5	5252.5	3715.3	7708.9
2019	39841.9	21534.1	5946.8	3950.9	8410.1
2020	41697.5	22457.3	6255.2	4146.1	8839.0
2021	44866.1	24160.9	6878.0	4436.0	9391.2

6–3 历年城镇居民人均消费支出
Per Capita Consumption Expenditures of Urban Households

单位：元 (yuan)

年份 Year	消费支出 Consumption Expenditure	食品烟酒 Food,Tobacco and Liquor	衣　着 Clothing and Footwear	居　住 Housing	生活用品及服务 Household Equipments, Furnishings and Services	交通通信 Transport and Communications	教育文化娱乐 Education, Cultural and Recreation	医疗保健 Health Care and Medical Services	其他用品和服务 Miscellaneous Goods and Services
1978	289.6	166.1					99.5		24.0
1980	425.5	244.1	54.0	17.0	46.3	6.4	32.8	2.8	22.2
1981	465.8	260.3	57.8	18.5	50.6	5.8	47.0	3.8	21.9
1982	449.4	264.5	54.8	20.0	42.7	6.1	35.6	4.2	21.4
1983	492.7	289.4	61.9	21.4	46.8	7.2	39.1	4.2	22.7
1984	540.8	310.4	70.4	22.2	53.9	7.8	47.5	4.2	24.4
1985	685.3	366.5	86.5	33.0	80.2	7.6	74.8	8.3	28.6
1986	775.3	427.9	102.0	36.4	89.0	8.4	67.2	9.7	34.7
1987	871.6	497.1	101.5	36.0	96.6	9.4	77.3	10.3	43.3
1988	1142.7	580.7	132.0	54.9	168.1	11.9	110.9	18.4	65.8
1989	1234.4	678.3	146.4	51.5	144.9	14.9	108.3	21.6	68.6
1990	1294.1	720.3	170.4	60.0	124.6	26.8	122.8	19.2	50.0
1991	1445.5	772.1	197.6	71.3	142.8	33.2	135.4	25.6	67.6
1992	1731.6	881.6	237.0	95.9	164.7	39.3	176.8	41.1	95.3
1993	2194.0	1049.4	305.0	141.8	230.6	72.4	215.2	57.7	121.9
1994	3138.2	1496.8	420.7	184.5	301.9	184.6	316.6	82.1	151.0
1995	3885.6	1898.1	481.1	244.3	370.7	206.9	408.4	108.7	167.5
1996	4098.3	1986.6	507.1	267.8	334.1	210.6	460.9	149.8	181.4
1997	4317.2	1972.8	497.6	316.7	327.8	276.7	576.4	161.3	188.1
1998	4371.0	1907.6	458.4	411.2	332.2	255.8	642.7	183.9	179.2
1999	4800.0	1942.2	512.3	492.6	401.4	321.3	697.2	206.1	226.5
2000	5218.8	1943.7	495.2	576.7	544.5	395.6	753.8	270.2	239.1
2001	5546.2	1943.6	551.5	662.4	460.1	474.7	826.9	328.6	298.4
2002	5574.7	1985.9	577.7	581.9	420.4	596.0	883.6	343.7	185.6
2003	6082.6	2179.3	621.3	586.9	420.2	680.2	993.9	391.3	209.5
2004	6884.6	2479.6	689.5	640.7	388.2	881.9	1091.3	475.6	237.9
2005	7505.0	2689.4	790.7	771.5	451.0	801.3	1138.7	601.3	261.2
2006	8169.3	2850.9	868.2	871.7	513.6	965.1	1182.2	632.5	285.0
2007	8990.7	3243.9	1017.6	869.6	603.2	986.9	1285.2	668.5	315.8
2008	9945.5	3970.4	1090.7	960.8	674.8	971.1	1110.1	791.0	376.6
2009	10828.2	4174.6	1146.3	1074.7	798.4	1233.8	1207.7	784.7	408.1
2010	11825.3	4322.1	1277.5	1182.3	903.8	1541.4	1418.9	776.9	402.5
2011	13402.9	4943.9	1499.0	1292.6	940.8	1975.5	1526.1	790.8	434.3
2012	14609.0	5441.6	1624.6	1301.6	1034.3	2084.2	1737.6	918.4	466.7
2013	16867.3	5323.0	1387.9	3427.8	1108.3	2141.2	2016.4	1022.8	439.8
2014	18334.7	5596.0	1442.1	3567.6	1098.6	2462.1	2537.5	1209.8	421.0
2015	19501.4	6075.5	1638.1	3519.6	1202.6	2430.2	2934.1	1174.6	526.6
2016	21420.0	6407.7	1666.4	3918.7	1384.1	2837.1	3406.1	1362.6	437.4
2017	23162.6	6585.0	1682.4	4353.2	1492.6	2904.6	3972.9	1693.0	478.9
2018	25064.2	6848.9	1823.5	5060.9	1635.6	3220.3	3924.5	2034.4	516.0
2019	26924.0	7499.6	1843.7	5447.8	1660.4	3425.2	4172.2	2305.2	569.8
2020	26796.4	7807.1	1778.4	5465.5	1708.7	3722.5	3360.8	2350.5	602.8
2021	28293.8	8129.8	1857.0	5795.6	1830.0	3802.7	3859.5	2399.2	620.0

注：1. 1992 年以前的数据，按现行的指标进行重新计算。
2. 2013 年起，居住消费中加入自有住房折算租金。

a. Data prior to 1992 are recalculated to current indicators.

b. Since 2013, Data on residence expenditure include converted rents of self–owned housing.

6-4 历年城镇居民人均可支配收入指数

Indices of Disposable Incomes of Urban Households

年份 Year	可支配收入 (元/人) Disposable Income (yuan/person)	上年=100 (preceding year=100)		1978年=100 (year of 1978=100)	
		货币收入 Money Income	实际收入 Real Income	货币收入 Money Income	实际收入 Real Income
1978	323.9			100.0	100.0
1980	475.9			146.9	125.2
1985	760.8	117.0	104.6	234.9	161.8
1990	1591.5	106.0	105.4	491.4	194.5
1995	4699.2	121.0	102.5	1452.6	278.7
1999	5815.4	107.0	107.4	1795.2	312.2
2000	6218.7	106.9	105.5	1919.9	328.9
2001	6780.6	109.0	110.2	2092.7	362.6
2002	6958.6	109.8	110.2	2298.6	399.7
2003	7674.2	110.3	108.8	2534.9	434.7
2004	8617.5	112.3	107.9	2846.2	468.9
2005	9524.0	110.5	108.2	3145.6	507.6
2006	10504.7	110.3	108.6	3469.6	551.6
2007	12293.5	117.0	111.2	4059.4	613.2
2008	13821.2	112.4	106.2	4562.8	651.2
2009	15084.3	109.1	109.5	4978.0	713.1
2010	16565.7	109.8	106.5	5465.9	759.4
2011	18844.1	113.8	107.9	6220.2	819.4
2012	22172.8	113.1	110.7	7035.0	907.1
2013	24352.0	109.8	107.0	7724.4	970.6
2014	26570.2	109.1	106.9	8427.4	1037.6
2015	28838.1	108.5	106.9	9146.7	1109.2
2016	31283.9	108.5	106.5	9924.1	1181.3
2017	33947.9	108.5	106.8	10769.2	1261.6
2018	36698.3	108.1	106.1	11641.6	1338.6
2019	39841.9	108.6	105.6	12638.8	1413.7
2020	41697.5	104.7	102.6	13232.8	1450.4
2021	44866.1	107.6	104.8	14238.5	1520.0

注：1. 实际收入指数，指扣除价格上涨因素后的指数。

2. 1991 年及以前的可支配收入均系全部收入。

3. 2002 年起，可支配收入剔除了出售财物收入和个人交纳的社会保障支出；消费支出中，居住支出剔除了自有房屋折算金。

a. The real income is calculated without the factor of price increase.

b. Data on disposable income prior to 1991 refer to those on the total income.

c. Since 2002,Data on disposable income exclude income of selling property and individual expenditure for social security programs; Data on living expenditure exclude converted net rent from owner-occupied housing.

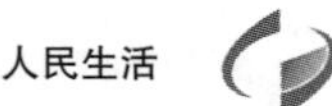

6-5 城镇居民按收入五等份分组的人均收支(2021年)
Per Capita Income and Expenditure of Urban Households by Income Quintile (2021)

单位：元 (yuan)

项　目	Item	低收入户 Low Income Households	中低收入户 Lower Middle Income Households	中等收入户 Middle Income Households	中高收入户 Upper Middle Income Households	高收入户 High Income Households
可支配收入	**Disposable Income**	**17095.0**	**29159.3**	**40357.4**	**55830.4**	**99391.6**
工资性收入	Income of Wages and Salaries	9446.4	16105.9	22622.6	29970.5	51564.6
经营净收入	Net Business Income	2014.3	3515.1	4217.9	7066.1	21141.3
财产净收入	Net Income from Property	1458.1	2757.0	4174.7	5683.2	12211.3
转移净收入	Net Income from Transfer	4176.1	6781.4	9342.3	13110.5	14474.4
消费支出	**Consumption Expenditure**	**15566.7**	**20392.4**	**25956.6**	**33871.3**	**51103.0**

6–6 农村居民生活
Rural Households' Life

年份 Year	平均每人每年（元） Per Capita Per Year (yuan)					每一劳动力负担人数（人） Supported by Per Employee (person)	人均自有现住房面积（平方米） Per Capita Self-owned Housing Area (sq.m)
	可支配收入 Disposable Income	指 数（1978 年 =100） Indices (year of 1978 = 100)	总支出 Total Expenditure	消费支出 Consumption Expenditure	食品支出 Food		
1978	142.56		167.10	140.07	97.93	2.33	10.50
1980	219.72	147.6	236.13	192.95	127.70	2.09	11.15
1981	241.70	160.5	265.29	207.59	135.98	1.95	11.87
1982	284.40	186.5	323.22	248.69	164.02	2.00	12.89
1983	315.70	205.0	409.19	273.86	175.62	1.77	16.10
1984	348.20	221.9	441.76	293.19	190.96	1.74	16.77
1985	395.26	239.4	519.85	348.45	219.43	1.69	18.20
1986	439.70	255.9	568.00	386.35	228.96	1.68	19.25
1987	471.30	257.4	639.14	434.75	245.68	1.67	20.01
1988	515.35	244.8	730.06	480.75	266.89	1.65	20.48
1989	558.34	236.5	786.48	516.29	290.35	1.63	21.57
1990	664.23	229.4	930.23	608.73	390.73	1.65	22.27
1991	688.91	234.4	1008.06	655.54	412.63	1.69	22.58
1992	739.40	239.7	1116.06	707.79	442.56	1.67	23.12
1993	851.90	244.5	1306.48	816.56	498.95	1.63	24.56
1994	1155.00	257.0	1766.51	1088.73	665.72	1.60	24.23
1995	1425.16	270.4	2203.36	1367.30	823.91	1.60	25.57
1996	1792.30	292.8	2784.64	1736.71	1025.32	1.56	26.88
1997	2037.06	318.9	2853.42	1815.79	1078.00	1.56	27.37
1998	2064.85	326.6	2829.93	1889.18	1107.23	1.54	28.79
1999	2147.18	344.6	2772.35	1920.15	1122.96	1.52	29.88
2000	2197.2	361.1	2964.9	1942.9	1053.4	1.46	30.92
2001	2299.5	379.5	3030.1	1990.3	1053.2	1.45	32.87
2002	2397.9	398.5	3114.7	2068.7	1086.1	1.44	34.05
2003	2532.9	417.2	3184.3	2139.2	1111.3	1.42	35.09
2004	2837.8	450.6	3729.1	2472.3	1338.7	1.40	36.55
2005	3117.7	483.0	4289.5	2756.4	1433.0	1.40	38.38
2006	3389.8	519.7	4502.7	3013.1	1463.3	1.38	39.28
2007	3904.3	562.8	5009.9	3377.4	1675.2	1.37	40.18
2008	4512.5	607.8	5695.0	3805.0	1947.5	1.37	40.72
2009	4910.0	664.3	6024.2	4020.9	1967.5	1.36	41.69
2010	5622.0	737.1	6507.9	4310.4	2087.9	1.36	42.01
2011	6567.1	815.2	8480.5	5179.4	2343.1	1.35	46.62
2012	8023.5	908.9	9356.8	5870.1	2574.8	1.36	46.78
2013	9028.6	998.0	14349.5	7832.6	2708.9	1.51	52.93
2014	10060.2	1096.8	16612.3	9024.8	3095.2	1.50	54.25
2015	10992.5	1185.6	17387.2	9690.6	3188.9	1.50	57.26
2016	11930.4	1262.7	18231.3	10629.9	3370.7	1.68	60.63
2017	12935.8	1353.6	19309.0	11533.6	3521.2	1.71	63.52
2018	14092.5	1445.7	23632.9	12720.5	3713.9	1.83	63.57
2019	15394.8	1532.4	24603.3	13968.8	4024.9	1.87	63.94
2020	16584.6	1604.4	25198.1	14974.0	4635.9	1.95	65.28
2021	18295.2	1769.7	29636.7	16950.7	5254.1	1.85	63.89

注：从 2013 年开始收入指标改为可支配收入，收支口径有所变化。主要变化是参与平均的人口由家庭户籍人口改为家庭常住人口。居住面积也因人口口径变化而变化，指标名称由农村人均居住面积改为农村居民人均自有现住房面积。收入指数扣除价格因素影响。

Since 2013, the income index has been changed to disposable income, and the income and expenditure lines have changed. The main change is that the participating average population is changed from household registered population to permanent resident population. The living area also changed due to the change of population caliber, and the name of the indicator was changed from rural per capita living area to rural per capita self-owned housing area. The income index after deducting the price factor.

6-7 历年农村居民人均可支配收入
Per Capita Annual Disposable Income of Rural Households by Source

单位：元 (yuan)

年份 Year	可支配收入 Disposable Income	工资性收入 Income of Wages and Salaries	经营净收入 Net Business Income	财产净收入 Net Income from Property	转移净收入 Net Income from Transfer
1978	142.56				
1979	177.12				
1980	219.72	104.21	88.51	26.99	
1981	243.17	110.52	102.49	30.17	
1982	284.39	132.32	124.55	27.52	
1983	315.67	50.10	236.04	29.53	
1984	348.20	52.99	266.45	28.76	
1985	395.26	53.81	326.23	15.22	
1986	439.66	59.18	364.40	16.08	
1987	471.30	74.85	379.53	16.92	
1988	515.35	86.53	409.52	19.31	
1989	558.34	99.88	436.21	22.25	
1990	664.23	85.11	557.10	22.03	
1991	688.91	94.16	570.76	23.99	
1992	739.42	114.01	601.11	24.30	
1993	851.87	135.85	685.85	30.17	
1994	1155.00	206.77	903.01	45.22	
1995	1425.16	268.00	1095.89	61.27	
1996	1792.25	352.07	1367.11	73.07	
1997	2037.06	459.97	1508.55	68.54	
1998	2064.85	613.10	1383.34	68.41	
1999	2147.18	695.62	1372.68	78.88	
2000	2197.2	789.7	1329.1	20.7	57.6
2001	2299.5	840.1	1371.1	23.2	65.1
2002	2397.9	914.3	1376.7	29.0	77.9
2003	2532.9	988.4	1427.2	32.3	85.0
2004	2837.8	1081.2	1614.6	41.9	100.1
2005	3117.7	1228.8	1713.4	42.1	133.6
2006	3389.8	1449.7	1743.5	42.5	154.2
2007	3904.3	1712.3	1963.9	39.9	188.1
2008	4512.5	1990.5	2196.6	57.1	268.3
2009	4910.0	2234.0	2257.3	81.2	337.5
2010	5622.0	2655.6	2463.9	101.6	400.9
2011	6567.1	3240.8	2725.2	112.2	488.9
2012	8023.5	3847.6	2903.2	112.8	576.6
2013	9028.6	3671.6	3255.5	130.7	1970.7
2014	10060.2	4088.1	3638.9	165.6	2167.5
2015	10992.5	4515.2	3911.7	174.1	2391.5
2016	11930.4	4946.2	4138.6	143.1	2702.5
2017	12935.8	5340.8	4368.9	148.2	3077.9
2018	14092.5	5769.3	4785.7	179.3	3358.2
2019	15394.8	6224.0	5268.3	208.8	3693.6
2020	16584.6	6569.6	5804.0	231.7	3979.3
2021	18295.2	7165.0	6530.2	261.5	4338.5

6-8 历年农村居民人均消费支出
Per Capita Consumption Expenditures of Rural Households

单位：元 (yuan)

年份 Year	消费支出 Consumption Expenditure	食品烟酒 Food,Tobacco and Liquor	衣着 Clothing and Footwear	居住 Housing	生活用品及服务 Household Equipments, Furnishings and Services	交通通信 Transport and Communications	教育文化娱乐 Education, Cultural and Recreation	医疗保健 Health Care and Medical Services	其他用品和服务 Miscellaneous Goods and Services
1978	140.07	97.93	14.29	18.15					
1980	192.85	127.91	20.46	27.29	3.05	0.51	7.54	3.15	2.94
1981	207.59	135.98	23.06	27.85					
1982	248.69	164.02	24.74	35.83					
1983	273.86	175.62	26.71	41.77	16.27	1.29	6.38	4.70	1.12
1984	293.19	191.19	28.81	41.51	16.15	1.62	7.03	5.53	1.33
1985	348.45	219.57	33.77	50.96	15.69	6.63	11.92	7.49	2.42
1986	386.35	229.13	36.47	66.81	23.92	2.65	16.08	8.33	2.96
1987	434.75	248.06	36.93	79.33	29.70	3.08	22.97	10.68	4.00
1988	480.75	269.77	38.69	88.38	33.00	3.86	31.52	11.61	3.92
1989	516.29	293.98	39.64	87.67	33.53	4.64	37.05	16.14	3.64
1990	608.73	390.73	37.29	82.75	28.62	8.83	39.18	18.29	3.04
1991	655.54	412.63	42.87	92.29	34.67	6.79	41.14	20.56	4.59
1992	707.29	442.56	43.51	98.80	35.92	8.23	52.59	22.69	3.49
1993	816.55	498.95	45.40	108.07	40.13	16.14	74.16	24.37	9.33
1994	1088.73	665.72	61.23	148.63	50.39	21.59	98.91	29.28	12.98
1995	1367.30	823.91	73.51	192.42	68.79	26.29	128.84	35.78	17.75
1996	1736.71	1025.32	96.04	229.74	84.74	38.70	176.96	58.66	26.55
1997	1821.13	1081.60	90.53	241.93	84.24	46.30	187.99	58.26	30.29
1998	1889.18	1107.23	91.45	251.73	85.69	45.90	206.60	61.69	38.88
1999	1920.15	1122.96	82.65	267.92	79.73	60.24	207.67	62.13	36.86
2000	1942.9	1053.4	89.8	251.9	78.1	99.4	222.5	82.2	65.7
2001	1990.3	1053.2	93.4	268.7	80.8	102.4	234.4	95.7	61.8
2002	2068.7	1086.1	97.9	271.3	84.8	118.6	248.6	102.8	58.7
2003	2139.2	1111.3	106.2	272.0	79.6	146.9	270.5	105.2	47.5
2004	2472.3	1338.7	112.4	293.2	92.4	174.5	280.0	124.1	57.1
2005	2756.4	1433.0	127.9	307.3	114.3	219.0	329.3	168.2	57.5
2006	3013.1	1463.3	137.7	420.8	129.8	249.6	341.7	196.5	73.6
2007	3377.4	1675.2	161.8	508.3	152.6	278.8	293.9	220.0	86.9
2008	3805.0	1947.5	169.1	629.8	171.1	286.0	278.7	244.2	78.7
2009	4020.9	1967.5	182.5	691.6	203.7	341.3	291.0	258.1	85.3
2010	4310.4	2087.9	209.9	719.2	243.9	343.8	315.9	293.6	96.2
2011	5179.4	2343.1	260.4	969.7	330.7	421.7	346.6	396.5	110.6
2012	5870.1	2574.8	318.0	1088.2	373.5	481.6	400.2	497.2	136.6
2013	7832.6	2708.9	403.1	1764.6	511.6	798.8	733.8	747.1	164.6
2014	9024.8	3095.2	468.0	1982.4	541.9	871.9	1112.1	771.4	181.9
2015	9690.6	3188.9	494.5	2191.0	604.7	920.2	1276.4	844.1	170.7
2016	10629.9	3370.7	508.3	2369.4	639.9	1083.1	1477.3	986.5	194.6
2017	11533.6	3521.2	527.2	2562.5	642.8	1234.5	1710.2	1171.8	163.4
2018	12720.5	3713.9	624.1	2920.6	756.8	1449.7	1678.6	1385.5	191.4
2019	13968.8	4024.9	674.9	3152.9	787.7	1642.9	1851.0	1614.5	220.1
2020	14974.0	4635.9	674.4	3367.0	853.0	1730.5	1783.8	1706.6	222.6
2021	16950.7	5254.1	767.9	3764.4	965.5	1921.0	2212.1	1827.5	238.2

6-9 历年农村居民人均可支配收入指数
Indices of Disposable Incomes of Rural Residents

年份 Year	可支配收入（元/人）Disposable Income (yuan/person)	上年=100 (preceding year=100)		1978年=100 (year of 1978=100)		1990年=100 (year of 1990=100)	
		货币收入 Money Income	实际收入 Real Income	货币收入 Money Income	实际收入 Real Income	货币收入 Money Income	实际收入 Real Income
1978	142.6			100.0	100.0		
1980	219.7	124.1	119.6	154.1	147.6		
1981	241.7	110.0	108.2	169.5	160.5		
1982	284.4	117.7	116.2	199.5	186.5		
1983	315.7	111.0	109.9	221.4	205.0		
1984	348.2	110.3	108.2	244.2	221.9		
1985	395.3	113.5	107.9	277.3	239.4		
1986	439.7	111.2	106.9	308.4	255.9		
1987	471.3	107.2	100.6	330.6	257.4		
1988	515.4	109.3	95.1	361.5	244.8		
1989	558.3	108.3	96.6	391.6	236.5		
1990	664.2	119.0	97.0	465.9	229.4	100.0	100.0
1991	688.9	103.7	102.2	483.2	234.4	103.7	102.2
1992	739.4	107.3	102.0	518.7	239.7	111.3	104.2
1993	851.9	115.2	102.0	597.6	244.5	128.2	106.1
1994	1155.0	135.6	105.1	810.2	257.0	173.9	111.6
1995	1425.2	123.4	105.2	999.7	270.4	214.6	117.4
1996	1792.3	125.8	108.3	1257.2	292.8	269.8	127.1
1997	2037.1	113.7	108.9	1428.9	318.9	306.7	138.5
1998	2064.9	101.4	102.4	1448.4	326.6	310.9	141.8
1999	2147.2	104.0	105.5	1506.3	344.6	323.3	149.6
2000	2197.2	102.3	104.8	1540.8	361.1	330.8	156.8
2001	2299.5	104.7	105.1	1613.2	379.5	346.2	164.8
2002	2397.9	104.3	105.0	1682.0	398.5	361.1	173.0
2003	2532.9	105.6	104.7	1776.2	417.2	381.3	181.1
2004	2837.8	112.0	108.0	1989.3	450.6	427.1	195.6
2005	3117.7	109.9	107.2	2186.2	483.0	469.4	209.7
2006	3389.7	108.7	107.6	2376.4	519.7	510.2	225.6
2007	3904.3	115.2	108.3	2737.6	562.8	587.8	244.3
2008	4512.5	115.6	108.0	3164.7	607.8	679.5	263.8
2009	4910.0	108.8	109.3	3443.2	664.3	739.3	288.3
2010	5622.0	114.5	111.0	3943.6	737.1	846.4	321.3
2011	6567.1	116.8	110.6	4606.1	815.2	988.6	355.4
2012	8023.5	113.3	111.5	5218.7	908.9	1120.1	396.3
2013	9028.6	112.5	109.8	6331.4	998.0	1359.3	435.1
2014	10060.2	111.4	109.9	7054.8	1096.8	1514.6	478.2
2015	10992.5	109.3	108.1	7708.6	1185.6	1655.0	516.9
2016	11930.4	108.5	106.5	8363.8	1262.7	1795.6	550.5
2017	12935.8	108.4	107.2	9066.4	1353.6	1946.5	590.1
2018	14092.5	108.9	106.8	9873.3	1445.7	2119.7	630.3
2019	15394.8	109.2	106.0	10781.7	1532.4	2314.7	668.1
2020	16584.6	107.7	104.7	11611.9	1604.4	2493.0	699.5
2021	18295.2	110.3	110.3	12807.9	1769.7	2749.7	771.5

注：2012年及以前为纯收入。
Data prior to 2012 refer to net income.

6−10 农村居民按收入五等份分组的人均收支(2021年)
Per Capita Income and Expenditure of Rural Households by Income Quintile (2021)

单位：元 (yuan)

项 目	Item	低收入户 Low Income Households	中低收入户 Lower Middle Income Households	中等收入户 Middle Income Households	中高收入户 Upper Middle Income Households	高收入户 High Income Households
可支配收入	**Disposable Income**	**5814.0**	**12304.5**	**16982.7**	**22457.1**	**41700.2**
工资性收入	Income of Wages and Salaries	2601.9	5421.7	8360.0	10264.9	12748.9
经营净收入	Net Business Income	788.0	2853.3	3943.2	7168.0	22008.5
财产净收入	Net Income from Property	80.1	157.1	226.1	243.0	736.4
转移净收入	Net Income from Transfer	2344.1	3872.5	4453.5	4781.3	6206.4
消费支出	**Consumption Expenditure**	**12728.1**	**14829.0**	**16039.2**	**19375.6**	**24687.4**

主要统计指标解释

从2012年四季度起，国家统计局对分别进行的城乡住户调查实施了一体化改革，规范了城乡划分范围，统一了城乡居民收入指标名称、分类和统计标准，建立了城乡统一的一体化住户调查，并据此采集全国居民有关数据。1978−2012年的数据，根据国家统计局城镇住户调查和农村住户调查的历史数据，按照住户收支与生活状况调查可比口径推算得到。

一、居民可支配收入

居民可支配收入指居民可用于最终消费支出和储蓄的总和，即居民可用于自由支配的收入。既包括现金收入，也包括实物收入。按照收入的来源，可支配收入包含四项，分别为：工资性收入、经营净收入、财产净收入和转移净收入。

工资性收入 指就业人员通过各种途径得到的全部劳动报酬和各种福利，包括受雇于单位或个人、从事各种自由职业、兼职和零星劳动得到的全部劳动报酬和福利。

经营净收入 指住户或住户成员从事生产经营活动所获得的净收入，是全部经营收入中扣除经营费用、生产性固定资产折旧和生产税之后得到的净收入。计算公式为：

经营净收入＝经营收入－经营费用－生产性固定资产折旧－生产税

财产净收入 指住户或住户成员将其所拥有的金融资产、住房等非金融资产和自然资源交由其他机构单位、住户或个人支配而获得的回报并扣除相关的费用之后得到的净收入。财产净收入包括利息净收入、红利收入、储蓄性保险净收益、转让承包土地经营权租金净收入、出租房屋净收入、出租其他资产净收入和自有住房折算净租金等。财产净收入不包括转让资产所有权的溢价所得。

转移净收入 计算公式为：转移净收入＝转移性收入－转移性支出

转移性收入 指国家、单位、社会团体对住户的各种经常性转移支付和住户之间的经常性收入转移。包括养老金或退休金、社会救济和补助、政策性生产补贴、政策性生活补贴、救灾款、经常性捐赠和赔偿、报销医疗费、住户之间的赡养收入，本住户非常住成员寄回带回的收入等。转移性收入不包括住户之间的实物馈赠。

转移性支出 指调查户对国家、单位、住户或个人的经常性或义务性转移支付。包括缴纳的税款、各项社会保障支出、赡养支出、经常性捐赠和赔偿支出以及其他经常转移支出等。

根据住户收支与生活状况调查，分城镇和农村的居民人均可支配收入等数据的覆盖人群主要变化：一是计算城镇居民人均可支配收入时分母包括了在城镇地区常住的农民工，计算农村居民人均可支配收入时分母不包括在城镇地区常住的农民工；二是由本户供养的在外大学生视为常住人口。

二、居民消费支出

居民消费支出是指居民用于满足家庭日常生活消费需要的全部支出，既包括现金消费支出，也包括实物消费支出。消费支出可划分为食品烟酒、衣着、居住、生活用品及服务、交通通信、教育文化娱乐、医疗保健以及其他用品及服务八大类。

食品烟酒 指用于各种食品和烟草、酒类的支出。

衣着 指与居民穿着有关的支出，包括服装、服装材料、鞋类、其他衣类及配件、衣着相关加工服务的支出。

居住 指与居住有关的支出，包括房租、水、电、燃料、物业管理等方面的支出，也包括自有住房折算租金。

生活用品及服务 指家庭及个人的各类生活品及家庭服务。包括家具及室内装饰品、家用器具、家用纺织品、家庭日用杂品、个人用品和家庭服务。

交通通信 指用于交通和通信工具及相关的各种服务费、维修费和车辆保险等支出。

教育文化娱乐 指用于教育、文化和娱乐方面的支出。

医疗保健 指用于医疗和保健的药品、用品和服务的总费用。包括医疗器具及药品，以及医疗服务。

其他用品及服务 指无法直接归入上述各类支出的其他用品与服务支出。

服务性消费 指住户用于各种生活服务的消费支出，包括餐饮服务、衣着鞋类加工服务、居住服务、家庭服务、交通通信服务、教育文化娱乐服务、医疗服务和其他服务等。

Explanatory Notes on Main Statistical Indicators

In the fourth quarter of 2012, the NBS launched its reform on the household survey programme, to develop an integrated survey, instead of two separate urban and rural household surveys. The reform aims at regulating the division of urban and rural areas, integrating the concepts, classifications and standards, implementing the integrated household survey, and collecting household data in the whole country thereafter. Data from 1978 to 2012 are estimated based on the historical data of Urban Household Survey and Rural Household Survey according to the comparable definition and coverage of main income and consumption indicators of Household Survey on Income and Expenditure and Living Conditions.

I. Disposable Income of Residents

Disposable Income of Residents refers to the income of residents for purpose of final expenditure and savings. It includes income both in cash and in kind. By sources of income, disposable income includes four categories: income from wages and salaries, net business income, net income from properties and net income from transfer.

Income from Wages and Salaries refers to remuneration and benefits of all kinds of employed person, including those employed by other units or individuals, freelance workers, part-time jobs, and sporadic workers.

Net Business Incomes refers to net income earned by households and their members engaged in production and business activities. It refers to the net income of operating revenue minus operating costs, depreciation of productive fixed assets, and production tax. The formula is:

Net business income = operating revenue-operating costs -depreciation of productive fixed assets-production tax

Net Income from Properties refers to the net income received as returns by households or members through lending of their financial assets, non-financial assets such as housing, to other institutions, households or individuals, minus relevant costs. Net income from properties includes net income of interest, bonus income, net income of saving insurance, net income from transferring management right of contract land, income from lending of housing, income from lending other assets, net converted rents of self-owned housing. Net income from properties do not include premium of transferring ownership of assets.

Net Income from Transfer The formula is:

Net income from transfer = income from transfer - expenditure from transfer

Income from Transfer refers to the regular transfer received from governments, institutions, social organizations to households and between households. It includes old-age and retirement pension, disaster relief funds, regular donation and compensation, reimbursement of medical fees, supporting income between households, income from non-resident members of households, etc. Income from transfer do not include gifts in kinds between households.

Expenditure from Transfer refers to regular or obligatory transfer paid to government, institutions, households or individuals. It includes tax payment, expenditure on all kinds of social security, supporting expenditure, regular donation, compensation payment and other regular transfer expenditure.

According to Household Survey on Income and Expenditure and Living Conditions, main changes of population coverage of per capita disposable income of urban and rural residents includes: migrant workers residing in urban areas are included in the denominator when calculating per capita disposable income of urban residents, and not included in denominator when calculating per capita disposable income of rural residents; students studying in universities or colleges in other places who are supported by the households are regarded as permanent residents of the households.

II. Consumption Expenditure of Residents

Consumption Expenditure of Residents refers to all expenditure of residents for living expenditure to satisfy family daily living. It includes expenditure in cash and in kind. It includes eight categories: food, tobacco and liquor; clothing and footwear; housing; household equipments, furnishings and services; transport and communications; education, culture and recreation; health care and medical services, and miscellaneous goods and services.

Food, Tobacco and Liquor refers to expenditure for food, tobacco and liquor of all kinds.

Clothing and Footwear refers to expenditure related to clothing, including clothes, clothing materials, footwear, other clothing and accessories, processing services related to clothing.

Housing refers to expenditure related to housing, including rents, water, electricity, fuel, property management, as well as imputed rent on owner-occupied dwellings.

Household Equipments, Furnishings and Services refers to expenditure of households and individuals on equipments, furnishings and articles for living purpose and on household services. It includes furniture and interior decoration, home appliances, home textiles, household miscellaneous daily articles, personal articles, and household services.

Transport and Communications refers to expenditure on transport and communication and related services,

maintenance and repairs, and vehicle insurance.

Education, Culture and Recreation refers to expenditure on educational, cultural and recreational activities.

Health Care and Medical Services refers to expenditure on drugs, supplies and services of medical and health care. It includes medical appliances and drugs, and medical services.

Miscellaneous Goods and Services refers to expenditure on all other articles and services that can not classified into the above categories.

Service Consumption refers to consumption expenditure of households for various living services, including catering services, clothing and footwear processing services, housing services, household services, transportation and communication services, education, culture and entertainment services, medical services and other services.

固定资产投资

Investment in Fixed Assets

资料整理人员：田杰平

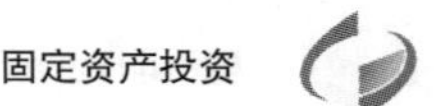

7-1 固定资产投资
Investment in Fixed Assets

单位：亿元 (100 million yuan)

年份 Year	固定资产投资 Investment in Fixed Assets	固定资产投资增速(%) Fixed asset investment growth (%)
2002	988.27	
2003	1182.26	19.6
2004	1551.91	31.3
2005	1945.70	25.4
2006	2338.52	20.2
2007	2977.68	27.3
2008	3847.79	29.2
2009	5182.30	34.7
2010	6294.55	21.5
2011	8220.87	28.1
2012	10152.47	23.5
2013	12433.63	22.5
2014	14823.85	19.2
2015	17329.77	16.9
2016	19549.63	12.8
2017	21423.35	9.6
2018		10.0
2019		10.1
2020		7.6
2021		8.0

注：从 2011 年起，固定资产投资起报点由 50 万元提高到 500 万元，全社会固定资产投资指标调整为固定资产投资。2011 年固定资产投资增速为同口径增速。

From 2011, the starting point of reporting Investment in Fixed Assets increased from five hundred thousand yuan to five million yuan. The Index of "Total Investment in Fixed Assets" adjusted to the "Investment in Fixed Assets". Fixed asset investment grew at the same rate in 2011.

7-2 各种分组的固定资产投资(2021年)
Investment in Fixed Assets in Various Groups (2021)

指 标	Item	2021 年比上年 ±% Increase Rate in 2021 over 2020 (%)
投资总额	**Total Investment**	**8.0**
按经济类型分	**Grouped by Ownership**	
国有经济	State-owned Units	-5.1
集体经济	Collective-owned Units	3.3
个体经济	Individuals	15.1
联营经济	Joint Owned Economic Units	13.0
股份制经济	Share Holding Economic Units	8.0
外商投资经济	Foreign Funded Economic Units	24.1
港澳台投资经济	Economy With Funded From H.K,Macao and Taiwan	37.7
其他经济	Others	20.1
按资金来源分	**Grouped by Source of Funds**	
国家预算内投资	State Budgetary Appropriation	32.6
国内贷款	Domestic Loans	8.2
债券	Bonds	-4.5
利用外资	Foreign Investment	-19.3
自筹投资	Fundraising	36.9
其他资金	Others	12.6
按构成分	**Grouped by Use of Funds**	
建筑安装工程	Construction and Installation	11.2
设备、工器具购置	Purchase of Equipment and Instruments	-1.6
其他费用	Others	-8.9
按隶属关系分	**Grouped by Administrative Relationship**	
中央	Central	-6.6
地方	Local	8.6
按用途分：住宅	**Grouped by Industry: Residential Buildings**	**17.7**

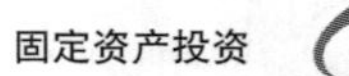

7-3 按经济类型分固定资产投资构成(2021年)
Investments in Fixed Assets Composition by Economic Type (2021)

单位：% (%)

类 别	Item	投资额占比 Investment Proportion
按资金来源分	**Grouped by Source of Funds**	
#国家预算内投资	#State Budgetary Appropriation	4.2
国内贷款	Domestic Loans	6.8
债券	Bonds	0.5
利用外资	Foreign Investment	0.1
自筹投资	Fundraising	70.0
其他资金	Others	18.4
按构成分	**Grouped by Use of Funds**	
#建安工程	#Construction and Installation	82.9
设备、工具、器具购置	Purchase of Equipment and Instruments	9.3
其他费用	Others	7.7
按用途分：住宅	**Grouped by Industry:Residential Buildings**	**16.5**

注：其他含联营经济、股份制经济、中外合资经营、中外合作经营、外资、与大陆合资经营、与大陆合作经营、港澳台独资等经济。

Other types of ownership refer to the types of ownership of joint-owned economic units, share holding economic units, economic units funded by Chinese and foreign ventures, Chinese-foreign joint ventures, foreign-funded economic units, and the economic units funded by enterpriser from Hong Kong, Macao and Taiwan.

7–4 按行业分固定资产投资(2021年)
Investment of Fixed Assets by Sector (2021)

指 标	Item	2021	2021年比上年 ±% Increase Rate in 2021 over 2020 (%)
总计 (亿元)	**Total (100 million yuan)**		**8.0**
农、林、牧、渔业	Agriculture,Forestry,Farming of Animals and Fishing		7.8
采矿业	Mining		-0.5
制造业	Manufacturing		17.5
电力、热力、燃气及水生产和供应业	Production and Supply of Electricity,Heat,Gas and Water		-3.9
建筑业	Construction		-32.4
批发和零售业	Wholesale and Retail Trades		6.7
交通运输、仓储和邮政业	Transport, Storage and Post		28.5
住宿和餐饮业	Hotels and Catering Services		-17.7
信息传输、软件和信息技术服务业	Information Transmission, Software and Information Technology		5.5
金融业	Finance		39.1
房地产业	Real Estate Trade		7.0
租赁和商务服务业	Tenancy and Business Services		2.2
科学研究和技术服务业	Scientific Research and Technical Services		5.3
水利、环境和公共设施管理业	Management of Water Conservancy,Environment and Public Establishment		1.5
居民服务、修理和其他服务业	Services to Households,Repair and Other Services		-11.5
教育	Education		1.8
卫生和社会工作	Health and Social Welfare		-3.7
文化、体育和娱乐业	Culture,Sports and Entertainment		7.9
公共管理、社会保障和社会组织	Public Management,Social Security and Social Organization		-6.3
构成 (%)	**Composition in Percentage (%)**		
农、林、牧、渔业	Agriculture,Forestry,Farming of Animals and Fishing	4.2	
采矿业	Mining	0.7	
制造业	Manufacturing	33.4	
电力、热力、燃气及水生产和供应业	Production and Supply of Electricity,Heat,Gas and Water	4.1	
建筑业	Construction	0.1	
批发和零售业	Wholesale and Retail Trades	6.8	
交通运输、仓储和邮政业	Transport, Storage and Post	1.3	
住宿和餐饮业	Hotels and Catering Services	1.0	
信息传输、软件和信息技术服务业	Information Transmission, Software and Information Technology	0.6	
金融业	Finance	0.1	
房地产业	Real Estate Trade	20.6	
租赁和商务服务业	Tenancy and Business Services	4.1	
科学研究和技术服务业	Scientific Research and Technical Services	2.0	
水利、环境和公共设施管理业	Management of Water Conservancy,Environment and Public Establishment	13.2	
居民服务、修理和其他服务业	Services to Households,Repair and Other Services	0.3	
教育	Education	2.7	
卫生和社会工作	Health and Social Welfare	1.7	
文化、体育和娱乐业	Culture,Sports and Entertainment	2.5	
公共管理、社会保障和社会组织	Public Management,Social Security and Social Organization	0.6	

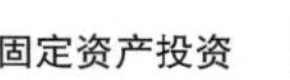

7-5 按行业分固定资产投资额占比(2021年)
The Proportion of Investment in Fixed Assets by Sector (2021)

单位：%　(%)

指 标	Item	投资额占比 Investment Proportion
总计	**Total**	**100.0**
农、林、牧、渔业	**Agriculture, Forestry, Animal Husbandry and Fishing**	**4.2**
农业	Agriculture	1.6
林业	Forestry	0.2
畜牧业	Animal Husbandry	1.6
渔业	Fishing	0.1
农、林、牧、渔服务业	Service Activities for Agriculture, Forestry, Animal Husbandry	0.8
采矿业	**Mining**	**0.7**
煤炭开采和洗选业	Mining and Washing of Coal	0.1
石油和天然气开采业	Extraction of Petroleum and Natural Gas	
黑色金属矿采选业	Mining and Processing of Ferrous Metal Ores	
有色金属矿采选业	Mining and Processing of Non-ferrous Metal Ores	0.2
非金属矿采选业	Mining and Processing of Non-metal Ores	0.4
开采专业及辅助性活动	Professional and Support Activities for Mining	
其他采矿业	Mining of Other Ores	
制造业	**Manufacturing**	**33.4**
农副食品加工业	Processing of Food from Agricultural Products	2.5
食品制造业	Manufacture of Foods	0.8
酒、饮料和精制茶制造业	Wine, Soft Drinks and Refined Tea Industry	0.6
烟草制品业	Manufacture of Tobacco	0.1
纺织业	Manufacture of Textile	0.5
纺织服装、鞋、帽制造业	Manufacture of Textile Wearing Apparel, Footware, and Caps	0.4
皮革毛皮羽毛(绒)及其制品业	Manufacture of Leather, Fur, Feather and Related Products	0.6
木材加工及木竹藤棕草制品业	Processing of Timber, Manufacture of Wood, Bamboo, Rattan, Palm, and Straw Products	0.5
家具制造业	Manufacture of Furniture	0.4
造纸及纸制品业	Manufacture of Paper and Paper Products	0.4
印刷业和记录媒介的复制	Printing,Reproduction of Recording Media	0.3
文教体育用品制造业	Manufacture of Articles For Culture, Education and Sport Activity	0.5
石油加工、炼焦及核燃料加工业	Processing of Petroleum, Coking, Processing of Nuclear Fuel	0.2
化学原料及化学制品制造业	Manufacture of Raw Chemical Materials and Chemical Products	1.8
医药制造业	Manufacture of Medicines	1.1
化学纤维制造业	Manufacture of Chemical Fibers	
橡胶和塑料制品业	Rubber and Plastic Products Industry	0.9
非金属矿物制品业	Manufacture of Non-metallic Mineral Products	3.2
黑色金属冶炼及压延加工业	Smelting and Pressing of Ferrous Metals	0.4
有色金属冶炼及压延加工业	Smelting and Pressing of Non-ferrous Metals	1.0
金属制品业	Manufacture of Metal Products	1.8
通用设备制造业	Manufacture of General Purpose Machinery	2.3
专用设备制造业	Manufacture of Special Purpose Machinery	3.5
汽车制造业	Automotive Manufacturing	1.2
铁路、船舶、航空航天和其他运输设备制造业	Railroad, Marine, Aerospace and Other Transportation Equipment Manufacturing	0.6
电气机械及器材制造业	Manufacture of Electrical Machinery and Equipment	1.9
通信设备、计算机及其他电子设备制造业	Manufacture of Communication Equipment, Computers and Other Electronic Equipment	4.4
仪器仪表制造业	Instrument Manufacturing	0.5
其他制造业	Other Manufacture	0.6
废弃资源综合利用业	Utilization of Waste Resources	0.4
金属制品、机械和设备修理业	Metal Products, Machinery and Equipment Repair Industry	
电力、热力、燃气及水生产和供应业	**Production and Supply of Electricity,Heat,Gas and Water**	**4.1**
电力、热力的生产和供应业	Production and Distribution of Electric Power and Heat Power	2.2
燃气生产和供应业	Production and Distribution of Gas	0.4
水的生产和供应业	Production and Distribution of Water	1.6
建筑业	**Construction**	**0.1**
房屋建筑业	Housing Construction	
土木工程建筑业	Civil Engineering Construction	0.1
建筑安装业	Building Installation	
建筑装饰和其他建筑业	Architectural Decoration and Other Construction	

7-5 续表 Continued

单位：% (%)

指 标	Item	投资额 Investment
批发和零售业	**Wholesale and Retail Trades**	**1.0**
批发业	Wholesale Trade	0.5
零售业	Retail Trade	0.5
交通运输、仓储和邮政业	**Transport, Storage and Post**	**6.8**
铁路运输业	Railway Transport	0.5
道路运输业	Road Transport	3.9
水上运输业	Water Transport	0.1
航空运输业	Air Transport	0.2
管道运输业	Transport Via Pipelines	
装卸搬运和其他运输服务业	Loading, Unloading and Other Transport Services	0.6
仓储业	Storage	1.5
邮政业	Post	0.1
住宿和餐饮业	**Hotels and Catering Services**	**0.6**
住宿业	Hotels	0.5
餐饮业	Restaurants	0.2
信息传输、软件和信息技术服务业	**Information Transmission,Software and Information Technology**	**1.3**
电信、广播电视和卫星传输服务	Telecommunications, Radio and Television and Satellite Transmission Services	0.4
互联网和相关服务	Internet and Related Services	0.5
软件和信息技术服务业	Software and IT Services	0.4
金融业	**Financial Intermediation**	**0.1**
货币金融服务	Monetary and Financial Services	0.1
资本市场服务	Capital Market Services	
保险业	Insurance	
其他金融业	Other Financial Activities	
房地产业	**Real Estate**	**20.6**
租赁和商务服务业	**Leasing and Business Services**	**4.1**
租赁业	Leasing	0.1
商务服务业	Business Services	4.0
科学研究和技术服务业	**Scientific Research and Technical Services**	**2.0**
研究与试验发展	Research and Experimental Development	0.4
专业技术服务业	Professional Technical Services	0.4
科技交流和推广服务业	Services of Science and Technology Exchanges and Promotion	1.2
水利、环境和公共设施管理业	**Management of Water Conservancy, Environment and Public Facilities**	**13.2**
水利管理业	Management of Water Conservancy	1.0
环境管理业	Environmental Management	2.8
公共设施管理业	Management of Public Facilities	9.3
土地管理业	Land Management Industry	0.1
居民服务、修理和其他服务业	**Services to Households,Repair and Other Services**	**0.3**
居民服务业	Services to Households	0.2
机动车、电子产品和日用产品修理业	Motor Vehicles, Electronics and Household Goods Repair Industry	
其他服务业	Other Services	
教育	**Education**	**2.7**
卫生和社会工作	**Health and Social Welfare**	**1.7**
卫生	Health	1.2
社会工作	Social Work	0.5
文化、体育和娱乐业	**Culture, Sports and Entertainment**	**2.5**
新闻出版业	Journalism and Publishing Activities	
广播、电视、电影和影视录音制作业	Radio, Television, Film and Video Production Industry Recordings	0.1
文化艺术业	Cultural and Art Activities	0.6
体育	Sports Activities	0.2
娱乐业	Entertainment	1.6
公共管理、社会保障和社会组织	**Public Management,Social Security and Social Organization**	**0.6**
中国共产党机关	Organs of Communist Party of China	
国家机构	Government Agencies	0.5
人民政协和民主党派	People's Political Consultative Conference and Democratic Parties	
社会保障	Social Security	
群众团体、社会团体和宗教组织	Mass Organizations, Social Organizations and Religious Organizations	
基层群众自治组织	Grass-roots Mass Self-government Organizations	0.1

7-6 固定资产投资项目个数、项目投产率(2021年)
Number of Fixed Assets Investment Projects, Project Production Rate (2021)

行　业	Sector	施工项目（个）Projects Construction (unit)	全部建成投产项目（个）Projects Completed and Put Into Uses (unit)	项目建成投产率(%) Rate of Project Completed and Put Into Uses (%)
总计	**Total**	**31121**	**20061**	**64.5**
按行业分	**By Sector**			
农、林、牧、渔业	Agriculture,Forestry,Farming of Animals and Fishing	3144	2238	71.2
采矿业	Mining	354	227	64.1
制造业	Manufacturing	11945	7849	65.7
电力、热力、燃气及水生产和供应业	Production and Supply of Electricity,Heat,Gas and Water	1147	693	60.4
建筑业	Construction	56	48	85.7
批发和零售业	Wholesale and Retail Trades	752	504	67.0
交通运输、仓储和邮政业	Transport, Storage and Post	1515	866	57.2
住宿和餐饮业	Hotels and Catering Services	400	277	69.3
信息传输、软件和信息技术服务业	Information Transmission,Software and Information Technology	322	189	58.7
金融业	Finance	54	37	68.5
房地产业	Real Estate Trade	758	469	61.9
租赁和商务服务业	Tenancy and Business Services	950	566	59.6
科学研究和技术服务业	Scientific Research and Technical Services	791	500	63.2
水利、环境和公共设施管理业	Management of Water Conservancy, Environment and Public Establishment	5549	3366	60.7
居民服务、修理和其他服务业	Services to Households,Repair and Other Services	173	116	67.1
教育	Education	1204	812	67.4
卫生和社会工作业	Health and Social Welfare	759	491	64.7
文化、体育和娱乐业	Culture,Sports and Entertainment	915	583	63.7
公共管理、社会保障和社会组织	Public Administration, Social Security and Social Organization	333	230	69.1

7-7 国有经济固定资产投资构成
Investment in Fixed Assets Composition of State-owned Units

年份 Year	固定资产投资总额 Total Invest-ment in Fixed Assets	新 建 New Construction	扩 建 Expansion	改建和技术改造 Reconstruction
2018	100.0	59.9	7.8	9.9
2019	100.0	78.6	6.5	11.1
2020	100.0	55.2	7.1	19.1
2021	100.0	53.3	7.0	20.7

7-8 国有经济各种分组的固定资产投资占比(2021年)
The Proportion of Investment in Fixed Assets in Various Groups of State-owned Units (2021)

单位：% (%)

指 标	Item	投资额占比 Investment Proportion
按构成分	**Grouped by Use of Funds**	
建筑安装工程	Construction and Installation	91.3
设备、工具、器具购置	Purchase of Equipment and Instruments	3.9
其他费用	Others	4.8
按建设性质分	**Grouped by Type of Construction**	
新建	New Construction	78.6
扩建	Expansion	4.5
改建	Reconstruction	12.9
按行业分	**Grouped by Sector**	
农、林、牧、渔业	Agriculture,Forestry, Farming of Animals and Fishing	2.7
采矿业	Mining	0.1
制造业	Manufacturing	11.3
电力、热力、燃气及水生产和供应业	Production and Supply of Electricity,Heat,Gas and Water	9.5
建筑业	Construction	0.2
批发和零售业	Wholesale and Retail Trades	0.5
交通运输、仓储和邮政业	Transport, Storage and Post	9.7
住宿和餐饮业	Hotels and Catering Services	0.3
信息传输、软件和信息技术服务业	Information Transmission,Software and Information Technology	1.0
金融业	Finance	0.1
房地产业	Real Estate Trade	9.4
租赁和商务服务业	Tenancy and Business Services	4.2
科学研究、技术服务业	Scientific Research and Technical Services	2.0
水利、环境和公共设施管理业	Management of Water Conservancy, Environment and Public Establishment	34.1
居民服务、修理和其他服务业	Services to Households,Repair and Other Services	0.4
教育	Education	6.0
卫生和社会工作业	Health and Social Welfare	4.0
文化、体育和娱乐业	Culture, Sports and Entertainment	2.3
公共管理、社会保障和社会组织	Public Management, Social Security and Social Organization	2.2

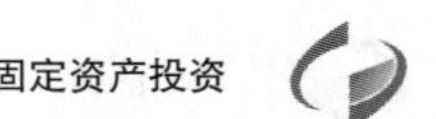

7–9 非国有经济投资各种分组的固定资产投资占比（2021年）
The Proportion of Investment in Fixed Assets in Various Groups of Non-state-owned Units (2021)

单位：%　　　　(%)

指　标	Item	投资额占比 Investment Proportion
按构成分	**Grouped by Use of Funds**	
建筑安装工程	Construction and Installation	80.3
设备、工器具购置	Purchase of Equipment and Instruments	11.0
其他费用	Others	8.7
按建设性质分	**Grouped by Type of Construction**	
新建	New Construction	45.3
扩建	Expansion	7.8
改建	Reconstruction	23.1
按行业主要门类分	**Grouped by Main Sector**	
农、林、牧、渔业	Agriculture, Forestry, Animal Husbandry and Fishery	4.7
工业	Industry	43.8

7-10 房地产开发统计主要指标(2021年)
Major Statistics Indicators of Real Estate Development (2021)

单位：亿元 (100 million yuan)

指 标	Item	总计 Total	国 有 State-owned	集 体 Collective-owned	其 他 Other Types of Ownership
计划总投资	**Panning Gross Investment**	**35774.79**	**1161.11**	**0.45**	**34613.23**
累计完成投资	Accumulative Investment Completed	22231.18	714.36	0.44	21516.38
本年完成投资	Investment Made in This Year	5427.83	199.51	0.01	5228.30
按构成分:	Group by Form:				
建筑工程	Construction	3936.34	133.75	0.01	3802.58
安装工程	Installation	385.22	14.83		370.39
设备、工具器具购置	Purchase of Equipment,Tools,Apparatus	131.82	4.31		127.51
按工程用途分	Group by Use of Projects				
住宅	Residential Buildings	4164.61	149.03	0.01	4015.56
办公楼	Business Buildings	143.57	11.29		132.28
商业营业用房	Commercial Buildings	639.78	23.66		616.12
其他	Others	479.86	15.52		464.34
房地产开发企业本年资金来源	Group by Source of Funds	6546.98	259.24	0.04	6287.70
国内贷款	Domestic Loans	651.33	57.06		594.27
自筹资金	Fund Raising	2096.45	84.33		2012.11
本年新增固定资产	Newly Increased Fixed Assets	1806.87	63.43		1743.45
本年施工房屋面积（万平方米）	Floor Space of Buildings Under Construction (10 000 sq.m)	42660.89	1330.40	2.63	41327.86
#住宅	#Residential Buildings	31803.29	944.57	2.63	30856.08
本年竣工房屋面积（万平方米）	Floor Space of Buildings Completed (10 000 sq.m)	4604.23	132.50		4471.72
#住宅	#Residential Buildings	3536.99	101.24		3435.75
本年竣工房屋价值	Value of Buildings Completed	1569.40	59.32		1510.08
#住宅	#Residential Buildings	1175.00	49.77		1125.23
商品房销售额	Total Sales of Commercial House	6040.51	163.23		5877.28
商品房销售建筑面积(万平方米)	Floor Space of Selling Commercial House (10 000 sq.m)	9188.79	220.32		8968.47

主要统计指标解释

全社会固定资产投资 是以货币形式表现的在一定时期内全社会建造和购置固定资产的工作量以及与此有关费用的总称。该指标是反映固定资产投资规模、结构和发展速度的综合性指标。全社会固定资产投资按登记注册类型可分为国有、集体、联营、股份制、私营和个体、港澳台商、外商、其他等。

固定资产投资（不含农户） 指城镇和农村各种登记注册类型的企业、事业、行政单位及城镇个体户进行的计划总投资500万元及以上的建设项目投资和房地产开发投资，包括原口径的城镇固定资产投资加上农村企事业组织项目投资，该口径自2011年起开始使用。

民间固定资产投资 指具有集体、私营、个人性质的内资企事业单位以及由其控股(包括绝对控股和相对控股）的企业单位在中华人民共和国境内建造或购置固定资产的投资。

基础设施投资 指为社会生产和生活提供基础性、大众性服务的工程和设施，是社会赖以生存和发展的基本条件。包括以下行业投资：铁路运输业、道路运输业、水上运输业、航空运输业、管道运输业、多式联运和运输代理业、装卸搬运业、邮政业、电信广播电视和卫星传输服务业、互联网和相关服务业、水利管理业、生态保护和环境治理业、公共设施管理业。

房地产开发投资 指房地产开发企业本年完成的全部用于房屋建设工程、土地开发工程的投资额以及公益性建筑和土地购置费等的投资。

实际到位资金 指用于固定资产投资的各种货币资金。包括国家预算资金、国内贷款、利用外资、自筹资金和其他资金。

国家预算资金 国家预算包括一般预算、政府性基金预算、国有资本经营预算和社保基金预算。各类预算中用于固定资产投资的资金全部作为国家预算资金填报，其中一般预算中用于固定资产投资的部分包括基建投资、车购税、灾后恢复重建基金和其他财政投资。各级政府债券也应归入国家预算资金。

国内贷款 指报告期固定资产投资项目单位向银行及非银行金融机构借入用于固定资产投资的各种国内借款，包括银行利用自有资金及吸收存款发放的贷款、上级拨入的国内贷款、国家专项贷款（包括煤代油贷款、劳改煤矿专项贷款等），地方财政专项资金安排的贷款、国内储备贷款、周转贷款等。

利用外资 指报告期收到的境外（包括外国及港澳台地区）资金（包括设备、材料、技术在内)。包括对外借款（外国政府贷款、国际金融组织贷款、出口信贷、外国银行商业贷款、对外发行债券和股票)、外商直接投资、外商其他投资（包括利用外商投资收益在国内进行固定资产再投资活动的资金)。不包括我国自有外汇资金（国家外汇、地方外汇、留成外汇、调济外汇和国内银行自有资金发放的外汇贷款等)。各类外资按报告期的外汇牌价（中间价）折成人民币计算。

自筹资金 指固定资产投资单位在报告期收到的，由各企、事业单位筹集用于固定资产投资的资金，包括各类企事业单位的自有资金和从其他单位筹集的用于固定资产投资的资金，但不包括各类财政性资金、从各类金融机构借入资金和国外资金。

其他资金来源 指在报告期收到的除以上各种资金之外的用于固定资产投资的资金。包括社会集资、个人资金、无偿捐赠的资金及其他单位拨入的资金等。

固定资产投资按国民经济行业分 指根据其从事的社会经济活动性质对各类单位进行的分类。应根据建设项目建成投产后的主要产品种类或主要用途及社会经济活动种类来划分，不能根据项目单位本身的行业类别来划分。如果项目投产后有几种产品，应根据主要产品来确定行业类别。一般情况下，一个建设项目只能属于一种国民经济行业。

固定资产投资按隶属关系分 是按建设单位或企业、事业、行政单位的主管上级机关确定的。

(1) 中央　是指中共中央、人大常委会和国务院各部、委、局、总公司以及直属机构直接领导的建设项目和企业、事业、行政单位。这些单位的固定资产投资计划由国务院各部门直接编制和下达，统一组织或委托下级实施。包括有中央垂直管理的部门（如国家统计局各级调查队）和中央直属企业、事业单位（如工商银行、中国电信、中国石油）等。

(2) 地方　是由省（自治区、直辖市)、地（区、市、州、盟）、县（区、市、旗）三级政府及业务主管部门直接领导和管理的建设项目、企业、事业、行政单位。地方项目还包括不隶属以上各级政府及主管部门的建设项目和企业、事业单位，如外商投资企业和无主管部门的企业等。

固定资产投资按建设性质分 按整个建设项目情况来确定。建设项目的性质一般分为新建、扩建、改建和技术改造、单纯建造生活设施、迁建、恢复、单纯购置。农户投资不划分建设性质。

（1）新建 指从无到有“平地起家”开始建设的项目。现有企业、事业、行政单位投资的项目一般不属于新建。但如有的单位原有基础很小，经过建设后新增的固定资产价值超过该企业、事业、行政单位原有固定资产价值（原值）三倍以上的，也应作为新建。

（2）扩建 指在厂内或其他地点，为扩大原有产品的生产能力（或效益）或增加新的产品生产能力，而增建的生产车间（或主要工程）、分厂、独立的生产线等项目。行政、事业单位在原单位增建业务性用房（如学校增建教学用房、医院增建门诊部、病房等）也作为扩建。

现有企、事业单位为扩大原有主要产品生产能力或增加新的产品生产能力，增建一个或几个主要生产车间（或主要工程）、分厂，同时进行一些更新改造工程的，也应作为扩建。

（3）改建和技术改造 指现有企业、事业单位对原有设施进行技术改造或更新（包括相应配套的辅助性生产、生活福利设施）的建设项目。改建项目包括企业、事业单位为适应市场变化的需要，而改变企业的主要产品种类（如军工企业转民用产品等）的建设项目；原有产品生产作业线由于各工序（车间）之间能力不平衡，为填平补齐充分发挥原有生产能力而增建但不增加主要产品生产能力的建设项目。技术改造是指企业、事业单位在现有基础上用先进的技术代替落后的技术，用先进的工艺和装备代替落后的工艺和装备，以改变企业落后的技术经济面貌，实现以内涵为主的扩大再生产，达到提高产品质量、促进产品更新换代、节约能源、降低消耗、扩大生产规模、全面提高社会经效益的目的。技术改造具体包括以下内容：机器设备和工具的更新改造；生产工艺改革、节约能源和原材料的改造；厂房建筑和公共设施的改造；保护环境进行的“三废”治理改造；劳动条件和生产环境的改造等。

固定资产投资按构成分

（1）建筑工程 指各种房屋、建筑物的建造工程。这部分投资额必须兴工动料，通过施工活动才能实现，是固定资产投资额的重要组成部分。

（2）安装工程 指各种设备、装置的安装工程。

在安装工程中，不包括被安装设备本身价值。

（3）设备工器具购置 指报告期内购置或自制的，达到固定资产标准的设备、工具、器具的价值。新建单位及扩建单位的新建车间，按照设计或计划要求购置或自制的全部设备、工具、器具，不论是否达到固定资产标准均计入“设备工器具购置”中。

（4）其他费用 指在固定资产建造和购置过程中发生的，除建筑安装工程和设备、工器具购置投资完成额以外的应当分摊计入固定资产投资的费用，不指经营中财务上的其他费用。

房屋施工面积 指房地产开发企业本年施工的全部房屋建筑面积。包括本年新开工的房屋建筑面积、上年跨入本年继续施工的房屋建筑面积、上年停缓建在本年恢复施工的房屋建筑面积、本年竣工的房屋建筑面积以及本年施工后又停缓建的房屋建筑面积。多层建筑应填各层建筑面积之和。

房屋新开工面积 指房地产开发企业本年新开工建设的房屋建筑面积，以单位工程为核算对象。不包括在上年开工跨入本年继续施工的房屋建筑面积和上年停缓建而在本年恢复施工的房屋建筑面积。房屋的开工应以房屋正式开始破土刨槽（地基处理或打永久桩）的日期为准。房屋新开工面积指整栋房屋的全部建筑面积，不能分割计算。

房屋竣工面积 指房地产开发企业本年按照设计要求已全部完工，达到住人和使用条件，经验收鉴定合格或达到竣工验收标准，可正式移交使用的各栋房屋建筑面积的总和。

商品房销售面积 指房地产开发企业本年出售商品房屋的合同总面积（即双方签署的正式买卖合同中所确定的建筑面积）。

商品房销售额 指房地产开发企业本年出售商品房屋的合同总价款（即双方签署的正式买卖合同中所确定的合同总价）。该指标与商品房销售面积同口径。

Explanatory Notes on Main Statistical Indicators

Total Investment in Fixed Assets in the Whole Country refers to the volume of activities in construction and purchases of fixed assets of the whole country and related fees, expressed in monetary terms during the reference period. It is a comprehensive indicator which shows the size, structure and growth of the investment in fixed assets, providing a basis for observing the progress of construction projects and evaluating results of investment. Total investment in fixed assets in the whole country includes, by type of ownership, the investment by State-owned units, collective-owned units, joint ownership units, share-holding units, private units, individuals as well as investments by entrepreneurs from Hong Kong, Macao and Taiwan, foreign investors and others.

Investment in Fixed Assets (Excluding Rural Households) refers to the investment in construction projects with a total planned investment of 5 million yuan and over by enterprises of various ownerships, institutions, administrative units and urban self-employed individuals, and the investment in real estate development in both urban and rural areas. Since 2011, it covers the urban investment in fixed assets under the previous statistical coverage plus project investments by rural enterprises and institutions.

Non-governmental Investment in Fixed Assets refers to the investment in the construction or purchase of fixed assets in the territory of the People's Republic of China by domestic-funded enterprises and institutions with collective, private and personal nature and by enterprises and institutions controlled by them (including absolute and relative holding).

Infrastructure Investment refers to projects and facilities that provide basic and popular services for social production and life. It is the basic condition for the survival and development of society. It includes: railway transport, road transport, water transport, air transport, pipeline transport, multimodal transport and transport agent Intermodality and Forwarding Agency, loading and unloading, posts, telecommunications, radio and television and satellite transmission services, Internet and related services, water management industry, ecological protection and environmental governance, public facilities management.

Investment in Real Estate Development refers to the investment made by real estate development companies in the construction of housing, development of land, nonprofit buildings and value of land purchased.

Investment in Real Estate Development refers to the investment made by real estate development companies in the construction of housing, development of land, nonprofit buildings and value of land purchased.

Fund from the State Budget State budget consists of general budget, government fund budget, operation budget of state-owned assets and social security fund budget. Funds for investment in fixed assets from various budgets are reported as fund from the state budget, of which, the general budget utilized on fixed assets investment includes investment on infrastructure construction, vehicle purchase tax, post-disaster restoration and reconstruction funds and other financial investment. Government bonds at all levels should also be included.

Domestic Loans refer to loans of various forms borrowed by investing units from banks and non-bank financial institutions during the reference period for the purpose of investment in fixed assets, including loans issued by banks from their self-owned funds and deposit, loans appropriated by higher responsible authorities, special loans by government (including loan for substituting petroleum with coal, special loans for reform-through-labour coal mines), loans arranged by local government from special funds, domestic reserve loan, and revolving loan, etc.

Foreign Investment refers to overseas (including foreign countries, Hongkong, Macao and Taiwan) funds received during the reference period (covering equipment, materials and technology), including foreign borrowings (loans from foreign governments and international financial institutions, export credit, commercial loans from foreign banks, issue of bonds and stocks overseas), foreign direct investment and other foreign investments (including funds from foreign direct investment income that are reinvested in fixed assets domestically). Excluded from this category is capital in foreign exchanges owned by China (foreign exchanges owned by the central and local governments, foreign exchanges retained by enterprises, foreign exchanges by enterprises through the regulating mechanism, loans in foreign exchanges issued by the Bank of China with its own fund, etc.). In calculating the utilization of foreign capital, foreign currencies are converted into Chinese Renminbi applying the exchange rate (central parity rate) at the end of the reference period.

Self-raised Funds refer to funds for investment in fixed assets received during the reference period by investing units, including investment in fixed assets using own funds of various enterprises and institutions or funds raised from other units other than financial funds, funds borrowed from financial institutions and overseas funds.

Other Funds refer to funds for investment in fixed assets received from sources other than those listed above, including funds raised from individuals and through donations, and funds transferred from other units.

Investment in Fixed Assets by Sector refers to the classification of investment by the nature of social economic activities the investing units are engaged in. The classification of construction projects by sector is determined by the major products or the purpose of the projects when they are put into production or use, and by the nature of their social economic activities, instead of being determined by industrial classification of the project enterprises. The project will be classified according to major product if there are several kinds of products yielded. In general, one project can only be classified into one sector.

Investment in Fixed Assets by Jurisdiction of Management refers to the classification of investment by the competent authorities under which investment is made by construction units, enterprises, institutions or administrative units.

(1) Central investment refers to the investment in projects or by enterprises, institutions or administrative units which are under the direct leadership and management of the State Council and of the national commissions, ministries, agencies and State-owned large corporations. Various ministries and departments of the State Council prepare and implement plans through unified organization or lower-level commissions, which include departments direct under central government (i.e. survey offices at all level of the National Bureau of Statistics) and enterprises and institutions directly under central government (like the Industrial and Commercial Bank of China, China Telecom and China National Petroleum Corporation).

(2) Local investment refers to the investment in projects or by enterprises, institutions or administrative units which are under the direct leadership and management of competent departments and governments at the level of province (autonomous regions and municipalities directly under the Central Government), prefecture (prefectures, cities and leagues) and county (districts, cities and banners). Also included are projects by foreign-invested enterprises and enterprises without competent managing authorities.

Investment in Fixed Assets by Type of Construction Construction projects in general can be classified, by the type of construction, into new construction, expansion, reconstruction and technical transformation, purely construction of living facilities, moving, restoration and purely purchasing. However, investment by type of construction is not applied to investment by real-estate development units and investment by rural households.

(1) New construction in general refers to construction projects, which start from scratch. The existing projects invested by enterprises, institutions and administrative agencies cannot be classified as new construction. In case the size of the existing unit is quite small, and the value of newly added fixed assets is more than three times of the original value, the expansion will be considered as new construction.

(2) Expansion refers to projects of construction of new production workshop, branch factory or independent production line within a factory or in other locations, for the purpose of increasing the production capacity (or improving efficiency) or adding new production capacity. Newly constructed accommodation for the operation of institutions and administrative organizations (such as newly constructed buildings for teaching in schools, buildings for clinics or wards in hospitals, etc.) are also classified as expansion.

Also included in expansion are investments by existing enterprises or institutions in building major production line(s) or branch factory (ies) along with some work on innovation, for the purpose of expanding the production capacity of original products or producing new products.

(3) Reconstruction and technical transformation refers to construction projects by existing enterprises or institutions in innovation or technical transformation of the old facilities (including auxiliary production equipment and welfare facilities). Also considered as reconstruction is the construction of new workshops by the existing enterprises or institutions to change the variety of products to meet the market demand (such as the production of civil products by defence industries), or to bring the designed production capacity into full play through a more balanced production process on production lines. Technical transformation refers to replacement of old technology or equipment by new technology or equipment, in order to expand the reproduction through improvement of technology contents in production, to improve product quality, to promote new products, to save energy, to reduce consumption, to expand the production scale and to improve overall social-economic efficiency. Contents of technical transformation include: updating of machinery, equipment and tools; reforming production process by using energy or materials saving technology; construction of factory workshops and transformation of public facilities; treatment transformation of "three wastes" (waste gas, waste water and industrial residue) aiming at environmental protection; improvement of working conditions and environment, etc.

Investment in Fixed Assets by Structure

(1) Construction refers to the construction of houses and buildings, also known as work volume of construction. This part of investment can only be achieved through construction activities, it is the major component of the total investment in fixed assets.

(2) Installation refers to the installation of various kinds of equipment and instruments, also known as work volume of installation.

The value of equipment installed itself is not included in the value of installation projects.

(3) Purchase of equipment and instruments refers to the total value of equipment, tools, and instruments purchased or self-produced which come up to the cut-off point for fixed

assets during the reference period. Equipment, tools and instruments purchased or self-produced for new workshops by newly established or expanded units are categorized as "purchase of equipment and instruments" no matter whether they come up to the cut-off point for fixed assets.

(4) Other expenses refer to expenses arising during the construction or purchase of fixed assets other than those expenses on construction, installation and purchase of equipment and instruments. Other financial expenses arising in operation are not included.

Floor Space of Buildings under Construction refers to the total space area of the buildings under construction in the year by real estate development companies. It includes buildings started in the year, continued from the previous year, suspended in earlier years but restarted in the year, completed in the year, and started in the year but suspended in the year as well. The floor space of a multi-storied building should be the sum of floor space of all the stories.

Floor Space of Buildings Started This Year refers to the total floor space area of the buildings started in the year by real estate development companies. It excludes the buildings started in previous years and continued in the year, and the buildings suspended in previous years but restarted in the year. The start of a construction is defined by the date of ground breaking or pile driving. The floor space of the building includes that of the entire building.

Floor Space of Buildings Completed refers to the total floor space area of the buildings completed in the year by real estate development companies, which meet the requirements as designed, reach the criteria set for people to live in or use, have passed the acceptance checks, and are ready for delivery or use.

Area of Commercialized Housing Sold refers to total contracted area of commercialized housing (i.e. area of floor space as designated in the formal contracts signed by both sides) sold by real estate development companies during the reference time.

Value of Commercialized Housing Sold refers to the total contracted value (i.e. value of sales/purchase for selling/purchase of commercialized housing as designated in the contract signed by both sides) received from the sales of the buildings by real estate development companies during the reference time. This indicator has the same coverage as the area of commercialized housing sold.

08

对外经济、旅游和开发区

Foreign Economy ,Tourism and Development Zones

资料整理人员：贺淑贞　　彭　颖　　陈　慧

8-1 对外经济和旅游
Foreign Economy and Tourism

年份 Year	进出口总额 (万美元) Total Imports And Exports (USD 10 000)	出口 Exports	进口 Imports	实际使用外资金额 (万美元) Amount of Foreign Capital Actually Used (USD 10 000)	接待旅游总人数 (万人次) Number of Tourists (10 000 person-times)	旅游业总收入 (亿元) Income of Tourism (100 million yuan)	星级饭店数 (个) Total Number of Tourist Hotels (unit)
1979	23363	22296	1067		0.81	0.01	
1980	32635	31389	1246		0.95	0.01	
1981	43531	35504	8027		1.33	0.02	
1982	42662	38369	4293		1.53	0.05	
1983	45667	40003	5664		1.99	0.03	
1984	46171	41703	4468		2.63	0.04	
1985	52549	39606	12943		3.20	0.04	
1986	62377	50305	12072		4.12	0.09	
1987	74642	61945	12697	235	5.72	0.10	
1988	83403	63860	19543	447	6.76	0.30	
1989	85201	66563	18638	1495	5.57	0.30	
1990	94161	80552	13609	1116	8.52	0.50	
1991	137525	101665	35860	2276	1210	3.68	
1992	207800	141145	66655	12853	1513	6.03	
1993	234800	161200	73600	43267	1615	11.62	
1994	201740	143321	58419	32512	2014	30.80	
1995	201664	145101	56563	48802	2518	43.41	
1996	176299	129074	47225	70344	3223	60.45	
1997	189445	144796	44649	91702	4040	79.59	
1998	178209	128290	49919	81816	4235	99.93	
1999	195604	128210	67394	65384	4339	120.35	
2000	251259	165308	85951	68182	4695	148.76	212
2001	275841	175400	100441	81011	5036	210.50	270
2002	287621	179542	108079	103089	5757	245.98	321
2003	373617	214626	158990	148907	5970	294.11	359
2004	543774	309778	233996	141806	6487	371.56	417
2005	600485	374667	225818	207235	7181	453.62	388
2006	735259	509401	225858	259335	9195	588.41	501
2007	968987	652342	316645	327051	10897	732.71	585
2008	1256584	840950	415634	400515	12830	851.75	569
2009	1015101	549189	465912	459787	16065	1099.47	567
2010	1468886	795487	673399	518441	20398	1425.80	549
2011	1900006	989747	910259	615031	25328	1785.78	568
2012	2194082	1259965	934117	728034	30506	2234.10	581
2013	2516439	1482083	1034356	870482	36058	2681.86	587
2014	3102729	2002348	1100380	1026585	41203	3050.70	555
2015	2936680	1917288	1019392	1156441	47331	3712.91	498
2016	2687970	1817002	870968	1285209	56548	4707.43	461
2017	3603951	2317175	1286776	1447489	66935	7172.62	407
2018	4652983	3057434	1595550	1619134	75301	8355.73	397
2019	6288194	4453465	1834729	1810127	83154	9762.32	315
2020	7067840	4782488	2285353	2099782	69336	8261.95	320
2021	9271486	6523609	2747877	241490			

注：1. 进出口数据 1994 年前为外贸统计数，1994 年及以后为海关统计数。

2. 实际使用外资金额 2021 年前包括直接投资和间接投资，2021 年不包括外商投资企业在湘设立内资企业的投资数据（后表同）。

a. Figures on total imports and exports form foreign trade were obtained from foreign trade statistics before 1994 and the figures were obtained from the Changsha Customs statistics after 1994.

b. The actual amount of foreign capital used before 2021 includes direct investment and indirect investment. The year 2021 does not include the investment data of foreign-invested enterprises setting up domestic enterprises in Hunan (the following table is the same).

8–2 对外经济贸易和旅游概况
A Survey on Foreign Trade and Tourism

指　标		Item		2000	2010	2020	2021
进出口总额	**（亿美元）**	**Total Imports And Exports**	**(USD 100 million)**	**25.13**	**146.89**	**706.78**	**927.15**
出口总额		Total Exports		16.53	79.55	478.25	652.36
进口总额		Total Imports		8.60	67.34	228.53	274.79
进出口差额		Balance		7.93	12.21	249.72	377.57
实际使用外资	**（亿美元）**	**Actually Used Foreign Capital**	**(USD 100 million)**	**11.08**	**51.84**	**209.98**	**24.15**
对外借款		Foreign Loans		3.37	1.94		
外商直接投资		Foreign Direct Investments		6.82	49.09	14.01	24.15
外商其他投资		Other Foreign Investments		0.89	0.81	195.97	
对外承包工程新签合同额	**（亿美元）**	**Amount of Newly Signed Contracts for Overseas Contracted Projects**	**(USD 100 million)**	**1.49**	**14.12**	**44.63**	**55.63**
国际旅游人数	**（万人次）**	**Total Number of International Tourists**	**(10 000 person-times)**	**45.40**	**189.87**	**17.04**	
外国人		Foreigners		15.79	103.30	7.96	
港澳台同胞		Compatriots from HongKong, Macao and Taiwan		29.61	86.57	9.08	
旅游外汇收入总额	**（亿美元）**	**Foreign Exchange Earnings from International Tourism**	**(USD 100 million)**	**2.21**	**8.87**	**0.51**	
星级饭店	**（个）**	**Total Number of Tourist Hotels**	**(unit)**	**212**	**549**	**320**	

注：外贸进出口资料统一按长沙海关统计数据，以下同。

Figures on total imports and exports form foreign trade are obtained from the Changsha Customs statistics.The same as in the following table.

8-3 进出口商品总值
Total Value of Imports and Exports

单位：万美元 (USD 10 000)

项　目	Item	2019	2020	2021
进出口总值	**Imports & Exports**	**6288194**	**7067840**	**9271486**
#出口	#Exports	4453465	4782488	6523609
进口	Imports	1834729	2285353	2747877
进出口差额	**Balance**	**2618736**	**2497135**	**3775732**

8-4 进出口商品主要产销国别（地区）总值
Value of Imports and Exports by Main Producer and Sales Countries (Regions)

单位：万美元 (USD 10 000)

国家（地区）	Country(Region)	2019		2020		2021	
		进　口 Imports	出　口 Exports	进　口 Imports	出　口 Exports	进　口 Imports	出　口 Exports
总　计	**Total**	**1834729**	**4453465**	**2285353**	**4782488**	**2747877**	**6523609**
中国香港	Hong Kong, China	37423	881352	28493	827279	33348	804153
美　国	United States	73313	522475	118711	663135	137748	1125309
日　本	Japan	142297	99194	134043	120705	149735	176999
韩　国	Republic of Korea	165500	177658	168844	179355	153091	299634
澳大利亚	Australia	179177	45493	209347	82474	384877	111095
南　非	South Africa	91403	44092	131876	58776	153545	83200
德　国	Germany	115283	118220	109240	131469	90379	166295
中国台湾	Taiwan, China	178383	63220	252545	65371	206836	85752
越　南	Vietnam	37568	140478	83369	218498	45540	297302
巴　西	Brazil	73179	43841	139093	49327	188823	82532
俄罗斯	Russia	12284	181021	14918	162652	23633	112137
马来西亚	Malaysia	32921	158057	60063	147302	126378	207110
英　国	United Kingdom	5673	137976	8499	140456	8536	175894
印　度	India	8834	143644	13530	120758	28047	229237
印度尼西亚	Indonesia	21399	66655	30095	65849	78507	125232
荷　兰	Netherlands	41789	93830	59315	84900	54294	126596
泰　国	Thailand	41216	58755	105712	114713	117107	167475
新加坡	Singapore	9107	158688	13343	177139	13342	79844
东盟（10国）	ASEAN(the ten countries)	168386	727778	315439	855134	408679	1104670
欧盟	European Union	232503	656682	256199	518074	218164	739362

8–5 进出口商品机电电子产品情况 (2021年)
Import and Export Value of Machinery and Electrical Products (2021)

单位：万美元 (USD 10 000)

指 标	Item	进 口 Imports	出 口 Exports
机电产品	**Mechanical & Electrical Products**	**883511**	**2846757**
机械基础件	Mechanical Base	11637	41283
手用或机用工具	Hand or Machine Tools		50097
农业机械	Agricultural Machinery	518	7037
食品加工机械	Food Processing Machinery	213	5214
包装机械	Packaging Machinery	609	9529
印刷、装订机械及其零件	Printing and Binding Machinery and Its Parts	17532	55664
通用机械设备	General Mechanical Equipment	12047	53294
纺织机械及其零件	Textile Machinery and Its Parts		10293
缝制机械及其零件	Sewing Machinery and Its Parts		2461
机床	Machine Tool	13420	9614
自动数据处理设备及其零件	Automatic Data Processing Equipment and Its Parts	91485	143892
电工器材	Electrical Equipment	44305	263460
手机	Mobile Phone		49927
家用电器	Household Appliances	769	106823
音视频设备及其零件	Audio and Video Equipment and Its Parts	7123	83915
电子元件	Electronic Components	325576	367561
摩托车	Motorcycle		7671
自行车	Bicycle		4812
汽车（包括底盘）	Automobile (Including Chassis)	27874	68872
汽车零配件	Auto Parts	11287	60161
船舶	Ship		1196
计量检测分析自控仪器及其器具	Measurement, Detection and Analysis of Automatic Control Instruments and Their Instruments	50414	74014
灯具、照明装置及其零件	Lamps, Lighting Devices and Their Parts		204439
游戏机及其零附件	Game Machine and Its Accessories		4314

8-6 进出口商品高新技术产品情况(2021年)
Import and Export Value of High and New-tech Products (2021)

单位：万美元 (USD 10 000)

指 标	Item	进 口 Imports	出 口 Exports
高新技术产品	**High and New-Tech Products**	**650542**	**777373**
生物技术	Biotechnology	130	3856
生命科学技术	Life Science and Technology	9633	54388
光电技术	Photoelectric Technology	32812	44817
计算机与通信技术	Computer and Communication Technology	137717	517522
电子技术	Electronic Technology	322599	119604
计算机集成制造技术	Computer Integrated Manufacturing Technology	139856	25871
材料技术	Materials Technology	2961	3863
航空航天技术	Aerospace Technology	4815	6598
其他技术	Other Technologies	19	854

8-7 进出口商品贸易方式(2021年)
Value of Imports and Exports by Trade Ways (2021)

单位：万美元 (USD 10 000)

贸易方式	Trade Ways	进 口 Imports	出 口 Exports
一般贸易	Original Trade	1844399	5528594
国家间、国际组织无偿援助和赠送的物资	Assistant Goods from International Organization		356
其他捐赠物资	Other Donated Materials		72
加工贸易	Processing Trade	483005	617678
#来料加工贸易	#Processing Trade of Supplied Materials	166342	176562
#进料加工贸易	#Processing Trade of Imported Material	316664	441116
边境小额贸易	Frontier Small Value Trade		
加工贸易进口设备	Processing and Assembling Import Equipment Provided with Material	863	
对外承包工程出口货物	Constructed Projects in Foreign Countries		2228
外商投资企业作为投资进口的设备、物品	Imported Equipment and Materials as Investment of Foreign Investment Enterprises		
出料加工贸易	Processing Trade of Exported Material	192	146
海关保税监管场所进出境货物	Inbound and Outbound Goods in Customs Bonded Areas	221413	28037
海关特殊监管区域物流货物	Customs has Special Supervision over Regional Logistics Goods	183782	212550
海关特殊监管区域进口设备	Import Equipment from Special Areas under Customs Supervision	6685	
其他贸易	Other Trade	7516	133916

8-8 主要出口商品总值(2021年)
Major Exports Commodities in Value (2021)

商品名称	Item	美元值（万美元） Dollar Value (USD 10 000)
服装及衣着附件	Articles of Apparel & Clothing Accessories	305906
服装	Clothing	291380
电子元件	Electronic Components	367561
塑料制品	Plastic Products	226563
鞋靴	Footware	291464
纺织纱线、织物及其制品	Textile Yarn,Textile and Related Products	134145
纺织制品	Textile Related Products	86335
灯具、照明装置及其零件	Lamps, Lighting Fixtures and Parts	204439
电工器材	Electrical Equipments	263460
皮革、毛皮及其制品	Leather, Fur and Their Articles	104068
裘皮服装	Fur Garment	5810
箱包及类似容器	Travel Goods	219400
皮革箱包及类似容器	Leather Bags and Similar Containers	92072
玩具	Toys	202889
家具及其零件	Furniture and Parts	196153
陶瓷产品	Ceramic Products	158675
日用陶瓷	Daily-use Ceramics	136281
贵金属或包贵金属的首饰	Precious Metal or Precious Metal Jewelry	150986
钢材	Rolled Steels	351087
计量检测分析自控仪器及器具	Measurement, Detection and Analysis of Automatic Control Instruments and Instruments	74014
自动数据处理设备及其零部件	Automatic Data Processing Equipment and Components	143892
蔬菜及食用菌	Vegetables & Edible Fungus	108207
纸浆、纸及其制品	Pulp, Paper and Their Products	97388
音视频设备及其零件	Audio and Video Equipment and Its Parts	83915
家用电器	Household Appliances	106823

8-9 主要进口商品总值(2021年)
Major Imports Commodities in Value (2021)

商品名称	Item	美元值（万美元） Dollar Value (USD 10 000)
电子元件	Electronic Components	325576
金属矿及矿砂	Metallic Ore and Ore	652459
铁矿砂及其精矿	Iron Ores and Concentrate	466959
铜矿砂及其精矿	Cooper Ores and Concentrates	105562
粮食	Foodstuff	222983
汽车（包含底盘）	Automobile (Including Chassis)	27874
肉类（包括杂碎）	Meat (Including Chop Suey)	59481
玻璃及其制品	Glass and Its Products	61298
自动数据处理设备及其零部件	Automatic Data Processing Equipment and Components	91485
乳品	Dairy	53540
水产品	Aquatic Products	36271
半导体制造设备	Semiconductor Manufacturing Equipment	100732
电工器材	Electrical Equipment	44305
天然及合成橡胶（包括胶乳）	Natural and Synthetic Rubber (Including Latex)	60171
计量检测分析自控仪器及器具	Measuring and Checking	50414
煤及褐煤	Coal and Lignite	35876
初级形状的塑料	Plastic in Primary Form	31720
珍珠、宝石及半宝石	Pearls, Precious Stones and Semi-precious Stones	14205
钻石	Diamond	10998
纸浆、纸及其制品	Pulp, Paper and Their Products	22055
纸浆	Pulp	20859
美容化妆品及洗护用品	Cosmetics and Toiletries	10058
干鲜瓜果及坚果	Fresh Fruit, Dried Fruit and Nut	30705
机械基础件	Mechanical Base	11637

8-10 外商投资情况
Foreign Investment

单位：万美元 (USD 10 000)

项　目	Item	2000	2010	2020	2021
总　计	**Total**	**68182**	**518441**	**2099782**	**241490**
按产业类别分类	**Grouped By Industry**				
第一产业	Primary Industry	3335	35864	103457	2654
第二产业	Secondary Industry	43425	432949	784604	37282
第三产业	Tertiary Industry	21422	49628	1211721	201554

8-11 外商投资签订合同情况（分国别、地区）(2021年)
Basic Statistics on Signed Contracts of Foreign Investment (by Country or Region) (2021)

国别（地区）	Countries (Region)	新设企业个数（个）Number of New Enterprises (case)	实际使用外资（万美元）Actually Used Foreign Capital (USD 10 000)
总　计	**Total**	**438**	**241490**
中国香港	Hongkong, China	202	218997
中国台湾	Taiwan, China	103	358
美　国	United States	13	732
日　本	Japan	2	1216
维尔京群岛	Virgin Islands	1	
德　国	Germany	2	2980
新加坡	Singapore	19	3281
荷　兰	Netherlands		7198
澳大利亚	Australia	4	84
英　国	United Kingdom	5	1468
韩　国	Korea	4	1274
开曼群岛	Cayman Islands		

8-12 湖南省级及以上产业园区基本情况(2021年)
Basic Information of Provincial and above Industrial Parks (2021)

指 标		Item		2021
规划面积	(平方公里)	Planning Areas in Development Zone	(Sq.km.)	2394.08
实际开发面积	(平方公里)	Actual Land Areas of Development Zone	(Sq.km.)	1086.41
园区企业个数	(个)	Number of Enterprises	(unit)	69852
#工业企业个数		#Industrial Enterprises		28087
#制造业企业个数		#Manufacturing Enterprises		26265
高新技术产业企业个数	(个)	New and High-tech Enterprises	(unit)	10077
期末从业人员	(万人)	Population of Employment	(10 000 persons)	367.85
#工业企业从业人员		#Employees in Industrial Enterprises		262.51
高新技术产业企业从业人员	(万人)	Employees in New and High-tech Enterprises	(10 000 persons)	157.18
技工贸总收入	(亿元)	Total Income of Technology, Industry and Trade	(100 million yuan)	57215.59
#工业企业营业收入		#Operation Revenue of Industrial Enterprises		40561.96
高新技术产业营业收入	(亿元)	Operation Revenue of New and High-tech Industry	(100 million yuan)	27991.59
利润总额	(亿元)	Total Profit	(100 million yuan)	2668.51
上交税金总额	(亿元)	Total of the Tax Amount	(100 million yuan)	1964.41
专利申请授权数	(件)	Number of Patent Applications Granted	(item)	29014
本年完成固定资产投资总额	(亿元)	Total Investment in Fixed Assets Completed this Year	(100 million yuan)	12284.07
实际使用外资额	(亿美元)	Actual Value of Foreign Investment	(USD 100 million)	16.62
实际使用省外境内资金额	(亿元)	Actual Value of Domestic Investment Outside the Province	(100 million yuan)	5040.78
进出口总额	(亿元)	Value of Imports and Exports	(100 million yuan)	4584.57

8-13 湖南省国家级产业园区基本情况(2021年)
Basic Information of National Industrial Park (2021)

指 标		Item		2021
规划面积	(平方公里)	Planning Areas in Development Zone	(Sq.km.)	1180.15
实际开发面积	(平方公里)	Actual Land Areas of Development Zone	(Sq.km.)	416.80
园区企业个数	(个)	Number of Enterprises	(unit)	40238
#工业企业个数		#Industrial Enterprises		12093
#制造业企业个数		#Manufacturing Enterprises		11213
高新技术产业企业个数	(个)	New and High-tech Enterprises	(unit)	4672
期末从业人员	(万人)	Population of Employment	(10 000 persons)	159.20
#工业企业从业人员		#Employees in Industrial Enterprises		98.61
高新技术产业企业从业人员	(万人)	Employees in New and High-tech Enterprises	(10 000 persons)	67.76
技工贸总收入	(亿元)	Total Income of Technology, Industry and Trade	(100 million yuan)	26546.48
#工业企业营业收入		#Operation Revenue of Industrial Enterprises		16466.91
高新技术产业营业收入	(亿元)	Operation Revenue of New and High-tech Industry	(100 million yuan)	12529.71
利润总额	(亿元)	Total Profit	(100 million yuan)	1179.89
上交税金总额	(亿元)	Total of the Tax Amount	(100 million yuan)	1128.24
专利申请授权数	(件)	Number of Patent Applications Granted	(item)	18979
本年完成固定资产投资总额	(亿元)	Total Investment in Fixed Assets Completed this Year	(100 million yuan)	5084.05
实际使用外资额	(亿美元)	Actual Value of Foreign Investment	(USD 100 million)	14.86
实际使用省外境内资金额	(亿元)	Actual Value of Domestic Investment Outside the Province	(100 million yuan)	1579.30
进出口总额	(亿元)	Value of Imports and Exports	(100 million yuan)	3272.04

8-14 湖南省省级产业园区基本情况(2021年)
Basic Information of Provincial Industrial Park (2021)

指 标		Item		2021
规划面积	(平方公里)	Planning Areas in Development Zone	(Sq.km.)	1213.93
实际开发面积	(平方公里)	Actual Land Areas of Development Zone	(Sq.km.)	669.61
园区企业个数	(个)	Number of Enterprises	(unit)	29614
#工业企业个数		#Industrial Enterprises		15994
#制造业企业个数		#Manufacturing Enterprises		15052
高新技术产业企业个数	(个)	New and High-tech Enterprises	(unit)	5405
期末从业人员	(万人)	Population of Employment	(10 000 persons)	208.64
#工业企业从业人员		#Employees in Industrial Enterprises		163.90
高新技术产业企业从业人员	(万人)	Employees in New and High-tech Enterprises	(10 000 persons)	89.42
技工贸总收入	(亿元)	Total Income of Technology, Industry and Trade	(100 million yuan)	30669.11
#工业企业营业收入		#Operation Revenue of Industrial Enterprises		24095.05
高新技术产业营业收入	(亿元)	Operation Revenue of New and High-tech Industry	(100 million yuan)	15461.89
利润总额	(亿元)	Total Profit	(100 million yuan)	1488.62
上交税金总额	(亿元)	Total of the Tax Amount	(100 million yuan)	836.16
专利申请授权数	(件)	Number of Patent Applications Granted	(item)	10035
本年完成固定资产投资总额	(亿元)	Total Investment in Fixed Assets Completed this Year	(100 million yuan)	7200.02
实际使用外资额	(亿美元)	Actual Value of Foreign Investment	(USD 100 million)	1.76
实际使用省外境内资金额	(亿元)	Actual Value of Domestic Investment Outside the Province	(100 million yuan)	3461.49
进出口总额	(亿元)	Value of Imports and Exports	(100 million yuan)	1312.53

8–15 湖南省高新技术产业开发区基本情况（2021年）
Basic Information of New and High-tech Development Park (2021)

指 标		Item		2021
规划面积	（平方公里）	Planning Areas in Development Zone	(Sq.km.)	1028.19
实际开发面积	（平方公里）	Actual Land Areas of Development Zone	(Sq.km.)	445.35
园区企业个数	（个）	Number of Enterprises	(unit)	25663
#工业企业个数		#Industrial Enterprises		12027
#制造业企业个数		#Manufacturing Enterprises		11460
高新技术产业企业个数	（个）	New and High-tech Enterprises	(unit)	5364
期末从业人员	（万人）	Population of Employment	(10 000 persons)	157.48
#工业企业从业人员		#Employees in Industrial Enterprises		119.33
高新技术产业企业从业人员	（万人）	Employees in New and High-tech Enterprises	(10 000 persons)	76.15
技工贸总收入	（亿元）	Total Income of Technology, Industry and Trade	(100 million yuan)	25043.79
#工业企业营业收入		#Operation Revenue of Industrial Enterprises		18732.28
高新技术产业营业收入	（亿元）	Operation Revenue of New and High-tech Industry	(100 million yuan)	14329.24
利润总额	（亿元）	Total Profit	(100 million yuan)	1025.45
上交税金总额	（亿元）	Total of the Tax Amount	(100 million yuan)	806.62
专利申请授权数	（件）	Number of Patent Applications Granted	(item)	15290
本年完成固定资产投资总额	（亿元）	Total Investment in Fixed Assets Completed this Year	(100 million yuan)	5144.30
实际使用外资额	（亿美元）	Actual Value of Foreign Investment	(USD 100 million)	12.90
实际使用省外境内资金额	（亿元）	Actual Value of Domestic Investment Outside the Province	(100 million yuan)	2226.70
进出口总额	（亿元）	Value of Imports and Exports	(100 million yuan)	1281.67

主要统计指标解释

货物进出口总额 指实际进出我国国境的货物总金额。包括对外贸易实际进出口货物，来料加工装配进出口货物，国家间、联合国及国际组织无偿援助物资和赠送品，华侨、港澳台同胞和外籍华人捐赠品，租赁期满归承租人所有的租赁货物，进料加工进出口货物，边境地方贸易及边境地区小额贸易进出口货物，中外合资企业、中外合作经营企业、外商独资经营企业进出口货物和公用物品，到、离岸价格在规定限额以上的进出口货样和广告品（无商业价值、无使用价值和免费提供出口的除外），从保税仓库提取在中国境内销售的进口货物，以及其他进出口货物。该指标可以观察一个国家在对外贸易方面的总规模。我国规定出口货物按离岸价格统计，进口货物按到岸价格统计。

商品收发货人所在地进、出口额 指按进出口企业注册登记地进行分组汇总的进、出口额。

商品境内目的地进口额和商品境内货源地出口额 境内目的地进口额指按进口货物的消费、使用或最终抵运地进行分组汇总的进口额；境内货源地出口额指按出口货物的产地或原始发货地进行分组汇总的出口额。

服务进出口 指常住单位与非常住单位之间相互提供的服务。包括运输，旅行，建筑，保险服务，金融服务，电信、计算机和信息服务，知识产权使用费，个人、文化和娱乐服务，维护和维修服务，加工服务，其他商业服务，政府服务。

外商投资 是指国外及港澳台地区的法人和自然人在中国大陆地区以现金、实物、无形资产、股权等方式进行投资。其中，外商直接投资是指国外及港澳台地区投资者在非上市公司中的全部投资及在单个外国投资者所占股权比例不低于10%的上市公司中的投资。

对外直接投资 是境内投资者以控制国（境）外企业的经营管理权为核心的经济活动，体现在一经济体通过投资于另一经济体而实现其持久利益的目标。

对外承包工程 根据《对外承包工程管理条例》，对外承包工程是指中国的企业或者其他单位承包境外建设工程项目的活动。

对外劳务合作 指组织劳务人员赴其他国家或地区为国外的企业或机构工作的经营性活动。

入境游客 指报告期内来中国（大陆）观光、度假、探亲访友、就医疗养、购物、参加会议或从事经济、文化、体育、宗教活动的外国人、港澳台同胞等游客（即入境旅游人数）。统计时，入境游客按每入境一次统计1人次。入境旅游人数包括入境过夜游客和入境一日游游客。

国内游客 指报告期内在中国（大陆）观光游览、度假、探亲访友、就医疗养、购物、参加会议或从事经济、文化、体育、宗教活动的中国（大陆）居民人数，其出游的目的不是通过所从事的活动谋取报酬。统计时，国内游客按每出游一次统计1人次。

国际旅游（外汇）收入 指入境游客在中国（大陆）境内旅行、游览过程中用于交通、参观游览、住宿、餐饮、购物、娱乐等全部花费。

国内旅游收入（旅游总花费） 指国内游客在国内旅行、游览过程中用于交通、参观游览、住宿、餐饮、购物、娱乐等全部花费。

Explanatory Notes on Main Statistical Indicators

Total Import and Export of Goods refer to the real value of commodities imported and exported across the border of China. They include the actual imports and exports through foreign trade, imported and exported goods under the processing and assembling trades and materials, supplies and gifts as aid given gratis between governments and by the United Nations and other international organizations, and contributions donated by overseas Chinese, compatriots in Hong Kong and Macao and Chinese with foreign citizenship, leasing commodities owned by tenant at the expiration of leasing period, the imported and exported commodities processed with imported materials, commodities trading in border areas, the imported and exported commodities and articles for public use of the Sino-foreign joint ventures, cooperative enterprises and ventures with sole foreign investment. Also included is import or export of samples and advertising goods for which CIF or FOB value are beyond the permitted ceiling (excluding goods of no trading or use value and free commodities for export), imported goods sold in China from bonded warehouses and other imported or exported goods. The indicator of the total imports and exports at customs can be used to observe the total size of external trade in a country. In accordance with the stipulation of the Chinese government, imports are calculated at CIF, while exports are calculated at FOB.

Import or Export by Location of Importers/Exporters The location of importers or exporters refers to the place inside China's customs territory where the importers or exporters are registered.

Imports and Exports by Location of Domestic Consumers/Producers The location of domestic consumers refers to the place inside China's customs territory where the imported goods are to be consumed, utilized or destined for. The location of domestic producers refers to the place inside China's customs territory where the exported goods are produced, manufactured or initially delivered.

Import and Export of Services refers to services provided between resident and non-resident units, including transportation, travel, construction, insurance, finance, telecommunications, computer and information, professional and management consultancy, intellectual property fee, personal, cultural or recreational services, maintenance and repair, processing, other business services, and government services.

Foreign Investment refers to investment in China by legal or natural persons of foreign countries and of HongKong, Macau and Taiwan, in the form of cash、physical assets、intangible assets and equity and others. Foreign direct investment refers to investment by investors from foreign countries and from HongKong, Macau and Taiwan in a non-listed company, or the investment of over 10 percent or more in a listed company.

Outward Direct Investment refers to the economic activities of domestic investors focussing on controlling the operation and management of overseas enterprises. The content of overseas direct investment mainly reflects goal of of lasting interest of one economic entity by investing in another economic entity.

Overseas Contracted Projects refer to activities of contracting overseas construction projects by Chinese enterprises or any other units, which are stipulated in the Regulations on Administration of Foreign Contracted Project.

Overseas Labour Services refer to operational activities of organizing labour force to go abroad providing services to foreign enterprises or agencies.

Overseas Visitor Arrivals refer to the number of tourists of foreigners, Chinese compatriots from Hong Kong, Macao and Taiwan who come to China (mainland) within the reference period for sight-seeing, vacation, visiting relatives, medical treatment, shopping, attending conference, or to engage in economic, cultural, sports and religious activities (namely the number of overseas visitor arrivals). In compiling statistics, each arrival is counted as one person-time. The number of overseas visitor arrivals includes inbound overnight tourists and one-day tourists.

Number of Domestic Tourists refers to the number of Chinese (mainland) residents who travel within China (mainland) for sight-seeing, vacation, visiting relatives, medical treatment, shopping, attending conference, or to engage in economic, cultural, sports and religious activities. In compiling statistics, each time of travelling is counted as one person-time.

Foreign Exchange Earnings from International Tourism refer to the total expenditure of foreigners, overseas Chinese, Chinese compatriots from Hong Kong, Macao and Taiwan during their stay in the mainland of China on transportation, sighting, accommodation, food, shopping and entertainment.

Income from Domestic Tourism refer to expenditure of domestic tourists on transportation, sighting, accommodation, food, shopping and entertainment while they travel.

能　源

Energy

资料整理人员：周　波　杨　耒　吕　燕　何　达

9-1 工业企业能源购进、消费及库存(2021年)
Energy Purchase, Consumption and Stock of Industry (2021)

指 标		Item		年初库存 Stock at the Beginning of the Year	购进量 实物量 Total Purchase	工业生产 消费量 Industrial Production and Consumption	原材料 Material Use	年末库存 Stock at the End of the Year
能源合计	**(吨标准煤)**	**Total Energy**	**(tce)**			**108250263**	**2528941**	
原煤	(吨)	Raw Coal	(ton)	3859107	57972890	56938256	573245	5075221
其中:无烟煤		Blind Coal		389824	5895922	5638131	141783	638194
炼焦烟煤		Coking Coal		13805	235339	234932		13809
一般烟煤		Generally Coal		3455211	51813545	51037322	431461	4422739
褐煤		Lignitous Coal		267	28084	27871		478
洗精煤(用于炼焦)	(吨)	Cleaned Coal (Used in the Coking)	(ton)	232262	9440503	9508622		163241
其他洗煤	(吨)	Other Washed Coal	(ton)	68553	2972540	2991208	10507	49765
煤制品	(吨)	Coal Products	(ton)	687	15492	15273		298
焦炭	(吨)	Coke	(ton)	207565	6266484	10078704	196691	311751
其他焦化产品	(吨)	Other Coking Products	(ton)	51	6122	5862		310
焦炉煤气	(万立方米)	Coke Oven Gas	(10 000 cu.m)		23198	205739		
高炉煤气	(万立方米)	High Oven Gas	(10 000 cu.m)		750388	3212083	3124	
转炉煤气	(万立方米)	Converter Gas	(10 000 cu.m)		99834	231235		
其他煤气	(万立方米)	Other Gas	(10 000 cu.m)		349	349		
天然气(气态)	(万立方米)	Natural Gas	(10 000 cu.m)	1534	307776	187973	3440	1455
液化天然气(液态)	(吨)	Liquefied Natural Gas	(ton)	286	28840	26940		184
氢气	(万立方米)	Hydrogen	(10 000 cu.m)		677	1765		
原油	(吨)	Crude Oil	(ton)	260507	8052977	8098648		214836
汽油	(吨)	Gasoline	(ton)	885	140598	139156	1539	645
煤油	(吨)	Kerosene	(ton)	1908	13436	14337	452	985
柴油	(吨)	Diesel Oil	(ton)	13161	355424	345742	4936	19346
燃料油	(吨)	Fuel Oil	(ton)	8230	152608	155564	623	7110
液化石油气	(吨)	Liquefied Petroleum Gas	(ton)	865	140852	159973	5874	268
炼厂干气	(吨)	Refinery Gas	(ton)		151	299264	17771	
石脑油	(吨)	Naphtha	(ton)					
润滑油	(吨)	Lubricating Oil	(ton)	578	31356	30922	20014	315
石蜡	(吨)	Paraffin Wax	(ton)	47	977	1021	749	4
溶剂油	(吨)	Solvent Naphtha	(ton)	110	5147	5046		268
石油焦	(吨)	Petroleum Coke	(ton)	28519	334777	341133	470	24645
石油沥青	(吨)	Petroleum Asphalt	(ton)	5216	157963	151427	120450	11370
其他石油制品	(吨)	Other Petroleum Products	(ton)	33485	1976850	2761152	1172537	64993
热力	(百万千焦)	Heat	(million kilo-joule)		13989724	48424233		
电力	(万千瓦时)	Electricity	(10 000 kwh)		13035456	10443115		
煤矸石(用于燃料)	(吨)	Coal Gangue (Used for Fuel)	(ton)	126052	3000145	2860060		90469
城市生活垃圾(用于燃料)	(吨)	Municipal Solid Waste (Used for Fuel)	(ton)	50675	4869007	5486953		62787
生物质能(用于燃料)	(吨)	Biomass Energy (Used for Fuel)	(ton)	14375	1935240	1788842		19213
余热余压	(百万千焦)	Waste Heat And Excess Pressure	(million kilo-joule)		7368876	36854444		
工业废料(用于燃料)	(吨)	Industrial Waste (Used for Fuel)	(ton)	2	53549	53587		
其他燃料	(吨标准煤)	Other Fuel	(tce)	993	452830	386651	1063	283

注:本表统计范围为年主营业务收入2000万元及以上的工业企业。
All Industry corporation enterprises with an annual sales income of over 20 million yuan.

9-2 工业企业能源加工转换与回收利用(2021年)

指 标		Item		工业生产消费量 For Production	加工转换投入合计 Input& Output of Transformation	火力发电 Thermal Power
能源合计	**(吨标准煤)**	**Total Energy**	**(tce)**	**88557607**	**59113276**	**31685567**
原煤	(吨)	Raw Coal	(ton)	52442116	41633414	36556505
其中:无烟煤		Blind Coal		4539363	4475741	4356684
炼焦烟煤		Coking Coal		96595	49326	49326
一般烟煤		Generally Coal		47806158	37108347	32150495
褐煤		Lignitous Coal				
洗精煤(用于炼焦)	(吨)	Cleaned Coal (Used in the Coking)	(ton)	9508622	9508622	
其他洗煤	(吨)	Other Washed Coal	(ton)	2970013	1355584	
煤制品	(吨)	Coal Products	(ton)			
焦炭	(吨)	Coke	(ton)	9579269		
其他焦化产品	(吨)	Other Coking Products	(ton)			
焦炉煤气	(万立方米)	Coke Oven Gas	(10 000 cu.m)	199890	35200	35200
高炉煤气	(万立方米)	High Oven Gas	(10 000 cu.m)	3085120	1965604	1397801
转炉煤气	(万立方米)	Converter Gas	(10 000 cu.m)	231145	131858	131858
其他煤气	(万立方米)	Other Gas	(10 000 cu.m)			
天然气(气态)	(万立方米)	Natural Gas	(10 000 cu.m)	27536	8774	1460
液化天然气(液态)	(吨)	Liquefied Natural Gas	(ton)	538		
氢气	(万立方米)	Hydrogen	(10 000 cu.m)	1077	422	422
原油	(吨)	Crude Oil	(ton)	8096945	8089141	
汽油	(吨)	Gasoline	(ton)	11421	3620	
煤油	(吨)	Kerosene	(ton)	28		
柴油	(吨)	Diesel Oil	(ton)	63561	22235	4673
燃料油	(吨)	Fuel Oil	(ton)	24738	15670	4017
液化石油气	(吨)	Liquefied Petroleum Gas	(ton)	25110		
炼厂干气	(吨)	Refinery Gas	(ton)	299114	26276	5139
石脑油	(吨)	Naphtha	(ton)			
润滑油	(吨)	Lubricating Oil	(ton)	621	124	124
石蜡	(吨)	Paraffin Wax	(ton)			
溶剂油	(吨)	Solvent Naphtha	(ton)			
石油焦	(吨)	Petroleum Coke	(ton)	319848	152477	79000
石油沥青	(吨)	Petroleum Asphalt	(ton)			
其他石油制品	(吨)	Other Petroleum Products	(ton)	2636888	1142174	51180
热力	(百万千焦)	Heat	(million kilo-joule)	34973453		
电力	(万千瓦时)	Electricity	(10 000 kwh)	2947938		
煤矸石(用于燃料)	(吨)	Coal Gangue (Used for Fuel)	(ton)	632841	632841	632841
城市生活垃圾(用于燃料)	(吨)	Municipal Solid Waste (Used for Fuel)	(ton)	5486953	5375009	5375009
生物质能(用于燃料)	(吨)	Biomass Energy (Used for Fuel)	(ton)	485895	480198	466998
余热余压	(百万千焦)	Waste Heat And Excess Pressure	(million kilo-joule)	36500110	21820137	21820137
工业废料(用于燃料)	(吨)	Industrial Waste (Used for Fuel)	(ton)	2900	2900	2900
其他燃料	(吨标准煤)	Other Fuel	(tce)	33899		

注:本表统计范围为辖区内有能源加工转换活动或回收利用的规模以上工业法人单位。

The statistical scope of this table is for industrial enterprises above designated size that have energy processing conversion activities or recycling in their jurisdiction.

Energy Processing, Conversion and Recycling in Industrial Enterprises (2021)

供 热 Heating Supply	原煤入洗 Coal Washing	炼 焦 Coking	炼油及煤制油 Petroleum Refineries	制气 Gas Works	天然气液 化 Natural Gas Liquefaction	加 工 煤制品 Coal Processing	能源加工转换产出 Energy Processing Conversion	回收利用 Recycling
3379565	**2074078**	**8730108**	**13243958**				**37497411**	**5890749**
2176683	2900226							
106934	12123							
2069749	2888103							
		9508622					1559536	
1355584							356265	
							6609267	
							350806	
							246418	
567803								3114277
								280784
35			7278					
			8089141					
			3620				2816826	
							723600	
42			17520				2219451	
1073			10580				151016	
							783663	
8515			12622				326626	
							212192	
73477							281043	
							104470	
			1090995				1336276	
							53419162	
							10149097	
13199								
								38636536

9-3 主要能源按工业行业分组工业生产消费量(2021年)

指 标	Item	原煤(吨) Raw Coal (ton)	洗精煤(吨) Cleaned Coal (ton)	其他洗煤(吨) Other Washed Coal (ton)
煤炭开采和洗选业	Mining and Washing of Coal	2426982		
黑色金属矿采选业	Mining of Ferrous Metal Ores	9423		
有色金属矿采选业	Mining of Non-ferrous Metal Ores	13880		
非金属矿采选业	Mining and Processing of Nonmetal Ores	319168		
开采专业及辅助性活动	Professional and Support Activities for Mining			
农副食品加工业	Processing of Food from Agricultural Products	187605		
食品制造业	Manufacture of Foods	225588		
酒、饮料和精制茶制造业	Manufacture of Liquor, Beverage and Refined Tea	66105		
烟草制品业	Manufacture of Tobacco			
纺织业	Manufacture of Textile	94011		
纺织服装、服饰业	Manufacture of Textile Wearing and Clothing Apparel	1905		
皮革、毛皮、羽毛及其制品和制鞋业	Leather, Fur, Feather and Its Products and Footwear	11128		
木材加工和木、竹、藤、棕、草制品业	Processing of Timbers,Manufacture of Wood, Bamboo, Rattan, Palm and Straw Products	174125		
家具制造业	Manufacture of Furniture	529		
造纸和纸制品业	Manufacture of Paper and Paper Products	978456		
印刷和记录媒介复制业	Printing,Reproduction of Recording Media	4267		
文教、工美、体育和娱乐用品制造业	Manufacture of Articles for Culture,Education and Sport Activity	3029		
石油、煤炭及其他燃料加工业	Processing of Petroleum, Coal and Other Fuels	2781208	3338059	
化学原料和化学制品制造业	Manufacture of Chemical Raw Material and Chemical Products	1122159		
医药制造业	Manufacture of Medicines	88958		
化学纤维制造业	Manufacture of Chemical Fiber			
橡胶和塑料制品业	Manufacture of Rubber and Plastic	21992		
非金属矿物制品业	Manufacture of Non-metallic Mineral Products	11432131		10507
黑色金属冶炼和压延加工业	Manufacture and Processing of Ferrous Metals	519823	6170563	2973977
有色金属冶炼和压延加工业	Manufacture and Processing of Non-ferrous Metals	393527		6724
金属制品业	Manufacture of Metal Products	39041		
通用设备制造业	Manufacture of General Purpose Machinery	12212		
专用设备制造业	Manufacture of Special Purpose Machinery	15740		
汽车制造业	Automobile Industry	657		
铁路、船舶、航空航天和其他运输设备制造业	Manufacture of Railway,Marine,Aerospace and Other Transport Equipment	15820		
电气机械和器材制造业	Manufacture of Electrical Machinery and Equipment	39687		
计算机、通信和其他电子设备制造业	Manufacture of Communication Equipment, Computer and Other Electronic Equipment	2646		
仪器仪表制造业	Manufacture of Measuring Instrument	10520		
其他制造业	Other Manufacture	446		
废弃资源综合利用业	Utilization of Waste Resources	54191		
金属制品、机械和设备修理业	Mental Products,Machine and Equipment Repair			
电力、热力生产和供应业	Production and Supply of Electric Power and Heat Power	35860847		
燃气生产和供应业	Production and Distribution of Gas	10377		
水的生产和供应业	Production and Distribution of Water	72		

注：本表统计范围为年主营业务收入2000万元及以上的工业企业。
All Industry corporation enterprises with an annual sales income of over 20 million yuan.

Major Energy Sources are Grouped by Industrial Sector Industrial Production and Consumption (2021)

煤制品（吨） Coal Products (ton)	焦炭（吨） Coke (ton)	其他焦化产品（吨） Other Coking Products (ton)	焦炉煤气（万立方米） Coke Oven Gas (10 000 cu.m)	高炉煤气（万立方米） High Oven Gas (10 000 cu.m)	天然气（万立方米） Natural Gas (10 000 cu.m)	原油（吨） Crude Oil (ton)	汽油（吨） Gasoline (ton)	煤油（吨） Kerosene (ton)	柴油（吨） Diesel Oil (ton)	燃料油（吨） Fuel Oil (ton)
					175		140		1509	
	2277						40		596	
	43				746		507	451	6387	
	691				1		1219	6	46460	299
21	225				8065		7703		8789	138
					8486		20626		6264	542
	56	169			2546		1448		1328	34
					2479		14		2424	
	707				873		250	3	341	
					276		234		331	
					1551	6	183	2	592	
	118				169		8411	9	8588	
					816		699		1650	
					1104		376		1277	
			648		694		5279		3431	
276					233		175		246	
8553			18490	49455	7321	8096945	3723		20908	21463
256	135064				15731		3176	167	7020	6157
					5054		2552		2333	
							1		728	16862
	40				3196	49	3437		5249	1
4814	15468		1178	113187	44188		34523	832	121867	98998
	9575095	5691	167426	2422490	12232		7750		17287	
	289440				23823	1648	2602	4	8702	4982
430	39884			402	7538		8138	711	7400	
	1483	2			2637		3001	2255	7930	192
294	3965				4554		6796	7651	12390	2
	1421				11296		1982	7	9294	2
					1549		1805	13	7107	
					3768		2753	1144	6368	522
	159				1988		3723	1	5259	64
					268		3604		270	
					378		208	1080	314	
630	12568			3124	2482		503		5247	1861
			648				12		33	
			17349	623426	3643		612		8672	3444
					7451		304		264	
					660		645		888	

9-3 续表 Continued

指标	Item	液化石油气（吨）Liquefied Petroleum Gas (ton)	其他石油制品（吨）Other Petroleum Products (ton)	热力（百万千焦）Heat (million kilo-joule)	电力（万千瓦时）Electricity (10 000 kwh)	其他燃料（吨标准煤）Other Fuel (tce)
煤炭开采和洗选业	Mining and Washing of Coal				42440	2878
黑色金属矿采选业	Mining of Ferrous Metal Ores				17661	
有色金属矿采选业	Mining of Non-ferrous Metal Ores				120841	524
非金属矿采选业	Mining and Processing of Nonmetal Ores			5981754	86040	39
开采专业及辅助性活动	Professional and Support Activities for Mining					
农副食品加工业	Processing of Food from Agricultural Products	331		534753	288941	85274
食品制造业	Manufacture of Foods		7879	5011027	122269	19133
酒、饮料和精制茶制造业	Manufacture of Liquor, Beverage and Refined Tea	15		196328	85221	11985
烟草制品业	Manufacture of Tobacco			7930	22205	6647
纺织业	Manufacture of Textile		2482	529822	90189	9369
纺织服装、服饰业	Manufacture of Textile Wearing and Clothing Apparel				27698	
皮革、毛皮、羽毛及其制品和制鞋业	Leather, Fur, Feather and Its Products and Footwear			35504	55046	2782
木材加工和木、竹、藤、棕、草制品业	Processing of Timbers,Manufacture of Wood, Bamboo, Rattan, Palm and Straw Products	8		2415	71168	73035
家具制造业	Manufacture of Furniture				22946	5278
造纸和纸制品业	Manufacture of Paper and Paper Products	455		6193373	190231	11241
印刷和记录媒介复制业	Printing,Reproduction of Recording Media		1572	89069	54807	9245
文教、工美、体育和娱乐用品制造业	Manufacture of Articles for Culture,Education and Sport Activity				40457	6163
石油、煤炭及其他燃料加工业	Processing of Petroleum, Coal and Other Fuels	27197	2589791	21141765	248425	693
化学原料和化学制品制造业	Manufacture of Chemical Raw Material and Chemical Products	3092	68020	2802807	741609	27685
医药制造业	Manufacture of Medicines		6785	1192748	98224	2379
化学纤维制造业	Manufacture of Chemical Fiber			55169	38375	10897
橡胶和塑料制品业	Manufacture of Rubber and Plastic	209	19241	466608	133331	1098
非金属矿物制品业	Manufacture of Non-metallic Mineral Products	95046	59052	105634	1321419	49331
黑色金属冶炼和压延加工业	Manufacture and Processing of Ferrous Metals			787801	1459828	38259
有色金属冶炼和压延加工业	Manufacture and Processing of Non-ferrous Metals		1337	1900368	577247	381
金属制品业	Manufacture of Metal Products	1353	9	6717	393352	6510
通用设备制造业	Manufacture of General Purpose Machinery	935	1178	17008	204917	166
专用设备制造业	Manufacture of Special Purpose Machinery	2	1334		146594	3356
汽车制造业	Automobile Industry	25	913		164595	8
铁路、船舶、航空航天和其他运输设备制造业	Manufacture of Railway,Marine,Aerospace and Other Transport Equipment	1			48536	
电气机械和器材制造业	Manufacture of Electrical Machinery and Equipment	859		883687	233639	640
计算机、通信和其他电子设备制造业	Manufacture of Communication Equipment, Computer and Other Electronic Equipment	9		330327	702145	1365
仪器仪表制造业	Manufacture of Measuring Instrument		1408	187	23646	
其他制造业	Other Manufacture	30435			21507	
废弃资源综合利用业	Utilization of Waste Resources				52229	291
金属制品、机械和设备修理业	Mental Products,Machine and Equipment Repair				1418	
电力、热力生产和供应业	Production and Supply of Electric Power and Heat Power		150	91267	2320677	
燃气生产和供应业	Production and Distribution of Gas				8012	
水的生产和供应业	Production and Distribution of Water			60165	165230	

9-4 主要用能工业企业单位产品能源消耗情况
Unit Product Energy Consumption of Industry

单位：千克标准煤 / 吨 (kgce / ton)

指 标	Item	2020	2021
万米印染布综合能耗（千克标准煤 / 万米）	Total Energy Consumption of Dyed Cloth/10 000m (kgce/10 000m)	1318.04	
机制纸及纸板综合能耗	Total Energy Consumption of Machine-Made Paper and Paperboard	286.04	522.59
炼焦工序单位能耗	Energy Consumption of Coking Process/unit	104.27	109.71
原油加工单位综合能耗（千克标准油 / 吨）	Total Energy Consumption of Crude Oil Processing/unit (kg SO/ton)	67.13	63.10
单位烧碱生产综合能耗（离子膜法 30%）	Total Energy Consumption of Caustic Soda Production/unit (Diaphragm Process 30%)	613.63	
联碱法纯碱双吨产品生产综合能耗	Total Energy Consumption of Soda Production/double tons	143.52	149.04
单位合成氨生产综合能耗	Total Energy Consumption of Synthetic Ammonia/unit	1730.68	1456.85
吨水泥熟料综合能耗	Total Energy Consumption of Cement/ton	105.16	105.93
吨水泥综合能耗	Total Energy Consumption of Cement Per Ton	84.78	87.30
每重量箱平板玻璃综合能耗（千克标准煤 / 重量箱）	Total Energy Consumption of Plate Glass/weight box (kgce/weight case)	11.08	10.62
吨钢综合能耗	Total Energy Consumption of Steel/ton	451.01	482.57
炼铁工序单位能耗	Unit Energy Consumption of Iron Refining Process	385.86	382.86
铁矿烧结工序单位能耗	Unit Energy Consumption of Iron Ore Sintering Process	45.57	46.78
转炉炼钢综合工序单位能耗	Unit Energy Consumption of Converter Steelmaking Process	-2.88	-2.32
电炉炼钢综合工序单位能耗	Unit Energy Consumption of Electric Furnace Steelmaking Process	59.94	52.19
锰硅合金工序单位能耗（千克标准煤 / 标准吨）	Unit Energy Consumption of Silicomanganese Alloy Process (kgce/standard ton)	51.54	445.05
轧钢工序单位能耗	Unit Energy Consumption of Steel Rolling Process	50.95	50.57
吨钢耗新水（吨 / 吨）	New Water Consumption of Steel/ton (ton/ton)	2.76	2.77
吨铜加工材消耗能源量	Total Energy Consumption of Copper Refining/unit	639.98	664.15
单位粗铅综合能耗	Total Energy Consumption of Crude Lead/unit	260.98	249.36
单位铅冶炼综合能耗	Total Energy Consumption of Lead Refining/unit	432.78	433.03
单位精锌（电锌）综合能耗	Total Consumption of Refined Zinc (Electrolytic Zinc)/unit		
吨铝加工材消耗能源量	Energy Consumption of Aluminium Processing Material/ton	708.21	465.27
电厂火力发电标准煤耗（克标准煤 / 千瓦时）	Standard Coal Consumption of Thermal Power Generation in the Power Plant (gce/kwh)	297.83	298.00
电厂火力供电标准煤耗（克标准煤 / 千瓦时）	Standard Coal Consumption of Thermal Power Supply in the Power Plant (gce/kwh)	309.73	311.92

9–5 规模工业企业水消费
Water Consumption of Scale Industry

单位：万立方米 (10 000 cu.m)

项　目	Item	2017	2018	2019	2020	2021
取水总量	**the Total Amount of Water Intake**	**386128.39**	**386225.28**	**396468.75**	**420190.27**	**439760.69**
地表水	Surface Water	329535.37	334983.43	346370.76	362370.45	383870.28
地下水	Groundwater	20200.01	15126.50	15161.22	15514.34	13545.48
自来水	Tap Water	34951.32	34449.51	33265.97	39850.35	39169.28
其他水	Other Water	677.93	830.16	813.88	860.16	650.02
重复用水	Repeated Water	514372.36	599480.18	615880.04	605700.97	641704.51
污水处理量	Quantity of Sewage Treatment	75866.71	108076.13	156966.68	169435.90	183149.47

注：根据国家新修订的报表制度，水、火电企业用于冷却机组的河湖海冷却用水（包括循环冷却用水和直抽直排冷却用水）不计入取水量。

According to the new revision of the reporting system, thermal power enterprises for the rivers and lakes water cooling water cooling unit (including circulating cooling water and cooling water straight pulling straight row) are not included in the water.

9–6 能源消耗指标
Indicators of Energy Consumption

项　目	Item	2017	2018	2019	2020	2021
单位 GDP 能耗上升或下降（±%）	Energy Consumption of Unit GDP Increase or Decrease (±%)	–5.17	–5.17	–4.29	–1.98	–3.50
能源消费总量增速（%）	Total Energy Consumption Growth (%)	2.39	2.26	2.94	1.71	3.90
单位 GDP 电耗上升或下降（±%）	Electric Power Consumption of Unit GDP Increase or Decrease (±%)	–2.07	2.33	–0.68	–0.28	3.70

注：2021 年单位 GDP 能耗上升或下降 、单位 GDP 电耗上升或下降根据当年能源消费增速、电耗增速与按 2020 年可比价计算的 GDP 增速相比较取得。2016–2020 年单位 GDP 能耗上升或下降、单位 GDP 电耗上升或下降根据当年能源消费增速、电耗增速与按 2015 年可比价计算的 GDP 增速相比较取得。2016–2018 年单位 GDP 能耗上升或下降、能源消费总量增速、单位 GDP 电耗上升或下降根据第四次全国经济普查调查结果进行了修订。

The rise or fall in energy consumption per unit of GDP and the rise or fall in power consumption per unit of GDP in 2021 are obtained by comparing the growth rate of energy consumption and power consumption with the GDP growth rate calculated at comparable prices in 2020. The rise or fall in energy consumption per unit of GDP and the rise or fall in power consumption per unit of GDP from 2016 to 2020 are obtained by comparing the growth rate of energy consumption and power consumption with the GDP growth rate calculated at comparable prices in 2015. The rise or fall in energy consumption per unit of GDP, the growth rate of total energy consumption, and the rise or fall of electricity consumption per unit of GDP from 2016 to 2018 were revised based on the results of the fourth National Economic Census.

9-7 非工业主要耗能单位综合能源消费量
Comprehensive Energy Consumption of Non-industrial Major Energy Consuming Units

单位：吨标准煤 (tce)

指 标	Item	2020	2021
消费合计	**Total Energy**	**1592115.54**	**1568999.77**
按国民经济行业分组	**By Sector**		
建筑业	Construction	880406.18	932997.74
批发和零售业	Wholesale and Retail Trade	6846.86	5616.70
交通运输、仓储和邮政业	Traffic,Transport, Storage and Post	473553.20	406021.42
住宿和餐饮业	Hotels and Catering Services	15762.52	6477.58
信息传输、软件和信息技术服务业	Information Transfer ,Computer Services and Software	214895.90	217340.89
金融业	Finance		
房地产业	Real Estate Trade		
租赁和商务服务业	Tenancy and Business Services	55.75	
科学研究和技术服务业	Scientific Research, Technical Service	579.02	545.44
水利、环境和公共设施管理业	Management of Water Conservancy Environment and Public Establishment		
居民服务、修理和其他服务业	Resident Services and Other Services	16.11	
教育	Education		
卫生和社会工作	Sanitation,Social Security		
按登记注册类型	**Grouped by Registration**		
内资企业	Internal-invested Enterprises	1579168.77	1539070.42
港澳台商投资	Enterprises With Investment From Hong Kong, Macao and Taiwan	9045.44	26133.00
外商投资	Enterprises With Foreign Investment	3901.33	3796.35
国有控股	**State Controlling Share Hold Enterprises**	**1141552.41**	**1141487.64**

注：本表统计范围为年耗能3000吨标准煤以上的非工业企业。

The range of statistics is more than 3000 tons of standard coal consumption per year of non-industrial enterprises

主要统计指标解释

一次能源生产总量 指一定时期内，全国一次能源生产量的总和。该指标是观察全国能源生产水平、规模、构成和发展速度的总量指标。包括：原煤、原油、天然气、水电、核能及其他动力能（如风能、地热能等）发电量等，不包括低热值燃料生产量和由一次能源加工转换而成的二次能源产量。

能源消费总量 指一定地域内，国民经济各行业和居民家庭在一定时期内消费的各种能源的总和。包括：原煤、原油、天然气、水能、核能、风能、太阳能、地热能、生物质能等一次能源；一次能源通过加工转换产生的洗煤、焦炭、煤气、电力、热力、成品油等二次能源和同时产生的其他产品；其他化石能源、可再生能源和新能源。其中水能、风能、太阳能、地热能、生物质能等可再生能源，是指人们通过一定技术手段获得的，并作为商品能源使用的部分。在核算过程中，一次能源、二次能源消费不能重复计算。能源消费总量分为终端能源消费量、能源加工转换损失量和能源损失量三部分。

(1) 终端能源消费量：指一定时期内，用于消费（而非用于加工转换产出其他能源）的各种能源之和。

(2) 能源加工转换损失量：指一定时期内，全国投入加工转换的各种能源数量之和与产出各种能源产品之和的差额。该指标是观察能源在加工转换过程中损失量变化的指标。

(3) 能源损失量：指一定时期内，能源在输送、分配、储存过程中发生的损失和由客观原因造成的各种损失量，不包括各种气体能源放空、放散量。

单位国内生产总值能耗 指一定时期内，一个国家或地区每生产一个单位的国内生产总值所消耗的能源。计算公式为：

$$\text{单位国内生产总值能源}=\frac{\text{能源消费总量}}{\text{国内生产总值}}$$

单位国内生产总值电耗 指一定时期内，一个国家或地区每生产一个单位的国内生产总值所消耗的电力。计算公式为：

$$\text{单位国内生产总值电耗}=\frac{\text{全社会用电量}}{\text{国内生产总值}}$$

单位工业增加值能耗 指一定时期内，一个国家或地区每生产一个单位的工业增加值所消耗的能源。计算公式为：

$$\text{单位工业增加值能耗}=\frac{\text{工业能源消费量}}{\text{工业增加值}}$$

Explanatory Notes on Main Statistical Indicators

Total Primary Energy Production refers to the total production of primary energy in a given period of time. It is a comprehensive indicator to show the level, scale, composition and growth of energy production of the country. It includes that of coal, crude oil, natural gas, hydropower and electricity generated by nuclear energy and other means such as wind power and geothermal power, etc. However, it does not include the production of fuels of low calorific value and secondary energy converted from primary energy.

Total Energy Consumption refers to the total consumption of energy of various kinds by the production sectors of the economy and the households in a given period of time. It includes primary energy such as coal, crude oil, natural gas, hydropower, nuclear power, wind power, solar power, geothermal power and bio-energy; the secondary energy and their products which are transformed from the primary energy such as washed coal, coke, coal gas, electricity, heating, and petroleum products; and other kinds of fossil energy, renewable energy and new energy. The renewable energy refers to the part of renewable energy that is attained with some given technical means and used for commercial purposes, including hydropower, wind power, solar power, geothermal power and bio-energy. In the process of accounting, there should be no double or multiple counting between and primary and the secondary accounting. Total energy consumption can be divided into three parts: final energy consumption; loss during the process of energy transformation; and other losses.

(1) Final Energy Consumption: It refers to the consumption of various kinds of energy in a given period of time, not involving the energy consumed for transformation.

(2) Losses During the Process of Energy Transformation: It refers to the total input of various kinds of energy for transformation, minus the total output of various kinds of energy products in a given period of time. It is an indicator to show the losses that occurs during the process of energy transformation.

(3) Other Losses: It refers to the total of the losses of energy during the course of energy transport, distribution and storage and the losses caused by any objective reason in a given period of time. The losses of various kinds of gas due to gas discharges and stocktaking is not included.

Energy Consumption per Unit of GDP refers to the energy consumption per unit of Gross Domestic Product in a country or the Gross Regional Product in a region in the same reference period. The formula is:

$$\frac{\text{Energy Consumption}}{\text{per Unit of GDP}} = \frac{\text{Total Energy Consumption}}{\text{Gross Domestic Product}}$$

Electricity Consumption per Unit of GDP refers to the electricity consumption per unit of Gross Domestic Product in a country or the Gross Regional Product in a region in the same reference period. The formula is:

$$\frac{\text{Electricity Consumption}}{\text{per Unit of GDP}} = \frac{\text{Total Electricity Consumption}}{\text{Gross Domestic Product}}$$

Energy Consumption per Unit of Industrial Value-added refers to the energy consumption per unit of indu- strial value-added in a country or region in the same reference period. The formula is:

$$\frac{\text{Energy Consumption per}}{\text{Unit of Industrial Value-added}} = \frac{\text{Total Energy Consumption}}{\text{Industrial Value-added.}}$$

财政、金融和保险

Government Finance, Banking and Insurance

资料整理人员：廖闻菲

10-1 财政、金融和保险
Government Finance, Banking and Insurance

单位：亿元 (100 million yuan)

年份 Year	地方一般公共预算收入 General Public Budget Revenue	一般公共预算支出 Public Budgetary Expenditure	金融机构人民币存款余额 Deposits of Financial Institutions	金融机构人民币贷款余额 Loans of Financial Institutions	全年各项保费收入 Premiums Institutions
1950	2.15	0.79	0.44	0.05	
1951	3.15	1.12	1.18	0.21	
1952	4.07	2.06	1.76	0.31	
1953	4.13	2.08	2.12	1.60	
1954	4.91	2.93	3.01	4.02	
1955	4.73	2.24	3.44	7.40	
1956	5.23	3.14	2.52	8.45	
1957	5.53	3.22	3.13	8.90	
1958	10.47	8.40	7.60	16.62	
1959	13.40	11.09	12.82	26.53	
1960	15.17	14.07	13.37	30.98	
1961	8.50	9.21	13.10	27.64	
1962	8.77	4.22	11.00	25.19	
1963	8.09	5.01	10.41	21.92	
1964	9.12	6.88	10.33	19.87	
1965	10.05	7.00	11.53	21.40	
1966	10.96	9.06	12.53	24.07	
1967	8.86	8.31	13.82	26.84	
1968	6.92	6.24	14.32	30.24	
1969	9.81	9.34	14.38	32.19	
1970	14.95	10.84	26.24	35.92	
1971	17.71	12.33	28.24	38.16	
1972	18.43	14.61	28.10	39.51	
1973	21.72	15.07	34.00	44.75	
1974	13.89	15.40	27.53	45.23	
1975	18.27	15.92	34.00	48.33	
1976	16.02	15.85	31.21	50.55	
1977	20.88	16.41	35.84	55.25	
1978	27.98	24.46	38.64	64.46	
1979	28.63	25.17	47.38	72.85	
1980	29.86	23.71	58.08	87.34	
1981	31.40	21.39	67.79	99.70	
1982	30.33	23.26	76.08	112.58	
1983	29.27	25.31	88.47	124.10	
1984	32.85	30.04	115.03	151.59	
1985	39.19	40.09	118.84	159.73	

10-1 续表 Continued

单位：亿元 (100 million yuan)

年份 Year	地方一般公共预算收入 General Public Budget Revenue	一般公共预算支出 Public Budgetary Expenditure	金融机构人民币存款余额 Deposits of Financial Institutions	金融机构人民币贷款余额 Loans of Financial Institutions	全年各项保费收入 Premiums Institutions
1986	47.65	54.29	157.51	201.04	
1987	54.38	55.93	192.89	239.39	
1988	56.54	64.89	325.74	366.49	
1989	68.86	74.23	395.60	428.29	
1990	70.07	80.08	369.96	517.90	3.15
1991	80.52	88.58	472.10	631.07	3.69
1992	92.78	99.10	595.10	776.79	5.46
1993	127.56	132.03	738.86	944.40	7.15
1994	85.89	151.49	1107.80	1263.11	12.23
1995	108.16	173.94	1389.05	1494.03	16.17
1996	130.36	217.74	1748.61	1880.94	21.03
1997	137.16	230.82	1769.91	2123.00	30.74
1998	156.77	273.64	2110.71	2274.41	34.47
1999	166.50	313.12	2539.75	2408.36	42.30
2000	177.04	347.83	2874.75	2403.39	59.91
2001	205.41	431.70	3342.91	2787.92	56.09
2002	231.15	533.02	3923.17	3227.46	87.22
2003	268.65	573.75	4669.00	3796.31	103.70
2004	320.63	719.54	5500.47	4258.03	115.81
2005	395.27	873.42	6498.23	4509.09	127.17
2006	477.93	1064.52	7719.43	5173.87	147.82
2007	606.55	1357.03	9083.27	6037.40	201.31
2008	722.71	1765.22	10895..49	6989.42	312.49
2009	847.62	2210.44	13948.00	9369.81	348.45
2010	1081.69	2702.47	16553.78	11303.76	438.53
2011	1517.07	3520.76	19334.70	13186.68	443.53
2012	1782.16	4119.00	23037.07	15336.52	465.11
2013	2030.88	4690.89	26756.64	17774.99	508.57
2014	2262.79	5017.38	30073.36	20356.39	587.73
2015	2515.43	5728.72	36009.09	23738.58	712.18
2016	2697.88	6339.16	41694.54	27215.51	886.46
2017	2757.82	6869.39	46437.72	31532.69	1110.18
2018	2860.84	7479.61	48697.54	36211.75	1255.07
2019	3007.15	8034.42	52312.47	42159.45	1396.12
2020	3008.66	8403.13	57479.96	49165.68	1513.06
2021	3250.69	8325.50	62339.85	55508.70	1508.75

注：根据中国银保监会统计标准，2021 年全省保费收入不包含风险处置中机构的数据（后表同）。

According to the statistical standards of China Banking and Insurance Regulatory Commission, the provincial premium income in 2021 does not include the data of institutions in risk disposal(The following table is the same).

10-2 财政收支基本情况
Government Financial Revenue and Expenditure

单位：亿元 (100 million yuan)

年份 Year	地方一般公共预算收入 General Public Budget Revenue	税收收入 Taxes Revenue	非税收入 Revenue form Enterprises	一般公共预算支出 Public Budgetary Expenditure	一般公共服务 General Public Services	社会保障和就业 Social Security and Employment
1978	27.98	17.17	9.68	24.46	7.62	3.57
1979	28.63			25.17		
1980	29.86	19.53	9.58	23.71	4.86	3.44
1981	31.40			21.39		
1982	30.33	24.48	5.11	23.26	3.12	2.95
1983	29.27	26.16	2.25	25.31	3.48	3.26
1984	32.85	29.12	2.74	30.04	4.43	3.21
1985	39.19	36.83	1.61	40.09	4.60	4.01
1986	47.65	42.26	4.08	54.29	5.80	4.52
1987	54.38	48.36	4.37	55.93	4.65	3.09
1988	56.54	54.25	-0.47	64.89	5.21	5.88
1989	68.86	64.88	-1.48	74.23	5.44	6.91
1990	70.07	67.33	-3.70	80.08	5.60	8.17
1991	80.52	74.14	-0.91	88.58	6.16	8.81
1992	92.78	84.90	-0.78	99.10	6.23	9.86
1993	127.56	116.31	-0.66	132.03	7.73	12.89
1994	85.89	65.04	2.70	151.49	7.89	13.74
1995	108.16	78.05	2.74	173.94	9.65	14.55
1996	130.36	88.00	2.30	217.74	13.33	17.09
1997	137.16	105.75	2.72	230.82	13.78	17.66
1998	156.77	102.95	3.63	273.64	28.75	22.16
1999	166.50	105.50	6.04	313.12	37.66	21.49
2000	177.04	111.57	8.60	347.83	38.08	22.15
2001	205.41	124.45	19.35	431.70	39.40	25.55
2002	231.15	148.61	14.16	533.02	58.26	40.59
2003	268.65	173.15	14.69	573.75	51.40	36.21
2004	320.63	218.70	21.99	719.54	46.48	74.13
2005	395.27	267.87	32.67	873.42	74.98	71.91
2006	477.93	322.74	155.19	1064.52	72.67	84.32
2007	606.55	410.66	195.89	1357.03	256.59	220.98
2008	722.71	486.31	236.40	1765.22	295.56	310.31
2009	847.62	568.27	279.34	2210.44	336.07	360.75
2010	1081.69	730.84	350.85	2702.48	367.20	396.40
2011	1517.07	915.40	601.67	3520.76	466.74	484.44
2012	1782.16	1110.74	671.42	4119.00	550.26	525.71
2013	2030.88	1299.15	731.73	4690.89	628.45	625.94
2014	2262.79	1438.52	824.27	5017.38	627.24	661.97
2015	2515.43	1527.52	987.91	5728.72	634.17	779.84
2016	2697.88	1551.33	1146.56	6339.16	675.95	874.41
2017	2757.82	1759.13	998.69	6869.39	747.05	1017.90
2018	2860.84	1959.67	901.18	7479.61	797.30	1095.57
2019	3007.15	2061.96	945.19	8034.42	850.66	1160.33
2020	3008.66	2057.98	950.69	8403.13	861.15	1300.22
2021	3250.69	2245.99	1004.70	8325.50	820.29	1312.65

注：2007年起，“基本建设支出”指标更改为“一般公共服务”，“支援农村生产支出及农业事业费”指标更改为“社会保障和就业”。

From 2007,the index of" expenditure for capital construction" has been changed into general public services and "expenditure for supporting agricultural production and agricultural expense" changed into "social security programs and employment".

10-3 财政收入(2021年)
Government Financial Revenue (2021)

项 目	Item	财政收入（亿元） Financial Revenue (100 million yuan)
地方一般公共预算收入	**General Public Budget Revenue**	**3250.69**
税收收入	**Tax Revenue**	**2245.99**
国内增值税	Domestic Value-added Tax	784.17
企业所得税	Corporate Income Tax	270.97
个人所得税	Individual Income Tax	91.77
资源税	Resources Tax	15.44
城市维护建设税	City Maintenance and Construction Tax	155.00
房产税	House Property Tax	89.49
印花税	Stamp Tax	38.83
城镇土地使用税	Urban Land Use Tax	77.95
土地增值税	Land Appreciation Tax	277.61
车船税	Tax on Vehicles and Boat Operation	33.23
耕地占用税	Farm Land Occupation Tax	64.75
契税	Deed Tax	333.17
烟叶税	Tobacco Leaf Tax	9.35
环境保护税	Environment Protection Tax	4.03
其他税收收入	Other Tax Revenue	0.23
非税收入	**Non-tax Revenue**	**1004.70**
专项收入	Special Program Receipts	224.91
行政事业性收费收入	Charge of Administrative and Institutional Units	163.68
罚没收入	Penalty Receipts	166.33
国有资产经营收入	Operating Income from Government Capital	6.52
国有资源有偿使用收入	Income from Use of State-owed Resources	278.14
捐赠收入	Donation Tax Revenue	3.45
政府住房基金收入	Government Housing Fund Tax Revenue	42.77
其他收入	Other Revenue	118.91

10-4 财政支出(2021年)
Government Financial Expenditure (2021)

项　目	Item	财政支出（亿元）Financial Expenditure (100 million yuan)
一般公共预算支出	**General Public Budget Expenditure**	**8325.50**
一般公共服务支出	Expenditure for General Public Services	820.29
国防支出	National Defense	12.79
公共安全支出	Public Safety	407.42
教育支出	Expenditure for Education	1373.63
其中：普通教育	Common	1073.09
职业教育	Vocational	136.16
科学技术支出	Expenditure for Science and Technology	217.30
文化体育与传媒支出	Expenditure for Culture,Sport and Media	134.98
其中：文化和旅游	Culture and Tourism	67.45
体育	Sport	10.87
社会保障和就业支出	Expenditure for Social Security and Employment	1312.65
卫生健康支出	Expenditure for Medical and Health Care	739.92
节能环保支出	Environmental Protection	194.62
城乡社区支出	Expenditure for Urban and Rural Community Affairs	877.55
农林水支出	Expenditure for Agriculture,Forestry and and Water Conservancy	949.01
其中：扶贫	Poverty Reduction	186.21
交通运输支出	Expenditure for Transportation	308.61
资源勘探信息等支出	Expenditure for Affairs of Resource Exploration and Information	164.67
商业服务业等支出	Expenditure for Affairs of Commerce and Services	46.62
金融支出	Expenditure for Financial Affairs	49.70
援助其他地区支出	Expenditure for Other Regional Assistance	5.65
自然资源支出	Expenditure for Natural Resources	94.98
住房保障支出	Expenditure for Housing Security	222.28
粮油物资储备支出	Expenditure for Affairs of Management of Grain & Oil Reserves	36.75
灾害防治及应急管理支出	Expenditure for Disaster Prevention and Emergency Management	63.66
债务付息支出	Expenditure for Interest Payments on Debts	247.12
债务发行支出	Expenditure for Issuing Debts	0.97
其他支出	Other Expenditure	44.33

10–5 金融机构本外币信贷收支(2021年)
Loans and Deposits of Financial Institutions (2021)

单位：亿元 (100 million yuan)

项　目	Item	年末余额 Balance at the Year–end	比年初增减 Increase Over the Year–beginning
各项存款	**Deposits**	**62891.04**	**4979.03**
境内存款	Domestic Deposits	62796.97	4961.50
住户存款	Household Deposits	35531.40	3662.28
活期存款	Demand Deposits	11650.40	466.80
定期及其他存款	Regular and Other Deposits	23881.00	3195.47
非金融企业存款	Corporate Deposits	13818.16	362.46
活期存款	Demand Deposits	6896.44	–339.32
定期及其他存款	Regular and Other Deposits	6921.72	701.79
财政性存款	Fiscal Deposits	1330.54	72.39
机关团体存款	Deposits of Government Departments & Organizations	9046.30	349.71
非银行业金融机构存款	Non–banking Financial Institutions Deposit	3070.57	514.66
境外存款	Foreign Deposits	94.07	17.53
金融债券	**Financial Bonds**	**484.21**	**29.75**
卖出回购资产	**Sell Back Assets**	**0.70**	**-13.93**
借款及非银行业金融机构拆入	**Borrowing and Non-banking Financial Institutions are Dismantled**	**6.87**	**0.64**
联行往来（净）	**Inter-bank Credits**	**17.56**	**17.56**
应付及暂收款	**Payable & Actually Received Funds**	**1482.29**	**201.87**
各项准备	**All Plans**	**1441.16**	**168.70**
所有者权益	**Creditors' Equity**	**2650.27**	**312.52**
实收资本	Total Capital Hold	878.87	20.89
其他	**Others**	**-3042.33**	**59.56**
资金来源总计	**All Sources**	**65931.77**	**5755.72**
各项贷款	**Loans**	**55845.04**	**6442.20**
境内贷款	Domestic Loans	55773.34	6414.77
住户贷款	Households Loans	20776.48	2384.16
短期贷款	Short–term Loans	5189.59	760.11
#消费贷款	#Consumption Loans	2324.68	194.55
中长期贷款	Medium–term and Long–term Loans	15586.89	1624.05
#消费贷款	#Consumption Loans	13159.36	1445.95
非金融企业及机关团体贷款	Non–financial Enterprises and Institutions Group Loans	34950.26	3984.35
非银行业金融机构贷款	Non–banking Financial Institution Loans	46.59	46.26
境外贷款	Foreign Loans	71.70	27.43
债券投资	**Securities**	**6691.47**	**483.42**
股权及其他投资	**Equity and Other Investments**	**2225.30**	**-117.08**
买入返售资产	**Assets Purchased Under Resale Agreements**	**277.15**	**131.93**
存放非银行业金融机构款项	**Deposit of Non-banking Financial Institutions**	**43.26**	**1.67**
联行往来（净）	**Inter-bank Credits**		**-1200.63**
应收及预付款	**Account Receivable and Advance Payment**	**458.86**	**8.27**
投资性房地产	**Investment Real Estate**	**0.44**	**0.11**
固定资产	**Fixed Assets**	**390.26**	**5.81**
资金运用总计	**All Uses**	**65931.77**	**5755.72**

10-6 金融机构本外币存贷款分机构表(2021年)

Statement of Local and Foreign Currency Deposits and Loans of Financial Institutions (2021)

单位：亿元 (100 million yuan)

项　目	Item	存款 Deposit		贷款 Loan	
		年末余额 Balance at the Year-end	比年初增减 Increase Over the Year-beginning	年末余额 Balance at the Year-end	比年初增减 Increase Over the Year-beginning
金融机构	**Financial Institutions**	**62891.04**	**4979.03**	**55845.04**	**6442.20**
工商银行	Industrial and Commercial Bank of China Limited	5361.02	450.75	5185.73	630.71
建设银行	China Construction Bank	8576.60	613.71	7044.28	834.60
农业银行	Agricultural Bank of China	5687.92	378.56	4230.05	584.63
中国银行	Bank of China	3535.56	268.47	3498.37	387.31
开发银行	China Development Bank	373.70	-74.79	4418.45	325.80
交通银行	Bank of Communications	2057.16	197.37	2097.82	320.84
邮政储蓄银行	Postal Savings Bank of China	5711.19	491.74	2632.93	295.86
农发行	Agricultural Development Bank of China	425.11	-36.54	3011.27	318.27
进出口银行	Export-import Bank of China	18.58	2.15	1113.60	128.16
招商银行	China Merchants Bank	1033.03	177.40	690.40	97.45
浦发银行	Shanghai Pudong Development Bank	706.19	77.21	853.44	33.50
中信银行	China CITIC Bank	874.35	75.44	948.33	93.90
兴业银行	Industrial Bank Co.,Ltd.	1282.97	210.77	675.65	64.52
民生银行	China Minsheng Banking Corp., Ltd	690.55	46.96	760.92	24.54
光大银行	China Everbright Bank	950.87	7.80	942.10	63.72
华夏银行	Hua Xia bank	275.31	33.64	262.52	32.25
广发银行	China Guangfa Bank	485.27	101.54	437.52	40.96
平安银行	Ping An Bank	307.02	-2.06	552.81	134.08
恒丰银行	Hengfeng Bank	153.93	2.38	132.90	-0.51
浙商银行	China Zheshang Bank Co.	143.10	20.76	145.05	50.10
渤海银行	Bohai Bank	163.49	16.13	249.09	48.27
北京银行	Bank of Beijing	339.01	-28.83	806.88	55.61
东莞银行	Bank of Dongguan	65.50	0.23	99.25	10.67
南粤银行	Nanyue Bank	93.97	-16.48	25.05	-1.56
上海农商行	Shanghai Rural Commercial Bank	9.84	-1.15	53.69	4.34
电力财务	Power Finance Limited	74.92	-3.15	95.00	14.98
长沙银行	Bank of Changsha	5779.47	698.18	3424.69	517.33
华融湘江银行	Huarong Xiangjiang Bank	2908.99	-26.33	2501.03	202.97
农信机构	Rural Credit Institutions	12181.68	1197.83	7942.46	953.85
三湘银行	Sanxiang Bank	427.81	14.63	378.97	88.46
信托公司	Trust and Investment Companies			5.99	-4.65
财务公司	Finance Companies	464.46	124.12	108.12	12.04
村镇银行	Village and Township Bank	550.08	28.18	452.24	59.21
三一金融	Sany Auto Finance Co., Ltd.	76.87	4.38	135.01	18.31
外资银行	Foreign Bank	19.06	-0.90	66.57	4.79

注：外资银行包括汇丰、花旗、东亚、新韩、渣打和合作金库。
Foreign Banks include HSBC, Citigroup, East Asia, New Korea, Standard Chartered Bank and Co-operative.

10-7 主要金融机构大中小微型企业贷款分行业情况统计表(2021年)

单位：亿元

项 目	Item	企业合计 Enterprise Total	
		年末余额 Balance at the Year-end	比年初增减 Increase Over the Year-beginning
合计	**Total**	**31681.39**	**3468.55**
农、林、牧、渔业	Agriculture,Forestry,Farming of Animals and Fishing	320.79	50.71
采矿业	Mining	123.93	7.01
制造业	Manufacturing	3440.47	403.23
电力、热力、燃气及水生产和供应业	Production and Distribution of Electricity,Gas and Water	1821.93	187.60
建筑业	Construction	1655.67	331.90
批发和零售业	Wholesale and Retail Trade	1612.10	170.33
交通运输、仓储和邮政业	Traffic,Transport, Storage and Post	5574.27	312.40
住宿和餐饮业	Hotels and Catering Services	185.90	-6.67
信息传输、软件和信息技术服务业	Information Transfer, Software and Information	145.15	-4.62
金融业	Finance	312.55	26.48
房地产业	Real Estate	3133.68	64.28
租赁和商务服务业	Tenancy and Business Services	6568.63	1270.36
科学研究和技术服务业	Scientific Research,Technical Service	123.23	31.23
水利、环境和公共设施管理业	Management of Water Conservancy, Environment and Public Establishment	6044.95	521.71
居民服务、修理和其他服务业	Resident Services and Other Services	188.39	25.41
教育业	Education	133.01	40.29
卫生和社会工作	Health and Social Work	114.25	15.90
文化、体育和娱乐业	Culture,Sports and Entertainment	181.90	21.72
公共管理、社会保障和社会组织	Public Management and Social Organization	0.60	-0.71

注：1. 本表仅统计人民币贷款，不含外汇贷款和票据融资。
2. 本表不含村镇银行、财务公司、信托公司。

Statistical Table on Loans by Sector of Major Financial Institutions, Large, Medium and Small Enterprises (2021)

(100 million yuan)

大型企业 Large Enterprise		中型企业 Medium-sized Enterprise		小型企业 Small Enterprise		微型企业 Miniature Enterprise	
年末余额 Balance at the Year-end	比年初增减 Increase Over the Year-beginning	年末余额 Balance at the Year-end	比年初增减 Increase Over the Year-beginning	年末余额 Balance at the Year-end	比年初增减 Increase Over the Year-beginning	年末余额 Balance at the Year-end	比年初增减 Increase Over the Year-beginning
9710.86	**510.52**	**10910.58**	**1634.54**	**9772.99**	**1130.27**	**1286.96**	**193.23**
76.98	19.13	68.58	11.59	157.06	14.39	18.16	5.60
27.15	-6.26	42.54	2.22	47.90	11.98	6.33	-0.93
1506.49	53.24	698.74	126.67	1056.19	161.97	179.05	61.35
630.81	-51.21	670.90	209.37	407.63	13.53	112.59	15.91
580.08	124.67	450.01	101.58	515.34	91.71	110.25	13.92
340.81	-57.79	371.77	61.12	721.23	117.61	178.28	49.38
3931.86	118.35	1017.89	147.93	541.80	28.94	82.71	17.18
27.36	-16.89	34.52	-1.84	110.25	10.47	13.77	1.59
24.18	-4.12	29.42	-3.87	74.25	2.37	17.30	1.01
83.50	-23.36	77.62	8.16	88.10	46.95	63.34	-5.27
244.05	-32.17	2208.20	99.57	502.53	39.84	178.90	-42.95
1055.15	225.48	2443.07	450.80	2884.93	548.02	185.49	46.05
20.99	1.27	25.97	6.73	63.15	16.53	13.12	6.70
1057.69	138.88	2572.26	379.68	2322.65	-5.07	92.36	8.22
31.41	6.28	49.01	12.45	98.82	3.06	9.14	3.61
14.58	5.10	55.60	18.02	56.13	14.04	6.69	3.13
26.33	5.83	40.33	-1.21	38.45	4.78	9.13	6.51
31.41	4.08	54.15	5.59	86.00	9.85	10.34	2.20
				0.60	-0.71		

a. The statistical scope in the table include RMB loans,not-include Foreign Currency Loans and Financing Instruments.

b. The statistical scope in the table non-include Village and Township Bank、Finance Companies、Trust and Investment Companies.

10-8 保险机构与人员(2021年)
Institutions and Personnel of Insurance System (2021)

项　目		Item		合计 Total
全年各项保费收入	（亿元）	Premiums	(100 million yuan)	1508.75
保险机构数	（个）	Number of Institutions of Insurance System	(unit)	3450
法人机构		Legal Institutions		1
省级公司		Provincial Branches		59
地市级公司		Prefecture/City Branches		453
县支公司及营业部		County Branches		1354
营销服务部		Marketing Services Division		1574
年底实有职工人数	（人）	Employees at the Year-end	(person)	447887
专业保险代理公司法人机构数	（个）	Professional Insurance Agents of Corporate Institutions	(unit)	18
专业保险经纪公司法人机构数	（个）	Professional Insurance Brokers Corporate Institutions	(unit)	9
专业保险评估公司法人机构数	（个）	Professional Insurance Agencies Assess Corporate Institutions	(unit)	7
兼业保险代理机构数	（个）	Insurance Agencies and Industry	(unit)	10704

10-9 财产保险公司业务主要指标(2021年)
Major Indicators of Property Insurance Business (2021)

单位：万元　　(10 000 yuan)

指　标	Item	保费收入 Premiums	赔款支出 Indemnity Expenditure
合　计	**Total**	**5180682**	**3447743**
企业财产保险	Enterprises Property Insurance	137072	52000
家庭财产保险	Household Property Insurance	34885	7255
其中：投资型家财险	Investment Link Household Property Insurance	91	10
机动车辆保险	Motor Vehicle Insurance	2641265	1855483
工程保险	Project Insurance	35263	11312
责任保险	Liability Insurance	297136	113133
信用保险	Credit Insurance	25355	7239
保证保险	Guarantee Insurance	155102	152016
其中：机动车辆消费贷款保证保险	Motor Vehicle Consumption Loans	80	
船舶保险	Ships Insurance	3947	3993
货物运输保险	Freight Transport Insurance	21002	8062
特殊风险保险	Special Venture Insurance	5933	733
农业保险	Agriculture Insurance	529187	357136
健康险	Health Insurance	1045336	797049
意外伤害保险	Unforeseen Injury Insurance	222856	65955
其他险	Other Property Insurance	26343	16377

10-10 人寿保险公司主要业务指标(2021年)
Major Indicators of Life Insurance Business (2021)

单位：万元 (10 000 yuan)

指 标	Item	合计 Total
一、原保险保费收入	**The Original Insurance Premium Income**	**9906819**
(一)按险种分	According to The Insurance Division	
1. 人寿保险	Life Insurance	4349673
(1)个人业务	Personal Business	4341552
新单保费	New Insurance Premium	1879829
续期保费	Renewal Premium	2461723
(2)团体业务	Group Insurance	8121
新单保费	New Insurance Premium	7645
续期保费	Renewal Premium	476
2. 年金保险	Pension Insurance	3135649
(1)个人业务	Personal Business	3124945
新单保费	New Insurance Premium	671710
续期保费	Renewal Premium	2453236
(2)团体业务	Group Insurance	10704
新单保费	New Insurance Premium	10062
续期保费	Renewal Premium	642
3. 意外伤害险小计	Accidence Injury Insurance	183990
(1)一年期以内业务	Within One Year Period	25968
(2)一年期业务	One Year Period	105747
(3)一年期以上业务	Over One Year Period	52275
4. 健康险小计	Health Insurance	2237506
(1)一年期以内及一年期业务	Within One Year Period and One Year Period	559741
个人业务	Personal Business	221346
团体业务	Group Insurance	338395
(2)一年期以上业务	Over One Year Period	1677766
个人业务	Personal Business	1648333
团体业务	Group Insurance	29433
(二)按销售渠道分	According to The Sales Channels	
1. 公司直销小计	Direct Sales Company	665185
(1)人寿保险	Life Insurance	154648
(2)年金保险	Accidence Injury Insurance	120461
(3)意外伤害险	Health Insurance	21424
(4)健康险	Personal Agent	368653
2. 个人代理小计	Life Insurance	5935110
(1)人寿保险	Accidence Injury Insurance	1870116
(2)年金保险	Health Insurance	2241153
(3)意外伤害险	Professional Insurance Agents	115924
(4)健康险	Life Insurance	1707916
3. 银行邮政代理小计	The Insurance Company	3058845
(1)人寿保险	Accidence Injury Insurance	2274091
(2)年金保险	The Insurance Company	751806
(3)意外伤害险	Health Insurance	6940
(4)健康险	The Insurance Company	26009
4. 保险专业代理小计	Bank of Postal Agent	127076
5. 其他兼业代理小计	Life Insurance	76938
6. 保险经纪业务小计	Accidence Injury Insurance	43665

10–10 续表 Continued

单位：万元 (10 000 yuan)

指 标	Item	合计 Total
二、赔付支出	**Indemnity Expenditure**	**1841275**
1. 赔款支出	Indemnity Expenditure	419041
（1）意外伤害险	Accidence Injury Insurance	43412
一年期以内业务	Within One Year Period	7996
一年期业务	One Year Period	35417
（2）短期健康险	Health Insurance Within One Year Period and One Year Period	375629
个人业务	Personal Business	115534
团体业务	Group Insurance	260095
2. 死伤医疗给付	Casualty Medical Payment	406721
（1）人寿保险	Life Insurance	109411
个人业务	Personal Business	104868
团体业务	Group Insurance	4543
（2）年金保险	Accidence Injury Insurance	27829
个人业务	Personal Business	27713
团体业务	Group Insurance	117
（3）长期健康险	Health Insurance Over One Year Period	269480
个人业务	Personal Business	263349
团体业务	Group Insurance	6131
3. 满期给付	Mature payment	725633
（1）人寿保险	Life Insurance	668497
个人业务	Personal Business	667781
团体业务	Group Insurance	716
（2）年金保险	Accidence Injury Insurance	54633
个人业务	Personal Business	54633
团体业务	Group Insurance	
（3）长期健康险	Health Insurance Over One Year Period	2503
个人业务	Personal Business	2503
团体业务	Group Insurance	
4. 年金给付	Annuity	289880
个人业务	Personal Business	273710
团体业务	Personal Business	16170
三、退保金	**Surrender Value**	**1201388**
1. 人寿保险	Life Insurance	387640
个人业务	Personal Business	387396
团体业务	Annuity Assurance	244
2. 年金保险	Accidence Injury Insurance	754894
个人业务	Personal Business	754654
团体业务	Group Insurance	240
3. 长期健康险	Health Insurance Over One Year Period	58854

主要统计指标解释

地方一般公共预算收入 包括城市维护建设税（不含铁道部门、各银行总行、各保险公司总公司集中缴纳的部分），房产税，城镇土地使用税，土地增值税，车船税，耕地占用税，契税，烟叶税，印花税（不含证券交易印花税），增值税 50% 部分，纳入共享范围的企业所得税 40% 部分，个人所得税 40% 部分，海洋石油资源税以外的其他资源税，地方非税收入等。

地方一般公共预算支出 包括一般公共服务，公共安全支出，地方统筹的各项社会事业支出等。

存款 指企业、机关、团体或居民把货币资金存入银行或其他信贷机构保管，可随时或按约定时间支取款项，并取得一定利息的一种信用活动形式。根据存款对象或性质的不同可划分为住户存款、非金融企业存款、政府存款、非银行业金融机构存款等科目。它是银行信贷资金的主要来源。

贷款 指银行或其他信贷机构根据资金必须归还的原则，按一定利率，为企业、个人等提供资金的一种信用活动形式。我国银行贷款分为短期贷款、中长期贷款、融资租赁、票据融资、各项垫款、境外贷款等。

保险公司 在中国境内的、经过保险监督管理部门批准设立，并依法登记注册的各类商业保险公司。

保险金额 指保险人承担赔偿或者给付保险金责任的最高限额。

保费 指投保人为取得保险人在约定范围内所承担赔偿责任而支付给保险人的费用。

赔款 指保险人根据保险合同的规定，向被保险人支付的赔偿保险责任损失的金额。

给付 包括死伤医疗给付和满期给付。死伤医疗给付是指保险人根据人寿保险及长期健康保险合同的规定，因被保险人在保险期内发生保险责任范围内的保险事故支付给被保险人（或受益人）的金额。满期给付是指被保险人生存期满，保险人按人寿保险合同规定支付给被保险人的满期保险金额。

Explanatory Notes on Main Statistical Indicators

General Public Budget Revenue of the Local Governments includes city maintenance and construct tax (excluding the part of the Ministry of Railways, head offices of banks, head offices of insurance company, which are handed over to the government in a centralized way), house property tax, urban land use tax, land appreciation tax, tax on vehicles and boat operation, farm land occupation tax, deed tax, and tobacco leaf tax, stamp tax (not including stamp tax on security exchange), 50% of the value added tax, 40% the share part of the corporate income tax, 40% of individual income tax, resource tax other than the tax on offshore petroleum resources, local non-tax revenue, etc.

General Public Budget Expenditure of the Local Governments includes mainly the expenditure for general public services, expenditure for public security, and expenditures for social development which are planed by local governments, etc.

Deposit is a form of credit by which enterprises, institutions, organizations or households can put money into banks and other credit institutions for safekeeping and interest earning, and can withdraw anytime or at appointed time. According to different depositors, deposits are divided into household deposits, non-financial enterprise deposits, government deposits, and non-banking financial institutions deposits. Deposits are major sources of the credit funds of banks.

Loan is a form of credit by which banks and other credit institutions provide funds at certain interest rate to enterprises and individuals under the principle of unconditional repayment. Loans from Chinese banks include short-term loans, medium-term and long-term loans, financial lease, bill financing, various money advanced, and overseas loans.

Insurance Companies refer to commercial insurance companies of various forms registered by law and established in China with the approval of insurance regulatory agencies.

Amount Insured refers to the maximum that the insurant will get for the claim of the case insured.

Premium is the fee paid by the insurant to the insurer to obtain the obligation of compensation from the insurance within the agreed terms.

Settled Claim is the compensation paid by the insurer to the insurant in accordance with the insurance contract.

Payment includes payment for death, injury or medical treatment and mature payment. Payment for death, injury or medical treatment refers to the money paid to the insurant (or the beneficiary) in accordance with the life or health insurance contract when the insurant encounters accidents within the insured period covered in the contract. Mature payment refers to the mature payment to the insurant in accordance with the life insurance contract at the end of the insured period.

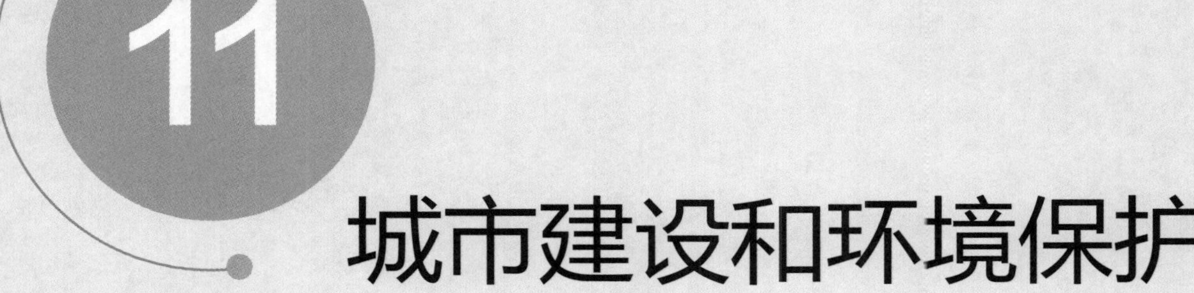

11 城市建设和环境保护

Construction of Cities and Environmental Protection

资料整理人员：杨　未　　孙邦昕

11-1 城市公用事业基本情况
Basic Statistics for Urban Public Utilities

指 标	Item	2000	2010	2020	2021
城市个数（个）	**Number of Cities** (unit)				
省辖市	Cities Under the Jurisdiction of Province	13	13	13	13
县级市	Cities at County Level	16	16	18	19
城市规模	**City Size**				
城区人口（万人）	Population of Cities (10 000 persons)	1196.68	1151.41	1520.45	1685.91
供水	**Water Supply**				
综合生产能力（万立方米/日）	Production Capacity of Tap Water (10 000 cu.m/day)	1162	979	1155	1086
供水管长度（公里）	Length of Water Supply Pipelines (km)	7650	14400	38420	38519
供水总量（万立方米）	Total Annual Volume of Water Supply (10 000 cu.m)	282357	189223	224665	240099
#生产用量	#For Production		46904	39644	41301
公共服务用量	For Republic Services		17283	31099	34839
居民家庭用量	Household Consumption		76625	101239	110201
供水普及率（%）	Water Supply Penetration Rate (%)	97.5	95.2	99.1	99.0
供煤气、液化石油气	**Coal Gas and Liquefied Petroleum Gas Supply**				
供气总量	Total Gas Supply				
液化石油气（吨）	Liquefied Petroleum Gas (ton)	202033	252906	252371	253838
#居民家庭	#Consumption for Residential Use	189827	196219	198249	192654
天然气（万立方米）	Natural Gas (10 000 cu.m)			283930	320921
#居民家庭	#Consumption for Residential Use			119480	133264
天然气管道长度（公里）	Length of Natural Gas Pipelines (km)			24023	26256
燃气普及率（%）	Percentage of Population with Access to Natural Gas (%)	78.35	87.00	95.89	97.45
公共交通	**Public Traffic**				
运营车辆合计（辆）	Number of Public Transportation Vehicles (unit)	9083	12298	32229	32903
#汽车	#Buses	9083	12298	32229	32903
标准运营车数（标台）	Convert into Standard Unit (unit)	7212	13748	37899	36715
运营线路长度（公里）	Length of Public Transportation Lines (km)	3713	15338	45732	52634
出租汽车总计（辆）	Total of Taxi (unit)	19534	23668	35561	35043
每万人拥有公共交通车辆（标台）	Number of Public Transportation Vehicles Per 10 000 Persons (unit)	10	12	13	12
公交客运总量（万人次）	Number of Passengers Carried (10 000 person-times)	106227	246471	209776	227396

注：城市人口指标2006年起为城区人口，城市面积指标2006年起为城区面积。数据由湖南省住房和城乡建设厅、省交通厅提供。

Figure on population of cities means population of urban districts since 2006. Figure on city areas means urban district areas since 2006. Data were provided by the Hunan Provincial Department of Housing and Urban-Rural Development and the provincial Department of Transportation.

11-1 续表 Continued

指 标		Item		2000	2010	2020	2021
市政设施		**Municipal Engineering**					
道路长度	（公里）	Length of Paved Roads	(km)	4739	8585	15242	18070
道路面积	（万平方米）	Area of Paved Roads	(10 000 sq.m)	4816	15972	34645	38758
桥梁数	（座）	Number of bridges	(unit)	637	588	1311	1445
#立交桥		# Cloverleaf Junction		82	71	104	130
路灯	（盏）	Number of Street Lights	(unit)	115147	432349	863176	918100
排水管道长度	（公里）	Length of Sewer Pipelines	(km)	3754	8882	21665	25364
污水排放量	（万立方米）	Number Volume of Let Sewage	(10 000 cu.m)	165902	153696	243174	259188
污水处理厂	（座数）	Number of Sewage Disposal Farm	(unit)	21	55	92	99
污水处理厂处理能力	（万立方米 / 日）	Daily Disposal Capacity of Sewage	(10 000 cu.m/day)	61.2	376.7	741.5	789.4
其他污水处理装置处理能力	（万立方米 / 日）	Capacity of Engineering	(10 000 cu.m/day)	83.9	170.8	25.1	15.0
污水年处理量	（万立方米）	Annual Volume of Sewage Treated	(10 000 cu.m)	45316	115289	237804	255632
人均拥有道路	（平方米）	Per Capita of Road Areas	(sq.m)	7.0	13.0	22.8	20.1
排水管密度	（公里 / 平方公里）	Density of Drainage Pipelines	(km/sq.km)	4.7	6.7	10.0	11.7
污水处理率	（%）	Rate of Sewage Disposal	(%)	27.3	75.0	97.8	98.6
园林绿化		**Parks, Gardens and Green Areas**					
绿化覆盖面积	（公顷）	Coverage Space of Green Areas	(hectare)	49290	54509	90846	97765
#建成区		# Developed Area		22646	48398	81335	87173
园林绿地面积	（公顷）	Area of Parks,Gardens and Green Areas in Cities	(hectare)	44672	46028	80964	97624
#建成区		# Developed Area		19450	43611	72880	79165
公园绿地面积	（公顷）	Park Green Land	(hectare)	3525	10969	21368	24263
公园个数	（个）	Number of Parks	(unit)	116	175	456	656
公园面积	（公顷）	Area of Parks	(hectare)	2646	6763	14244	17507
人均公园绿地面积	（平方米）	Park Green Land Per Capita	(sq.m)	5.1	8.9	14.1	12.6
建成区绿地率	（%）	Rate of Green Areas Developed	(%)	24.3	33.0	37.2	38.3
建成区绿化覆盖率	（%）	Coverage Rate of Green Areas Developed	(%)	28.3	36.6	41.5	42.2
环境卫生		**Environmental Sanitation**					
道路清扫保洁面积	（万平方米）	Road Cleaning Area	(10 000 sq.m)	3236	12331	29576	34431
#机械清扫		# Machine Cleaning		412	6457	23983	30587
生活垃圾清运量	（万吨）	Volume of Garbage Disposal	(10 000 tons)	358.46	505.22	797.14	868.51
垃圾无害化处理场	（座数）	Number of Factories to Treat Garbage Harmlessly	(unit)	15	21	43	46
#处理能力	（吨 / 日）	# Daily Disposal Capacity	(ton/day)	4427	11818	32355	35346
垃圾无害处理量	（万吨）	Volume of Garbage Harmlessly Treatment	(10 000 tons)	180.91	399.09	797.14	868.51
公共厕所数	（座）	Number of Public Lavatories	(unit)	3001	2896	4380	5018
#三类以上		# Water Closet		1771	2328	3205	3769
市容环卫专用车辆设备总数	（辆）	Environmental Sanitation Equipment	(unit)	1213	1998	7069	7678
生活垃圾无害化处理率	（%）	Ratio of Garbage Harmlessly Treatment	(%)	50.5	79.0	100.0	100.0

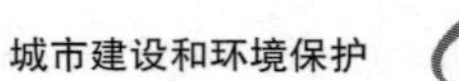

11-2 城市设施水平(2021年)
Indicators of Municipal Public Utilities Level (2021)

城市	Cities	人口密度（人/平方公里） Population Density (person/sq.km)	供水普及率（%） Water Penetration Rate (%)	每万人拥有公共交通车辆（标台） Number of Public Transportation Vehicles Per 10 000 persons (unit)	燃气普及率（%） Gas Penetration Rate (%)	人均城市道路面积（平方米） Per Capita Area of Urban Roads (sq.m)
长沙市	Changsha	4248	100.00	17.37	99.60	17.39
浏阳市	Liuyang	1906	100.00	3.77	100.00	18.53
宁乡市	Ningxiang	1456	100.00	7.74	99.94	25.86
株洲市	Zhuzhou	6826	95.97	10.02	97.67	22.45
醴陵市	Liling	2175	100.00	3.73	98.02	19.89
湘潭市	Xiangtan	6870	100.00	13.79	96.88	17.30
湘乡市	Xiangxiang	10816	100.00	3.15	100.00	15.16
韶山市	Shaoshan	1266	100.00	8.86	100.00	25.17
衡阳市	Hengyang	8960	99.29	17.06	96.31	17.33
耒阳市	Leiyang	4957	99.32	9.95	81.22	25.30
常宁市	Changning	2805	100.00	2.62	92.24	16.60
邵阳市	Shaoyang	8435	97.84	14.53	95.44	20.66
武冈市	Wugang	7750	100.00	6.35	97.90	12.54
邵东市	Shaodong	8512	95.53	3.13	93.33	22.99
岳阳市	Yueyang	5871	99.13	10.77	99.86	24.79
汨罗市	Miluo	6650	100.00	5.62	95.83	30.17
临湘市	Linxiang	3447	95.50	3.53	100.00	13.18
常德市	Changde	3984	96.39	9.37	98.08	27.85
津市市	Jinshi	1698	100.00	3.75	94.51	14.68
张家界市	Zhangjiajie	5466	98.08	13.72	91.12	16.01
益阳市	Yiyang	4599	99.88	24.49	99.59	30.24
沅江市	Yuanjiang	2875	99.53	9.78	91.10	11.05
郴州市	Chenzhou	6807	99.49	24.36	97.56	20.85
资兴市	Zixing	5465	99.33	3.61	97.33	25.27
永州市	Yongzhou	5974	98.33	12.59	98.11	21.97
祁阳市	Qiyang	2941	99.97	2.51	95.21	18.71
怀化市	Huaihua	9574	99.06	8.20	96.05	11.69
洪江市	Hongjiang	1869	99.91	7.82	97.32	23.55
娄底市	Loudi	8354	99.91	8.55	99.25	23.64
冷水江市	Lengshuijiang	3061	99.93	7.36	98.66	9.77
涟源市	Lianyuan	7668	97.03	2.61	98.33	23.38
吉首市	Jishou	8731	98.47	9.99	86.90	29.56

注：本表数据由湖南省住房和城乡建设厅、省交通厅等部门提供。

The data in this table are provided by Hunan Provincial Department of Housing and Urban-Rural Development and Hunan Provincial Department of Communications.

11–2 续表 Continued

城 市	Cities	建成区排水管道密度（公里/平方公里）Density of Drainage Pipe in Built-up Area (km/sq.km)	污水处理率（%）Ratio of Sewage Treatment (%)	园林绿化 Parks, Gardens and Green Areas			生活垃圾无害化处理率（%）Ratio of Garbage Harmlessly Treatment (%)
				人均公园绿地面积（平方米）Park Green Land per Capita (sq.m)	建成区绿地率（%）Ratio of Green Area in Developed Areas (%)	建成区绿化覆盖率（%）Green Area Coverage Rate in Developed Areas (%)	
长沙市	Changsha	12.14	99.52	12.50	40.85	44.60	100.00
浏阳市	Liuyang	15.13	97.84	11.64	38.54	42.87	100.00
宁乡市	Ningxiang	7.12	98.20	12.28	38.72	43.74	100.00
株洲市	Zhuzhou	15.29	97.96	12.01	41.91	44.16	100.00
醴陵市	Liling	12.27	95.55	13.77	37.18	42.47	100.00
湘潭市	Xiangtan	13.60	98.07	12.23	38.92	41.95	100.00
湘乡市	Xiangxiang	15.45	98.00	10.81	31.96	36.25	100.00
韶山市	Shaoshan	18.90	97.51	16.46	40.24	44.96	100.00
衡阳市	Hengyang	11.04	98.37	15.13	39.37	42.95	100.00
耒阳市	Leiyang	9.06	98.78	11.38	35.84	38.31	100.00
常宁市	Changning	7.11	96.70	15.00	28.30	33.57	100.00
邵阳市	Shaoyang	7.05	100.00	14.45	36.71	43.15	100.00
武冈市	Wugang	12.07	95.11	14.55	36.52	39.96	100.00
邵东市	Shaodong	6.68	100.00	10.62	37.78	41.09	100.00
岳阳市	Yueyang	13.29	98.02	12.95	40.06	43.35	100.00
汨罗市	Miluo	11.77	96.88	12.40	36.05	39.70	100.00
临湘市	Linxiang	10.30	99.57	14.00	36.29	39.90	100.00
常德市	Changde	15.25	99.99	12.92	33.26	37.35	100.00
津市市	Jinshi	13.96	98.00	10.68	36.25	40.17	100.00
张家界市	Zhangjiajie	8.28	96.77	10.58	34.75	39.00	100.00
益阳市	Yiyang	10.55	99.70	14.92	40.03	41.11	100.00
沅江市	Yuanjiang	7.03	97.20	12.14	30.90	34.30	100.00
郴州市	Chenzhou	13.47	97.69	14.16	41.99	46.69	100.00
资兴市	Zixing	7.70	96.64	13.76	42.66	44.42	100.00
永州市	Yongzhou	10.75	98.30	12.02	37.96	39.95	100.00
祁阳市	Qiyang	19.73	99.38	15.85	41.36	47.08	100.00
怀化市	Huaihua	11.32	95.85	10.29	35.83	40.29	100.00
洪江市	Hongjiang	9.81	95.60	11.06	35.06	38.74	100.00
娄底市	Loudi	8.08	98.70	9.64	36.11	41.09	100.00
冷水江市	Lengshuijiang	8.02	96.62	15.88	34.67	40.11	100.00
涟源市	Lianyuan	11.90	96.20	7.88	34.21	38.71	100.00
吉首市	Jishou	6.74	95.40	9.08	28.17	41.05	100.00

11−3 城市供水(2021年)
Tap Water Supply in Cities (2021)

城 市	Cities	年末供水综合生产能力(万立方米/日) Year-end Water Supply Comprehensive Production Capacity (10 000 cu.m/day)	年末供水管道长度(公里) Length of Water Supply Pipelines at the Year-end (km)	供水总量(万立方米) Total Annual Volume of Water Supply (10 000 cu.m)	生产运营用水 Production and Operation Water	公共服务用水 Water for Public Services	居民家庭用水 Water for Family Use	用水人口(万人) Number of Residents with Access to Tap Water (10 000 persons)
长沙市	Changsha	265.00	7036	69761	13604	16381	25409	509.69
浏阳市	Liuyang	11.50	480	3105	458	173	1826	27.63
宁乡市	Ningxiang	28.00	1595	6887	3022	107	2539	50.36
株洲市	Zhuzhou	97.60	3199	19221	2902	2567	9130	144.83
醴陵市	Liling	10.00	960	2752	175	317	1551	24.75
湘潭市	Xiangtan	57.45	2396	11391	3571	461	4922	95.95
湘乡市	Xiangxiang	10.00	745	1893	584	112	919	28.77
韶山市	Shaoshan	3.80	364	450	48	35	277	4.05
衡阳市	Hengyang	70.00	1667	15094	2023	3019	7292	129.00
耒阳市	Leiyang	13.87	511	4182	94	321	2031	32.00
常宁市	Changning	10.00	1028	1904	303	91	1146	17.00
邵阳市	Shaoyang	38.00	1040	8527	1207	764	4598	68.50
武冈市	Wugang	12.60	504	2394	350	130	1330	31.00
邵东市	Shaodong	6.50	515	2665	46	415	1851	34.80
岳阳市	Yueyang	49.00	2472	12985	2735	682	6929	97.19
汨罗市	Miluo	6.00	425	1429	222	4	775	14.63
临湘市	Linxiang	4.00	222	1114	47	124	712	16.13
常德市	Changde	42.44	2384	11643	1313	2613	4845	89.15
津市市	Jinshi	8.99	356	1725	907	363	596	10.93
张家界市	Zhangjiajie	20.00	636	3897	1060	207	1914	29.59
益阳市	Yiyang	42.57	844	8746	1277	553	3984	55.95
沅江市	Yuanjiang	8.94	411	1105	152	56	745	19.01
郴州市	Chenzhou	90.50	1433	7910	566	1792	4357	70.00
资兴市	Zixing	10.00	518	1651	466	149	696	13.37
永州市	Yongzhou	46.50	1452	10730	1258	1390	6277	59.38
祁阳市	Qiyang	19.00	673	2656	648	175	1240	29.40
怀化市	Huaihua	30.00	1532	7602	805	681	3923	62.50
洪江市	Hongjiang	6.00	317	1082	114	151	520	10.80
娄底市	Loudi	23.00	993	6504	563	658	3750	53.00
冷水江市	Lengshuijiang	11.00	60	1604	236	9	839	14.93
涟源市	Lianyuan	8.00	392	1525	162	175	856	18.60
吉首市	Jishou	26.00	1358	5967	383	506	2423	41.27

注：本表数据由湖南省住房和城乡建设厅提供。
The data in this table are provided by the Department of housing and urban rural development of Hunan province.

11-4 城市公共交通（2021年）
Public Traffic in Cities (2021)

城市	Cities	公共汽车 Buses				出租汽车数（辆）Number of Taxis (unit)
		运营车数合计（辆）Number of Public Transportation Vehicles (unit)	标准运营车数（标台）Number of Vehicles Convert into Standard unit (unit)	运营线路网长度（公里）Length of Public Transportation Lines (km)	客运总量（万人次）Number of Passengers Carried (10 000 person-times)	
长沙市	Changsha	9387	10063	7341	48203	9528
浏阳市	Liuyang	367	339	1738	1810	
宁乡市	Ningxiang	508	601	1366	2291	
株洲市	Zhuzhou	1226	1522	1303	13173	2943
醴陵市	Liling	182	213	155	1964	
湘潭市	Xiangtan	1166	1352	1212	9875	1734
湘乡市	Xiangxiang	115	115	180	639	
韶山市	Shaoshan	52	54	170	177	
衡阳市	Hengyang	1683	2124	1353	9483	1957
耒阳市	Leiyang	528	533	266	3285	
常宁市	Changning	87	106	164	1006	
邵阳市	Shaoyang	803	1026	600	6532	2469
武冈市	Wugang	191	202	760	685	
邵东市	Shaodong	168	182	323	1692	
岳阳市	Yueyang	984	1221	1205	10506	2901
汨罗市	Miluo	171	165	1231	746	
临湘市	Linxiang	90	90	67	937	
常德市	Changde	921	1040	1267	6331	2330
津市市	Jinshi	64	52	113	425	
张家界市	Zhangjiajie	422	501	405	6001	1276
益阳市	Yiyang	1562	1877	1416	7597	1796
沅江市	Yuanjiang	298	273	632	2295	
郴州市	Chenzhou	1646	2023	4977	14501	1364
资兴市	Zixing	67	78	210	982	
永州市	Yongzhou	706	881	1088	9767	1418
祁阳市	Qiyang	87	77	109	932	
怀化市	Huaihua	385	480	778	4859	2119
洪江市	Hongjiang	110	109	162	408	
娄底市	Loudi	423	482	656	5315	1758
冷水江市	Lengshuijiang	152	181	240	2248	
涟源市	Lianyuan	83	87	88	948	
吉首市	Jishou	278	322	661	3723	

注：数据由省交通厅提供，从2021年起，出租汽车数只统计到地市一级。

The data, provided by the provincial Department of Transportation, will only be counted at the prefecture-city level from 2021.

11－5 城市市政设施(2021年)
Urban Civil Facilities (2021)

城 市	Cities	道路长度（公里）Length of Streets (km)	道路面积（万平方米）Area of Streets (10 000 sq.m)	桥梁（座）Bridges (unit)	立交桥数 Number of Cloverleaf Junction	路灯盏数（盏）Number of Street Lights (unit)	排水管道长度（公里）Length of Sewer Pipelines (km)	污水年排放量（万立方米）Annual Volume of Sewage Discharged (10 000 cu.m)
长沙市	Changsha	3006	8861	264	29	114709	5318	87537
浏阳市	Liuyang	255	512	34	1	12282	455	2629
宁乡市	Ningxiang	687	1302	88		26702	514	5395
株洲市	Zhuzhou	1338	3388	252	22	75513	2355	19448
醴陵市	Liling	252	492	18		21423	373	1732
湘潭市	Xiangtan	903	1660	20		39178	1398	17879
湘乡市	Xiangxiang	228	436	9		10685	369	1650
韶山市	Shaoshan	58	102			2525	154	705
衡阳市	Hengyang	1906	2252	54	19	93852	1601	14037
耒阳市	Leiyang	329	815	3		8860	309	3042
常宁市	Changning	345	282	12	2	10149	250	1523
邵阳市	Shaoyang	653	1446	23	2	38722	670	6693
武冈市	Wugang	170	389	12		8867	292	2235
邵东市	Shaodong	316	838	11		16405	318	2265
岳阳市	Yueyang	1145	2430	37	6	50901	1608	11831
汨罗市	Miluo	169	441	9		11201	247	1353
临湘市	Linxiang	120	223	18		6741	296	1212
常德市	Changde	1054	2576	124	14	85792	2208	13851
津市市	Jinshi	144	160	7		6520	234	1413
张家界市	Zhangjiajie	349	483	38	3	20392	346	3412
益阳市	Yiyang	806	1694	4		32817	1126	9420
沅江市	Yuanjiang	319	211	4	1	5900	166	1526
郴州市	Chenzhou	654	1467	138	17	41956	1091	9958
资兴市	Zixing	186	340	5		6153	168	1040
永州市	Yongzhou	598	1327	20	3	42515	791	13018
祁阳市	Qiyang	367	550	4	1	16986	628	2897
怀化市	Huaihua	297	738	62	9	34149	746	7932
洪江市	Hongjiang	133	255	10		15478	175	924
娄底市	Loudi	437	1254	28		23101	437	7005
冷水江市	Lengshuijiang	57	146	16		7304	114	1174
涟源市	Lianyuan	266	448	52		9480	300	1451
吉首市	Jishou	520	1239	69	1	20842	309	3000

注：本表数据由湖南省住房和城乡建设厅提供。

The data in this table are provided by the Department of housing and urban rural development of Hunan province.

11−5 续表 Continued

城 市	Cities	污水处理厂 Sewage Disposal Factory 座数（座） Number of Units (unit)	二、三级处理 Biological and Chemical Disposal	处理能力（万立方米/日） Disposal Capacity (10 000 cu.m/day)	二、三级处理 Biological and Chemical Disposal	其他污水处理装置处理能力（万立方米/日） Capacity of Engineering (10 000 cu.m/day)	污水处理总量（万立方米） Total Amount of Sewage Treated (10 000 cu.m)
长沙市	Changsha	14	14	247.5	247.5		87120
浏阳市	Liuyang	1	1	8.0	8.0	8.0	2572
宁乡市	Ningxiang	3	3	15.0	15.0		5298
株洲市	Zhuzhou	12	11	75.0	73.0		19052
醴陵市	Liling	1		5.0		5.5	1655
湘潭市	Xiangtan	5	5	53.5	53.5		17534
湘乡市	Xiangxiang	1	1	5.0	5.0		1617
韶山市	Shaoshan	1	1	2.0	2.0		688
衡阳市	Hengyang	4	3	44.5	40.5		13808
耒阳市	Leiyang	1	1	10.0	10.0	0.7	3005
常宁市	Changning	1		4.0			1473
邵阳市	Shaoyang	3		24.0			6693
武冈市	Wugang	2	2	6.0	6.0		2126
邵东市	Shaodong	1		8.0			2265
岳阳市	Yueyang	11	11	49.5	49.5	0.5	11597
汨罗市	Miluo	1	1	5.0	5.0		1311
临湘市	Linxiang	1	1	3.0	3.0		1207
常德市	Changde	6	6	43.0	43.0	0.1	13850
津市市	Jinshi	2		6.0			1384
张家界市	Zhangjiajie	4	4	10.5	10.5	0.2	3302
益阳市	Yiyang	4	4	29.0	29.0		9392
沅江市	Yuanjiang	1	1	4.0	4.0		1483
郴州市	Chenzhou	3	2	26.5	16.5		9728
资兴市	Zixing	1	1	4.0	4.0		1005
永州市	Yongzhou	2	2	30.0	30.0		12797
祁阳市	Qiyang	2	2	10.5	10.5		2879
怀化市	Huaihua	3	2	21.5	6.0		7603
洪江市	Hongjiang	3	2	2.5	1.5		883
娄底市	Loudi	2	2	20.0	20.0		6914
冷水江市	Lengshuijiang	1		3.0			1134
涟源市	Lianyuan	1	1	4.0	4.0		1396
吉首市	Jishou	1	1	10.0	10.0		2862

11-6 城市绿地和园林(2021年)
Urban Green Spaces and Gardens (2021)

城 市	Cities	绿化覆盖面积(公顷) Coverage Space of Green Areas (hectare)	建成区 Developed Areas	绿地面积(公顷) Area of Green Areas (hectare)	建成区 Developed Areas	公园绿地面积(公顷) Park Green Land (hectare)	公园个数(个) Number of Parks (unit)	公园面积(公顷) Area of Parks (hectare)
长沙市	Changsha	19530	19530	17888	17888	6371	90	3791
浏阳市	Liuyang	1290	1290	1160	1160	322	7	241
宁乡市	Ningxiang	3156	3156	2794	2794	619	15	557
株洲市	Zhuzhou	6803	6803	6456	6456	1813	23	1167
醴陵市	Liling	1305	1291	1218	1130	341	13	254
湘潭市	Xiangtan	6310	3795	5939	3521	1174	14	702
湘乡市	Xiangxiang	978	866	9002	763	311	2	231
韶山市	Shaoshan	458	233	354	208	67	6	89
衡阳市	Hengyang	9532	6228	9352	5709	1966	28	863
耒阳市	Leiyang	1306	1306	1222	1222	367	38	367
常宁市	Changning	1182	1182	996	996	255	7	255
邵阳市	Shaoyang	3969	3366	3236	2863	1012	11	773
武冈市	Wugang	1227	967	1024	884	451	6	351
邵东市	Shaodong	1698	1447	1499	1330	387	3	122
岳阳市	Yueyang	6649	5245	5682	4847	1270	52	1076
汨罗市	Miluo	834	834	757	757	181	4	334
临湘市	Linxiang	1347	645	1197	587	237	25	243
常德市	Changde	4895	4889	4357	4353	1195	16	843
津市市	Jinshi	684	658	623	594	117	9	154
张家界市	Zhangjiajie	1773	1517	1601	1351	319	19	251
益阳市	Yiyang	3833	3833	3733	3733	836	37	788
沅江市	Yuanjiang	826	766	761	690	232	7	206
郴州市	Chenzhou	3780	3780	3399	3399	996	61	996
资兴市	Zixing	969	969	931	931	185	32	185
永州市	Yongzhou	2940	2940	2793	2793	726	24	566
祁阳市	Qiyang	1755	1454	1684	1277	466	14	260
怀化市	Huaihua	2655	2655	2361	2361	649	52	598
洪江市	Hongjiang	870	602	754	545	120	6	162
娄底市	Loudi	2219	2219	1950	1950	511	16	466
冷水江市	Lengshuijiang	608	565	525	488	237	6	237
涟源市	Lianyuan	583	583	515	515	151	4	151
吉首市	Jishou	1801	1560	1863	1071	381	9	229

注：本表数据由湖南省住房和城乡建设厅提供。
The data in this table are provided by the Department of housing and urban rural development of Hunan province.

11-7 城市燃气使用情况(2021年)
Urban Coal Gas and Liquefied Petroleum (2021)

城市	Cities	液化石油气 Liquefied Petroleum Gas			天然气 Gas			
		供气总量（吨）Total Gas Supply (ton)	居民家庭 Households	用气人口（万人）Population with Access to Gas (10 000 persons)	供气总量（万立方米）Total Gas Supply (10 000 cu.m)	居民家庭 Households	用气人口（万人）Population with Access to Gas (10 000 persons)	管道长度（公里）Length of Pipelines (km)
长沙市	Changsha	71040	33492	57	88742	42844	450.74	1732.0
浏阳市	Liuyang	800	797	2	8388	2856	26.03	462.0
宁乡市	Ningxiang	5667	5667	16	9899	2423	34.37	603.0
株洲市	Zhuzhou	7862	6463	10	28573	12322	137.89	2479.2
醴陵市	Liling	11679	3201	6	29763	4267	18.53	1420.7
湘潭市	Xiangtan	13000	13000	17	18642	6395	76.00	2345.0
湘乡市	Xiangxiang	6758	5632	10	4843	590	18.36	419.0
韶山市	Shaoshan	1235	1235	1	462	424	2.79	153.9
衡阳市	Hengyang	8300	7000	6	28510	7951	119.20	4944.5
耒阳市	Leiyang	4800	4800	10	1028.85	625.12	16.52	615.6
常宁市	Changning	1736	1718	1	830	580	14.80	395.4
邵阳市	Shaoyang	3800	3100	7	7562	4434	59.42	750.0
武冈市	Wugang	4105	4100	19	1365	638	11.85	255.5
邵东市	Shaodong	5988	4256	16	1037	1036	18.00	103.0
岳阳市	Yueyang	23000	18360	11	21678	10871	86.90	2122.6
汨罗市	Miluo	2057	2053	5	3751	549	8.88	183.5
临湘市	Linxiang	3750	3650	6	1187	1034	11.07	119.0
常德市	Changde	10071	10061	20	20455	5825	70.35	2806.8
津市市	Jinshi	1726	1726	3	670	455	6.93	204.6
张家界市	Zhangjiajie	7339	7133	9	2607	1226	18.08	425.6
益阳市	Yiyang	8500	8500	10	9880	3882	45.69	350.9
沅江市	Yuanjiang	1457	786	2	2307	1199	15.84	107.7
郴州市	Chenzhou	11414	11410	16	9563	8005	52.75	1474.7
资兴市	Zixing	3416	3219	7	1386	616.84	6.50	269.9
永州市	Yongzhou	6890	5902	21	5015	3586	37.97	292.0
祁阳市	Qiyang	4410	3300	13	700	593	14.77	340.0
怀化市	Huaihua	6050	6000	29	3155	1716	31.20	144.2
洪江市	Hongjiang	1552	1545	7	180	120.39	3.31	74.7
娄底市	Loudi	9085	9000	12	5615	4450	40.50	436.0
冷水江市	Lengshuijiang	752	752	9	686	214	5.29	71.2
涟源市	Lianyuan	2900	2780	14	320	160	4.50	58.0
吉首市	Jishou	2701	2017	24	2120	1377	12.11	96.0

注：本表数据由湖南省住房和城乡建设厅提供。

The data in this table are provided by the Department of housing and urban rural development of Hunan province.

11-8 全省环保产业统计情况(2021年)
Statistical Report of Hunan Environmental Protection Industry (2021)

指 标	Item	合计 Total	长沙 Changsha	株洲 Zhuzhou	湘潭 Xiangtan	衡阳 Hengyang	邵阳 Shaoyang	岳阳 Yueyang	常德 Changde
环保产业单位数（个）	**The Number of Environmental Protection Industry Units (unit)**	**1286**	**270**	**47**	**176**	**45**	**69**	**116**	**53**
环保产业从业人数（万人）	**The Number of Employees in Environmental Protection Industry (10 000 persons)**	**17.2**	**5.5**	**1.2**	**1.7**	**0.6**	**0.6**	**1.5**	**0.7**
环保产业年收入（亿元）	**Annual Income of Environmental Protection Industry (100 million yuan)**	**3011.5**	**1532.6**	**257.1**	**217.6**	**46.8**	**34.3**	**183.7**	**23.6**
#环境服务业	#Environmental Services	319.6	258.7	6.3	10.5	1.2	3.5	12.7	3.9
#环境保护产品生产	#Environmental Protection Products Production	416.0	328.1	6.2	49.2	0.9		6.9	1.1
#环境友好产品生产	#Environment Friendly Products Production	1368.7	733.7	241.5	137.0	13.8	2.2	143.5	8.3
#资源综合利用	#Comprehensive Utilization of Resources	907.2	212.1	3.1	20.9	30.9	28.6	20.6	10.3

注：本表数据由湖南省环境保护厅提供。
The data in this table are provided by the environmental protection department of Hunan province.

11-8 续表 Continued

指 标	Item	张家界 Zhangjiajie	益阳 Yiyang	郴州 Chenzhou	永州 Yongzhou	怀化 Huaihua	娄底 Loudi	湘西州 Xiangxi
环保产业单位数（个）	**The Number of Environmental Protection Industry Units (unit)**	**18**	**23**	**173**	**79**	**90**	**58**	**69**
环保产业从业人数（万人）	**The Number of Employees in Environmental Protection Industry (10 000 persons)**	**0.3**	**0.3**	**2.4**	**0.7**	**0.8**	**0.4**	**0.5**
环保产业年收入（亿元）	**Annual Income of Environmental Protection Industry (100 million yuan)**	**4.2**	**22.3**	**515.1**	**57.5**	**27.9**	**42.5**	**46.3**
#环境服务业	#Environmental Services	1.1	5.0	2.0	8.5	3.0	1.7	1.5
#环境保护产品生产	#Environmental Protection Products Production		2.0	20.0	0.8	0.7	0.1	
#环境友好产品生产	#Environment Friendly Products Production		8.4	63.6	7.8	5.3	0.3	3.3
#资源综合利用	#Comprehensive Utilization of Resources	3.1	6.9	429.5	40.4	18.9	40.4	41.5

主要统计指标解释

供水综合生产能力 指按供水设施取水、净化、送水、出厂输水干管等环节设计能力计算的综合生产能力。包括在原设计能力的基础上，经挖、革、改增加的生产能力。计算时，以四个环节中最薄弱的环节为主确定能力。

供水管道长度 指从送水泵至用户水表之间所有管道的长度。不包括新安装尚未使用、水厂内以及用户建筑物内的管道。

城市供水总量 指报告期供水企业（单位）供出的全部水量。包括有效供水量和漏损水量。

生活用水 包括公共服务用水和居民家庭用水。公共服务用水指为城区社会公共生活服务的用水。包括行政事业单位、部队营区和公共设施服务、批发零售业、住宿餐饮业以及社会服务业等单位的用水。居民家庭用水指城市范围内所有居民家庭的日常生活用水。包括城市居民、农民家庭、公共供水站用水。

生产用水 指在城区范围内生产、运营的农、林、牧、渔业、工业、建筑业、交通运输业等单位在生产、运营过程中的用水。

用水普及率 指报告期末城区用水人口数与城市人口总数的比率。计算公式：

$$用水普及率=\frac{城区用水人口（含暂住人口）}{城区人口+城区暂住人口}\times 100\%$$

供气管道长度 指报告期末从气源厂压缩机的出口或门站出口至各类用户引入管之间的全部已经通气、投入使用的管道长度。不包括煤气生产厂、输配站、液化气储存站、灌瓶站、储配站、气化站、混气站、供应站等厂（站）内的管道。

城市供气总量 指报告期燃气企业（单位）向用户供应的燃气数量。包括销售量和损失量。

燃气普及率 指报告期末城区使用燃气的城市人口数与城市人口总数的比率。其中燃气包括人工煤气、天然气、液化石油气三种。计算公式为：

$$燃气普及率=\frac{城区用气人口（含暂住人口）}{城区人口+城区暂住人口}\times 100\%$$

道路长度 指道路长度和与道路相通的桥梁、隧道的长度，按车行道中心线计算。

城市桥梁 指为跨越天然或人工障碍物而修建的构筑物。包括跨河桥、立交桥、人行天桥以及人行地下通道等。

城市排水管道长度 指所有排水总管、干管、支管、检查井及连接井进出口等长度之和。

城市污水日处理能力 指污水处理厂（或污水处理装置）每昼夜处理污水量的设计能力。

年末公共交通车辆运营数 指年末城市用于公共交通运营业务的全部车辆数。新购、新制和调入的运营车辆，自投入之日起开始计算；调出、报废和调作他用的运营车辆，自上级主管机关批准之日起不再计入。

城市绿地面积 指报告期末用作园林和绿化的各种绿地面积。包括公园绿地、生产绿地、防护绿地、附属绿地和其他绿地的面积。

公园绿地 城市中向公众开放的、以游憩为主要功能，有一定的游憩设施和服务设施，同时兼有健全生态、美化景观、防灾减灾等综合作用的绿化用地。包括综合公园、社区公园、专类公园、带状公园和街旁绿地。其中综合公园、专类公园和带状公园面积之和为公园面积。

清扫保洁面积 指报告期末对城市道路和公共场所（主要包括城市行车道、人行道、车行隧道、人行过街地下通道、道路附属绿地、地铁站、高架路、人行过街天桥、立交桥、广场、停车场及其他设施等）进行清扫保洁的面积。一天清扫保洁多次的，按清扫保洁面积最大的一次计算。

市容环卫专用车辆设备 指用于环境卫生作业、监察的专用车辆和设备，包括用于道路清扫、冲洗、洒水、除雪、垃圾粪便清运、市容监察以及与其配套使用的车辆和设备。

每万人拥有公共汽电车辆 指按城市人口计算的每万人平均拥有的公共汽电车辆标台数。

Explanatory Notes on Main Statistical Indicators

Production Capacity of Water Supply refers to the designed overall production capacity of water facilities, covering the four segments of water collection, purification, conveyance, and outflow through trunk pipelines. Increased capacity through transformation and innovation projects is included as well. The capacity is determined mainly on the weakest of the above-mentioned four segments.

Length of Water Supply Pipelines refers to the total length of all the pipelines between the water pumps and the user water meters, excluding pipelines newly installed but not used yet, pipeline in the water factory, and pipeline in the user's buildings.

Total Volume of Urban Water Supply refers to the total volume of water supplied by water-works (units) during the reference period, including both the effective water supply and loss during the water supply.

Consumption of Water for Living Use It includes Consumption of Water for Public Service Use and Consumption of Water for Households Use. Consumption of Water for Public Service Use refers to water consumption for public service in the urban areas. It includes water consumption of administrative institutions, army camps, public facilities, wholesale and retail, accommodation and catering industry and social service industry, etc. Consumption of Water for Households Use refers to consumption of water for daily life of all households in cities, including households of urban residents and farmers, and public water supply stations.

Consumption of Water for Production and Operation Use refers to water consumption in the process of production and operation by production and operation units of agriculture, forestry, animal husbandry, fisheries, industry, construction industry, and transportation industry, etc. in urban areas.

Coverage Rate of Urban Population with Access to Tap Water refers to the ratio of the urban population with access to tap water to the total urban population at the end of reference period. The formula is:

$$\text{Coverage of urban population with access to tap water} = \frac{\text{Urban population with access to tap water}}{\text{Urban population}} \times 100\%$$

Length of Gas Pipelines refers to the total length of pipelines in use between the outlet of the compressor of gas-work or outlet of gas stations and the leading pipe of users, excluding pipelines within gasworks, delivery stations, LPG storage stations, refilling stations, gas-mixing stations and supply stations.

Volume of Gas Supply refers to the total volume of gas provided to users by gas-producing enterprises (units) during the reporting period, including the volume sold and the volume lost.

Coverage Rate of Urban Population with Access to Gas refers to the ratio of the urban population with access to gas to the total urban population at the end of the reference period. Gas here includes artificial coal gas, natural gas and liquefied petroleum gas. The formula is:

$$\text{Coverage rate urban population with access to gas} = \frac{\text{Urban population with access to gas}}{\text{Urban population}} \times 100\%$$

Length of Paved Roads refers to the length of roads with paved surface including bridges and tunnels connected with roads. Length of the roads is measured by the central lines.

Urban Bridges refer to bridges built to cross over natural or man-made barriers, including bridges over rivers, overpasses for traffic and for pedestrians, underpasses for pedestrians, etc.

Length of Urban Sewage Pipes refers to the total length of general drainage, trunks, branch and inspection wells, connection wells, inlets and outlets, etc.

Daily Disposal Capacity of Urban Sewage refers to the designed 24-hour capacity of sewage disposal by the sewage treatment works or facilities.

Number of Vehicles under Operation at Year-end refers to the total number of vehicles under operation by public transport enterprises (units) at the end of the year, based on the records of operational vehicles by the enterprises (units).

Area of Urban Green Land refers to the total area occupied for green projects at the end of the reference period, including park green land, production green land, protection green land, green land attached to institutions, and other green areas.

Park Green Area refers to green areas open to the public for amusement and rest with the facilities of amusement, rest and services. Its function includes perfecting ecology, beautifying landscape, and preventing and reducing disaster. Park green areas include comprehensive park, community park, theme park, linear park and roadside green space. Total areas of comprehensive park, topic park and belt-shaped is the area of park.

Road Area Cleaned refers to the area which are regularly cleaned, as at the end of the reference period, at urban roads and public places (mainly including urban roadways, pedestrian walkways, vehicular tunnels, pedestrian underpasses, underground railway stations, lifted roads, pedestrians walk bridges, overpasses, plazas, parking lots and other facilities). If there are several times of cleaning in a day at a location, the area of that time of cleaning with the largest area cleaned will be taken.

Vehicles and Facilities Dedicated to Urban Cleanliness and Environmental Sanitation refer to vehicles and facilities dedicated for use in the operation, management and monitoring of environmental hygiene work. They include vehicles for road cleaning, washing, showering, ice removal, disposal of garbage and human wastes, cleanliness monitoring and related activities.

Public Transportation Vehicles per 10 000 Population refers to the number of public transportation vehicles, calculated by urban population, per 10 000 population in the city district.

农 业

Agriculture

资料整理人员：彭开吾　王　丹　陈晗文　朱　鹏
易　贝　刘　美　陈　婷

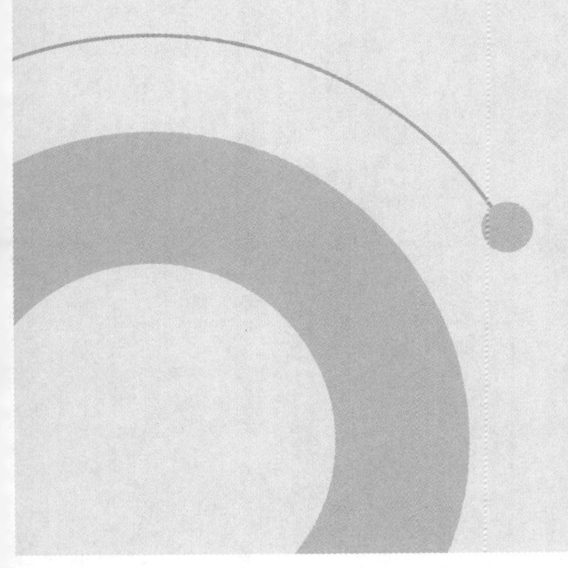

12-1 农林牧渔业总产值和指数
Gross Output Value and Indices of Farming, Forestry, Animal Husbandry and Fishery

年份 Year	农林牧渔业总产值（亿元）Gross Output Value of Farming, Forestry, Animal Husbandry and Fishery (100 million yuan)					指数（1952年=100）Indices of Gross Output Value of Farming, Animal Husbandry and Fishery (year of 1952=100)				
	总产值 Total	#农业 Farming	#林业 Forestry	#牧业 Animal Husbandry	#渔业 Fishery	总指数 Total	#农业 Farming	#林业 Forestry	#牧业 Animal Husbandry	#渔业 Fishery
1949	15.84	12.05	0.24	1.42	0.03	59.6	64.4	51.1	45.7	42.9
1950	19.18	14.09	0.30	1.70	0.04	72.2	75.3	63.8	54.7	57.1
1951	21.91	15.66	0.36	2.37	0.04	82.5	83.7	76.6	76.2	57.1
1952	26.57	18.72	0.47	3.11	0.07	100.0	100.0	100.0	100.0	100.0
1953	26.59	18.70	0.37	2.97	0.10	100.1	99.9	78.7	95.5	142.9
1954	24.39	16.59	0.37	2.76	0.10	91.8	88.6	78.7	88.7	142.9
1955	28.89	19.99	0.57	2.36	0.12	108.7	106.8	121.3	75.9	171.4
1956	28.15	18.78	0.84	2.83	0.11	105.9	100.3	178.7	91.0	157.1
1957	35.04	21.14	1.20	5.39	0.28	127.2	112.9	255.3	173.3	400.0
1958	33.25	23.38	2.58	4.30	0.60	132.4	122.8	411.7	108.6	774.2
1959	30.55	21.96	2.62	3.14	0.70	121.7	115.3	418.1	79.3	903.2
1960	25.89	18.98	2.34	1.85	0.48	103.1	99.7	373.4	46.7	619.4
1961	21.95	16.63	1.00	1.56	0.26	87.4	87.3	159.6	39.4	335.5
1962	26.18	20.10	0.96	2.39	0.28	104.3	105.6	153.2	60.4	361.3
1963	24.65	18.09	1.03	3.25	0.31	98.2	95.0	164.4	82.1	400.0
1964	28.07	20.22	1.23	4.24	0.35	111.8	106.2	196.3	107.1	451.6
1965	29.31	21.07	1.31	4.42	0.40	116.7	110.7	209.0	111.7	516.1
1966	32.74	24.29	1.39	4.55	0.45	130.4	127.6	221.8	115.0	580.6
1967	34.40	25.41	1.55	4.89	0.46	137.0	133.5	247.8	123.5	593.5
1968	36.99	27.05	1.80	5.52	0.45	147.3	142.1	287.2	139.5	580.6
1969	36.21	26.48	1.85	5.36	0.34	144.2	139.1	295.2	135.4	438.7
1970	38.03	27.94	1.63	5.85	0.39	151.4	146.8	260.1	147.8	503.2
1971	58.77	43.42	2.72	9.18	0.53	151.3	150.5	295.2	151.1	541.9
1972	62.67	44.88	2.82	11.54	0.45	161.4	155.5	306.1	189.9	460.1
1973	67.86	50.48	2.77	10.93	0.57	174.7	175.0	300.6	179.9	582.8
1974	69.29	51.64	3.21	11.22	0.62	178.4	179.0	348.4	184.7	634.0
1975	72.45	54.41	2.86	11.64	0.64	186.5	188.6	310.4	191.6	654.4
1976	72.72	55.12	2.45	11.77	0.65	187.2	191.0	265.9	193.7	664.6
1977	73.81	55.40	2.98	11.95	0.68	190.0	192.0	323.4	196.7	695.3
1978	81.37	62.72	3.12	12.55	0.70	209.5	217.4	338.6	206.5	715.8
1979	86.51	65.47	3.13	14.27	0.77	222.7	226.9	339.7	234.8	787.3
1980	116.34	81.13	7.31	21.87	1.94	218.4	218.2	391.8	236.3	961.2
1981	123.38	86.05	6.70	23.32	2.18	231.6	231.4	359.1	252.0	1080.1
1982	135.90	95.95	6.45	26.26	2.46	255.1	258.1	345.7	283.8	1218.8
1983	142.70	100.60	6.43	27.87	2.88	267.9	270.6	344.6	301.2	1426.9
1984	150.80	102.32	7.02	32.16	3.37	283.1	275.2	376.3	347.5	1669.7
1985	158.22	101.84	7.25	34.87	3.89	297.0	273.9	388.6	376.8	1927.3

注：本表绝对数按当年价格计算，指数按可比价格计算。
Absolute figures in this table are calculated at current prices while indices are calculated at comparable prices.

12-1 续表 Continued

年份 Year	农林牧渔业总产值（亿元） Gross Output Value of Farming, Forestry, Animal Husbandry and Fishery (100 million yuan)					指数（1952 年 =100） Indices of Gross Output Value of Farming, Animal Husbandry and Fishery (year of 1952=100)				
	总产值 Total	#农业 Farming	#林业 Forestry	#牧业 Animal Husbandry	#渔业 Fishery	总指数 Total	#农业 Farming	#林业 Forestry	#牧业 Animal Husbandry	#渔业 Fishery
1986	166.83	106.01	6.35	38.42	4.64	313.2	285.1	340.4	415.2	2298.9
1987	172.32	108.48	6.90	38.62	5.42	323.5	291.8	369.8	417.3	2685.3
1988	173.19	103.09	6.74	42.02	5.69	325.2	277.3	361.3	454.1	2819.1
1989	182.09	109.68	7.75	44.18	6.28	341.8	295.0	415.5	477.3	3112.3
1990	430.21	241.32	22.00	120.40	22.13	348.3	296.0	404.7	493.5	3205.7
1991	451.69	249.79	28.22	126.62	22.20	361.8	306.4	434.2	519.2	3215.3
1992	468.73	250.39	31.55	135.67	24.90	375.5	307.0	485.4	556.1	3614.0
1993	493.63	258.70	31.26	147.51	28.59	395.4	317.1	481.0	604.5	4141.6
1994	532.16	266.43	32.92	169.22	32.70	426.2	326.6	506.5	693.4	4738.0
1995	578.73	277.43	33.66	195.25	39.71	463.7	340.3	518.1	800.2	5751.9
1996	627.16	283.37	34.74	224.61	47.91	502.7	347.4	534.7	920.2	6936.8
1997	679.20	306.80	35.26	245.35	52.89	544.4	376.2	542.7	1004.9	7658.2
1998	686.21	297.81	36.12	255.34	56.67	552.6	365.3	555.7	1046.1	8201.9
1999	1200.94	624.70	48.20	458.62	69.42	571.4	383.6	586.3	1048.2	8841.6
2000	1251.89	633.84	51.01	486.13	80.91	596.0	395.8	611.5	1089.1	9858.4
2001	1313.23	665.70	51.88	510.42	85.23	619.6	409.7	630.7	1136.3	10400.7
2002	1349.92	666.65	54.78	538.64	89.85	636.3	410.6	659.5	1194.3	11014.3
2003	1452.96	671.66	81.73	575.08	96.97	659.9	421.6	685.9	1243.3	11818.3
2004	1913.31	874.00	91.31	796.95	119.92	709.4	461.7	734.0	1310.4	12657.4
2005	2056.24	947.70	100.90	834.50	138.40	750.5	482.5	805.9	1393.0	13872.5
2006	1991.81	1040.85	112.45	657.92	130.42	787.3	509.0	855.1	1440.3	14996.2
2007	2584.00	1210.06	144.12	1000.84	152.99	819.1	530.1	924.4	1477.8	15866.0
2008	3204.11	1370.88	155.44	1426.18	165.83	862.8	541.3	964.1	1610.8	16659.3
2009	3035.20	1472.53	174.18	1058.66	182.35	907.3	573.2	1007.5	1681.6	17542.3
2010	3518.10	1848.89	207.43	1062.04	222.58	946.3	597.8	1077.0	1738.8	18501.3
2011	4111.04	2089.89	239.11	1336.67	241.26	986.6	639.1	1151.3	1731.8	18566.1
2012	4390.34	2255.43	259.97	1377.85	261.89	1016.7	647.0	1208.9	1813.2	19587.2
2013	4432.69	2257.55	287.67	1340.83	286.70	1044.5	665.1	1281.4	1825.8	20821.2
2014	4577.08	2324.78	304.81	1356.00	310.03	1093.5	692.8	1356.1	1911.4	21976.6
2015	4682.31	2325.93	317.38	1408.13	328.34	1133.8	723.3	1466.7	1903.6	23537.0
2016	5057.52	2485.49	321.60	1549.59	354.95	1174.5	751.0	1587.8	1913.1	25046.7
2017	5213.48	2597.63	325.01	1505.78	393.06	1221.8	773.6	1731.5	1970.7	26655.9
2018	5361.62	2664.30	387.15	1464.59	417.21	1265.5	798.1	1895.1	1992.1	28665.7
2019	6405.06	3052.06	430.66	2003.09	441.82	1305.8	827.5	2074.8	1953.9	30657.9
2020	7511.96	3364.77	428.00	2721.63	477.55	1360.0	861.7	2246.1	2002.8	31983.4
2021	7662.36	3532.87	455.82	2542.51	570.82	1501.3	892.9	2459.9	2416.0	33358.6

注：本表绝对数按当年价格计算，指数按可比价格计算。2006–2017 年数据按照农业普查结果进行了修正。

Absolute figures in this table are calculated at current prices while indices are calculated at comparable prices. Data for 2006–2017 are revised based on the results of the agricultural census.

12-2 农业基本情况
Basic Indicators of Agriculture

单位：万公顷 (10 000 hectares)

年份 Year	年末实有耕地面积 Cultivated Areas (year-end)	当年减少耕地面积 Decrease in Cultivated Area by Cause	农作物播种面积 Total Sown Areas	#粮食作物 Grain Corps	造林面积 Afforesta-tion Areas
1978			844.58	582.94	
1979			833.44	570.42	
1980			790.95	545.13	
1981			800.94	542.01	
1982			796.95	540.34	
1983			774.62	542.32	
1984			763.92	539.09	
1985	334.17		747.71	516.14	34.40
1986			753.65	521.04	37.73
1987			747.47	515.10	32.91
1988			749.62	519.63	32.17
1989			774.88	533.05	33.99
1990	331.23	1.16	795.18	536.56	37.59
1991			804.02	536.52	37.17
1992			796.08	524.36	37.75
1993			765.39	505.05	27.83
1994			773.05	507.74	13.44
1995	324.97	1.83	784.04	511.56	10.95
1996			792.74	513.39	5.29
1997	323.01	1.66	800.90	515.53	4.29
1998	321.87	1.64	793.63	507.48	2.86
1999	321.32	1.30	802.77	513.52	2.74
2000	392.16	1.18	800.21	502.99	5.15
2001	391.26	1.73	793.17	480.28	7.56
2002	389.10	2.80	777.92	465.26	10.09
2003	383.37	6.46	773.12	452.98	40.96
2004	381.65	2.60	818.87	475.41	33.38
2005	381.60	0.70	833.64	483.86	13.65
2006	378.76	3.88	853.19	454.54	13.45
2007	378.90	0.61	739.70	453.97	7.62
2008	378.94	0.61	761.35	460.71	8.04
2009	413.50	0.75	785.22	482.72	12.50
2010	413.75	0.97	805.80	484.78	21.34
2011	413.77	0.91	817.81	493.22	40.24
2012	414.62	0.72	829.96	497.53	40.42
2013	414.97	0.99	835.27	501.00	34.98
2014	415.32		839.86	506.56	39.19
2015	415.35	0.37	835.52	505.37	37.60
2016	414.88	0.85	829.20	501.07	33.66
2017	415.10	0.84	827.01	497.89	55.41
2018	415.54	0.65	810.93	474.79	58.43
2019			812.28	461.64	57.69
2020			840.01	475.48	57.65
2021	362.11		850.43	475.84	43.12

注：从2000年起，耕地面积为省国土资源厅统计数据（下表同）。

The data of cultivated Areas from Hunan Province Territory Resource Bureau since 2000. The same as in the following table.

12-3 农村基层组织
Grassroots Units of Rural Areas

指 标		Item		2000	2010	2020	2021
农村基层组织		**Grassroots Units of Rural Areas**					
#乡（镇）个数	（个）	Number of Township (Town Governments)	(unit)	2353	2161	1525	1522
#乡个数		Number of Township		1314	1052	392	389
#民族乡		Number of National Township		104	97	83	83
镇个数		Number of Town Governments		1039	1109	1133	1133

12-4 耕地面积
Cultivated Areas

单位：千公顷 (1000 hectares)

指 标	Item	2000	2010	2020	2021
年初实有耕地总资源	Actual Cultivated Land Total Resources at The Year Beginning	3926.52			
年内增加耕地总资源	Increased Cultivated Land Total Resources This Year	6.85			
年内减少耕地总资源	Decrease in Cultivated Land Total Resources This Year	11.77			
年末实有耕地总资源	Actual Cultivated Land Total Resources at The Year End	3921.60	4137.50		3621.14

12-5 农业生产条件
Condition of Agricultural Production

年份 Year	农业机械总动力（万千瓦） Total Power of Agricultural Machinery (10 000 kw)	有效灌溉面积（千公顷） Effective Irrigated Area (1000 hectares)	化肥施用量（万吨） Consumption of Chemical Fertilizers (10 000 tons)	农村用电量（亿千瓦小时） Electricity Consumed in Rural Areas (100 million kwh)	每公顷面积产量（公斤） Yield per hectare (kg)		
					粮 食 Grain Crops	棉 花 Cotton	油 料 Oil-bearing Crops
1949	0.11	1199.21					
1950	0.10	1289.93					
1951	0.20	1360.65					
1952	0.33	1538.27	0.20				
1953	0.38	1586.24	0.10				
1954	0.43	1630.03	0.97				
1955	0.76	1666.75	2.40				
1956	1.95	1716.85	4.95				
1957	2.45	1777.03	5.18				
1958	7.44	1849.99	11.25				
1959	14.58	1716.96	12.84				
1960	22.43	1935.57	15.85				
1961	24.60	1957.07	9.36				
1962	26.57	1984.41	12.35				
1963	29.06	2019.75	23.91	0.50			
1964	33.91	2084.79	32.75	0.46			
1965	42.89	2163.53	53.15	0.91			
1966	54.47	2202.64	90.17	1.41			
1967	55.66	2262.00	86.20	1.58			
1968	63.93	2286.15	75.19	1.78			
1969	72.95	2307.52	101.41	2.00			
1970	89.50	2343.68	121.71	4.81			
1971	106.68	2377.67	130.29	3.27			
1972	132.77	2430.93	167.99	4.68			
1973	153.42	2483.15	198.07	4.14			
1974	186.16	2503.94	177.56	6.46			
1975	233.18	2583.35	193.84	6.82			
1976	283.42	2617.13	194.25	6.96			
1977	349.56	2657.09	202.95	7.36			
1978	428.64	2691.34	271.90	8.78			
1979	507.67	2730.43	325.23	9.26			
1980	588.99	2743.73	361.04	9.67			
1981	659.74	2753.03	371.20	11.20			
1982	704.94	2759.67	396.38	12.64			
1983	785.57	2773.45	421.54	13.81			
1984	805.43	2775.57	354.21	14.45			
1985	892.02	2771.18	369.64	15.06	4875	990	1005

12-5 续表 Continued

年份 Year	农业机械总动力（万千瓦） Total Power of Agricultural Machinery (10 000 kw)	有效灌溉面积（千公顷） Effective Irrigated Area (1000 hectares)	化肥施用量（万吨） Consumption of Chemical Fertilizers (10 000 tons)	农村用电量（亿千瓦小时） Electricity Consumed in Rural Areas (100 million kwh)	每公顷面积产量（公斤） Yield per hectare (kg)		
					粮食 Grain Crops	棉花 Cotton	油料 Oil-bearing Crops
1986	1059.37	2771.75	432.12	18.05			
1987	1053.56	2665.33	457.77	17.98			
1988	1112.91	2670.29	490.07	20.35			
1989	1168.74	2674.20	517.88	21.86			
1990	1209.17	2676.22	126.09	23.37	5025	1020	990
1991	1270.52	2612.70	138.66	25.77			
1992	1284.37	2664.98	146.18	27.71			
1993	1374.35	2676.11	148.15	30.44			
1994	1459.07	2675.09	159.41	33.04			
1995	1532.54	2680.03	167.91	37.64	5380	1206	1258
1996	1616.29	2667.07	167.08	38.91			
1997	1692.84	2672.38	175.30	41.68	5581	1448	1352
1998	1825.57	2675.14	179.93	42.01	5553	969	1323
1999	2006.97	2665.40	180.87	42.97	5632	1121	1391
2000	2209.74	2677.46	182.15	44.53	5716	1173	1490
2001	2358.02	2676.35	184.25	46.73	5622	1271	1505
2002	2498.09	2675.61	184.32	49.83	5376	1291	1334
2003	2664.45	2675.34	188.33	53.84	5393	1173	1449
2004	2923.93	2683.28	203.19	57.53	5530	1437	1591
2005	3189.86	2690.41	209.90	65.24	5477	1395	1569
2006	3416.61	2696.93	212.14	75.99	5478	1528	1628
2007	3684.43	2702.88	219.58	76.38	5944	1538	1598
2008	4021.14	2709.20	223.38	81.46	6126	1354	1267
2009	4352.64	2720.68	231.60	93.55	6067	1401	1555
2010	4651.55	2726.66	236.57	98.63	5944	1389	1432
2011	4935.59	2762.41	242.49	106.03	6049	1381	1635
2012	5189.24	3070.84	249.11	110.23	6154	1421	1510
2013	5435.93	2768.12	248.19	118.58	5967	1219	1582
2014	5680.34	3101.70	247.80	123.83	6078	1222	1628
2015	5894.05	3113.32	246.54	123.91	6123	1208	1701
2016	6097.54	3132.37	246.44	126.70	6092	1185	1702
2017	6254.83	3145.87	245.26	128.56	6173	1145	1724
2018	6338.57	3164.00	242.61	130.82	6367	1341	1743
2019	6471.82	3176.11	229.01	132.98	6444	1299	1752
2020	6588.95	3293.48	223.73	134.69	6341	1252	1793
2021	6676.40	3238.00	219.06	142.22	6461	1338	1777

注：化肥施用量1989年及以前均为实物量，1990年及以后为折纯量。

Data of consumption of fertilizers refer to the consumption in quantity prior to 1989, and the consumption in purity in and after 1990.

12-6 农业机械年末拥有量
Year-end Possession of Agriculture Machinery

指 标		Item		2000	2010	2020	2021
农业机械总动力合计	**（千瓦）**	**Total Power of Agricultural Machinery**	**(kw)**	**22097435**	**46515488**	**65889516**	**66764008**
柴油发动机		Diesel Engines		15719714	35478418	49619435	50210123
汽油发动机		Gasoline Engines		2310250	2748316	4234681	4331033
电动机		Electric Motor		3959172	8095821	11646458	11803534
其他机械		Other Machinery		108299	192933	388942	419318
机械分类		**Machinery by Type**					
大中型拖拉机	（混合台）	Large and Medium Tractors	(mixed unit)	15149	84992	107671	107626
	（千瓦）		(kw)	381244	2465058	4234946	4322346
小型及手扶拖拉机	（混合台）	Mini and Walking Tractors	(mixed unit)	209271	198611	219231	214468
	（千瓦）		(kw)	1916099	2076993	2732386	2681720
耕整机	（台）	Tillage Machinery	(unit)	536557	1349055	1832664	1839533
	（千瓦）		(kw)		5034046	7434868	7432345
大中型拖拉机配套农具	（部）	Farm Tools for Large and Medium Tractors	(unit)	6428	27684	42829	44501
小型拖拉机配套农具	（部）	Necessary Farm Tools for Mini Tractors	(unit)	63865	97051	163513	165261
#农用水泵	（台）	#Pumps	(unit)	1208900	2099818	2325781	2330695
谷物联合收割机	（台）	Grain Combine	(unit)	3049	69051	131217	131573
	（千瓦）		(kw)	43837	2365043	5058161	5123131
增氧机	（台）	Machinery for Pond Oxygen Increase	(unit)		21471	117805	114648
农产品初加工动力机械	（千瓦）	Motorized Machinery for Products Processing	(kw)	3525247	6562481	7810316	7887295
#柴油机动力		#Diesel Engines Power		2006630	3457597	3541489	3557007
农田基本建设机械	（台）	Machinery for Farmland Capital Construction	(unit)			20260	20430
	（千瓦）		(kw)			1390165	1409326
农用航空器	（架）	Agricultural Aircraft	(unit)			4967	6013
有人驾驶农用飞机		The Farm Plane was Manned				18	
植保无人机		Plant Protection UAV				4948	6013

12-7 农作物生产情况(2021年)
Basic Indicators of Farm Corp Production (2021)

指 标	Item	播种面积（千公顷）Sown Area (1000 hectares)	单 产（公斤／公顷）Per Unit Area Yield (kg/hectare)	总产量（吨）Total Output (ton)
农作物总播种面积	**Total Sown Area**	**8504**		
粮食作物	**Grain Crops**	**4758**	**6461**	**30743600**
#谷物	#Cereal	4411	6647	29320500
#稻谷	#Rice	3971	6757	26831000
#早稻	#Early Season Rice	1220	6099	7438000
中稻与一季晚稻	Middle Season Rice and Late Rice of One-season	1479	7587	11222000
晚稻	Late Season Rice	1272	6422	8171000
小麦	Wheat	23	3330	77800
玉米	Corn	398	5888	2341100
高粱	Sorghum	9	4359	39100
其他谷物	Other Cereal	10	3079	31500
#大麦	#Barley	1	3913	5400
豆类	Soybeans	156	2641	411800
#大豆	#Beans	118	2702	318300
杂豆	Mixed Beans	38	2451	93500
#绿豆	#Mung Beans	11	2111	23600
薯类（按折粮薯类计算）	Tubers(Converted into Grain)	191	5290	1011300
#红薯	#Sweet Potatoes	128	5567	713100
马铃薯	Potatoes	63	4729	298200
油料	**Oil-bearing Crops**	**1480**	**1777**	**2629953**
#花生果	#Peanuts	114	2692	306885
油菜籽	Rapeseeds	1352	1704	2302509
芝麻	Sesame	11	1442	16483
向日葵	Sunflower	2	1263	2097
其他油料	Other Oil-bearing Crops	1	1649	1979
棉花	**Cotton**	**60**	**1338**	**80489**
麻类	**Fiber Crops**	**2**	**2384**	**3837**
#黄、红麻	#Jute and Ambary Hemp		2115	296
苎麻	Ramie	1	2404	3509
甘蔗	**Sugarcane**	**8**	**46457**	**349823**
烟叶	**Tobacco**	**88**	**2122**	**185830**
#烤烟	#Flue-cured Tobacco	87	2124	184105
晒（土）烟	Sun-cured Tobacco	1	1916	1721
药材	**Medicinal Herbs**	**103**	**6582**	**678751**
蔬菜瓜类	**Vegetables and Melons**	**1539**	**30520**	**46956281**
#蔬菜（包括菜用瓜）	#Vegetables(include Snake Melons)	1391	30679	42689229
果用瓜	Fruit Melons	147	29014	4267052
其他作物:	**Other Crops**	**468**		
#青饲料	#Succulence	143		

12-8 粮食、棉花播种面积
Sown Area of Grain Crops and Cotton

单位：千公顷 (1000 hectares)

年份 Year	粮食 Grain Crops	稻谷 Rice	早稻 Early Rice	中稻 Medium Rice	晚稻 Late Rice	棉花 Cotton
1983	5423.2	4418.9	1895.0	509.7	2014.2	131.3
1984	5390.9	4401.1	1885.4	507.0	2008.7	132.6
1985	5161.4	4246.5	1825.1	495.0	1926.4	101.8
1986	5210.4	4327.6	1838.3	499.4	1989.9	86.1
1987	5150.9	4255.1	1779.5	508.4	1967.2	64.4
1988	5196.3	4293.7	1803.9	505.7	1984.1	91.4
1989	5330.5	4354.1	1827.8	497.8	2028.5	94.4
1990	5365.7	4370.5	1844.1	484.3	2042.1	118.5
1991	5365.2	4298.1	1813.3	512.0	1972.8	133.3
1992	5243.6	4188.0	1741.0	477.5	1969.5	167.6
1993	5050.5	4025.9	1618.0	516.9	1891.0	172.1
1994	5077.4	4040.7	1633.8	525.1	1881.8	209.1
1995	5115.6	4084.1	1675.6	510.2	1898.3	185.3
1996	5133.9	4064.1	1669.3	513.7	1881.1	174.1
1997	5155.3	4075.8	1651.2	515.0	1909.6	176.5
1998	5074.8	3976.4	1610.1	538.1	1828.2	198.7
1999	5135.2	3984.5	1571.1	585.4	1828.0	157.8
2000	5029.9	3896.1	1515.8	632.1	1748.2	146.0
2001	4802.8	3691.6	1361.1	707.4	1623.1	149.4
2002	4652.6	3541.5	1224.5	812.5	1504.5	129.1
2003	4529.8	3410.0	1173.3	834.5	1402.1	139.0
2004	4754.1	3716.8	1288.3	1061.8	1366.7	167.7
2005	4838.6	3795.2	1324.4	1068.6	1402.2	150.9
2006	4545.4	3931.7	1355.9	1156.3	1419.5	158.6
2007	4539.7	3915.1	1303.6	1232.1	1379.5	172.2
2008	4607.1	3968.3	1306.6	1258.3	1403.4	183.0
2009	4827.2	4103.4	1399.8	1225.3	1478.3	152.6
2010	4847.8	4105.2	1385.7	1251.2	1468.3	175.0
2011	4932.2	4160.8	1427.7	1245.6	1487.4	192.4
2012	4975.3	4209.6	1464.5	1216.5	1528.5	172.7
2013	5010.0	4218.5	1494.0	1210.1	1514.5	159.6
2014	5065.6	4275.0	1507.7	1217.6	1549.6	130.1
2015	5053.7	4287.8	1505.9	1228.3	1553.6	103.6
2016	5010.7	4277.6	1487.3	1263.0	1527.3	106.5
2017	4978.9	4238.7	1448.2	1291.3	1499.2	95.7
2018	4747.9	4009.0	1238.2	1472.5	1298.3	63.9
2019	4616.4	3855.2	1094.6	1602.1	1158.5	63.0
2020	4754.8	3993.9	1225.7	1476.1	1292.0	59.5
2021	4758.4	3971.1	1219.6	1479.2	1272.3	60.2

注：2004 年起为抽样调查数，2006、2007 年为农业普查口径修正数。
The number of sampling surveys since 2004, and the number of revised nongpu caliber in 2006 and 2007.

12-9 粮食、棉花产量
Output of Grain Crops and Cotton

单位：万吨 (10 000 tons)

年份 Year	粮食 Grain Crops	稻谷 Rice	早稻 Early Rice	中稻 Medium Rice	晚稻 Late Rice	棉花 Cotton
1983	2654.0	2458.1	1038.4	280.5	1139.2	9.8
1984	2613.0	2416.5	1069.0	280.8	1066.7	12.8
1985	2514.3	2338.8	991.7	247.3	1099.8	10.1
1986	2631.6	2464.4	1050.6	289.2	1124.6	8.3
1987	2593.7	2414.2	948.7	302.3	1163.2	5.6
1988	2519.8	2343.9	987.8	258.5	1097.6	4.4
1989	2648.2	2445.2	994.2	307.7	1143.3	6.7
1990	2651.4	2468.2	1033.5	302.4	1132.3	12.0
1991	2682.0	2473.3	957.5	314.1	1201.7	14.9
1992	2620.1	2423.1	916.1	305.0	1202.0	20.3
1993	2570.2	2343.5	825.7	324.8	1193.0	21.1
1994	2661.0	2414.9	903.5	350.6	1160.8	23.8
1995	2691.6	2438.5	854.7	336.8	1247.0	22.4
1996	2701.6	2418.6	854.6	344.2	1219.8	19.0
1997	2801.9	2495.8	945.2	359.6	1191.0	25.6
1998	2647.9	2345.1	830.6	357.1	1157.4	19.2
1999	2725.4	2360.6	817.5	404.4	1138.7	17.7
2000	2767.6	2392.5	877.6	436.1	1078.8	15.8
2001	2700.3	2328.9	783.2	478.4	1067.3	19.0
2002	2501.3	2119.2	627.8	590.8	900.6	15.3
2003	2442.7	2070.2	621.2	637.9	811.1	16.3
2004	2640.0	2285.5	716.4	720.0	849.1	20.3
2005	2678.6	2296.2	734.4	723.8	838.0	19.8
2006	2654.2	2414.5	747.6	782.0	884.9	22.7
2007	2698.5	2435.3	743.0	833.5	858.8	22.7
2008	2822.2	2551.3	774.1	890.9	886.3	24.7
2009	2928.8	2614.3	821.0	862.0	931.3	21.2
2010	2881.6	2551.8	779.5	867.1	905.2	22.7
2011	2983.6	2634.2	824.5	883.8	925.9	23.6
2012	3061.9	2704.3	841.6	881.4	981.3	25.1
2013	2989.5	2645.3	888.5	795.6	961.2	19.8
2014	3078.9	2732.7	886.8	847.1	998.8	12.9
2015	3094.2	2756.8	895.2	857.7	1003.9	12.3
2016	3052.3	2724.6	873.5	871.4	979.8	12.6
2017	3073.6	2740.4	846.5	932.6	961.3	11.0
2018	3022.9	2674.0	755.5	1086.7	831.8	8.6
2019	2974.8	2611.5	661.4	1206.8	743.3	8.2
2020	3015.1	2638.9	718.7	1110.2	810.0	7.4
2021	3074.4	2683.1	743.8	1122.2	817.1	8.0

注：粮食产量1988年起为抽样调查数，棉花产量1998年起为抽样调查数。2006、2007年为农业普查口径修正数。

Grain yield has been sampled since 1988, cotton production has been sampled since 1998. and the number of revised nongpu caliber in 2006 and 2007.

12—10 茶叶、水果生产情况(2021年)
Output of Tea and Fruit (2021)

单位：吨 (ton)

名 称	Item	数量 Number	名 称	Item	数量 Number
茶叶产量	**Output of Tea**	**258537**	**水果产量**	**Output of Fruits**	**11936422**
绿茶	Green Tea	122010	柑橘	Citrus	6432003
青茶	Oolong Tea	851	桃子	Peaches	246952
红茶	Red Tea	25645	梨	Pears	204566
黑茶	Black Tea	101861	葡萄	Grapes	268364
黄茶	Yellow Tea	780	红枣	Red Chinese Dates	33346
白茶	White Tea	1226	柿子	Fresh Persimmons	24087
其他茶	Other Tea	6164	其他水果	Other Fruits	4727104

12—11 林业情况
Basic Indicators of Forestry

单位：万公顷 (10 000 hectares)

指 标	Item	2000	2010	2020	2021
当年造林面积总计	**Total Afforestation Areas of the Current Year**	5.15	21.34	57.65	43.13
#竹林	#Bamboo Forest	0.22	0.27		
按主要林种用途分	**By the Use of Main Forestry**				
用材林	Timber Forest	2.22	7.19	9.06	7.14
经济林	Economic Forest	1.21	3.23	6.92	6.25
防护林	Shelter-forest	1.71	10.80	8.65	5.81
薪炭林	Charcoal Forest		0.06	0.56	0.35
特种用途林	Special Use Forest	0.01	0.07	0.25	0.09
封山育林面积	Close Hillsides to Facilitate Afforestation Areas			23.42	20.89
中幼林抚育面积	Areas of Middle and Young Growth Fostering	30.18	20.63	49.91	34.11
主要林产品产量 （万吨）	**Output of Main Forestry Products (10 000 tons)**				
油茶籽	Tea-oil Seeds	33.80	39.05	128.26	171.64
竹笋干	Bamboo Shoots	1.69	3.19	8.73	7.61

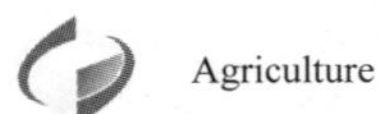

12-12 畜牧业年末存栏情况(2021年)
Year-end Animals in Stock (2021)

项目		Item		合计 Total	能繁母畜 Breeding Dams
大牲畜总头数	(万头)	Number of Large Animals	(10 000 heads)	436.96	
#从事劳役的		#Draught Animals			
牛	(万头)	Cattle and Buffaloes	(10 000 heads)	435.10	
役用牛		Draught Animals			
肉牛		Beef Cattle		430.70	
乳牛		Dairy Cattle		4.40	
马	(匹)	Horses	(head)	14839	
驴	(匹)	Donkeys	(head)	2744	
骡	(匹)	Mules	(head)	1009	
生猪	(万头)	Hogs	(10 000 heads)	4202.00	368.10
羊	(万只)	Goats and Sheep	(10 000 heads)	775.10	
山羊		Goats		775.10	
绵羊		Sheep			

12–13 畜禽出栏量
Amount Over the Slaughter of Livestock and Poultry

年份 Year	生猪（万头） Live Pig (10 000 heads)	牛（万头） Cattle (10 000 heads)	羊（万只） Sheep (10 000 heads)	禽（万只） Birds (10 000 heads)
1983	1850.1	11.9	27.5	
1984	2128.9	10.1	28.3	
1985	2296.6	9.3	30.1	8458.6
1986	2471.8	9.9	28.5	9453.9
1987	2657.4	11.7	30.3	10255.8
1988	2813.7	15.3	32.6	10548.9
1989	2866.5	15.8	35.2	11384.5
1990	3092.1	16.3	35.3	11832.6
1991	3247.9	20.2	42.9	12607.1
1992	3536.3	26.5	50.1	14187.4
1993	3813.2	33.4	71.0	15872.9
1994	4372.6	43.5	101.5	18441.2
1995	5001.7	58.0	157.9	23198.2
1996	4387.5	87.0	319.1	28315.8
1997	5127.0	96.5	291.1	31458.2
1998	5467.3	109.0	331.3	35703.4
1999	5385.3	118.8	354.2	27967.5
2000	5491.3	128.1	397.1	30448.9
2001	5540.5	125.0	435.2	32672.0
2002	5653.1	146.8	526.0	35286.0
2003	5905.8	148.3	604.9	41497.0
2004	6088.7	154.6	662.1	42816.6
2005	6176.3	167.4	763.4	39209.8
2006	5126.9	121.7	638.9	32867.8
2007	4816.7	127.3	648.5	32802.0
2008	5153.1	130.0	655.0	34770.0
2009	5508.7	139.6	680.0	36880.0
2010	5723.5	144.5	656.2	38355.2
2011	5575.9	141.5	633.1	39264.2
2012	5878.8	146.6	638.2	41650.3
2013	5902.3	155.8	657.6	41283.6
2014	6220.3	161.4	676.3	40043.8
2015	6077.2	168.5	699.9	41474.7
2016	5920.9	143.4	725.5	42671.9
2017	6116.3	147.0	901.8	42263.8
2018	5993.7	152.7	911.0	42476.7
2019	4812.9	162.5	971.5	51057.0
2020	4658.9	174.6	983.3	54403.6
2021	6121.8	180.7	1064.1	54025.2

注：生猪 2000 年起为抽样调查数，牛 2001 起为抽样调查数，1997 年起禽为农普衔接数。

The hogs number from 2000 is spot check number; the cattle number from 2002 is spot check number; The sheep number is joined number of agriculture surveys; the poultry number from 2003 is spot check number.

12-14 主要畜禽存栏和水产品产量
Number of Live Stocks, Birds and Output of Aquatic Products

年份 Year	年底牛头数（万头） Cattle and Buffaloes (Year-end) (10 000 heads)	年底猪头数（万头） Hogs(Year-end) (10 000 heads)	年底羊只数（万只） Sheep and Goats (Year-end) (10 000 heads)	猪牛羊肉（万吨） Pork,Beef, and Mutton (10 000 tons)	禽（万只） Birds (10 000 heads)	水产品（万吨） Aquatic Products (10 000 tons)
2006	405.67	3452.45	499.14	389.18	24346.50	160.04
2007	399.59	3776.39	511.91	373.31	26099.40	170.09
2008	399.55	3924.46	523.95	395.74	26882.40	178.59
2009	414.32	4046.99	553.80	421.93	27100.00	188.59
2010	401.68	4063.91	552.66	438.98	27262.60	198.89
2011	385.04	4182.65	567.30	432.17	27563.80	200.02
2012	381.75	4275.51	565.59	454.25	29023.40	220.08
2013	384.96	4130.69	590.64	458.89	29920.50	233.91
2014	389.18	4227.81	622.13	487.43	31024.60	247.96
2015	393.91	4122.72	655.38	478.77	32105.80	261.32
2016	374.13	3983.11	648.06	466.39	33101.10	238.35
2017	379.37	3968.10	661.71	480.79	33012.80	242.31
2018	385.40	3822.00	668.30	479.60	32616.00	252.53
2019	410.40	2698.30	712.20	383.40	36333.20	264.85
2020	438.10	3734.60	761.20	374.30	37688.50	258.92
2021	435.10	4202.00	775.10	481.90	37456.10	266.11

12—15 渔业生产情况
Basic Indicators of Fishery Production

名 称	Item	2000	2010	2020	2021
水产品总产量 （吨）	**Total Aquatic Products (ton)**	**1332133**	**1988359**	**2589158**	**2661061**
淡水产品捕捞产量 （吨）	**Freshwater Aquatic Products Caught (ton)**	**150442**	**168047**	**24520**	**5612**
#鱼类	#Fish	127725	145703	20793	4336
虾蟹类	Shrimps,Prawns and Crabs	9474	12635	2477	655
贝类	Shellfish	10659	8137	983	532
其他	Others	2584	1572	267	89
淡水产品养殖产量 （吨）	**Freshwater Aquatic Products Cultured (ton)**	**1181691**	**1820812**	**2564638**	**2655449**
#鱼类	#Fish	1145678	1763313	2109722	2156598
虾蟹类	Shrimps,Prawns and Crabs	11396	23312	384576	407758
贝类	Shellfish	12902	15848	13629	11694
其他	Others	11715	18039	56711	79399
淡水养殖面积合计 （千公顷）	**Freshwater Cultured Area (1 000 hectares)**	**413.18**	**395.57**	**426.78**	**433.13**
#池塘养殖	#Pond Cultivated	214.96	192.10	265.10	270.41
湖泊养殖	Lake Cultivated	55.85	82.70	55.23	58.33
河沟养殖	Brook Cultivated	20.74	6.26	1.06	1.12
水库养殖	Reservoir Cultivated	102.23	111.93	95.58	93.51
其他养殖	Other Cultivated	19.40	2.58	9.81	9.76
附：稻田养殖	**Enclose: Paddy Cultivated**	**189.76**	**126.14**	**331.43**	**337.96**

12-16　洞庭湖区主要社会经济指标(2021年)

Major Economic Indicators and Social Indicators on The DongTing Lake Area (2021)

指　标		Item		2021
常住户数	(万户)	Total Number of Households	(10 000 households)	511.19
常住人口	(万人)	Total Number of Population	(10 000 persons)	1410.83
有效灌溉面积	(千公顷)	Effective Irrigated Area	(1 000 hectares)	1098.61
地区生产总值	(亿元)	Gross Domestic Products	(100 million yuan)	10476.40
#第一产业增加值		#Added-value of First Industry		1254.40
第二产业增加值		Added-value of Second Industry		4414.23
第三产业增加值		Added-value of Third Industry		4807.77
农作物总播种面积	(千公顷)	Total Sown Area of Crops	(1 000 hectares)	2581.55
油料播种面积	(千公顷)	Sown Area of Oils-bearing	(1 000 hectares)	570.99
棉花播种面积	(千公顷)	Sown Area of Cotton	(1 000 hectares)	51.46
油料产量	(万吨)	Output of Oils-bearing	(10 000 tons)	106.13
水产品总产量	(万吨)	Total Output of Aquatic Products	(10 000 tons)	145.49
水果产量	(万吨)	Output of Fruits	(10 000 tons)	262.18
地方一般公共预算收入	(亿元)	General Public Budget Revenue	(100 million yuan)	465.10
普通中学在校学生数	(人)	Student Enrollment in General Secondary Schools	(person)	687613
小学在校学生人数	(人)	Student Enrollment in Primary Schools	(person)	933571
医院、卫生院床位数	(张)	Hospital Beds	(unit)	110242
医院、卫生院技术人员数	(人)	Medical Technical Personnel in Hospitals	(person)	105655

注：洞庭湖区包括：岳阳市、常德市、益阳市。
Dongting Lake areas include:Yueyang city,Changde city,Yiyang city.

12-17 农村主要能源及物资消耗
Consumption of Major Energy and Materials of Rural Areas

指 标	Item	2000	2010	2020	2021
农用化肥施用量	**Consumption of Agricultural Chemical Fertilizer**				
按折纯量计算 （吨）	Calculated at Quantity of 100% Content (ton)	1821508	2365718	2237331	2190627
#氮肥	#Nitrogenous Fertilizer	980845	1103546	798969	706870
磷肥	Phosphate Fertilizer	242760	267177	223306	189254
钾肥	Potash Fertilizer	298514	404631	372159	336997
复合肥	Compound Fertilizer	299389	590364	842897	957506
农用薄膜使用量 （吨）	**Consumption of Agricultural Films (ton)**	**40446**	**73173**	**83004**	**79094**
#地膜使用量	#Consumption of Ground Films	25309	51083	54857	49927
地膜覆盖面积 （公顷）	Ground Film Covered Areas (hectare)	313340	705696	630059	582699
农药使用量 （吨）	**Consumption of Pesticide (ton)**	**85611**	**118762**	**101450**	**91114**
农用柴油使用量 （吨）	**Consumption of Agricultural Diesel Oil (ton)**	**224315**	**377821**	**452055**	**460467**

12-18 自然灾害情况
Statistics on Natural Disaster

名 称	Item	2021
农作物受灾面积 （千公顷）	Areas Affected by Crop Disaster (1 000 hectares)	460.9
成灾面积 （千公顷）	Areas Disaster-affected (1 000 hectares)	239.3
因灾死亡人数 （人）	Number of Dead Population in the Disaster (person)	6
倒塌房屋 （间）	Collapsed Houses (unit)	5601
严重损坏房屋 （间）	Badly Destroyed Houses (unit)	9923
一般损坏房屋 （间）	General Destroyed Houses (unit)	44405
直接经济损失 （万元）	Direct Economic Loss of Disaster (10 000 yuan)	859196
洪涝灾害损失 （万元）	Flood Damage Loss (10 000 yuan)	711897

主要统计指标解释

农林牧渔业总产值 指以货币表现的农、林、牧、渔业全部产品和对农林牧渔业生产活动进行的各种支持性服务活动的价值总量，它反映一定时期内农林牧渔业生产总规模和总成果。1957 年以前的农林牧渔业总产值中包括了厩肥和农民自给性手工业（如农民自制衣服、鞋、袜，自己从事粮食初步加工等）。1958 年及以后，林业中增加了村及村以下竹木采伐产值；牧业中取消了厩肥产值；副业中取消了农民自给性手工业产值，增加了村及村以下办的工业产值； 渔业中增加了海洋捕捞水产品产值。1980 年及以后，在副业中增加了农民家庭兼营工业商品部分的产值。从 1984 年起村及村以下工业产值划归工业。从 1993 年起取消副业，将野生动物的捕猎划入牧业，野生植物采集和农民家庭兼营商品性工业划归农业。从 2003 年起，执行新的国民经济行业分类标准，农林牧渔业总产值中包括了农林牧渔服务业产值，2018 年以后农林牧渔服务业产值改称农林牧渔专业及辅助性活动产值。林业中增加了森林采运业产值。农业中取消了家庭兼营商品性工业产值，将野生林产品的采集划归林业。第一、二、三次农业普查以后，根据农业普查结果，对农业、畜牧业、渔业年报数据和农业、畜牧业、渔业产值进行了修订。2010 年执行《统计用产品分类目录》， 对 2009 年的农业、林业产值做了相应调整。

农林牧渔业总产值的计算方法通常是按农、林、牧、渔业产品及其副产品的产量分别乘以各自单位产品价格求得；少数生产周期较长，当年没有产品或产品产量不易统计的，则采用间接方法匡算其产值；然后将四业产品产值及农林牧渔专业及辅助性活动产值相加即为农林牧渔业总产值。

粮食产量 指农业生产经营者日历年度内生产的全部粮食数量。按收获季节包括夏收粮食、早稻和秋收粮食，按作物品种包括谷物、薯类和豆类。其产量计算方法：谷物按脱粒后的原粮计算，豆类按去豆荚后的干豆计算；薯类（包括甘薯和马铃薯，不包括芋头和木薯）1963 年以前按每 4 公斤鲜薯折 1 公斤粮食计算，从 1964 年开始改为按 5 公斤鲜薯折 1 公斤粮食计算，城市郊区作为蔬菜的薯类（如马铃薯等）按鲜品计算，并且不作粮食统计。1989 年以前全国粮食产量数据主要靠全面报表取得，1989 年开始使用抽样调查数据。

棉花产量 指全社会的产量。包括春播棉和夏播棉。产量按皮棉计算。不包括木棉。

油料产量 指全部油料作物的生产量。包括花生、油菜籽、芝麻、向日葵籽、胡麻籽（亚麻籽）和其他油料。不包括大豆、木本油料和野生油料。花生以带壳干花生计算。

水产品产量 指渔业（捕捞和养殖）生产活动的最终有效成果，包括全部海水和淡水鱼类、甲壳类（虾、蟹）、贝类、头足类、藻类和其他类渔业产品的最终产量。水产品产量是通过各级水产部门逐级上报取得数据。1995 年及以前，贝类中牡蛎按鲜肉计算；蚶、蛤、蛙按 5 斤鲜品折 1 斤计算。1996 年以后则统一按鲜品计算。

猪、牛、羊肉产量 指当年出栏并已屠宰、除去头蹄下水后带骨肉（即胴体重）的重量。包括全社会范围内的产量。1996 年以前为全面统计并逐级上报数据。1996 年第一次农业普查以后，根据普查结果，对畜牧业主要年报数据进行了修正。1999 年以后，国家统计局在部分地区开展了猪、牛、羊、禽等主要畜禽品种的抽样调查，并用抽样数据作为国家定案数据使用。未开展抽样调查的地区和品种，仍使用各级统计部门逐级上报数据。2008 年，建立了主要畜禽监测调查制度，猪、牛、羊、禽等主要畜禽数据均以抽样调查数为法定数据。

期初（末）畜禽存栏头（只）数 指报告期初（末）农村各种合作经济组织和国营农场、农民个人、机关、团体、学校、工矿企业、部队等单位以及城镇居民饲养的大牲畜、猪、羊、家禽等畜禽的数量。数据上报方式及数据调整情况同猪、牛、羊肉产量。

农作物播种面积 指农业生产经营者应在日历年度内收获农作物在全部土地（耕地或非耕地）上的播种或移植面积。凡是本年内收获的农作物，无论是本年还是上年播种，都算为播种面积，但不包括本年播种，下年收获的农作物面积。

耕地灌溉面积 指具有一定的水源，地块比较平整，灌溉工程或设备已经配套，在一般年景下能够进行正常灌溉的耕地面积。在一般情况下，耕地灌溉面积应等于灌溉工程或设备已经配套，能够进行正常灌溉的水田和水浇地

面积之和。它是反映我国农田水利建设的重要指标。

农用化肥施用量 指本年内实际用于农业生产的化肥数量，包括氮肥、磷肥、钾肥和复合肥。化肥施用量要求按折纯量计算数量。折纯量是指把氮肥、磷肥、钾肥分别按含氮、含五氧化二磷、含氧化钾的百分之百成分进行折算后的数量。复合肥按其所含主要成分折算。公式为：

折纯量 = 实物量 × 某种化肥有效成分含量的百分比

农业机械总动力 指全部农业机械动力的额定功率之和。农业机械是指用于种植业、畜牧业、渔业、农产品初加工、农用运输和农田基本建设等活动的机械及设备。农机总动力按使用能源不同分为以下四部分：

柴油发动机动力：指全部柴油发动机额定功率之和；

汽油发动机动力：指全部汽油发动机额定功率之和；

电动机动力：指全部电动机（含潜水电泵的电动机）额定功率之和；

其他机械动力：指采用柴油、汽油、电力之外的其他能源，如水力、风力、煤炭、太阳能等动力机械功率之和。

这个指标的统计数据主要来源于农机部门。

Explanatory Notes on Main Statistical Indicators

Gross Output Value of Agriculture, Forestry, Animal Husbandry and Fishery refers to the total value of products of agriculture, forestry, animal husbandry and fishery, and total value of services in support of agriculture, forestry, animal husbandry and fishery activities. It reflects the total scale and results of agricultural production during a given period. Prior to 1957, China's gross agricultural output value included barnyard manure and handicraft products for self-consumption (clothes, shoes, stockings, and initial grain processing undertaken by peasants). Since 1958, cutting and felling of bamboo and trees by villages and other cooperative organizations under villages have been included in forestry; value of barnyard manure has been excluded from animal husbandry; self consumed handicrafts have not been included from sideline occupations, while the output value of industries run by villages and cooperative organizations under village has been included in sideline occupations; and the output value of fish catches by motor fishing boats has been added to fishery. Since 1980, the value of handicraft products made for sale by individuals in households has been added to sideline occupations. Since 1984, industries run by villages and under villages have been included in the sector of industry. Since 1993, the subdivision of sideline occupations has been cancelled, and the hunting of wild animals has been classified into animal husbandry, and the gathering of wild plants and commodity industry run by rural household have been included in farming. A new industrial classification of economic activities was introduced in 2003. Under the new classification, value of services to agriculture, forestry, animal husbandry and fishery is included in the gross output value of agriculture. In 2018, the output value of agriculture, forestry, animal husbandry and fishery services was renamed the output value of professional and auxiliary activities in support of agriculture, forestry, animal husbandry and fishery, value of wood felling and transport is included in forestry, value of industrial output by rural households is not included in agriculture. According to the result of the first, second, third Agriculture Census, efforts were made to adjust the annual reports of animal husbandry and fishery output and the output value of agriculture, animal husbandry and fishery output to make the figures from the annual reports consistent with the census data. "The Classification of Products for Statistical Purposes" implemented in 2010 made relevant revision on the output value of agriculture and forestry in 2009.

Gross output value of agriculture is obtained by multiplying the output of each product or by-product by its price, resulting in the output value of each single item. For a small number of products, annual output of which is not available or difficult to get due to the long production (growing) process involved, the output value is estimated through an indirect approach. The sum of output values of all products of agriculture, forestry, animal husbandry and fishery and professional and auxiliary activities in support of agriculture, forestry, animal husbandry and fishery is then equal to the gross output value of agriculture.

Grain Output refers to the total output of grains produced by agricultural producers within a calendar year. It includes summer grain, early rice and autumn grain if classified by harvest seasons; it covers cereal, tubers and beans if classified by type of crops. Output of cereal should be limited to husked grain only. Output of beans refers to dry beans without pods. The output of tubers (sweet potatoes and potatoes, not including taros and cassava) are converted into that of grain at the ratio 4:1, i.e. 4 kilograms of fresh tubers were equivalent to 1 kilogram of grain up to 1963. Since 1964 the ratio for conversion has been 5:1. Tubers supplied as vegetables (such as potatoes) in cities and suburbs are calculated as fresh vegetables and their output is not included in the output of grain. Data on grain production before 1989 were obtained through the Comprehensive Statistical Reporting System. Since 1989, data from sample surveys are used.

Cotton Output refers to cotton production in the whole country including cotton planted in spring and in autumn. Output is measured as the weight of ginned cotton. Ceiba is not included.

Output of Oil-bearing Crops refers to the total production of oil-bearing crops of various kinds, including peanuts (dry, in shell), rapeseeds, sesame, sunflower seeds, flax seeds, and other oil-bearing crops. Soybeans, oil-bearing woody plants, and wild oil-bearing crops are not included.

Output of Aquatic Products refers to final output actually yielded from fishing production (fishery and breeding), including all output of marine and freshwater fish, crustaceans (shrimps, crabs), shellfish, cephalopod, seaweed and other fishery products. Data on output of aquatic products are reported by aquatic product agencies level by level. Before 1995, among the shellfish, oyster was counted as fresh meat; 5 kilograms of ark shell, clams and frogs are equivalent to 1 kilogram of fresh aquatic products; they have all been counted as fresh aquatic products since 1996.

Output of Pork, Beef, and Mutton refers to the meat of slaughtered hogs, cattle, sheep and goats with head, feet, and offal taken away. Data refers to the production of the whole country. Before 1996, it was a comprehensive reporting from the lower level to the upper one. The First Agricultural Census of China in 1996 revealed some discrepancy between the production of animal products from the annual reports and that from the census. Efforts were made to adjust the output value of animal husbandry to make the figures from the annual reports consistent with the census data. Since 1999, the NBS conducted sample surveys for the major animal husbandry products, such as hogs, cattle, sheep and goats and fowls, and the data from sample surveys are used as national finalized data. Those products, which are not covered by the sample survey, are still reported by statistical agencies level by level. In 2008, A Monitoring and Survey Program was set up on main livestock, the data on the main livestock such as hog, cattle, sheep and poultry became the official data based on the sampling survey.

Number of Livestock or Poultry in Stock at Beginning (or End) of Period refers to the total number of large animals, pigs, sheep, fowls, etc. raised by rural cooperative organizations, State farms, rural individuals, government agencies, schools, industrial and mining enterprises, army, and urban residents at the beginning (or end) of the reference period. Data reporting system and data adjustment are the same as that in the output of pork, beef and mutton.

Sown Area of Crops refers to area of all land (cultivated or non-cultivated area) sown or transplanted with crops that are harvested within the calendar year by agricultural producers. All crops harvested within the year are counted as sown area, regardless of being sown in this year or the previous year. Crops sown this year but will be harvested in the coming year are excluded.

Irrigated Area of Cultivated Land refers to area of land that are effectively irrigated, i.e. relatively level land, where there are water sources or complete sets of irrigation facilities to lift and move adequate water for irrigation purpose under normal conditions. Under normal situations, irrigated area of cultivated land is the sum of watered fields and irrigated fields where irrigation systems or equipment have been installed for regular irrigation purpose. It is an important indicator to reflect the farmland water conservancy construction in China.

Consumption of Chemical Fertilizers in Agriculture refers to the quantity of chemical fertilizers applied in agriculture in the year, including nitrogenous fertilizer, phosphate fertilizer, potash fertilizer, and compound fertilizer. The consumption of chemical fertilizers is calculated in terms of volume of effective components by means of converting the gross weight of the respective fertilizers into weight containing effective component (e.g. nitrogen content in nitrogenous fertilizer, phosphorous pentoxide contents in phosphate fertilizer, and potassium oxide contents in potash fertilizer). Compound fertilizer is converted in regard to its major components. The formula is:

Volume of effective component= physical quantity× effective component of certain chemical fertilizer (%)

Total Power of Agricultural Machinery refers to the total rated capacity of all agricultural machinery. Agricultural machinery refers to the machineries and equipments which are used for activities of planting, animal husbandry, fishery, primary processing of agricultural products, agricultural transport and infrastructure construction of farmland. Total power of agricultural machinery is grouped into four parts according to the energy used:

Diesel engine power refers to the total rated capacity of all diesel engines.

Gasoline engine power refers to the total rated capacity of all gasoline engines.

Motor power refers to the total rated capacity of all motors (include submersible pump motors).

Other mechanical powers refer to the total mechanical capacity of the sources of energy besides diesel, gasoline and motor power, such as hydro power, wind power, coal and solar energy.

Data are mainly from agricultural machinery agencies.

13 工 业

Industry

资料整理人员：孙　靖　　吕　燕　　凌　骞　　陈　思
王梓权　　栗子林

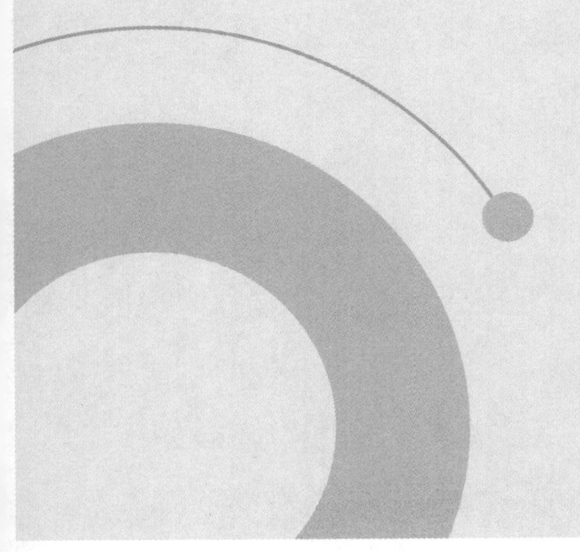

13-1 规模以上工业企业基本情况
Basic Conditions of Industrial Enterprises above Designated Size

单位：亿元 (100 million yuan)

年份 Year	工业增加值增速 (%) The Speed of Value Added of Industry (%)	营业收入 Revenue of Bussiness	利润总额 Total Profits
1978		124.40	14.15
1979		137.89	17.29
1980		159.74	19.02
1981		167.95	17.70
1982		183.52	19.92
1983		198.22	21.85
1984		219.47	23.37
1985		271.98	26.23
1986		313.30	27.32
1987		382.17	30.48
1988		481.22	36.01
1989		527.17	29.24
1990		540.02	9.33
1991		632.96	10.27
1992		782.16	18.91
1993		1102.25	19.91
1994		1120.34	15.93
1995		1340.79	4.77
1996		1487.09	10.90
1997		1520.14	-1.22
1998		1212.79	3.18
1999		1366.59	16.21
2000		1563.26	34.48
2001	13.8	1699.15	51.42
2002	16.1	1980.04	69.02
2003	20.7	2604.98	111.25
2004	24.1	3544.38	154.77

13-1 续表 Continued

单位：亿元 (100 million yuan)

年份 Year	工业增加值增速（%） The Speed of Value Added of Industry (%)	营业收入 Revenue of Bussiness	利润总额 Total Profits
2005	20.6	4585.31	189.25
2006	20.1	5968.67	272.69
2007	24.3	8348.97	488.24
2008	18.4	11285.44	663.56
2009	20.5	13077.27	758.48
2010	23.4	18669.79	1451.45
2011	20.1	25726.21	1832.99
2012	14.6	27823.31	1790.96
2013	11.6	31854.65	2047.87
2014	9.6	33489.44	1688.30
2015	7.8	35410.45	1808.70
2016	6.9	38314.28	1953.67
2017	7.3	38934.23	2093.98
2018	7.4	35086.89	2014.60
2019	8.3	37919.60	2227.27
2020	4.8	38914.75	2559.92
2021	8.4	43408.68	2618.32

注：1. 规模以上工业企业的统计范围：1998 年至 2006 年为全部国有和年主营业务收入 500 万元及以上的非国有工业法人单位；2007 年至 2010 年为年主营业务收入 500 万元及以上的工业法人单位；从 2011 年开始，为年主营业务收入 2000 万元及以上的工业法人单位。

2. 规模以上工业企业"主营业务收入"指标 2018 年调整为"营业收入"指标。

3. 2017 年以来全国规模以上工业企业主要经济指标数据与上年数据之间存在不可比因素，其主要原因是：（1）根据统计制度，每年定期对规模以上工业企业调查范围进行调整。每年有部分企业达到规模标准纳入调查范围，也有部分企业因规模变小而退出调查范围，还有新建投产企业、破产、注（吊）销企业等变化。（2）加强统计执法，对统计执法检查中发现的不符合规模以上工业统计要求的企业进行了清理，对相关基数依规进行了修正。（3）加强数据质量管理，剔除跨地区、跨行业重复统计数据。

a. The scopes of industrial enterprises above designated size were: all State-owned industrial enterprises and the non-State-owned industrial enterprises with revenue from principal business over 5 million yuan from 1998 to 2006; all industrial enterprises with revenue from principal business over 5 million yuan from 2007 to 2010; and all industrial enterprises with revenue from principal business above 20 million yuan since 2011.

b. Indicators of revenue from principal business for industrial enterprises above designated size change into business revenue in 2018.

c. Since 2017, data of main indicators of industrial enterprises above designated size nationwide are not comparable with previous years, the reasons are as following: (1) According to the statistical system, the investigation scope of industrial enterprises above designated size should be adjusted regularly every year. Every year, some enterprises meet the scale criteria to be included in the scope of investigation, some enterprises withdraw from the scope of investigation because of the smaller scale, and there are other changes: new enterprises, bankruptcy, annotation (cancellation) enterprises, etc. (2) Strengthening of statistical law enforcement, cleaning up enterprises found in the inspection of statistical law enforcement that do not meet the standard of industrial statistics above designated size, and amending the relevant cardinality in accordance with regulations. (3) Strengthening data quality management and eliminating duplicated statistical data across regions and across industries.

13-2 规模以上工业企业主要经济指标(2021年)

Major Economic Indicators of Industrial Enterprises above Designated Size (2021)

单位：亿元 (100 million yuan)

指 标	Item	企业单位数(个) Number of Enterprises (unit)	亏损企业 Loss-making Enterprises	资产总计 Total Assets	流动资产合计 Circulating Funds
总计	**Total**	**19301**	**1365**	**34562.87**	**16439.26**
按登记注册类型:	**Grouped by Registration**				
内资企业	Internal-invested Enterprises	18826	1291	30570.94	14852.91
国有企业	State-owned Enterprises	154	25	3264.97	1186.54
中央企业	Central Enterprises	34	1	2900.12	1052.65
地方企业	Local Enterprises	120	24	364.85	133.89
集体企业	Collective-owned Enterprises	59	3	46.04	11.36
股份合作企业	Enterprises Cooperated by Joint-stock	5		3.14	0.77
联营企业	Cooperative Enterprises	6	2	12.66	2.29
有限责任公司	Limited Liability Company	1822	274	8931.70	4168.88
股份有限公司	Company Limited by Shares	218	32	5128.79	3439.82
私营企业	Individual-owned Enterprises	16559	955	13161.50	6024.06
其他企业	Enterprises of Other Types of Ownership	3		22.15	19.19
港、澳、台商投资企业	Enterprises Funded by Entrepreneurs From Hong Kong,Macao and Taiwan	266	38	2604.81	898.03
外商投资企业	Enterprises Funded by Foreigners	209	36	1387.11	688.32
按经济组织类型:	**Grouped by Ownership**				
独资企业	Enterprises Owned by a Sole Investor	961	73	4395.51	1681.41
合作、合伙企业	Enterprises of Partnership	316	9	243.13	82.69
股份有限公司	Company Limited by Shares	731	82	7763.17	4777.52
有限责任公司	Limited Liability Company	17293	1201	22161.06	9897.64
按企业规模分:	**Grouped by Size of Enterprises**				
大型企业	Large Enterprises	185	14	14279.28	7604.68
中型企业	Medium-sized Enterprises	1497	116	7511.23	3433.43
小型企业	Small Enterprises	14863	978	11463.20	4923.04
微型企业	Miniature Enterprise	2756	257	1309.15	478.11
国有控股企业	**State Controlling Share Hold Enterprises**	**862**	**140**	**14113.38**	**6797.30**

13-2 续表 1 Continued

单位：亿元 (100 million yuan)

指 标	Item	应收账款 Net Value of Account Received	存货 Stock	产成品 Finished Products	固定资产原价 Original Price of Fixed Assets	累计折旧 Accumulated Depreciation
总计	**Total**	**4800.47**	**3429.85**	**1189.31**	**18945.90**	**8216.45**
按登记注册类型：	**Grouped by Registration**					
内资企业	Internal-invested Enterprises	4290.05	3206.15	1085.88	16404.39	7058.78
国有企业	State-owned Enterprises	88.75	432.05	20.15	3308.64	1692.90
中央企业	Central Enterprises	70.37	412.66	16.55	3014.84	1534.73
地方企业	Local Enterprises	18.38	19.39	3.60	293.80	158.18
集体企业	Collective-owned Enterprises	2.46	1.93	0.92	24.21	9.32
股份合作企业	Enterprises Cooperated by Joint-stock	0.16	0.32	0.06	3.94	2.80
联营企业	Cooperative Enterprises	1.40	0.13	0.06	3.06	0.45
有限责任公司	Limited Liability Company	1334.87	849.44	275.38	5007.83	2073.34
股份有限公司	Company Limited by Shares	1065.54	403.53	126.47	1258.80	584.53
私营企业	Individual-owned Enterprises	1781.27	1516.62	662.83	6795.04	2694.90
其他企业	Enterprises of Other Types of Ownership	15.62	2.13	0.01	2.87	0.56
港、澳、台商投资企业	Enterprises Funded by Entrepreneurs From Hong Kong,Macao and Taiwan	308.80	109.32	48.56	1637.51	687.56
外商投资企业	Enterprises Funded by Foreigners	201.63	114.37	54.87	904.01	470.10
按经济组织类型：	**Grouped by Ownership**					
独资企业	Enterprises Owned by a Sole Investor	265.99	529.46	62.18	3946.69	1980.29
合作、合伙企业	Enterprises of Partnership	34.37	14.93	8.57	120.71	51.64
股份有限公司	Company Limited by Shares	1429.27	652.06	239.06	1931.39	859.72
有限责任公司	Limited Liability Company	3070.84	2233.39	879.50	12947.11	5324.80
按企业规模分：	**Grouped by Size of Enterprises**					
大型企业	Large Enterprises	2194.15	1466.50	329.82	7499.27	3545.31
中型企业	Medium-sized Enterprises	944.00	776.34	312.66	4088.15	1956.86
小型企业	Small Enterprises	1494.73	1108.51	506.45	6643.42	2619.76
微型企业	Miniature Enterprise	167.59	78.49	40.39	715.06	94.53
国有控股企业	**State Controlling Share Hold Enterprises**	**1682.23**	**1348.42**	**287.15**	**9117.14**	**4179.66**

13-2 续表 2 Continued

单位：亿元 (100 million yuan)

指 标	Item	负债合计 Total Liability	流动负债合计 Total Circulating Liability	应付账款 Account Payable	所有者权益合计 Total Rights of Owners
总计	**Total**	**17511.63**	**13130.92**	**4028.10**	**17041.81**
按登记注册类型:	**Grouped by Registration**				
内资企业	Internal-invested Enterprises	15726.86	11995.07	3663.59	14837.28
国有企业	State-owned Enterprises	1737.31	1269.10	347.97	1527.65
中央企业	Central Enterprises	1509.86	1130.25	304.76	1390.27
地方企业	Local Enterprises	227.46	138.86	43.21	137.39
集体企业	Collective-owned Enterprises	14.67	9.78	2.18	31.37
股份合作企业	Enterprises Cooperated by Joint-stock	0.86	0.56	0.01	2.28
联营企业	Cooperative Enterprises	8.52	5.52	1.90	4.14
有限责任公司	Limited Liability Company	5219.14	3963.71	1239.96	3707.54
股份有限公司	Company Limited by Shares	3034.35	2562.48	727.94	2094.44
私营企业	Individual-owned Enterprises	5701.77	4173.70	1334.92	7457.93
其他企业	Enterprises of Other Types of Ownership	10.22	10.22	8.69	11.93
港、澳、台商投资企业	Enterprises Funded by Entrepreneurs From Hong Kong,Macao and Taiwan	1161.71	604.11	242.79	1443.10
外商投资企业	Enterprises Funded by Foreigners	623.06	531.73	121.72	761.43
按经济组织类型:	**Grouped by Ownership**				
独资企业	Enterprises Owned by a Sole Investor	2177.58	1583.40	485.91	2215.31
合作、合伙企业	Enterprises of Partnership	77.40	54.92	31.49	165.73
股份有限公司	Company Limited by Shares	4036.57	3331.95	977.54	3726.58
有限责任公司	Limited Liability Company	11220.08	8160.66	2533.16	10934.19
按企业规模分:	**Grouped by Size of Enterprises**				
大型企业	Large Enterprises	8070.90	6548.17	2057.47	6208.58
中型企业	Medium-sized Enterprises	3611.53	2711.27	813.18	3899.70
小型企业	Small Enterprises	5137.06	3605.72	1083.57	6326.14
微型企业	Miniature Enterprise	692.13	265.77	73.88	607.39
国有控股企业	**State Controlling Share Hold Enterprises**	**8358.55**	**6340.36**	**1704.75**	**5754.82**

13-2 续表 3 Continued

单位：亿元 (100 million yuan)

指 标	Item	实收资本 Paid-in Capital	国家资本 National Assets	集体资本 Collective Assets	法人资本 Corporate Assets
总计	**Total**	**8013.72**	**1259.68**	**118.94**	**4041.06**
按登记注册类型：	**Grouped by Registration**				
内资企业	Internal-invested Enterprises	7053.08	1097.28	108.22	3686.89
国有企业	State-owned Enterprises	663.68	171.90	1.02	478.02
中央企业	Central Enterprises	549.55	82.92	0.11	454.79
地方企业	Local Enterprises	114.14	88.97	0.91	23.23
集体企业	Collective-owned Enterprises	16.55	0.53	1.67	4.78
股份合作企业	Enterprises Cooperated by Joint-stock	0.53			0.34
联营企业	Cooperative Enterprises	2.68	0.05		2.48
有限责任公司	Limited Liability Company	2151.30	657.36	44.54	1303.68
股份有限公司	Company Limited by Shares	630.03	239.14	13.86	208.30
私营企业	Individual-owned Enterprises	3584.69	28.31	47.13	1685.68
其他企业	Enterprises of Other Types of Ownership	3.60			3.60
港、澳、台商投资企业	Enterprises Funded by Entrepreneurs From Hong Kong,Macao and Taiwan	590.32	90.89	7.90	247.94
外商投资企业	Enterprises Funded by Foreigners	370.33	71.51	2.81	106.22
按经济组织类型：	**Grouped by Ownership**				
独资企业	Enterprises Owned by a Sole Investor	1017.82	193.90	3.03	581.65
合作、合伙企业	Enterprises of Partnership	116.76	0.40	2.72	40.72
股份有限公司	Company Limited by Shares	1018.25	241.88	26.11	346.82
有限责任公司	Limited Liability Company	5860.89	823.50	87.07	3071.86
按企业规模分：	**Grouped by Size of Enterprises**				
大型企业	Large Enterprises	2465.46	620.49	8.27	1362.04
中型企业	Medium-sized Enterprises	2145.42	317.26	25.14	972.80
小型企业	Small Enterprises	3205.58	291.71	77.35	1601.62
微型企业	Miniature Enterprise	197.26	30.22	8.18	104.59
国有控股企业	**State Controlling Share Hold Enterprises**	**2697.71**	**1111.10**	**26.58**	**1342.14**

13-2 续表 4 Continued

单位：亿元 (100 million yuan)

指 标	Item	实收资本 Paid-in Capital 个人资本 Individual Assets	港澳台资本 Assets from Hongkong, Maco and Taiwan Funded Enterprises	外商资本 Total Rights of Owners Foreign Assets
总计	**Total**	**2164.22**	**220.24**	**196.80**
按登记注册类型:	**Grouped by Registration**			
内资企业	Internal-invested Enterprises	2114.94	24.30	8.67
国有企业	State-owned Enterprises	0.76		0.42
中央企业	Central Enterprises	0.04		0.13
地方企业	Local Enterprises	0.73		0.29
集体企业	Collective-owned Enterprises	9.57		
股份合作企业	Enterprises Cooperated by Joint-stock	0.19		
联营企业	Cooperative Enterprises	0.15		
有限责任公司	Limited Liability Company	141.53	0.20	3.24
股份有限公司	Company Limited by Shares	143.27	21.52	3.94
私营企业	Individual-owned Enterprises	1819.46	2.58	1.06
其他企业	Enterprises of Other Types of Ownership			
港、澳、台商投资企业	Enterprises Funded by Entrepreneurs From Hong Kong,Macao and Taiwan	38.66	192.34	12.58
外商投资企业	Enterprises Funded by Foreigners	10.63	3.60	175.55
按经济组织类型:	**Grouped by Ownership**			
独资企业	Enterprises Owned by a Sole Investor	94.47	60.17	73.04
合作、合伙企业	Enterprises of Partnership	69.45	0.34	3.12
股份有限公司	Company Limited by Shares	339.09	56.51	7.64
有限责任公司	Limited Liability Company	1661.20	103.23	113.00
按企业规模分:	**Grouped by Size of Enterprises**			
大型企业	Large Enterprises	207.97	161.29	94.77
中型企业	Medium-sized Enterprises	733.65	26.11	69.59
小型企业	Small Enterprises	1170.33	31.81	31.86
微型企业	Miniature Enterprise	52.27	1.04	0.59
国有控股企业	**State Controlling Share Hold Enterprises**	**106.03**	**56.47**	**43.77**

13−2 续表 5 Continued

单位：亿元 (100 million yuan)

指 标	Item	营业收入 Revenue of Business	营业成本 Cost of Business	营业税金及附加 Tax and Surcharge of Business	销售费用 Operation Expenses	管理费用 Manage-ment Expense
总计	**Total**	**43408.68**	**34855.40**	**1094.17**	**1248.01**	**1774.04**
按登记注册类型：	**Grouped by Registration**					
内资企业	Internal-invested Enterprises	40461.08	32458.67	1066.43	1173.05	1664.07
国有企业	State-owned Enterprises	2669.60	1760.97	624.04	19.57	110.43
中央企业	Central Enterprises	2450.85	1579.45	622.23	13.74	96.42
地方企业	Local Enterprises	218.75	181.51	1.81	5.83	14.01
集体企业	Collective-owned Enterprises	82.71	71.45	0.96	2.38	3.37
股份合作企业	Enterprises Cooperated by Joint-stock	13.08	10.33	0.11	0.58	1.34
联营企业	Cooperative Enterprises	6.15	4.40	0.02	0.04	0.18
有限责任公司	Limited Liability Company	8582.30	7168.61	72.37	164.57	295.63
股份有限公司	Company Limited by Shares	2608.75	2046.36	106.33	112.33	85.08
私营企业	Individual-owned Enterprises	26404.71	21307.76	262.36	873.49	1167.95
其他企业	Enterprises of Other Types of Ownership	93.78	88.79	0.23	0.09	0.09
港、澳、台商投资企业	Enterprises Funded by Entrepreneurs From Hong Kong,Macao and Taiwan	1373.17	1075.71	12.84	36.58	59.02
外商投资企业	Enterprises Funded by Foreigners	1574.43	1321.02	14.90	38.37	50.95
按经济组织类型：	**Grouped by Ownership**					
独资企业	Enterprises Owned by a Sole Investor	4354.31	3129.97	644.97	78.95	173.90
合作、合伙企业	Enterprises of Partnership	501.16	413.61	7.50	17.41	21.27
股份有限公司	Company Limited by Shares	4429.79	3399.11	119.43	226.52	173.92
有限责任公司	Limited Liability Company	34123.42	27912.71	322.26	925.13	1404.96
按企业规模分：	**Grouped by Size of Enterprises**					
大型企业	Large Enterprises	11401.15	8901.76	765.93	269.55	355.74
中型企业	Medium-sized Enterprises	9270.19	7333.52	103.41	320.83	425.76
小型企业	Small Enterprises	21718.53	17767.94	216.72	629.55	950.30
微型企业	Miniature Enterprise	1018.82	852.18	8.11	28.08	42.25
国有控股企业	**State Controlling Share Hold Enterprises**	**9995.63**	**7840.97**	**767.76**	**171.01**	**356.70**

13-2 续表 6 Continued

单位：亿元 (100 million yuan)

指 标	Item	研发费用 Research and Development Costs	财务费用 Financial Expense	利息费用 Interest Charges	利息收入 Interest Income
总计	**Total**	**1274.93**	**343.55**	**219.23**	**41.26**
按登记注册类型:	**Grouped by Registration**				
内资企业	Internal-invested Enterprises	1187.06	301.02	177.68	36.69
国有企业	State-owned Enterprises	15.53	10.51	5.79	8.46
中央企业	Central Enterprises	10.72	6.64	3.59	8.42
地方企业	Local Enterprises	4.81	3.86	2.20	0.04
集体企业	Collective-owned Enterprises	1.01	0.58	0.15	
股份合作企业	Enterprises Cooperated by Joint-stock	0.37	0.04	0.04	
联营企业	Cooperative Enterprises	0.18	0.30	0.15	
有限责任公司	Limited Liability Company	276.43	69.81	59.25	11.05
股份有限公司	Company Limited by Shares	88.14	10.81	23.46	12.04
私营企业	Individual-owned Enterprises	805.33	208.97	88.83	5.15
其他企业	Enterprises of Other Types of Ownership	0.07	-0.01		-0.01
港、澳、台商投资企业	Enterprises Funded by Entrepreneurs From Hong Kong,Macao and Taiwan	43.75	27.94	26.67	1.70
外商投资企业	Enterprises Funded by Foreigners	44.12	14.59	14.88	2.87
按经济组织类型:	**Grouped by Ownership**				
独资企业	Enterprises Owned by a Sole Investor	57.99	20.82	9.87	8.21
合作、合伙企业	Enterprises of Partnership	5.51	4.10	0.91	-0.02
股份有限公司	Company Limited by Shares	166.42	28.19	37.22	13.43
有限责任公司	Limited Liability Company	1045.01	290.43	171.23	19.64
按企业规模分:	**Grouped by Size of Enterprises**				
大型企业	Large Enterprises	320.86	53.51	69.06	31.38
中型企业	Medium-sized Enterprises	284.79	97.28	54.55	4.74
小型企业	Small Enterprises	645.64	178.43	89.96	4.88
微型企业	Miniature Enterprise	23.64	14.33	5.65	0.26
国有控股企业	**State Controlling Share Hold Enterprises**	**248.56**	**93.65**	**100.75**	**28.53**

13-2　续表 7　Continued

单位：亿元　　(100 million yuan)

指　标	Item	营业利润 Operating Profit	投资收益 Income from Investment	营业外收入 Non-operating Income	利润总额 Total Profit
总计	**Total**	**2682.42**	**73.29**	**93.53**	**2618.32**
按登记注册类型:	**Grouped by Registration**				
内资企业	Internal-invested Enterprises	2513.21	62.70	86.77	2450.00
国有企业	State-owned Enterprises	120.66	3.30	11.10	121.79
中央企业	Central Enterprises	113.34	1.10	9.31	113.45
地方企业	Local Enterprises	7.32	2.20	1.78	8.34
集体企业	Collective-owned Enterprises	3.10	0.16	0.04	3.01
股份合作企业	Enterprises Cooperated by Joint-stock	0.30			0.30
联营企业	Cooperative Enterprises	1.05		0.01	1.05
有限责任公司	Limited Liability Company	526.92	23.52	20.57	525.18
股份有限公司	Company Limited by Shares	187.27	36.37	7.90	186.54
私营企业	Individual-owned Enterprises	1669.06	-0.67	47.16	1607.27
其他企业	Enterprises of Other Types of Ownership	4.85	0.01		4.85
港、澳、台商投资企业	Enterprises Funded by Entrepreneurs From Hong Kong,Macao and Taiwan	110.80	4.11	2.79	111.01
外商投资企业	Enterprises Funded by Foreigners	58.42	6.48	3.97	57.30
按经济组织类型:	**Grouped by Ownership**				
独资企业	Enterprises Owned by a Sole Investor	239.61	3.47	14.55	239.78
合作、合伙企业	Enterprises of Partnership	30.64	0.02	0.25	30.78
股份有限公司	Company Limited by Shares	354.32	50.49	13.20	350.50
有限责任公司	Limited Liability Company	2057.86	19.31	65.52	1997.24
按企业规模分:	**Grouped by Size of Enterprises**				
大型企业	Large Enterprises	659.12	50.58	25.07	659.87
中型企业	Medium-sized Enterprises	685.70	6.03	18.25	654.19
小型企业	Small Enterprises	1290.38	16.60	46.90	1255.57
微型企业	Miniature Enterprise	47.22	0.07	3.31	48.68
国有控股企业	**State Controlling Share Hold Enterprises**	**539.54**	**40.63**	**31.65**	**543.89**

13-2 续表 8 Continued

单位：亿元 (100 million yuan)

指 标	Item	亏损企业亏损总额 Total Loss of Enterprises Running under Deficit	本年应付职工薪酬 Total Sum of Wages Payable this Year	平均用工人数（万人） Annual Average Employees (10 000 persons)	百元固定资产原价实现利润（元） Profits per 100 Yuan of Original Value of Fix Assets (yuan)
总计	**Total**	**215.02**	**3499.12**	**317.02**	**13.82**
按登记注册类型：	**Grouped by Registration**				
内资企业	Internal-invested Enterprises	160.28	3167.02	288.41	14.94
国有企业	State-owned Enterprises	2.22	225.27	11.76	3.68
中央企业	Central Enterprises	0.34	197.37	9.14	3.76
地方企业	Local Enterprises	1.87	27.90	2.62	2.84
集体企业	Collective-owned Enterprises	0.19	11.89	1.30	12.43
股份合作企业	Enterprises Cooperated by Joint-stock		1.70	0.09	7.61
联营企业	Cooperative Enterprises	0.07	0.55	0.08	34.31
有限责任公司	Limited Liability Company	62.69	619.05	45.61	10.49
股份有限公司	Company Limited by Shares	45.24	200.72	12.39	14.82
私营企业	Individual-owned Enterprises	49.88	2105.52	216.90	23.65
其他企业	Enterprises of Other Types of Ownership		2.31	0.29	168.99
港、澳、台商投资企业	Enterprises Funded by Entrepreneurs From Hong Kong,Macao and Taiwan	14.28	207.88	20.27	6.78
外商投资企业	Enterprises Funded by Foreigners	40.47	124.22	8.34	6.34
按经济组织类型：	**Grouped by Ownership**				
独资企业	Enterprises Owned by a Sole Investor	6.69	403.37	30.20	6.08
合作、合伙企业	Enterprises of Partnership	3.85	45.27	5.60	25.50
股份有限公司	Company Limited by Shares	57.90	414.86	33.37	18.15
有限责任公司	Limited Liability Company	146.59	2635.62	247.86	15.43
按企业规模分：	**Grouped by Size of Enterprises**				
大型企业	Large Enterprises	60.85	1024.34	66.92	8.80
中型企业	Medium-sized Enterprises	82.49	911.16	85.98	16.00
小型企业	Small Enterprises	63.12	1535.74	152.40	18.90
微型企业	Miniature Enterprise	8.57	27.86	11.72	6.81
国有控股企业	**State Controlling Share Hold Enterprises**	**109.54**	**738.15**	**43.30**	**5.97**

13-2 续表 9 Continued

单位：% (%)

指 标	Item	营业收入利润率 Operating Profit Margin	资产负债率 Assets-Liability Ratio	总资产贡献率 Ratio of Total Assets to Industrial Output Vale	成本费用利润率 Rate of Cost Profits
总计	**Total**	**6.03**	**50.67**	**13.56**	**6.63**
按登记注册类型：	**Grouped by Registration**				
内资企业	Internal-invested Enterprises	6.06	51.44	14.38	6.66
国有企业	State-owned Enterprises	4.56	53.21	26.70	6.35
中央企业	Central Enterprises	4.63	52.06	29.57	6.65
地方企业	Local Enterprises	3.81	62.34	3.84	3.97
集体企业	Collective-owned Enterprises	3.64	31.86	11.95	3.82
股份合作企业	Enterprises Cooperated by Joint-stock	2.30	27.46	19.53	2.37
联营企业	Cooperative Enterprises	17.11	67.33	10.02	20.63
有限责任公司	Limited Liability Company	6.12	58.43	8.89	6.59
股份有限公司	Company Limited by Shares	7.15	59.16	7.08	7.96
私营企业	Individual-owned Enterprises	6.09	43.32	17.89	6.60
其他企业	Enterprises of Other Types of Ownership	5.18	46.15	28.36	5.45
港、澳、台商投资企业	Enterprises Funded by Entrepreneurs From Hong Kong,Macao and Taiwan	8.08	44.60	7.07	8.93
外商投资企业	Enterprises Funded by Foreigners	3.64	44.92	7.75	3.90
按经济组织类型：	**Grouped by Ownership**				
独资企业	Enterprises Owned by a Sole Investor	5.51	49.54	23.68	6.93
合作、合伙企业	Enterprises of Partnership	6.14	31.84	19.94	6.66
股份有限公司	Company Limited by Shares	7.91	52.00	7.68	8.78
有限责任公司	Limited Liability Company	5.85	50.63	13.55	6.32
按企业规模分：	**Grouped by Size of Enterprises**				
大型企业	Large Enterprises	5.79	56.52	12.19	6.66
中型企业	Medium-sized Enterprises	7.06	48.08	13.09	7.73
小型企业	Small Enterprises	5.78	44.81	16.49	6.22
微型企业	Miniature Enterprise	4.78	52.87	5.71	5.07
国有控股企业	**State Controlling Share Hold Enterprises**	**5.44**	**59.22**	**11.71**	**6.24**

13-3 规模以上工业企业行业大类主要经济指标(2021年)
Main Economic indicators of Industrial Enterprises above Designated Size by Industrial Sector (2021)

单位：亿元 (100 million yuan)

指 标	Item	企业单位数（个）Number of Enterprises (unit)	亏损企业 Loss-making Enterprises	资产总计 Total Assets	流动资产合计 Cir-culating Funds
按行业划分：	**Grouped by Sector**	**19301**	**1365**	**34562.87**	**16439.26**
煤炭开采和洗选业	Mining and Washing of Coal	122	13	175.93	51.21
石油和天然气开采业	Petroleum and Natural Gas Extraction				
黑色金属矿采选业	Mining of Ferrous Metal Ores	28	3	39.39	13.97
有色金属矿采选业	Mining of Non-ferrous Metal Ores	106	10	247.97	54.89
非金属矿采选业	Mining and Processing of Nonmetal Ores	334	16	247.07	96.13
开采专业及辅助性活动	Professional and Support Activities for Mining				
其他采矿业	Other Mining and Dressing				
农副食品加工业	Processing of Food from Agricultural Products	1779	71	1443.51	633.49
食品制造业	Manufacture of Foods	585	40	683.32	361.25
酒、饮料和精制茶制造业	Manufacture of Liquor, Beverage and Refined Tea	587	16	477.30	230.93
烟草制品业	Manufacture of Tobacco	7		958.17	746.37
纺织业	Manufacture of Textile	285	33	345.05	158.59
纺织服装、服饰业	Manufacture of Textile Wearing and Clothing Apparel	334	18	235.72	68.71
皮革、毛皮、羽毛及其制品和制鞋业	Leather, Fur, Feather and Its Products and Footwear	731	32	222.95	93.07
木材加工和木、竹、藤、棕、草制品业	Processing of Timbers, Manufacture of Wood, Bamboo, Rattan, Palm and Straw Products	462	8	186.61	65.61
家具制造业	Manufacture of Furniture	250	9	99.78	35.29
造纸和纸制品业	Manufacture of Paper and Paper Products	270	19	445.83	222.47
印刷和记录媒介复制业	Printing,Reproduction of Recording Media	285	16	196.85	89.76
文教、工美、体育和娱乐用品制造业	Manufacture of Articles for Culture, Education and Sport Activity	369	22	169.80	85.84
石油、煤炭及其他燃料加工业	Processing of Petroleum, Coal and Other Fuels	106	6	345.95	105.57
化学原料和化学制品制造业	Manufacture of Chemical Raw Material and Chemical Products	1449	82	1414.12	564.60
医药制造业	Manufacture of Medicines	436	43	821.07	376.57
化学纤维制造业	Manufacture of Chemical Fiber	20	1	64.65	20.30
橡胶和塑料制品业	Manufacture of Rubber and Plastic	569	33	337.91	158.27
非金属矿物制品业	Manufacture of Non-metallic Mineral Products	2862	151	2701.27	1017.07
黑色金属冶炼和压延加工业	Manufacture and Processing of Ferrous Metals	131	8	997.15	421.68
有色金属冶炼和压延加工业	Manufacture and Processing of Non-ferrous Metals	427	42	1268.51	628.29
金属制品业	Manufacture of Metal Products	1172	90	928.87	432.06
通用设备制造业	Manufacture of General Purpose Machinery	1086	99	3326.34	2575.56
专用设备制造业	Manufacture of Special Purpose Machinery	961	99	2152.92	1276.49
汽车制造业	Automobile Industry	420	92	1753.17	1019.11
铁路、船舶、航空航天和其他运输设备制造业	Manufacture of Railway,Marine,Aerospace and Other Transport Equipment	215	32	1417.40	890.71
电气机械和器材制造业	Manufacture of Electrical Machinery and Equipment	901	59	1713.70	1039.06
计算机、通信和其他电子设备制造业	Manufacture of Communication Equipment, Computer and Other Electronic Equipment	919	87	3326.37	1831.90
仪器仪表制造业	Manufacture of Measuring Instrument	168	17	225.98	143.57
其他制造业	Other Manufacture	102	4	76.41	27.37
废弃资源综合利用业	Utilization of Waste Resources	184	9	179.69	80.81
金属制品、机械和设备修理业	Mental Products,Machine and Equipment Repair	7		8.59	4.50
电力、热力生产和供应业	Production and Supply of Electric Power and Heat Power	389	43	4362.24	577.97
燃气生产和供应业	Production and Distribution of Gas	70	10	206.86	62.06
水的生产和供应业	Production and Distribution of Water	173	27	758.43	178.11

13-3 续表 1 Continued

单位：亿元 (100 million yuan)

指 标	Item	应收账款 Value of Account Received	存货 Stock	产成品 Finished Products	固定资产原 价 Original Price of Fixed Assets	累计折旧 Accumu-lated Dep-reciation
按行业划分：	**Grouped by Sector**	**4800.47**	**3429.85**	**1189.31**	**18945.90**	**8216.45**
煤炭开采和洗选业	Mining and Washing of Coal	6.28	4.08	2.48	104.49	30.94
石油和天然气开采业	Petroleum and Natural Gas Extraction					
黑色金属矿采选业	Mining of Ferrous Metal Ores	1.72	1.92	1.05	17.33	5.38
有色金属矿采选业	Mining of Non-ferrous Metal Ores	6.87	12.17	6.10	185.71	67.39
非金属矿采选业	Mining and Processing of Nonmetal Ores	26.25	10.44	6.55	148.33	49.01
开采专业及辅助性活动	Professional and Support Activities for Mining					
其他采矿业	Other Mining and Dressing					
农副食品加工业	Processing of Food from Agricultural Products	101.99	182.48	76.06	816.94	343.14
食品制造业	Manufacture of Foods	38.36	101.96	23.96	399.10	188.36
酒、饮料和精制茶制造业	Manufacture of Liquor, Beverage and Refined Tea	34.13	79.16	34.09	281.42	117.20
烟草制品业	Manufacture of Tobacco	18.11	357.38	7.03	270.67	162.69
纺织业	Manufacture of Textile	38.21	53.71	31.84	215.21	75.51
纺织服装、服饰业	Manufacture of Textile Wearing and Clothing Apparel	16.51	19.21	11.34	93.40	33.10
皮革、毛皮、羽毛及其制品和制鞋业	Leather, Fur, Feather and Its Products and Footwear	33.57	27.91	13.14	138.72	39.82
木材加工和木、竹、藤、棕、草制品业	Processing of Timbers, Manufacture of Wood, Bamboo, Rattan, Palm and Straw Products	16.50	17.81	9.83	148.26	60.89
家具制造业	Manufacture of Furniture	9.84	10.33	5.74	56.61	16.80
造纸和纸制品业	Manufacture of Paper and Paper Products	39.42	75.99	11.72	256.71	123.84
印刷和记录媒介复制业	Printing,Reproduction of Recording Media	27.11	20.85	7.66	127.58	54.84
文教、工美、体育和娱乐用品制造业	Manufacture of Articles for Culture, Education and Sport Activity	24.79	30.48	15.36	82.21	24.66
石油、煤炭及其他燃料加工业	Processing of Petroleum, Coal and Other Fuels	12.95	40.51	13.39	408.56	230.09
化学原料和化学制品制造业	Manufacture of Chemical Raw Material and Chemical Products	140.96	127.90	70.56	738.80	295.05
医药制造业	Manufacture of Medicines	77.44	85.74	42.34	342.50	125.99
化学纤维制造业	Manufacture of Chemical Fiber	1.90	8.37	2.22	53.23	20.30
橡胶和塑料制品业	Manufacture of Rubber and Plastic	49.68	41.86	21.31	185.82	63.78
非金属矿物制品业	Manufacture of Non-metallic Mineral Products	392.77	190.97	93.11	1482.71	619.50
黑色金属冶炼和压延加工业	Manufacture and Processing of Ferrous Metals	57.94	102.78	32.02	918.13	530.49
有色金属冶炼和压延加工业	Manufacture and Processing of Non-ferrous Metals	96.98	233.74	58.16	699.28	376.44
金属制品业	Manufacture of Metal Products	128.03	116.54	47.19	530.71	234.81
通用设备制造业	Manufacture of General Purpose Machinery	927.48	242.39	105.37	503.14	227.17
专用设备制造业	Manufacture of Special Purpose Machinery	452.70	257.01	97.35	637.36	218.52
汽车制造业	Automobile Industry	478.03	142.06	63.91	739.81	316.28
铁路、船舶、航空航天和其他运输设备制造业	Manufacture of Railway,Marine,Aerospace and Other Transport Equipment	280.00	195.42	46.63	408.25	156.94
电气机械和器材制造业	Manufacture of Electrical Machinery and Equipment	371.63	217.20	95.08	612.80	273.43
计算机、通信和其他电子设备制造业	Manufacture of Communication Equipment, Computer and Other Electronic Equipment	616.27	302.32	104.29	1014.18	361.00
仪器仪表制造业	Manufacture of Measuring Instrument	47.78	24.75	8.60	65.37	22.84
其他制造业	Other Manufacture	7.72	8.94	3.90	42.12	16.33
废弃资源综合利用业	Utilization of Waste Resources	27.07	21.85	9.64	92.38	29.48
金属制品、机械和设备修理业	Mental Products,Machine and Equipment Repair	1.39	0.56	0.07	3.41	1.70
电力、热力生产和供应业	Production and Supply of Electric Power and Heat Power	153.42	52.46	6.05	5503.33	2499.75
燃气生产和供应业	Production and Distribution of Gas	7.31	5.34	2.62	154.62	44.25
水的生产和供应业	Production and Distribution of Water	31.37	5.25	1.59	466.71	158.74

13-3 续表 2 Continued

单位：亿元 (100 million yuan)

指 标	Item	负债合计 Total Liability	流动负债合计 Total Circulating Liability	应付账款 Account Payable	所有者权益合计 Total Rights of Owners
按行业划分：	**Grouped by Sector**	**17511.63**	**13130.92**	**4028.10**	**17041.81**
煤炭开采和洗选业	Mining and Washing of Coal	102.23	77.67	5.53	73.70
石油和天然气开采业	Petroleum and Natural Gas Extraction				
黑色金属矿采选业	Mining of Ferrous Metal Ores	21.58	14.11	3.00	17.82
有色金属矿采选业	Mining of Non-ferrous Metal Ores	115.29	83.21	9.68	132.47
非金属矿采选业	Mining and Processing of Nonmetal Ores	88.63	49.15	12.56	158.45
开采专业及辅助性活动	Professional and Support Activities for Mining				
其他采矿业	Other Mining and Dressing				
农副食品加工业	Processing of Food from Agricultural Products	580.63	406.12	91.69	862.80
食品制造业	Manufacture of Foods	349.71	274.58	39.83	333.61
酒、饮料和精制茶制造业	Manufacture of Liquor, Beverage and Refined Tea	193.69	138.94	31.46	280.99
烟草制品业	Manufacture of Tobacco	141.46	138.94	46.74	816.72
纺织业	Manufacture of Textile	181.42	136.18	33.63	163.63
纺织服装、服饰业	Manufacture of Textile Wearing and Clothing Apparel	56.73	33.51	9.83	178.99
皮革、毛皮、羽毛及其制品和制鞋业	Leather, Fur, Feather and Its Products and Footwear	84.52	44.69	20.47	138.43
木材加工和木、竹、藤、棕、草制品业	Processing of Timbers, Manufacture of Wood, Bamboo, Rattan, Palm and Straw Products	59.74	38.25	8.26	126.83
家具制造业	Manufacture of Furniture	35.69	22.32	7.89	64.09
造纸和纸制品业	Manufacture of Paper and Paper Products	242.91	162.08	44.97	202.93
印刷和记录媒介复制业	Printing,Reproduction of Recording Media	76.07	58.17	22.54	120.78
文教、工美、体育和娱乐用品制造业	Manufacture of Articles for Culture, Education and Sport Activity	68.37	49.84	25.85	101.43
石油、煤炭及其他燃料加工业	Processing of Petroleum, Coal and Other Fuels	193.32	155.51	38.26	152.63
化学原料和化学制品制造业	Manufacture of Chemical Raw Material and Chemical Products	502.63	373.14	98.66	910.37
医药制造业	Manufacture of Medicines	278.31	225.10	48.12	542.76
化学纤维制造业	Manufacture of Chemical Fiber	56.54	36.81	3.43	8.11
橡胶和塑料制品业	Manufacture of Rubber and Plastic	136.39	103.73	33.96	201.52
非金属矿物制品业	Manufacture of Non-metallic Mineral Products	1104.39	844.80	280.26	1596.48
黑色金属冶炼和压延加工业	Manufacture and Processing of Ferrous Metals	503.82	479.97	101.37	493.33
有色金属冶炼和压延加工业	Manufacture and Processing of Non-ferrous Metals	737.94	461.34	112.17	530.57
金属制品业	Manufacture of Metal Products	443.91	335.17	92.64	484.96
通用设备制造业	Manufacture of General Purpose Machinery	2184.89	1976.43	537.20	1141.22
专用设备制造业	Manufacture of Special Purpose Machinery	1088.26	903.18	346.59	1064.63
汽车制造业	Automobile Industry	1333.17	1189.96	432.39	420.00
铁路、船舶、航空航天和其他运输设备制造业	Manufacture of Railway,Marine,Aerospace and Other Transport Equipment	758.82	650.57	302.48	658.77
电气机械和器材制造业	Manufacture of Electrical Machinery and Equipment	983.36	805.94	292.86	730.33
计算机、通信和其他电子设备制造业	Manufacture of Communication Equipment, Computer and Other Electronic Equipment	1266.52	992.01	492.37	2055.09
仪器仪表制造业	Manufacture of Measuring Instrument	94.51	79.00	29.48	131.33
其他制造业	Other Manufacture	25.75	19.62	7.70	50.66
废弃资源综合利用业	Utilization of Waste Resources	78.42	56.20	14.25	101.26
金属制品、机械和设备修理业	Mental Products,Machine and Equipment Repair	5.94	5.67	0.62	2.65
电力、热力生产和供应业	Production and Supply of Electric Power and Heat Power	2745.14	1365.11	290.50	1617.10
燃气生产和供应业	Production and Distribution of Gas	134.02	115.56	21.17	72.84
水的生产和供应业	Production and Distribution of Water	456.90	228.36	37.70	301.53

13-3 续表 3 Continued

单位：亿元 (100 million yuan)

指 标	Item	实收资本 Paid-in Capital	国家资本 National Assets	集体资本 Collective Assets	法人资本 Corporate Assets
按行业划分：	**Grouped by Sector**	**8013.72**	**1259.68**	**118.94**	**4041.06**
煤炭开采和洗选业	Mining and Washing of Coal	46.12	15.03	0.54	17.44
石油和天然气开采业	Petroleum and Natural Gas Extraction				
黑色金属矿采选业	Mining of Ferrous Metal Ores	6.39			2.59
有色金属矿采选业	Mining of Non-ferrous Metal Ores	101.00	26.05	0.37	26.91
非金属矿采选业	Mining and Processing of Nonmetal Ores	62.48	3.84	5.35	26.16
开采专业及辅助性活动	Professional and Support Activities for Mining				
其他采矿业	Other Mining and Dressing				
农副食品加工业	Processing of Food from Agricultural Products	360.09	8.85	12.52	209.42
食品制造业	Manufacture of Foods	149.12	9.21	5.29	71.77
酒、饮料和精制茶制造业	Manufacture of Liquor, Beverage and Refined Tea	116.14	19.46	3.43	52.74
烟草制品业	Manufacture of Tobacco	75.26	46.85		28.41
纺织业	Manufacture of Textile	80.25	6.10	0.58	38.47
纺织服装、服饰业	Manufacture of Textile Wearing and Clothing Apparel	134.14	0.49	0.26	40.82
皮革、毛皮、羽毛及其制品和制鞋业	Leather, Fur, Feather and Its Products and Footwear	56.57	0.11	0.18	36.34
木材加工和木、竹、藤、棕、草制品业	Processing of Timbers, Manufacture of Wood, Bamboo, Rattan, Palm and Straw Products	54.77	0.02	0.27	22.32
家具制造业	Manufacture of Furniture	30.98		0.10	15.97
造纸和纸制品业	Manufacture of Paper and Paper Products	113.71	41.66	0.49	36.49
印刷和记录媒介复制业	Printing,Reproduction of Recording Media	42.90	0.42	0.49	22.14
文教、工美、体育和娱乐用品制造业	Manufacture of Articles for Culture, Education and Sport Activity	47.42	0.04	0.13	28.38
石油、煤炭及其他燃料加工业	Processing of Petroleum, Coal and Other Fuels	136.59	82.26	0.61	45.69
化学原料和化学制品制造业	Manufacture of Chemical Raw Material and Chemical Products	461.77	50.37	7.17	185.10
医药制造业	Manufacture of Medicines	184.30	6.62	1.91	81.75
化学纤维制造业	Manufacture of Chemical Fiber	26.61	16.82		9.12
橡胶和塑料制品业	Manufacture of Rubber and Plastic	109.90	1.83	1.67	51.56
非金属矿物制品业	Manufacture of Non-metallic Mineral Products	962.07	48.00	21.98	373.41
黑色金属冶炼和压延加工业	Manufacture and Processing of Ferrous Metals	248.32	103.81	0.16	136.30
有色金属冶炼和压延加工业	Manufacture and Processing of Non-ferrous Metals	342.07	69.59	0.95	189.62
金属制品业	Manufacture of Metal Products	223.75	7.65	2.60	139.28
通用设备制造业	Manufacture of General Purpose Machinery	348.64	22.24	3.54	141.07
专用设备制造业	Manufacture of Special Purpose Machinery	308.12	17.71	2.84	167.47
汽车制造业	Automobile Industry	369.52	82.06	2.18	152.04
铁路、船舶、航空航天和其他运输设备制造业	Manufacture of Railway,Marine,Aerospace and Other Transport Equipment	301.01	84.27	3.19	181.26
电气机械和器材制造业	Manufacture of Electrical Machinery and Equipment	391.03	86.80	6.59	187.99
计算机、通信和其他电子设备制造业	Manufacture of Communication Equipment, Computer and Other Electronic Equipment	855.01	72.97	12.21	548.16
仪器仪表制造业	Manufacture of Measuring Instrument	44.13	3.97	0.45	23.56
其他制造业	Other Manufacture	24.85	0.11	0.13	10.81
废弃资源综合利用业	Utilization of Waste Resources	48.27	2.99	1.05	24.89
金属制品、机械和设备修理业	Mental Products,Machine and Equipment Repair	1.43		0.37	0.06
电力、热力生产和供应业	Production and Supply of Electric Power and Heat Power	979.51	272.66	18.12	620.45
燃气生产和供应业	Production and Distribution of Gas	26.77	4.12	1.08	14.34
水的生产和供应业	Production and Distribution of Water	142.73	44.69	0.15	80.74

13-3 续表 4 Continued

单位：亿元 (100 million yuan)

指 标	Item	实收资本 Paid-in Capital		
		个人资本 Individual Assets	港澳台资本 Assets from Hongkong, Maco and Taiwan Funded Enterprises	外商资本 Total Rights of Owners Foreign Assets
按行业划分：	**Grouped by Sector**	**2164.22**	**220.24**	**196.80**
煤炭开采和洗选业	Mining and Washing of Coal	13.11		
石油和天然气开采业	Petroleum and Natural Gas Extraction			
黑色金属矿采选业	Mining of Ferrous Metal Ores	3.79		
有色金属矿采选业	Mining of Non-ferrous Metal Ores	45.43		2.23
非金属矿采选业	Mining and Processing of Nonmetal Ores	26.70	0.42	
开采专业及辅助性活动	Professional and Support Activities for Mining			
其他采矿业	Other Mining and Dressing			
农副食品加工业	Processing of Food from Agricultural Products	121.99	3.06	3.55
食品制造业	Manufacture of Foods	51.46	2.31	9.08
酒、饮料和精制茶制造业	Manufacture of Liquor, Beverage and Refined Tea	31.96	2.17	6.37
烟草制品业	Manufacture of Tobacco			
纺织业	Manufacture of Textile	33.88	1.23	
纺织服装、服饰业	Manufacture of Textile Wearing and Clothing Apparel	92.01	0.27	0.28
皮革、毛皮、羽毛及其制品和制鞋业	Leather, Fur, Feather and Its Products and Footwear	12.35	3.67	3.92
木材加工和木、竹、藤、棕、草制品业	Processing of Timbers, Manufacture of Wood, Bamboo, Rattan, Palm and Straw Products	32.06	0.04	0.06
家具制造业	Manufacture of Furniture	14.74	0.03	
造纸和纸制品业	Manufacture of Paper and Paper Products	34.23	0.85	
印刷和记录媒介复制业	Printing,Reproduction of Recording Media	16.89	2.16	0.81
文教、工美、体育和娱乐用品制造业	Manufacture of Articles for Culture, Education and Sport Activity	17.69	0.75	0.43
石油、煤炭及其他燃料加工业	Processing of Petroleum, Coal and Other Fuels	8.03		
化学原料和化学制品制造业	Manufacture of Chemical Raw Material and Chemical Products	208.55	5.75	4.83
医药制造业	Manufacture of Medicines	93.04	0.82	0.16
化学纤维制造业	Manufacture of Chemical Fiber	0.66		0.01
橡胶和塑料制品业	Manufacture of Rubber and Plastic	31.70	3.33	19.82
非金属矿物制品业	Manufacture of Non-metallic Mineral Products	514.67	3.29	0.72
黑色金属冶炼和压延加工业	Manufacture and Processing of Ferrous Metals	8.04		
有色金属冶炼和压延加工业	Manufacture and Processing of Non-ferrous Metals	81.87		0.04
金属制品业	Manufacture of Metal Products	73.46	0.73	0.03
通用设备制造业	Manufacture of General Purpose Machinery	156.37	16.99	8.37
专用设备制造业	Manufacture of Special Purpose Machinery	116.20	1.03	2.66
汽车制造业	Automobile Industry	21.96	3.25	97.38
铁路、船舶、航空航天和其他运输设备制造业	Manufacture of Railway,Marine,Aerospace and Other Transport Equipment	25.41		5.97
电气机械和器材制造业	Manufacture of Electrical Machinery and Equipment	104.43	4.27	0.96
计算机、通信和其他电子设备制造业	Manufacture of Communication Equipment, Computer and Other Electronic Equipment	91.01	120.40	10.26
仪器仪表制造业	Manufacture of Measuring Instrument	16.06	0.03	0.05
其他制造业	Other Manufacture	13.74	0.06	
废弃资源综合利用业	Utilization of Waste Resources	18.52	0.36	0.46
金属制品、机械和设备修理业	Mental Products,Machine and Equipment Repair	1.00		
电力、热力生产和供应业	Production and Supply of Electric Power and Heat Power	19.06	36.31	12.91
燃气生产和供应业	Production and Distribution of Gas	2.01	1.79	3.32
水的生产和供应业	Production and Distribution of Water	10.14	4.88	2.13

13-3 续表 5 Continued

单位：亿元 (100 million yuan)

指 标	Item	营业收入 Revenue of Business	营业成本 Cost of Business	营业税金及附加 Tax and Surcharge of Business	销售费用 Operation Expenses	管理费用 Management Expense
按行业划分：	**Grouped by Sector**	**43408.68**	**34855.40**	**1094.17**	**1248.01**	**1774.04**
煤炭开采和洗选业	Mining and Washing of Coal	85.23	64.01	1.92	2.00	6.51
石油和天然气开采业	Petroleum and Natural Gas Extraction					
黑色金属矿采选业	Mining of Ferrous Metal Ores	26.72	20.02	0.49	0.60	2.55
有色金属矿采选业	Mining of Non-ferrous Metal Ores	248.43	184.74	7.49	7.05	20.47
非金属矿采选业	Mining and Processing of Nonmetal Ores	421.82	309.01	8.53	15.00	37.31
开采专业及辅助性活动	Professional and Support Activities for Mining					
其他采矿业	Other Mining and Dressing					
农副食品加工业	Processing of Food from Agricultural Products	3531.63	2985.68	23.45	98.96	155.48
食品制造业	Manufacture of Foods	1528.28	1267.42	10.21	71.21	65.23
酒、饮料和精制茶制造业	Manufacture of Liquor, Beverage and Refined Tea	783.02	586.65	15.55	47.27	41.01
烟草制品业	Manufacture of Tobacco	1027.33	242.84	601.06	11.90	59.47
纺织业	Manufacture of Textile	623.80	532.73	4.26	19.91	23.52
纺织服装、服饰业	Manufacture of Textile Wearing and Clothing Apparel	391.98	311.19	3.28	16.29	21.27
皮革、毛皮、羽毛及其制品和制鞋业	Leather, Fur, Feather and Its Products and Footwear	768.53	647.14	4.64	17.93	27.19
木材加工和木、竹、藤、棕、草制品业	Processing of Timbers, Manufacture of Wood, Bamboo, Rattan, Palm and Straw Products	722.37	599.43	6.07	20.04	27.61
家具制造业	Manufacture of Furniture	296.90	236.68	3.18	9.12	12.79
造纸和纸制品业	Manufacture of Paper and Paper Products	563.81	451.09	6.65	17.96	32.22
印刷和记录媒介复制业	Printing,Reproduction of Recording Media	449.03	357.81	3.87	10.75	22.41
文教、工美、体育和娱乐用品制造业	Manufacture of Articles for Culture, Education and Sport Activity	523.24	426.91	3.91	11.54	21.82
石油、煤炭及其他燃料加工业	Processing of Petroleum, Coal and Other Fuels	813.57	644.29	107.59	4.32	26.57
化学原料和化学制品制造业	Manufacture of Chemical Raw Material and Chemical Products	2557.03	2036.95	41.32	83.98	111.66
医药制造业	Manufacture of Medicines	1055.28	695.51	12.32	125.43	75.78
化学纤维制造业	Manufacture of Chemical Fiber	74.03	63.14	0.41	1.32	1.33
橡胶和塑料制品业	Manufacture of Rubber and Plastic	884.44	726.25	9.37	22.74	40.92
非金属矿物制品业	Manufacture of Non-metallic Mineral Products	3813.37	2980.22	49.54	152.39	192.94
黑色金属冶炼和压延加工业	Manufacture and Processing of Ferrous Metals	2123.49	1886.52	8.96	6.94	35.82
有色金属冶炼和压延加工业	Manufacture and Processing of Non-ferrous Metals	2523.28	2173.15	20.31	24.35	52.04
金属制品业	Manufacture of Metal Products	1866.69	1506.40	18.96	52.31	81.50
通用设备制造业	Manufacture of General Purpose Machinery	2714.25	2272.41	16.42	79.49	88.38
专用设备制造业	Manufacture of Special Purpose Machinery	2251.92	1728.35	16.97	97.04	81.45
汽车制造业	Automobile Industry	1700.05	1470.34	16.33	32.24	60.41
铁路、船舶、航空航天和其他运输设备制造业	Manufacture of Railway,Marine,Aerospace and Other Transport Equipment	975.98	789.25	4.28	20.92	55.23
电气机械和器材制造业	Manufacture of Electrical Machinery and Equipment	2007.55	1676.50	12.78	57.44	74.54
计算机、通信和其他电子设备制造业	Manufacture of Communication Equipment, Computer and Other Electronic Equipment	2892.85	2275.43	24.88	70.06	112.66
仪器仪表制造业	Manufacture of Measuring Instrument	215.44	152.77	2.51	9.40	12.77
其他制造业	Other Manufacture	231.58	194.14	1.12	3.93	7.34
废弃资源综合利用业	Utilization of Waste Resources	407.83	346.31	9.45	5.79	10.32
金属制品、机械和设备修理业	Mental Products,Machine and Equipment Repair	9.94	8.38	0.07	0.13	0.45
电力、热力生产和供应业	Production and Supply of Electric Power and Heat Power	1873.40	1672.35	12.35	4.30	48.15
燃气生产和供应业	Production and Distribution of Gas	208.26	176.24	0.92	7.44	8.53
水的生产和供应业	Production and Distribution of Water	216.32	157.15	2.72	8.52	18.41

13-3 续表 6 Continued

单位：亿元 (100 million yuan)

指 标	Item	研发费用 Research and Development Costs	财务费用 Financial Expense	利息费用 Interest Charges	利息收入 Interest Expense
按行业划分：	**Grouped by Sector**	**1274.93**	**343.55**	**219.23**	**41.26**
煤炭开采和洗选业	Mining and Washing of Coal	1.44	1.95	1.59	0.02
石油和天然气开采业	Petroleum and Natural Gas Extraction				
黑色金属矿采选业	Mining of Ferrous Metal Ores	0.70	0.44	0.37	0.01
有色金属矿采选业	Mining of Non-ferrous Metal Ores	6.56	3.26	1.83	0.08
非金属矿采选业	Mining and Processing of Nonmetal Ores	9.89	3.19	1.74	0.02
开采专业及辅助性活动	Professional and Support Activities for Mining				
其他采矿业	Other Mining and Dressing				
农副食品加工业	Processing of Food from Agricultural Products	90.32	24.40	10.73	0.38
食品制造业	Manufacture of Foods	38.93	10.06	4.62	-0.2
酒、饮料和精制茶制造业	Manufacture of Liquor, Beverage and Refined Tea	22.04	5.55	2.32	0.59
烟草制品业	Manufacture of Tobacco	3.37	-7.24	0.07	6.98
纺织业	Manufacture of Textile	15.03	6.55	3.11	0.34
纺织服装、服饰业	Manufacture of Textile Wearing and Clothing Apparel	10.80	3.27	0.91	0.03
皮革、毛皮、羽毛及其制品和制鞋业	Leather, Fur, Feather and Its Products and Footwear	19.39	3.32	0.98	0.37
木材加工和木、竹、藤、棕、草制品业	Processing of Timbers, Manufacture of Wood, Bamboo,Rattan, Palm and Straw Products	19.54	4.11	1.25	0.03
家具制造业	Manufacture of Furniture	8.24	2.08	0.68	0.04
造纸和纸制品业	Manufacture of Paper and Paper Products	15.15	7.45	5.42	1.77
印刷和记录媒介复制业	Printing,Reproduction of Recording Media	10.50	2.65	1.20	0.09
文教、工美、体育和娱乐用品制造业	Manufacture of Articles for Culture, Education and Sport Activity	14.98	4.10	1.23	0.19
石油、煤炭及其他燃料加工业	Processing of Petroleum, Coal and Other Fuels	5.60	2.26	2.48	0.84
化学原料和化学制品制造业	Manufacture of Chemical Raw Material and Chemical Products	73.80	18.77	8.64	1.1
医药制造业	Manufacture of Medicines	43.72	12.89	3.56	1.56
化学纤维制造业	Manufacture of Chemical Fiber	2.48	1.77	0.26	0.06
橡胶和塑料制品业	Manufacture of Rubber and Plastic	28.40	4.43	1.93	-0.04
非金属矿物制品业	Manufacture of Non-metallic Mineral Products	106.48	41.99	19.37	0.55
黑色金属冶炼和压延加工业	Manufacture and Processing of Ferrous Metals	73.67	1.00	2.53	4.75
有色金属冶炼和压延加工业	Manufacture and Processing of Non-ferrous Metals	68.38	17.75	9.91	0.39
金属制品业	Manufacture of Metal Products	62.64	12.39	6.26	0.43
通用设备制造业	Manufacture of General Purpose Machinery	91.56	6.97	13.80	8.51
专用设备制造业	Manufacture of Special Purpose Machinery	96.14	15.82	13.03	1.59
汽车制造业	Automobile Industry	45.36	8.57	7.79	2.95
铁路、船舶、航空航天和其他运输设备制造业	Manufacture of Railway,Marine,Aerospace and Other Transport Equipment	45.44	4.20	4.35	1.84
电气机械和器材制造业	Manufacture of Electrical Machinery and Equipment	68.37	13.43	9.35	0.75
计算机、通信和其他电子设备制造业	Manufacture of Communication Equipment, Computer and Other Electronic Equipment	127.38	14.41	10.26	3.43
仪器仪表制造业	Manufacture of Measuring Instrument	11.72	1.69	1.18	0.12
其他制造业	Other Manufacture	6.42	1.10	0.41	0.03
废弃资源综合利用业	Utilization of Waste Resources	8.21	4.25	2.28	-0.01
金属制品、机械和设备修理业	Mental Products,Machine and Equipment Repair	0.17		0.01	
电力、热力生产和供应业	Production and Supply of Electric Power and Heat Power	14.62	75.48	55.19	0.81
燃气生产和供应业	Production and Distribution of Gas	2.97	1.55	1.23	0.17
水的生产和供应业	Production and Distribution of Water	4.49	7.69	7.34	0.71

13-3 续表 7 Continued

单位：亿元 (100 million yuan)

指 标	Item	营业利润 Operating Profit	投资收益 Income from Investment	营业外收入 Non-operating Income	利润总额 Total Profit
按行业划分：	**Grouped by Sector**	**2682.42**	**73.29**	**93.53**	**2618.32**
煤炭开采和洗选业	Mining and Washing of Coal	5.84	-0.09	0.04	5.52
石油和天然气开采业	Petroleum and Natural Gas Extraction				
黑色金属矿采选业	Mining of Ferrous Metal Ores	1.77		0.02	1.77
有色金属矿采选业	Mining of Non-ferrous Metal Ores	13.00	0.33	0.56	12.77
非金属矿采选业	Mining and Processing of Nonmetal Ores	38.21	0.01	0.10	38.00
开采专业及辅助性活动	Professional and Support Activities for Mining				
其他采矿业	Other Mining and Dressing				
农副食品加工业	Processing of Food from Agricultural Products	156.20	5.96	4.34	145.95
食品制造业	Manufacture of Foods	66.95	2.27	3.42	65.58
酒、饮料和精制茶制造业	Manufacture of Liquor, Beverage and Refined Tea	68.44	3.60	2.07	65.47
烟草制品业	Manufacture of Tobacco	101.92	-1.36	0.66	99.77
纺织业	Manufacture of Textile	22.86	0.92	1.13	22.45
纺织服装、服饰业	Manufacture of Textile Wearing and Clothing Apparel	25.82	0.03	0.42	24.61
皮革、毛皮、羽毛及其制品和制鞋业	Leather, Fur, Feather and Its Products and Footwear	49.95	0.13	0.51	49.40
木材加工和木、竹、藤、棕、草制品业	Processing of Timbers, Manufacture of Wood, Bamboo, Rattan, Palm and Straw Products	39.80	0.08	0.37	37.91
家具制造业	Manufacture of Furniture	23.38		0.13	19.74
造纸和纸制品业	Manufacture of Paper and Paper Products	32.88	0.89	1.06	33.36
印刷和记录媒介复制业	Printing,Reproduction of Recording Media	40.11	0.23	0.79	38.65
文教、工美、体育和娱乐用品制造业	Manufacture of Articles for Culture, Education and Sport Activity	29.84	-6.95	1.82	29.28
石油、煤炭及其他燃料加工业	Processing of Petroleum, Coal and Other Fuels	25.39	1.69	0.62	24.03
化学原料和化学制品制造业	Manufacture of Chemical Raw Material and Chemical Products	195.74	6.54	3.68	187.05
医药制造业	Manufacture of Medicines	93.02	7.08	1.64	93.03
化学纤维制造业	Manufacture of Chemical Fiber	3.60	0.04	0.06	3.65
橡胶和塑料制品业	Manufacture of Rubber and Plastic	49.69	0.10	1.95	46.66
非金属矿物制品业	Manufacture of Non-metallic Mineral Products	285.25	1.97	10.69	283.89
黑色金属冶炼和压延加工业	Manufacture and Processing of Ferrous Metals	113.37	1.73	0.75	112.67
有色金属冶炼和压延加工业	Manufacture and Processing of Non-ferrous Metals	157.17	0.26	5.73	149.24
金属制品业	Manufacture of Metal Products	132.32	0.33	3.74	133.18
通用设备制造业	Manufacture of General Purpose Machinery	177.32	23.38	5.08	168.09
专用设备制造业	Manufacture of Special Purpose Machinery	181.19	3.83	7.35	179.32
汽车制造业	Automobile Industry	5.45	3.12	3.07	6.16
铁路、船舶、航空航天和其他运输设备制造业	Manufacture of Railway,Marine,Aerospace and Other Transport Equipment	61.21	6.45	4.55	63.21
电气机械和器材制造业	Manufacture of Electrical Machinery and Equipment	102.26	4.58	4.09	98.66
计算机、通信和其他电子设备制造业	Manufacture of Communication Equipment, Computer and Other Electronic Equipment	221.16	-10.64	5.30	210.34
仪器仪表制造业	Manufacture of Measuring Instrument	28.87	1.93	0.87	28.89
其他制造业	Other Manufacture	17.65	0.08	0.20	17.23
废弃资源综合利用业	Utilization of Waste Resources	24.10	1.17	3.12	26.46
金属制品、机械和设备修理业	Mental Products,Machine and Equipment Repair	0.86	0.12	0.03	0.83
电力、热力生产和供应业	Production and Supply of Electric Power and Heat Power	57.99	10.90	10.76	62.27
燃气生产和供应业	Production and Distribution of Gas	11.02	0.05	0.60	11.22
水的生产和供应业	Production and Distribution of Water	20.83	2.54	2.20	21.99

13-3 续表 8 Continued

单位：亿元 (100 million yuan)

指 标	Item	亏损企业亏损总额 Total Loss of Enterprises Running under Deficit	本年应付职工薪酬 Total Sum of Wages Payable this Year	平均用工人数（万人） Annual Average Employees (10 000 persons)	百元固定资产原价实现利润（元） Profits per 100 Yuan of Original Value of Fix Assets (yuan)
按行业划分：	**Grouped by Sector**	**215.02**	**3499.12**	**317.02**	**13.82**
煤炭开采和洗选业	Mining and Washing of Coal	2.15	20.56	2.80	5.28
石油和天然气开采业	Petroleum and Natural Gas Extraction				
黑色金属矿采选业	Mining of Ferrous Metal Ores	0.05	2.48	0.31	10.21
有色金属矿采选业	Mining of Non-ferrous Metal Ores	4.84	24.12	2.83	6.88
非金属矿采选业	Mining and Processing of Nonmetal Ores	0.46	25.52	3.10	25.62
开采专业及辅助性活动	Professional and Support Activities for Mining				
其他采矿业	Other Mining and Dressing				
农副食品加工业	Processing of Food from Agricultural Products	6.74	201.30	22.33	17.87
食品制造业	Manufacture of Foods	6.63	198.16	15.00	16.43
酒、饮料和精制茶制造业	Manufacture of Liquor, Beverage and Refined Tea	1.62	55.69	6.55	23.26
烟草制品业	Manufacture of Tobacco		64.64	1.17	36.86
纺织业	Manufacture of Textile	1.96	52.72	5.45	10.43
纺织服装、服饰业	Manufacture of Textile Wearing and Clothing Apparel	0.80	44.96	6.06	26.35
皮革、毛皮、羽毛及其制品和制鞋业	Leather, Fur, Feather and Its Products and Footwear	0.87	97.98	11.17	35.61
木材加工和木、竹、藤、棕、草制品业	Processing of Timbers, Manufacture of Wood, Bamboo, Rattan, Palm and Straw Products	0.58	65.25	6.13	25.57
家具制造业	Manufacture of Furniture	0.05	23.31	2.63	34.87
造纸和纸制品业	Manufacture of Paper and Paper Products	0.48	38.77	4.06	13.00
印刷和记录媒介复制业	Printing,Reproduction of Recording Media	0.18	34.89	3.94	30.29
文教、工美、体育和娱乐用品制造业	Manufacture of Articles for Culture, Education and Sport Activity	0.30	49.85	5.08	35.62
石油、煤炭及其他燃料加工业	Processing of Petroleum, Coal and Other Fuels	0.47	35.04	1.82	5.88
化学原料和化学制品制造业	Manufacture of Chemical Raw Material and Chemical Products	4.49	239.00	24.11	25.32
医药制造业	Manufacture of Medicines	7.60	101.70	8.21	27.16
化学纤维制造业	Manufacture of Chemical Fiber	0.01	4.96	0.45	6.86
橡胶和塑料制品业	Manufacture of Rubber and Plastic	0.80	63.87	5.89	25.11
非金属矿物制品业	Manufacture of Non-metallic Mineral Products	6.11	307.99	35.51	19.15
黑色金属冶炼和压延加工业	Manufacture and Processing of Ferrous Metals	0.45	66.61	3.99	12.27
有色金属冶炼和压延加工业	Manufacture and Processing of Non-ferrous Metals	3.97	182.99	10.87	21.34
金属制品业	Manufacture of Metal Products	3.66	128.10	12.97	25.09
通用设备制造业	Manufacture of General Purpose Machinery	2.95	182.06	14.80	33.41
专用设备制造业	Manufacture of Special Purpose Machinery	14.43	193.58	14.07	28.13
汽车制造业	Automobile Industry	63.68	119.17	9.79	0.83
铁路、船舶、航空航天和其他运输设备制造业	Manufacture of Railway,Marine,Aerospace and Other Transport Equipment	2.81	121.79	7.03	15.48
电气机械和器材制造业	Manufacture of Electrical Machinery and Equipment	7.15	155.38	14.18	16.10
计算机、通信和其他电子设备制造业	Manufacture of Communication Equipment, Computer and Other Electronic Equipment	13.35	313.88	32.04	20.74
仪器仪表制造业	Manufacture of Measuring Instrument	1.12	21.87	1.84	44.19
其他制造业	Other Manufacture	0.13	24.81	4.29	40.91
废弃资源综合利用业	Utilization of Waste Resources	1.76	10.88	1.34	28.64
金属制品、机械和设备修理业	Mental Products,Machine and Equipment Repair		2.64	0.25	24.34
电力、热力生产和供应业	Production and Supply of Electric Power and Heat Power	48.21	175.17	11.24	1.13
燃气生产和供应业	Production and Distribution of Gas	1.82	9.77	0.83	7.26
水的生产和供应业	Production and Distribution of Water	2.36	35.64	2.90	4.71

13-3 续表 9 Continued

单位：% (%)

指 标	Item	营业收入利润率 Output Tax of Current Year	资产负债率 Assets -liability	总资产贡献率 Ratio of Per-tax Profits to Total Capital	成本费用利润率 Rate of Cost Profit
按行业划分：	**Grouped by Sector**	**6.03**	**50.67**	**13.56**	**6.63**
煤炭开采和洗选业	Mining and Washing of Coal	6.48	58.11	7.70	7.28
石油和天然气开采业	Petroleum and Natural Gas Extraction				
黑色金属矿采选业	Mining of Ferrous Metal Ores	6.62	54.77	9.45	7.27
有色金属矿采选业	Mining of Non-ferrous Metal Ores	5.14	46.49	11.96	5.75
非金属矿采选业	Mining and Processing of Nonmetal Ores	9.01	35.87	22.95	10.15
开采专业及辅助性活动	Professional and Support Activities for Mining				
其他采矿业	Other Mining and Dressing				
农副食品加工业	Processing of Food from Agricultural Products	4.13	40.22	15.15	4.35
食品制造业	Manufacture of Foods	4.29	51.18	14.41	4.51
酒、饮料和精制茶制造业	Manufacture of Liquor, Beverage and Refined Tea	8.36	40.58	20.12	9.32
烟草制品业	Manufacture of Tobacco	9.71	14.76	83.34	32.15
纺织业	Manufacture of Textile	3.60	52.58	10.10	3.76
纺织服装、服饰业	Manufacture of Textile Wearing and Clothing Apparel	6.28	24.07	14.28	6.78
皮革、毛皮、羽毛及其制品和制鞋业	Leather, Fur, Feather and Its Products and Footwear	6.43	37.91	28.19	6.91
木材加工和木、竹、藤、棕、草制品业	Processing of Timbers, Manufacture of Wood, Bamboo, Rattan, Palm and Straw Products	5.25	32.01	28.07	5.65
家具制造业	Manufacture of Furniture	6.65	35.77	29.51	7.34
造纸和纸制品业	Manufacture of Paper and Paper Products	5.92	54.48	12.18	6.37
印刷和记录媒介复制业	Printing,Reproduction of Recording Media	8.61	38.64	25.33	9.56
文教、工美、体育和娱乐用品制造业	Manufacture of Articles for Culture, Education and Sport Activity	5.60	40.26	24.86	6.11
石油、煤炭及其他燃料加工业	Processing of Petroleum, Coal and Other Fuels	2.95	55.88	44.27	3.52
化学原料和化学制品制造业	Manufacture of Chemical Raw Material and Chemical Products	7.32	35.54	20.10	8.04
医药制造业	Manufacture of Medicines	8.82	33.90	17.10	9.76
化学纤维制造业	Manufacture of Chemical Fiber	4.94	87.45	7.13	5.22
橡胶和塑料制品业	Manufacture of Rubber and Plastic	5.28	40.36	20.61	5.67
非金属矿物制品业	Manufacture of Non-metallic Mineral Products	7.44	40.88	15.67	8.17
黑色金属冶炼和压延加工业	Manufacture and Processing of Ferrous Metals	5.31	50.53	14.60	5.62
有色金属冶炼和压延加工业	Manufacture and Processing of Non-ferrous Metals	5.91	58.17	16.78	6.39
金属制品业	Manufacture of Metal Products	7.13	47.79	20.04	7.76
通用设备制造业	Manufacture of General Purpose Machinery	6.19	65.68	6.90	6.62
专用设备制造业	Manufacture of Special Purpose Machinery	7.96	50.55	11.81	8.88
汽车制造业	Automobile Industry	0.36	76.04	2.75	0.38
铁路、船舶、航空航天和其他运输设备制造业	Manufacture of Railway,Marine,Aerospace and Other Transport Equipment	6.48	53.54	5.97	6.91
电气机械和器材制造业	Manufacture of Electrical Machinery and Equipment	4.91	57.38	8.51	5.22
计算机、通信和其他电子设备制造业	Manufacture of Communication Equipment, Computer and Other Electronic Equipment	7.27	38.08	8.70	8.09
仪器仪表制造业	Manufacture of Measuring Instrument	13.41	41.82	16.58	15.34
其他制造业	Other Manufacture	7.44	33.70	27.05	8.09
废弃资源综合利用业	Utilization of Waste Resources	6.49	43.64	31.07	7.06
金属制品、机械和设备修理业	Mental Products,Machine and Equipment Repair	8.33	69.13	16.63	9.06
电力、热力生产和供应业	Production and Supply of Electric Power and Heat Power	3.32	62.93	3.99	3.43
燃气生产和供应业	Production and Distribution of Gas	5.39	64.79	8.00	5.70
水的生产和供应业	Production and Distribution of Water	10.16	60.24	4.72	11.20

13-4 规模以上国有控股工业企业主要经济指标（2021年）
Major Economic Indications of State-owned Share Holding Industrial Enterprises above Designated Size (2021)

单位：个 (unit)

指 标	Item	企业单位数 Number of Enterprises	亏损企业 Loss-making Enterprises
总计	**Total**	**862**	**140**
在总计中：	Of the Total		
亏损企业	Enterprises Running under Deficit	140	140
在总计中：	Of the Total		
中央企业	Central Enterprises	203	24
地方企业	Local Enterprises	659	116
在总计中：	Of the Total		
大型企业	Large Scale Enterprises	65	8
中型企业	Medium Scale Enterprises	191	28
小型企业	Small Enterprises	510	91
微型企业	Microenterprise	96	13
按行业分	Grouped by Sector		
煤炭开采和洗选业	Mining and Washing of Coal	15	1
石油和天然气开采业	Petroleum and Natural Gas Extraction		
黑色金属矿采选业	Mining of Ferrous Metal Ores	1	
有色金属矿采选业	Mining of Non-ferrous Metal Ores	18	4
非金属矿采选业	Mining and Processing of Nonmetal Ores	10	1
开采专业及辅助性活动	Professional and Support Activities for Mining		
其他采矿业	Other Mining and Dressing		
农副食品加工业	Processing of Food from Agricultural Products	41	3
食品制造业	Manufacture of Foods	18	7
酒、饮料和精制茶制造业	Manufacture of Liquor, Beverage and Refined Tea	11	3
烟草制品业	Manufacture of Tobacco	7	
纺织业	Manufacture of Textile	5	2
纺织服装、服饰业	Manufacture of Textile Wearing and Clothing Apparel	4	
皮革、毛皮、羽毛及其制品和制鞋业	Leather, Fur, Feather and Its Products and Footwear	2	
木材加工和木、竹、藤、棕、草制品业	Processing of Timbers, Manufacture of Wood, Bamboo, Rattan, Palm and Straw Products	2	
家具制造业	Manufacture of Furniture		
造纸和纸制品业	Manufacture of Paper and Paper Products	7	2
印刷和记录媒介复制业	Printing, Reproduction of Recording Media	6	
文教、工美、体育和娱乐用品制造业	Manufacture of Articles for Culture,Education and Sport Activity	3	
石油、煤炭及其他燃料加工业	Processing of Petroleum, Coal and Other Fuels	7	1
化学原料和化学制品制造业	Manufacture of Chemical Raw Material and Chemical Products	32	6
医药制造业	Manufacture of Medicines	18	5
化学纤维制造业	Manufacture of Chemical Fiber	2	
橡胶和塑料制品业	Manufacture of Rubber and Plastic	5	1
非金属矿物制品业	Manufacture of Non-metallic Mineral Products	83	10
黑色金属冶炼和压延加工业	Manufacture and Processing of Ferrous Metals	8	
有色金属冶炼和压延加工业	Manufacture and Processing of Non-ferrous Metals	38	5
金属制品业	Manufacture of Metal Products	16	1
通用设备制造业	Manufacture of General Purpose Machinery	34	7
专用设备制造业	Manufacture of Special Purpose Machinery	39	4
汽车制造业	Automobile Industry	36	13
铁路、船舶、航空航天和其他运输设备制造业	Manufacture of Railway,Marine,Aerospace and Other Transport Equipment	31	4
电气机械和器材制造业	Manufacture of Electrical Machinery and Equipment	20	5
计算机、通信和其他电子设备制造业	Manufacture of Communication Equipment, Computer and Other Electronic Equipment	29	1
仪器仪表制造业	Manufacture of Measuring Instrument	8	1
其他制造业	Other Manufacture	3	
废弃资源综合利用业	Utilization of Waste Resources	4	1
金属制品、机械和设备修理业	Mental Products,Machine and Equipment Repair		
电力、热力生产和供应业	Production and Supply of Electric Power and Heat Power	183	31
燃气生产和供应业	Production and Distribution of Gas	13	1
水的生产和供应业	Production and Distribution of Water	103	20

13-4 续表 1 Continued

单位：亿元 (100 million yuan)

指标	Item	资产总计 Total Assets	流动资产合计 Circulating Funds	负债合计 Total Liabilities
总计	**Total**	**14113.38**	**6797.30**	**8358.55**
在总计中：	Of the Total			
亏损企业	Enterprises Running under Deficit	1594.74	670.87	1381.34
在总计中：	Of the Total			
中央企业	Central Enterprises	6830.34	2822.57	3812.45
地方企业	Local Enterprises	7283.04	3974.73	4546.10
在总计中：	Of the Total			
大型企业	Large Scale Enterprises	9239.59	4837.82	5599.11
中型企业	Medium Scale Enterprises	2454.50	1195.59	1452.22
小型企业	Small Enterprises	2045.32	687.10	1062.36
微型企业	Microenterprise	373.96	76.78	244.86
按行业分	Grouped by Sector			
煤炭开采和洗选业	Mining and Washing of Coal	90.61	33.71	71.15
石油和天然气开采业	Petroleum and Natural Gas Extraction			
黑色金属矿采选业	Mining of Ferrous Metal Ores	0.80	0.07	0.46
有色金属矿采选业	Mining of Non-ferrous Metal Ores	130.29	23.42	71.43
非金属矿采选业	Mining and Processing of Nonmetal Ores	44.21	32.33	19.16
开采专业及辅助性活动	Professional and Support Activities for Mining			
其他采矿业	Other Mining and Dressing			
农副食品加工业	Processing of Food from Agricultural Products	79.65	32.19	40.21
食品制造业	Manufacture of Foods	34.44	13.64	20.97
酒、饮料和精制茶制造业	Manufacture of Liquor, Beverage and Refined Tea	98.02	70.12	46.16
烟草制品业	Manufacture of Tobacco	958.17	746.37	141.46
纺织业	Manufacture of Textile	10.41	3.05	6.95
纺织服装、服饰业	Manufacture of Textile Wearing and Clothing Apparel	3.29	2.21	1.17
皮革、毛皮、羽毛及其制品和制鞋业	Leather, Fur, Feather and Its Products and Footwear	13.65	7.30	3.60
木材加工和木、竹、藤、棕、草制品业	Processing of Timbers, Manufacture of Wood, Bamboo, Rattan, Palm and Straw Products	2.10	0.93	1.24
家具制造业	Manufacture of Furniture			
造纸和纸制品业	Manufacture of Paper and Paper Products	234.97	141.17	160.93
印刷和记录媒介复制业	Printing, Reproduction of Recording Media	24.47	17.21	7.07
文教、工美、体育和娱乐用品制造业	Manufacture of Articles for Culture,Education and Sport Activity	10.77	7.74	5.54
石油、煤炭及其他燃料加工业	Processing of Petroleum, Coal and Other Fuels	274.77	75.61	159.94
化学原料和化学制品制造业	Manufacture of Chemical Raw Material and Chemical Products	239.70	111.70	93.91
医药制造业	Manufacture of Medicines	79.84	49.78	30.68
化学纤维制造业	Manufacture of Chemical Fiber	44.74	12.79	47.06
橡胶和塑料制品业	Manufacture of Rubber and Plastic	9.27	6.66	4.56
非金属矿物制品业	Manufacture of Non-metallic Mineral Products	420.58	163.51	250.78
黑色金属冶炼和压延加工业	Manufacture and Processing of Ferrous Metals	833.58	322.33	429.85
有色金属冶炼和压延加工业	Manufacture and Processing of Non-ferrous Metals	403.18	191.33	229.59
金属制品业	Manufacture of Metal Products	96.68	51.69	43.57
通用设备制造业	Manufacture of General Purpose Machinery	2134.17	1781.45	1532.58
专用设备制造业	Manufacture of Special Purpose Machinery	457.27	321.51	305.40
汽车制造业	Automobile Industry	662.59	415.19	619.06
铁路、船舶、航空航天和其他运输设备制造业	Manufacture of Railway,Marine,Aerospace and Other Transport Equipment	1169.07	733.58	629.68
电气机械和器材制造业	Manufacture of Electrical Machinery and Equipment	401.23	274.78	307.94
计算机、通信和其他电子设备制造业	Manufacture of Communication Equipment, Computer and Other Electronic Equipment	793.55	586.82	257.07
仪器仪表制造业	Manufacture of Measuring Instrument	25.73	16.02	15.10
其他制造业	Other Manufacture	10.68	7.84	6.37
废弃资源综合利用业	Utilization of Waste Resources	10.83	9.41	9.90
金属制品、机械和设备修理业	Mental Products,Machine and Equipment Repair			
电力、热力生产和供应业	Production and Supply of Electric Power and Heat Power	3704.85	393.05	2408.20
燃气生产和供应业	Production and Distribution of Gas	38.29	11.19	21.32
水的生产和供应业	Production and Distribution of Water	566.90	129.59	358.51

13-4 续表 2 Continued

单位：亿元 (100 million yuan)

指 标	Item	实收资本 Paid-in Capital	所有者权益 Total Rights of Owners	营业收入 Revenue of Business
总计	**Total**	**2697.71**	**5754.82**	**9995.63**
在总计中：	Of the Total			
亏损企业	Enterprises Running under Deficit	296.28	213.19	838.29
在总计中：	Of the Total			
中央企业	Central Enterprises	1391.11	3018.09	4933.72
地方企业	Local Enterprises	1306.60	2736.73	5061.92
在总计中：	Of the Total			
大型企业	Large Scale Enterprises	1495.22	3640.68	6918.72
中型企业	Medium Scale Enterprises	657.34	1002.29	1737.36
小型企业	Small Enterprises	485.52	982.96	1265.04
微型企业	Microenterprise	59.63	128.89	74.52
按行业分	Grouped by Sector			
煤炭开采和洗选业	Mining and Washing of Coal	22.41	19.46	35.53
石油和天然气开采业	Petroleum and Natural Gas Extraction			
黑色金属矿采选业	Mining of Ferrous Metal Ores	0.34	0.34	2.92
有色金属矿采选业	Mining of Non-ferrous Metal Ores	42.88	58.65	78.53
非金属矿采选业	Mining and Processing of Nonmetal Ores	6.93	25.05	59.83
开采专业及辅助性活动	Professional and Support Activities for Mining			
其他采矿业	Other Mining and Dressing			
农副食品加工业	Processing of Food from Agricultural Products	18.63	39.44	155.06
食品制造业	Manufacture of Foods	13.92	13.47	33.29
酒、饮料和精制茶制造业	Manufacture of Liquor, Beverage and Refined Tea	16.97	51.85	55.30
烟草制品业	Manufacture of Tobacco	75.26	816.72	1027.33
纺织业	Manufacture of Textile	4.12	3.47	8.50
纺织服装、服饰业	Manufacture of Textile Wearing and Clothing Apparel	1.22	2.12	3.86
皮革、毛皮、羽毛及其制品和制鞋业	Leather, Fur, Feather and Its Products and Footwear	2.08	10.05	5.06
木材加工和木、竹、藤、棕、草制品业	Processing of Timbers, Manufacture of Wood, Bamboo, Rattan, Palm and Straw Products	0.34	0.87	3.16
家具制造业	Manufacture of Furniture			
造纸和纸制品业	Manufacture of Paper and Paper Products	41.96	74.04	116.18
印刷和记录媒介复制业	Printing, Reproduction of Recording Media	4.46	17.40	26.31
文教、工美、体育和娱乐用品制造业	Manufacture of Articles for Culture,Education and Sport Activity	2.59	5.23	9.78
石油、煤炭及其他燃料加工业	Processing of Petroleum, Coal and Other Fuels	115.86	114.83	656.34
化学原料和化学制品制造业	Manufacture of Chemical Raw Material and Chemical Products	60.11	145.79	157.64
医药制造业	Manufacture of Medicines	15.54	49.17	54.44
化学纤维制造业	Manufacture of Chemical Fiber	16.37	-2.32	34.91
橡胶和塑料制品业	Manufacture of Rubber and Plastic	2.49	4.71	12.38
非金属矿物制品业	Manufacture of Non-metallic Mineral Products	97.55	169.80	342.43
黑色金属冶炼和压延加工业	Manufacture and Processing of Ferrous Metals	209.31	403.73	1750.76
有色金属冶炼和压延加工业	Manufacture and Processing of Non-ferrous Metals	159.55	173.59	763.75
金属制品业	Manufacture of Metal Products	17.70	53.11	75.43
通用设备制造业	Manufacture of General Purpose Machinery	126.59	601.59	743.23
专用设备制造业	Manufacture of Special Purpose Machinery	55.96	151.87	269.81
汽车制造业	Automobile Industry	121.45	43.53	405.65
铁路、船舶、航空航天和其他运输设备制造业	Manufacture of Railway,Marine,Aerospace and Other Transport Equipment	257.75	539.59	688.70
电气机械和器材制造业	Manufacture of Electrical Machinery and Equipment	108.77	93.29	211.93
计算机、通信和其他电子设备制造业	Manufacture of Communication Equipment, Computer and Other Electronic Equipment	127.58	536.48	381.76
仪器仪表制造业	Manufacture of Measuring Instrument	3.50	10.64	13.70
其他制造业	Other Manufacture	1.30	4.32	12.55
废弃资源综合利用业	Utilization of Waste Resources	1.30	0.94	10.89
金属制品、机械和设备修理业	Mental Products,Machine and Equipment Repair			
电力、热力生产和供应业	Production and Supply of Electric Power and Heat Power	840.58	1296.65	1615.47
燃气生产和供应业	Production and Distribution of Gas	6.49	16.98	39.20
水的生产和供应业	Production and Distribution of Water	96.44	208.40	134.03

13-4 续表 3 Continued

单位：亿元 (100 million yuan)

指 标	Item	营业成本 Cost of Business	利润总额 Total Profit
总计	**Total**	**7840.97**	**543.89**
在总计中：	Of the Total		
亏损企业	Enterprises Running under Deficit	818.94	-109.54
在总计中：	Of the Total		
中央企业	Central Enterprises	3566.90	254.67
地方企业	Local Enterprises	4274.07	289.22
在总计中：	Of the Total		
大型企业	Large Scale Enterprises	5317.34	360.30
中型企业	Medium Scale Enterprises	1443.46	81.14
小型企业	Small Enterprises	1023.43	92.65
微型企业	Microenterprise	56.74	9.80
按行业分	Grouped by Sector		
煤炭开采和洗选业	Mining and Washing of Coal	24.19	2.84
石油和天然气开采业	Petroleum and Natural Gas Extraction		
黑色金属矿采选业	Mining of Ferrous Metal Ores	2.41	0.35
有色金属矿采选业	Mining of Non-ferrous Metal Ores	51.66	2.89
非金属矿采选业	Mining and Processing of Nonmetal Ores	32.05	13.07
开采专业及辅助性活动	Professional and Support Activities for Mining		
其他采矿业	Other Mining and Dressing		
农副食品加工业	Processing of Food from Agricultural Products	138.38	4.84
食品制造业	Manufacture of Foods	28.21	0.08
酒、饮料和精制茶制造业	Manufacture of Liquor, Beverage and Refined Tea	18.79	13.14
烟草制品业	Manufacture of Tobacco	242.84	99.77
纺织业	Manufacture of Textile	8.16	-0.41
纺织服装、服饰业	Manufacture of Textile Wearing and Clothing Apparel	2.56	0.33
皮革、毛皮、羽毛及其制品和制鞋业	Leather, Fur, Feather and Its Products and Footwear	4.24	0.02
木材加工和木、竹、藤、棕、草制品业	Processing of Timbers, Manufacture of Wood, Bamboo, Rattan, Palm and Straw Products	2.35	0.50
家具制造业	Manufacture of Furniture		
造纸和纸制品业	Manufacture of Paper and Paper Products	97.74	3.83
印刷和记录媒介复制业	Printing, Reproduction of Recording Media	19.73	3.60
文教、工美、体育和娱乐用品制造业	Manufacture of Articles for Culture,Education and Sport Activity	8.04	0.47
石油、煤炭及其他燃料加工业	Processing of Petroleum, Coal and Other Fuels	515.48	14.16
化学原料和化学制品制造业	Manufacture of Chemical Raw Material and Chemical Products	122.86	12.77
医药制造业	Manufacture of Medicines	26.92	8.44
化学纤维制造业	Manufacture of Chemical Fiber	28.52	2.24
橡胶和塑料制品业	Manufacture of Rubber and Plastic	9.64	0.54
非金属矿物制品业	Manufacture of Non-metallic Mineral Products	258.67	44.36
黑色金属冶炼和压延加工业	Manufacture and Processing of Ferrous Metals	1559.07	97.04
有色金属冶炼和压延加工业	Manufacture and Processing of Non-ferrous Metals	675.19	42.82
金属制品业	Manufacture of Metal Products	58.92	5.80
通用设备制造业	Manufacture of General Purpose Machinery	633.30	60.27
专用设备制造业	Manufacture of Special Purpose Machinery	214.25	16.19
汽车制造业	Automobile Industry	382.72	-26.30
铁路、船舶、航空航天和其他运输设备制造业	Manufacture of Railway,Marine,Aerospace and Other Transport Equipment	559.94	44.46
电气机械和器材制造业	Manufacture of Electrical Machinery and Equipment	185.49	0.86
计算机、通信和其他电子设备制造业	Manufacture of Communication Equipment, Computer and Other Electronic Equipment	287.95	35.08
仪器仪表制造业	Manufacture of Measuring Instrument	9.14	2.05
其他制造业	Other Manufacture	8.17	1.98
废弃资源综合利用业	Utilization of Waste Resources	10.46	0.14
金属制品、机械和设备修理业	Mental Products,Machine and Equipment Repair		
电力、热力生产和供应业	Production and Supply of Electric Power and Heat Power	1481.33	23.05
燃气生产和供应业	Production and Distribution of Gas	34.21	2.28
水的生产和供应业	Production and Distribution of Water	97.38	10.35

13-4 续表 4 Continued

指 标	Item	本年应付职工薪酬（亿元）Total Sum of Wages Payable this Year (100 million yuan)	平均用工人数（万人）Annual Average Employees (10 000 persons)
总计	**Total**	**738.15**	**43.30**
在总计中：	Of the Total		
亏损企业	Enterprises Running under Deficit	73.56	4.95
在总计中：	Of the Total		
中央企业	Central Enterprises	402.10	19.85
地方企业	Local Enterprises	336.05	23.44
在总计中：	Of the Total		
大型企业	Large Scale Enterprises	491.28	24.54
中型企业	Medium Scale Enterprises	151.71	11.42
小型企业	Small Enterprises	93.16	6.88
微型企业	Microenterprise	2.00	0.46
按行业分	Grouped by Sector		
煤炭开采和洗选业	Mining and Washing of Coal	12.88	1.62
石油和天然气开采业	Petroleum and Natural Gas Extraction		
黑色金属矿采选业	Mining of Ferrous Metal Ores	0.33	0.05
有色金属矿采选业	Mining of Non-ferrous Metal Ores	11.35	0.93
非金属矿采选业	Mining and Processing of Nonmetal Ores	2.12	0.16
开采专业及辅助性活动	Professional and Support Activities for Mining		
其他采矿业	Other Mining and Dressing		
农副食品加工业	Processing of Food from Agricultural Products	7.65	0.98
食品制造业	Manufacture of Foods	4.90	0.51
酒、饮料和精制茶制造业	Manufacture of Liquor, Beverage and Refined Tea	6.29	0.54
烟草制品业	Manufacture of Tobacco	64.64	1.17
纺织业	Manufacture of Textile	1.75	0.24
纺织服装、服饰业	Manufacture of Textile Wearing and Clothing Apparel	0.70	0.06
皮革、毛皮、羽毛及其制品和制鞋业	Leather, Fur, Feather and Its Products and Footwear	0.91	0.10
木材加工和木、竹、藤、棕、草制品业	Processing of Timbers, Manufacture of Wood, Bamboo, Rattan, Palm and Straw Products	0.28	0.03
家具制造业	Manufacture of Furniture		
造纸和纸制品业	Manufacture of Paper and Paper Products	6.77	0.52
印刷和记录媒介复制业	Printing, Reproduction of Recording Media	3.65	0.25
文教、工美、体育和娱乐用品制造业	Manufacture of Articles for Culture,Education and Sport Activity	1.26	0.09
石油、煤炭及其他燃料加工业	Processing of Petroleum, Coal and Other Fuels	27.72	1.04
化学原料和化学制品制造业	Manufacture of Chemical Raw Material and Chemical Products	13.29	0.91
医药制造业	Manufacture of Medicines	8.69	0.66
化学纤维制造业	Manufacture of Chemical Fiber	0.91	0.08
橡胶和塑料制品业	Manufacture of Rubber and Plastic	1.66	0.09
非金属矿物制品业	Manufacture of Non-metallic Mineral Products	22.71	1.64
黑色金属冶炼和压延加工业	Manufacture and Processing of Ferrous Metals	52.27	2.31
有色金属冶炼和压延加工业	Manufacture and Processing of Non-ferrous Metals	41.28	2.59
金属制品业	Manufacture of Metal Products	11.81	0.70
通用设备制造业	Manufacture of General Purpose Machinery	37.52	2.51
专用设备制造业	Manufacture of Special Purpose Machinery	28.29	1.56
汽车制造业	Automobile Industry	27.66	2.15
铁路、船舶、航空航天和其他运输设备制造业	Manufacture of Railway,Marine,Aerospace and Other Transport Equipment	95.78	4.58
电气机械和器材制造业	Manufacture of Electrical Machinery and Equipment	15.08	1.05
计算机、通信和其他电子设备制造业	Manufacture of Communication Equipment, Computer and Other Electronic Equipment	41.34	2.14
仪器仪表制造业	Manufacture of Measuring Instrument	2.23	0.18
其他制造业	Other Manufacture	0.48	0.15
废弃资源综合利用业	Utilization of Waste Resources	0.59	0.07
金属制品、机械和设备修理业	Mental Products,Machine and Equipment Repair		
电力、热力生产和供应业	Production and Supply of Electric Power and Heat Power	154.69	9.37
燃气生产和供应业	Production and Distribution of Gas	1.81	0.11
水的生产和供应业	Production and Distribution of Water	26.85	2.15

13-4 续表 5 Continued

单位：% (%)

指 标	Item	总资产贡献率 Ratio of Total Assets to Industrial Output Value	成本费用利润率 Ratio of Profits to Industrial Cost	资产负债率 Assets-Liability Ratio
总计	**Total**	**11.71**	**6.24**	**59.22**
在总计中：	Of the Total			
亏损企业	Enterprises Running under Deficit	-3.27	-12.07	86.62
在总计中：	Of the Total			
中央企业	Central Enterprises	17.47	6.44	55.82
地方企业	Local Enterprises	6.31	6.08	62.42
在总计中：	Of the Total			
大型企业	Large Scale Enterprises	14.43	6.16	60.60
中型企业	Medium Scale Enterprises	6.17	4.96	59.17
小型企业	Small Enterprises	7.57	7.94	51.94
微型企业	Microenterprise	3.62	15.21	65.48
按行业分	Grouped by Sector			
煤炭开采和洗选业	Mining and Washing of Coal	9.85	9.09	78.52
石油和天然气开采业	Petroleum and Natural Gas Extraction			
黑色金属矿采选业	Mining of Ferrous Metal Ores	46.87	13.73	57.43
有色金属矿采选业	Mining of Non-ferrous Metal Ores	8.22	4.36	54.82
非金属矿采选业	Mining and Processing of Nonmetal Ores	37.26	29.35	43.34
开采专业及辅助性活动	Professional and Support Activities for Mining			
其他采矿业	Other Mining and Dressing			
农副食品加工业	Processing of Food from Agricultural Products	11.23	3.25	50.48
食品制造业	Manufacture of Foods	4.21	0.26	60.90
酒、饮料和精制茶制造业	Manufacture of Liquor, Beverage and Refined Tea	23.92	36.88	47.10
烟草制品业	Manufacture of Tobacco	83.34	32.15	14.76
纺织业	Manufacture of Textile	-2.15	-4.32	66.71
纺织服装、服饰业	Manufacture of Textile Wearing and Clothing Apparel	14.30	9.22	35.49
皮革、毛皮、羽毛及其制品和制鞋业	Leather, Fur, Feather and Its Products and Footwear	1.55	0.40	26.38
木材加工和木、竹、藤、棕、草制品业	Processing of Timbers, Manufacture of Wood, Bamboo, Rattan, Palm and Straw Products	31.34	18.78	58.87
家具制造业	Manufacture of Furniture			
造纸和纸制品业	Manufacture of Paper and Paper Products	4.40	3.46	68.49
印刷和记录媒介复制业	Printing, Reproduction of Recording Media	18.83	16.01	28.90
文教、工美、体育和娱乐用品制造业	Manufacture of Articles for Culture,Education and Sport Activity	9.93	5.14	51.44
石油、煤炭及其他燃料加工业	Processing of Petroleum, Coal and Other Fuels	49.27	2.62	58.21
化学原料和化学制品制造业	Manufacture of Chemical Raw Material and Chemical Products	7.61	8.79	39.18
医药制造业	Manufacture of Medicines	16.61	18.20	38.42
化学纤维制造业	Manufacture of Chemical Fiber	5.71	6.90	105.19
橡胶和塑料制品业	Manufacture of Rubber and Plastic	12.28	4.56	49.19
非金属矿物制品业	Manufacture of Non-metallic Mineral Products	14.85	14.91	59.63
黑色金属冶炼和压延加工业	Manufacture and Processing of Ferrous Metals	14.92	5.88	51.57
有色金属冶炼和压延加工业	Manufacture and Processing of Non-ferrous Metals	13.93	5.97	56.94
金属制品业	Manufacture of Metal Products	7.91	8.37	45.07
通用设备制造业	Manufacture of General Purpose Machinery	3.52	8.58	71.81
专用设备制造业	Manufacture of Special Purpose Machinery	6.27	6.52	66.79
汽车制造业	Automobile Industry	-1.52	-6.25	93.43
铁路、船舶、航空航天和其他运输设备制造业	Manufacture of Railway,Marine,Aerospace and Other Transport Equipment	4.89	6.87	53.86
电气机械和器材制造业	Manufacture of Electrical Machinery and Equipment	1.43	0.41	76.75
计算机、通信和其他电子设备制造业	Manufacture of Communication Equipment, Computer and Other Electronic Equipment	5.17	10.13	32.40
仪器仪表制造业	Manufacture of Measuring Instrument	10.66	17.37	58.67
其他制造业	Other Manufacture	20.02	18.81	59.59
废弃资源综合利用业	Utilization of Waste Resources	9.03	1.23	91.35
金属制品、机械和设备修理业	Mental Products,Machine and Equipment Repair			
电力、热力生产和供应业	Production and Supply of Electric Power and Heat Power	3.19	1.45	65.00
燃气生产和供应业	Production and Distribution of Gas	7.64	6.13	55.66
水的生产和供应业	Production and Distribution of Water	3.65	8.31	63.24

13-5 集体工业企业主要经济指标(2021年)
Major Economic Indications of Collective-owned Industrial Enterprises (2021)

单位：个 (unit)

指 标	Item	企业单位数 Number of Enterprises	亏损企业 Loss-making Enterprises
总计	**Total**	**59**	**3**
在总计中：	Of the Total		
亏损企业	Enterprises Running under Deficit	3	3
在总计中：	Of the Total		
大型企业	Large Scale Enterprises		
中型企业	Medium Scale Enterprises	10	
小型企业	Small Enterprises	28	1
微型企业	Microenterprise	21	2
按行业分	Grouped by Sector		
煤炭开采和洗选业	Mining and Washing of Coal	7	1
石油和天然气开采业	Petroleum and Natural Gas Extraction		
黑色金属矿采选业	Mining of Ferrous Metal Ores	1	
有色金属矿采选业	Mining of Non-ferrous Metal Ores	1	
非金属矿采选业	Mining and Processing of Nonmetal Ores	8	
开采专业及辅助性活动	Professional and Support Activities for Mining		
其他采矿业	Other Mining and Dressing		
农副食品加工业	Processing of Food from Agricultural Products	1	
食品制造业	Manufacture of Foods		
酒、饮料和精制茶制造业	Manufacture of Liquor, Beverage and Refined Tea	1	
烟草制品业	Manufacture of Tobacco		
纺织业	Manufacture of Textile		
纺织服装、服饰业	Manufacture of Textile Wearing and Clothing Apparel		
皮革、毛皮、羽毛及其制品和制鞋业	Leather, Fur, Feather and Its Products and Footwear		
木材加工和木、竹、藤、棕、草制品业	Processing of Timbers, Manufacture of Wood, Bamboo, Rattan, Palm and Straw Products	1	
家具制造业	Manufacture of Furniture		
造纸和纸制品业	Manufacture of Paper and Paper Products	2	
印刷和记录媒介复制业	Printing, Reproduction of Recording Media	3	
文教、工美、体育和娱乐用品制造业	Manufacture of Articles for Culture,Education and Sport Activity		
石油、煤炭及其他燃料加工业	Processing of Petroleum, Coal and Other Fuels		
化学原料和化学制品制造业	Manufacture of Chemical Raw Material and Chemical Products	8	
医药制造业	Manufacture of Medicines	1	
化学纤维制造业	Manufacture of Chemical Fiber		
橡胶和塑料制品业	Manufacture of Rubber and Plastic	2	
非金属矿物制品业	Manufacture of Non-metallic Mineral Products	6	
黑色金属冶炼和压延加工业	Manufacture and Processing of Ferrous Metals	1	
有色金属冶炼和压延加工业	Manufacture and Processing of Non-ferrous Metals	1	
金属制品业	Manufacture of Metal Products	1	1
通用设备制造业	Manufacture of General Purpose Machinery	1	
专用设备制造业	Manufacture of Special Purpose Machinery	2	
汽车制造业	Automobile Industry	1	
铁路、船舶、航空航天和其他运输设备制造业	Manufacture of Railway,Marine,Aerospace and Other Transport Equipment		
电气机械和器材制造业	Manufacture of Electrical Machinery and Equipment	2	
计算机、通信和其他电子设备制造业	Manufacture of Communication Equipment, Computer and Other Electronic Equipment		
仪器仪表制造业	Manufacture of Measuring Instrument	1	
其他制造业	Other Manufacture		
废弃资源综合利用业	Utilization of Waste Resources	2	1
金属制品、机械和设备修理业	Mental Products,Machine and Equipment Repair	1	
电力、热力生产和供应业	Production and Supply of Electric Power and Heat Power	3	
燃气生产和供应业	Production and Distribution of Gas		
水的生产和供应业	Production and Distribution of Water	1	

13-5 续表 1 Continued

单位：亿元 (100 million yuan)

指 标	Item	资产总计 Total Assets	流动资产合 计 Circulating Funds	负债合计 Total Liabilities
总计	**Total**	**46.04**	**11.36**	**14.67**
在总计中：	Of the Total			
亏损企业	Enterprises Running under Deficit	1.88	0.36	0.50
在总计中：	Of the Total			
大型企业	Large Scale Enterprises			
中型企业	Medium Scale Enterprises	25.70	6.18	8.09
小型企业	Small Enterprises	13.85	3.37	4.30
微型企业	Microenterprise	6.49	1.80	2.27
按行业分	Grouped by Sector			
煤炭开采和洗选业	Mining and Washing of Coal	3.72	0.67	0.98
石油和天然气开采业	Petroleum and Natural Gas Extraction			
黑色金属矿采选业	Mining of Ferrous Metal Ores	0.28	0.13	0.10
有色金属矿采选业	Mining of Non-ferrous Metal Ores	0.13	0.04	0.05
非金属矿采选业	Mining and Processing of Nonmetal Ores	3.70	0.69	1.33
开采专业及辅助性活动	Professional and Support Activities for Mining			
其他采矿业	Other Mining and Dressing			
农副食品加工业	Processing of Food from Agricultural Products	1.95	0.01	0.01
食品制造业	Manufacture of Foods			
酒、饮料和精制茶制造业	Manufacture of Liquor, Beverage and Refined Tea	0.34	0.30	0.26
烟草制品业	Manufacture of Tobacco			
纺织业	Manufacture of Textile			
纺织服装、服饰业	Manufacture of Textile Wearing and Clothing Apparel			
皮革、毛皮、羽毛及其制品和制鞋业	Leather, Fur, Feather and Its Products and Footwear			
木材加工和木、竹、藤、棕、草制品业	Processing of Timbers, Manufacture of Wood, Bamboo, Rattan, Palm and Straw Products	0.25	0.18	0.10
家具制造业	Manufacture of Furniture			
造纸和纸制品业	Manufacture of Paper and Paper Products	1.79	0.56	0.23
印刷和记录媒介复制业	Printing, Reproduction of Recording Media	3.80	1.89	1.07
文教、工美、体育和娱乐用品制造业	Manufacture of Articles for Culture,Education and Sport Activity			
石油、煤炭及其他燃料加工业	Processing of Petroleum, Coal and Other Fuels			
化学原料和化学制品制造业	Manufacture of Chemical Raw Material and Chemical Products	5.55	0.79	0.64
医药制造业	Manufacture of Medicines	0.08	0.05	0.07
化学纤维制造业	Manufacture of Chemical Fiber			
橡胶和塑料制品业	Manufacture of Rubber and Plastic	1.72	1.22	0.83
非金属矿物制品业	Manufacture of Non-metallic Mineral Products	9.85	0.90	2.73
黑色金属冶炼和压延加工业	Manufacture and Processing of Ferrous Metals			
有色金属冶炼和压延加工业	Manufacture and Processing of Non-ferrous Metals	0.84	0.10	0.38
金属制品业	Manufacture of Metal Products	0.20	0.19	0.19
通用设备制造业	Manufacture of General Purpose Machinery			
专用设备制造业	Manufacture of Special Purpose Machinery	0.47	0.20	
汽车制造业	Automobile Industry	0.41	0.06	0.16
铁路、船舶、航空航天和其他运输设备制造业	Manufacture of Railway,Marine,Aerospace and Other Transport Equipment			
电气机械和器材制造业	Manufacture of Electrical Machinery and Equipment	3.52	0.31	0.54
计算机、通信和其他电子设备制造业	Manufacture of Communication Equipment, Computer and Other Electronic Equipment			
仪器仪表制造业	Manufacture of Measuring Instrument	0.09	0.04	0.04
其他制造业	Other Manufacture			
废弃资源综合利用业	Utilization of Waste Resources	1.30	0.86	0.28
金属制品、机械和设备修理业	Mental Products,Machine and Equipment Repair	5.25	1.97	4.28
电力、热力生产和供应业	Production and Supply of Electric Power and Heat Power	0.68	0.12	0.33
燃气生产和供应业	Production and Distribution of Gas			
水的生产和供应业	Production and Distribution of Water	0.12	0.07	0.09

13-5 续表 2 Continued

单位：亿元 (100 million yuan)

指 标	Item	实收资本 Paid-in Capital	所有者权益 Total Rights of Owners	营业收入 Revenue of Business
总计	**Total**	**16.55**	**31.37**	**82.71**
在总计中：	Of the Total			
亏损企业	Enterprises Running under Deficit	0.07	1.37	0.74
在总计中：	Of the Total			
大型企业	Large Scale Enterprises			
中型企业	Medium Scale Enterprises	11.89	17.60	42.81
小型企业	Small Enterprises	3.74	9.55	35.30
微型企业	Microenterprise	0.92	4.22	4.60
按行业分	Grouped by Sector			
煤炭开采和洗选业	Mining and Washing of Coal	0.71	2.74	3.77
石油和天然气开采业	Petroleum and Natural Gas Extraction			
黑色金属矿采选业	Mining of Ferrous Metal Ores	0.05	0.19	0.41
有色金属矿采选业	Mining of Non-ferrous Metal Ores	0.02	0.09	0.70
非金属矿采选业	Mining and Processing of Nonmetal Ores	0.88	2.37	16.43
开采专业及辅助性活动	Professional and Support Activities for Mining			
其他采矿业	Other Mining and Dressing			
农副食品加工业	Processing of Food from Agricultural Products	0.07	1.94	13.79
食品制造业	Manufacture of Foods			
酒、饮料和精制茶制造业	Manufacture of Liquor, Beverage and Refined Tea	0.09	0.09	0.89
烟草制品业	Manufacture of Tobacco			
纺织业	Manufacture of Textile			
纺织服装、服饰业	Manufacture of Textile Wearing and Clothing Apparel			
皮革、毛皮、羽毛及其制品和制鞋业	Leather, Fur, Feather and Its Products and Footwear			
木材加工和木、竹、藤、棕、草制品业	Processing of Timbers, Manufacture of Wood, Bamboo, Rattan, Palm and Straw Products	0.01	0.14	0.62
家具制造业	Manufacture of Furniture			
造纸和纸制品业	Manufacture of Paper and Paper Products	1.35	1.56	1.81
印刷和记录媒介复制业	Printing, Reproduction of Recording Media	0.53	2.72	4.56
文教、工美、体育和娱乐用品制造业	Manufacture of Articles for Culture,Education and Sport Activity			
石油、煤炭及其他燃料加工业	Processing of Petroleum, Coal and Other Fuels			
化学原料和化学制品制造业	Manufacture of Chemical Raw Material and Chemical Products	4.06	4.91	10.26
医药制造业	Manufacture of Medicines	0.01	0.01	0.69
化学纤维制造业	Manufacture of Chemical Fiber			
橡胶和塑料制品业	Manufacture of Rubber and Plastic	0.52	0.89	6.42
非金属矿物制品业	Manufacture of Non-metallic Mineral Products	6.13	7.12	4.14
黑色金属冶炼和压延加工业	Manufacture and Processing of Ferrous Metals			
有色金属冶炼和压延加工业	Manufacture and Processing of Non-ferrous Metals	0.03	0.46	1.42
金属制品业	Manufacture of Metal Products		0.02	0.16
通用设备制造业	Manufacture of General Purpose Machinery			
专用设备制造业	Manufacture of Special Purpose Machinery	0.02	0.47	0.43
汽车制造业	Automobile Industry		0.25	1.98
铁路、船舶、航空航天和其他运输设备制造业	Manufacture of Railway,Marine,Aerospace and Other Transport Equipment			
电气机械和器材制造业	Manufacture of Electrical Machinery and Equipment	0.23	2.99	1.25
计算机、通信和其他电子设备制造业	Manufacture of Communication Equipment, Computer and Other Electronic Equipment			
仪器仪表制造业	Manufacture of Measuring Instrument	0.05	0.05	0.72
其他制造业	Other Manufacture			
废弃资源综合利用业	Utilization of Waste Resources	0.32	1.02	1.12
金属制品、机械和设备修理业	Mental Products,Machine and Equipment Repair	0 37	0.97	5.85
电力、热力生产和供应业	Production and Supply of Electric Power and Heat Power	1 11	0.35	4.64
燃气生产和供应业	Production and Distribution of Gas			
水的生产和供应业	Production and Distribution of Water	0.01	0.03	0.67

13-5 续表 3 Continued

单位：亿元 (100 million yuan)

指 标	Item	营业成本 Cost of Business	利润总额 Total Profit
总计	**Total**	**71.45**	**3.01**
在总计中:	Of the Total		
亏损企业	Enterprises Running under Deficit	0.84	-0.19
在总计中:	Of the Total		
大型企业	Large Scale Enterprises		
中型企业	Medium Scale Enterprises	37.01	1.50
小型企业	Small Enterprises	30.05	1.60
微型企业	Microenterprise	4.39	-0.10
按行业分	Grouped by Sector		
煤炭开采和洗选业	Mining and Washing of Coal	3.26	-0.04
石油和天然气开采业	Petroleum and Natural Gas Extraction		
黑色金属矿采选业	Mining of Ferrous Metal Ores	0.33	0.02
有色金属矿采选业	Mining of Non-ferrous Metal Ores	0.48	0.04
非金属矿采选业	Mining and Processing of Nonmetal Ores	14.72	0.72
开采专业及辅助性活动	Professional and Support Activities for Mining		
其他采矿业	Other Mining and Dressing		
农副食品加工业	Processing of Food from Agricultural Products	13.27	0.08
食品制造业	Manufacture of Foods		
酒、饮料和精制茶制造业	Manufacture of Liquor, Beverage and Refined Tea	0.71	0.03
烟草制品业	Manufacture of Tobacco		
纺织业	Manufacture of Textile		
纺织服装、服饰业	Manufacture of Textile Wearing and Clothing Apparel		
皮革、毛皮、羽毛及其制品和制鞋业	Leather, Fur, Feather and Its Products and Footwear		
木材加工和木、竹、藤、棕、草制品业	Processing of Timbers, Manufacture of Wood, Bamboo, Rattan, Palm and Straw Products	0.49	0.05
家具制造业	Manufacture of Furniture		
造纸和纸制品业	Manufacture of Paper and Paper Products	1.22	0.11
印刷和记录媒介复制业	Printing, Reproduction of Recording Media	4.11	0.27
文教、工美、体育和娱乐用品制造业	Manufacture of Articles for Culture,Education and Sport Activity		
石油、煤炭及其他燃料加工业	Processing of Petroleum, Coal and Other Fuels		
化学原料和化学制品制造业	Manufacture of Chemical Raw Material and Chemical Products	7.98	0.45
医药制造业	Manufacture of Medicines	0.54	
化学纤维制造业	Manufacture of Chemical Fiber		
橡胶和塑料制品业	Manufacture of Rubber and Plastic	5.63	0.03
非金属矿物制品业	Manufacture of Non-metallic Mineral Products	3.31	0.20
黑色金属冶炼和压延加工业	Manufacture and Processing of Ferrous Metals		
有色金属冶炼和压延加工业	Manufacture and Processing of Non-ferrous Metals	0.83	0.15
金属制品业	Manufacture of Metal Products	0.15	
通用设备制造业	Manufacture of General Purpose Machinery		
专用设备制造业	Manufacture of Special Purpose Machinery	0.26	0.04
汽车制造业	Automobile Industry	1.97	
铁路、船舶、航空航天和其他运输设备制造业	Manufacture of Railway,Marine,Aerospace and Other Transport Equipment		
电气机械和器材制造业	Manufacture of Electrical Machinery and Equipment	0.96	0.07
计算机、通信和其他电子设备制造业	Manufacture of Communication Equipment, Computer and Other Electronic Equipment		
仪器仪表制造业	Manufacture of Measuring Instrument	0.55	0.10
其他制造业	Other Manufacture		
废弃资源综合利用业	Utilization of Waste Resources	1.06	-0.02
金属制品、机械和设备修理业	Mental Products,Machine and Equipment Repair	5.04	0.57
电力、热力生产和供应业	Production and Supply of Electric Power and Heat Power	4.00	0.10
燃气生产和供应业	Production and Distribution of Gas		
水的生产和供应业	Production and Distribution of Water	0.56	0.06

13-5 续表 4 Continued

指 标	Item	本年应付职工薪酬（亿元）Total Sum of Wages Payable this Year (100 million yuan)	平均用工人数（万人）Annual Average Employees (10 000 persons)
总计	**Total**	**11.89**	**1.30**
在总计中：	Of the Total		
亏损企业	Enterprises Running under Deficit	0.13	0.02
在总计中：	Of the Total		
大型企业	Large Scale Enterprises		
中型企业	Medium Scale Enterprises	8.33	0.75
小型企业	Small Enterprises	3.42	0.44
微型企业	Microenterprise	0.13	0.10
按行业分	Grouped by Sector		
煤炭开采和洗选业	Mining and Washing of Coal	0.73	0.09
石油和天然气开采业	Petroleum and Natural Gas Extraction		
黑色金属矿采选业	Mining of Ferrous Metal Ores	0.03	0.01
有色金属矿采选业	Mining of Non-ferrous Metal Ores	0.07	0.01
非金属矿采选业	Mining and Processing of Nonmetal Ores	0.70	0.10
开采专业及辅助性活动	Professional and Support Activities for Mining		
其他采矿业	Other Mining and Dressing		
农副食品加工业	Processing of Food from Agricultural Products	2.74	0.14
食品制造业	Manufacture of Foods		
酒、饮料和精制茶制造业	Manufacture of Liquor, Beverage and Refined Tea	0.01	
烟草制品业	Manufacture of Tobacco		
纺织业	Manufacture of Textile		
纺织服装、服饰业	Manufacture of Textile Wearing and Clothing Apparel		
皮革、毛皮、羽毛及其制品和制鞋业	Leather, Fur, Feather and Its Products and Footwear		
木材加工和木、竹、藤、棕、草制品业	Processing of Timbers, Manufacture of Wood, Bamboo, Rattan, Palm and Straw Products	0.12	0.02
家具制造业	Manufacture of Furniture		
造纸和纸制品业	Manufacture of Paper and Paper Products	0.26	0.04
印刷和记录媒介复制业	Printing, Reproduction of Recording Media	1.33	0.12
文教、工美、体育和娱乐用品制造业	Manufacture of Articles for Culture,Education and Sport Activity		
石油、煤炭及其他燃料加工业	Processing of Petroleum, Coal and Other Fuels		
化学原料和化学制品制造业	Manufacture of Chemical Raw Material and Chemical Products	1.08	0.16
医药制造业	Manufacture of Medicines	0.49	0.06
化学纤维制造业	Manufacture of Chemical Fiber		
橡胶和塑料制品业	Manufacture of Rubber and Plastic	0.72	0.12
非金属矿物制品业	Manufacture of Non-metallic Mineral Products	0.84	0.16
黑色金属冶炼和压延加工业	Manufacture and Processing of Ferrous Metals		
有色金属冶炼和压延加工业	Manufacture and Processing of Non-ferrous Metals	0.18	0.03
金属制品业	Manufacture of Metal Products	0.02	
通用设备制造业	Manufacture of General Purpose Machinery		
专用设备制造业	Manufacture of Special Purpose Machinery	0.02	
汽车制造业	Automobile Industry		0.01
铁路、船舶、航空航天和其他运输设备制造业	Manufacture of Railway,Marine,Aerospace and Other Transport Equipment		
电气机械和器材制造业	Manufacture of Electrical Machinery and Equipment	0.10	0.01
计算机、通信和其他电子设备制造业	Manufacture of Communication Equipment, Computer and Other Electronic Equipment		
仪器仪表制造业	Manufacture of Measuring Instrument	0.08	0.01
其他制造业	Other Manufacture		
废弃资源综合利用业	Utilization of Waste Resources	0.02	0.01
金属制品、机械和设备修理业	Mental Products,Machine and Equipment Repair	1.03	0.06
电力、热力生产和供应业	Production and Supply of Electric Power and Heat Power	1.29	0.13
燃气生产和供应业	Production and Distribution of Gas		
水的生产和供应业	Production and Distribution of Water	0.04	0.01

13-5 续表 5 Continued

单位：% (%)

指 标	Item	总资产贡献率 Ratio of Total Assets to Industrial Output Value	成本费用利润率 Ratio of Profits to Industrial Cost	资产负债率 Assets-Liability Ratio
总计	**Total**	**11.95**	**3.82**	**31.86**
在总计中：	Of the Total			
亏损企业	Enterprises Running under Deficit	-9.92	-20.23	26.88
在总计中：	Of the Total			
大型企业	Large Scale Enterprises			
中型企业	Medium Scale Enterprises	9.43	3.68	31.50
小型企业	Small Enterprises	22.68	4.83	31.06
微型企业	Microenterprise	-0.95	-2.08	35.02
按行业分	Grouped by Sector			
煤炭开采和洗选业	Mining and Washing of Coal	3.38	-1.07	26.31
石油和天然气开采业	Petroleum and Natural Gas Extraction			
黑色金属矿采选业	Mining of Ferrous Metal Ores	26.87	5.28	33.73
有色金属矿采选业	Mining of Non-ferrous Metal Ores	77.93	6.26	34.52
非金属矿采选业	Mining and Processing of Nonmetal Ores	38.24	4.63	35.89
开采专业及辅助性活动	Professional and Support Activities for Mining			
其他采矿业	Other Mining and Dressing			
农副食品加工业	Processing of Food from Agricultural Products	11.58	0.56	0.45
食品制造业	Manufacture of Foods			
酒、饮料和精制茶制造业	Manufacture of Liquor, Beverage and Refined Tea	11.87	3.48	75.00
烟草制品业	Manufacture of Tobacco			
纺织业	Manufacture of Textile			
纺织服装、服饰业	Manufacture of Textile Wearing and Clothing Apparel			
皮革、毛皮、羽毛及其制品和制鞋业	Leather, Fur, Feather and Its Products and Footwear			
木材加工和木、竹、藤、棕、草制品业	Processing of Timbers, Manufacture of Wood, Bamboo, Rattan, Palm and Straw Products	32.25	8.86	42.01
家具制造业	Manufacture of Furniture			
造纸和纸制品业	Manufacture of Paper and Paper Products	10.35	6.34	13.06
印刷和记录媒介复制业	Printing, Reproduction of Recording Media	8.73	6.31	28.24
文教、工美、体育和娱乐用品制造业	Manufacture of Articles for Culture,Education and Sport Activity			
石油、煤炭及其他燃料加工业	Processing of Petroleum, Coal and Other Fuels			
化学原料和化学制品制造业	Manufacture of Chemical Raw Material and Chemical Products	12.30	4.64	11.55
医药制造业	Manufacture of Medicines	12.31	0.40	88.95
化学纤维制造业	Manufacture of Chemical Fiber			
橡胶和塑料制品业	Manufacture of Rubber and Plastic	7.93	0.42	48.06
非金属矿物制品业	Manufacture of Non-metallic Mineral Products	3.20	5.09	27.72
黑色金属冶炼和压延加工业	Manufacture and Processing of Ferrous Metals			
有色金属冶炼和压延加工业	Manufacture and Processing of Non-ferrous Metals	35.36	12.30	45.15
金属制品业	Manufacture of Metal Products	0.79	-0.31	92.01
通用设备制造业	Manufacture of General Purpose Machinery			
专用设备制造业	Manufacture of Special Purpose Machinery	16.47	10.50	0.90
汽车制造业	Automobile Industry	1.14	0.15	39.04
铁路、船舶、航空航天和其他运输设备制造业	Manufacture of Railway,Marine,Aerospace and Other Transport Equipment			
电气机械和器材制造业	Manufacture of Electrical Machinery and Equipment	4.07	6.46	15.23
计算机、通信和其他电子设备制造业	Manufacture of Communication Equipment, Computer and Other Electronic Equipment			
仪器仪表制造业	Manufacture of Measuring Instrument	137.01	15.36	43.30
其他制造业	Other Manufacture			
废弃资源综合利用业	Utilization of Waste Resources	-1.33	-1.83	21.38
金属制品、机械和设备修理业	Mental Products,Machine and Equipment Repair	16.23	10.69	81.52
电力、热力生产和供应业	Production and Supply of Electric Power and Heat Power	31.98	2.19	48.81
燃气生产和供应业	Production and Distribution of Gas			
水的生产和供应业	Production and Distribution of Water	68.56	10.01	73.49

13-6 私营工业企业主要经济指标(2021年)
Major Economic Indications of Private Industrial Enterprises (2021)

单位：个 (unit)

指 标	Item	企业单位数 Number of Enterprises	亏损企业 Loss-making Enterprises
总计	**Total**	**16559**	**955**
在总计中：	Of the Total		
亏损企业	Enterprises Running under Deficit	955	955
在总计中：	Of the Total		
大型企业	Large Scale Enterprises	61	1
中型企业	Medium Scale Enterprises	1034	53
小型企业	Small Enterprises	13035	695
微型企业	Microenterprise	2429	206
按行业分	Grouped by Sector		
煤炭开采和洗选业	Mining and Washing of Coal	100	11
石油和天然气开采业	Petroleum and Natural Gas Extraction		
黑色金属矿采选业	Mining of Ferrous Metal Ores	23	3
有色金属矿采选业	Mining of Non-ferrous Metal Ores	75	3
非金属矿采选业	Mining and Processing of Nonmetal Ores	294	14
开采专业及辅助性活动	Professional and Support Activities for Mining		
其他采矿业	Other Mining and Dressing		
农副食品加工业	Processing of Food from Agricultural Products	1581	50
食品制造业	Manufacture of Foods	519	26
酒、饮料和精制茶制造业	Manufacture of Liquor, Beverage and Refined Tea	515	9
烟草制品业	Manufacture of Tobacco		
纺织业	Manufacture of Textile	254	23
纺织服装、服饰业	Manufacture of Textile Wearing and Clothing Apparel	300	11
皮革、毛皮、羽毛及其制品和制鞋业	Leather, Fur, Feather and Its Products and Footwear	676	23
木材加工和木、竹、藤、棕、草制品业	Processing of Timbers, Manufacture of Wood, Bamboo, Rattan, Palm and Straw Products	444	7
家具制造业	Manufacture of Furniture	236	8
造纸和纸制品业	Manufacture of Paper and Paper Products	249	14
印刷和记录媒介复制业	Printing, Reproduction of Recording Media	259	16
文教、工美、体育和娱乐用品制造业	Manufacture of Articles for Culture,Education and Sport Activity	332	17
石油、煤炭及其他燃料加工业	Processing of Petroleum, Coal and Other Fuels	93	5
化学原料和化学制品制造业	Manufacture of Chemical Raw Material and Chemical Products	1295	63
医药制造业	Manufacture of Medicines	343	30
化学纤维制造业	Manufacture of Chemical Fiber	13	1
橡胶和塑料制品业	Manufacture of Rubber and Plastic	517	27
非金属矿物制品业	Manufacture of Non-metallic Mineral Products	2576	117
黑色金属冶炼和压延加工业	Manufacture and Processing of Ferrous Metals	116	8
有色金属冶炼和压延加工业	Manufacture and Processing of Non-ferrous Metals	341	31
金属制品业	Manufacture of Metal Products	1084	78
通用设备制造业	Manufacture of General Purpose Machinery	952	83
专用设备制造业	Manufacture of Special Purpose Machinery	840	77
汽车制造业	Automobile Industry	285	43
铁路、船舶、航空航天和其他运输设备制造业	Manufacture of Railway,Marine,Aerospace and Other Transport Equipment	149	22
电气机械和器材制造业	Manufacture of Electrical Machinery and Equipment	777	42
计算机、通信和其他电子设备制造业	Manufacture of Communication Equipment, Computer and Other Electronic Equipment	738	57
仪器仪表制造业	Manufacture of Measuring Instrument	137	12
其他制造业	Other Manufacture	91	4
废弃资源综合利用业	Utilization of Waste Resources	157	3
金属制品、机械和设备修理业	Mental Products,Machine and Equipment Repair	4	
电力、热力生产和供应业	Production and Supply of Electric Power and Heat Power	122	8
燃气生产和供应业	Production and Distribution of Gas	32	6
水的生产和供应业	Production and Distribution of Water	40	3

13-6 续表 1 Continued

单位：亿元 (100 million yuan)

指 标	Item	资产总计 Total Assets	流动资产合计 Circulating Funds	负债合计 Total Liabilities
总计	**Total**	**13161.50**	**6024.06**	**5701.77**
在总计中：	Of the Total			
亏损企业	Enterprises Running under Deficit	1082.74	592.67	725.15
在总计中：	Of the Total			
大型企业	Large Scale Enterprises	1664.17	1062.78	969.80
中型企业	Medium Scale Enterprises	3246.78	1305.52	1235.25
小型企业	Small Enterprises	7501.61	3336.87	3151.11
微型企业	Microenterprise	748.95	318.90	345.62
按行业分	Grouped by Sector			
煤炭开采和洗选业	Mining and Washing of Coal	81.60	16.83	30.10
石油和天然气开采业	Petroleum and Natural Gas Extraction			
黑色金属矿采选业	Mining of Ferrous Metal Ores	36.71	12.56	19.62
有色金属矿采选业	Mining of Non-ferrous Metal Ores	99.26	25.15	30.72
非金属矿采选业	Mining and Processing of Nonmetal Ores	166.47	49.64	53.19
开采专业及辅助性活动	Professional and Support Activities for Mining			
其他采矿业	Other Mining and Dressing			
农副食品加工业	Processing of Food from Agricultural Products	1070.92	439.24	409.74
食品制造业	Manufacture of Foods	510.16	259.04	259.64
酒、饮料和精制茶制造业	Manufacture of Liquor, Beverage and Refined Tea	271.55	101.47	90.51
烟草制品业	Manufacture of Tobacco			
纺织业	Manufacture of Textile	312.89	142.05	160.54
纺织服装、服饰业	Manufacture of Textile Wearing and Clothing Apparel	219.48	60.73	50.72
皮革、毛皮、羽毛及其制品和制鞋业	Leather, Fur, Feather and Its Products and Footwear	152.55	60.27	55.10
木材加工和木、竹、藤、棕、草制品业	Processing of Timbers, Manufacture of Wood, Bamboo, Rattan, Palm and Straw Products	168.05	60.00	47.67
家具制造业	Manufacture of Furniture	91.94	32.32	32.34
造纸和纸制品业	Manufacture of Paper and Paper Products	154.13	49.61	54.11
印刷和记录媒介复制业	Printing, Reproduction of Recording Media	135.40	54.97	53.67
文教、工美、体育和娱乐用品制造业	Manufacture of Articles for Culture,Education and Sport Activity	137.01	63.24	49.75
石油、煤炭及其他燃料加工业	Processing of Petroleum, Coal and Other Fuels	57.03	24.29	23.40
化学原料和化学制品制造业	Manufacture of Chemical Raw Material and Chemical Products	898.91	325.98	315.90
医药制造业	Manufacture of Medicines	475.55	242.71	173.67
化学纤维制造业	Manufacture of Chemical Fiber	8.83	2.63	3.05
橡胶和塑料制品业	Manufacture of Rubber and Plastic	250.60	117.49	98.48
非金属矿物制品业	Manufacture of Non-metallic Mineral Products	1870.03	679.72	680.21
黑色金属冶炼和压延加工业	Manufacture and Processing of Ferrous Metals	84.62	35.69	41.28
有色金属冶炼和压延加工业	Manufacture and Processing of Non-ferrous Metals	631.65	375.20	354.29
金属制品业	Manufacture of Metal Products	716.61	320.36	349.94
通用设备制造业	Manufacture of General Purpose Machinery	745.46	441.77	352.56
专用设备制造业	Manufacture of Special Purpose Machinery	1178.48	646.38	591.01
汽车制造业	Automobile Industry	204.32	110.04	121.04
铁路、船舶、航空航天和其他运输设备制造业	Manufacture of Railway,Marine,Aerospace and Other Transport Equipment	158.65	93.87	77.51
电气机械和器材制造业	Manufacture of Electrical Machinery and Equipment	773.50	438.33	364.51
计算机、通信和其他电子设备制造业	Manufacture of Communication Equipment, Computer and Other Electronic Equipment	845.80	510.29	433.70
仪器仪表制造业	Manufacture of Measuring Instrument	133.59	76.55	58.92
其他制造业	Other Manufacture	63.70	18.40	18.07
废弃资源综合利用业	Utilization of Waste Resources	113.74	55.04	43.95
金属制品、机械和设备修理业	Mental Products,Machine and Equipment Repair	2.23	1.54	1.11
电力、热力生产和供应业	Production and Supply of Electric Power and Heat Power	267.82	62.75	161.97
燃气生产和供应业	Production and Distribution of Gas	26.23	6.99	15.24
水的生产和供应业	Production and Distribution of Water	46.06	10.91	24.54

13-6 续表 2 Continued

单位：亿元 (100 million yuan)

指 标	Item	实收资本 Paid-in Capital	所有者权益 Total Rights of Owners	营业收入 Revenue of Business
总计	**Total**	**3584.69**	**7457.93**	**26404.71**
在总计中：	Of the Total			
亏损企业	Enterprises Running under Deficit	225.72	357.57	755.59
在总计中：	Of the Total			
大型企业	Large Scale Enterprises	177.76	694.36	1933.32
中型企业	Medium Scale Enterprises	1133.98	2011.53	5549.10
小型企业	Small Enterprises	2166.12	4350.50	18087.59
微型企业	Microenterprise	106.84	401.54	834.69
按行业分	Grouped by Sector			
煤炭开采和洗选业	Mining and Washing of Coal	23.00	51.50	45.92
石油和天然气开采业	Petroleum and Natural Gas Extraction			
黑色金属矿采选业	Mining of Ferrous Metal Ores	5.79	17.09	21.46
有色金属矿采选业	Mining of Non-ferrous Metal Ores	54.13	68.54	133.70
非金属矿采选业	Mining and Processing of Nonmetal Ores	45.01	113.28	300.83
开采专业及辅助性活动	Professional and Support Activities for Mining			
其他采矿业	Other Mining and Dressing			
农副食品加工业	Processing of Food from Agricultural Products	290.45	661.18	2914.06
食品制造业	Manufacture of Foods	108.23	250.52	1319.52
酒、饮料和精制茶制造业	Manufacture of Liquor, Beverage and Refined Tea	78.74	181.04	554.53
烟草制品业	Manufacture of Tobacco			
纺织业	Manufacture of Textile	71.79	152.35	565.59
纺织服装、服饰业	Manufacture of Textile Wearing and Clothing Apparel	127.65	168.76	354.14
皮革、毛皮、羽毛及其制品和制鞋业	Leather, Fur, Feather and Its Products and Footwear	36.86	97.44	572.12
木材加工和木、竹、藤、棕、草制品业	Processing of Timbers, Manufacture of Wood, Bamboo, Rattan, Palm and Straw Products	50.65	120.35	680.89
家具制造业	Manufacture of Furniture	28.87	59.60	285.53
造纸和纸制品业	Manufacture of Paper and Paper Products	49.61	100.02	395.81
印刷和记录媒介复制业	Printing, Reproduction of Recording Media	27.44	81.73	388.83
文教、工美、体育和娱乐用品制造业	Manufacture of Articles for Culture,Education and Sport Activity	37.95	87.26	435.45
石油、煤炭及其他燃料加工业	Processing of Petroleum, Coal and Other Fuels	16.92	33.63	110.54
化学原料和化学制品制造业	Manufacture of Chemical Raw Material and Chemical Products	337.46	582.04	2024.22
医药制造业	Manufacture of Medicines	121.47	301.88	826.94
化学纤维制造业	Manufacture of Chemical Fiber	4.13	5.78	20.65
橡胶和塑料制品业	Manufacture of Rubber and Plastic	77.43	152.11	736.54
非金属矿物制品业	Manufacture of Non-metallic Mineral Products	752.49	1189.42	3078.87
黑色金属冶炼和压延加工业	Manufacture and Processing of Ferrous Metals	28.01	43.33	218.56
有色金属冶炼和压延加工业	Manufacture and Processing of Non-ferrous Metals	126.03	277.36	1428.99
金属制品业	Manufacture of Metal Products	168.64	366.68	1645.28
通用设备制造业	Manufacture of General Purpose Machinery	166.44	392.66	1462.44
专用设备制造业	Manufacture of Special Purpose Machinery	199.02	587.44	1599.05
汽车制造业	Automobile Industry	43.56	83.28	331.49
铁路、船舶、航空航天和其他运输设备制造业	Manufacture of Railway,Marine,Aerospace and Other Transport Equipment	30.24	81.15	215.45
电气机械和器材制造业	Manufacture of Electrical Machinery and Equipment	173.67	408.99	1340.43
计算机、通信和其他电子设备制造业	Manufacture of Communication Equipment, Computer and Other Electronic Equipment	152.01	412.09	1479.42
仪器仪表制造业	Manufacture of Measuring Instrument	28.58	74.53	149.07
其他制造业	Other Manufacture	22.96	45.62	209.36
废弃资源综合利用业	Utilization of Waste Resources	29.91	69.79	350.65
金属制品、机械和设备修理业	Mental Products,Machine and Equipment Repair	0.74	1.12	2.39
电力、热力生产和供应业	Production and Supply of Electric Power and Heat Power	48.75	105.85	115.54
燃气生产和供应业	Production and Distribution of Gas	6.56	11.00	57.06
水的生产和供应业	Production and Distribution of Water	13.49	21.51	33.38

13-6 续表 3 Continued

单位：亿元 (100 million yuan)

指 标	Item	营业成本 Cost of Business	利润总额 Total Profit
总计	**Total**	**21307.76**	**1607.27**
在总计中：	Of the Total		
亏损企业	Enterprises Running under Deficit	663.07	-49.88
在总计中：	Of the Total		
大型企业	Large Scale Enterprises	1507.59	139.36
中型企业	Medium Scale Enterprises	4310.23	409.11
小型企业	Small Enterprises	14786.53	1023.33
微型企业	Microenterprise	703.41	35.47
按行业分	Grouped by Sector		
煤炭开采和洗选业	Mining and Washing of Coal	36.56	2.73
石油和天然气开采业	Petroleum and Natural Gas Extraction		
黑色金属矿采选业	Mining of Ferrous Metal Ores	15.83	1.20
有色金属矿采选业	Mining of Non-ferrous Metal Ores	105.64	8.03
非金属矿采选业	Mining and Processing of Nonmetal Ores	228.58	21.47
开采专业及辅助性活动	Professional and Support Activities for Mining		
其他采矿业	Other Mining and Dressing		
农副食品加工业	Processing of Food from Agricultural Products	2439.62	121.50
食品制造业	Manufacture of Foods	1101.94	52.48
酒、饮料和精制茶制造业	Manufacture of Liquor, Beverage and Refined Tea	437.74	32.95
烟草制品业	Manufacture of Tobacco		
纺织业	Manufacture of Textile	482.01	20.62
纺织服装、服饰业	Manufacture of Textile Wearing and Clothing Apparel	279.54	23.30
皮革、毛皮、羽毛及其制品和制鞋业	Leather, Fur, Feather and Its Products and Footwear	474.34	42.82
木材加工和木、竹、藤、棕、草制品业	Processing of Timbers, Manufacture of Wood, Bamboo, Rattan, Palm and Straw Products	565.48	34.01
家具制造业	Manufacture of Furniture	227.42	19.29
造纸和纸制品业	Manufacture of Paper and Paper Products	307.13	26.94
印刷和记录媒介复制业	Printing, Reproduction of Recording Media	310.43	32.71
文教、工美、体育和娱乐用品制造业	Manufacture of Articles for Culture,Education and Sport Activity	352.82	26.26
石油、煤炭及其他燃料加工业	Processing of Petroleum, Coal and Other Fuels	91.21	7.43
化学原料和化学制品制造业	Manufacture of Chemical Raw Material and Chemical Products	1616.68	137.31
医药制造业	Manufacture of Medicines	568.69	62.78
化学纤维制造业	Manufacture of Chemical Fiber	17.86	0.66
橡胶和塑料制品业	Manufacture of Rubber and Plastic	606.86	37.74
非金属矿物制品业	Manufacture of Non-metallic Mineral Products	2414.73	212.45
黑色金属冶炼和压延加工业	Manufacture and Processing of Ferrous Metals	182.10	13.93
有色金属冶炼和压延加工业	Manufacture and Processing of Non-ferrous Metals	1206.03	98.02
金属制品业	Manufacture of Metal Products	1337.48	116.23
通用设备制造业	Manufacture of General Purpose Machinery	1208.57	70.30
专用设备制造业	Manufacture of Special Purpose Machinery	1206.42	123.61
汽车制造业	Automobile Industry	277.70	17.23
铁路、船舶、航空航天和其他运输设备制造业	Manufacture of Railway,Marine,Aerospace and Other Transport Equipment	172.32	14.71
电气机械和器材制造业	Manufacture of Electrical Machinery and Equipment	1106.43	72.77
计算机、通信和其他电子设备制造业	Manufacture of Communication Equipment, Computer and Other Electronic Equipment	1179.21	91.48
仪器仪表制造业	Manufacture of Measuring Instrument	112.32	12.72
其他制造业	Other Manufacture	177.26	15.07
废弃资源综合利用业	Utilization of Waste Resources	301.37	18.58
金属制品、机械和设备修理业	Mental Products,Machine and Equipment Repair	1.80	0.22
电力、热力生产和供应业	Production and Supply of Electric Power and Heat Power	82.93	12.97
燃气生产和供应业	Production and Distribution of Gas	48.88	2.07
水的生产和供应业	Production and Distribution of Water	25.87	2.67

13-6 续表 4 Continued

指 标	Item	本年应付职工薪酬（亿元）Total Sum of Wages Payable this Year (100 million yuan)	平均用工人数（万人）Annual Average Employees (10 000 persons)
总计	**Total**	**2105.52**	**216.90**
在总计中：	Of the Total		
亏损企业	Enterprises Running under Deficit	66.38	9.06
在总计中：	Of the Total		
大型企业	Large Scale Enterprises	263.71	18.70
中型企业	Medium Scale Enterprises	568.88	58.43
小型企业	Small Enterprises	1254.17	129.76
微型企业	Microenterprise	18.77	10.01
按行业分	Grouped by Sector		
煤炭开采和洗选业	Mining and Washing of Coal	6.96	1.09
石油和天然气开采业	Petroleum and Natural Gas Extraction		
黑色金属矿采选业	Mining of Ferrous Metal Ores	2.02	0.25
有色金属矿采选业	Mining of Non-ferrous Metal Ores	10.41	1.52
非金属矿采选业	Mining and Processing of Nonmetal Ores	19.62	2.57
开采专业及辅助性活动	Professional and Support Activities for Mining		
其他采矿业	Other Mining and Dressing		
农副食品加工业	Processing of Food from Agricultural Products	169.89	19.06
食品制造业	Manufacture of Foods	176.88	12.97
酒、饮料和精制茶制造业	Manufacture of Liquor, Beverage and Refined Tea	38.07	4.82
烟草制品业	Manufacture of Tobacco		
纺织业	Manufacture of Textile	46.21	4.67
纺织服装、服饰业	Manufacture of Textile Wearing and Clothing Apparel	38.66	5.30
皮革、毛皮、羽毛及其制品和制鞋业	Leather, Fur, Feather and Its Products and Footwear	52.43	6.78
木材加工和木、竹、藤、棕、草制品业	Processing of Timbers, Manufacture of Wood, Bamboo, Rattan, Palm and Straw Products	63.60	5.92
家具制造业	Manufacture of Furniture	21.81	2.49
造纸和纸制品业	Manufacture of Paper and Paper Products	29.28	3.27
印刷和记录媒介复制业	Printing, Reproduction of Recording Media	25.50	3.08
文教、工美、体育和娱乐用品制造业	Manufacture of Articles for Culture,Education and Sport Activity	39.75	4.02
石油、煤炭及其他燃料加工业	Processing of Petroleum, Coal and Other Fuels	6.17	0.67
化学原料和化学制品制造业	Manufacture of Chemical Raw Material and Chemical Products	189.79	20.67
医药制造业	Manufacture of Medicines	70.37	5.60
化学纤维制造业	Manufacture of Chemical Fiber	2.84	0.20
橡胶和塑料制品业	Manufacture of Rubber and Plastic	49.68	4.75
非金属矿物制品业	Manufacture of Non-metallic Mineral Products	245.98	30.05
黑色金属冶炼和压延加工业	Manufacture and Processing of Ferrous Metals	10.58	1.30
有色金属冶炼和压延加工业	Manufacture and Processing of Non-ferrous Metals	120.89	7.07
金属制品业	Manufacture of Metal Products	102.23	11.31
通用设备制造业	Manufacture of General Purpose Machinery	106.86	10.26
专用设备制造业	Manufacture of Special Purpose Machinery	133.37	10.62
汽车制造业	Automobile Industry	23.86	2.99
铁路、船舶、航空航天和其他运输设备制造业	Manufacture of Railway,Marine,Aerospace and Other Transport Equipment	14.36	1.61
电气机械和器材制造业	Manufacture of Electrical Machinery and Equipment	107.09	10.49
计算机、通信和其他电子设备制造业	Manufacture of Communication Equipment, Computer and Other Electronic Equipment	122.04	13.88
仪器仪表制造业	Manufacture of Measuring Instrument	13.90	1.23
其他制造业	Other Manufacture	23.48	4.02
废弃资源综合利用业	Utilization of Waste Resources	7.50	1.01
金属制品、机械和设备修理业	Mental Products,Machine and Equipment Repair	0.28	0.04
电力、热力生产和供应业	Production and Supply of Electric Power and Heat Power	9.08	0.87
燃气生产和供应业	Production and Distribution of Gas	1.65	0.19
水的生产和供应业	Production and Distribution of Water	2.43	0.26

13-6 续表 5 Continued

单位：%　　(%)

指　标	Item	总资产贡献率 Ratio of Total Assets to Industrial Output Value	成本费用利润率 Ratio of Profits to Industrial Cost	资产负债率 Assets-Liability Ratio
总计	**Total**	**17.89**	**6.60**	**43.32**
在总计中：	Of the Total			
亏损企业	Enterprises Running under Deficit	-2.32	-6.37	66.97
在总计中：	Of the Total			
大型企业	Large Scale Enterprises	11.26	8.03	58.28
中型企业	Medium Scale Enterprises	18.14	8.12	38.05
小型企业	Small Enterprises	20.30	6.09	42.01
微型企业	Microenterprise	7.35	4.49	46.15
按行业分	Grouped by Sector			
煤炭开采和洗选业	Mining and Washing of Coal	5.50	6.66	36.89
石油和天然气开采业	Petroleum and Natural Gas Extraction			
黑色金属矿采选业	Mining of Ferrous Metal Ores	8.18	6.11	53.45
有色金属矿采选业	Mining of Non-ferrous Metal Ores	15.53	6.57	30.95
非金属矿采选业	Mining and Processing of Nonmetal Ores	20.37	7.84	31.95
开采专业及辅助性活动	Professional and Support Activities for Mining			
其他采矿业	Other Mining and Dressing			
农副食品加工业	Processing of Food from Agricultural Products	17.00	4.40	38.26
食品制造业	Manufacture of Foods	15.32	4.17	50.89
酒、饮料和精制茶制造业	Manufacture of Liquor, Beverage and Refined Tea	16.52	6.40	33.33
烟草制品业	Manufacture of Tobacco			
纺织业	Manufacture of Textile	10.18	3.81	51.31
纺织服装、服饰业	Manufacture of Textile Wearing and Clothing Apparel	14.30	7.14	23.11
皮革、毛皮、羽毛及其制品和制鞋业	Leather, Fur, Feather and Its Products and Footwear	34.58	8.15	36.12
木材加工和木、竹、藤、棕、草制品业	Processing of Timbers, Manufacture of Wood, Bamboo, Rattan, Palm and Straw Products	28.58	5.37	28.37
家具制造业	Manufacture of Furniture	31.14	7.47	35.17
造纸和纸制品业	Manufacture of Paper and Paper Products	26.29	7.41	35.11
印刷和记录媒介复制业	Printing, Reproduction of Recording Media	30.82	9.34	39.64
文教、工美、体育和娱乐用品制造业	Manufacture of Articles for Culture,Education and Sport Activity	27.29	6.59	36.31
石油、煤炭及其他燃料加工业	Processing of Petroleum, Coal and Other Fuels	17.08	7.28	41.03
化学原料和化学制品制造业	Manufacture of Chemical Raw Material and Chemical Products	24.19	7.45	35.14
医药制造业	Manufacture of Medicines	20.26	8.35	36.52
化学纤维制造业	Manufacture of Chemical Fiber	11.17	3.32	34.55
橡胶和塑料制品业	Manufacture of Rubber and Plastic	22.73	5.50	39.30
非金属矿物制品业	Manufacture of Non-metallic Mineral Products	16.90	7.54	36.37
黑色金属冶炼和压延加工业	Manufacture and Processing of Ferrous Metals	25.16	6.90	48.79
有色金属冶炼和压延加工业	Manufacture and Processing of Non-ferrous Metals	21.77	7.54	56.09
金属制品业	Manufacture of Metal Products	22.74	7.68	48.83
通用设备制造业	Manufacture of General Purpose Machinery	14.74	5.14	47.29
专用设备制造业	Manufacture of Special Purpose Machinery	14.80	8.67	50.15
汽车制造业	Automobile Industry	12.86	5.53	59.24
铁路、船舶、航空航天和其他运输设备制造业	Manufacture of Railway,Marine,Aerospace and Other Transport Equipment	13.00	7.36	48.85
电气机械和器材制造业	Manufacture of Electrical Machinery and Equipment	13.25	5.82	47.12
计算机、通信和其他电子设备制造业	Manufacture of Communication Equipment, Computer and Other Electronic Equipment	14.06	6.82	51.28
仪器仪表制造业	Manufacture of Measuring Instrument	13.57	9.31	44.11
其他制造业	Other Manufacture	28.53	7.81	28.37
废弃资源综合利用业	Utilization of Waste Resources	38.18	5.73	38.64
金属制品、机械和设备修理业	Mental Products,Machine and Equipment Repair	13.94	10.13	49.65
电力、热力生产和供应业	Production and Supply of Electric Power and Heat Power	7.51	12.71	60.48
燃气生产和供应业	Production and Distribution of Gas	14.81	3.79	58.09
水的生产和供应业	Production and Distribution of Water	8.89	8.79	53.29

13-7 外商投资和港澳台投资工业企业主要经济指标（2021年）
Main Indicators of Industrial Enterprises with Hong Kong, Taiwan and Foreign Funds (2021)

单位：个 (unit)

指 标	Item	企业单位数 Number of Enterprises	亏损企业 Loss-making Enterprises
总计	**Total**	**475**	**74**
在总计中：	Of the Total		
亏损企业	Enterprises Running under Deficit	74	74
在总计中：	Of the Total		
大型企业	Large Scale Enterprises	29	2
中型企业	Medium Scale Enterprises	132	23
小型企业	Small Enterprises	282	42
微型企业	Microenterprise	32	7
按行业分	Grouped by Sector		
煤炭开采和洗选业	Mining and Washing of Coal		
石油和天然气开采业	Petroleum and Natural Gas Extraction		
黑色金属矿采选业	Mining of Ferrous Metal Ores		
有色金属矿采选业	Mining of Non-ferrous Metal Ores	1	1
非金属矿采选业	Mining and Processing of Nonmetal Ores	2	
开采专业及辅助性活动	Professional and Support Activities for Mining		
其他采矿业	Other Mining and Dressing		
农副食品加工业	Processing of Food from Agricultural Products	31	3
食品制造业	Manufacture of Foods	14	1
酒、饮料和精制茶制造业	Manufacture of Liquor, Beverage and Refined Tea	19	1
烟草制品业	Manufacture of Tobacco		
纺织业	Manufacture of Textile	4	1
纺织服装、服饰业	Manufacture of Textile Wearing and Clothing Apparel	13	3
皮革、毛皮、羽毛及其制品和制鞋业	Leather, Fur, Feather and Its Products and Footwear	35	6
木材加工和木、竹、藤、棕、草制品业	Processing of Timbers, Manufacture of Wood, Bamboo, Rattan, Palm and Straw Products	3	
家具制造业	Manufacture of Furniture	4	
造纸和纸制品业	Manufacture of Paper and Paper Products	5	1
印刷和记录媒介复制业	Printing, Reproduction of Recording Media	9	
文教、工美、体育和娱乐用品制造业	Manufacture of Articles for Culture,Education and Sport Activity	21	2
石油、煤炭及其他燃料加工业	Processing of Petroleum, Coal and Other Fuels		
化学原料和化学制品制造业	Manufacture of Chemical Raw Material and Chemical Products	25	
医药制造业	Manufacture of Medicines	6	2
化学纤维制造业	Manufacture of Chemical Fiber	2	
橡胶和塑料制品业	Manufacture of Rubber and Plastic	16	1
非金属矿物制品业	Manufacture of Non-metallic Mineral Products	29	1
黑色金属冶炼和压延加工业	Manufacture and Processing of Ferrous Metals		
有色金属冶炼和压延加工业	Manufacture and Processing of Non-ferrous Metals	8	2
金属制品业	Manufacture of Metal Products	7	1
通用设备制造业	Manufacture of General Purpose Machinery	27	1
专用设备制造业	Manufacture of Special Purpose Machinery	13	5
汽车制造业	Automobile Industry	44	22
铁路、船舶、航空航天和其他运输设备制造业	Manufacture of Railway,Marine,Aerospace and Other Transport Equipment	11	3
电气机械和器材制造业	Manufacture of Electrical Machinery and Equipment	13	1
计算机、通信和其他电子设备制造业	Manufacture of Communication Equipment, Computer and Other Electronic Equipment	46	8
仪器仪表制造业	Manufacture of Measuring Instrument	4	
其他制造业	Other Manufacture	2	
废弃资源综合利用业	Utilization of Waste Resources	4	1
金属制品、机械和设备修理业	Mental Products,Machine and Equipment Repair	1	
电力、热力生产和供应业	Production and Supply of Electric Power and Heat Power	26	5
燃气生产和供应业	Production and Distribution of Gas	17	1
水的生产和供应业	Production and Distribution of Water	13	1

13−7 续表 1 Continued

单位：亿元 (100 million yuan)

指 标	Item	资产总计 Total Assets	流动资产合 计 Circulating Funds	负债合计 Total Liabilities
总计	**Total**	**3991.93**	**1586.34**	**1784.77**
在总计中：	Of the Total			
亏损企业	Enterprises Running under Deficit	507.03	256.46	338.67
在总计中：	Of the Total			
大型企业	Large Scale Enterprises	2379.73	821.12	1124.80
中型企业	Medium Scale Enterprises	982.70	467.42	474.08
小型企业	Small Enterprises	581.89	273.85	155.90
微型企业	Microenterprise	47.61	23.96	29.99
按行业分	Grouped by Sector			
煤炭开采和洗选业	Mining and Washing of Coal			
石油和天然气开采业	Petroleum and Natural Gas Extraction			
黑色金属矿采选业	Mining of Ferrous Metal Ores			
有色金属矿采选业	Mining of Non-ferrous Metal Ores	2.03	0.75	4.63
非金属矿采选业	Mining and Processing of Nonmetal Ores	1.50	0.97	0.68
开采专业及辅助性活动	Professional and Support Activities for Mining			
其他采矿业	Other Mining and Dressing			
农副食品加工业	Processing of Food from Agricultural Products	165.83	104.17	71.05
食品制造业	Manufacture of Foods	94.10	64.40	42.46
酒、饮料和精制茶制造业	Manufacture of Liquor, Beverage and Refined Tea	54.29	29.58	22.54
烟草制品业	Manufacture of Tobacco			
纺织业	Manufacture of Textile	2.23	1.37	1.41
纺织服装、服饰业	Manufacture of Textile Wearing and Clothing Apparel	6.04	1.98	1.32
皮革、毛皮、羽毛及其制品和制鞋业	Leather, Fur, Feather and Its Products and Footwear	52.44	23.19	24.17
木材加工和木、竹、藤、棕、草制品业	Processing of Timbers, Manufacture of Wood, Bamboo, Rattan, Palm and Straw Products	1.57	1.00	0.08
家具制造业	Manufacture of Furniture	3.03	0.77	1.51
造纸和纸制品业	Manufacture of Paper and Paper Products	37.77	26.52	16.91
印刷和记录媒介复制业	Printing, Reproduction of Recording Media	30.59	17.67	9.03
文教、工美、体育和娱乐用品制造业	Manufacture of Articles for Culture,Education and Sport Activity	14.72	9.92	9.74
石油、煤炭及其他燃料加工业	Processing of Petroleum, Coal and Other Fuels			
化学原料和化学制品制造业	Manufacture of Chemical Raw Material and Chemical Products	116.35	58.17	32.81
医药制造业	Manufacture of Medicines	20.65	13.13	4.65
化学纤维制造业	Manufacture of Chemical Fiber	3.95	2.01	1.58
橡胶和塑料制品业	Manufacture of Rubber and Plastic	52.76	22.98	20.10
非金属矿物制品业	Manufacture of Non-metallic Mineral Products	158.88	52.13	59.06
黑色金属冶炼和压延加工业	Manufacture and Processing of Ferrous Metals			
有色金属冶炼和压延加工业	Manufacture and Processing of Non-ferrous Metals	12.37	6.91	7.40
金属制品业	Manufacture of Metal Products	22.73	13.44	15.62
通用设备制造业	Manufacture of General Purpose Machinery	75.92	38.50	33.79
专用设备制造业	Manufacture of Special Purpose Machinery	254.28	128.82	94.33
汽车制造业	Automobile Industry	513.90	255.55	281.58
铁路、船舶、航空航天和其他运输设备制造业	Manufacture of Railway,Marine,Aerospace and Other Transport Equipment	24.61	15.63	14.28
电气机械和器材制造业	Manufacture of Electrical Machinery and Equipment	70.05	50.27	41.32
计算机、通信和其他电子设备制造业	Manufacture of Communication Equipment, Computer and Other Electronic Equipment	1205.99	507.36	411.98
仪器仪表制造业	Manufacture of Measuring Instrument	4.15	2.08	1.58
其他制造业	Other Manufacture	0.50	0.37	0.41
废弃资源综合利用业	Utilization of Waste Resources	28.49	8.13	11.46
金属制品、机械和设备修理业	Mental Products,Machine and Equipment Repair	0.74	0.71	0.52
电力、热力生产和供应业	Production and Supply of Electric Power and Heat Power	785.77	79.29	433.45
燃气生产和供应业	Production and Distribution of Gas	129.63	38.15	90.58
水的生产和供应业	Production and Distribution of Water	44.06	10.42	22.77

13-7 续表 2 Continued

单位：亿元 (100 million yuan)

指 标	Item	实收资本 Paid-in Capital	所有者权益 Total Rights of Owners	营业收入 Revenue of Business
总计	**Total**	**960.65**	**2204.53**	**2947.60**
在总计中：	Of the Total			
亏损企业	Enterprises Running under Deficit	235.35	168.36	321.43
在总计中：	Of the Total			
大型企业	Large Scale Enterprises	538.47	1254.93	1299.65
中型企业	Medium Scale Enterprises	239.01	508.62	932.35
小型企业	Small Enterprises	177.35	425.98	686.71
微型企业	Microenterprise	5.81	15.00	28.89
按行业分	Grouped by Sector			
煤炭开采和洗选业	Mining and Washing of Coal			
石油和天然气开采业	Petroleum and Natural Gas Extraction			
黑色金属矿采选业	Mining of Ferrous Metal Ores			
有色金属矿采选业	Mining of Non-ferrous Metal Ores	2.23	-2.59	0.71
非金属矿采选业	Mining and Processing of Nonmetal Ores	0.40	0.82	2.00
开采专业及辅助性活动	Professional and Support Activities for Mining			
其他采矿业	Other Mining and Dressing			
农副食品加工业	Processing of Food from Agricultural Products	22.45	94.77	173.21
食品制造业	Manufacture of Foods	13.32	51.65	98.86
酒、饮料和精制茶制造业	Manufacture of Liquor, Beverage and Refined Tea	11.38	29.14	91.30
烟草制品业	Manufacture of Tobacco			
纺织业	Manufacture of Textile	0.15	0.82	1.71
纺织服装、服饰业	Manufacture of Textile Wearing and Clothing Apparel	2.68	4.72	19.12
皮革、毛皮、羽毛及其制品和制鞋业	Leather, Fur, Feather and Its Products and Footwear	15.46	28.27	172.26
木材加工和木、竹、藤、棕、草制品业	Processing of Timbers, Manufacture of Wood, Bamboo, Rattan, Palm and Straw Products	0.42	1.49	10.42
家具制造业	Manufacture of Furniture	0.30	1.52	4.72
造纸和纸制品业	Manufacture of Paper and Paper Products	15.07	20.86	45.51
印刷和记录媒介复制业	Printing, Reproduction of Recording Media	9.73	21.56	29.86
文教、工美、体育和娱乐用品制造业	Manufacture of Articles for Culture,Education and Sport Activity	3.82	4.98	60.67
石油、煤炭及其他燃料加工业	Processing of Petroleum, Coal and Other Fuels			
化学原料和化学制品制造业	Manufacture of Chemical Raw Material and Chemical Products	25.30	83.53	137.28
医药制造业	Manufacture of Medicines	5.52	16.00	10.14
化学纤维制造业	Manufacture of Chemical Fiber	1.51	2.37	6.72
橡胶和塑料制品业	Manufacture of Rubber and Plastic	23.62	32.66	49.37
非金属矿物制品业	Manufacture of Non-metallic Mineral Products	45.97	99.83	90.29
黑色金属冶炼和压延加工业	Manufacture and Processing of Ferrous Metals			
有色金属冶炼和压延加工业	Manufacture and Processing of Non-ferrous Metals	6.95	4.97	74.32
金属制品业	Manufacture of Metal Products	7.52	7.11	20.54
通用设备制造业	Manufacture of General Purpose Machinery	18.94	42.14	116.99
专用设备制造业	Manufacture of Special Purpose Machinery	6.42	159.95	229.69
汽车制造业	Automobile Industry	191.37	232.32	573.18
铁路、船舶、航空航天和其他运输设备制造业	Manufacture of Railway,Marine,Aerospace and Other Transport Equipment	7.84	10.33	22.28
电气机械和器材制造业	Manufacture of Electrical Machinery and Equipment	13.29	28.73	53.00
计算机、通信和其他电子设备制造业	Manufacture of Communication Equipment, Computer and Other Electronic Equipment	320.73	794.01	539.56
仪器仪表制造业	Manufacture of Measuring Instrument	0.53	2.57	2.77
其他制造业	Other Manufacture	0.11	0.09	2.19
废弃资源综合利用业	Utilization of Waste Resources	8.26	17.04	13.08
金属制品、机械和设备修理业	Mental Products,Machine and Equipment Repair	0.24	0.23	1.50
电力、热力生产和供应业	Production and Supply of Electric Power and Heat Power	152.84	352.32	192.48
燃气生产和供应业	Production and Distribution of Gas	10.64	39.05	90.65
水的生产和供应业	Production and Distribution of Water	15.05	21.30	11.18

13-7 续表 3 Continued

单位：亿元 (100 million yuan)

指　标	Item	营业成本 Cost of Business	利润总额 Total Profit
总计	**Total**	**2396.73**	**168.32**
在总计中：	Of the Total		
亏损企业	Enterprises Running under Deficit	317.51	-54.75
在总计中：	Of the Total		
大型企业	Large Scale Enterprises	1026.95	82.86
中型企业	Medium Scale Enterprises	768.85	47.60
小型企业	Small Enterprises	577.55	35.05
微型企业	Microenterprise	23.38	2.81
按行业分	Grouped by Sector		
煤炭开采和洗选业	Mining and Washing of Coal		
石油和天然气开采业	Petroleum and Natural Gas Extraction		
黑色金属矿采选业	Mining of Ferrous Metal Ores		
有色金属矿采选业	Mining of Non-ferrous Metal Ores	0.80	-0.37
非金属矿采选业	Mining and Processing of Nonmetal Ores	1.22	0.25
开采专业及辅助性活动	Professional and Support Activities for Mining		
其他采矿业	Other Mining and Dressing		
农副食品加工业	Processing of Food from Agricultural Products	155.62	11.04
食品制造业	Manufacture of Foods	75.96	12.20
酒、饮料和精制茶制造业	Manufacture of Liquor, Beverage and Refined Tea	70.25	10.14
烟草制品业	Manufacture of Tobacco		
纺织业	Manufacture of Textile	1.36	0.03
纺织服装、服饰业	Manufacture of Textile Wearing and Clothing Apparel	16.30	0.97
皮革、毛皮、羽毛及其制品和制鞋业	Leather, Fur, Feather and Its Products and Footwear	151.42	6.19
木材加工和木、竹、藤、棕、草制品业	Processing of Timbers, Manufacture of Wood, Bamboo, Rattan, Palm and Straw Products	7.93	1.96
家具制造业	Manufacture of Furniture	4.16	0.09
造纸和纸制品业	Manufacture of Paper and Paper Products	41.30	2.42
印刷和记录媒介复制业	Printing, Reproduction of Recording Media	22.38	4.19
文教、工美、体育和娱乐用品制造业	Manufacture of Articles for Culture,Education and Sport Activity	51.32	1.61
石油、煤炭及其他燃料加工业	Processing of Petroleum, Coal and Other Fuels		
化学原料和化学制品制造业	Manufacture of Chemical Raw Material and Chemical Products	102.37	19.84
医药制造业	Manufacture of Medicines	3.23	1.92
化学纤维制造业	Manufacture of Chemical Fiber	5.77	0.41
橡胶和塑料制品业	Manufacture of Rubber and Plastic	42.66	1.76
非金属矿物制品业	Manufacture of Non-metallic Mineral Products	69.48	5.69
黑色金属冶炼和压延加工业	Manufacture and Processing of Ferrous Metals		
有色金属冶炼和压延加工业	Manufacture and Processing of Non-ferrous Metals	65.04	1.87
金属制品业	Manufacture of Metal Products	15.73	0.96
通用设备制造业	Manufacture of General Purpose Machinery	94.68	11.11
专用设备制造业	Manufacture of Special Purpose Machinery	187.33	24.45
汽车制造业	Automobile Industry	473.62	3.22
铁路、船舶、航空航天和其他运输设备制造业	Manufacture of Railway,Marine,Aerospace and Other Transport Equipment	20.30	-0.18
电气机械和器材制造业	Manufacture of Electrical Machinery and Equipment	42.23	2.62
计算机、通信和其他电子设备制造业	Manufacture of Communication Equipment, Computer and Other Electronic Equipment	431.36	29.53
仪器仪表制造业	Manufacture of Measuring Instrument	1.76	0.37
其他制造业	Other Manufacture	2.06	0.01
废弃资源综合利用业	Utilization of Waste Resources	5.76	5.19
金属制品、机械和设备修理业	Mental Products,Machine and Equipment Repair	1.44	0.01
电力、热力生产和供应业	Production and Supply of Electric Power and Heat Power	148.83	1.31
燃气生产和供应业	Production and Distribution of Gas	76.18	5.32
水的生产和供应业	Production and Distribution of Water	6.89	2.18

13-7 续表 4 Continued

指 标	Item	本年应付职工薪酬（亿元）Total Sum of Wages Payable this Year (100 million yuan)	平均用工人数（万人）Annual Average Employees (10 000 persons)
总计	**Total**	**332.10**	**28.61**
在总计中：	Of the Total		
亏损企业	Enterprises Running under Deficit	40.60	2.71
在总计中：	Of the Total		
大型企业	Large Scale Enterprises	176.92	15.72
中型企业	Medium Scale Enterprises	98.86	8.62
小型企业	Small Enterprises	51.91	4.07
微型企业	Microenterprise	4.41	0.20
按行业分	Grouped by Sector		
煤炭开采和洗选业	Mining and Washing of Coal		
石油和天然气开采业	Petroleum and Natural Gas Extraction		
黑色金属矿采选业	Mining of Ferrous Metal Ores		
有色金属矿采选业	Mining of Non-ferrous Metal Ores	0.48	0.05
非金属矿采选业	Mining and Processing of Nonmetal Ores	0.18	0.02
开采专业及辅助性活动	Professional and Support Activities for Mining		
其他采矿业	Other Mining and Dressing		
农副食品加工业	Processing of Food from Agricultural Products	7.97	0.61
食品制造业	Manufacture of Foods	10.79	0.78
酒、饮料和精制茶制造业	Manufacture of Liquor, Beverage and Refined Tea	6.22	0.57
烟草制品业	Manufacture of Tobacco		
纺织业	Manufacture of Textile	0.28	0.04
纺织服装、服饰业	Manufacture of Textile Wearing and Clothing Apparel	3.38	0.36
皮革、毛皮、羽毛及其制品和制鞋业	Leather, Fur, Feather and Its Products and Footwear	40.18	3.98
木材加工和木、竹、藤、棕、草制品业	Processing of Timbers, Manufacture of Wood, Bamboo, Rattan, Palm and Straw Products	0.21	0.03
家具制造业	Manufacture of Furniture	0.57	0.07
造纸和纸制品业	Manufacture of Paper and Paper Products	2.01	0.16
印刷和记录媒介复制业	Printing, Reproduction of Recording Media	4.41	0.39
文教、工美、体育和娱乐用品制造业	Manufacture of Articles for Culture,Education and Sport Activity	7.11	0.79
石油、煤炭及其他燃料加工业	Processing of Petroleum, Coal and Other Fuels		
化学原料和化学制品制造业	Manufacture of Chemical Raw Material and Chemical Products	11.16	0.72
医药制造业	Manufacture of Medicines	1.17	0.11
化学纤维制造业	Manufacture of Chemical Fiber	0.69	0.10
橡胶和塑料制品业	Manufacture of Rubber and Plastic	4.42	0.47
非金属矿物制品业	Manufacture of Non-metallic Mineral Products	10.14	0.93
黑色金属冶炼和压延加工业	Manufacture and Processing of Ferrous Metals		
有色金属冶炼和压延加工业	Manufacture and Processing of Non-ferrous Metals	1.48	0.18
金属制品业	Manufacture of Metal Products	6.67	0.15
通用设备制造业	Manufacture of General Purpose Machinery	9.63	0.56
专用设备制造业	Manufacture of Special Purpose Machinery	14.24	0.59
汽车制造业	Automobile Industry	39.92	2.11
铁路、船舶、航空航天和其他运输设备制造业	Manufacture of Railway,Marine,Aerospace and Other Transport Equipment	4.35	0.31
电气机械和器材制造业	Manufacture of Electrical Machinery and Equipment	6.65	0.64
计算机、通信和其他电子设备制造业	Manufacture of Communication Equipment, Computer and Other Electronic Equipment	109.07	12.36
仪器仪表制造业	Manufacture of Measuring Instrument	0.31	0.04
其他制造业	Other Manufacture	0.34	0.08
废弃资源综合利用业	Utilization of Waste Resources	1.80	0.13
金属制品、机械和设备修理业	Mental Products,Machine and Equipment Repair	1.29	0.14
电力、热力生产和供应业	Production and Supply of Electric Power and Heat Power	17.86	0.56
燃气生产和供应业	Production and Distribution of Gas	5.37	0.42
水的生产和供应业	Production and Distribution of Water	1.75	0.16

13-7 续表 5 Continued

单位：%　　　　(%)

指　标	Item	总资产贡献率 Ratio of Total Assets to Industrial Output Value	成本费用利润率 Ratio of Profits to Industrial Cost	资产负债率 Assets-Liability Ratio
总计	**Total**	**7.31**	**6.21**	**44.71**
在总计中：	Of the Total			
亏损企业	Enterprises Running under Deficit	-7.40	-15.36	66.79
在总计中：	Of the Total			
大型企业	Large Scale Enterprises	6.19	7.08	47.27
中型企业	Medium Scale Enterprises	7.63	5.46	48.24
小型企业	Small Enterprises	11.33	5.44	26.79
微型企业	Microenterprise	7.43	10.94	62.99
按行业分	Grouped by Sector			
煤炭开采和洗选业	Mining and Washing of Coal			
石油和天然气开采业	Petroleum and Natural Gas Extraction			
黑色金属矿采选业	Mining of Ferrous Metal Ores			
有色金属矿采选业	Mining of Non-ferrous Metal Ores	-17.02	-35.02	227.30
非金属矿采选业	Mining and Processing of Nonmetal Ores	22.48	14.64	45.13
开采专业及辅助性活动	Professional and Support Activities for Mining			
其他采矿业	Other Mining and Dressing			
农副食品加工业	Processing of Food from Agricultural Products	8.93	6.57	42.85
食品制造业	Manufacture of Foods	17.04	14.01	45.12
酒、饮料和精制茶制造业	Manufacture of Liquor, Beverage and Refined Tea	24.28	12.73	41.51
烟草制品业	Manufacture of Tobacco			
纺织业	Manufacture of Textile	4.36	1.78	63.19
纺织服装、服饰业	Manufacture of Textile Wearing and Clothing Apparel	21.85	5.41	21.83
皮革、毛皮、羽毛及其制品和制鞋业	Leather, Fur, Feather and Its Products and Footwear	17.50	3.75	46.09
木材加工和木、竹、藤、棕、草制品业	Processing of Timbers, Manufacture of Wood, Bamboo, Rattan, Palm and Straw Products	126.96	23.25	5.13
家具制造业	Manufacture of Furniture	4.11	1.94	49.76
造纸和纸制品业	Manufacture of Paper and Paper Products	7.92	5.57	44.78
印刷和记录媒介复制业	Printing, Reproduction of Recording Media	18.14	16.45	29.53
文教、工美、体育和娱乐用品制造业	Manufacture of Articles for Culture,Education and Sport Activity	16.92	2.89	66.15
石油、煤炭及其他燃料加工业	Processing of Petroleum, Coal and Other Fuels			
化学原料和化学制品制造业	Manufacture of Chemical Raw Material and Chemical Products	20.29	16.65	28.20
医药制造业	Manufacture of Medicines	12.93	23.52	22.50
化学纤维制造业	Manufacture of Chemical Fiber	13.88	6.49	40.09
橡胶和塑料制品业	Manufacture of Rubber and Plastic	4.45	3.71	38.09
非金属矿物制品业	Manufacture of Non-metallic Mineral Products	6.31	6.78	37.17
黑色金属冶炼和压延加工业	Manufacture and Processing of Ferrous Metals			
有色金属冶炼和压延加工业	Manufacture and Processing of Non-ferrous Metals	62.62	2.67	59.86
金属制品业	Manufacture of Metal Products	7.55	4.93	68.72
通用设备制造业	Manufacture of General Purpose Machinery	16.76	10.69	44.50
专用设备制造业	Manufacture of Special Purpose Machinery	12.35	11.91	37.10
汽车制造业	Automobile Industry	3.79	0.61	54.79
铁路、船舶、航空航天和其他运输设备制造业	Manufacture of Railway,Marine,Aerospace and Other Transport Equipment	1.16	-0.81	58.04
电气机械和器材制造业	Manufacture of Electrical Machinery and Equipment	6.11	5.25	58.99
计算机、通信和其他电子设备制造业	Manufacture of Communication Equipment, Computer and Other Electronic Equipment	3.97	5.89	34.16
仪器仪表制造业	Manufacture of Measuring Instrument	12.33	15.50	38.12
其他制造业	Other Manufacture	16.29	0.42	82.15
废弃资源综合利用业	Utilization of Waste Resources	22.33	62.41	40.21
金属制品、机械和设备修理业	Mental Products,Machine and Equipment Repair	27.82	0.61	69.38
电力、热力生产和供应业	Production and Supply of Electric Power and Heat Power	5.28	0.72	55.16
燃气生产和供应业	Production and Distribution of Gas	5.99	6.24	69.88
水的生产和供应业	Production and Distribution of Water	6.24	24.41	51.67

13-8 规模以上大中型工业企业主要经济指标及在工业中的地位(2021年)

Main Indicators of Large and Medium-sized Industrial Enterprises above Designated Size & Percentage of Industry Total (2021)

指 标	Item	企业单位数（个）Number of Enterprises (unit)	在工业中的地位（%）Status in Industry (%)	平均用工人数（万人）Annual Average Employees (10 000 persons)	在工业中的地位（%）Status in Industry (%)
总计	**Total**	**1682**	**8.7**	**152.9**	**48.2**
按登记注册类型:	**Grouped by Registration**				
内资企业	Internal-invested Enterprises	1521	8.1	128.56	44.6
国有企业	State-owned Enterprises	35	22.7	10.02	85.2
集体企业	Collective-owned Enterprises	10	17.0	0.75	57.7
股份合作企业	Enterprises Cooperated by Joint-stock	1	20.0	0.04	44.4
联营企业	Cooperative Enterprises	1	16.7	0.05	62.5
有限责任公司	Limited Liability Company	301	16.5	29.51	64.7
股份有限公司	Company Limited by Shares	77	35.3	10.78	87.0
私营企业	Individual-owned Enterprises	1095	6.6	77.14	35.6
其他企业	Enterprises of Other Types of Ownership	1	33.3	0.28	96.6
港、澳、台投资企业	Enterprises Funded by Entrepreneurs From Hong Kong, Macao and Taiwan	85	32.0	17.86	88.1
外商投资企业	Enterprises funded by Foreigners	76	36.4	6.48	77.7
按经济组织类型:	**Grouped by Ownership**				
独资企业	Enterprises Owned by a Sole Investor	172	17.9	21.31	70.6
合作、合伙企业	Enterprises of Partnership	37	11.7	2.6	46.4
股份有限公司	Company Limited by Shares	174	23.8	26.82	80.4
有限责任公司	Limited Liability Company	1299	7.5	102.17	41.2
按行业划分:	**Grouped by Sector**				
煤炭开采和洗选业	Mining and Washing of Coal	26	21.3	2.16	77.1
石油和天然气开采业	Petroleum and Natural Gas Extraction				
黑色金属矿采选业	Mining of Ferrous Metal Ores	2	7.1	0.11	35.5
有色金属矿采选业	Mining of Non-ferrous Metal Ores	26	24.5	2.02	71.4
非金属矿采选业	Mining and Processing of Nonmetal Ores	12	3.6	0.5	16.1
开采专业及辅助性活动	Professional and Support Activities for Mining				
其他采矿业	Other Mining and Dressing				

13-8 续表 1 Continued

指 标	Item	企业单位数 (个) Number of Enterprises (unit)	在工业中的地位 (%) Status in Industry (%)	平均用工人数 (万人) Annual Average Employees (10 000 persons)	在工业中的地位 (%) Status in Industry (%)
农副食品加工业	Processing of Food from Agricultural Products	98	5.5	7.14	32.0
食品制造业	Manufacture of Foods	55	9.4	8.58	57.2
酒、饮料和精制茶制造业	Manufacture of Liquor, Beverage and Refined Tea	28	4.8	1.73	26.4
烟草制品业	Manufacture of Tobacco	5	71.4	1.12	95.7
纺织业	Manufacture of Textile	52	18.3	3.26	59.8
纺织服装、服饰业	Manufacture of Textile Wearing and Clothing Apparel	42	12.6	2.78	45.9
皮革、毛皮、羽毛及其制品和制鞋业	Leather, Fur, Feather and Its Products and Footwear	66	9.0	6.18	55.3
木材加工和木、竹、藤、棕、草制品业	Processing of Timbers, Manufacture of Wood, Bamboo, Rattan, Palm and Straw Products	31	6.7	1.79	29.2
家具制造业	Manufacture of Furniture	11	4.4	0.56	21.3
造纸和纸制品业	Manufacture of Paper and Paper Products	26	9.6	1.70	41.9
印刷和记录媒介复制业	Printing,Reproduction of Recording Media	26	9.1	1.38	35.0
文教、工美、体育和娱乐用品制造业	Manufacture of Articles for Culture, Education and Sport Activity	30	8.1	1.66	32.7
石油、煤炭及其他燃料加工业	Processing of Petroleum, Coal and Other Fuels	7	6.6	1.16	63.7
化学原料和化学制品制造业	Manufacture of Chemical Raw Material and Chemical Products	154	10.6	8.49	35.2
医药制造业	Manufacture of Medicines	55	12.6	3.81	46.4
化学纤维制造业	Manufacture of Chemical Fiber	4	20.0	0.21	46.7
橡胶和塑料制品业	Manufacture of Rubber and Plastic	26	4.6	1.43	24.3
非金属矿物制品业	Manufacture of Non-metallic Mineral Products	199	7.0	12.83	36.1
黑色金属冶炼和压延加工业	Manufacture and Processing of Ferrous Metals	12	9.2	2.81	70.4
有色金属冶炼和压延加工业	Manufacture and Processing of Non-ferrous Metals	48	11.2	5.29	48.7
金属制品业	Manufacture of Metal Products	65	5.6	3.79	29.2
通用设备制造业	Manufacture of General Purpose Machinery	77	7.1	6.34	42.8
专用设备制造业	Manufacture of Special Purpose Machinery	75	7.8	6.75	48.0
汽车制造业	Automobile Industry	49	11.7	6.40	65.4
铁路、船舶、航空航天和其他运输	Manufacture of Railway, Marine, Aerospace and Other	32	14.9	5.32	75.7
电气机械和器材制造业	Manufacture of Electrical Machinery and Equipment	95	10.5	6.9	48.7
计算机、通信和其他电子设备制造业	Manufacture of Communication Equipment, Computer	145	15.8	24.10	75.2
仪器仪表制造业	Manufacture of Measuring Instrument	15	8.9	0.73	39.7
其他制造业	Other Manufacture	12	11.8	3.26	76.0
废弃资源综合利用业	Utilization of Waste Resources	5	2.7	0.19	14.2
金属制品、机械和设备修理业	Mental Products,Machine and Equipment Repair	2	28.6	0.21	84.0
电力、热力生产和供应业	Production and Supply of Electric Power and Heat Power	40	10.3	8.62	76.7
燃气生产和供应业	Production and Distribution of Gas	7	10.0	0.40	48.2
水的生产和供应业	Production and Distribution of Water	22	12.7	1.22	42.1

13-8 续表 2 Continued

指 标	Item	固定资产原价（亿元）Original Value of Fixed Assets (100 million yuan)	在工业中的地位（%）Status in Industry (%)	利润总额（亿元）Total Profits (100 million yuan)	在工业中的地位（%）Status in Industry (%)
总计	**Total**	**11587.41**	**61.2**	**1314.06**	**50.2**
按登记注册类型:	**Grouped by Registration**				
内资企业	Internal-invested Enterprises	9504.36	57.9	1183.60	48.3
国有企业	State-owned Enterprises	3047.44	92.1	114.72	94.2
集体企业	Collective-owned Enterprises	10.28	42.5	1.50	49.8
股份合作企业	Enterprises Cooperated by Joint-stock	0.74	18.8	0.09	30.0
联营企业	Cooperative Enterprises	0.19	6.2	0.35	33.3
有限责任公司	Limited Liability Company	3219.76	64.3	346.31	65.9
股份有限公司	Company Limited by Shares	1082.65	86.0	167.42	89.8
私营企业	Individual-owned Enterprises	2140.52	31.5	548.47	34.1
其他企业	Enterprises of Other Types of Ownership	2.78	96.9	4.74	97.7
港、澳、台投资企业	Enterprises Funded by Entrepreneurs From Hong Kong, Macao and Taiwan	1410.5	86.1	93.76	84.5
外商投资企业	Enterprises funded by Foreigners	672.56	74.4	36.70	64.1
按经济组织类型:	**Grouped by Ownership**				
独资企业	Enterprises Owned by a Sole Investor	3408.13	86.4	183.43	76.5
合作、合伙企业	Enterprises of Partnership	51.18	42.4	10.86	35.3
股份有限公司	Company Limited by Shares	1533.59	79.4	280.82	80.1
有限责任公司	Limited Liability Company	6594.52	50.9	838.94	42.0
按行业划分:	**Grouped by Sector**				
煤炭开采和洗选业	Mining and Washing of Coal	57.11	54.7	3.44	62.3
石油和天然气开采业	Petroleum and Natural Gas Extraction				
黑色金属矿采选业	Mining of Ferrous Metal Ores	1.37	7.9	0.51	28.8
有色金属矿采选业	Mining of Non-ferrous Metal Ores	141.32	76.1	5.20	40.7
非金属矿采选业	Mining and Processing of Nonmetal Ores	38.46	25.9	4.64	12.2
开采专业及辅助性活动	Professional and Support Activities for Mining				
其他采矿业	Other Mining and Dressing				

13-8 续表 3 Continued

指 标	Item	固定资产原价（亿元）Original Value of Fixed Assets (100 million yuan)	在工业中的地位（%）Status in Industry (%)	利润总额（亿元）Total Profits (100 million yuan)	在工业中的地位（%）Status in Industry (%)
农副食品加工业	Processing of Food from Agricultural Products	260.37	31.9	36.8	25.2
食品制造业	Manufacture of Foods	193.26	48.4	35.58	54.3
酒、饮料和精制茶制造业	Manufacture of Liquor, Beverage and Refined Tea	71.95	25.6	27.35	41.8
烟草制品业	Manufacture of Tobacco	264.34	97.7	99.69	99.9
纺织业	Manufacture of Textile	139.03	64.6	9.14	40.7
纺织服装、服饰业	Manufacture of Textile Wearing and Clothing Apparel	37.98	40.7	6.54	26.6
皮革、毛皮、羽毛及其制品和制鞋业	Leather, Fur, Feather and Its Products and Footwear	55.04	39.7	10.98	22.2
木材加工和木、竹、藤、棕、草制品业	Processing of Timbers, Manufacture of Wood, Bamboo, Rattan, Palm and Straw Products	34.23	23.1	9.33	24.6
家具制造业	Manufacture of Furniture	13	23.0	3.58	18.1
造纸和纸制品业	Manufacture of Paper and Paper Products	161.17	62.8	12.13	36.4
印刷和记录媒介复制业	Printing,Reproduction of Recording Media	53.75	42.1	19.16	49.6
文教、工美、体育和娱乐用品制造业	Manufacture of Articles for Culture, Education and Sport Activity	20.22	24.6	8.99	30.7
石油、煤炭及其他燃料加工业	Processing of Petroleum, Coal and Other Fuels	375.2	91.8	18.73	77.9
化学原料和化学制品制造业	Manufacture of Chemical Raw Material and Chemical Products	257.26	34.8	66.58	35.6
医药制造业	Manufacture of Medicines	155.75	45.5	55.38	59.5
化学纤维制造业	Manufacture of Chemical Fiber	43.19	81.1	2.92	80.0
橡胶和塑料制品业	Manufacture of Rubber and Plastic	60.47	32.5	12.25	26.3
非金属矿物制品业	Manufacture of Non-metallic Mineral Products	491.94	33.2	90.94	32.0
黑色金属冶炼和压延加工业	Manufacture and Processing of Ferrous Metals	866.79	94.4	100.66	89.3
有色金属冶炼和压延加工业	Manufacture and Processing of Non-ferrous Metals	522.88	74.8	77.08	51.7
金属制品业	Manufacture of Metal Products	239.36	45.1	55.81	41.9
通用设备制造业	Manufacture of General Purpose Machinery	230.94	45.9	110.6	65.8
专用设备制造业	Manufacture of Special Purpose Machinery	382.59	60.0	129.77	72.4
汽车制造业	Automobile Industry	590.76	79.9	-5.62	-91.2
铁路、船舶、航空航天和其他运输	Manufacture of Railway, Marine, Aerospace and Other	340.32	83.4	52.84	83.6
电气机械和器材制造业	Manufacture of Electrical Machinery and Equipment	309.81	50.6	47.51	48.2
计算机、通信和其他电子设备制造业	Manufacture of Communication Equipment, Computer	812.82	80.2	157.77	75.0
仪器仪表制造业	Manufacture of Measuring Instrument	22.92	35.1	18.46	63.9
其他制造业	Other Manufacture	15.66	37.2	7.89	45.8
废弃资源综合利用业	Utilization of Waste Resources	17.23	18.7	4.77	18.0
金属制品、机械和设备修理业	Mental Products,Machine and Equipment Repair	2.29	67.2	0.58	69.9
电力、热力生产和供应业	Production and Supply of Electric Power and Heat Power	3958.8	71.9	3.67	5.9
燃气生产和供应业	Production and Distribution of Gas	88.65	57.3	4.47	39.8
水的生产和供应业	Production and Distribution of Water	259.2	55.5	7.95	36.2

13-9 规模以上中小微型工业企业主要经济指标及在工业中的地位(2021年)
Main Indicators of Small and Medium-sized Micro Industrial Enterprises above Designated Size & Percentage of Industry Total (2021)

指 标	Item	企业单位数 (个) Number of Enterprises (unit)	在工业中的地位(%) Status in Industry (%)	平均用工人数 (万人) Annual Average Employees (10 000 persons)	在工业中的地位(%) Status in Industry (%)
总计	**Total**	**19116**	**99.0**	**250.11**	**78.9**
按登记注册类型:	**Grouped by Registration**				
内资企业	Internal-invested Enterprises	18670	99.2	237.22	82.3
国有企业	State-owned Enterprises	145	94.2	3.11	26.4
集体企业	Collective-owned Enterprises	59	100.0	1.30	100.0
股份合作企业	Enterprises Cooperated by Joint-stock	5	100.0	0.09	100.0
联营企业	Cooperative Enterprises	6	100.0	0.08	100.0
有限责任公司	Limited Liability Company	1767	97.0	30.25	66.3
股份有限公司	Company Limited by Shares	188	86.2	4.18	33.7
私营企业	Individual-owned Enterprises	16498	99.6	198.20	91.4
其他企业	Enterprises of Other Types of Ownership	2	66.7	0.01	3.4
港、澳、台投资企业	Enterprises Funded by Entrepreneurs from Hong Kong, Macao and Taiwan	249	93.6	7.11	35.1
外商投资企业	Enterprises funded by Foreigners	197	94.3	5.78	69.3
按经济组织类型:	**Grouped by Ownership**				
独资企业	Enterprises Owned by a Sole Investor	936	97.4	17.92	59.3
合作、合伙企业	Enterprises of Partnership	315	99.7	5.32	95.0
股份有限公司	Company Limited by Shares	684	93.6	13.85	41.5
有限责任公司	Limited Liability Company	17181	99.4	213.01	85.9
按行业划分:	**Grouped by Sector**				
煤炭开采和洗选业	Mining and Washing of Coal	121	99.2	2.62	93.6
石油和天然气开采业	Petroleum and Natural Gas Extraction				
黑色金属矿采选业	Mining of Ferrous Metal Ores	28	100.0	0.31	100.0
有色金属矿采选业	Mining of Non-ferrous Metal Ores	101	95.3	2.21	78.1
非金属矿采选业	Mining and Processing of Nonmetal Ores	334	100.0	3.10	100.0
开采专业及辅助性活动	Professional and Support Activities for Mining				
其他采矿业	Other Mining and Dressing				

13–9 续表 1 Continued

指 标	Item	企业单位数（个）Number of Enterprises (unit)	在工业中的地位（%）Status in Industry (%)	平均用工人数（万人）Annual Average Employees (10 000 persons)	在工业中的地位（%）Status in Industry (%)
农副食品加工业	Processing of Food from Agricultural Products	1767	99.3	20.09	90.0
食品制造业	Manufacture of Foods	572	97.8	9.18	61.2
酒、饮料和精制茶制造业	Manufacture of Liquor, Beverage and Refined Tea	583	99.3	6.04	92.2
烟草制品业	Manufacture of Tobacco	6	85.7	0.34	29.1
纺织业	Manufacture of Textile	280	98.2	4.83	88.6
纺织服装、服饰业	Manufacture of Textile Wearing and Clothing Apparel	334	100.0	6.06	100.0
皮革、毛皮、羽毛及其制品和制鞋业	Leather, Fur, Feather and Its Products and Footwear	722	98.8	8.74	78.2
木材加工和木、竹、藤、棕、草制品业	Processing of Timbers, Manufacture of Wood, Bamboo, Rattan, Palm and Straw Products	462	100.0	6.13	100.0
家具制造业	Manufacture of Furniture	250	100.0	2.63	100.0
造纸和纸制品业	Manufacture of Paper and Paper Products	269	99.6	3.63	89.4
印刷和记录媒介复制业	Printing,Reproduction of Recording Media	285	100.0	3.94	100.0
文教、工美、体育和娱乐用品制造业	Manufacture of Articles for Culture, Education and Sport Activity	368	99.7	4.98	98.0
石油、煤炭及其他燃料加工业	Processing of Petroleum, Coal and Other Fuels	104	98.1	1.03	56.6
化学原料和化学制品制造业	Manufacture of Chemical Raw Material and Chemical Products	1442	99.5	23.35	96.8
医药制造业	Manufacture of Medicines	427	97.9	6.99	85.1
化学纤维制造业	Manufacture of Chemical Fiber	20	100.0	0.45	100.0
橡胶和塑料制品业	Manufacture of Rubber and Plastic	567	99.6	5.62	95.4
非金属矿物制品业	Manufacture of Non-metallic Mineral Products	2855	99.8	34.17	96.2
黑色金属冶炼和压延加工业	Manufacture and Processing of Ferrous Metals	126	96.2	1.51	37.8
有色金属冶炼和压延加工业	Manufacture and Processing of Non-ferrous Metals	419	98.1	8.58	78.9
金属制品业	Manufacture of Metal Products	1168	99.7	12.16	93.8
通用设备制造业	Manufacture of General Purpose Machinery	1074	98.9	11.90	80.4
专用设备制造业	Manufacture of Special Purpose Machinery	949	98.8	11.03	78.4
汽车制造业	Automobile Industry	407	96.9	5.51	56.3
铁路、船舶、航空航天和其他运输	Manufacture of Railway, Marine, Aerospace and Other	203	94.4	2.71	38.5
电气机械和器材制造业	Manufacture of Electrical Machinery and Equipment	891	98.9	12.11	85.4
计算机、通信和其他电子设备制造业	Manufacture of Communication Equipment, Computer	897	97.6	14.97	46.7
仪器仪表制造业	Manufacture of Measuring Instrument	168	100.0	1.84	100.0
其他制造业	Other Manufacture	100	98.0	1.89	44.1
废弃资源综合利用业	Utilization of Waste Resources	184	100.0	1.34	100.0
金属制品、机械和设备修理业	Mental Products,Machine and Equipment Repair	7	100.0	0.25	100.0
电力、热力生产和供应业	Production and Supply of Electric Power and Heat Power	384	98.7	4.32	38.4
燃气生产和供应业	Production and Distribution of Gas	70	100.0	0.83	100.0
水的生产和供应业	Production and Distribution of Water	172	99.4	2.73	94.1

13-9 续表 2 Continued

指 标	Item	固定资产原价（亿元）Original Value of Fixed Assets (100 million yuan)	在工业中的地位（%）Status in Industry (%)	利润总额（亿元）Total Profits (100 million yuan)	在工业中的地位（%）Status in Industry (%)
总计	**Total**	**11446.63**	**60.4**	**1958.45**	**74.8**
按登记注册类型：	**Grouped by Registration**				
内资企业	Internal-invested Enterprises	10405.96	63.4	1872.99	76.4
国有企业	State-owned Enterprises	397.65	12.0	16.21	13.3
集体企业	Collective-owned Enterprises	24.21	100.0	3.01	100.0
股份合作企业	Enterprises Cooperated by Joint-stock	3.94	100.0	0.30	100.0
联营企业	Cooperative Enterprises	3.06	100.0	1.05	100.0
有限责任公司	Limited Liability Company	3235.28	64.6	333.90	63.6
股份有限公司	Company Limited by Shares	394.81	31.4	50.49	27.1
私营企业	Individual-owned Enterprises	6346.92	93.4	1467.91	91.3
其他企业	Enterprises of Other Types of Ownership	0.09	3.1	0.12	2.5
港、澳、台投资企业	Enterprises Funded by Entrepreneurs From Hong Kong, Macao and Taiwan	405.85	24.8	35.01	31.5
外商投资企业	Enterprises Funded by Foreigners	634.82	70.2	50.45	88.0
按经济组织类型：	**Grouped by Ownership**				
独资企业	Enterprises Owned by a Sole Investor	897.50	22.7	107.02	44.6
合作、合伙企业	Enterprises of Partnership	117.94	97.7	26.05	84.6
股份有限公司	Company Limited by Shares	828.24	42.9	141.79	40.5
有限责任公司	Limited Liability Company	9602.96	74.2	1683.59	84.3
按行业划分：	**Grouped by Sector**				
煤炭开采和洗选业	Mining and Washing of Coal	101.72	97.3	5.01	90.8
石油和天然气开采业	Petroleum and Natural Gas Extraction				
黑色金属矿采选业	Mining of Ferrous Metal Ores	17.33	100.0	1.77	100.0
有色金属矿采选业	Mining of Non-ferrous Metal Ores	114.67	61.7	9.20	72.0
非金属矿采选业	Mining and Processing of Nonmetal Ores	148.33	100.0	38.00	100.0
开采专业及辅助性活动	Professional and Support Activities for Mining				
其他采矿业	Other Mining and Dressing	0.26	100.0	0.01	100.0

13-9 续表 3 Continued

指 标	Item	固定资产原价（亿元）Original Value of Fixed Assets (100 million yuan)	在工业中的地位（%）Status in Industry (%)	利润总额（亿元）Total Profits (100 million yuan)	在工业中的地位（%）Status in Industry (%)
农副食品加工业	Processing of Food from Agricultural Products	770.99	94.4	136.47	93.5
食品制造业	Manufacture of Foods	327.93	82.2	50.31	76.7
酒、饮料和精制茶制造业	Manufacture of Liquor, Beverage and Refined Tea	255.87	90.9	47.63	72.8
烟草制品业	Manufacture of Tobacco	33.99	12.6	1.01	1.0
纺织业	Manufacture of Textile	189.29	88.0	20.62	91.8
纺织服装、服饰业	Manufacture of Textile Wearing and Clothing Apparel	93.40	100.0	24.61	100.0
皮革、毛皮、羽毛及其制品和制鞋业	Leather, Fur, Feather and Its Products and Footwear	117.94	85.0	44.80	90.7
木材加工和木、竹、藤、棕、草制品业	Processing of Timbers, Manufacture of Wood, Bamboo, Rattan, Palm and Straw Products	148.26	100.0	37.91	100.0
家具制造业	Manufacture of Furniture	56.61	100.0	19.74	100.0
造纸和纸制品业	Manufacture of Paper and Paper Products	126.51	49.3	29.55	88.6
印刷和记录媒介复制业	Printing,Reproduction of Recording Media	127.58	100.0	38.65	100.0
文教、工美、体育和娱乐用品制造业	Manufacture of Articles for Culture, Education and Sport Activity	80.06	97.4	28.32	96.7
石油、煤炭及其他燃料加工业	Processing of Petroleum, Coal and Other Fuels	87.07	21.3	11.29	47.0
化学原料和化学制品制造业	Manufacture of Chemical Raw Material and Chemical Products	669.81	90.7	170.14	91.0
医药制造业	Manufacture of Medicines	296.34	86.5	75.38	81.0
化学纤维制造业	Manufacture of Chemical Fiber	53.23	100.0	3.65	100.0
橡胶和塑料制品业	Manufacture of Rubber and Plastic	152.82	82.2	45.44	97.4
非金属矿物制品业	Manufacture of Non-metallic Mineral Products	1451.33	97.9	278.37	98.1
黑色金属冶炼和压延加工业	Manufacture and Processing of Ferrous Metals	89.51	9.7	15.85	14.1
有色金属冶炼和压延加工业	Manufacture and Processing of Non-ferrous Metals	507.08	72.5	113.33	75.9
金属制品业	Manufacture of Metal Products	456.48	86.0	124.55	93.5
通用设备制造业	Manufacture of General Purpose Machinery	372.17	74.0	92.49	55.0
专用设备制造业	Manufacture of Special Purpose Machinery	379.60	59.6	81.82	45.6
汽车制造业	Automobile Industry	314.86	42.6	21.79	353.7
铁路、船舶、航空航天和其他运输	Manufacture of Railway, Marine, Aerospace and Other	106.94	26.2	18.23	28.8
电气机械和器材制造业	Manufacture of Electrical Machinery and Equipment	500.53	81.7	80.62	81.7
计算机、通信和其他电子设备制造业	Manufacture of Communication Equipment, Computer	419.17	41.3	127.94	60.8
仪器仪表制造业	Manufacture of Measuring Instrument	65.37	100.0	28.89	100.0
其他制造业	Other Manufacture	30.85	73.2	13.79	80.0
废弃资源综合利用业	Utilization of Waste Resources	92.38	100.0	26.46	100.0
金属制品、机械和设备修理业	Mental Products,Machine and Equipment Repair	3.41	100.0	0.83	100.0
电力、热力生产和供应业	Production and Supply of Electric Power and Heat Power	2141.77	38.9	60.36	96.9
燃气生产和供应业	Production and Distribution of Gas	154.62	100.0	11.22	100.0
水的生产和供应业	Production and Distribution of Water	390.80	83.7	22.41	101.9

13−10 规模以上非公有制工业主要经济指标及在工业中的地位(2021年)
Main Indicators of Non-public Industrial Enterprises above Designated Size & Percentage of Industry Total (2021)

指 标	Item	企业单位数 (个) Number of Enterprises (unit)	在工业中的地位 (%) Status in Industry (%)	平均用工人数 (万人) Annual Average Employees (10 000 persons)	在工业中的地位 (%) Status in Industry (%)
总计	**Total**	**18289**	**94.8**	**269.86**	**85.1**
按登记注册类型:	**Grouped by Registration**				
内资企业	Internal-invested Enterprises	17836	94.7	242.41	84.1
股份合作企业	Enterprises Cooperated by Joint-stock	2	40.0	0.03	33.3
联营企业	Cooperative Enterprises				
有限责任公司	Limited Liability Company	1140	62.6	21.47	47.1
股份有限公司	Company Limited by Shares	134	61.5	3.79	30.6
私营企业	Individual-owned Enterprises	16558	100.0	216.84	100.0
其他企业	Enterprises of Other Types of Ownership	2	66.7	0.28	96.6
港、澳、台投资企业	Enterprises Funded by Entrepreneurs from Hong Kong, Macao and Taiwan	255	95.9	19.84	97.9
外商投资企业	Enterprises Funded by Foreigners	198	94.7	7.62	91.4
按经济组织类型:	**Grouped by Ownership**				
独资企业	Enterprises Owned by a Sole Investor	748	77.8	17.14	56.8
合作、合伙企业	Enterprises of Partnership	303	95.9	5.44	97.1
股份有限公司	Company Limited by Shares	647	88.5	24.76	74.2
有限责任公司	Limited Liability Company	16591	95.9	222.52	89.8
按行业划分:	**Grouped by Sector**				
煤炭开采和洗选业	Mining and Washing of Coal	100	82.0	1.09	38.9
石油和天然气开采业	Petroleum and Natural Gas Extraction				
黑色金属矿采选业	Mining of Ferrous Metal Ores	26	92.9	0.26	83.9
有色金属矿采选业	Mining of Non-ferrous Metal Ores	85	80.2	1.83	64.7
非金属矿采选业	Mining and Processing of Nonmetal Ores	316	94.6	2.84	91.6
开采专业及辅助性活动	Professional and Support Activities for Mining				
其他采矿业	Other Mining and Dressing				

13—10 续表 1 Continued

指 标	Item	企业单位数（个）Number of Enterprises (unit)	在工业中的地位（%）Status in Industry (%)	平均用工人数（万人）Annual Average Employees (10 000 persons)	在工业中的地位（%）Status in Industry (%)
农副食品加工业	Processing of Food from Agricultural Products	1728	97.1	21.09	94.4
食品制造业	Manufacture of Foods	566	96.8	14.46	96.4
酒、饮料和精制茶制造业	Manufacture of Liquor, Beverage and Refined Tea	574	97.8	6.01	91.8
烟草制品业	Manufacture of Tobacco				
纺织业	Manufacture of Textile	278	97.5	5.16	94.7
纺织服装、服饰业	Manufacture of Textile Wearing and Clothing Apparel	329	98.5	6.00	99.0
皮革、毛皮、羽毛及其制品和制鞋业	Leather, Fur, Feather and Its Products and Footwear	728	99.6	11.05	98.9
木材加工和木、竹、藤、棕、草制品业	Processing of Timbers,Manufacture of Wood, Bamboo, Rattan, Palm and Straw Products	458	99.1	6.07	99.0
家具制造业	Manufacture of Furniture	250	100.0	2.63	100.0
造纸和纸制品业	Manufacture of Paper and Paper Products	261	96.7	3.50	86.2
印刷和记录媒介复制业	Printing,Reproduction of Recording Media	275	96.5	3.56	90.4
文教、工美、体育和娱乐用品制造业	Manufacture of Articles for Culture, Education and Sport Activity	366	99.2	4.99	98.2
石油、煤炭及其他燃料加工业	Processing of Petroleum, Coal and Other Fuels	99	93.4	0.77	42.3
化学原料和化学制品制造业	Manufacture of Chemical Raw Material and Chemical Products	1397	96.4	22.57	93.6
医药制造业	Manufacture of Medicines	414	95.0	7.46	90.9
化学纤维制造业	Manufacture of Chemical Fiber	17	85.0	0.31	68.9
橡胶和塑料制品业	Manufacture of Rubber and Plastic	561	98.6	5.67	96.3
非金属矿物制品业	Manufacture of Non-metallic Mineral Products	2767	96.7	33.47	94.3
黑色金属冶炼和压延加工业	Manufacture and Processing of Ferrous Metals	121	92.4	1.38	34.6
有色金属冶炼和压延加工业	Manufacture and Processing of Non-ferrous Metals	387	90.6	8.19	75.3
金属制品业	Manufacture of Metal Products	1152	98.3	12.18	93.9
通用设备制造业	Manufacture of General Purpose Machinery	1046	96.3	12.20	82.4
专用设备制造业	Manufacture of Special Purpose Machinery	920	95.7	12.50	88.8
汽车制造业	Automobile Industry	382	91.0	7.61	77.7
铁路、船舶、航空航天和其他运输设备制造业	Manufacture of Railway,Marine,Aerospace and Other Transport Equipment	176	81.9	1.97	28.0
电气机械和器材制造业	Manufacture of Electrical Machinery and Equipment	871	96.7	12.98	91.5
计算机、通信和其他电子设备制造业	Manufacture of Communication Equipment, Computer and Other Electronic Equipment	888	96.6	29.85	93.2
仪器仪表制造业	Manufacture of Measuring Instrument	158	94.0	1.65	89.7
其他制造业	Other Manufacture	99	97.1	4.14	96.5
废弃资源综合利用业	Utilization of Waste Resources	178	96.7	1.26	94.0
金属制品、机械和设备修理业	Mental Products,Machine and Equipment Repair	6	85.7	0.19	76.0
电力、热力生产和供应业	Production and Supply of Electric Power and Heat Power	185	47.6	1.51	13.4
燃气生产和供应业	Production and Distribution of Gas	57	81.4	0.72	86.7
水的生产和供应业	Production and Distribution of Water	68	39.3	0.72	24.8

13-10 续表 2 Continued

指 标	Item	固定资产原价（亿元）Original Value of Fixed Assets (100 million yuan)	在工业中的地位（%）Status in Industry (%)	利润总额（亿元）Total Profits (100 million yuan)	在工业中的地位（%）Status in Industry (%)
总计	**Total**	**9450.74**	**49.9**	**2033.84**	**77.7**
按登记注册类型:	**Grouped by Registration**				
内资企业	Internal-invested Enterprises	8001.25	48.8	1876.65	76.6
股份合作企业	Enterprises Cooperated by Joint-stock	2.63	66.8	0.06	20.0
联营企业	Cooperative Enterprises				
有限责任公司	Limited Liability Company	1040.14	20.8	215.80	41.1
股份有限公司	Company Limited by Shares	161.04	12.8	51.29	27.5
私营企业	Individual-owned Enterprises	6794.67	100.0	1604.77	99.8
其他企业	Enterprises of Other Types of Ownership	2.78	96.9	4.74	97.7
港、澳、台投资企业	Enterprises Funded by Entrepreneurs from Hong Kong, Macao and Taiwan	850.[illegible]8	51.9	96.72	87.1
外商投资企业	Enterprises Funded by Foreigners	599.30	66.3	60.46	105.5
按经济组织类型:	**Grouped by Ownership**				
独资企业	Enterprises Owned by a Sole Investor	613.34	15.6	114.99	48.0
合作、合伙企业	Enterprises of Partnership	108.24	89.7	30.02	97.5
股份有限公司	Company Limited by Shares	833.53	43.2	215.25	61.4
有限责任公司	Limited Liability Company	7895.03	61.0	1673.58	83.8
按行业划分:	**Grouped by Sector**				
煤炭开采和洗选业	Mining and Washing of Coal	55.07	52.7	2.73	49.5
石油和天然气开采业	Petroleum and Natural Gas Extraction				
黑色金属矿采选业	Mining of Ferrous Metal Ores	16.95	97.8	1.40	79.1
有色金属矿采选业	Mining of Non-ferrous Metal Ores	64.99	35.0	8.92	69.9
非金属矿采选业	Mining and Processing of Nonmetal Ores	129 10	87.0	24.22	63.7
开采专业及辅助性活动	Professional and Support Activities for Mining				
其他采矿业	Other Mining and Dressing				

13-10 续表 3 Continued

指 标	Item	固定资产原价(亿元) Original Value of Fixed Assets (100 million yuan)	在工业中的地位(%) Status in Industry (%)	利润总额(亿元) Total Profits (100 million yuan)	在工业中的地位(%) Status in Industry (%)
农副食品加工业	Processing of Food from Agricultural Products	774.65	94.8	142.43	97.6
食品制造业	Manufacture of Foods	373.14	93.5	65.52	99.9
酒、饮料和精制茶制造业	Manufacture of Liquor, Beverage and Refined Tea	246.07	87.4	52.30	79.9
烟草制品业	Manufacture of Tobacco				
纺织业	Manufacture of Textile	207.14	96.3	22.44	100.0
纺织服装、服饰业	Manufacture of Textile Wearing and Clothing Apparel	92.22	98.7	24.28	98.7
皮革、毛皮、羽毛及其制品和制鞋业	Leather, Fur, Feather and Its Products and Footwear	134.12	96.7	49.24	99.7
木材加工和木、竹、藤、棕、草制品业	Processing of Timbers,Manufacture of Wood, Bamboo, Rattan, Palm and Straw Products	147.10	99.2	37.33	98.5
家具制造业	Manufacture of Furniture	56.61	100.0	19.74	100.0
造纸和纸制品业	Manufacture of Paper and Paper Products	123.77	48.2	29.42	88.2
印刷和记录媒介复制业	Printing,Reproduction of Recording Media	104.58	82.0	34.77	90.0
文教、工美、体育和娱乐用品制造业	Manufacture of Articles for Culture, Education and Sport Activity	79.92	97.2	28.81	98.4
石油、煤炭及其他燃料加工业	Processing of Petroleum, Coal and Other Fuels	57.91	14.2	9.87	41.1
化学原料和化学制品制造业	Manufacture of Chemical Raw Material and Chemical Products	601.35	81.4	167.65	89.6
医药制造业	Manufacture of Medicines	310.65	90.7	83.08	89.3
化学纤维制造业	Manufacture of Chemical Fiber	7.73	14.5	1.12	30.7
橡胶和塑料制品业	Manufacture of Rubber and Plastic	181.04	97.4	46.08	98.8
非金属矿物制品业	Manufacture of Non-metallic Mineral Products	1160.31	78.3	236.18	83.2
黑色金属冶炼和压延加工业	Manufacture and Processing of Ferrous Metals	65.22	7.1	14.45	12.8
有色金属冶炼和压延加工业	Manufacture and Processing of Non-ferrous Metals	293.21	41.9	105.58	70.7
金属制品业	Manufacture of Metal Products	477.24	89.9	127.73	95.9
通用设备制造业	Manufacture of General Purpose Machinery	383.99	76.3	100.42	59.7
专用设备制造业	Manufacture of Special Purpose Machinery	552.02	86.6	163.09	90.9
汽车制造业	Automobile Industry	481.22	65.0	32.47	527.1
铁路、船舶、航空航天和其他运输	Manufacture of Railway, Marine, Aerospace and Other	76.14	18.7	12.76	20.2
电气机械和器材制造业	Manufacture of Electrical Machinery and Equipment	534.60	87.2	96.45	97.8
计算机、通信和其他电子设备制造业	Manufacture of Communication Equipment, Computer	877.97	86.6	175.13	83.3
仪器仪表制造业	Manufacture of Measuring Instrument	56.09	85.8	26.73	92.5
其他制造业	Other Manufacture	39.33	93.4	15.25	88.5
废弃资源综合利用业	Utilization of Waste Resources	90.06	97.5	26.35	99.6
金属制品、机械和设备修理业	Mental Products,Machine and Equipment Repair	1.33	39.0	0.26	31.3
电力、热力生产和供应业	Production and Supply of Electric Power and Heat Power	416.62	7.6	29.13	46.8
燃气生产和供应业	Production and Distribution of Gas	128.03	82.8	8.94	79.7
水的生产和供应业	Production and Distribution of Water	53.29	11.4	11.58	52.7

13-11 规模以上工业主要产品产量
Output of Industrial Products above Designated Size

产 品		Item		2000	2010	2020	2021
化学纤维	（万吨）	Chemical Fiber	(10 000 tons)	7.79	4.55	6.95	4.65
纱（混合数）	（万吨）	Yarn	(10 000 tons)	16.63	78.53	102.60	104.19
布（混合数）	（亿米）	Cloth	(100 million m)	3.41	4.65	1.31	1.04
棉布	（亿米）	Cotton Cloth	(100 million m)	0.70	2.91	0.81	0.64
毛巾	（万条）	Towel	(10 000 cartons)	5394.00	111605.57	107729.00	46186.50
服装	（万件）	Clothes	(10 000 pieces)	1151.00	28574.94	133316.68	46037.49
麻袋	（万条）	Gunny-bag	(10 000 cartons)	339.75	361.94	611.70	623.69
纸浆	（万吨）	Paper Pulp	(10 000 tons)	31.90	127.76	56.82	70.49
机制纸及纸板	（万吨）	Machine-made Paper and Paper Boards	(10 000 tons)	70.07	384.63	316.10	343.75
日用玻璃制品	（万吨）	Household Glass Product	(10 000 tons)	5.40	23.93	44.76	37.86
玻璃保温容器	（万个）	Glass Insulated Container	(10 000 units)	1300.69	22479.00	2879.05	4570.60
合成洗涤剂	（万吨）	Synthetic Detergents	(10 000 tons)	8.12	36.30	32.15	27.17
铅酸蓄电池	（万千伏安时）	Lead-acid Dry Cell	(10 000 kva)	0.57	60.12	357.89	406.16
大米	（万吨）	Rice	(10 000 tons)	102.40	829.09	1732.23	1908.10
原盐	（万吨）	Salt	(10 000 tons)	72.93	228.56	330.46	332.75
成品糖	（万吨）	Refined Sugar	(10 000 tons)	4.44	0.40	0.29	0.28
卷烟	（万箱）	Cigarettes	(10 000 cases)	230.43	350.55	324.99	328.83
罐头	（万吨）	Canned Food	(10 000 tons)	4.21	92.28	90.39	77.76
软饮料	（万吨）	Soft Drinks	(10 000 tons)	12.40	141.45	778.31	948.59

13-11 续表 1 Continued

产 品		Item		2000	2010	2020	2021
饮料酒	（万千升）	Liquor	(10 000 kiloliter)	30.21	123.10	110.07	88.14
白酒（商品量）		Spirit		3.76	12.95	13.31	11.76
啤酒		Beer		26.42	104.10	66.64	69.76
乳制品	（吨）	Dairy Products	(ton)	5577.00	182554.00	283528.26	478209.71
食用植物油	（万吨）	Edible Vegetable Oil	(10 000 tons)	20.14	219.31	310.39	287.23
化学药品原药	（吨）	Chemical Medicine	(ton)	1964.76	6442.10	139413.22	188446.77
中成药	（吨）	Traditional Chinese Medicine	(10 000 tons)	11745.00	114362.00	240861.76	220054.42
饲料	（万吨）	Fixed-forage	(10 000 tons)	163.62	993.73	1791.02	2038.31
塑料制品	（万吨）	Plastics Products	(10 000 tons)	7.29	74.27	348.75	319.10
皮革鞋靴	（万双）	Leather Shoe	(10 000 units)	429.49	7142.61	20428.78	12006.61
原煤	（万吨）	Coal	(10 000 tons)	1490.81	7670.12	1053.30	723.38
原油加工量	（万吨）	Crude Process	(10 000 tons)	526.42	590.67	877.85	808.91
汽油	（万吨）	Gasoline	(10 000 tons)	120.19	125.54	257.47	281.68
柴油	（万吨）	Diesel oil	(10 000 tons)	215.53	215.02	211.79	221.95
发电量	（亿千瓦小时）	Electricity	(100 million kwh)	354.42	1186.44	1496.21	1658.62
水电		Hydro-power		191.15	462.69	538.97	485.96
火电		Thermal Power		163.27	723.75	851.24	1016.36
生铁	（万吨）	Pig Iron	(10 000 tons)	332.72	1700.64	2105.44	2177.35
粗钢	（万吨）	Steel	(10 000 tons)	304.13	1766.52	2612.90	2612.68
钢材	（万吨）	Steel Products	(10 000 tons)	299.05	1811.73	2720.67	2979.70
铁道用钢材		Railway Steel		1.41	3.83	7.68	4.26
线材		Wire Rod		97.24	332.10	272.42	262.82
无缝钢管		Seamless Steel Pipe		31.63	108.09	181.15	191.54
焊接钢管		Welding Steel Pipe		2.17	12.03	1.14	
铁矿石（原矿）	（万吨）	Iron Mineral	(10 000 tons)	4.27	451.36	109.78	100.13
水泥	（万吨）	Cement	(10 000 tons)	2395.72	8691.20	10989.09	10408.05
焦炭	（万吨）	Coke	(10 000 tons)	207.00	397.91	603.99	660.93
煤气	（亿立方米）	Gas	(100 million Cu.M)	3.20	10.73	358.15	364.44

13-11 续表 2 Continued

产 品		Item		2000	2010	2020	2021
平板玻璃	（万重量箱）	Plate Glass	(10 000 weight cases)	735.34	1756.20	3284.57	3984.68
硫酸（折 100%）	（万吨）	Sulfuric Acid	(10 000 tons)	128.17	260.34	207.55	189.33
纯碱	（万吨）	Soda Ash	(10 000 tons)	13.03	45.42	32.86	36.47
烧碱（折 100%）	（万吨）	Caustic Soda	(10 000 tons)	20.96	73.49	59.74	62.02
合成氨	（万吨）	Synthetic Ammonia	(10 000 tons)	167.30	164.06	62.51	59.54
农用化肥（折纯量）	（万吨）	Chemical Fertilizer	(10 000 tons)	141.74	333.58	58.69	59.56
氮肥		Nitrogen Fertilizers	(10 000 tons)	112.90	295.99	48.70	50.40
磷肥		Phosphate Fertilizers	(10 000 tons)	27.57	37.59	10.00	9.16
化学农药原药	（万吨）	Chemical Pesticide	(10 000 tons)	4.58	13.19	13.02	16.85
电石	（万吨）	Calcium Carbide	(10 000 tons)	10.44	20.66	13.36	19.69
初级形态的塑料	（万吨）	Primary Plastics	(10 000 tons)	23.10	48.29	58.27	63.71
合成橡胶	（万吨）	Synthetic Rubber	(10 000 tons)	9.83	15.37	41.90	43.21
矿山专用设备	（万吨）	Mining Special Equipment	(10 000 tons)	0.99	17.00	65.84	63.98
起重机	（万吨）	Crane	(10 000 tons)	1.48	87.58	273.99	255.37
金属冶炼设备	（万吨）	Metal Smelting Equipment	(10 000 tons)	0.45	3.26	8.75	9.03
发电设备	（万千瓦）	Power Generating Equipment	(10 000 kw)	9.92	119.97	493.97	958.79
交流电动机	（万千瓦）	AC Electric Motor	(10 000 kw)	137.59	1632.16	1654.45	2186.44
变压器	（万千伏安）	Transformer	(10 000 kva)	494.96	10733.24	13221.39	12757.89
泵	（万台）	Pump	(10 000 units)	14.24	354.65	137.82	180.04
金属切削机床	（台）	Metal-cutting Machine Tools	(unit)	907	3904	3331	3040
金属成形机床	（台）	Metal Forming Machine Tools	(unit)	1577	2460	20986	7738
汽车	（辆）	Motor Vehicles	(unit)	17614	240203	635068	633710
摩托车	（辆）	Motorcycles	(unit)	142452	231937	133400	160048
滚动轴承	（万套）	Rolling Bearings	(10 000 sets)	1940.13	1404.54	13861.10	14125.11
小型拖拉机	（万台）	Small Tractor	(10 000 units)	0.45	3.19	1.73	1.61
发动机	（万千瓦）	Engines	(10 000 kw)	175.94	20.42	358.54	121.53
铁路机车	（辆）	Railway Locomotive	(unit)	69	772	248	214
铁路货车	（辆）	Railway Freight Wagons	(unit)	3486	4012	6365	6290
民用钢质船舶	（万载重吨）	Civil Plate Ship	(10 000 tons)	1.35	12.77	17.37	17.42
工业锅炉	（蒸发量吨）	Industrial Boiler	(ton)	2976	59304	12789	9790

注：汽车产量包括在湘非法人汽车企业生产的整车产量。
Automobile output includes the complete vehicle output produced by unincorporated automobile enterprises in Hunan.

13-12 规模以上工业企业主要产品、生产能力及能力利用率综合表(2021年)

产品名称		Item		企业单位数（个）Number of Enterprises (unit)
原煤	（万吨）	Raw Coal	(10 000 tons)	36
卷烟	（亿支）	Cigarette	(100 million pieces)	1
棉纺锭 / 纺纱量	（万锭 / 万吨）	Cotton Spindle/Spinning Capacity	(10 000 ingots/10 000 tons)	53
气流纺锭 / 纺纱量	（万头 / 万吨）	Air Spindle/Spinning Capacity	(10 000 ingots/10 000 tons)	8
棉布织机 / 布	（万台 / 亿米）	Cotton Weaving/Cloth	(10 000 units/100 million m)	11
原油加工能力 / 原油加工量	（万吨 / 万吨）	Crude Oil Processing Capacity/Crude Oil Processing Capacity	(10 000 tons/10 000 tons)	3
焦炭	（万吨）	Coke		4
烧碱（折 100%）	（万吨）	Caustic Soda	(10 000 tons)	3
碳化钙（电石，折 300 升 / 千克）	（万吨）	Calcium Carbide (converted to 300 liters/kg)	(10 000 tons)	2
农用氮、磷、钾化学肥料总计（折纯）	（万吨）	Agricultural Nitrogen,Phosphorus And Potassium Fertilizer Total(off net)	(10 000 tons)	17
初级形态塑料	（万吨）	Primary Form of Plastic	(10 000 tons)	37
焰火制品	（亿元）	Pyrotechnic Products	(100 million yuan)	290
烟花		Fireworks		250
化学纤维	（万吨）	Chemical Fiber	(10 000 tons)	20
硅酸盐水泥熟料	（万吨）	Cement Clinker	(10 000 tons)	57
水泥	（万吨）	Cement	(10 000 tons)	125
平板玻璃	（万重量箱）	Plate Glass	(10 000 weight cases)	13
生铁	（万吨）	Pig Iron	(10 000 tons)	8
粗钢	（万吨）	Crude Steel	(10 000 tons)	4
钢材	（万吨）	Steel	(10 000 tons)	18
铁合金	（万吨）	Ferroalloy	(10 000 tons)	50
原铝（电解铝）	（万吨）	Primary Aluminum	(10 000 tons)	2
金属切削机床	（万台）	Metal Cutting Machine Tools	(10 000 units)	20
挖掘机	（万台）	Excavator	(10 000 sets)	5
汽车	（万辆）	Car	(10 000 sets)	13
乘用车		Passenger Car		7
新能源乘用车		New Energy Passenger Car		6
商用车		Commercial Vehicles		5
新能源商用车		New Energy Commercial Vehicles		1
民用钢质船舶	（万载重吨）	Civil Steel Ship	(10 000 tons)	14
太阳能电池	（万千瓦）	Solar Battery	(10 000 kw)	1
家用电冰箱	（万台）	Household Refrigerators	(10 000 sets)	
房间空气调节器	（万台）	Room Air Conditioners	(10 000 sets)	1
家用洗衣机	（万台）	Household Washing Machines	(10 000 sets)	
微型计算机设备	（万台）	Micro Computers	(10 000 sets)	4
移动通信手持机（手机）	（万台）	Mobile Handset (Cell Phone)	(10 000 sets)	14
彩色电视机	（万台）	Color TV	(10 000 sets)	
发电设备容量总计 / 发电量	（万千瓦 / 万千瓦小时）	Total Capacity of Power Equipment/Power Generation	(10 000 kw/10 000 kw·h)	251
其中：火电设备容量 / 发电量		Of Which: Thermal Power Equipment Capacity/Power Generation		64
水电设备容量 / 发电量		Hydropower Equipment Capacity/Power Generation		111
风电设备容量 / 发电量		Capacity of Wind Power Equipment/Power Generation		56

注：报表制度规定“棉纺锭 / 纱纺量”“气流纺锭 / 纺纱量”“ 棉布织机 / 布”不计算能力利用率。

Main Products, Production Capacity and Utilization Rate of Industrial Enterprises above Designated Size (2021)

年初生产能力 Early Production	年末生产能力 At the End of Production Capacity	能力利用率（%） Capacity Utilization (%)
950.98	954.58	69.53
1744.93	1741.29	94.32
75.49	78.62	
5.02	5.45	
3.73	3.89	
1500.07	1500.07	53.93
580.00	689.00	101.37
61.50	65.50	97.67
19.60	20.60	97.95
166.78	172.46	61.72
116.18	120.46	71.16
436.31	513.54	87.30
223.66	282.53	59.01
18.33	18.84	89.42
8440.46	8396.46	81.32
14875.47	15363.72	67.79
4605.85	4927.73	97.61
1894.03	1894.37	116.90
2055.00	2055.00	127.14
2561.79	2792.31	106.77
161.17	181.22	74.73
0.32	0.31	99.20
0.82	0.88	40.77
1.63	1.92	82.98
108.22	89.72	28.99
97.72	84.72	27.90
41.84	31.84	6.92
10.50	5.00	41.60
1.00	1.00	32.90
45.45	46.21	38.55
63.00	60.00	116.81
652.00	700.00	93.55
358.52	396.20	80.29
4326.38	5464.39	60.94
4013.98	4261.42	42.69
1864.59	2072.62	48.11
1346.10	1347.09	44.03
431.23	473.36	28.69

The report system stipulates that "cotton spindle/spinning capacity ", " air spindle/spinning capacity" and "cotton weaving/cloth " do not calculate the utilization rate of capacity.

13-13 按全省人口平均的主要产品产量
Per Capita Output of Major Industrial Products

产　品		Item		2000	2010	2020	2021
化学纤维	（公斤 / 人）	Chemical Fiber	(kg / person)	1.19	0.64	1.05	0.70
纱（混合数）	（公斤 / 人）	Yarn	(kg / person)	2.53	11.08	15.44	15.73
布（混合数）	（米 / 人）	Cloth	(m / person)	5.19	6.56	1.98	1.57
针棉织品（折用纱量）	（公斤 / 人）	Cotton Knitwear	(kg / person)	0.10	0.44	0.68	0.13
机制纸及纸板	（公斤 / 人）	Machine-made Paper and Paperboards	(kg/person)	10.68	54.25	47.57	51.91
合成洗涤剂	（公斤 / 人）	Synthetic Detergents	(kg / person)	1.24	5.12	4.84	4.10
原盐	（公斤 / 人）	Salt	(kg / person)	11.11	32.24	49.73	50.25
成品糖	（公斤 / 人）	Refined Sugar	(kg / person)	0.68	0.06	0.04	0.04
卷烟	（箱 / 百人）	Cigarette	(case /100 person)	3.51	4.94	4.89	4.97
原煤	（吨 / 人）	Coal	(ton / person)	0.23	1.08	0.16	0.11
原油加工量	（公斤 / 人）	Processing Output of Crude Oil	(kg / person)	80.22	83.32	132.10	121.94
发电量	（千瓦小时 / 人）	Electricity	(kwh / person)	540.11	1673.51	2251.50	2500.29
生铁	（公斤 / 人）	Pig Iron	(kg / person)	50.70	239.88	316.83	328.81
粗钢	（公斤 / 人）	Crude Steel	(kg / person)	46.35	249.17	393.19	394.55
钢材	（公斤 / 人）	Steel	(kg / person)	45.57	255.55	409.41	449.97
水泥	（吨 / 人）	Cement	(ton / person)	0.37	1.23	1.65	1.57
平板玻璃	（重量箱 / 人）	Plate Glass	(weight case / person)	0.11	0.25	0.49	0.60
硫酸（折 100）	（公斤 / 人）	Sulfuric Acid	(kg / person)	19.53	36.72	31.23	28.59
纯碱	（公斤 / 人）	Soda Ash	(kg / person)	1.99	6.41	4.95	5.51
烧碱（折 100）	（公斤 / 人）	Caustic Soda	(kg / person)	3.19	10.37	8.99	9.37
合成氨	（公斤 / 人）	Synthetic Ammonia	(kg / person)	25.49	23.14	9.41	8.99
农用化肥（折纯量）	（公斤 / 人）	Chemical Fertilizer	(kg / person)	21.60	47.05	8.83	8.99
氮肥	（公斤 / 人）	Nitrogen Fertilizer	(kg / person)	17.21	41.75	7.33	7.61
磷肥	（公斤 / 人）	Phosphate Fertilizer	(kg / person)	4.20	5.30	1.50	1.38
化学农药原药	（公斤 / 人）	Chemical Pesticide	(kg / person)	0.70	1.86	1.96	2.54
初级形态塑料	（公斤 / 人）	Primary Plastics	(kg / person)	3.52	6.81	8.77	9.62
合成橡胶	（公斤 / 人）	Synthetic Rubber	(kg/person)	1.50	2.17	6.30	6.53
汽车	（辆 / 万人）	Motor Vehicles	(unit/10 000 persons)	2.68	33.88	95.57	95.70
摩托车	（辆 / 万人）	Motorcycles	(unit/10 000 persons)	21.72	32.72	20.07	24.17

注：人均主要产品产量按常住人口计算。
The data are based on the permanent population.

13-14 各市、州规模以上工业主要经济指标(2021年)
Main Indicators of Industrial Enterprises above Designated Size by Region (2021)

单位：亿元 (100 million yuan)

类 别	Item	全省 Total	长沙市 Changsha	株洲市 Zhuzhou	湘潭市 Xiangtan	衡阳市 Hengyang	邵阳市 Shaoyang	岳阳市 Yueyang	常德市 Changde
企业单位数（个）	Number of Enterprises (unit)	19301	2881	1931	1293	1422	2055	1836	1657
大型企业	Largest Enterprise	185	49	23	18	14	10	13	12
中型企业	Medium-sized Enterprises	1497	245	288	56	113	94	180	128
小型企业	Small Enterprises	14863	2316	1382	1060	1041	1529	1439	1258
微型企业	Micro Enterprises	2756	271	238	159	254	422	204	259
#亏损企业	#Loss-making Enterprises	1365	415	169	108	127	54	65	122
实收资本	Total Capital Hold	8013.72	2061.72	1454.39	554.71	420.29	286.02	955.55	452.54
#外商资本	#Foreign Capital	196.80	124.88	6.67	10.21	4.68	2.00	13.80	6.57

13-14 续表 1 Continued

单位：亿元 (100 million yuan)

类 别	Item	张家界市 Zhangjiajie	益阳市 Yiyang	郴州市 Chenzhou	永州市 Yongzhou	怀化市 Huaihua	娄底市 Loudi	湘西州 Xiangxi
企业单位数（个）	Number of Enterprises (unit)	242	1406	1221	1262	785	989	336
大型企业	Largest Enterprise		11	12	7	3	9	1
中型企业	Medium-sized Enterprises	3	90	88	108	31	58	15
小型企业	Small Enterprises	212	1100	1000	878	669	735	244
微型企业	Micro Enterprises	27	205	121	269	82	187	76
#亏损企业	#Loss-making Enterprises	22	48	54	64	33	45	39
实收资本	Total Capital Hold	36.64	262.35	449.53	307.31	207.21	379.79	80.2
#外商资本	#Foreign Capital		1.59	2.06	4.77	2.79	16.78	

13-14 续表 2 Continued

单位：亿元 (100 million yuan)

指 标	Item	全省 Total	长沙市 Changsha	株洲市 Zhuzhou	湘潭市 Xiangtan	衡阳市 Hengyang
全部从业人员年平均人数（万人）	Annual Average Number of Obtain Employees (10 000 persons)	269.98	57.06	37.07	15.55	17.76
流动资产	Liquid Assets	16439.26	6545.30	2254.35	1067.93	798.03
#存货	#Inventory	3429.85	1031.05	427.59	251.52	192.31
产成品	Products	1189.31	394.07	141.46	77.84	61.35
固定资产原价	Original Value of Fixed Assets	18945.90	3672.00	1633.45	1284.45	1273.60
累计折旧	Add up Depreciation of Fixed Assets	8216.45	1550.95	700.15	639.99	543.90
资产总计	Total Assets	34562.87	11317.39	4529.42	2195.82	1832.85
流动负债合计	Total Liquid Liabilities	13130.92	4987.56	1780.24	961.40	732.01
负债合计	Total Liabilities	17511.63	6071.88	2168.60	1234.14	1002.20
所有者权益	Creditors Equity	17041.81	5243.09	2356.05	961.67	830.54
营业收入	Business Revenue	43408.68	8235.95	3297.36	4263.31	2006.35
营业成本	Business Cost	34855.40	6440.72	2582.74	3704.45	1583.13
营业税金及附加	Tax and Surcharge of Business	1094.17	259.90	37.39	20.38	15.89
管理费用	Administrative Expense	1774.04	310.01	176.33	97.65	107.49
利息费用	Interest Charges	219.23	54.80	18.26	15.52	12.42
利息收入	Interest Revenue	41.26	15.51	2.03	5.66	0.22
营业利润	Operating Profit	2682.42	611.61	215.49	122.82	130.52
利润总额	Total Profit	2618.32	628.85	214.03	126.24	132.47
本年应付职工薪酬	Total Wages Payable of the Year	3499.12	692.74	418.54	376.69	212.82
总资产贡献率（%）	Ratio of Total Assets to Output Value (%)	13.56	10.23	7.20	9.11	11.34
营业收入利润率（%）	Operating Profit Margin (%)	6.03	7.64	6.49	2.96	6.60
资产负债率（%）	Asset-liability Ratio (%)	50.67	53.65	47.88	56.20	54.68
成本费用利润率（%）	Ratio of Profits to Cost (%)	6.63	8.51	7.00	3.15	7.19

13-14 续表 3 Continued

单位：亿元 (100 million yuan)

指 标	Item	邵阳市 Shaoyang	岳阳市 Yueyang	常德市 Changde	张家界市 Zhangjiajie	益阳市 Yiyang
全部从业人员年平均人数 （万人）	Annual Average Number of Obtain Employees (10 000 persons)	19.57	24.52	18.80	1.44	16.25
流动资产	Liquid Assets	424.77	971.53	1538.69	56.64	630.69
#存货	#Inventory	121.49	289.34	454.00	13.17	150.43
产成品	Products	51.82	104.13	112.41	7.11	62.30
固定资产原价	Original Value of Fixed Assets	769.60	2422.93	1327.70	110.30	924.29
累计折旧	Add up Depreciation of Fixed Assets	241.82	1316.08	545.24	39.96	367.75
资产总计	Total Assets	1168.41	2677.70	2551.54	150.96	1410.89
流动负债合计	Total Liquid Liabilities	364.63	843.17	940.52	46.85	562.36
负债合计	Total Liabilities	540.63	1187.33	1205.73	77.19	740.43
所有者权益	Creditors Equity	627.78	1490.38	1344.61	73.77	670.42
营业收入	Business Revenue	2783.82	6384.27	3647.44	123.45	3262.36
营业成本	Business Cost	2235.31	5098.49	2652.68	100.54	2752.64
营业税金及附加	Tax and Surcharge of Business	18.53	192.42	377.58	0.88	21.22
管理费用	Administrative Expense	108.60	321.98	143.01	6.31	155.61
利息费用	Interest Charges	8.47	26.53	17.43	0.87	9.99
利息收入	Interest Revenue	1.85	4.63	4.88	-0.04	0.33
营业利润	Operating Profit	261.28	354.02	229.56	6.08	176.15
利润总额	Total Profit	265.22	314.80	241.80	6.48	117.38
本年应付职工薪酬	Total Wages Payable of the Year	185.36	464.70	214.95	9.42	212.78
总资产贡献率 （%）	Ratio of Total Assets to Output Value (%)	27.62	23.25	28.98	6.37	12.35
营业收入利润率 （%）	Operating Profit Margin (%)	9.53	4.93	6.63	5.25	3.60
资产负债率 （%）	Asset-liability Ratio (%)	46.27	44.34	47.25	51.14	52.48
成本费用利润率 （%）	Ratio of Profits to Cost (%)	10.56	5.38	7.96	5.56	3.82

13-14 续表 4 Continued

单位：亿元 (100 million yuan)

指 标	Item	郴州市 Chenzhou	永州市 Yongzhou	怀化市 Huaihua	娄底市 Loudi	湘西州 Xiangxi
全部从业人员年平均人数 （万人）	Annual Average Number of Obtain Employees (10 000 persons)	16.17	15.77	7.74	11.91	3.08
流动资产	Liquid Assets	610.48	441.52	329.12	535.68	205.59
#存货	#Inventory	159.41	100.35	59.02	130.96	48.59
产成品	Products	52.81	35.56	21.51	48.67	18.28
固定资产原价	Original Value of Fixed Assets	1222.72	1010.15	916.07	1303.16	250.95
累计折旧	Add up Depreciation of Fixed Assets	471.15	376.79	422.71	597.00	100.55
资产总计	Total Assets	1808.44	1331.98	978.15	1502.04	429.13
流动负债合计	Total Liquid Liabilities	532.20	316.20	229.54	511.39	180.46
负债合计	Total Liabilities	896.64	632.18	399.05	654.79	248.69
所有者权益	Creditors Equity	911.59	699.15	579.10	847.23	180.44
营业收入	Business Revenue	3070.25	1964.62	1271.99	2654.50	338.81
营业成本	Business Cost	2468.37	1611.15	1007.71	2288.48	258.15
营业税金及附加	Tax and Surcharge of Business	63.70	39.38	8.68	30.32	6.77
管理费用	Administrative Expense	116.92	81.22	71.87	60.40	14.22
利息费用	Interest Charges	11.14	5.34	13.94	5.34	1.85
利息收入	Interest Revenue	1.11	0.52	0.76	3.18	0.58
营业利润	Operating Profit	182.35	104.27	78.95	162.57	35.92
利润总额	Total Profit	181.27	106.34	79.54	165.30	36.47
本年应付职工薪酬	Total Wages Payable of the Year	253.08	190.25	93.85	137.80	22.87
总资产贡献率 （%）	Ratio of Total Assets to Output Value (%)	16.13	13.35	13.16	16.41	12.88
营业收入利润率 （%）	Operating Profit Margin (%)	5.90	5.41	6.25	6.23	10.76
资产负债率 （%）	Asset-liability Ratio (%)	49.58	47.46	40.80	43.59	57.95
成本费用利润率 （%）	Ratio of Profits to Cost (%)	6.60	5.82	6.70	6.71	12.27

13-15 省级及以上产业园区规模工业营业收入(2021年)
Revenue From Principal Business of above the Provincial Level Industrial Park (2021)

单位：万元 (10 000 yuan)

园区名称	Park	营业收入 Revenue of Business	国有经济 State-owned Economic	集体经济 Collective Economic
长沙高新技术产业开发区	Changsha High-tech Industrial Development Zone	14089032	5931	
长沙经济技术开发区	Changsha Economic and Technological Development Zone	12433780	2487	
浏阳经济技术开发区	Liuyang Economic and Technological Development Zone	6062511		1889
宁乡经济技术开发区	Ningxiang Economic and Technological Development Zone	6332859		
望城经济技术开发区	Wangcheng Economic and Technological Development Zone	3949617		
长沙金霞经济开发区	Changsha Jinxia Economic Development Zone	808120		
天心经济开发区	Tianxin Economic Development Zone	457975		
长沙雨花经济开发区	Changsha Yuhua Economic Development Zone	6532472	3021897	
宁乡高新技术产业园区	Ningxiang High-tech Industrial Development Zone	6039012		
浏阳高新技术产业开发区	Liuyang High-tech Industrial Development Zone	2607485		
岳麓高新技术产业开发区	Yuelu High-tech Industrial Development Zone	141462		
株洲高新技术产业开发区	Zhuzhou High-tech Industrial Development Zone	12082130		
株洲经济开发区	Zhuzhou Economic Development Zone	252178		
醴陵经济开发区	LIling Economic Development Zone	5643606		26142
湖南株洲渌口经济开发区	Hunan Zhuzhou Lukou Economic Development Zone	1030233		
湖南茶陵经济开发区	Hunan Chaling Economic Development Zone	660973	4297	
攸县高新技术产业开发区	Youxian High-tech Industrial Development Zone	2251048		
炎陵高新技术产业开发区	Yanling High-tech Industrial Development Zone	838355		
荷塘产业开发区	Hetang Industrial Development Zone	1236359		
湘潭高新技术产业开发区	Xiangtan High-tech Industrial Development Zone	5996968	274783	99657
湘潭经济技术开发区	Xiangtan Economic and Technological Development Zone	6833743		
湖南湘潭岳塘经济开发区	Hunan Xiangtan Yuetang Economic Development Zone	28144		
湖南湘潭天易经济开发区	Hunan Xiangtan Tianyi Economic Development Zone	5740976		
湖南湘乡经济开发区	Hunan Xiangxiang Economic Development Zone	8672359		
韶山高新技术产业开发区	Shaoshan High-tech Industrial Development Zone	2282738		
雨湖高新技术产业开发区	Yuhu High-tech Industrial Development Zone	887321		
衡阳高新技术产业开发区	Hengyang High-tech Industrial Development Zone	4697092		
湖南衡阳松木经济开发区	Hunan Hengyang Songmu High-tech Industrial Development Zone	1356536		
耒阳经济开发区	Leiyang Economic Development Zone	903317		
衡南产业开发区	Hengnan Industrial Development Zone	694352		
湖南衡阳西渡高新技术产业园区	Hunan Hengyang Xidu High-tech Industrial Development Zone	1414403		
衡山高新技术产业开发区	Hengshan High-tech Industrial Development Zone	1285178	1970	
湖南衡东经济开发区	Hunan Hengdong Economic Development Zone	960008		

13-15 续表1 Continued

单位：万元 (10 000 yuan)

园区名称	Park	营业收入 Revenue of Business	国有经济 State-owned Economic	集体经济 Collective Economic
湖南祁东经济开发区	Hunan Qidong Economic Development Zone	429992		
湖南常宁水口山经济开发区	Hunan Changning Shuikoushan Economic Development Zone	2656881		
邵阳县高新技术产业开发区	Shaoyang High-tech Industrial Development Zone	1164851		
湖南洞口经济开发区	Hunan Dongkou Economic Development Zone	1443941		
新宁产业开发区	Xinning Industrial Development Zone	509731		
隆回高新技术产业开发区	Longhui High-tech Industrial Development Zone	1958008		
邵阳经济技术开发区	Shaoyang Economic Development Zone	3338024		
湖南武冈经济开发区	Hunan Wugang Economic Development Zone	828029	2701	
湖南新邵经济开发区	Hunan Xinshao Economic Development Zone	1547636	13703	
绥宁产业开发区	Suining Industrial Development Zone	902817		
城步产业开发区	Chengbu Industrial Development Zone	137534		
湖南邵东经济开发区	Hunan Shaodong Economic Development Zone	9053172	11586	
大祥产业开发区	Daxiang Industrial Development Zone	849742		
华容高新技术产业开发区	Huarong High-tech Industrial Development Zone	6384712	102282	
临湘高新技术产业开发区	Linxiang High-tech Industrial Development Zone	2674301		
岳阳临港高新技术产业开发区	The Port of Yueyang High-tech Industrial Development Zone	2619007		
岳阳绿色化工高新技术产业开发区	Hunan Yueyang Green Chemical High-tech Industrial Development Zone	11077013		64170
汨罗高新技术产业开发区	Miluo High-tech Industrial Development Zone	8162061		
岳阳经济技术开发区	Yueyang Economic and Technological Development Zone	6081846		
岳阳高新技术产业园区	Yueyang High-tech Industrial Development Zone	5281700	21598	76020
平江高新技术产业园区	Pingjiang High-tech Industrial Park	4804168		
湘阴高新技术产业开发区	Xiangyin High-tech Industrial Development Zone	2806354		
君山产业开发区	Junshan Industrial Development Zone	1680579	30709	132144
常德经济技术开发区	Changde Economic and Technological Development Zone	9680593	6045560	
常德高新技术产业开发区	Hunan Changde High-tech Industrial Development Zone	3633289		
石门高新技术产业开发区	Shimen High-tech Industrial Development Zone	2568435		
桃源高新技术产业开发区	Taoyuan High-tech Industrial Development Zone	1767182		
西洞庭产业开发区	Xidongting Industrial Development Zone	947441		
安乡产业开发区	Anxiang Industrial Development Zone	1138384		
津市高新技术产业开发区	Jinshi High-tech Industrial Development Zone	3161129		
澧县高新技术产业开发区	Lixiang High-tech Industrial Development Zone	2068969		
临澧高新技术产业开发区	Linli High-tech Industrial Development Zone	1163944		
湖南汉寿高新技术产业园区	Hunan Hanshou High-tech Industrial Development Zone	2655106		

13-15 续表 2 Continued

单位：万元 (10 000 yuan)

园区名称	Park	营业收入 Revenue of Business	国有经济 State-owned Economic	集体经济 Collective Economic
张家界高新技术产业开发区	Zhangjiajie High-tech Industrial Development Zone	206217		
桑植产业开发区	Sangzhi Industrial Development Zone	115579		
慈利产业开发区	Cili Industrial Development Zone	304860		
益阳高新技术产业开发区	Yiyang High-tech Industrial Development Zone	6758992		
湖南益阳长春经济开发区	Hunan Yiyang Changchun Industrial Park	4062604		
湖南沅江高新技术产业园区	Hunan Yuanjiang High-tech Industrial Development Zone	2798012		
湖南南县经济开发区	Hunan Nan County Economic Development Zone	1109592		
湖南桃江经济开发区	Hunan Taojiang Economic Development Zone	3059769		
湖南安化经济开发区	Hunan Anhua Economic Development Zone	848221	2159	
大通湖产业开发区	Datonghu Industrial Development Zone	357159		
龙岭产业开发区	Longling Industrial Development Zone	2014099		
桃江灰山港产业开发区	Taojiang Huishan Port Industrial Development Zone	1631539		61619
安仁产业开发区	Anren Industrial Development Zone	573536		
临武产业开发区	Linwu Industrial Development Zone	692797		
湖南汝城经济开发区	Hunan Rucheng Economic Development Zone	303088		
桂东产业开发区	Guidong Industrial Development Zone	73441		
湖南资兴经济开发区	Hunan Zixing Economic Development Zone	4140510	29994	
湖南嘉禾经济开发区	Hunan Jiahe Economic Development Zone	1720491		
湖南宜章经济开发区	Hunan Yizhang Economic Development Zone	1243964	8908	
湖南永兴经济开发区	Hunan Yongxing Economic Development Zone	4335506		
桂阳高新技术产业开发区	Guiyang High-tech Industrial Development Zone	6047527		
湖南郴州经济开发区	Hunan Chenzhou Economic Development Zone	1518722	11989	
郴州高新技术产业开发区	Chenzhou High-tech Industrial Development Zone	2520033		
苏仙产业开发区	Suxiang Industrial Development Zone	506715		
永兴稀贵金属再生资源利用产业开发区	Yongxing Rare and Precious Metal Renewable Resources Utilization Industrial Development Zone	276439		
湖南蓝山经济开发区	Hunan Lanshan Economic Development Zone	1773871		
宁远高新技术产业开发区	Ningyuan High-tech Industrial Development Zone	1550278	7453	
新田产业开发区	Xintian Industrial Development Zone	150930		
江华高新技术产业开发区	Jianghua High-tech Industrial Development Zone	1579803	3343	
道县高新技术产业开发区	Daoxian High-tech Industrial Development Zone	1600929	5448	
零陵产业开发区	Lingling Industrial Development Zone	1180857	491372	
永州经济技术开发区	Yongzhou Economic and Technological Development Zone	2373854		
湖南东安经济开发区	Hunan Dongan Economic and Technological Development Zone	1175328	62276	

13–15　续表 4　Continued

单位：万元 (10 000 yuan)

园区名称	Park	营业收入 Revenue of Business	国有经济 State-owned Economic	集体经济 Collective Economic
祁阳高新技术产业开发区	Qiyang High-tech Industrial Development Zone	3401948	22027	
双牌产业开发区	Shuangpai Industrial Development Zone	827785	4489	
江永产业开发区	Jiangyong Industrial Development Zone	540551	7505	
湖南怀化经济开发区	Hunan Huaihua Economic Development Zone	169324		
怀化高新技术产业开发区	Huaihua High-tech Industrial Development Zone	770944		
洪江高新技术产业开发区（洪江区片区）	Hongjiang High-tech Industrial Development Zone (Hongjiang District Area)	641529		
辰溪产业开发区	Chenxi Industrial Development Zone	326303		
新晃产业开发区	Xinhuang Industrial Development Zone	656200		
中方产业开发区	Zhongfang Industrial Development Zone	509519		
沅陵产业开发区	Yuanling Industrial Development Zone	2657457		
洪江高新技术产业开发区（洪江市片区）	Hongjiang High-tech Industrial Development Zone (Hongjiang City Area)	804058	29379	
会同产业开发区	Huitong Industrial Development Zone	119455		
靖州产业开发区	Jingzhou Industrial Development Zone	671803	2622	
麻阳产业开发区	Mayang Industrial Development Zone	534652		
溆浦产业开发区	Xupu Industrial Development Zone	347287		32169
芷江产业开发区	Zhijiang Industrial Development Zone	387324		
通道产业开发区	Tongdao Industrial Development Zone	162319		
鹤城产业开发区	Hecheng Industrial Development Zone	864284		
娄底经济技术开发区	Loudi Economic and Technological Development Zone	12126732	2674	25318
湖南冷水江经济开发区	Hunan Lenshuijiang Economic Development Zone	2710861		
湖南娄底高新技术产业开发区	Hunan Loudi High-tech Industrial Development Zone	2474809	3037	
双峰高新技术产业开发区	Shuangfeng High-tech Industrial Development Zone	1191396		
新化高新技术产业开发区	Xinhua High-tech Industrial Development Zone	1347973		
娄星产业开发区	Louxing Industrial Development Zone	1451914		
湘西高新技术产业开发区	Xiangxi High-tech Industrial Development Zone	496106		
湖南吉首经济开发区	Hunan Jishou Economic Development Zone	40983		
花垣产业开发区	Huayuan Industrial Development Zone	387963		
泸溪高新技术产业开发区	Luxi High-tech Industrial Development Zone	528515		
湖南永顺经济开发区	Hunan Yongshun Economic Development Zone	67845	13889	
保靖产业开发区	Baojing Industrial Development Zone	247484		
龙山产业开发区	Longshan Industrial Development Zone	58711		
凤凰产业开发区	Fenghuang Industrial Development Zone	29173		
古丈产业开发区	Guzhang Industrial Development Zone	49486		

主要统计指标解释

工业 指从事自然资源的开采，对采掘品和农产品进行加工和再加工的物质生产部门。具体包括：(1) 对自然资源的开采，如采矿、晒盐等（但不包括禽兽捕猎和水产捕捞）；(2) 对农副产品的加工、再加工，如粮油加工、食品加工、缫丝、纺织、制革等；(3) 对采掘品的加工、再加工，如炼铁、炼钢、化工生产、石油加工、机器制造、木材加工等，以及电力、燃气及水的生产和供应等；(4) 对工业品的修理、翻新，如机器设备的修理等。

工业统计调查单位为工业法人单位。

工业法人单位指从事工业生产经营活动的法人单位。工业法人单位应同时具备以下条件：①依法成立，有自己的名称、组织机构和场所，能够独立承担民事责任；②独立拥有（或授权）使用资产，承担负债，有权与其他单位签订合同；③具有包括资产负债表在内的帐户，或者能够根据需要编制帐户。

国有控股企业 即原来的国有及国有控股企业，根据企业实收资本中国有经济成分的出资人的实际投资情况，或国有经济成分的出资人对企业资产的实际控制、支配程度进行分类。以下情况为国有控股：（1）在企业的全部实收资本中，国有经济成分的出资人拥有的实收资本（股本）所占企业全部实收资本（股本）的比例大于50%的国有绝对控股。（2）在企业的全部实收资本中，国有经济成分的出资人拥有的实收资本（股本）所占比例虽未大于50%，但相对大于其他任何一方经济成分的出资人所占比例的国有相对控股；或者虽不大于其他经济成分，但根据协议规定拥有企业实际控制权的国有协议控股。（3）投资双方各占50%，且未明确由谁绝对控股的企业，若其中一方为国有经济成分的，一律按国有控股处理。

本篇涉及的企业登记注册类型的解释详见综合篇。

资产总计 指企业过去的交易或者事项形成的、由企业拥有或者控制的、预期会给企业带来经济利益的资源。资产一般按流动性分为流动资产和非流动资产。其中流动资产可分为货币资金、交易性金融资产、应收票据、应收账款、预付款项、其他应收款、存货等；非流动资产可分为长期股权投资、固定资产、无形资产及其他非流动资产等。来源于会计“资产负债表”中“资产总计”项目的期末余额数。

流动资产合计 资产满足以下条件之一应归为流动资产：（1）预计在一个正常营业周期中变现、出售或耗用，主要包括存货、应收账款等；（2）主要为交易目的而持有；（3）预计在资产负债表日起一年内（含一年）变现；（4）自资产负债日起一年内，交换其他资产或清偿负债的能力不受限制的现金或现金等价物。包括货币资金、应收票据、应收账款、存货等项目。来源于会计“资产负债表”中“流动资产合计”项目的期末余额数。

负债合计 指企业过去的交易或者事项形成的，预期会导致经济利益流出企业的现时义务。负债一般按偿还期长短分为流动负债和非流动负债。来源于会计“资产负债表”中“负债合计”项目的期末余额数。

应收账款 指企业因销售商品、提供劳务等经营活动所形成的债权，包括应向客户收取的货款、增值税款和为客户代垫的运杂费等。来源于会计“资产负债表”中“应收账款”项目的期末余额数。

存货 指企业在日常活动中持有以备出售的产成品或商品、处在生产过程中的在产品、在生产过程或提供劳务过程中耗用的材料或物料等，通常包括原材料、在产品、半成品、产成品、商品以及周转材料等。来源于会计“资产负债表”中“存货”项目的期末余额数。

产成品 指企业已经完成全部生产过程并验收入库，可以按照合同规定的条件送交订货单位，或者可以作为商品对外销售的产品。来源于会计“产成品”科目的借方余额。

营业收入 指企业经营主要业务和其他业务所确认的收入总额。营业收入包括“主营业务收入”和“其他业务收入”。来源于会计“利润表”中“营业收入”项目的本年累计数。

营业成本 指企业经营主要业务和其他业务所发生的成本总额。包括企业（单位）在报告期内从事销售商品、提供劳务等日常活动发生的各种耗费。包括“主营业务成本”和“其他业务成本”。来源于会计“利润表”中“营业成本”项目的本年累计数。

销售费用 指企业在销售商品和材料、提供劳务的过程中发生的各种费用，包括保险费、包装费、展览费和广告费、商品维修费、预计产品质量保证损失、运输费、装卸费等以及为销售本企业商品而专设的销售机构（含销售网点、售后服务网点等）的职工薪酬、业务费、折旧费等经营费用。

管理费用　指企业为组织和管理企业生产经营所发生的费用，包括企业在筹建期间内发生的开办费、董事会和行政管理部门在企业经营管理中发生的，或者应当由企业统一负担的公司经费等。来源于会计“利润表”中“管理费用”项目的本年累计数。

财务费用　指企业为筹集生产经营所需资金等而发生的筹资费用，包括企业生产经营期间发生的利息支出（减利息收入）、汇兑损失（减汇兑收益）以及相关的手续费等。来源于会计“利润表”中“财务费用”项目的本年累计数。

利润总额　指企业在一定会计期间的经营成果，是生产经营过程中各种收入扣除各种耗费后的盈余，反映企业在报告期内实现的盈亏总额。来源于会计“利润表”中“利润总额”项目的本年累计数。

平均用工人数　指报告期企业平均实际拥有的、参与本企业生产经营活动的人员数。

Explanatory Notes on Main Statistical Indicators

Industry refers to the material production sector which is engaged in the extraction of natural resources and processing and reprocessing of minerals and agricultural products, including (1) extraction of natural resources, such as mining, salt production (but not including hunting and fishing); (2) processing and reprocessing of farm and sideline produces, such as grain and oil processing, food processing, silk reeling, spinning and weaving and leather making; (3) processing and reprocessing of mineral products, such as steel making, iron smelting, chemicals manufacturing, petroleum processing, machine building, timber processing, and production and supply of electricity, gas and water; (4) repairing and renovating of industrial products such as the machinery.

In industrial surveys, the units of enquiry are industrial corporate units.

Industrial corporate units refer to corporate units engaging in industrial production and operation activities, which meet the following requirements: (1) They are established legally, having their own names, organizations, location, and are able to take civil liability independently; (2) They possess (or are authorized to use) assets independently, assume liabilities and are entitled to sign contracts with other units; (3) They have accounts including the balance sheets or can compile the accounts according to the need.

State-holding Enterprises cover the original state-owned enterprises and state-holding enterprises. They are classified according to the actual investment made by the contribor of state-owned part in the paid-in capital of the enterprises, or the degree of control or dominance of the contributor on the assets of the enterprises. The following cases are regarded as state-holding: (1) Absolute state-holding in which the contributors of state-owned parts possess more than 50% of all the paid-in capital (stocks) of the enterprises; (2) Relative state-holding in which the contributors of state-owned parts possess no more than 50% of the paid-in capital (stocks) of the enterprises, but more than that of any other contributors; or Agreed state-holding in which the contribors of state-owned parts possess no more than other contributors but have actual control over the enterprises according to agreements; (3) In the case both contributors possess 50% and it is not clear which one is in absolute holding position, the enterprise is regarded as state-holding enterprise if one of the contributor has state-owned elements.

For explanation of types of registration covered in this chapter, please refer to General Survey.

Total Assets refer to all resources that are owned or controlled by enterprises through previous trades or transactions with expectation of making economic profits. Classified by the degree of liquidity, total assets include current assets and non-current assets. Current assets can be classified into monetary capital, trading financial assets, notes receivable, accounts receivable, advanced payments, other receivables and inventories. Non-current assets can be divided into long-term equity investment, fixed assets, intangible assets and other non-current assets. Data on this indicator can be obtained from the year-end figures of total assets in the Balance Sheet of accounting records.

Total Current Assets refer to the assets that meet one of the following requirements: (1) expected to be cashed, sold or used in a normal operation cycle, mainly including inventory and accounts receivable; (2) be owned for trading purpose mainly; (3) expected to be cashed in one year (including one year) from the day of the Balance Sheet; (4) unlimited cash or cash equivalents that can be exchanged with other assets or being capable of settling debts during one year since the day of the Balance Sheet. Included are monetary capital, notes receivable, accounts receivable and inventories. Data on this indicator can be obtained from the year-end figures of total current assets in the Balance Sheet of accounting records.

Total Liabilities refer to payable liabilities of enterprises that accumulated from previous trades or transactions with expectation of economic profits leaking out. In terms of payment, it can be divided into liquid liabilities and long-term liabilities. Data on this indicator can be obtained from the year-end figures of total liabilities in the Balance Sheet of accounting records.

Accounts Receivable refers to creditor's rights formed by business activities such as selling goods, providing labor, which include payment for goods that should be charged to the customer, value-added tax and advance freight for the clients. It comes from the ending balance of accounts receivable in balance sheet.

Inventories refers to finished goods or commodities held in preparation for sale in enterprises' daily activities, goods in the production process, material or the physical materials consumed in the production process or in the process of providing labor, usually include raw materials, goods in the production process, semi-finished products, finished products, goods and materials in flow. It comes from the ending balance of inventory in balance sheet.

Finished Goods refers to the products that the enterprises have completed all of the production process and accepted and put in storage, and can be sent to the ordering units in accordance with the contract stipulations, or can be on sale. It come from the debit balance of Finished Products of accounting.

Business Revenue refers to the total revenue recognized by an enterprise in its principal business and other business operations. Business revenue includes " revenue from principal Business" and " revenue from other business". It comes from this year's cumulative report of "business revenue" items from the "income statement".

Business Cost refers to the total cost incurred by an enterprise in its principal business and other business operations. It includes various expenditures incurred by enterprises (units) in their daily activities of selling goods and providing labour services during the reporting period. It includes "Cost of principal business" and "Cost of other business". It comes from this year's cumulative report of "operating cost" items from the "income statement".

Selling Expense refers to the cost during the sale of goods and materials, providing labour services, including insurance, packing, exhibition fees and advertising fees, merchandise maintenance costs, expected product quality guarantee loss, transportation fees, handling fees, and operating expenses for the sales of the company's products such as employee compensation, business expenses, depreciation costs for dedicated sales offices (including sales outlets, after-sales service outlets, etc.).

Administrative Expense refers to the expenses for the organization and management of enterprise operating, including the start-up costs during the construction of enterprises, funds occurred during enterprises operating by board of directors and executive management in the enterprise management, or burden by enterprises. It comes from this year's cumulative current amount of management cost in income statement.

Financial Expenses refers to cost of raising fund for enterprises to raise funds for production and operation, including interest payments (a reduction in interest income), exchange loss (less exchange gains) and related fees during the period of production. It comes from this year's cumulative current amount of financial expenses in income statement.

Total Profits refers to the operation results in a certain accounting period, and it is the balance of various incomes minus various spendings in the course of operation, reflecting the total profits and losses of enterprises in reference period. Data are obtained from the this year's cumulative amount of total profits in the profit statement of the accounting record of enterprise.

Annual Average Employees refers to the number of person engaged in the enterprise production and operation activities in the reporting period, which are actually owned by the enterprise.

14 建筑业

Construction

资料整理人员：吕　涛

14−1 建筑企业概况
General Survey of Construction Enterprises

单位：亿元 (100 million yuan)

年份 Year	建筑业企业单位数（个） Number of Construction Enterprises (unit)	总产值 Gross Output Value of Construction	企业总收入 Total Income of Enterprises	利税总额合计 Total Pre-tax Profits	利润总额合计 Total Profits
1980	3427	7.97			
1981	2771				
1982	2610				
1983	2822				
1984	3677				
1985	4248	16.48			0.95
1986	4013	20.33			0.92
1987	4083	23.23			0.73
1988	4015	29.95			0.86
1989	3887	32.39			0.48
1990	3713	33.47		1.31	0.26
1991	3718	40.55		1.89	0.53
1992	3967	55.04		2.47	0.92
1993	4759	81.77		3.40	1.04
1994	5262	115.35		4.35	0.94
1995	5169	148.80		5.73	1.05
1996	1656	278.38	248.05	11.96	3.54
1997	1748	296.50	261.67	12.23	2.97
1998	1840	327.32	288.72	11.58	1.95
1999	1812	333.90	303.46	12.10	1.72
2000	1812	354.29	316.13	15.29	4.39
2001	1628	489.79	464.73	25.52	8.64
2002	1442	595.77	552.65	31.89	11.10
2003	1593	818.84	769.26	45.25	15.61
2004	1940	1027.89	966.60	60.95	25.47
2005	1842	1219.35	1136.14	73.14	28.75
2006	1861	1462.88	1370.91	91.51	37.66
2007	1893	1828.81	1720.40	122.05	54.56
2008	1992	2115.44	1994.97	202.77	112.11
2009	1948	2507.40	2333.97	180.28	84.59
2010	2005	3161.73	3010.77	228.87	105.02
2011	2021	3915.01	3600.93	267.00	124.67
2012	2021	4407.92	4102.19	307.30	149.59
2013	2094	5283.84	4947.39	392.54	190.34
2014	2108	6020.97	5699.61	429.37	208.31
2015	2083	6630.82	6131.31	454.45	216.19
2016	2124	7304.22	7010.13	433.03	230.57
2017	2339	8423.00	7688.40	547.83	246.62
2018	2652	9581.44	8695.41	707.63	317.59
2019	2986	10800.62	9693.34	719.09	324.84
2020	3338	11863.77	10278.14	711.46	334.67
2021	3744	13280.16	11254.79	754.54	360.66

14-1 续表 1 Continued

指 标	Item	2000	2010	2020	2021
总产值 （万元）	**Gross Output Value of Construction (10 000 yuan)**	**3542866**	**31617292**	**118637745**	**132801650**
#国有企业	#State-owned Enterprises	1581149	9817093	2111762	2826370
集体企业	Collective-owned Enterprises	1509253	1453121	2461912	2472315
股份合作企业	Cooperative Enterprises	49773	77535	49861	
联营企业	Joint Ownership Enterprises	20538	49320	80458	124915
有限责任公司	Limited Liability Corporations	152616	12725894	68869449	67376655
股份有限公司	Share-holding Corporations Ltd.	174020	2356614	5162364	3307652
私营企业	Private Enterprises	41503	4773327	39541592	56240120
其他企业	Others Enterprises	566	272582		
港澳台商投资企业	Funded by Entrepreneurs from Hong kong,Macao and Taiwan	13448	81757	222741	240795
外商投资企业	Enterprises with Foreign Investment		10050	137606	212827
增加值 （万元）	**Value Added of Construction (10 000 yuan)**				
#本年内提取的固定资产折旧	#Depreciation of Fixed Assets of the Year	77163	278811	511693	475104
应付工资	Wages Payable	490810	2952164	11635554	11966924
主营业务税金及附加	Taxes and Extra Charges on Main Business	101064	1192347	1372233	1477103
实收资本 （万元）	**Capital Stock (10 000 yuan)**	**1004829**	**4315628**	**13674490**	**15168740**
#国有企业	#State-owned Enterprises	337826	928108	447858	496645
集体企业	Collective-owned Enterprises	488259	296638	247463	237601
股份合作企业	Cooperative Enterprises	17883	17205	12759	
联营企业	Joint Ownership Enterprises	5754	33322		5915
有限责任公司	Limited Liability Corporations	48338	1750828	6692950	7730337
股份有限公司	Share-holding Corporations Ltd.	69068	374913	254509	260779
私营企业	Private Enterprises	30891	815004	6005862	6416207
其他企业	Others Enterprises	100	65129		
港澳台商投资企业	Funded by Entrepreneurs from Hong kong,Macao and Taiwan	6710	20105	7398	12566
外商投资企业	Enterprises with Foreign Investment		14376	5691	8691

注：1995 年至 2001 年，建筑施工企业为资质等级四级及以上的建筑施工企业。从 2002 年起，建筑施工企业的统计范围为具有新资质等级的施工总承包和专业承包企业。下表同。

Construction enterprises refer to the fourth and higher grade construction enterprises between 1995 and 2001. The Statistical Coverage of Construction Enterprises Just Included the New Grade Construction Enterprises of Overall Contract and Special Contract Since 2002. The Same as in the following table.

14-1 续表 2 Continued

指　标	Item	2000	2010	2020	2021
资产合计　（万元）	**Total Assets (10 000 yuan)**	**3552544**	**17526351**	**79861193**	**88135218**
#流动资产	#Circulating Funds	2311307	12773189	59633161	66154536
#固定资产	#Fixed Assets	1032597	3210345	6471444	6399673
#国有企业	#State-owned Enterprises	1807419	6414214	2730680	2217175
集体企业	Collective-owned Enterprises	1301816	803948	802459	778927
股份合作企业	Cooperative Enterprises	43725	30920	16650	
联营企业	Joint Ownership Enterprises	11063	68576		58791
有限责任公司	Limited Liability Corporations	138182	6528396	50406962	55372382
股份有限公司	Share-holding Corporations Ltd.	182134	1097403	2075167	2275036
私营企业	Private Enterprises	58761	2284582	23521268	27071597
其他企业	Others Enterprises	155	159245		
港澳台商投资企业	Funded by Entrepreneurs from HongKong,Macao and Taiwan	9287	76484	85543	54032
外商投资企业	Enterprises with Foreign Investment		62583	222464	307277
负债合计　（万元）	**Total Liabilities (10 000 yuan)**	**2287791**	**11034064**	**53059436**	**59160015**
#流动负债	#Liquid Liabilities	2064425	10268489	45332469	50452092
长期负债	Long-term Liabilities	223366	765575		
#国有企业	#State-owned Enterprises	1355446	4981922	1971278	1412808
集体企业	Collective-owned Enterprises	697271	429443	441532	415304
股份合作企业	Cooperative Enterprises	21781	12290	1585	
联营企业	Joint Ownership Enterprises	4977	26822		51036
有限责任公司	Limited Liability Corporations	82412	3918390	36901466	40518799
股份有限公司	Share-holding Corporations Ltd.	103449	457995	1294970	1610097
私营企业	Private Enterprises	19869	1068840	12282205	14972180
其他企业	Others Enterprises	50	52423		
港澳台商投资企业	Funded by Entrepreneurs from HongKong,Macao and Taiwan	2535	43895	66466	34585
外商投资企业	Enterprises with Foreign Investment		42045	99936	145207
所有者权益　（万元）	**Creditors' Equity (10 000 yuan)**	**1264753**	**6492317**	**26801756**	**28975203**
#国有企业	#State-owned Enterprises	451973	1432322	759402	804368
集体企业	Collective-owned Enterprises	604545	374505	360927	363623
股份合作企业	Cooperative Enterprises	21945	18630	15066	
联营企业	Joint Ownership Enterprises	6086	41754		7756
有限责任公司	Limited Liability Corporations	55770	2610007	13505496	14853583
股份有限公司	Share-holding Corporations Ltd.	78685	639408	780197	664940
私营企业	Private Enterprises	38893	1215742	11239063	12099418
其他企业	Others Enterprises	105	106822		
港澳台商投资企业	Funded by Entrepreneurs from HongKong,Macao and Taiwan	6752	32588	19077	19448
外商投资企业	Enterprises with Foreign Investment		20539	122528	162070
企业总收入　（万元）	**Total Income of Enterprises (10 000 yuan)**	**3161339**	**30107702**	**102781389**	**112547926**
#主营业务收入	#Revenue of Main Business	3049291	29982962	102086709	109899596
主营业务成本	Costs of Main Business	2697703	26700081	94349666	99800408

14-1 续表 3 Continued

指 标	Item	2000	2010	2020	2021
#国有企业	#State-owned Enterprises	1476206	9682690	2720060	2081091
集体企业	Collective-owned Enterprises	1281118	1492663	1992482	1996869
股份合作企业	Cooperative Enterprises	47570	69547	24388	
联营企业	Joint Ownership Enterprises	17549	58086		124948
有限责任公司	Limited Liability Corporations	133184	11726069	53058867	58196597
股份有限公司	Share-holding Corporations Ltd.	152984	2308216	2614673	2754258
私营企业	Private Enterprises	38906	4430061	42066705	47009131
其他企业	Others Enterprises	374	254482		
港澳台商投资企业	Funded by Entrepreneurs from Hong Kong, Macao and Taiwan	13448	75587	166608	173202
外商投资企业	Enterprises with Foreign Investment		10302	137606	211830
利税总额合计 （万元）	**Total Pre-tax Profits (10 000 yuan)**	**152949**	**2288715**	**7114647**	**7545365**
#利润总额	#Total Profits	43878	1050202	3346685	3606568
主营业务税金及附加	Taxes and Extra Charges on Main Business	101064	1192347	1372233	1477103
管理费用中的税金	Taxes in Management Expenses	8007	46166	2395729	2461694
产值利税率（%）	Ratio of Pretax Profits to Output Value(%)	4.3	7.0	6.0	5.7
资产利税率（%）	Ratio of Tax Profits to Assets(%)	4.7	13.0	8.9	8.6
#国有企业	#State-owned Enterprises	42940	557708	215761	197174
集体企业	Collective-owned Enterprises	82842	131249	213737	203789
股份合作企业	Cooperative Enterprises	3077	5077	2645	
联营企业	Joint Ownership Enterprises	1146	6490		355
有限责任公司	Limited Liability Corporations	7781	916356	3028167	3274490
股份有限公司	Share-holding Corporations Ltd.	11236	211455	186873	206661
私营企业	Private Enterprises	2585	429633	3422675	3604233
其他企业	Others Enterprises	14	21894		
港澳台商投资企业	Funded by Entrepreneurs from Hong kong,Macao and Taiwan	1344	5696	6539	6156
外商投资企业	Enterprises with Foreign Investment		3157	38249	52508
利润总额合计 （万元）	**Total Profits (10 000 yuan)**	**43878**	**1050202**	**3346685**	**3606568**
#国有企业	#State-owned Enterprises	2640	235971	82765	103415
集体企业	Collective-owned Enterprises	29367	50697	75586	71038
股份合作企业	Cooperative Enterprises	1437	1949	1754	
联营企业	Joint Ownership Enterprises	444	3071		-100
有限责任公司	Limited Liability Corporations	2627	415403	1532816	1708706
股份有限公司	Share-holding Corporations Ltd.	5540	108859	120554	108170
私营企业	Private Enterprises	1024	216677	1498437	1570516
其他企业	Others Enterprises		12311		
港澳台商投资企业	Funded by Entrepreneurs from Hong kong,Macao and Taiwan	799	2444	1562	1940
外商投资企业	Enterprises with Foreign Investment		2822	33211	42884

14–2 建筑施工企业个数和平均人数
Number of Construction Enterprises and Its Average Annual Staff and Workers

年份 Year	总计 Total	国有经济 State-owned	集体经济 Collective-owned	其他经济 Others
施工企业个数（个）	**Number of Enterprises (unit)**			
2000	1812	313	1241	258
2001	1628	305	829	494
2002	1442	262	532	648
2003	1593	257	470	866
2004	1940	274	414	1252
2005	1842	229	364	1249
2006	1861	233	350	1278
2007	1893	239	329	1325
2008	1992	253	272	1467
2009	1948	233	221	1495
2010	2005	254	264	1487
2011	2021	247	248	1526
2012	2021	228	233	1560
2013	2094	322	191	1581
2014	2108	316	184	1608
2015	2083	312	176	1595
2016	2124	294	169	1661
2017	2339	296	158	1885
2018	2652	291	131	2230
2019	2986	283	234	2320
2020	3338	291	215	2832
2021	3744	326	201	3217
建筑业从业人员（万人）	**Staff and Workers (10 000 persons)**			
1995	61.33	22.29	38.52	0.16
2000	76.30	22.66	41.98	11.66
2001	96.73	25.01	38.86	32.86
2002	92.72	21.56	28.70	42.46
2003	111.95	28.67	27.53	55.75
2004	115.53	25.59	20.90	69.04
2005	118.61	35.15	18.41	65.05
2006	125.97	28.90	17.14	79.93
2007	131.62	29.12	15.90	86.60
2008	137.90	27.85	12.78	97.27
2009	144.97	31.07	9.99	103.91
2010	150.41	32.48	12.41	105.51
2011	155.44	35.53	11.97	107.94
2012	118.82	16.79	10.30	91.73
2013	197.46	65.70	79.55	122.21
2014	211.55	70.26	9.48	131.81
2015	221.27	68.94	9.64	142.69
2016	229.15	71.95	10.55	146.65
2017	267.57	78.16	11.78	177.63
2018	275.22	81.00	8.99	185.23
2019	294.62	86.25	18.93	189.44
2020	303.03	91.25	17.35	194.43
2021	300.81	93.60	16.86	190.35

14–3 建筑施工企业主要效益指标(2021年)

Major Benefit Indicators of Construction Enterprises (2021)

指 标	Item	总计 Total	国有经济 State-owned	集体经济 Collective-owned	其他经济 Others
年末固定资产原值（亿元）	Original Value Fixed Assets at the Year-end (100 million yuan)	761.96	326.18	47.37	388.30
年末固定资产净值（亿元）	Net Value of Fixed Assets at the Year-end (100 million yuan)	432.72	177.89	28.38	226.43
流动资产年末合计（亿元）	Circulating Funds at the Year-end (100 million yuan)	6615.45	3616.93	221.35	2746.63
利润总额（亿元）	Total Profits (100 million yuan)	360.66	147.23	14.75	194.29
利税总额（亿元）	Total Pre-tax Profits (100 million yuan)	754.54	261.47	37.93	449.56
资金利润率（元/百元）	Ratio of Fund to Profits (yuan/100 yuan)	5.1	3.9	5.9	6.5
产值利润率（%）	Ratio of Profit to Gross Output Value (%)	2.7	2.6	2.8	2.8
产值利税率（%）	Ratio of Pre-tax Profit to Output Value (%)	5.7	4.6	7.2	6.4
按施工产值计算的劳动生产率（元/人年）	Overall Labor Productivity in Terms of Total Output Value Productivity (yuan /person-year)	440835	598827	329117	370678
人均竣工面积（平方米/人）	Floor Space of Buildings Completed per Laborer (sq.m/person)	79.8	82.7	97.2	77.0

注：本表不包括建筑业活动单位。2013 年开始，国有经济企业指国有及国有控股企业（下同）。

This table does not include the construction sector. Beginning in 2013, state-owned economic enterprises refer to state-owned and state holding enterprises (the same below).

14–4 国有建筑企业主要经济指标
Major Economic Indicators on State-owned Construction Enterprises

指标	Item	2000	2010	2020	2021
国有建筑施工企业	**State-owned**				
施工产值（亿元）	Output Value of Projects (100 million yuan)	158.11	981.71	4776.76	5688.21
全员劳动生产率（元/人）	Overall Labor Productivity (yuan/person)	69792	240748	523465	598827
计算劳动生产率的平均人数（万人）	Average Number of Staff and Workers by Calculating Labor Productivity (10 000 persons)	22.66	40.78	91.25	94.99
房屋建筑施工面积（万平方米）	Floor Space of Buildings Under Construction (10 000 sq.m)	1287.31	6158.88	32828.43	41682.95
房屋建筑竣工面积（万平方米）	Floor Space of Buildings Completed (10 000 sq.m)	580.12	1433.76	5059.20	7854.77
#住宅	#Residential Buildings		853.07	3337.83	5226.50
地方国有建筑施工企业	**Local State-owned**				
施工产值（亿元）	Output Value of Projects (100 million yuan)	92.10	254.09	1876.88	2250.05
全员劳动生产率（元/人）	Overall Labor Productivity (yuan/person)	59094	164952	440725	492004
计算劳动生产率的平均人数（万人）	Average Number of Staff and Workers by Calculating Labor Productivity (10 000 persons)	15.59	15.40	42.59	45.73
房屋建筑施工面积（万平方米）	Floor Space of Buildings Under Construction (10 000 sq.m)	1036.99	2095.68	10240.97	13050.16
房屋建筑竣工面积（万平方米）	Floor Space of Buildings Completed (10 000 sq.m)	481.60	794.38	1784.08	2636.84
#住宅	#Residential Buildings		459.04	1135.09	1424.50

注：本表国有建筑企业为国有及国有控股企业。
State owned construction enterprises in this table is the state owned and state holding enterprises.

14-5 房屋建筑面积
Floor Space of Building Construction

单位：万平方米 (10 000 sq.m)

年份 Year	房屋建筑面积 Floor Space of Building Construction		国有经济 State-owned		集体经济 Collective-owned	
	施工面积 Floor Space Under Construction	竣工面积 Floor Space Completed	施工面积 Floor Space Under Construction	竣工面积 Floor Space Completed	施工面积 Floor Space Under Construction	竣工面积 Floor Space Completed
1990	1159.10	558.70	572.40	233.50	586.70	325.20
1991	1282.70	653.20	577.20	269.50	705.50	383.70
1992	1554.00	711.30	699.40	279.80	854.60	431.50
1993	1869.50	802.20	867.90	334.60	1001.60	467.60
1994	2081.50	868.30	1011.10	378.40	1068.40	489.30
1995	4507.41	2313.70	1094.50	361.20	3223.05	1835.33
1996	4662.00	2393.05	1285.16	467.04	3333.59	1898.28
1997	4719.57	2279.89	1236.68	465.95	3444.90	1783.44
1998	5067.56	2382.33	1397.64	530.70	3373.22	1701.44
1999	5180.91	2681.81	1333.55	561.10	3417.60	1900.54
2000	5087.93	2603.08	1287.31	580.12	3017.81	1634.32
2001	6259.27	3204.60	1459.86	575.96	2734.12	1548.82
2002	7167.52	3665.71	1492.90	557.76	2342.29	1375.27
2003	10051.97	4969.67	2403.74	872.54	2667.99	1487.17
2004	12522.96	6250.66	2688.46	1105.49	2283.17	1342.06
2005	13774.87	6846.04	3155.37	1187.33	2310.26	1221.36
2006	15893.25	7451.71	4029.50	1203.42	2184.87	1280.53
2007	18796.15	8202.43	5031.99	1298.72	1885.13	1133.24
2008	21463.02	9077.52	4271.08	1240.98	1883.08	1038.20
2009	22442.34	9809.63	4014.66	1417.89	1617.52	889.23
2010	27680.25	10573.45	6158.88	1433.76	1920.30	1041.96
2011	32795.65	11777.74	10211.94	1870.29	2117.59	1100.78
2012	36412.18	13398.75	4175.97	1199.63	2292.37	1195.18
2013	43528.16	15890.95	15943.34	3831.35	2239.85	1142.34
2014	47433.19	16583.00	18252.67	3567.12	2356.22	1162.44
2015	47504.41	17389.97	18585.29	3873.21	2357.57	1366.82
2016	50329.04	18629.18	20693.91	4247.81	3887.89	2216.64
2017	54593.66	19840.34	23629.92	4756.15	2311.71	1304.30
2018	59253.25	19929.34	26813.25	4754.62	2276.14	1283.16
2019	65247.34	21043.78	29430.18	5199.14	3863.66	1905.06
2020	67978.77	21235.27	32828.43	5059.20	3797.03	1832.11
2021	76367.89	24029.21	41682.95	7854.77	3409.76	1555.73

14-6 国有、集体建筑企业生产指标（2021年）
Production Indicators of State-owned and Collective-owned Construction Enterprises (2021)

指标	Item	总计 Total	国有经济 State-owned Economic	中央 Central	地方 Local	集体经济 Collective Owned Economic
企业个数 （个）	**Number of Enterprises (unit)**	**3744**	**326**	**35**	**292**	**201**
建筑业总产值 （亿元）	**Gross Output Value of Construction (100 million yuan)**	**13280.16**	**5688.21**	**3082.42**	**2605.79**	**526.87**
#建筑工程	#Construction Projects	11302.21	5061.89	2877.91	2183.99	426.33
安装工程	Installation Projects	1164.31	351.74	147.42	204.33	76.00
其他	Others	813.64	274.58	57.10	217.47	24.54
竣工产值 （亿元）	**Output Value Completed (100 million yuan)**	**6802.84**	**2746.37**	**1506.34**	**1240.03**	**355.62**
房屋建筑施工面积 （万平方米）	**Floor Space of Buildings Under Construction (10 000 sq.m)**	**76367.89**	**31094.24**	**23257.09**	**13425.86**	**3409.76**
#本年新开工面积	#Floor Space of Buildings Started in Current Year	26085.14	9778.18	6219.50	3558.68	1661.67
房屋建筑竣工面积 （万平方米）	**Floor Space of Buildings Completed (10 000 sq.m)**	**24029.21**	**7854.77**	**5013.71**	**2841.07**	**1555.73**
计算建筑业劳动生产率的平均人数 （万人）	**Average of Staff and Workers by Calculating Construction Labor Productivity (10 000 persons)**	**301.25**	**94.99**	**42.95**	**52.04**	**16.01**
按施工产值计算的劳动生产率 （元/人年）	**Overall Labor Productivity in Terms of Total Output Value (yuan /person-year)**	**440835**	**598827**	**717751**	**500693**	**329118**

14-7 建筑业企业分行业生产指标(2021年)

指 标		Item		房屋建筑业 Building Construction	土木工程建筑业 Construction of Civil Engineering
企业个数	**(个)**	**Number of Enterprises**	**(unit)**	**2269**	**926**
建筑业总产值	**(亿元)**	**Gross Output Value of Construction**	**(100 million yuan)**	**9519.79**	**2924.78**
#建筑工程		#Construction Projects		8592.53	2300.60
安装工程		Installation Projects		389.49	399.89
其他		Others		537.78	224.29
竣工产值	**(亿元)**	**Output Value Completed**	**(100 million yuan)**	**5172.32**	**1186.97**
房屋建筑施工面积	**(万平方米)**	**Floor Space of Buildings Under Construction**	**(10 000 sq.m)**	**73256**	**2174**
#本年新开工面积		#Floor Space of Buildings Started in Current Year		24835	785
房屋建筑竣工面积	**(万平方米)**	**Floor Space of Buildings Completed**	**(10 000 sq.m)**	**22835**	**744**

14-7 续表

指 标		Item		建筑安装业 Architectural Installation	电气安装 Electrical Installation
企业个数	**(个)**	**Number of Enterprises**	**(unit)**	**290**	**113**
建筑业总产值	**(亿元)**	**Gross Output Value of Construction**	**(100 million yuan)**	**574.42**	**148.05**
#建筑工程		#Construction Projects		209.81	62.86
安装工程		Installation Projects		346.80	79.81
其他		Others		17.81	5.38
竣工产值	**(亿元)**	**Output Value Completed**	**(100 million yuan)**	**281.37**	**71.59**
房屋建筑施工面积	**(万平方米)**	**Floor Space of Buildings Under Construction**	**(10 000 sq.m)**	**606**	**52**
#本年新开工面积		#Floor Space of Buildings Started in Current Year		270	9
房屋建筑竣工面积	**(万平方米)**	**Floor Space of Buildings Completed**	**(10 000 sq.m)**	**269**	**23**

Production Indicators of Construction Enterprises by Sector (2021)

铁路公路隧道桥梁建筑业 Construction of Railways, Roads, Tunnels and Bridge works	水利和港口建筑业 Construction of Water Conservancy and Harbor Engineering	海洋工程建筑业 Construction of Ocean Engineering	工矿工程建筑业 Construction of Industry and Mining Projects	架线和管道工程建筑业 Construction of Wire Laying and Pipework	其他土木工程建筑业 Construction of Other Civil Engineering
476	**101**		**30**	**136**	**113**
1638.64	**463.01**		**161.85**	**402.00**	**140.47**
1480.64	435.79		83.07	157.60	93.61
41.23	12.65		60.88	197.99	28.33
116.77	14.58		17.90	46.41	18.52
650.48	**140.90**		**47.74**	**258.26**	**53.35**
783	**685**		**356**	**92**	**179**
420	186		50	6	76
412	**34**		**84**	**92**	**77**

Continued

管道和设备安装 Piping and Equipment Installation	其他建筑安装业 Other Architectural Installation	建筑装饰和其他建筑业 Archi-tectural Decoration	建筑装饰业 Architectural Decoration Industry	工程准备 Engineering Preparation	提供施工设备服务 Service of Supplying Construction Equipment	其他未列明的建筑活动 Other Construction Activities N.E.C
52	**125**	**257**	**177**	**19**	**10**	**51**
222.49	**203.87**	**250.32**	**194.69**	**15.61**	**10.39**	**29.64**
45.11	101.83	191.19	161.99	14.46	0.03	15
173.55	93.44	26.07	11.40		4.82	10
3.83	8.59	33.06	21.29	1.15	5.54	5
120.14	**89.64**	**152.35**	**132.30**	**5.32**	**0.35**	**14**
342	**211**	**218**	**142**	**10**	**3**	**63**
137	125	113	61	7		45
97	**150**	**134**	**120**	**4**		**10**

主要统计指标解释

建筑业统计单位　指从事房屋、构筑物建造和设备安装活动的法人企业。建筑业法人企业应具有建筑业资质并能够独立核算，同时其应具备以下条件：①依法成立，有自己的名称、组织机构和场所，能够承担民事责任；②独立拥有和使用资产，承担负债，有权与其他单位签订合同；③独立核算盈亏，能够编制资产负债表。

建筑业总产值　是以货币形式表现的建筑业企业在一定时期内生产的建筑业产品和提供的服务的总和。建筑业总产值包括：

(1) 建筑工程产值：指列入建筑工程预算内的各种工程价值。

(2) 安装工程产值：指设备安装工程价值，不包括被安装设备本身的价值。

(3) 其他产值：建筑业总产值中除建筑工程、安装工程以外的产值。包括房屋构筑物修理产值、非标准设备制造产值、总包企业向分包企业收取的管理费以及不能明确划分的施工活动所完成的产值。

a. 房屋构筑物修理产值：指房屋和构筑物修理所完成的产值，但不包括被修理房屋、构筑物本身价值和生产设备的修理价值。

b. 非标准设备制造产值：指加工制造没有定型的非标准生产设备的加工费和原材料价值（如化工厂、炼油厂用的各种罐、槽，矿井生产统一使用的各种漏斗、三角槽、阀门等）以及附属加工厂为本企业承建工程制作的非标准设备的价值。

建筑业增加值　指建筑业企业在报告期内以货币形式表现的建筑业生产经营活动的最终成果。

从 2004 年第一次全国经济普查开始，建筑业现价增加值按生产法和分配法（收入法）两种方法计算，以收入法的计算结果为准，即从收入的角度出发，根据生产要素在生产过程中应得的收入份额计算。具体计算方法：经济普查年度建筑业增加值按照《经济普查年度 GDP 核算方案》计算，非经济普查年度建筑业增加值按照《非经济普查年度 GDP 核算方案》计算。

房屋建筑施工面积　指在报告期内施过工的全部房屋建筑面积，包括本期新开工的房屋面积、上期施工跨入本期继续施工的房屋面积、上期停缓建在本期恢复施工的房屋面积、本期竣工的房屋面积及本期施工后又停缓建的房屋面积。

房屋建筑竣工面积　指在报告期内房屋建筑按照设计要求全部完工，达到了使用条件，经验收鉴定合格，正式移交使用单位的房屋建筑面积。

Explanatory Notes on Main Statistical Indicators

Statistical Unit in the Construction Industry refers to a corporate enterprise engaged in the construction of buildings and structures and in the installation of equipment. A corporate construction enterprise should have qualification certificates with independent accounting system, and should meet the following 3 requirements: a) being set up in line with relevant legal basis, having its full name, organization and location, and capable of taking civil liabilities; b) independently possessing and using its assets and assuming its liabilities, and entitled to sign contracts with other institutions; and c) making independent accounts of its profits and losses, and capable of compiling its own balance sheet.

Gross Output Value of Construction refers to total of construction products and services, expressed in money terms, produced or rendered by construction and installation enterprises during a given period of time. It includes:

(1) Output value of construction projects: the value of projects covered by the project budgets;

(2) Output value of installation projects: the value of the installation of equipment, (excluding the value of the equipment to be installed);

(3) Other output values: the output value of construction industry apart from that of construction projects and installation projects. It includes: output value of repair of buildings and structures; output value of non-standard equipment manufacturing; overhead expenses received by contracted enterprises from the sub-contracted enterprises and the completed output value of construction activities for which there is no clear definition.

a. Output value of repair of buildings and structures: the value created through the repairs of buildings or structures. It does not include the value of buildings or structures being repaired and the value of the repair of production equipment;

b. Output value of manufactured non-standard equipment: the value of non-standard production equipment, including raw materials and manufacturing cost, made for the construction project (i.e., chemical plant; kettles or tanks used by refineries; various fillers, triangle tanks, valves used by mines). It also includes the output value of equipment manufactured by subsidiary workshops.

Value-added of Construction refers to the final result of the activities of production and operation of enterprises of the construction industry in monetary terms during the reference period.

Starting from the 2004 economic census, value-added of construction is calculated by both production approach and income approach, with the figures from the income approach as the final figures., Under the income approach,, calculation starts from the perspective of income and is based on the share of income derived from the production process by the relevant factors of production.. Specifically, value-added of construction for the Census years is calculated in accordance with the Programme of Compilation of GDP and National Accounts for the Year of Economic Census, and value-added of construction for other years is calculated in accordance with the Programme of Compilation of GDP and National Accounts for the Non Economic Census Years.

Floor Space of Buildings Under Construction refers to floor space of buildings under construction during the reference period, including the floor space of buildings for which construction has newly started; buildings for which construction has started earlier and is continuing during the reference period; and buildings for which construction has been suspended earlier but has restarted during the reference period; buildings completed during the reference period; and buildings under construction but construction has subsequently been during the reference period.

Floor Space of Buildings Completed refers to the floor space of buildings that are completed in the reference period in accordance with the requirements of the design, up to the standard for being put into use, and having been checked and accepted by departments concerned as qualified ones.

15 交通运输、邮电和其他服务业

Transportation, Postal, Telecommunication and other Services

资料整理人员：孙邦昕　　韩建芳

15-1 运输线路长度和民用汽车拥有量

Length of Transportation Routes and Number of Civil Vehicles Owned

年份 Year	铁路营业里程（公里） Length of Railways in Operation (km)	#复线里程 Double-tracking	#高速铁路 High Speed Railway	公路里程（公里） Length of Highways (km)	#高速公路 Expressway	内河航道（公里） Length of Navigable Inland Waterways (km)	民用汽车拥有量（万辆） Number of Civil Vehicles Owned (10 000 units)	#私人汽车 Private-owned
1949	950			3142		10913		
1950	950			3420		10913	0.11	
1951	950			3631		10913	0.16	
1952	950			3790		10913	0.16	
1953	928			4231		10913	0.17	
1954	933			4352		10913	0.17	
1955	933			4469		10952	0.19	
1956	933			5430		11295	0.22	
1957	919			6437		11299	0.24	
1958	919			11282		14202	0.41	
1959	1007			15326		16607	0.57	
1960	1127			17223		17098	0.64	
1961	1193			17340		17098	0.62	
1962	1193			17340		17098	0.60	
1963	1193			18466		15768	0.66	
1964	1193			19487		16586	0.70	
1965	1416			20979		16586	0.78	
1966	1443			22726		16586	0.84	
1967	1464			23875		16586	0.93	
1968	1464			25148		16586	1.04	
1969	1464			27028		16586	1.16	
1970	1464			29437		16586	1.64	
1971	1538			32066		12099	1.77	
1972	1937			32824		10643	2.10	
1973	2053			35978		10828	2.60	
1974	2065			38331		11179	2.86	
1975	2065			46803		11147	3.34	
1976	2065			49943		11499	3.85	
1977	2065			55420		11558	4.39	
1978	2065			59541		10798	4.89	
1979	1681			54678		10137	5.69	
1980	1653			54897		10137	6.52	
1981	1653			55155		10149	7.09	
1982	2236			55289		10154	7.85	
1983	2236			55483		10164	8.70	
1984	2299			55756		10164	9.24	
1985	2299			56002		9941	10.84	

15-1 续表 Continued

年份 Year	铁路营业里程（公里）Length of Railways in Operation (km)	#复线里程 Double-tracking	#高速铁路 High Speed Railway	公路里程（公里）Length of Highways (km)	#高速公路 Expressway	内河航道（公里）Length of Navigable Inland Waterways (km)	民用汽车拥有量（万辆）Number of Civil Vehicles Owned (10 000 units)	#私人汽车 Private-owned
1986	2299			56636		10005	12.89	
1987	2302			56930		10051	14.88	2.64
1988	2302			57090		10037	16.91	3.35
1989	2302			57209		10092	18.10	3.68
1990	2302			57460		10110	18.75	3.71
1991	2302			57693		10110	20.35	4.20
1992	2302			58110		10010	22.91	5.55
1993	2273			58421		10010	26.55	7.34
1994	2273			58803	44	10010	32.11	10.01
1995	2273			59125	44	10050	35.24	12.66
1996	2273			59554	100	10050	37.49	13.78
1997	2273	642		59761	101	10050	38.12	16.55
1998	2275	642		60077	172	10050	41.58	21.12
1999	2891	1033		60416	280	10065	42.73	22.94
2000	2924	1836		60848	449	10041	46.10	25.98
2001	2894	1282		66593	585	10041	50.43	27.95
2002	2829	1282		84808	1012	10041	57.67	30.72
2003	2771	1273		85233	1218	11968	65.08	36.01
2004	2774	1282		87875	1218	11968	71.78	41.60
2005	2802	1247		88200	1403	11968	82.76	52.13
2006	2806	1246		171848	1403	11968	94.64	61.35
2007	2799	1250		175415	1764	11398	121.72	85.36
2008	2795	1246		184568	2001	11398	142.67	101.89
2009	3693	1852	606	191405	2226	11968	200.07	138.28
2010	3695	1847	606	227998	2386	11968	243.72	179.57
2011	3693	1852	604	232190	2649	11968	290.58	222.93
2012	3825	1987	604	234051	3968	11968	340.18	271.33
2013	4028	2033	786	235396	5084	11968	397.75	327.24
2014	4532	2540	1293	236250	5493	11968	443.42	393.26
2015	4521	2541	1293	236886	5653	11968	516.60	466.14
2016	4716	2982	1374	238273	6080	11968	603.02	551.11
2017	4698	3007	1396	239724	6419	11968	688.89	635.97
2018	5070	3336	1730	240060	6725	11968	786.20	727.45
2019	5579	3682	1986	240566	6802	11968	875.41	812.68
2020	5646	3776	1997	241138	6951	11968	956.60	890.18
2021	5909	4028	2249	241940	7083	11968	1035.01	963.79

注：2006 年起，公路里程含村道。2019 年铁路管界调整。

From 2006, Length of Highways included Village Roads.Railway boundary adjustment in 2019.

15-2 运输线路、铁路机车基本情况
Basic Statistics on Transportation Routes and Railway Locomotives

单位：公里 (km)

指 标	Item	2000	2010	2020	2021
铁路营业里程	**Length of Railways in Operation**	**2924**	**3695**	**5646**	**5909**
复线里程	Double-track	1836	1847	3776	4028
电气化线路里程	Length of Electrified Railway	672	2342	4754	5017
高速铁路里程	Length of High Speed Railway		606	1997	2249
公路线路里程	**Length of Highways**	**60848**	**227998**	**241138**	**241940**
有铺装路面（高级）	Paved Highways		131036	223188	226382
未铺装路面（中低无）	Non-paved Highway		89905	16714	14457
等级公路	Expressway and Class Ⅰ to Ⅳ Highway	33380	184045	229192	231019
高速	Expressway	440	2386	6951	7083
一级	First Class	239	838	2723	3054
二级	Second Class	3761	8018	15749	16378
等外路	Highway Below Class Ⅳ	27468	43953	11946	10921
内河航道	**Length of Navigable Inland Waterway**	**10041**	**11968**	**11968**	**11968**
中央铁路	**Central Railway**				
内燃机车（台）	Diesel Locomotives (unit)	529	283	324	330
电力机车（辆）	Electric Locomotives (unit)	120	496	682	660
地方铁路（窄轨）	**Local Railway Locomotives (narrow gauge)**				
客车（辆）	Passenger Coaches (unit)	27	35	35	35

注：公路线路里程 2006 年起包含村道。
The figure on the length of highways includes country road since 2006.

15－3 民用车辆拥有量（2021年）
Number of Civil Motor Vehicles (2021)

单位：辆 (unit)

指 标	Item	总计 Total	营业性 Business	非营业性 Non-business	#个体 Individual	#新注册 New Registration
合计	**Total**	**16283064**	**702202**	**15219812**	**15201398**	**1580322**
民用汽车	Civil Motor Vehicles	10350139	601924	9696104	9637910	951744
载客汽车	Passenger Vehicles	9311996	148762	9111123	8818911	841929
#大型	#Large	59226	49512	5198	429	3010
中型	Medium	36999	14160	7410	3667	1233
轿车	Cars	5673339	81670	5561223	5428770	492666
载货汽车	Trucks Vehicles	952301	430701	521600	758322	104333
#重型	#Heavy	217298	209632	7666	129197	26171
中型	Medium	41174	36885	4289	31969	1583
摩托车	Motors	5551024	28208	5522816	5529954	598283
拖拉机	Tractors	200680				12030
挂车	Truck Trailer	72962	72070	892	33534	10607
其他类型车	Other Motors Vehicles	108259				7658

15－4 水路运输工具拥有量（2021年）
Ownership of Water Transport Means (2021)

指 标	Item	总计 Total	#个体 Individual	内河运输 River Shipping	#个体 Individual
机动船 （艘）	**Motor Vessels (unit)**	**4250**	**556**	**4235**	**556**
净载重量 （吨位）	Net Haulage Capacity (ton)	4873057	224305	4542942	224305
载客量 （客位）	Passenger Capacity (seat)	56419		56419	
功率 （千瓦）	Power (kw)	1564958	91349	1512406	91349
客船 （艘）	Passenger Ship (unit)	1527		1527	
载客量 （客位）	Passenger Capacity (seat)	56419		56419	
功率 （千瓦）	Power (kw)	99550		99550	
货船 （艘）	Cargoboat (unit)	2719	555	2704	555
净载重量 （吨位）	Net Haulage Capacity (ton)	4873057	224305	4542942	224305
功率 （千瓦）	Power (kw)	1463010	90689	1410458	90689
货船中：油船 （艘）	Oil Tanker (unit)	21		21	
净载重量 （吨位）	Net Haulage Capacity (ton)	26762		26762	
功率 （千瓦）	Power (kw)	9188		9188	
拖船 （艘）	Drawing (unit)	4	1	4	1
功率 （千瓦）	Power (kw)	2398	660	2398	660
驳船 （艘）	**Barges (unit)**	**84**		**84**	
净载重量 （吨位）	Net Haulage Capacity (ton)	29054		29054	

15–5 旅客运量和旅客周转量
Passenger Traffic and Turnover Volume of Passenger Traffic

年份 Year	合计 Total	铁路 Railway	公路 Highway	水运 Waterway	民用航空 Civil Aviation
客运量（万人）	Total Passenger Traffic (10 000 persons)				
2000	87462	5233	81005	1094	130
2001	92381	5202	85971	1063	145
2002	98244	5173	91653	1249	169
2003	96182	4850	90353	793	186
2004	106333	5326	99975	772	260
2005	116457	5423	109728	702	304
2006	118621	5550	112135	573	363
2007	123626	5891	116780	525	430
2008	131442	6239	124274	509	419
2009	141061	6407	133359	747	548
2010	156871	7111	148235	919	606
2011	171886	7915	161980	1327	664
2012	184872	8429	174386	1349	708
2013	197541	9067	149016	1480	757
2014	162540	9639	150583	1449	870
2015	132104	10368	119266	1534	935
2016	122851	11518	108627	1615	1091
2017	116178	12872	100390	1674	1241
2018	108083	13943	91007	1729	1403
2019	102971	15626	84162	1641	1542
2020	57512	11392	44144	840	1136
2021	51811	12865	37031	764	1151
周转量（亿人公里）	Total Passenger-kilometers (100 million passenger-km)				
2000	724.06	394.00	318.37	3.55	8.14
2001	761.62	410.65	337.90	3.23	9.84
2002	827.55	428.84	384.91	3.20	10.60
2003	831.24	431.00	384.67	2.43	13.14
2004	972.57	500.38	449.73	2.35	25.87
2005	1046.27	531.71	480.57	1.94	32.05
2006	1114.86	562.48	512.24	1.42	38.72
2007	1224.57	626.14	548.12	1.19	49.12
2008	1260.17	645.98	565.64	0.82	47.73
2009	1289.93	625.44	601.11	1.01	62.37
2010	1464.96	707.18	683.58	1.69	72.51
2011	1636.15	775.01	778.04	2.74	80.36
2012	1713.94	769.62	853.96	2.63	87.73
2013	1856.51	830.75	721.93	2.85	97.96
2014	1762.41	873.49	776.48	2.84	109.60
2015	1650.45	879.46	635.64	3.07	132.28
2016	1665.50	920.60	577.03	3.22	164.66
2017	1679.47	970.47	526.60	3.47	178.93
2018	1668.36	979.54	479.93	3.63	205.26
2019	1660.98	1006.05	433.47	3.45	218.02
2020	985.61	607.89	224.84	1.89	151.00
2021	1013.34	660.62	195.38	1.69	155.65

注：2013 年开始，公路水路客货运输数据，源自交通运输业经济统计专项调查，统计口径有所调整（下同）。2021 年，水路客运统计方式由行业统计改为企业统计，统计口径有所调整（下同）。

Beginning in 2013,highway and waterway freight volume data,from traffic transportation economic statistics,special investigation,statistical adjustments(the same below). In 2021, the statistical method of waterway passenger transport was changed from industry statistics to enterprise statistics, and the statistical caliber was adjusted (the same below).

15–6 货物运量和货物周转量

Freight Traffic and Turnover Volume of Freight Traffic

年份 Year	合计 Total	铁路 Railway	公路 Highway	水运 Waterway	民用航空 Civil Aviation
货运量（万吨）	**Total Freight Traffic (10 000 tons)**				
2000	51228	4676	42868	3406	2.00
2001	53035	4965	44340	3572	2.00
2002	52156	4942	42982	3760	2.00
2003	59952	5214	51136	3600	2.00
2004	69680	5400	60291	3986	3.00
2005	76876	5218	67040	4615	3.00
2006	84998	5643	72457	6894	3.74
2007	99501	5831	85432	8234	3.77
2008	115810	5552	98759	11495	3.80
2009	128582	5392	111351	11834	4.62
2010	149168	5716	127635	15811	6.09
2011	168152	5951	144241	17954	6.11
2012	190712	5331	166670	18705	5.80
2013	210659	4890	156268	23097	6.07
2014	202800	4495	172613	25687	6.25
2015	199499	4184	172248	23061	6.08
2016	207553	4114	178968	23445	6.41
2017	226522	4185	198806	22560	6.96
2018	231110	4468	204389	21101	8.13
2019	190958	4554	165096	20090	9.14
2020	201977	4592	176442	19844	10.95
2021	225517	4771	198423	21272	11.22
周转量（亿吨公里）	**Total Freight Ton-kilometers (100 million ton-km)**				
2000	1074.50	632.12	297.79	143.76	0.11
2001	1132.18	674.39	316.03	141.22	0.14
2002	1223.09	730.86	355.96	135.48	0.16
2003	1361.12	782.60	455.45	121.74	0.24
2004	1574.21	896.49	513.45	162.21	0.32
2005	1661.97	930.29	538.57	190.32	0.38
2006	1781.11	951.66	592.37	236.66	0.42
2007	1981.63	1038.39	682.69	260.10	0.45
2008	2340.11	971.47	1085.06	283.10	0.48
2009	2505.27	990.00	1259.65	255.03	0.59
2010	2904.98	1022.71	1539.36	342.14	0.77
2011	3345.76	1046.16	1878.57	420.26	0.77
2012	3953.62	998.13	2392.49	562.26	0.74
2013	4227.44	923.76	2329.54	552.45	0.81
2014	4122.58	832.92	2578.90	709.94	0.82
2015	3884.64	749.95	2553.52	580.30	0.87
2016	4072.70	750.82	2686.57	619.47	0.94
2017	4316.43	813.13	2990.55	497.07	1.05
2018	4404.28	812.75	3114.85	458.96	1.26
2019	2612.24	855.38	1316.65	421.55	1.42
2020	2620.41	856.36	1350.55	395.28	1.63
2021	2915.92	986.92	1461.16	449.62	1.76

注：2019 年度公路货运数据采用交通部专项调查数据。

Road freight data for 2019 are based on the special survey data of the Ministry of Transport.

15－7　邮政业务基本情况
Basic Statistics of Postal Business

指　标		Item		2020	2021
邮政局、所	**（处）**	**Number of Post Offices**	**(unit)**	**2810**	**2810**
#设在农村的局、所		#Rural Post Offices		2188	2179
邮政局		Post Bureaus		136	136
邮政支局		Branch of Post Bureaus		1298	1419
自办邮政所		Post Places		445	465
代办邮政所		Agency of Post Places		931	790
邮路总长度	**（公里）**	**Length of Postal Routes**	**(km)**	**137141**	**132688**
农村投递路线总长度	**（公里）**	**Length of Rural Delivery Routes**	**(km)**	**202390**	**210939**
邮政业务总量	**（亿元）**	**Revenue of Postal Business**	**(100 million yuan)**	**429.22**	**295.84**
包裹业务合计	**（万件）**	**Total of Parcels**	**(10 000 pieces)**	**19.43**	**12.43**
报刊业务	**（万份）**	**Business of Newspaper and Magazine**	**(10 000 copies)**		
报纸累计份数		Total of Newspapers		61615	62588
杂志累计份数		Total of Magazines		3917	3635
报纸期发份数		Number of Newspapers in One Period		264	270
杂志期发份数		Number of Magazines in One Period		259	205
邮政其他业务量	**（万元）**	**Revenue of Other Postal Business**	**(10 000 yuan)**	**81916**	**96923**

注：邮政业务总量2021年起，由2010年不变价调整为2020年不变价。
From 2021, the index of Revenue From Postal is adjusted from 2010's constant price to 2020's constant price.

15–8 电信业务基本情况
Basic Statistics of Telecommunication

指 标		Item		2020	2021
销售营业网点数	**（处）**	**Number of Selling Places**	**(unit)**	**36588**	**36588**
自办营业网点数		Main Selling Places		784	726
电信业务代办网点数		Agency of Telecommunication Places		35804	35862
长途电信设备		**Equipment of Long Distance Telecommunication**			
长途光缆线路长度	（公里）	Length of Long Distance Optical Cables	(km)	42650	40977
移动通信主要设备		**Main Equipment of Mobile Communication**			
移动电话基站	（个）	Basic Station of Mobile Telephone	(unit)	365768	388341
互联网宽带接入端口	（万个）	Broad Band Subscribers Port of Internet	(10 000 ports)	3242.37	3513.04
电信业务总量	**（亿元）**	**Revenue of Telecommunication Business**	**(100 million yuan)**	**5671.25**	**628.99**
固定电话用户	（万户）	Fixed Telephone User	(10 000 households)	592.43	568.34
移动电话年末用户	（万户）	Mobile Telephone User at the Year-end	(10 000 households)	6719.40	6942.31
3G 移动电话用户		3G Mobile Phone Subscribers		99.41	73.94
4G 移动电话用户		4G Mobile Phone Subscribers		5417.20	4614.23
固定互联网上网用户	（万户）	Internet User	(10 000 households)	2113.17	2322.99
移动互联网上网用户	（万户）	Internet User	(10 000 households)	5771.21	6026.18

注：电信业务总量 2017 年至 2020 年执行 2015 年不变价，2021 年执行 2020 年不变价。

Total telecom business from 2017 to 2020 to implement the 2015 unchanged price, 2021 to implement the 2020 unchanged price.

15–9 邮电通信水平(2021年)
Development of Postal and Telecommunications Services (2021)

指 标		Item		2021
平均每一邮政业营业网点服务面积	（平方公里）	Average Area Served by Every Postal Service	(sq.km)	13.4
平均每一邮政业营业网点服务人口	（万人）	Average People Served by Every Post Service	(10 000 persons)	0.42
平均每人每年发函件数	（件）	Annual Average Number of Letters and Mails Per Capita	(piece)	0.26
平均每百人每年订购报刊数	（份）	Annual Average Number of Newspaper and Magazine Subscribers Per 100 Persons	(copy)	7.2
设有邮电局、所的乡镇比重	（%）	Percentage of Townships with Post and Telecommunication Officice	(%)	100.0
电话普及率（含移动）	（部/百人）	Popularization Rate of Telephone	(sets/100 persons)	113.0
进入长途电话自动网的县(市)比重	（%）	Percentage of Townships with Connected Auto-exchange Net of Long Distance Call	(%)	100.0
已通电话的乡（镇）比重	（%）	Percentage of Townships with Telephone Communication	(%)	100.0

注：邮政业营业网点含邮政企业和快递企业所属营业网点。

Postal service business outlets include postal enterprises and express enterprises affiliated business outlets.

15-10 规模以上服务业企业分类别经济指标(2021年)
Classification Economic Indicators of Service Enterprises above Designated Size (2021)

单位：亿元 (100 million yuan)

指 标	Item	单位数(个) Number of Enterprises (unit)	年初存货 Inventory Year-early	流动资产合计 Circulating Funds	应收账款 Net Value of Account Received	存 货 Stock
总计	**Total**	**7314**	**4819.85**	**14776.80**	**1327.69**	**5118.88**
按登记注册类型分:	**Grouped by Registration**					
内资企业	Internal-invested Enterprises	7253	4817.67	14427.65	1309.04	5117.25
国有企业	State-owned Enterprises	176	217.46	937.26	45.29	212.82
集体企业	Collective-owned Enterprises	26	0.05	12.28	0.61	0.05
股份合作企业	Enterprises Cooperated by Joint-stock	6	0.03	0.77	0.07	0.02
联营企业	Cooperative Enterprises	2	100.61	156.86	0.84	111.49
有限责任公司	Limited Liability Company	1496	4395.70	11682.44	924.92	4678.96
股份有限公司	Company Limited by Shares	107	17.47	383.39	53.91	18.34
私营企业	Individual-owned Enterprises	5005	82.78	1147.00	268.65	91.73
其他企业	Enterprises of Other Types of Ownership	435	3.56	57.64	14.75	3.83
港、澳、台商投资企业	Enterprises Funded by Entrepreneurs From Hong Kong,Macao and Taiwan	38	1.80	319.52	16.13	1.07
外商投资企业	Enterprises Funded by Foreigners	23	0.37	29.64	2.52	0.57

15-10 续表 1

单位：亿元

指 标	Item	固定资产原 价 Original Price of Fixed Assets	累计折旧 Accumulated Depreciation	本年折旧 Deprecia-tion this Year	资产总计 Total Assets
总计	**Total**	**9749.24**	**1775.53**	**254.82**	**31366.94**
按登记注册类型分:	**Grouped by Registration**				
内资企业	Internal-invested Enterprises	9482.45	1621.63	239.46	30661.41
国有企业	State-owned Enterprises	253.60	110.81	13.45	1560.05
集体企业	Collective-owned Enterprises	9.50	7.16	0.20	21.99
股份合作企业	Enterprises Cooperated by Joint-stock	6.37	2.21	0.40	13.19
联营企业	Cooperative Enterprises	4.77	2.20	0.09	271.85
有限责任公司	Limited Liability Company	7519.06	826.52	113.02	24576.23
股份有限公司	Company Limited by Shares	879.11	431.26	57.34	1708.92
私营企业	Individual-owned Enterprises	697.52	210.71	48.86	2331.63
其他企业	Enterprises of Other Types of Ownership	112.53	30.77	6.09	177.55
港、澳、台商投资企业	Enterprises Funded by Entrepreneurs From Hong Kong,Macao and Taiwan	203.50	107.17	12.84	511.46
外商投资企业	Enterprises Funded by Foreigners	63.29	46.73	2.52	194.08

15-10 续表 2

单位：亿元

指 标	Item	财务费用 Financial Expense	利息收入 Interest Revenue	利息支出 Interest Expense	投资收益 Income from Investment
总计	**Total**	**247.70**	**20.83**	**231.53**	**113.40**
按登记注册类型分:	**Grouped by Registration**				
内资企业	Internal-invested Enterprises	241.81	20.39	227.16	113.54
国有企业	State-owned Enterprises	-0.62	3.64	3.06	30.92
集体企业	Collective-owned Enterprises	0.02	0.02	0.04	
股份合作企业	Enterprises Cooperated by Joint-stock	0.18		0.10	
联营企业	Cooperative Enterprises	0.41	0.16	0.58	
有限责任公司	Limited Liability Company	199.77	11.92	187.78	29.49
股份有限公司	Company Limited by Shares	10.09	2.47	12.92	30.65
私营企业	Individual-owned Enterprises	29.60	2.09	21.13	22.45
其他企业	Enterprises of Other Types of Ownership	2.36	0.09	1.56	0.02
港、澳、台商投资企业	Enterprises Funded by Entrepreneurs From Hong Kong,Macao and Taiwan	4.21	0.36	2.68	-0.14
外商投资企业	Enterprises Funded by Foreigners	1.67	0.08	1.68	0.01

Continued

(100 million yuan)

负债合计 Total Liability	所有者权益合计 Total Rights of Owners	营业收入 Operating Income	营业成本 Operating Cost	税金及附加 Tax and Extra Charges	销售费用 Operation Expenses	管理费用 Management Expense
18542.65	**12824.29**	**5605.07**	**4376.72**	**67.51**	**287.18**	**433.74**
18246.19	12415.22	5449.16	4255.89	66.68	265.67	419.02
872.16	687.89	214.85	202.62	4.41	6.89	30.32
13.91	8.08	6.08	4.45	0.16	0.22	1.14
9.17	4.02	1.80	0.78		0.10	1.04
124.11	147.74	6.15	5.10	0.28		0.50
14890.11	9686.12	2646.47	2070.35	39.14	92.18	151.28
761.23	947.69	354.60	231.43	2.23	35.24	36.15
1475.35	856.27	2044.22	1606.15	19.78	127.31	183.40
100.14	77.41	174.99	135.01	0.68	3.75	15.19
153.08	358.38	125.51	104.04	0.55	18.75	11.42
143.38	50.69	30.40	16.80	0.28	2.76	3.30

Continued

(100 million yuan)

营业利润 Operating Profit	营业外收入 Non-operating Income	营业外支出 Operating Expense	利润总额 Total Profit	所得税费用 Income Tax and Fee	应付职工薪酬 Total Sum of Wages Payable	平均用工人数（万人） Average Number of Employment of the Current Year (10 000 persons)
339.65	**82.62**	**23.18**	**399.09**	**43.96**	**868.94**	**96.61**
346.93	82.31	22.41	406.82	41.48	836.08	93.53
14.05	7.07	3.00	18.12	0.89	57.76	3.77
0.09	0.03	0.02	0.10	0.01	1.81	0.40
-0.30	0.17		-0.14		0.84	0.11
1.12	0.03	0.10	1.05		0.34	0.03
182.45	58.83	9.70	231.58	25.94	347.53	30.62
70.42	1.93	5.43	66.93	1.57	68.74	3.96
61.66	13.59	3.92	71.33	12.60	329.11	49.95
17.43	0.66	0.24	17.84	0.47	29.95	4.68
-12.88	0.23	0.67	-13.32	1.31	25.41	2.60
5.61	0.07	0.10	5.59	1.18	7.46	0.49

15-11 规模以上服务业企业分行业大类经济指标(2021年)

单位：亿元

指标	Item	单位数（个）Number of Institutions (unit)	年初存货 Inventory Year-early	流动资产合计 Circulating Funds
总计	**Total**	**7314**	**4819.85**	**14776.80**
铁路运输业	Railway Transport	5	0.29	8.37
道路运输业	Road Transport	689	17.71	1375.96
水上运输业	Water Transport	47	0.19	16.28
航空运输业	Air Transport	8	0.16	64.36
管道运输业	Transport Via Pipelines	4	0.14	9.82
多式联运和运输代理业	Multimodal Transport and Other Transport Services	80	0.39	24.19
装卸搬运和仓储业	Handling Industry and Storage	125	72.43	158.34
邮政业	Post	74	1.50	42.97
电信、广播电视和卫星传输服务	Telecommunications, Radio and Television and Satellite Transmission Services	181	4.94	134.68
互联网和相关服务	Internet and Related Services	135	5.98	146.55
软件和信息技术服务业	Software and IT Services	288	10.81	215.55
物业管理	Property Management	392	3.41	102.19
房地产中介服务	Real Estate Intermediary Services	38	0.02	17.41
房地产租赁经营	Real Estate Leasing	54	57.90	251.78
租赁业	Leasing	111	2.07	19.06
商务服务业	Business Services	1347	544.53	2146.18
研究和试验发展	Research and Experimental Development	41	48.83	175.25
专业技术服务业	Professional Technical Services	600	45.87	626.12
科技推广和应用服务业	Services of Science and Technology Promotion and Application	301	5.21	55.70
水利管理业	Management of Water Conservancy	5		2.16
生态保护和环境治理业	Ecological Protection and Environmental Management	98	3.17	58.57
公共设施管理业	Management of Public Facilities	159	174.75	395.73
土地管理业	Land Management	71	3751.02	7773.35
居民服务业	Services to Households	206	6.66	54.06
机动车、电子产品和日用产品修理业	Motor Vehicles, Electronics and Household Goods Repair Industry	142	0.77	3.95
其他服务业	Other Services	101	0.37	7.56
教育	Education	481	0.87	57.52
卫生	Health	384	7.98	214.72
社会工作	Social Work	67	0.07	2.88
新闻和出版业	Journalism and Publishing Activities	38	7.57	104.68
广播、电视、电影和影视录音制作业	Radio, Television,Film and Video Production Industry Recordings	222	19.20	379.35
文化艺术业	Cultural and Art Activities	225	3.21	29.77
体育	Sports Activities	73	0.16	5.10
娱乐业	Entertainment	522	21.68	96.62

Main Economic Indicators of Service Enterprises above Designated Size by Service Sector (2021)

(100 million yuan)

应收账款 Net Value of Account Received	存货 Inventory	固定资产原价 Original Price of Fixed Assets	累计折旧 Accumulated Depreciation	本年折旧 Depreciation this Year	资产总计 Total Assets	负债合计 Total liability	所有者权益合计 Total Rights of Owners	营业收入 Operating Income	营业成本 Operating Cost
1327.69	**5118.88**	**9749.24**	**1775.53**	**254.82**	**31366.94**	**18542.65**	**12824.29**	**5605.07**	**4376.72**
0.82	0.22	421.71	63.47	9.08	480.15	293.15	187.01	25.57	29.17
107.07	16.37	5414.22	251.01	38.60	8037.91	5320.18	2717.73	702.61	525.11
3.61	0.21	21.47	8.33	0.89	47.01	21.32	25.69	26.32	22.86
4.28	0.24	180.47	51.37	7.37	338.77	234.58	104.19	29.05	34.91
0.40	0.44	8.89	3.42	0.27	31.05	31.53	-0.48	7.06	4.51
8.55	0.52	19.64	5.58	1.35	46.33	25.49	20.83	84.36	82.67
13.07	60.71	104.99	39.18	5.45	277.51	191.12	86.39	107.49	105.67
21.56	1.52	43.69	23.58	2.76	70.65	48.37	22.27	178.03	154.36
30.92	4.74	1446.23	854.53	107.54	910.99	291.17	619.82	613.48	390.01
16.88	7.31	18.41	6.48	1.28	242.17	163.44	78.72	141.99	107.06
68.37	16.53	34.36	11.49	2.48	295.83	148.91	146.92	311.18	225.39
20.87	4.24	24.78	10.73	1.42	139.54	103.37	36.17	137.92	110.37
9.79	0.02	0.98	0.36	0.06	18.99	19.07	-0.08	23.26	19.39
8.37	62.15	95.22	22.49	2.65	757.43	385.40	372.02	22.65	11.57
6.82	2.26	16.08	4.63	1.53	47.73	20.79	26.94	26.06	20.27
268.20	626.64	542.42	70.72	12.65	4854.63	2625.39	2229.25	993.39	846.85
20.43	48.51	21.72	8.67	1.33	368.89	170.63	198.26	109.48	88.75
146.16	49.65	115.61	39.26	6.57	889.93	496.89	393.05	610.63	478.25
8.53	7.07	40.12	9.32	2.02	189.81	102.54	87.26	133.53	103.45
0.16		0.63	0.27	0.04	9.89	6.38	3.52	1.06	0.53
17.37	4.04	26.00	9.68	1.91	128.82	84.08	44.75	44.67	33.54
18.48	176.98	90.32	19.63	3.65	831.38	485.37	346.01	62.20	43.21
409.77	3953.72	455.55	76.46	10.46	10386.06	6239.85	4146.21	363.72	326.24
7.59	6.52	18.38	6.06	1.31	88.47	71.86	16.61	65.24	47.95
1.01	0.72	3.66	0.87	0.28	8.58	4.00	4.58	21.54	16.08
2.23	0.28	4.58	1.75	0.45	13.06	6.31	6.75	17.00	13.08
13.49	0.87	160.88	36.96	7.43	230.11	128.77	101.33	117.09	80.32
28.20	8.90	144.77	53.23	9.44	472.17	292.61	179.56	194.19	136.23
0.54	0.11	5.87	0.79	0.29	11.36	5.81	5.55	7.04	5.41
4.42	7.15	25.26	10.81	1.12	199.04	35.46	163.58	50.67	33.61
48.96	20.03	57.66	32.80	3.39	593.56	235.21	358.35	228.79	173.65
2.58	3.25	40.45	9.82	2.33	81.92	46.87	35.05	43.57	32.22
0.88	0.21	16.06	4.46	0.70	24.25	21.36	2.88	9.75	6.60
7.30	26.76	128.15	27.35	6.70	242.97	185.34	57.62	94.48	67.46

15-11 续表

单位：亿元

指　标	Item	税　金及附加 Tax and Extra Charges	销售费用 Operation Expense	管理费用 Management Expense
总计	**Total**	**67.51**	**287.18**	**433.74**
铁路运输业	Railway Transport	0.04	0.03	0.61
道路运输业	Road Transport	6.18	6.81	47.40
水上运输业	Water Transport	0.14	0.12	1.80
航空运输业	Air Transport	0.58	1.00	3.81
管道运输业	Transport Via Pipelines	0.04	0.44	0.35
多式联运和运输代理业	Multimodal Transport and Other Transport Services	0.45	1.68	2.51
装卸搬运和仓储业	Handling Industry and Storage	0.73	3.23	10.05
邮政业	Post	0.73	1.07	11.64
电信、广播电视和卫星传输服务	Telecommunications, Radio and Television and Satellite Transmission Services	1.72	71.77	33.76
互联网和相关服务	Internet and Related Services	0.79	41.86	16.54
软件和信息技术服务业	Software and IT Services	2.33	17.35	21.45
物业管理	Property Management	1.24	2.11	15.16
房地产中介服务	Real Estate Intermediary Services	0.18	2.37	1.91
房地产租赁经营	Real Estate Leasing	1.69	1.32	4.78
租赁业	Leasing	0.49	0.73	2.16
商务服务业	Business Services	11.48	25.68	69.16
研究和试验发展	Research and Experimental Development	0.54	6.50	6.96
专业技术服务业	Professional Technical Services	4.16	15.22	48.72
科技推广和应用服务业	Services of Science and Technology Promotion and Application	0.83	4.35	7.68
水利管理业	Management of Water Conservancy	0.02	0.07	0.25
生态保护和环境治理业	Ecological Protection and Environmental Management	0.84	1.11	3.83
公共设施管理业	Management of Public Facilities	2.11	2.67	6.22
土地管理业	Land Management	20.68	2.25	12.39
居民服务业	Services to Households	0.61	6.53	7.91
机动车、电子产品和日用产品修理业	Motor Vehicles, Electronics and Household Goods Repair Industry	0.23	1.01	1.41
其他服务业	Other Services	0.13	0.63	1.74
教育	Education	0.61	10.30	17.19
卫生	Health	0.61	14.16	30.52
社会工作	Social Work	0.09	0.20	0.93
新闻和出版业	Journalism and Publishing Activities	0.52	7.24	9.78
广播、电视、电影和影视录音制作业	Radio, Television,Film and Video Production Industry Recordings	4.21	24.34	17.99
文化艺术业	Cultural and Art Activities	0.83	2.94	5.07
体育	Sports Activities	0.19	0.80	1.55
娱乐业	Entertainment	1.48	9.30	10.53

Continued

(100 million yuan)

财务费用 Financial Expense	利息收入 Interest Revenue	利息支出 Interest Expense	投资收益 Income from Investment	营业利润 Operating Profit	营业外收入 Non-operating Income	营业外支出 Non-operating Expense	利润总额 Total Profit	所得税费用 Income Tax and Fee	应付职工薪酬 Total Sum of Wages Payable	应交增值税 Value Added Payable	平均用工人数（万人） Average Number of Employment of the Current Year (10 000 persons)
247.70	**20.83**	**231.53**	**113.40**	**339.65**	**82.62**	**23.18**	**399.09**	**43.96**	**868.94**	**114.82**	**96.61**
11.43	0.04	11.43		−11.15		0.07	−11.21	0.01	3.10	0.26	0.14
149.24	2.94	146.05	5.16	1.75	13.14	1.67	13.22	5.58	99.90	17.72	13.17
0.14	0.20	0.18	0.07	1.51	0.07	0.03	1.55	0.12	2.70	0.26	0.31
2.13	0.19	2.80	0.57	−10.31	2.10	1.93	−10.14	0.37	14.11	0.09	0.76
0.06	0.03	0.08		1.72			1.71	0.39	0.45	0.22	0.03
0.40	0.03	0.32	0.16	2.54	0.42	0.01	2.95	0.48	3.25	1.17	0.40
2.31	0.69	1.78		−4.28	1.69	0.21	−2.80	0.61	14.56	1.03	1.59
0.50		0.02		9.73	0.49	0.54	9.68	0.79	46.87	1.36	3.80
3.95	0.43	3.52	1.82	105.04	1.60	5.02	101.61	11.56	77.55	19.54	4.43
3.01	0.19	0.66	−5.30	−38.98	2.21	0.98	−37.75	0.52	20.13	2.24	1.66
0.80	0.18	0.66	0.87	24.23	3.48	0.18	27.53	2.90	50.20	11.76	3.65
0.82	0.19	0.69	0.15	8.37	0.48	0.35	8.50	1.79	40.70	3.83	7.92
0.06	0.02	0.08		−0.78	0.04	0.02	−0.76	0.17	5.19	0.99	0.48
5.35	0.14	5.00	1.71	0.20	2.03	0.16	2.06	0.31	3.00	0.78	0.24
0.36	0.01	0.15	0.08	2.02	0.17	0.03	2.16	0.20	2.70	0.60	0.44
22.92	2.52	16.36	30.20	54.93	10.53	1.22	64.23	3.70	139.61	21.16	23.20
0.53	0.35	0.72	1.70	3.65	0.96	0.13	4.49	0.38	11.19	0.74	0.55
2.02	2.78	3.40	13.96	49.68	1.87	1.01	50.55	5.16	111.04	13.43	7.57
2.75	0.61	3.18	7.09	19.74	0.46	0.20	20.00	0.25	9.02	0.57	1.62
				0.17	0.01	0.05	0.13	0.01	0.21		0.03
1.21	0.08	1.13	1.87	5.53	0.13	0.09	5.56	0.43	4.10	0.79	0.47
3.31	0.58	3.26	0.44	6.05	2.84	0.35	8.54	1.11	8.21	1.17	1.69
24.23	1.90	17.72	2.69	35.97	33.06	5.73	63.31	2.67	7.28	6.59	0.60
0.73	0.08	0.47	−0.01	1.56	0.34	0.36	1.54	0.38	25.50	1.47	2.83
0.11	0.01	0.02		2.62	0.04	0.03	2.64	0.06	1.94	0.24	0.40
0.11	0.02	0.07		1.22	0.05	0.04	1.23	0.15	5.46	0.43	1.53
3.46	0.42	2.87	−0.21	4.60	1.02	0.39	5.23	0.49	38.69	0.59	5.42
3.64	0.82	3.67	19.02	21.71	0.82	0.91	21.62	2.17	55.19	0.68	5.62
0.07		0.03		0.35	0.08	0.01	0.42	0.02	1.54	0.04	0.33
−1.37	1.44	0.06	0.36	−4.28	0.68	0.13	−3.73	0.02	11.38	1.23	0.59
−2.75	3.85	0.37	31.01	41.10	0.69	0.71	41.08	0.14	33.16	1.94	1.44
1.01	0.01	0.65	−0.03	2.27	0.51	0.13	2.65	0.33	6.07	0.67	1.10
0.38	0.01	0.31		0.21	0.04	0.01	0.23	0.05	1.61	0.16	0.30
4.76	0.08	3.82	0.03	0.96	0.55	0.46	1.05	0.65	13.31	1.07	2.30

主要统计指标解释

铁路营业里程 又称营业长度，指投入客货运输营业或临时营业的线路长度。

电气化里程 指具备了电力机车牵引条件，并已交付运营的线路里程。

公路里程 指报告期末公路的实际长度。统计范围：包括城间、城乡间、乡（村）间能行驶汽车的公共道路，公路通过城镇街道的里程，公路桥梁长度、隧道长度、渡口宽度。不包括城市街道里程，断头路里程，农（林）业生产用道路里程，工（矿）企业等内部道路里程。统计原则：按已竣工验收或交付使用的实际里程计算；两条或多条公路共同经由同一路段的重复里程，只计算一次。

货(客)运量 指在一定时期内，各种运输工具实际运送的货物重量(旅客数量)。货运按吨计算，客运按人计算。货物不论运输距离长短、货物类别，均按实际重量统计。旅客不论行程远近或票价多少，均按一人一次客运量统计；半价票、儿童票也按一人统计。

货物(旅客)周转量 指在一定时期内，由各种运输工具运送的货物(旅客)数量与其相应运输距离的乘积之总和。该指标可以反映运输业生产的总成果，也是编制和检查运输生产计划，计算运输效率、劳动生产率以及核算运输单位成本的主要基础资料。计算货物周转量通常按发出站与到达站之间的最短距离，也就是计费距离计算。计算公式为：

货物（旅客）周转量 = Σ（货物（旅客）运输量 × 运输距离）

港口货物吞吐量 指经由水路进、出港区范围，并经过装卸的货物数量。按货物流向分为进港吞吐量和出港吞吐量，按货物的贸易性质分为内贸和外贸吞吐量。货物类别根据现行的交通行业《运输货物分类和代码》标准分类。

民用运输船舶拥有量 指报告期末在水路运输管理部门注册登记的从事水上客、货运输活动的我国企业或私人拥有的营业性运输船舶（含我国企业或私人拥有的悬挂外国旗的船舶）数量。不包括非运输船舶及农业、渔业生产船舶。

民用汽车拥有量 指报告期末，在公安交通管理部门按照《机动车注册登记工作规范》，已注册登记领有民用车辆牌照的全部汽车数量。汽车拥有量统计的主要分类：根据汽车结构分为载客汽车、载货汽车及其他汽车；根据汽车所有者不同分为个人(私人)汽车、单位汽车；根据汽车的使用性质分为营运汽车、非营运汽车；根据汽车大小规格不同，载客汽车分为大型、中型、小型和微型，载货汽车分为重型、中型、轻型和微型。

邮政、电信业务总量 指以货币形式表示的邮政、电信通信企业为社会提供各类邮政、电信通信服务的总数量。计算方法为各类业务的实物量分别乘以相应的不变单价，求出各类业务的货币量加总求得。没有不变单价的业务按其业务收入直接相加。

移动电话用户 指在电信运营企业营业网点办理开户登记手续，通过移动电话交换机进入移动电话网，占用移动电话号码的各类电话用户。包括各类签约用户、智能网预付费用户、无线上网卡用户。

互联网上网人数 指过去半年内使用过互联网的 6 周岁及以上中国居民人数。

固定电话用户 指在电信企业营业网点办理开户登记手续并已接入固定电话网上的全部电话用户。包括普通电话用户、无线市话用户、公用电话用户、窄带综合业务数字网（N-ISDN）用户、智能网专用接入终端用户等。

3G 移动电话用户 指报告期末在计费系统拥有使用信息，占用 3G 网络资源的在网用户。包括使用了 3G 业务或终端的用户。

4G 移动电话用户 指报告期末在计费系统拥有使用信息，占用 4G 网络资源的在网用户。包括使用了 4G 业务或终端的用户。

长途电话交换机容量 指电信企业用于接入长途电话网的电话交换机的设备额定容量。

移动电话交换机容量 指移动电话交换机根据一定话务模型和交换机处理能力计算出来的最大同时服务用户的数量。按报告期末已接入网正式投入使用的设备实际容量统计。

互联网宽带接入端口 指用于接入互联网用户的各类实际安装运行的接入端口的数量，包括 xDSL 用户接入端口、LAN 接入端口、其他类型接入端口等，不包括窄带拨号接入端口。

规模以上服务业统计对象 指营业收入达到一定规模

标准的执行企业会计制度的服务业法人单位。

统计标准分为三类：一是年营业收入 2000 万元及以上的服务业法人单位。包括：交通运输、仓储和邮政业，信息传输、软件和信息技术服务，水利、环境和公共设施管理业，卫生等行业。二是年营业收入 1000 万元及以上的服务业法人单位。包括：租赁和商务服务业，科学研究和技术服务业，教育，物业管理、房地产中介服务、房地产租赁经营和其他房地产业等行业。三是年营业收入 500 万及元以上的服务业法人单位。包括居民服务、修理和其他服务业，文化、体育和娱乐业，社会工作等行业。

Explanatory Notes on Main Statistical Indicators

Length of Railways in Operation refers to the total length of the trunk line for passenger and freight transportation in full operation or temporary operation.

Length of Electrified Trunk Line refers to the length of the trunk line capable for the running of electrified locomotives and having been put into operation.

Length of Highways refers to the actual length of highways at the end of reference period. It covers public roads running vehicles among cities, city and rural areas, township (villages), highways passing through streets at small cities and towns, length of bridges and tunnels, width of ferry piers. It does not include the length of streets in cities, dead end highways, the length of streets built for agricultural (forest) production and inside factories (mines). It can only be calculated with the actual mileage having been completed, checked and accepted or put into operation. If two or more highways go the same section of the way, the length of the section is only calculated for once.

Freight (Passenger) Traffic refers to the weight of freight (number of passenger) transported with various means within a specific period of time. Freight transport is calculated in tons and passenger traffic is calculated in terms of number of person. Freight transport is calculated in terms of the actual weight of the goods and takes no account of the type of freight and distance of travel. Passenger traffic is calculated by the principle that one person can be counted only once in one trip and takes no account of the travelling distance and ticket price. The passengers who travel with a half price ticket or a child's ticket is also calculated as one person.

Freight Ton-kilometres (Passenger-kilometres) refers to the sum of the product of the volume of transported cargo (passengers) multiplied by the transport distance. It is an important indicator to reflect the achievement of the transportation industry. This is an important indicator to show the total results of the transport industry; to prepare and examine the transport plan; and to serve as the main basic data for calculating the efficiency, labour productivity and unit cost of transport. Normally, the shortest distance between the departure station and the destination station (i.e., the payable distance) is the basis in calculating the freight ton-kilometres. The formula is as follows:

$$\begin{matrix}\text{Freight ton - kilometres} \\ \text{(passenger - kilometres)}\end{matrix} = \sum \begin{matrix}\text{freight} \\ \text{(passenger)traffic}\end{matrix} \times \begin{matrix}\text{distance of} \\ \text{transportation}\end{matrix}$$

Volume of Freight Handled in Coastal Ports refers to the volume of cargo passing in and out of the harbour area of the major coastal ports and having been loaded and unloaded. The volume of freight handled may be classified by direction of cargo flow as in-port freight and out-port freight, or by nature of cargo as freight for domestic trade and freight for foreign trade. It can also be classified by type of freight based on the existing standard classification for transportation industry "Classification and Coding for Freight".

Possession of Civil Transport Vessels refers to the total number at the end of reference period of operating transport vessels owned by Chinese enterprises or privately that are registered in the water transportation management institutions and permitted to perform cargo transport activities (including vessels with foreign flags but owned by Chinese enterprises or citizens). Non-transport vessels and vessels used for agriculture and fishery are not included.

Possession of Civil Motor Vehicles refer to the total numbers of vehicles that are registered and received vehicles license tags according to the Work Standard for Motor Vehicles Registration formulated by the Transport Management Office under the department of public security at the end of the reference period. They are divided into categories. According to the structure of motor vehicles, they are divided into passenger vehicles, trucks and others; according to ownership into private vehicles and vehicles for the unit's use; according to kind of usage into working vehicles and non-working vehicles; and according to size of vehicles into large passenger vehicles, medium-sized passenger vehicles, small passenger vehicles and mini passenger vehicles, heavy trucks, light-heavy trucks, light trucks and mini-trucks.

Business Volume of Post and Telecommunications refers to the total amount of postal and telecommunication services, expressed in value terms, provided by the post and telecommunications departments for society. Business volume of post and telecommunications is the sum of each service in kind multiplying with its correspondent unit price (constant price). Business without constant price add their business revenue directly.

Mobile Telephone Subscribers refer to person who have gone through registration procedures in the operation points of enterprises engaged in telecommunications and are hence connected with the mobile telephone communication network through the mobile telephone switchboards and occupy mobile phone numbers. Included are various types of subscriber, prepaid users for intelligent network and wireless network card users.

Internet Users refer to the number of Chinese citizens

aged 6 and over who use the Internet in the past six months.

Local Telephone Subscribers refer to all subscribers who have gone through registration procedures in the operation points of enterprises engaged in telecommunications and are hence connected to the local telecommunications service provider through fixed line network. Included are general subscribers, wireless local telephone subscribers, public telephones subscribers, N-ISDN subscribers and intelligent network terminal subscribers.

3G Mobile Phone Users refers to the final in the billing system with use of information, take up 3 g network resources in the network users. Including the use of 3G services or terminal users.

4G Mobile Phone Users refers to the final in the billing system with use of information, take up 4 g network resources in the network users. Including the use of 4G services or terminal users.

Capacity of Long Distance Telephone Exchanges refers to the rated capacity of telephone exchanges to connect long distance telephone network by enterprises engaged in telecommunications.

Capacity of Mobile Telephone Exchanges refers to the capacity of the maximum services provided to subscribers at any one time as computed based on a certain model of calls distribution and transacting capacity of the mobile telephone exchanges. It is calculated based on the actual capacity of equipments connected to network through cutover and put into operation officially at the end of the reference period.

Broadband Connection Terminals refer to the connection terminals to internet users actually installed and put into operation, including connection terminals for XDSL, connection terminals for LAN, and other types of connection terminals. N-ISDN connection terminals are not included.

The statistical object of the service industry above designated size refers to the service legal entity that implements the enterprise accounting system and its operating income reaches a certain standard of scale.

The statistical standards are divided into three categories: one is the service legal entity with an annual operating income of more than 20 million yuan and above. These industries include transportation, storage and postal services, information transmission, software and information technology services, water conservancy, environment and public facilities management, and health. The second is the service legal entity with an annual operating income of more than 10 million yuan and above. It includes leasing and business services, scientific research and technology services, education, property management, real estate intermediary services, real estate leasing and other real estate industries. The third is the service legal entity with an annual operating income of more than 5 million yuan and above. These include residential, repair and other services, culture, sports and recreation, and social work.

16 批发和零售业、住宿和餐饮业

Wholesale and Retail Trades, Hotels and Catering Services

资料整理人员：王月松

16−1 社会消费品零售总额
Retail Sale of Consumer Goods

单位：亿元 (100 million yuan)

年份 Year	社会消费品零售总额 Total Retail Sales of Consumer Goods	商品零售 Commodity Retail	餐饮收入 Food and beverage revenue	城 镇 Urban	乡 村 Rural
1950	6.58	6.47	0.11	2.68	3.85
1951	8.72	8.53	0.19	3.91	4.72
1952	10.05	9.78	0.27	4.49	5.47
1953	11.61	11.34	0.27	5.04	7.16
1954	12.95	11.31	0.30	5.37	8.24
1955	13.22	12.77	0.45	5.49	8.49
1956	14.79	14.28	0.51	6.21	9.86
1957	15.73	15.15	0.58	6.73	10.22
1958	18.06	17.39	0.67	7.60	13.30
1959	21.29	20.43	0.86	9.03	16.17
1960	22.86	21.87	0.99	9.99	17.71
1961	21.47	19.91	1.56	10.18	13.59
1962	22.43	20.80	1.63	9.95	14.46
1963	22.46	21.11	1.35	8.99	15.61
1964	23.28	22.14	1.14	9.27	16.35
1965	23.10	22.10	1.00	9.43	16.91
1966	25.38	24.38	1.00	11.31	18.37
1967	28.21	27.11	1.10	11.52	20.50
1968	27.11	26.08	1.03	10.80	19.81
1969	30.01	29.10	0.91	12.26	21.86
1970	32.05	31.07	0.98	13.58	24.10
1971	34.42	33.33	1.09	15.18	26.03
1972	37.37	36.17	1.20	16.48	28.46
1973	41.21	39.93	1.28	18.17	31.65
1974	43.25	41.88	1.37	19.07	32.77
1975	47.01	45.53	1.48	19.97	36.83
1976	48.24	46.66	1.58	20.89	37.66
1977	50.98	49.30	1.68	21.93	40.31
1978	54.84	53.05	1.79	24.53	44.31
1979	65.20	63.03	2.17	30.59	51.21
1980	76.77	74.24	2.53	35.47	60.04
1981	87.24	84.45	2.79	37.31	66.87
1982	95.39	92.19	3.20	41.06	71.34
1983	107.36	91.70	3.69	43.30	81.61
1984	124.36	119.90	4.46	49.29	92.79
1985	157.47	151.84	5.63	68.80	108.50
1986	180.61	174.03	6.58	77.24	127.44
1987	213.81	205.55	8.26	91.10	151.78
1988	277.71	267.14	10.57	123.92	192.32

16-1 续表 Continued

单位：亿元 (100 million yuan)

年份 Year	社会消费品零售总额 Total Retail Sales of Consumer Goods	商品零售 Commodity Retail	餐饮收入 Food and beverage revenue	城 镇 Urban	乡 村 Rural
1989	299.74	288.49	11.25	142.13	199.86
1990	300.95	289.59	11.36	197.84	103.11
1991	341.80	327.56	14.24	228.25	113.55
1992	401.17	383.20	17.97	273.73	127.44
1993	495.09	473.70	21.39	345.81	149.28
1994	669.18	630.24	38.94	468.68	200.50
1995	846.96	792.81	54.15	606.28	240.67
1996	955.41	885.10	70.31	666.39	289.01
1997	1047.38	966.39	80.99	738.97	308.41
1998	1128.22	1031.99	96.23	783.82	344.40
1999	1228.68	1113.90	114.79	867.86	360.82
2000	1359.79	1167.15	192.64	985.35	374.44
2001	1500.90	1344.04	156.86	1079.24	421.66
2002	1662.56	1480.48	182.08	1207.40	455.17
2003	1836.70	1585.53	251.17	1362.22	474.48
2004	2083.50	1784.41	299.09	1557.53	525.97
2005	2391.85	2034.94	356.90	1793.87	597.98
2006	2765.87	2376.12	389.76	2068.44	697.43
2007	3286.37	2825.25	461.13	2481.96	804.42
2008	4047.48	3478.10	569.39	3082.96	964.52
2009	4722.80	4148.84	573.96	4255.28	467.52
2010	5664.27	4962.39	701.88	5121.07	543.20
2011	6830.19	6001.36	828.83	6180.85	649.34
2012	7854.47	6908.83	945.64	7123.16	731.31
2013	8948.43	7852.41	1096.03	8096.00	852.43
2014	10053.24	8846.82	1206.42	9100.79	952.45
2015	11241.41	9892.32	1349.09	10175.47	1065.93
2016	12499.97	10968.63	1531.34	11299.95	1200.02
2017	13793.72	12083.66	1710.06	12453.40	1340.32
2018	15134.27	13271.28	1862.99	13124.24	2010.03
2019	16683.94	14603.71	2080.22	14450.22	2233.72
2020	16258.12	14374.65	1883.47	14043.84	2214.28
2021	18596.85	16326.05	2270.80	16082.30	2514.55

注：1. 1992-2019 社会消费品零售总额统计数据根据第四次全国经济普查数据进行了调整，分组的部分数据不可比。

2. 从 2010 年起，社会消费品零售总额统计采用新的分组，即将经营单位所在地分组由“市”“县”，“县以下”改为“城镇”“乡 村”。

3. 2008 年及以前，城镇数据为“市”“县”数据、“乡村”为“县以下”数据。

a. Statistics on total retail sales of consumer goods from 1992 to 2019 were adjusted according to the data of the fourth National Economic Census. The grouped partial data is not comparable.

b. From 2010, new grouping method is adopted for the statistics on the total retail sales of consumer goods: grouping according to operation location changes from city, county and below county level to urban and rural areas.

c. In 2008 and before, the urban data contained city and county data, the country data was below county data.

16–2 国内贸易基本情况
Basic Statistics on Domestic Trade

项　目	Item	2000	2010	2020	2021
社会消费品零售总额	**Total Retail Sales of Consumer Goods**	**1359.79**	**5664.27**	**16258.12**	**18596.85**
（亿元）	**(100 million yuan)**				
按经营地分	**By Location of Outlets**				
城镇	Urban		5121.07	14043.84	16082.30
其中：城区	City Proper		3433.58	9824.84	11214.39
乡村	Rural		543.20	2214.28	2514.55
按消费形态分	**By Consuming Pattern**				
餐饮收入	Food and Beverage Revenue	192.64	701.88	1883.47	2270.80
商品零售	Commodity Retail	1167.15	4962.39	14374.65	16326.05
亿元以上商品交易市场个数	**Number of Commodity Transaction Markets**		**290**	**285**	**283**
（个）	**above 100 Million Yuan (unit)**				
亿元以上商品交易市场成交额	**Turnover of Commodity Transaction Markets**		**2074.56**	**4439.94**	**5006.64**
（亿元）	**above 100 Million Yuan (100 million yuan)**				
法人单位（个）	**Number of Corporation Unit (unit)**				
批发零售贸易业	Wholesales and Retail Trades	756	2625	10467	10751
住宿餐饮业	Hotels and Catering Trades		1205	2595	2800
从业人员（万人）	**Employed Person (10 000 persons)**				
批发零售贸易业	Wholesales and Retail Trades	15.49	23.74	42.88	42.63
住宿餐饮业	Hotels and Catering Trades		14.05	14.19	13.97
批发零售贸易业（亿元）	**Wholesales and Retail Trades (100 million yuan)**				
商品购进总额	Total Purchases	614.09	3422.49	10980.73	13048.46
商品销售总额	Total Sales	665.65	3760.89	12359.29	14579.39
商品库存总额	Total Inventory	91.86	275.77	789.84	761.01

注：法人单位、从业人员和批发零售贸易业商品购进、销售、库存总额为限额以上法人企业数据。

Figures on number of corporation unit,person employed , and total purchase, total in inventory of wholesale and retail trade refer to units above designated size.

16-3 限额以上批发零售、住宿餐饮业基本情况（2021年）
Basic Conditions on Gross Value of Purchases, Sales and Inventory of Wholesale and Retail Trade above Designated Size (2021)

指 标	Item	法人单位（个）Number of Corporation (unit)	从业人数（人）Person Engaged (person)
总 计	**Total**	**13551**	**566003**
批发业	**Wholesale Trades**	**3461**	**130152**
内资企业	Domestic Funded Enterprises	3436	127213
国有企业	State-owned Enterprises	53	17712
集体企业	Collective-owned Enterprises	4	114
股份合作企业	Cooperative Enterprises	1	12
联营企业	Joint Ownership Enterprises	2	33
有限责任公司	Limited Liability Corporations	402	25506
股份有限公司	Share-holding Corporations Ltd.	35	5658
私营企业	Private Enterprises	2926	77739
其他企业	Other Enterprises	13	439
港澳台商投资企业	Enterprises with Funds From HongKong,Macao and Taiwan	9	2258
外商投资企业	Enterprises with Foreign Investment	16	681
零售业	**Retail Sale Trades**	**7290**	**296154**
内资企业	Domestic Funded Enterprises	7227	267717
国有企业	State-owned Enterprises	38	3719
集体企业	Collective-owned Enterprises	30	1786
股份合作企业	Cooperative Enterprises	3	190
联营企业	Joint Ownership Enterprises		
有限责任公司	Limited Liability Corporations	507	40986
股份有限公司	Share-holding Corporations Ltd.	39	13265
私营企业	Private Enterprises	6607	207592
其他企业	Other Enterprises	3	179
港澳台商投资企业	Enterprises with Funds From HongKong,Macao and Taiwan	30	20365
外商投资企业	Enterprises with Foreign Investment	33	8072
住宿业	**Hotels Trades**	**1166**	**61233**
内资企业	Domestic Funded Enterprises	1156	59500
国有企业	State-owned Enterprises	28	3337
集体企业	Collective-owned Enterprises	4	359
股份合作企业	Cooperative Enterprises	1	145
联营企业	Joint Ownership Enterprises		
有限责任公司	Limited Liability Corporations	123	11703
股份有限公司	Share-holding Corporations Ltd.	8	720
私营企业	Private Enterprises	992	43236
其他企业	Other Enterprises		
港澳台商投资企业	Enterprises with Funds From HongKong,Macao and Taiwan	8	1606
外商投资企业	Enterprises with Foreign Investment	2	127
餐饮业	**Catering Trades**	**1634**	**78464**
内资企业	Domestic Funded Enterprises	1625	61686
国有企业	State-owned Enterprises	5	480
集体企业	Collective-owned Enterprises		
股份合作企业	Cooperative Enterprises		
联营企业	Joint Ownership Enterprises		
有限责任公司	Limited Liability Corporations	211	9606
股份有限公司	Share-holding Corporations Ltd.	6	381
私营企业	Private Enterprises	1400	51146
其他企业	Other Enterprises	3	73
港澳台商投资企业	Enterprises with Funds From HongKong,Macao and Taiwan	3	4396
外商投资企业	Enterprises with Foreign Investment	6	12382

16-4 亿元以上商品交易市场基本情况（2021年）

项 目	Item	市场数（个）Number of Markets (unit)
总计	**Total**	**283**
按市场类别分组	By Market Category	
综合市场	Integrated Markets	119
生产资料综合市场	Production Comprehensive Markets	1
工业消费品综合市场	Industrial Consumable Comprehensive Markets	24
农产品综合市场	Farm Produce Comprehensive Markets	39
其他综合市场	Other Comprehensive Markets	55
专业市场	Special Markets	164
生产资料市场	Production Markets	34
农业生产用具市场	Agricultural Production Appliance Market	1
农用生产资料市场	Agricultural Production Markets	
木材市场	Wood Markets	2
建材市场	Building Material Markets	21
化工材料及制品市场	Chemical Materials and Products Markets	1
金属材料市场	Metal Materials Markets	4
机械设备市场	Mechanical Equipments Markets	4
其他生产资料市场	Others	1
农产品市场	Farm Produce Markets	41
粮油市场	Grain and Oil Markets	2
肉禽蛋市场	Meat, Poultry and Eggs Markets	8
水产品市场	Aquatic Products Markets	3
蔬菜市场	Vegetables Markets	8
干鲜果品市场	Dried and Fresh Melons and Fruits Markets	8
其他农产品市场	Others	12
食品、饮料及烟酒市场	Food, Beverages, Tobacco and Liquor Markets	6
食品饮料市场	Food and Beverages Markets	1
茶叶市场	Tea Market	1
烟酒市场	Tobacco and Liquor Markets	1
其他食品饮料及烟酒市场	Others	3
纺织、服装、鞋帽市场	Textiles, Clothing, Shoes and Hats Markets	28
布料及纺织品市场	Cloth and Textiles Markets	1
服装市场	Clothing Markets	23
鞋帽市场	Shoes and Hats Markets	1
其他纺织服装鞋帽市场	Others	3
日用品及文化用品市场	Daily Use Articles and Cultural Goods Markets	5
文具市场	Stationary Markets	1
图书、报刊杂志市场	Books, Newspapers and Magazines Markets	1
音像制品及电子出版物市场	Video Products and E-journal Markets	1
其他日用品及文化用品市场	Others	2
黄金、珠宝、玉器等首饰市场	Gold, Jewelry, Jade and Other Jewelry Markets	1
电器、通讯器材、电子设备市场	Electrical Appliances, Communication Appliances and Electronical Appliances Markets	13
家电市场	Household Appliances Markets	7
通讯器材市场	Communication Appliances Markets	
计算机及辅助设备市场	Computer and Auxillary Equipments Markets	4
其他电器、通讯器材、电子设备	Others	
医药、医疗用品及器材市场	Medicine, Medical Materials and Medical Instruments Markets	2
中药材市场	Chinese Medicine Market	2
家具、五金及装饰材料市场	Furniture, Hardware and Decoration Materials Markets	27
家具市场	Furniture Markets	6
装饰材料市场	Decoration Materials Markets	14
五金材料市场	Hardware Materials Markets	5
其他装修市场	Others	2
汽车、摩托车及零配件市场	Cars, Motorcycle and Spare Parts Markets	6
汽车市场	Cars Markets	2
摩托车市场	Motorcycles Markets	1
机动车零配件市场	Vehicle Spare Parts Markets	3
花、鸟、鱼、虫市场	Flower, Bird, Fish and Insects Markets	
花卉市场	Flower Markets	
其他专业市场	Other Professional Markets	1
按营业状态分组	By Operating Status	
常年营业	Perennial Operation	280
季节性营业	Seasonal Operation	2
其他	Others	1
按经营方式分组	By Operating Mode	
以批发为主	Whole Sale	147
以零售为主	Retail	136
按经营环境分组	By Operating Circumstance	
露天式	Outdoor	23
封闭式	Indoor	221
其他	Others	39

Basic Statistics on Commodity Exchange Markets of Transaction Value over 100 Million Yuan (2021)

摊位总数（个） Number of Stalls (unit)	出租摊位个数（个） Number of Rented Stall (unit)	营业面积（万平方米） Operation Area (10 000 sq.m)	成交额（亿元） Turnover (100 million yuan)
202027	**165566**	**1191.63**	**5006.64**
110448	88562	530.82	2503.04
174	174	0.62	2.19
31977	28891	188.53	940.62
25871	22766	103.08	1252.54
52426	36731	238.59	307.70
91579	77004	660.81	2503.59
20736	17697	161.16	851.16
417	72	8.80	4.12
720	680	8.36	4.17
10497	10016	103.51	71.67
264	226	1.20	2.91
2972	895	31.54	715.24
5198	5152	5.34	51.16
668	656	2.42	1.89
20726	18204	140.51	709.10
415	389	1.54	26.46
2650	1622	6.47	11.70
729	652	7.56	87.74
3684	3549	15.64	61.45
7727	7046	98.29	481.08
5521	4946	11.01	40.67
2724	1706	7.00	37.50
1159	307	1.54	1.60
205	194	1.56	1.23
312	287	0.76	1.97
1048	918	3.14	32.70
23927	19062	71.15	164.36
280	260	1.20	6.07
17475	13428	55.57	108.30
454	260	2.00	2.63
5718	5114	12.38	47.35
1018	780	5.26	52.90
57	57	1.25	1.83
420	408	1.26	18.44
163	111	0.65	4.60
378	204	2.10	28.04
50	25	1.85	13.02
2753	2497	20.08	133.39
1300	1129	10.08	38.97
1083	1028	7.64	89.20
1786	1736	47.77	88.95
1786	1736	47.77	88.95
14589	12316	163.07	247.75
1076	893	12.04	9.35
10140	8381	88.22	163.03
2842	2513	50.29	70.04
531	529	12.52	5.33
2946	2697	42.09	205.33
1072	922	35.80	193.61
125	125	0.28	2.68
1749	1650	6.01	9.04
324	284	0.88	0.14
200557	164500	1188.05	4999.26
396	332	1.68	2.42
1074	734	1.90	4.96
115066	92779	842.72	4029.90
86961	72787	348.91	976.74
14739	10275	73.82	754.64
155658	128711	961.08	3515.03
31630	26580	156.73	736.97

16-5 亿元以上商品交易市场摊位分类情况
Classification of Commodity Exchange Markets of Transaction Value over 100 Million Yuan

项 目	Item	出租摊位个数（个） Number of Booths (unit)		成交额（亿元） Turnover (100 million yuan)	
		2020	2021	2020	2021
总计	**Total**	**163560**	**165566**	**4439.94**	**5006.64**
粮油、食品类	Food	51128	53967	1662.51	2170.87
#粮油类	#Grain and Oil	6272	6151	243.75	250.73
#肉禽蛋类	#Meat,Poultry and Eggs	7382	8469	122.28	181.58
饮料类	Beverages	3119	3100	55.94	58.06
烟酒类	Tobacco and Liquor	4815	4743	170.86	191.90
服装、鞋帽、针纺织品类	Garments,Shoes,Hats,Knit and Textile Goods	37409	35965	315.30	318.46
#服装类	#Garments	25684	24859	215.02	217.98
#鞋帽类	#Shoes and Hats	6675	6147	56.77	56.89
#针、纺织品类	#Knit and Textile Goods	5050	4959	43.51	43.60
化妆品类	Cosmetics	1315	1282	17.63	17.37
金银珠宝类	Gold,Silver and Jewelry	235	271	36.29	15.91
日用品类	Articles for Daily Use	6833	6218	137.50	137.42
五金、电料类	Hardware & Electrical Materials	7889	8311	278.61	234.59
体育、娱乐用品类	Sports & Recreational	967	1085	12.52	24.67
书报杂志类	Newspapers and Magazines	518	491	12.97	14.21
电子出版物及音像制品类	Electronic Publication and Audiovisual Products	905	828	16.91	17.07
家用电器和音像器材类	Household Appliances and Audiovisual Equipment	3279	3085	91.14	94.00
中西药品类	Traditional Chinese and Western Medicine	2245	2280	119.99	146.60
#西药类	#Western Medicine	140	146	7.24	27.20
#中草药及中成药类	#Chinese Herbal Medicine and Other Traditional Chinese Medicine	1997	2024	112.20	118.81
文化办公用品类	Cultural and Official Goods	2747	2648	92.48	136.16
家具类	Furniture	2697	2170	38.57	28.41
通讯器材类	Communication Appliances	618	747	6.31	21.92
煤炭及制品类	Coal and Related Products	75	75	0.50	1.52
木材及制品类	Wood and Wooden Products	1605	1722	31.73	12.19
石油及制品类	Oil and Related Products	16	314	0.84	2.83
化工材料及制品类	Chemical Materials and Related Products	1049	584	25.75	28.69
#化肥类	#Fertilizer	60	58	0.74	0.72
金属材料类	Metal Materials	3306	1436	615.65	721.68
建筑及装潢材料类	Building and Decoration Materials	20069	20169	321.45	254.92
机电产品及设备类	Mechanical & Electrical Products and Appliances	2354	4344	73.20	70.22
#农机类	#Agricultural Machinery	96	96	4.45	4.47
汽车类	Automobile	2868	3796	237.28	221.74
种子饲料类	Seed and Feedstuff	257	209	9.15	8.12
棉麻类	Cotton & Linen	122	219	1.45	2.41
其他类	Others	5120	5507	57.40	54.69

16-6 限额以上批发、零售业商品购进、销售、库存总额(2021年)
Total Value of Purchases Sales and Inventory of above Designated Size in Wholesale and Retail Sales Trade (2021)

单位：亿元 (100 million yuan)

指 标	Item	商品购进总额 Total Purchases	商品销售总额 Total Sales	批发 Wholesale Trade	零售 Retail Trade	年末库存总额 Inventory Year-end
总计	**Total**	**13048.46**	**14579.39**	**8696.42**	**5774.74**	**761.01**
批发业	**Wholesale Trade**	**8742.02**	**9014.82**	**8372.01**	**537.08**	**469.31**
按登记注册类型分组	**By Status of Registration**					
内资企业	Domestic Funded Enterprises	8578.81	8778.46	8145.14	527.71	458.95
国有企业	State-owned Enterprises	839.87	1183.42	1159.93	23.48	29.83
集体企业	Collective-owned Enterprises	10.64	10.68	9.33	1.35	1.28
股份合作企业	Cooperative Enterprises	0.39	0.52	0.27	0.25	0.01
联营企业	Joint Ownership Enterprises	21.28	21.27	21.27		0.03
有限责任公司	Limited Liability Corporations	3094.73	3262.15	3060.05	143.68	204.29
股份有限公司	Share-holding Corporations Ltd.	888.40	206.84	205.12	1.72	47.90
私营企业	Private Enterprises	3716.43	4085.80	3681.84	356.76	175.49
其他企业	Other Enterprises	7.07	7.79	7.32	0.47	0.12
港澳台商投资企业	Enterprises with Funds From HongKong, Macao and Taiwan	41.38	82.69	74.19	8.37	2.73
外商投资企业	Enterprises with Foreign Investment	121.83	153.67	152.68	0.99	7.62
按国民经济行业分组	**By Sector**					
农、林、牧、渔产品批发	Wholesale of Agricultural, Forestry, Livestock and Fishery Products	238.45	251.50	209.23	39.25	31.60
食品、饮料及烟草制品批发	Wholesale of Foods, Beverages and Tobaccos	1348.56	1801.18	1625.35	117.79	54.39
纺织、服装及家庭用品批发	Wholesale of Textile Clothing and Household Articles	254.22	311.21	261.92	46.37	23.29
文化、体育用品及器材批发	Wholesale of Cultural and Sporting Goods and Equipment	145.55	159.81	146.43	12.30	12.80
医药及医疗器材批发	Wholesale of Medicines and Medical Appliances	1064.01	1179.19	1130.21	45.58	96.89
矿产品、建材及化工产品批发	Wholesale of Mineral Products,Building and Chemical Materials	4728.44	4194.95	4014.32	161.73	176.91
机械设备、五金产品及电子产品批发	Wholesale of Machinery, Hardware and Electronic Products	705.18	810.25	715.97	84.63	51.39
贸易经纪与代理	Wholesale of Trade Brokers and Agents	35.69	37.29	35.90	1.33	17.05
其他批发	Other Wholesale Trade	221.92	269.43	232.68	28.10	4.99

16-6 续表 Continued

单位：亿元 (100 million yuan)

指标	Item	商品购进总额 Total Purchases	商品销售总额 Total Sales	批发 Wholesale Trade	零售 Retail Trade	年末库存总额 Inventory Year-end
零售业	**Retail Trade**	**4306.43**	**5564.57**	**324.42**	**5237.67**	**291.70**
按登记注册类型分组	**By Status of Registration**					
内资企业	Domestic Funded Enterprises	4021.59	5058.90	276.57	4779.84	256.54
国有企业	State-owned Enterprises	30.12	127.91	23.10	104.81	1.06
集体企业	Collective-owned Enterprises	16.66	19.88	0.16	19.72	0.32
股份合作企业	Cooperative Enterprises	1.10	1.15		1.15	0.04
联营企业	Joint Ownership Enterprises					
有限责任公司	Limited Liability Corporations	653.79	853.20	35.52	817.48	57.74
股份有限公司	Share-holding Corporations Ltd.	254.11	520.91	50.90	470.01	12.35
私营企业	Private Enterprises	3065.58	3535.53	166.89	3366.35	185.03
其他企业	Other Enterprises	0.23	0.32		0.32	0.01
港澳台商投资企业	Enterprises with Funds From HongKong, Macao and Taiwan	139.44	173.60	6.83	166.77	15.75
外商投资企业	Enterprises with Foreign Investment	145.40	332.07	41.01	291.06	19.41
按国民经济行业分组	**By Sector**					
综合零售	General Retail	830.31	1007.08	16.30	990.52	46.22
百货零售	Retail of Consumer Goods	291.69	355.28	6.82	348.30	18.51
超级市场零售	Retail of Super Markets	484.33	587.36	6.72	580.64	25.53
食品、饮料及烟草制品零售	Foods、Beverages and Tobaccos	199.17	235.76	20.80	214.34	8.97
纺织、服装及日用品零售	Textiles,Garments and Daily Consumer Goods	96.90	120.44	8.76	111.67	8.76
文化、体育用品及器材专业零售	Cultural and Sporting Goods and Equipment	152.51	161.65	5.28	155.48	20.98
医药及医疗器材专门零售	Medicines and Medical Appliances	209.99	269.33	22.84	246.46	21.76
#西药零售	#Retail of Western Medicine	190.67	240.50	18.04	222.43	20.05
汽车、摩托车、零配件和燃料及其他动力销售	Retail of Motor Vehicles, Motorcycles, Parts, and Fuel and Other Powers	2068.09	2887.93	187.01	2700.79	150.65
#汽车新车零售	#Retail of New Motor Vehicles	1467.32	1599.21	20.06	1579.15	118.43
机动车燃油零售	Retail of Fuel Oil of Motor Vehicles	538.76	1218.12	164.08	1053.97	29.27
家用电器及电子产品专门零售	Special Retail of Household Electric Appliances and Electronic Products	263.31	294.60	17.60	276.90	15.74
五金、家具及室内装饰材料专门零售	Special Retail of Hardware, Furniture and Interior Decoration Materials	110.04	135.02	15.51	119.26	6.09
货摊、无店铺及其他零售业	Stalls, Non-shop and Other Retails	376.11	452.76	30.31	422.24	12.51

16–7 限额以上批发和零售业企业财务状况(2021年)
Financial Affairs of above Designated Size in Wholesale and Retail Trade Enterprises (2021)

单位：万元 (10 000 yuan)

项目	Item	合计 Total	内资企业 Domestic Funded Enterprises	国有企业 State-owned Enterprises	集体企业 Collective Owned Enterprises	股份合作企业 Cooperative Enterprises	联营企业 Joint Ownership Enterprises
企业数 （个）	Number of Enterprises (unit)	10751	10663	91	34	4	2
流动资产合计	Total Circulating Funds	41660814	39201484	2877816	28498	2885	3373
#存货	# Inventories	8450968	8095799	454418	3563	432	329
固定资产原价	Original Value of Fixed Assets	11819251	10960584	1225903	40928	1421	35
累计折旧	Total Depreciation	4636641	4328588	572601	9004	246	4
#本年折旧	# Depreciation this year	620264	573029	50355	589	47	3
资产总计	Total Assets	62559373	57671083	4336543	59341	4451	24855
负债合计	Total Liabilities	39500364	36498061	1086299	27721	3051	2531
所有者权益合计	Total Creditors Equity	22519782	20634339	3237042	38903	1399	22324
实收资本	Capitals Hold	12559686	11653220	228307	7353	500	2000
个人资本	Individual Capital	1466147	1460548	9830	300	500	
营业收入	Business Income	132503768	126060491	11886815	288005	14537	188414
主营业务收入	Main Business Income	129475038	123189588	11777966	211009	14537	188414
营业成本	Operating Cost	117249364	112027271	8836555	261514	12238	187593
税金及附加	Taxes and Other charges	1710568	1687846	1131574	3117	333	258
其他业务利润	Other Business Profits	433497	351851	4163	1558		
销售费用	Operating Expenses	5717467	4883201	283301	8433	354	237
管理费用	Overhead Expenses	2949004	2773139	425753	7056	279	331
财务费用	Financial Expenses	635576	614312	-29016	396	221	-203
利息费用	Expenses for Interest	424391	409170	5486	90	11	19
营业利润	Operating Profits	4033744	3841133	1243393	10117	1114	203
利润总额	Total Profits	3987594	3793231	1239079	10139	1140	215
所得税费用	Income Tax Expense	636157	593297	262277	401	16	125
应付职工薪酬	Employee Compensation Payable	3022020	2724556	423355	6116	675	122
应交增值税额	Value-added Tax Payable	1605583	1489616	318582	1631	40	68

16−7 续表 1

单位：万元

项 目	Item	有限公司 Limited Liability Corporation	股份公司 Share-holding Corporation Ltd.	私营企业 Private Enterprises	其他企业 Other Enterprises	港、澳、台商投资企业 Enterprises with Funds From HongKong, Macao and Taiwan	外商投资 Foreign Investment
企业数 （个）	Number of Enterprises (unit)	909	74	9533	16	39	49
流动资产合计	Total Circulating Funds	16455816	1936882	17886738	9476	1470831	988499
#存货	# Inventories	3129849	677567	3828103	1538	162475	192694
固定资产原价	Original Value of Fixed Assets	1946062	1670664	6071608	3964	294344	564323
累计折旧	Total Depreciation	643938	689437	2412556	802	79855	228199
#本年折旧	# Depreciation this year	84070	72567	365228	170	22709	24526
资产总计	Total Assets	21470732	5370497	26377617	17048	2701935	2186355
负债合计	Total Liabilities	16159521	3098545	16115566	4828	1571993	1430310
所有者权益合计	Total Creditors Equity	4843272	2838170	9641010	12220	1129398	756045
实收资本	Capitals Hold	4074448	690939	6643713	5961	229710	676756
个人资本	Individual Capital	111231	81625	1253631	3432	242	5358
营业收入	Business Income	36827976	6883039	69891695	80011	2430096	4013181
主营业务收入	Main Business Income	36004911	6601932	68310889	79930	2324943	3960508
营业成本	Operating Cost	34276815	6137885	62242779	71893	1701818	3520275
税金及附加	Taxes and Other charges	99429	24246	428691	199	11715	11008
其他业务利润	Other Business Profits	164570	39371	142051	138	63415	18231
销售费用	Operating Expenses	1213834	290283	3084011	2748	477952	356314
管理费用	Overhead Expenses	557981	180109	1599477	2153	98878	76988
财务费用	Financial Expenses	211582	54983	376254	95	10892	10372
利息费用	Expenses for Interest	202556	59444	141543	20	9905	5316
营业利润	Operating Profits	787560	44902	1751216	2628	160251	32360
利润总额	Total Profits	653147	45599	1841274	2639	161220	33142
所得税费用	Income Tax Expense	116665	13744	200028	41	29052	13809
应付职工薪酬	Employee Compensation Payable	618218	200615	1473521	1934	208759	88705
应交增值税额	Value-added Tax Payable	300168	51794	817163	171	72207	43761

Continued

(10 000 yuan)

批发业 Wholesale Trade	农林牧渔产品 Agricultural, Forestry, Animal Husbandry and Fishery Products	食品饮料及烟草 Foods, Beverages, and Tobaccos	纺织服装及家庭用品 Textile Clothing and Household Articles	文化体育用品及器材 Cultural and Sporting Goods and Equipment	医药及医疗器材 Medicines and Medical Appliances	矿产品建材及化工产品 Mineral Products, Building and Chemical Materials	机械设备五金产品及电子产品 Machinery, Hardware and Electronic Products	贸易经纪与代理 Trade Brokers and Agents	其他批发 Other Wholesale Trade
3461	170	469	272	164	392	1380	476	15	123
28641452	935645	5740808	1002404	446241	6561018	10048471	3209954	169232	527679
4912746	366437	1328307	223380	108207	871535	1450435	496651	19242	48542
4389241	384240	1783590	112628	80873	400141	1094142	432144	5498	95985
1873312	118093	694969	29618	30763	128813	640186	181776	1187	47908
198945	11282	68403	6377	4891	26723	54708	20111	225	6225
37027525	1533604	8189459	1177091	562828	7380940	13159850	4191717	174009	658027
24695117	832340	3923603	848019	354530	5614130	9101137	3487738	127739	405881
12243950	634271	3900321	308591	203428	1725692	4549054	639210	46267	237117
5395327	252160	571654	419144	86947	894361	2209730	352272	45213	563847
763795	34420	112546	25244	34018	127649	345204	62143	1248	21322
82136124	2382727	16206915	2850673	1451487	10714014	38484818	7499105	343713	2202672
80761006	2245818	15746555	2776966	1420347	10625048	38176019	7319947	342649	2107658
73932117	2183992	12357899	2417144	1281166	9492099	37190543	6719789	330639	1958846
1409861	14965	1146096	15816	12310	32006	95197	73000	1400	19071
181776	3552	8592	1960	9203	23083	127979	5565		1843
2588430	54451	823653	249000	50208	524024	421928	339366	3550	121752
1413665	51926	532035	66771	39075	271134	292075	119998	3574	37076
297869	23477	2317	10636	5229	80422	123488	41769	1584	8946
276683	14512	34009	6422	4315	76756	104652	34049	15	1955
2488406	33108	1389988	88813	48575	327887	436410	113806	2412	47408
2605957	52528	1394273	92346	49035	326468	489132	115442	2781	83953
470123	8898	300296	7590	3020	66871	54077	16970	484	11917
1319039	45189	582561	60627	40323	244987	199666	106177	1309	38200
1028584	7636	417453	43524	21604	155865	247778	44326	-16641	107039

16-7 续表 2

单位：万元

项 目	Item	零售业 Retail Trade	综合零售 General Retail	百货商店 Department Store	超级市场 Super Markets
企业数 （个）	Number of Enterprises (unit)	7290	852	333	377
流动资产合计	Total Circulating Funds	13019362	2901335	1250091	1513400
#存货	# Inventories	3538222	1017526	485357	502787
固定资产原价	Original Value of Fixed Assets	7430010	2940893	1456966	1421183
累计折旧	Total Depreciation	2763329	1105858	552526	541970
#本年折旧	# Depreciation this year	421319	139258	57664	79082
资产总计	Total Assets	25531848	7754043	3701622	3660518
负债合计	Total Liabilities	14805247	4461803	2196852	2085028
所有者权益合计	Total Creditors Equity	10275833	3198499	1445867	1562444
实收资本	Capitals Hold	7164359	1306632	523962	617873
个人资本	Individual Capital	702352	101295	56571	41272
营业收入	Business Income	50367644	8678247	2738568	5336158
主营业务收入	Main Business Income	48714033	8302265	2562799	5193507
营业成本	Operating Cost	43317247	6921656	2179561	4243551
税金及附加	Taxes and Other charges	300708	75570	35884	32257
其他业务利润	Other Business Profits	251721	98325	56331	38955
销售费用	Operating Expenses	3129037	854129	230752	579131
管理费用	Overhead Expenses	1535339	380388	208903	145407
财务费用	Financial Expenses	337708	145622	65599	75953
利息费用	Expenses for Interest	147708	64265	55891	7516
营业利润	Operating Profits	1545338	205652	89088	93539
利润总额	Total Profits	1381636	206835	91592	94333
所得税费用	Income Tax Expense	166034	30762	17737	11635
应付职工薪酬	Employee Compensation Payable	1702981	443428	141631	275126
应交增值税额	Value-added Tax Payable	576999	68140	35737	26568

Continued

(10 000 yuan)

食品饮料及烟草 Foods, Beverages, and Tobaccos	纺织服装及日用品 Textiles, Garments, and Daily Consumer Goods	文化体育用品及器材 Cultural and Sporting Goods and Equipment	医药及医疗器材 Medicines and Medical Appliances	汽车摩托车零配件和燃料及其他动力 Motor Vehicles, Motorcycles, Parts, and Fuel and Other Powers	家用电器及电子产品 Household Electric Appliances and Electronic Products	五金家具及室内装饰材料 Hardware, Furniture and Interior Decoration Materials	货摊、无店铺及其他零售 Stalls, Non-shop and Other Retails
636	302	242	334	2948	732	491	753
455841	273300	959236	1553581	4872829	727425	288031	987784
99837	86972	183228	242174	1509503	165467	97469	136045
205491	81906	268069	290153	2987321	154423	109675	392080
46479	21275	129046	89331	1118872	45906	24150	182411
12451	4953	23386	17442	185403	8794	6154	23477
742118	375553	1299966	2920333	9571112	961473	421093	1486157
379779	226614	796883	1569177	5876898	644757	200307	649029
318066	121398	483189	1334273	3541855	274799	185523	818230
1140609	50603	229270	296317	3101383	144051	92998	802497
49191	12500	28137	51056	323909	46715	35734	53817
2195117	1128676	1567603	2577168	26034526	2707350	1276938	4202020
2112827	1058557	1532009	2492458	25288982	2640862	1225122	4060951
1864381	871572	1168825	2004238	23563021	2400398	1047738	3475418
15861	10656	11314	12434	109410	20105	18152	27207
3826	17339	7128	34749	78165	3226	1560	7402
109411	129720	165700	344091	939616	117972	62138	406259
92104	53402	106070	120116	506518	79530	55589	141622
12600	4732	4735	21659	106687	15869	8649	17153
4392	953	3219	13009	47478	4248	2275	7869
275349	60838	108566	121219	525051	73238	67922	107503
98238	61166	107359	122129	533219	74023	68065	110602
10391	6259	2481	13274	77988	4673	5350	14857
67665	56161	130252	227545	541115	66958	34690	135167
20471	17024	15268	54089	304082	25539	18900	53487

16–8 限额以上批发零售企业商品分类零售额(2021年)
Business Statistics of Commodity Exchange Markets (2021)

单位：万元 (10 000 yuan)

指　标	Item	2021	比2020年增长（%） Increase over 2020 (%)
合　计	**Total**	**57991892.60**	**14.0**
按商品耐用性分	According to Product Durability Points		
耐用品类	Durable Goods	24731661.30	10.0
非耐用品类	Non Durable Goods	33260231.30	17.1
按商品用途分	According to the Use of Goods Branch		
吃类商品	Commodities Goods	10246350.20	23.5
穿类商品	Dress Goods	3507078.10	10.9
用类商品	Class Goods	33259284.30	10.3
烧类商品	Burning Goods	10979180.00	18.4
按商品类别分	According to the Category of Commodities		
基本生活类	Basic Life	15742700.00	19.4
#粮油食品类	#Grain and Oil Food	7782483.40	23.9
烟酒类	Tobacco and Liquor	1285801.60	23.5
居住类	Type of Residence	2204092.10	13.0
其中：建筑材料类	Building Materials	960063.30	18.0
燃料类	Fuel Type	10979180.00	18.4
#石油类	#Petroleum Oil	10919269.10	19.0

16-8 续表 Continued

单位：万元 (10 000 yuan)

指 标	Item	2021	比2020年增长(%) Increase over 2020 (%)
交通电器设备类	Traffic Electrical Equipment	21079700.30	9.5
#汽车类	#Car	16813417.20	10.2
家用电器类	Household Electric Appliances	3353427.10	10.4
文化娱乐体育健康类	Cultural and Recreational Sports and Health Class	4989396.00	9.3
#中西药类	#Drug Category	3069446.70	9.4
其他类	Other Categories	2996824.20	12.5
#金银珠宝类	#Gold and Silver Jewelry	775679.00	15.6
化妆品类	Cosmetics	966041.00	16.8
按商品需要性分	According to the Need of Goods		
必需品类	Staples	13338744.10	18.4
非必需品类	Non Staples	44653148.50	12.7
按生活生产资料性分	According to the Life of the Means of Production Branch		
生活资料类	Life Class	56631348.10	14.2
生产资料类	Production Class	1360544.50	3.4
按消费速度分	According to the Consumption Rate		
快速消费品类	Fast Moving Consumer Goods	16271109.60	19.1
非快速消费品类	Non Fast Moving Consumer Goods	41720783.00	12.1

16-9 限额以上住宿和餐饮企业财务状况(2021年)

单位：万元

项　目		Item		合　计 Total	内资企业 Domestic Funded Enterprises	国有企业 State-owned Enterprises	集体企业 Collective Owned Enterprises
企业数	（个）	Number of Enterprises	(unit)	2800	2781	33	4
流动资产合计		Total Circulating Funds		1873901	1777187	53362	14272
#存货		#Inventories		108551	104194	3912	203
固定资产原价		Original Value of Fixed Assets		3483987	3325370	172224	11483
累计折旧		Total Depreciation		1556398	1488656	83106	9837
#本年折旧		#Depreciation this year		170120	161090	9736	486
资产总计		Total Assets		5941523	5539815	170384	17855
负债合计		Total Liabilities		4205095	3907332	112856	4812
所有者权益合计		Total Creditors Equity		1406317	1302372	56138	13042
实收资本		Capitals Hold		1737535	1658786	40491	4380
个人资本		Individual Capital		305528	293840	914	811
营业收入		Business Income		3717201	3401987	91391	15222
主营业务收入		Main Business Income		3590180	3279353	88144	15222
营业成本		Operating Cost		2336104	2179766	55779	8898
税金及附加		Taxes and Other charges		48928	47777	1615	372
其他业务利润		Other Business Profits		18216	13895	2744	
销售费用		Operating Expenses		597123	497633	17680	1396
管理费用		Overhead Expenses		555930	518954	26479	3385
财务费用		Financial Expenses		87226	80361	276	34
利息费用		Expenses for Interest		48193	43582	395	
营业利润		Operating Profits		76797	61350	-9486	1139
利润总额		Total Profits		89595	75055	-7747	1136
所得税费用		Income Tax Expense		20716	15511	93	44
应付职工薪酬		Employee Compensation Payable		621260	543694	20051	2418
应交增值税额		Value-added Tax Payable		41149	39858	1224	165

Financial Conditions of Hotels and Catering Services Enterprises above Designated Size (2021)

(10 000 yuan)

股份合作企业 Cooperative Enterprises	联营企业 Joint Ownership Enterprises	有限公司 Limited Liability Corporation	股份公司 Share holding Corporation Ltd.	私营企业 Private Enterprises	其他企业 Other Enterprises	港澳台 Enterprises With Invest-ment from HongKong Macao and Taiwan	外商投资 Foreign Investment
1		334	14	2392	3	11	8
		443357	29412	1236475	308	84355	12359
		10104	880	88940	154	2000	2358
179		1077013	59853	2004365	254	93891	64726
179		520217	38289	837002	27	40748	26994
179		43737	2353	104590	11	6538	2492
497		1337989	687623	3324881	586	270793	130914
100		1000795	386178	2402354	238	189237	108526
398		335048	14237	883161	348	81556	22389
		483803	25803	1104073	237	64614	14135
		11878	1213	279022		360	11329
6807		567071	28008	2691428	2061	100183	215031
6807		552826	25317	2589017	2019	99275	211552
4674		313308	17022	1778351	1735	37797	118541
545		10623	741	33858	23	646	505
		1122	68	9961		4321	
299		130827	2871	344523	37	44374	55116
236		126155	5369	357290	41	16297	20678
164		17392	2249	60240	6	4412	2453
		13721	970	28492	4	2186	2425
889		-21582	-2248	92448	191	-3580	19027
889		-18229	-2243	101059	190	-3775	18315
		4645	14	10693	22	487	4718
783		127466	5219	387659	98	31056	46509
		7824	212	30401	33	1092	200

16-9 续表

单位：万元

项　目	Item	住宿业 Hotels	旅游饭店 Tourist Hotel	一般旅馆 General Hotel	民宿服务 A Home Stay Facility Service
企业数　（个）	Number of Enterprises (unit)	1166	519	545	28
流动资产合计	Total Circulating Funds	1259867	989194	222159	12003
#存货	# Inventories	49532	31043	15160	770
固定资产原价	Original Value of Fixed Assets	2608680	1992916	485425	11603
累计折旧	Total Depreciation	1207684	957052	196411	2305
#本年折旧	# Depreciation this year	119187	89280	24154	850
资产总计	Total Assets	4238138	2718451	744329	29194
负债合计	Total Liabilities	3084965	2086499	539437	19967
所有者权益合计	Total Creditors Equity	850649	626784	195416	9227
实收资本	Capitals Hold	1066956	828352	203890	7648
个人资本	Individual Capital	171986	117031	47265	2973
营业收入	Business Income	1575730	976409	494015	17804
主营业务收入	Main Business Income	1507529	941007	468830	17379
营业成本	Operating Cost	938041	557753	305288	13846
税金及附加	Taxes and Other charges	29335	20365	8041	124
其他业务利润	Other Business Profits	13743	9863	1058	
销售费用	Operating Expenses	235586	162325	64423	901
管理费用	Overhead Expenses	355457	247917	92832	2281
财务费用	Financial Expenses	57998	44477	10285	489
利息费用	Expenses for Interest	32576	27437	3656	386
营业利润	Operating Profits	-37533	-45703	9967	-317
利润总额	Total Profits	-31138	-40756	10878	-487
所得税费用	Income Tax Expense	5150	2911	1837	74
应付职工薪酬	Employee Compensation Payable	275088	183235	77310	2213
应交增值税额	Value-added Tax Payable	21015	14205	5787	232

Continued

(10 000 yuan)

		餐饮业					
露营地服务 Campsite Services	其他住宿服务 Other Residential Services	Catering Services	正 餐 Dinner	快 餐 Snack	饮料冷饮 Beverage and Cold Drinks	餐饮配送及外卖送餐服务 Food Delivery and Food Delivery Services	其他餐饮 Others
1	73	1634	1443	23	127	19	22
7671	28841	614034	562031	19175	17256	7390	8183
4	2555	59019	53777	3509	867	245	622
4337	114399	875307	743166	95069	3960	6210	26901
2077	49839	348714	285341	45791	1768	1879	13934
801	4103	50933	42951	5221	832	1105	824
10547	735617	1703385	1445210	196084	22426	13145	26519
4372	434690	1120130	931512	155942	11398	7116	14162
6175	13047	555668	487428	40138	10378	5654	12070
2000	25067	670579	637956	23538	1699	4321	3066
	4718	133542	127611	2324	710	1395	1502
7558	79945	2141472	1713347	327409	55094	23589	22032
7558	72755	2082651	1659815	323739	54008	23265	21824
4463	56690	1398064	1156531	182195	22960	21177	15202
13	792	19592	18238	829	66	32	428
	2823	4473	4256	121	95	1	
228	7709	361537	240314	91378	27202	788	1856
669	11757	200473	169994	24562	1721	1835	2361
228	2519	29228	24529	4091	78	85	446
231	865	15617	13001	2549	12	40	16
1510	–2990	114330	85060	24986	3496	–498	1286
1532	–2304	120733	92063	23459	3710	–31	1533
232	95	15566	9733	5387	263	22	162
871	11459	346172	248108	79142	12236	2759	3928
82	710	20134	18421	936	326	172	278

16-10 限额以上住宿和餐饮企业经营情况

Business Statistics of Hotels and Catering Services Enterprises above Designated Size

单位：万元 (10 000 yuan)

指 标	Item	营业额 Total Operating Revenue		商品零售额 Retail Trade	
		2020	2021	2020	2021
总 计	**Total**	**3342449**	**3873161**	**2289600**	**2709743**
住宿业	**Hotels Trade**	**1489937**	**1632468**	**611458**	**639564**
按登记注册类型分组	**By Status of Registration**				
内资企业	Domestic Funded Enterprises	1451247	1590857	595697	623297
国有企业	State-owned Enterprises	73916	74455	42000	36191
集体企业	Collective-owned Enterprises	10595	15905	6931	8982
股份合作企业	Cooperative Enterprises	6047	7735	1937	2471
联营企业	Joint Ownership Enterprises				
有限责任公司	Limited Liability Corporations	316651	286962	133702	119582
股份有限公司	Share-holding Corporations Ltd.	23580	17112	10580	6943
私营企业	Private Enterprises	1020458	1188688	400547	449128
其他企业	Other Enterprises				
港澳台商投资企业	Enterprises with Funds From Hong Kong, Macao and Taiwan	37601	40655	15543	16061
外商投资企业	Enterprises with Foreign Investment	1089	956	218	207
按国民经济行业分组	**By Sector**				
旅游饭店	Restaurant for Tourism	906543	1006368	419505	445937
一般宾馆	Ordinary Hotels	485672	516043	154252	153724
民宿服务	A Home Stay Facility Service	10655	19326	3676	7485
露营地服务	Campsite Services	4640	8012	4196	7060
其他住宿服务	Others	82428	82719	29829	25358
餐饮业	**Catering Trade**	**1852512**	**2240693**	**1678143**	**2070178**
按登记注册类型分组	**By Status of Registration**				
内资企业	Domestic Funded Enterprises	1588606	1948786	1414882	1784772
国有企业	State-owned Enterprises	15718	16595	10998	12376
集体企业	Collective-owned Enterprises				
股份合作企业	Cooperative Enterprises				
联营企业	Joint Ownership Enterprises				
有限责任公司	Limited Liability Corporations	207240	304514	176100	280250
股份有限公司	Share-holding Corporations Ltd.	3527	11171	3459	8406
私营企业	Private Enterprises	1361283	1615146	1223487	1482381
其他企业	Other Enterprises	838	1359	838	1359
港澳台商投资企业	Enterprises with Funds From Hong Kong,Macao and Taiwan	55708	64856	55708	62521
外商投资企业	Enterprises with Foreign Investment	208199	227051	207554	222885
按国民经济行业分组	**By Sector**				
正餐	Dinner	1495773	1787841	1327369	1627851
快餐	Snack	301011	347268	298961	339796
饮料及冷饮	Beverage and Cold Drinks	25814	59007	25568	58371
餐饮配送及外卖送餐服务	Food Delivery and Food Delivery Services	15137	23772	13475	22897
其他餐饮	Others	14777	22805	12770	21263

16-11 批发和零售业连锁经营情况(2021年)
Wholesale and Retail Chain Operations (2021)

项　目		Item		合计 Total	直营店 Under Direct Management	加盟店 Through License Arrangement
门店总数	（个）	Number of Stores	(unit)	14095	9200	4895
从业人数	（人）	Employed Person	(person)	120528	106988	13540
商品购进总额	（万元）	Total Purchases	(10 000 yuan)	9485852	9148623	337230
#统一配送商品购进额		# by Centralized Purchase and Delivery		8097527	7782444	315083
零售营业面积	（万平方米）	Operational Area of Retail	(10 000 sq.m)	1111.65	1077.16	34.49
商品销售额	（万元）	Sales of Goods	(10 000 yuan)	15905796	15352117	553679

16-12 住宿和餐饮业连锁经营情况(2021年)
Hotel and Catering Chain Operations (2021)

项　目		Item		合计 Total	直营店 Under Direct Management	加盟店 Through License Arrangement
门店总数	（个）	Number of Stores	(unit)	1937	1370	567
从业人数	（人）	Employed Person	(person)	47101	30867	16234
商品购进总额	（万元）	Total Purchases	(10 000 yuan)	280431	264659	15772
#统一配送商品购进额		# by Centralized Purchase and Delivery		257037	250354	6683
餐饮营业面积	（万平方米）	Operational Area of Catering	(10 000 sq.m)	75.97	36.26	39.71
客房数	（间）	Number of Rooms	(unit)	6891	5292	1599
床位数	（张）	The Number of Beds	(unit)	10094	7335	2759
餐位数	（个）	Number of Seats	(unit)	251555	114020	137535
营业额	（万元）	Total Sales	(10 000 yuan)	842799	631737	211061
餐费收入和商品销售额	（万元）	Revenue of Catering and Total Sales	(10 000 yuan)	834689	623628	211061

主要统计指标解释

批发业　指向其他批发或零售单位（含个体经营者）及其他企事业单位、机关团体等批量销售生活用品、生产资料的活动，以及从事进出口贸易和贸易经纪与代理的活动，包括拥有货物所有权，并以本单位（公司）的名义进行交易活动，也包括不拥有货物的所有权，收取佣金的商品代理、商品代售活动；还包括各类商品批发市场中固定摊位的批发活动，以及以销售为目的的收购活动。

零售业　指百货商店、超级市场、专门零售商店、品牌专卖店、售货摊等主要面向最终消费者（如居民等）的销售活动，以互联网、邮政、电话、售货机等方式的销售活动，还包括在同一地点，后面加工生产，前面销售的店铺（如面包房）；谷物、种子、饲料、牲畜、矿产品、生产用原料、化工原料、农用化工产品、机械设备（乘用车、计算机及通信设备除外）等生产资料的销售不作为零售活动；多数零售商对其销售的货物拥有所有权，但有些则是充当委托人的代理人，进行委托销售或以收取佣金的方式进行销售。

社会消费品零售总额　指企业（单位、个体户）通过交易直接售给个人、社会集团非生产、非经营用的实物商品金额，以及提供餐饮服务所取得的收入金额。个人包括城乡居民和入境人员，社会集团包括机关、社会团体、部队、学校、企事业单位、居委会或村委会等。

批发和零售业商品购进、销售、库存额　指各种登记注册类型的批发和零售业企业（单位）以本企业（单位）为总体的，从国内、国外市场购进的商品总量，销售和出口的商品总量，库存的商品总量等情况。该指标可以反映商品流转过程中商品的购进、销售、库存之间的比例关系和存在的问题。

商品购进额　指从本企业以外的单位和个人购进（包括从国外直接进口）作为转卖或加工后转卖的商品金额（含增值税）。商品购进包括：(1) 从工农业生产者、批发和零售业企业、住宿和餐饮业企业、出版社或报社的出版发行部门和其他服务业企业购进的商品；(2) 从机关团体、事业单位购进的商品；(3) 从海关、市场管理部门购进的缉私和没收的商品；(4) 从居民收购的废旧商品等。不包括：(1) 企业为本单位自身经营用，不是作为转卖而购进的商品，如材料物资、包装物、低值易耗品、办公用品等；(2) 未通过买卖行为而收入的商品，如接受其他部门移交的商品、借入的商品、收入代其他单位保管的商品、其他单位赠送的样品、加工回收的成品等；(3) 经本单位介绍，由买卖双方直接结算，本单位只收取手续费的业务；(4) 销售退回和买方拒付货款的商品；(5) 商品溢余。

商品销售额　指对本单位以外的单位和个人出售的商品金额（包括售给本单位消费用的商品，含增值税）。商品销售包括：(1) 售给城乡居民和社会集团消费用的商品；(2) 售给农业、工业、建筑业、服务业等国民经济各行业用于生产、经营用的商品，包括售予批发和零售业作为转卖或加工后转卖的商品；(3) 对国（境）外直接出口的商品。不包括：(1) 未通过买卖行为付出的商品，如随机构变动移交给其他企业单位的商品、借出的商品、归还受其他单位委托代保管的商品、付出的加工原料和赠送给其他单位的样品等；(2) 经本单位介绍，由买卖双方直接结算，本单位只收取手续费的业务；(3) 购货退回的商品；(4) 商品损耗和损失；(5) 出售本单位自用的废旧物资。

商品库存额　对于批发和零售业法人单位和个体经营户，是指报告期末取得所有权的全部商品金额（含增值税）；对于批发和零售业产业活动单位，是指报告期末实际在库且归属法人具有所有权的全部商品金额（含增值税）。库存商品包括：(1) 存放在本单位（如门市部、批发站、采购站、经营处）的仓库、货场、货柜和货架中的商品；(2) 挑选、整理、包装中的商品；(3) 已记入购进而尚未运到本单位的商品，即发货单或银行承兑凭证已到而货未到的商品；(4) 寄放他处的商品，如因购货方拒绝付款而暂时存在购货方的商品；(5) 委托其他单位代销（未作销售或调出）尚未售出的商品；(6) 代其他单位购进尚未交付的商品。不包括：所有权不属于本单位的商品；委托外单位加工的商品；外贸企业代理其他单位从国外进口，尚未付给订货单位的商品；代国家储备部门保管的商品。

住宿业　指为旅行者提供短期留宿场所的活动，有些单位只提供住宿，也有些单位提供住宿、饮食、商务、娱乐一体的服务，不包括主要按月或按年长期出租房屋住所的活动。

餐饮业　指通过即时制作加工、商业销售和服务性劳动等，向消费者提供食品和消费场所及设施的服务。

营业额　指住宿和餐饮业单位在经营活动中，因提供服务或销售商品等取得的全部收入（含增值税），收入主

要来源于提供客房、餐费服务、商品销售和其他服务，如商务服务。不包括多产业法人企业附营的其他行业产业活动单位的餐费收入、商品销售收入等各项收入。其中，客房收入指住宿和餐饮业单位在经营活动中因提供住宿服务取得的收入（含增值税）。不包括多产业法人企业附营的其他行业产业活动单位的客房收入。餐费收入指本单位为顾客提供就餐服务取得的收入（含增值税）。包括：经烹饪、调制加工后出售的各种食品，如主食、炒菜、凉拌菜等的收入。不包括多产业法人企业附营的其他行业产业活动单位的餐费收入。

亿元商品交易市场成交额 指年成交额达到亿元以上，经工商部门批准、专门从事商品批发、零售业务活动的市场。其市场所有摊位成交总额称为商品交易市场成交额。

连锁总店（总部） 指负责连锁企业资源（商号、商誉、经营模式、服务标准、管理模式等等）的开发、配置、控制或使用等功能的企业核心管理机构。连锁经营是指经营同类商品或服务，使用统一商号的若干店铺，在同一总店（总部）的管理下，采取统一采购或特许经营等方式，实现规模效益的组织形式，包括直营连锁、特许连锁和自愿连锁三种形式。其中，直营连锁是指连锁店铺由连锁公司全资或控股开设，在总部的直接控制下，开展统一经营的连锁经营形式；特许连锁是指拥有注册商标、企业标志、专利、专有技术等经营资源的企业（特许人），以合同形式将其拥有的经营资源许可其他经营者（被特许人）使用，被特许人按合同约定在统一的经营模式下开展经营，并向特许人支付特许经营费用的连锁经营形式；自愿连锁是指若干个店铺或企业自愿组合起来，在不改变各自资产所有权关系的情况下，以同一个品牌形象面对消费者，以共同进货为纽带开展的连锁经营形式。

亿元以上商品交易市场 指年成交额在亿元及以上的商品交易市场。商品交易市场是指经有关部门和组织批准设立，有固定场所、设施，有经营管理部门和监管人员，若干市场经营者入内，常年或实际开业三个月以上，集中、公开、独立地进行生活消费品、生产资料等现货商品交易以及提供相关服务的交易场所，包括各类消费品市场、生产资料市场等。

Explanatory Notes on Main Statistical Indicators

Wholesale Trade refers to the activities of selling wholesale commodities for daily use and capital goods to enterprises of wholesale and retail trades (including self-employed individuals) and other enterprises, institutions and government organs and organizations, and the activities of engaging in import and export and acting as a trade agent. The wholesaler may have the ownership of the commodities for wholesale and trade in the name of its own (a company), and the wholesaler can act as commission agent or commodity broker without the ownership of commodities. Also included are the wholesale activities at the fixed stalls in wholesale market and the acquisition for sales purpose.

Retail Trade refers to the activities of department store, supermarket, franchised store, brand store, retail stall and on-the-spot-making-selling store selling commodities to the final consumers (residents) by any means including internet, post, telephone, sales machine. It also includes shops with sales and production located in the same places (such as bakeries). Retail trade excludes the activities of sales of capital goods such as grain, seed, feed, livestock, mineral products, raw material for production, industrial chemicals, chemical products for agricultural use, machine and equipment (excluding vehicles, computers and communication equipment). Most retailers have the ownership of commodities to sell, but some are acting as agents or brokers to make transactions for a commission.

Total Retail Sales of Consumer Goods refer to the amount obtained by enterprises (units, self-employed individuals) through direct sales of non-production and non-business physical commodity to individuals, social institutions, and revenue from providing catering services. Individuals include rural and urban households, population from abroad, social institutions include government agencies, social organizations, military units, schools, institutions, neighbourhood (village) committees.

Purchase, Sales and Stock of Commodities by Wholesale and Retail Trades refer to the total volume of commodities purchased, total volume of sales and exports, and the stock of commodities by wholesale and retail enterprises (establishments) of different status of registration from domestic and overseas markets. This indicator reflects the relationship among purchase, sales and stock of commodities in the circulation of goods and reveals the existing problems.

Total Purchases of Commodities refer to the total value of purchases of commodities by enterprises (establishments) from other establishments or individuals (including direct import from abroad) for the purpose of re-selling, either with or without further processing of the commodities purchased. The commodities include: (1) commodities purchased from agricultural and industrial producer, wholesaler, retailer, publishing house and other service business; (2) commodities purchased from institutions and government departments; (3) confiscated goods purchased from the customs authorities or market management agencies; (4) second-hand goods and wastes purchased from residents; The commodities exclude (1) commodities purchased by enterprises (establishments) for use in their own business operation, commodities obtained without buying or selling procedures such as materials, consumable goods of low value, office appliance, etc. (2) received goods without trading, such as goods handed over from others, borrowed goods, preserved goods for others, donated goods from others, processed and retrieved goods, etc. (3) goods of direct settlement between buyer and seller with handling fees introduced by others, (4) goods returned or refused to pay by the buyer, (5) excessive goods.

Total Sales of Commodities refer to value of commodities sold by the establishments to other establishments and individuals (including goods sold for self consumption, including the value-added tax). The commodities include: (1) commodities sold to urban and rural residents and social groups for their consumption; (2) commodities sold to establishments in all industries for their production and operation, including agriculture, industry, construction, and catering services including commodities sold to wholesale and retail establishments for re-selling, with or without further processing; and (3) commodities for direct export to abroad. Excluded are (1) extended commodities without trading, such as goods handed over to other enterprises and institutions because of the change of organizations, lent goods, returned goods preserved for others, extended processing materials and samples donated to others, (2) goods of direct settlement between buyer and seller with handling fees introduced by others, (3) goods returned after purchase, (4) damaged and spoiled goods, (5) waste and used goods of self use,

Total Stock of Commodities For the legal entities and self-employed individuals engaged in wholesale and retail trade, it refers to total value (including VAT) of commodities possessed at the end of the reference period; and for wholesale and retail establishments, it refers to the value (including VAT) of all commodities actually in stock and owned by their legal person at the end of reference period. The commodities in stock includes: (1) commodities located in storage, garages, counters, and shelves of operating places of wholesale and retail trades (such as sale stores, wholesale centres, procurement stations

and operating offices); (2) commodities in the process of being selected, sorted, and packed; (3) commodities not arrived but recorded as purchase in the account, i.e. commodities not arrived but payment receipts for the commodities from the sellers or the banks arrived; (4) commodities deposited in other places rather than places mentioned above, for instance: commodities in the hold of purchasers temporarily due to the refusal of payment; (5) commodities entrusted to other units to sell but not sold yet; (6) commodities purchased for other units but not delivered yet. Commodities not included as stock are those not owned by the enterprises (units), commodities on commission for processing, imported commodities of agency of foreign trade enterprise but not yet delivered to ordering units and finally those put in stock on behalf of the state reserves units.

Hotel Services refer to short-term accommodation services provided to visitors. Some units may provide only accommodation while others provide a combination of accommodation, meals, business services and/or recreational facilities. It excludes activities related to the provision of long-term primary residences, typically leased on a monthly or annual basis.

Catering Services refer to the activities of providing foods, serving locations and facilities to customers through instant processing, commercial sales and service-type labor.

Business Revenue refers to total revenue (including VAT) of hotels and catering services received from providing services or selling commodities through business activities. Revenue comes mainly from providing hotels, catering services, selling of commodities and other services, such as commodity services. It does not include revenue from providing meals or selling of commodities by establishments affiliated to other multi-industrial corporate enterprises. Income from hotel rooms refers to income (including VAT) of hotels and catering services by providing lodging services through business activities. Income from meals refers to income (including VAT) from providing catering services, including selling of cooked or prepared foods, such as staple food, cooked dishes, or cold dishes. It does not include income from meals provided by establishments affiliated to other multi-industrial corporate enterprises.Volume of Transaction at Large Commodity Markets (with transaction value over 100 million yuan) refers to markets approved by the industrial and commercial administration departments, which specialize in wholesale and retail of commodities with an annual transaction of over 100 million yuan. The sum of sales of all sellers in the markets makes up the transaction value of the markets.

Volume of Transaction at Large Commodity Markets (with transaction value over 100 million yuan) refers to markets approved by the industrial and commercial administration departments, which specialize in wholesale and retail of commodities with an annual transaction of over 100 million yuan. The sum of sales of all sellers in the markets makes up the transaction value of the markets.

Chain Head Stores (headquarter) refer to the core leading stores responsible for development, allocation, administration and utilization of resources (name of stores, brand of stores, operation model, service standard, management way, etc.) of chain stores. Chain stores refers to the stores engaged in providing homogeneous commodities or services, with the central leadership of head store (headquarters) and guided by common policies, conduct centralized purchase and distributed selling of commodities, in order to gain better efficiency through standardized operation. The chain stores include regular chain stores, franchise chain stores and voluntary chain stores.

Regular Chain store refers to chain stores that are invested or controlled by the headquarters. They operate under direct and unified management from the headquarters.

Franchise chain store refers to the chain stores (franchisees) which are franchised with operation resources such as trade marks, names, patent and operation know-how by the franchisors in form of contract and pay the operation fees to the franchisors.

Voluntary chain store refers to the stores operate jointly on the voluntary bases while maintaining their status of independent legal entities with full ownership of their assets. They sell goods of same brand from same channel of resource to the consumers.

Large Commodity Markets with Transaction Value over 100 Million Yuan refers to the commodity markets with an annual transaction at and above 100 million. The commodity market refers to the markets approved and managed by related departments, where there are fixed sites, facilities, managers and administration offices, where there are a certain number of traders to operate for three month and above or all the year, where the commodities including the articles for daily consumption and capital goods and services are traded in a centralized, independent and open way. Such market includes markets of daily goods and market of capital goods, etc.

17 教育和科技

Education, Science and Technology

资料整理人员：肖首雄　　郭开金　　邓鸿鹄　　甘杨辉

17-1 教育基本情况
Basic Statistics for Education

年份 Year	专任教师数（人） Number of Full-time Teachers (person)				在校学生数（万人） Student Enrollment (10 000 persons)				每万人口在校大学生数（人） University & College Student Enrollment per 10 000 Population (person)
	普通高等学校 Institutions of Higher Education	普通中等学校 Secondary Schools	普通中学 Regular Secondary Schools	小学 Primary Schools	普通本专科 Institutions of Higher Education	普通中等学校 Secondary Schools	普通中学 Regular Secondary Schools	小学 Primary Schools	
1949	500	1700	4400	92900	0.26	3.00	11.43	192.26	1.0
1950	600	600	3300	70300	0.26	0.90	5.00	116.88	1.0
1951	700	900	3500	90700	0.37	2.00	5.07	218.75	1.0
1952	800	1000	4700	96500	0.63	2.30	12.34	274.86	2.0
1953	900	1300	5800	102700	0.65	2.40	13.75	295.92	2.0
1954	1000	1400	6800	99200	0.79	2.20	15.48	276.40	2.0
1955	1200	1300	6900	100600	0.84	1.90	15.58	314.74	2.3
1956	1500	1500	7800	105600	1.18	2.20	20.28	383.65	3.4
1957	1800	1700	9100	110100	1.36	2.60	23.16	385.20	4.0
1958	2100	2900	16200	136700	2.24	7.90	47.22	525.71	6.0
1959	2600	3200	15400	142400	2.76	6.20	41.47	528.84	6.0
1960	4100	6200	20000	154000	3.94	12.70	54.73	573.35	11.0
1961	4600	4200	18800	142000	3.41	4.30	36.04	448.27	9.6
1962	4600	2200	18000	135300	2.91	2.20	30.30	376.09	8.0
1963	4400	2400	17900	135900	2.60	2.00	30.84	385.87	7.0
1964	3900	2600	18800	140400	2.09	1.90	36.83	494.80	5.5
1965	4000	2500	19800	142700	2.18	2.30	40.84	497.74	6.0
1966	3700	2800	22900	159300	1.92	3.10	49.99	550.61	5.0
1967	3700	2800	21500	161900	1.57	2.40	49.45	518.02	4.0
1968	3800	2600	28300	161900	1.10	1.40	54.54	476.93	3.0
1969	3700	1400	41700	176600	0.70	0.20	86.19	480.11	2.0
1970	4000	1200	56800	171100	0.43	0.80	123.58	516.91	1.0
1971	3600	1600	78500	186100	0.32	1.30	149.74	563.25	0.7
1972	4700	2000	81400	213600	1.03	1.60	171.72	650.79	2.0
1973	5200	2100	80100	236300	1.67	2.70	162.45	711.35	4.0
1974	5600	3000	79000	263600	2.18	3.50	165.86	809.73	4.5
1975	6000	3100	103600	274700	2.44	3.70	231.60	837.54	5.0
1976	6800	3400	151800	281600	2.55	3.20	320.47	842.69	5.0
1977	7300	3900	173500	280500	2.81	3.10	368.93	825.73	5.0
1978	8200	4200	166600	284800	3.57	3.50	346.44	829.32	7.0
1979	9200	5000	152800	293200	4.32	5.40	305.23	830.33	8.0
1980	9800	5700	149100	303200	5.45	5.40	281.77	832.24	10.0
1981	8900	6000	139900	311500	5.47	4.50	251.95	830.48	10.0
1982	10000	6500	134600	308500	4.82	4.40	243.59	810.64	8.8
1983	10600	6900	130000	311800	5.15	5.00	233.14	798.48	9.0
1984	11200	6700	129700	311400	5.82	5.70	242.36	791.56	10.0
1985	12700	6700	136400	313400	7.13	6.70	248.15	773.44	13.0

17–1 续表 Continued

年份 Year	专任教师数（人） Number of Full-time Teachers (person)				在校学生数（万人） Student Enrollment (10 000 persons)				每万人口在校大学生数(人) University & College Student Enrollment per 10 000 Population (person)
	普通高等学校 Institutions of Higher Education	普通中等学校 Secondary Schools	普通中学 Regular Secondary Schools	小学 Primary Schools	普通本专科 Institutions of Higher Education	普通中等学校 Secondary Schools	普通中学 Regular Secondary Schools	小学 Primary Schools	
1986	13500	7400	142600	308300	7.82	7.30	262.53	759.23	14.0
1987	14300	8300	150400	306700	8.34	7.70	267.17	738.43	14.0
1988	14500	8700	153600	308600	8.73	9.20	251.88	721.65	14.7
1989	14500	9100	159000	321700	8.90	10.20	249.62	705.82	15.0
1990	14400	9100	158100	306600	8.82	9.90	253.78	693.96	14.0
1991	14200	9100	163100	305700	8.86	9.90	257.03	687.63	14.0
1992	14300	9200	166200	300400	9.54	10.70	252.87	685.04	15.0
1993	14500	9500	168600	300300	11.10	12.90	250.45	697.32	17.7
1994	15000	9700	172000	298800	12.31	15.40	265.35	715.35	19.5
1995	15300	10600	179100	298000	13.04	18.60	285.41	736.65	20.0
1996	15700	11600	187100	298500	13.57	21.30	305.22	765.91	21.2
1997	15900	12300	194800	299500	14.37	23.70	323.24	787.13	22.0
1998	16500	12400	201800	304100	15.67	25.90	336.23	769.35	24.0
1999	17990	11934	212435	307404	19.40	27.30	356.00	721.40	30.0
2000	20317	10775	223693	306387	25.31	25.83	391.73	663.93	38.7
2001	23878	9036	236161	291574	33.13	24.09	425.59	601.26	50.2
2002	30557	8598	248245	276535	41.94	22.37	466.91	529.49	63.3
2003	33229	6377	259281	260704	53.72	22.65	488.78	468.69	80.6
2004	38345	5362	260897	248345	62.60	24.60	471.90	432.60	93.5
2005	45272	25962	261449	246112	74.24	70.56	429.11	419.83	110.3
2006	49470	28099	256047	247567	81.95	75.78	384.62	429.31	121.0
2007	54751	30628	251451	249994	89.05	83.10	354.31	444.84	130.9
2008	57651	30040	246257	250229	94.86	76.35	333.92	458.44	138.6
2009	58846	29514	243831	250365	101.38	80.87	320.78	469.15	146.9
2010	59557	28004	240494	250039	104.43	76.48	316.82	479.16	147.3
2011	61156	27977	268602	222630	106.79	77.88	317.72	490.32	161.9
2012	62541	27293	238277	246859	108.05	73.42	313.77	473.79	162.7
2013	63869	24827	236461	246273	110.08	65.07	318.39	467.81	210.6
2014	64919	25106	238543	248118	113.50	64.48	326.34	473.84	214.5
2015	66615	26047	238254	226087	117.98	64.80	329.85	488.86	221.4
2016	68726	25620	241508	253718	122.47	66.09	335.96	501.81	225.1
2017	70249	27001	247395	265887	127.32	68.65	344.26	511.66	238.8
2018	72689	29029	255386	274527	132.68	65.82	358.01	521.98	258.4
2019	76527	31027	266201	287097	140.71	67.00	370.39	528.77	296.5
2020	79598	32384	278936	300033	151.03	68.30	379.31	534.25	217.0
2021	79247	37461	290633	311039	159.61	74.66	392.81	530.06	232.0

注：2005 年之后普通中等专业学校数为中等职业教育学校数据。

Prior to 2005 number of secondary vocation in shcools as number of regular specialized secondary schools.

17-2 各级学校单位数及教职工数
Number of Schools and School Staff

年份 Year	普通高等学校 Regular Institution of Higher Education	中等职业教育学校 Secondary Vocational Schools	职业中学 Vocational Secondary Schools	技工学校 Technical Schools	普通中学 Regular Secondary Schools	普通小学 Primary Schools	特殊教育学校 Special Education Schools	学前教育 Pre-school Education
单位数（所）	Number of Schools (unit)							
1980	46	117	179	115	7411	53400		15295
2000	52	144	539	167	4505	34521	57	5473
2005	93	665	477	147	4560	17108	53	4359
2006	96	677	496	138	4394	15859	52	4528
2007	99	708	534	140	4257	14677	51	4751
2008	100	687	539	144	4129	13929	50	5516
2009	115	682	533	128	4032	13263	51	6453
2010	117	626	486	129	3933	12692	54	7829
2011	120	567		129	3904	10824	58	9488
2012	106	525		129	3885	10165	61	11030
2013	107	496		129	3878	9270	69	12236
2014	109	501		129	3894	8560	76	12935
2015	109	471		129	3906	8412	78	13944
2016	109	460		130	3901	8272	79	14365
2017	109	467		131	3912	7757	79	14670
2018	109	472		133	3957	7335	85	15166
2019	110	487		139	4010	7245	86	15717
2020	114	494		147	4044	7245	95	16285
2021	114	496		146	4098	7132	99	16312
教职工数（人）	Number of Teachers and Staff (person)							
1980	24462	13262	1242	6391	192400	321900		39900
2000	46642	21078	22375	10050	259989	324199	1203	39790
2005	80766	39753	26081	8955	305413	261560	1213	37864
2006	86031	43243	30020	8890	300958	263305	1245	42932
2007	90417	46733	33309	8669	294108	264623	1314	49181
2008	93303	45475	32686	9217	288168	265680	1338	58230
2009	94428	44459	32023	9394	285576	266878	1397	69731
2010	94871	41822	29926	10074	281722	266854	1531	88538
2011	95652	40070		11097	312162	235773	1656	107361
2012	96322	38410		11552	309794	231358	1673	126187
2013	96915	33342		11820	301044	226699	1733	143739
2014	97652	33272		11229	301432	226307	1826	157461
2015	98746	34134		10946	302504	226087	1936	175737
2016	100543	33290		11056	304863	227973	2016	195150
2017	102318	34447		11128	313347	235374	2258	212635
2018	104086	36678		10573	325006	238800	2479	228288
2019	108434	39075		10803	340714	247537	2711	244405
2020	111678	40486		9942	356161	257148	2911	258805
2021	113308	43575		11343	373112	269133	3328	268230

注：本表高等学校含3所部属院校，不含军事院校、分院校和大专班。

Regular institutions of higher education includes three institutions managed by the national ministry,excluding military institutions, branches and Specialized Subject class.

17—3 各级学校招生及毕业生数

New Student Enrollment and Graduates

单位：人 (person)

年份 Year	普通高等学校 Regular Institution of Higher Education	中等职业教育学校 Secondary Vocationl Schools	职业中学 Vocational Secondary Schools	技工学校 Technical Schools	普通中学 Regular Secondary Schools	高中 Senior Secondary Schools	初中 Junior Secondary Schools	普通小学 Primary Schools	特殊教育学校 Special Education	学前教育 Pre-school Education
招生数 New Student Enrollment										
1980	13004	20515	9267	16071	934300			1657300		
2000	101020	63625	93447	26683	1518734	260515	1258219	717496	2090	583324
2005	246520	317819	192156	60779	1325504	512714	812790	710905	1181	687422
2006	263799	314465	203364	59657	1216865	489621	727244	785684	1347	723322
2007	288712	336757	220657	56460	1171706	438131	733575	862812	2317	749784
2008	307575	280488	200876	61200	1111499	392351	719148	847528	2443	825608
2009	323592	348884	195299	60378	1076485	356521	719964	833027	2246	878680
2010	309776	302889	173050	59516	1104881	370508	734373	863796	2174	1001644
2011	310172	279918		51484	1104813	369889	734924	869704	1117	1035175
2012	324526	253092		46643	1112562	370069	742493	880773	1132	1082809
2013	325880	228682		40878	1140231	373754	766477	847605	2240	974589
2014	344724	227065		37444	1110833	365462	745371	813950	2924	1061997
2015	360030	237759		40291	1118969	380349	738620	886705	4625	989791
2016	376279	251324		47606	1174079	393932	780147	899873	5446	937912
2017	391611	250215		39563	1189640	398100	791540	884161	6295	862373
2018	416228	229118		38271	1249377	406744	842633	930488	4730	785219
2019	456160	253467		45870	1288589	437339	851250	895433	8262	794812
2020	489163	248228		55039	1273195	448890	824305	848870	8040	813618
2021	494085	282461		57701	1377485	480904	896581	840357	8333	724842
毕业生数 Graduates										
1980	1306	21260	2469	6114	522900			1297800		
2000	42428	73076	68800	20479	1000980	145587	855393	1302004	1138	
2005	147642	187911	98870	37958	1591964	340207	1251757	815684	760	
2006	187456	215907	119210	39551	1540757	378477	1162280	716297	937	
2007	207604	256378	152676	42407	1357555	408711	948844	712920	1538	
2008	240027	269438	181021	43441	1204202	429998	774204	702820	1551	
2009	253795	273181	184098	47353	1108959	415666	693293	718528	1606	
2010	275285	282883	172902	44142	1059256	361786	697470	723227	1378	
2011	284178	225490		45149	1018307	325598	692709	730155	613	516842
2012	305674	251480		41949	998786	310055	688731	770212	634	735088
2013	325880	237119		40248	983228	316720	666508	770482	1286	799267
2014	295442	205099		28593	972811	320363	652448	741023	1202	827392
2015	300161	204137		29936	1034745	334954	699791	730191	1768	903774
2016	316123	199567		29207	1081856	341973	739883	769729	3328	923857
2017	332792	194901		28339	1076681	344076	732605	781279	3070	949433
2018	347641	204504		30746	1089422	364539	724883	832334	4730	983284
2019	361908	209896		34656	1149037	379575	769462	839304	5550	997220
2020	376043	207929		34237	1172445	385595	786850	812917	7332	1000295
2021	394182	206223		46685	1234405	394244	840161	886737	6977	937168

注：2005 年之前中等职业教育学校数据为普通中等专业学校数。

Prior to 2005 number of secondary vocational education in schools as number of regular specialized secondary schools.

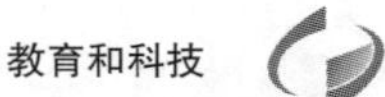

17-4 硕士研究生在校学生、招生及毕业生数
Student Enrollment, New Student Enrollment and Graduates of Postgraduates

单位：人 (person)

年份 Year	招生数 New Student Enrollment	毕业生数 Graduates	在校学生数 Student Enrollment
1980	77		347
1990	705	812	2165
2000	3475	1311	7729
2001	4575	1639	10589
2002	5832	1942	14147
2003	8597	3099	19421
2004	10656	4148	26083
2005	11702	5243	32676
2006	13260	7329	38711
2007	14088	9492	43343
2008	14876	10982	46815
2009	17326	12434	51809
2010	18270	13145	56221
2011	18942	14338	60097
2012	19801	16216	62745
2013	18473	15745	54454
2014	18795	17414	55121
2015	19476	17007	57155
2016	20012	17243	58953
2017	24985	17255	65908
2018	25711	18493	72047
2019	26602	19567	78390
2020	34585	24815	102214
2021	36179	26590	110493

17-5 普通高等学校本科在校学生、招生及毕业生数
Student Enrollment, New Student Enrollment and Graduates of Colleges and Universities

单位：人 (person)

项目	Item	在校学生数 Student Enrollment		招收学生数 New Student Enrollment		毕业生数 Graduates	
		2020	2021	2020	2021	2020	2021
总计	**Total**	**781798**	**818193**	**211741**	**220502**	**175258**	**179771**
哲学	Philosophy	377	449	121	136	105	67
经济学	Economics	38899	39282	10003	10588	9484	9821
法学	Law	26048	28409	7044	7573	5662	6015
教育学	Education	29763	31883	8421	9231	6967	6824
文学	Literature	83150	87418	22412	22970	18546	19283
历史学	History	2913	3691	997	1234	519	510
理学	Science	57216	61710	15571	16308	11275	12318
工学	Engineering	259542	273758	71918	76094	56901	58378
农学	Agriculture	10291	10943	2890	3279	2342	2408
医学	Medicine	77859	82776	19640	20501	14896	15545
管理学	Management	119182	119416	32118	32422	31604	30970
艺术学	Art	76558	78458	20606	20166	16957	17632

17-6 普通高等学校、中等职业教育学校教职工情况
Staff and Workers in General Institutions of Higher Education and Specialized Secondary Schools

单位：人 (person)

类 别	Item	高等学校 General Institutions of Higher Education			中等职业教育学校 Specialized Secondary Schools		
		2019	2020	2021	2019	2020	2021
教职工	**Staffs and Teachers**	**108434**	**111678**	**114460**	**39075**	**40486**	**43575**
#校部教职工	#Staffs and Workers	104933	108399	112068	39040	40486	43575
#专任教师	#Full-time Teachers	76527	79598	82332	31027	32384	35218
教辅人员	Auxiliary Teaching Staff	14058	14709	10072	2213	2281	2243
行政人员	Administrative Personnel	9476	9589	14803	3597	3499	3570
工勤人员	Logistics Personnel	4872	4503	4861	2203	2322	2520

17-7 普通高等学校分科专任教师情况(2021年)
Full-time Teachers in General Institutions of Higher Education by Field of Study (2021)

单位：人 (person)

类 别	Item	合 计 Total	正高级 Professors	副高级 Associate Professors	中 级 Lecturers	初 级 Assistants	未定职级 No Assessment
总 计	**Total**	**47886**	**7787**	**14569**	**18790**	**2591**	**4149**
哲 学	Philosophy	1504	218	372	620	107	187
经济学	Economics	2042	398	598	759	84	203
法 学	Law	2452	366	686	1020	139	241
教育学	Education	3662	384	1045	1463	336	434
文 学	Literature	6057	624	1732	2840	374	487
历史学	History	504	118	149	184	17	36
理 学	Science	5492	1214	1807	1892	194	385
工 学	Engineering	12910	2501	4333	4875	330	871
农 学	Agriculture	1077	247	286	400	22	122
医 学	Medicine	4242	879	1564	1315	310	174
管理学	Management	4331	572	1202	1795	283	479
艺术学	Art	3613	266	795	1627	395	530

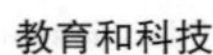

17−8 中等职业教育分科专任教师和学生数(2021年)
Students and Full-time Teachers in General Specialized Secondary Schools (2021)

单位：人 (person)

类 别	Item	招生数 New Student Enrollment	毕业生数 Graduates	在校学生数 Student Enrollment	专任教师 Full−time Teachers
总 计	**Total**	**282461**	**206223**	**746552**	**37461**
农林牧渔大类	Agriculture, Forestry, Animal Husbandry and Fishery	10739	8698	28939	798
资源环境与安全大类	Resource Environment and Security Categories	1599	706	2432	144
能源动力与材料大类	Energy, Power and Materials	257	197	565	92
土木建筑大类	Civil Construction Category	4447	3301	11483	540
水利大类	Water Conservancy Categories	242	171	832	61
装备制造大类	Equipment Manufacturing Category	35412	25371	92717	3050
生物与化工大类	Biology and Chemical Industry	398	276	825	123
轻工纺织大类	Light Textile Category	6215	3815	15802	433
食品药品与粮食大类	Food, Drugs and Food Categories	356	154	731	140
交通运输大类	Transportation Categories	22129	17961	61412	1626
电子与信息大类	Electronics and Information	75708	52451	202960	6485
医药卫生大类	Medical and Health Care Categories	16207	10296	38583	1405
财经商贸大类	Finance and Commerce Category	34438	24881	91970	2941
旅游大类	Tourism Categories	15137	13619	44652	1798
文化艺术大类	Culture and Art Category	16406	14419	47982	5640
新闻传播大类	Major Categories of News Communication	440	379	1102	165
教育与体育大类	Education and Physical Education	35986	24075	85002	9119
公安与司法大类	Public Security and Justice Categories	136	69	280	77
公共管理与服务大类	Public Administration and Service Category	6209	5384	18283	2824

注：专任教师中含文化基础课教师和实习指导课教师。

Full−time teachers included teachers of basic culture and intern guide.

17–9 普通中学、小学按城乡和主办部门分组的情况(2021年)
Basic Statistics on General Secondary Schools, Primary Schools by Urban and Rural Area and by Department (2021)

单位：人 (person)

类　别		Item		合　计 Total	按城乡分 By Urban and Rural Areas 城　市 Urban Areas	县　镇 Counties and Towns	农　村 Rural Areas	按主办部门分 By Departments 教育部门和集体办 Schools Run by Educational Departments	其他部门和民办 Schools Run by Other Departments
普通中学		**Regular Secondary Schools**							
学校数	（所）	Number of Schools	(unit)	4098	781	2057	1260	3603	495
教职工数		Number of Staffs and Teachers		373112	120876	195852	56384	303897	69215
#专任教师数		#Full-time Teachers		290633	94727	156109	39797	249783	40850
招生数		New Student Enrollment		1377485	466733	755503	155249	1123416	254069
毕业生数		Number of Graduates		1234405	390459	683698	160248	1040847	193558
在校学生数		Student Enrollment		3928110	1311825	2159847	456438	3238845	689265
普通中学中：高中		**Senior Secondary Schools**							
学校数	（所）	Number of Schools	(unit)	686	281	360	45	483	203
专任教师数		Full-time Teachers		95092	37549	52457	5086	79700	15392
招生数		New Student Enrollment		480904	181072	273449	26383	369733	111171
毕业生数		Number of Graduates		394244	147017	228713	18514	329735	64509
在校学生数		Student Enrollment		1354094	510349	772999	70746	1080923	273171
普通中学中：初中		**Junior Secondary Schools**							
学校数	（所）	Number of Schools	(unit)	3412	500	1697	1215	3120	292
专任教师数		Full-time Teachers		195541	57178	103652	34711	170083	25458
招生数		New Student Enrollment		896581	285661	482054	128866	753683	142898
毕业生数		Number of Graduates		840161	243442	454985	141734	711112	129049
在校学生数		Student Enrollment		2574016	801476	1386848	385692	2157922	416094
小　学		**Primary Schools**							
学校数	（所）	Number of Schools	(unit)	7132	1245	2499	3388	6970	162
教职工数		Number of Staffs and Teachers		269133	85030	119927	64176	259788	9345
#专任教师数		#Full-time Teachers		311039	96381	140704	73954	290543	20496
招生数		New Student Enrollment		840357	319309	383596	137452	794740	45617
毕业生数		Number of Graduates		886737	261024	443339	182374	815840	70897
在校学生数		Student Enrollment		5300555	1816447	2527433	956675	4934096	366459

注：1. 普通初中学校数包括初级中学、九年一贯制学校和职业初中；普通高中包括完全中学、高级中学和十二年一贯制学校。

2. 所有教职工数据均按学校类型统计，专任教师按教育层次统计。以九年一贯制学校为例，教职工全部统计为普通中学教职工，专任教师则分别统计为小学、初中专任教师。

a. Junior Secondary Schools include regular junior secondary schools、nine–year coherent shools and vocational junior secondary school; Senior secondary schools include regular senior secondary schools、full secondary schools and tweleve–year coherent schools.

b. All data of staff statistics are according to the school type,full–time teachers in education level statistics. Take nine–year coherent schools as example, all school staff count as secondary school staff, and full–time teachers are respectively primary and junior secondary teachers.

17-10 各级学校在校女学生和女教职工数
Number of Female Students and Faculties by Level of School

类 别	Item	2000	2010	2020	2021
女学生 （万人）	**Number of Female Students (10 000 persons)**	**531.25**	**457.35**	**537.80**	**549.07**
普通高等学校	Regular Institutions of Higher Education	9.58	53.05	78.85	82.04
中等职业学校	Secondary Vocational Schools	15.06	11.71	31.56	35.00
普通中学	Regular Secondary Schools	179.12	149.80	178.98	185.15
普通小学	Primary Schools	317.81	220.51	248.42	246.88
女学生占全部学生 （%）	**Percentage of Female Students to Total Students (%)**	**47.09**	**47.41**	**47.47**	**47.45**
普通高等学校	Regular Institutions of Higher Education	37.85	50.80	52.21	51.4
中等职业学校	Secondary Vocational Schools	58.29	63.32	46.21	46.89
普通中学	Regular Secondary Schools	45.73	47.28	47.18	47.13
普通小学	Primary Schools	47.87	46.02	46.50	46.58
女教职工 （万人）	**Number of Female faculties (10 000 persons)**	**24.79**	**30.79**	**46.04**	**49.07**
普通高等学校	Regular Institutions of Higher Education	0.69	4.27	5.57	5.74
中等职业学校	Secondary Vocational Schools	0.43	0.23	2.08	2.29
普通中学	Regular Secondary Schools	8.13	11.17	19.97	21.42
普通小学	Primary Schools	14.95	13.85	18.43	19.61
女教职工占全部教职工（%）	**Percentage of Female Faculties to Total Faculties (%)**	**42.97**	**45.38**	**60.15**	**61.4**
普通高等学校	Regular Institutions of Higher Education	33.96	45.02	49.83	50.68
中等职业学校	Secondary Vocational Schools	39.90	43.53	51.40	52.63
普通中学	Regular Secondary Schools	36.34	39.66	56.07	57.42
普通小学	Primary Schools	48.79	51.92	71.66	72.68

17-11 平均每万人口中在校学生
Student Enrollment per 10 000 Population

项　目	Item	2000	2010	2020	2021
各类普通学校在校学生占全省人口（%）	**Students as Percentage of Total Population (%)**	**17**	**14**	**21**	**22**
平均每万人口中在校学生（人）	**Student Enrollment Per 10 000 Population (person)**				
普通高等学校	Regular Institutions of Higher Education	39	147	313	349
中等职业教育学校	Secondary Vocational Schools	666	108	99	112
普通小学	Primary Schools	1012	676	772	798

注：1. 本表未包括技工学校在校学生。
2. 2006 年起中等学校改为中等职业教育。
a. Secondary schools excludes schools for skilled workers.
b. From 2006,Secondary Schools change Secondary Vocational Schools.

17-12 民办（私立）学校情况
Statistics on Private Schools

单位：人 (person)

项　目	Item	2000	2010	2020	2021
普通中学	**Regular Secondary Schools**				
学校数（所）	Number of Schools (unit)	166	252	453	484
教职工数	Staffs and Teachers	4845	18959	59918	68434
专任教师数	Full-time Teachers	3367	13629	35039	40214
毕业生数	Graduates	9035	90021	170868	191131
招生数	New Student Enrollment	43333	106538	225341	251631
在校学生数	Student Enrollment	90112	290702	627467	682121
普通小学	**Primary Schools**				
学校数（所）	Number of Schools (unit)	213	121	152	148
教职工数	Staff and Teachers	2451	9439	7647	8695
专任教师数	Full-time Teachers	1713	6099	18380	19900
毕业生数	Graduates	6183	20039	61376	69345
招生数	New Student Enrollment	5572	25136	43993	43717
在校学生数	Student Enrollment	45911	141929	343557	355345

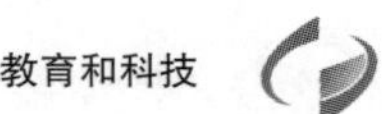

17-13 特殊教育学校基本情况
Basic Statistics on Schools for Special Education

单位：人 (person)

项　目	Item	2000	2010	2020	2021
各类特殊学校数 （所）	Number of Schools for Special Education (unit)	57	54	95	99
教职工数	Staffs and Teachers	1203	1531	2911	3328
专任教师数	Full-time Teachers	918	1168	2624	2946
毕业生数	Graduates	1138	1378	7332	6977
招生数	New Student Enrollment	2090	2174	8040	8333
在校学生数	Student Enrollment	12179	13209	54119	53886

17-14 平均每一教职工负担学生
Student-educational Personnel and Full-time Teacher Ratio

单位：人 (person)

项　目	Item	2000	2010	2020	2021
平均每一教职工负担的学生	**Student - educational Personnel Ratio**				
普通高等学校	Regular Institutions of Higher Education	5.50	11.01	13.52	14.09
中等职业学校	Secondary Vocational Schools	12.00	18.29	16.87	17.13
普通中学	Regular Secondary Schools	15.10	11.25	10.65	10.53
普通小学	Primary Schools	20.50	17.96	20.78	19.69
平均每一专任教师负担的学生	**Student-full-time Teacher Ratio**				
普通高等学校	Regular Institutions of Higher Education	12.50	17.53	18.97	20.14
中等职业学校	Secondary Vocational Schools	23.97	27.31	21.09	19.93
普通中学	Regular Secondary Schools	17.50	13.17	13.60	13.52
普通小学	Primary Schools	21.70	19.16	17.81	17.04

17–15 初中和小学毕业生升学率及学龄儿童入学率
Percentage of Graduates of Junior Middle Schools and Primary Schools Entering Higher Level Schools, Percentage of School-age Children Enrolled

单位：万人 (10 000 persons)

项　目	Item	2000	2010	2020	2021
初　中	**Junior Middle Schools**				
毕业生数	Number of Graduates	85.77	69.75	78.69	84.02
高级中等学校招生数	New Student Enrollment of Senior Secondary Schools	43.87	68.58	74.18	79.21
升学率 (%)	Percentage of Graduates (%)	51.15	98.32	94.28	94.28
小　学	**Primary Schools**				
毕业生数	Number of Graduates	130.20	72.81	81.29	88.67
初级中等学校招生数	New Student Enrollment of Junior Secondary Schools	126.34	73.44	82.43	89.66
升学率 (%)	Percentage of Graduates (%)	97.04	100.86	101.40	101.11
学龄儿童	**School-age Children**	**645.08**	**462.07**	**758.94**	**761.19**
已入学学龄儿童	School-age Children Enrolled in Schools	634.90	461.69	758.93	761.19
入学率 (%)	Enrollment Rate (%)	98.40	99.92	100.00	100.00

注：2006年起初中升学率包括：普通高中招生数。职业高中招生数。技工学校招生数。普通中专招收初中应届毕业生数。成人中专招收初中应届毕业生数。

From 2006, the percentage of graduates in junior middle schools includes: the number of new student enrollment in senior schools, vocational high schools, technical training schools, vocational secondary schools and adult vocational schools.

17-16 学前教育基本情况
Basic Statistics on Pre-school Education

项　目	Item	2000	2010	2020	2021
幼儿园个数　（所）	Number of Kindergartens (unit)	5473	7829	16285	16312
班数　（个）	Number of Classes (unit)	29896	45426	84019	83673
在园幼儿数　（万人）	Student Enrollment (10 000 persons)	62.87	141.91	231.39	229.39
教职工数　（万人）	Number of Staffs and Teachers (10 000 persons)	3.98	8.85	25.88	26.82
#专任教师	# Full-time Teachers	3.39	4.80	12.21	13.02

17-17 各类专业技术人员
Various Specialized Technical Personnel

单位：人　　(person)

项　目	Item	2020			2021		
		合计 Total	企业 Enterprise	事业 Institutions	合计 Total	企业 Enterprise	事业 Institutions
总　计	**Total**	**1034286**	**106212**	**928074**	**1045028**	**100250**	**944778**
#高级职称	# Senior	161693	5503	156190	177598	5819	171779
中级职称	Secondary	437059	30407	406652	435819	27923	407896
#女性	# Female	543245	37659	505586	565534	35181	530353
#自然科学	# Natural Sciences	902537	44973	857564	334586	49053	285533
#社会及人文科学	# Social Sciences and Humanities	131749	61239	70510	710442	51197	659245

注：此表未包括国家机关与人民团体中的专业技术人员。2008年起，本表数据不含中央在湘单位，国有单位改为公有经济企业，集体单位改为事业单位(下表同)。事业单位自然科学和社会及人文科学只统计正式在册人员。

Technicians from government offices and mass organizations were excluded. Form 2008, Technicians from center units in Hunan province were excluded. State-Owned units changed into State-Owned Enterprises , Collective-Owned units changed into Institutions(The same as the following). Natural Sciences and Social Sciences and Humanities of Institutions only count Officially registered workers.

17-18 自然科学研究获奖成果
Number of Achievements in Natural Scientific Research

单位：项　　(item)

项　目	Item	2000	2010	2020	2021
省自然科学奖	Provincial Natural Sciences Prize		45	83	95
省技术发明奖	Provincial Invention Prize		11	23	25
省科技进步奖	Provincial Scientific Technological Progress Prize	360	170	152	166
国家科学技术进步奖	National Scientific Technological Progress Prize	13	19	13	
国家技术发明奖	National Invention Prize		1	1	
国家自然科学奖	National Natural Sciences Prize	1	1	1	

17-19 科技成果情况(2021年)
Statistics on Achievements of Science and Technology (2021)

单位：项 (item)

项　目	Item	总　计 Total	科研院所 Research Institutions	大专院校 Universities and Colleges	工矿企业 Industrial and Mining Enterprises	其　他 Others
项目基本情况	**Basic Statistics on Items**					
登记项目数	Number of Registered Items	929	54	125	725	25
#基础理论成果	#Results of Foundation Theories	28		25		3
软科学成果	Results of Soft Science	25	11		3	11
应用技术成果	Results of Applied Technique	876	43	100	722	11
#鉴定项目数	#Number of Appraised Items	12			12	
奖励项目数	Number of Prized Items					
项目计划管理情况	**Statistics of Items Planned Management**					
国家计划项目	National Plan Items	30	2	24	4	
省部计划项目	Provincial Plan Items	121	20	26	59	16
计划外项目	Non-plan Items	778	32	75	662	9
应用成果水平	**Level of Achievements**					
国际首创或领先	Originate and Keep Ahead at International	13	1	1	11	
国际先进	International Advanced Level	34	3	1	29	1
国内首创或领先	Originate and Keep Ahead at National	133	5	7	119	2
国内先进	Domestically Advanced Level	152	1	60	90	1
其他	Others	544	33	31	473	7

 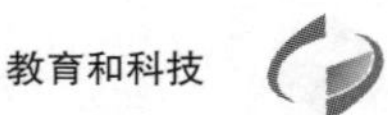

17-20 三种专利批准项数
The Number of Patent Approval in The Three Categories

单位：项 (item)

项　目	Item	批准数 Patent Approval	
		2020	2021
总　计	**Total**	**78723**	**98936**
按种类分	**By Types**		
发明	Creation and Inventions	11537	16564
实用新型	Utility Models	49052	62871
外观设计	Designs	18134	19501
按申请人类别分	**By Proposer**		
个人	Personal	21019	21719
大专院校	Universities and Colleges	14125	14785
科研单位	Research Institutions	650	746
工矿企业	Industrial and Mining Enterprises	42202	60457
机关团体	Agencies and Organizations	727	1229

17-21 各类技术合同签订及执行情况(2021年)
Statistics on Contracts Signed and Performed (2021)

项　目	Item	合同数（项） Number of Contracts (item)	合同金额（万元） Contracted Value (10 000 yuan)	#技术交易额 Value of Technical Trade
总　计	**Total**	**17721**	**12612639.66**	**4165956.41**
技术开发合同	Contracts of Technical Development	3494	1278412.28	523725.19
技术转让合同	Contracts of Technical Alienation	358	82348.28	78608.09
技术服务合同	Contracts of Technical Services	12394	11119586.88	3457665.11
技术咨询合同	Contracts of Technical Consultative	1475	132292.23	105958.02

17−22 各级科技计划项目进入技术市场情况(2021年)
Statistics on Different Levels of Scientific Plan Items Put into Technical Markets (2021)

项　目	Item	总计 Total	国家计划 Country Level	部门计划 Department Level	省、自治区、直辖市及计划单列市计划 Provinces, Autonomous Regions, Municipality and Cities Listed Separately Level	地市县计　划 Cities and Counties Level	计划外 Unplanned Level	师市、院校计划 Division, Cities and Colleges Level
项目个数合计(项)	**Total (item)**	**17721**	**590**	**99**	**798**	**1514**	**14622**	**98**
#机关法人	#Official Organ as a Legal Person	44		2	17	1	24	
事业法人	Corporation of Public Utility	5905	532	26	218	497	4556	76
社团法人	Juridical Association	18					18	
企业法人	Legal Body of Enterprise	11686	58	71	563	1011	9961	22
自然人	Natural Personal	47				2	45	
其他组织	Other Organizations	21				3	18	
金额合计　(万元)	**Total (10 000 yuan)**	**12612639.66**	**130441.67**	**54883.45**	**1896212.44**	**849486.75**	**9673117.02**	**8498.34**
#机关法人	#Official Organ as a Legal Person	68286.83		6792.00	50125.36	5.00	11364.47	
事业法人	Corporation of Public Utility	446771.32	44725.20	5538.10	54280.65	84210.97	255215.08	2801.32
社团法人	Juridical Association	1198.60					1198.60	
企业法人	Legal Body of Enterprise	12084580.39	85716.47	42553.35	1791806.43	763103.78	9395703.34	5697.02
自然人	Natural Personal	7899.73				1930.00	5969.73	
其他组织	Other Organizations	3902.80				237.00	3665.80	

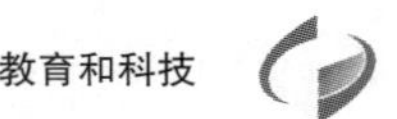

17−23　高新技术产业情况（2021年）
Basic Statistics on High-tech Industries (2021)

项　目	Item	企业单位数（个）Number of Enterprises (unit)	高新技术产业总产值（万元）Gross Output Value of High-tech Industries (10 000 yuan)	高新技术产业增加值（万元）Added Value of High-tech Industries (10 000 yuan)
总　计	**Total**	**14035**	**389940870**	**109945462**
按登记注册类型分	**By Registration Status**			
内资企业	Domestic-Funded Enterprises	13683	359401237	100560414
国有	State-owned Enterprises	114	5489899	1745676
集体	Collective-owned Enterprises	30	570302	169103
股份合作	Cooperative Enterprises	1	82967	19912
国有联营	State-owned Cooperative	1	3393	814
集体联营	Collective Joint Ownership Enterprises			
国有与集体联营	State-owned and Collective-associate Enterprises			
其他联营	Other Cooperative			
国有独资公司	State-funded Corporations	196	42779517	11818228
其他有限责任公司	Other Limited Liability Corporations	1538	97003209	27728475
股份有限公司	Share-holding Corporations Ltd.	255	21017691	6715843
私营独资	Private-funded Enterprises	79	1022569	306905
私营合伙	Private Partnership Enterprises	40	539651	170188
私营有限责任公司	Private Limited Liability Corporations	10680	173029779	46586249
私营股份有限公司	Private Share-holding Corporations Ltd.	539	16561185	4779462
其他内资	Other Enterprises	210	1301074	519559
港澳台商投资企业	Enterprises With Investment from H.K,Macao and Taiwan	185	13427930	4967090
外商投资企业	Enterprises With Foreign Investment	167	17111703	4417958
按企业规模分	**By Size**			
大型企业	Large	339	144424252	40449364
中型企业	Medium	1909	99490596	29932830
按高新技术领域分	**By High-tech Field**			
电子信息技术	Electron and Information	2140	37286108	15280798
生物与新医药技术	Biological Medicine and Medical Instrument	2559	60108719	15753218
航空航天技术	Avigation and Spaceflight	183	4820940	1287319
新材料技术	New Materials	2897	90774564	23473416
高技术服务业	High-tech Services	1393	24477404	8316508
新能源与节能技术	New Energy Resources，Energy Saving	579	14560080	3816944
资源与环境技术	Resources and Environmental Technology	869	17921232	4671620
先进制造与自动化	Advanced Manufacturing and Automation	2752	84576568	21526491
其他领域	Other Fields	663	55415257	15819148

17-23 续表 Continued

项 目	Item	高新技术产业营业收入（万元）Operating Income of High-tech Industries (10 000yuan)	#出口收入 Exports Revenue	高新技术产业利税总额（万元）Profits and Tax of High-tech Industries (10 000yuan)	#利润总额 Total of Profit and Tax
总 计	**Total**	**366137510**	**15288924**	**27899535**	**18313456**
按登记注册类型分：	**By Registration Status**				
内资企业	Domestic-funded Enterprises	336431347	10850689	25171707	16487240
国有	State-owned Enterprises	3093039	9778	295516	192038
集体	Collective-owned Enterprises	399968	3	30101	16184
股份合作	Cooperative Enterprises	82967		2027	1269
国有联营	State-owned Cooperative	2559		-1551	-1552
集体联营	Collective Joint Ownership Enterprises				
国有与集体联营	State-owned and Collective-associate Enterprises				
其他联营	Other Cooperative				
国有独资公司	State-funded Corporations	40597106	699182	2389697	1541772
其他有限责任公司	Other Limited Liability Corporations	87775972	1256195	6652529	4350513
股份有限公司	Share-holding Corporations Ltd.	23065721	592929	3057900	1726978
私营独资	Private-funded Enterprises	946950	110193	56637	61655
私营合伙	Private Partnership Enterprises	479024	19771	34345	28318
私营有限责任公司	Private Limited Liability Corporations	162813147	6247771	10462632	6923548
私营股份有限公司	Private Share-holding Corporations Ltd.	15836433	1914866	1982176	1446006
其他内资	Other Enterprises	1338461		209699	200511
港澳台商投资企业	Enterprises With Investment from H.K,Macao and Taiwan	13249264	3466318	1627871	1232987
外商投资企业	Enterprises With Foreign Investment	16456900	971918	1099957	593230
按企业规模分：	**By Size:**				
大型企业	Large	136459079	9065244	10731119	6768745
中型企业	Medium	92456959	3054495	7753742	5024168
按高新技术领域分：	**By High-tech Field:**				
电子信息技术	Electron and Information	36699931	4774919	3552167	2554778
生物与新医药技术	Biological Medicine and Medical Instrument	56372873	1214739	4633005	3367460
航空航天技术	Avigation and Spaceflight	4327541	202096	319698	232379
新材料技术	New Materials	86931115	3443067	6389029	4042382
高技术服务业	High-tech Services	21589192	297468	1653641	998048
新能源与节能技术	New Energy Resources，Energy Saving	12345278	322676	856183	551155
资源与环境技术	Resources and Environmental Technology	17403063	136703	1614329	1079412
先进制造与自动化	Advanced Manufacturing and Automation	79766377	4304950	6001332	3742677
其他领域	Other Fields	50702142	592307	2880152	1745164

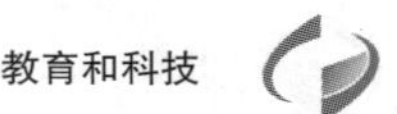

17–24 研究与试验发展（R&D）经费内部支出
Intramural Expenditures on R&D

单位：万元 (10 000 yuan)

年 份 Year	R&D经费内部支出 Intramural Expenditure on R&D	基础研究 Basic Research	应用研究 Applied Research	试验发展 Experiment Development
2016	4688418	131039	493659	4063720
2017	5685310	162137	587051	4936122
2018	6582729	227831	724941	5629957
2019	7871638	315091	869699	6686848
2020	8987001	344758	1111401	7530842
2021	10289088	516438	1134250	8638400

17–25 R&D活动基本情况(2021年)
Basic Information on R&D Activities (2021)

项 目	Item	总计 Total	科研机构 Scientific Research Institution	高等学校 Higher Education	工业企业 Industrial Enterprises	非工业企业 Non Industrial Enterprises	事业单位 Institutions
有R&D活动的单位数（个）	**Number of Units Having R&D Activities (unit)**	**11261**	**85**	**214**	**10000**	**839**	**123**
R&D人员（人）	R&D Personnel (person)	326048	8128	58565	215291	37871	6193
#女性	# Female	82256	2495	24212	46507	6983	2059
#全时人员	# Full-time Personnel	212363	7010	21539	154658	25551	3605
R&D人员全时当量（人年）	**Full-time Equivalent of R&D Personnel (man-year)**	**209328**	**7601**	**25923**	**143908**	**27320**	**4576**
基础研究人员	Basic Research	14647	991	12064	709	671	212
应用研究人员	Applied Research	26497	2331	11744	8714	2299	1409
试验发展人员	Experimental Development	168184	4279	2113	134485	24350	2957
R&D经费内部支出（万元）	**Intramural Expenditure on R&D (10 000 yuan)**	**10289088**	**374313**	**961532**	**7741547**	**1040944**	**170752**
#政府资金	# Government Funds	1314616	310647	548055	333434	23907	98574
按支出用途分	By Use						
日常性支出	Daily Expenses	9732860	349056	785037	7438490	1019504	140774
#人员劳务费	# Service Fees	2684942	123474	339995	1603671	535930	81872
资产性支出	Capital Expenditures	556229	25257	176496	303057	21440	29979
按活动类型分	By Activity						
基础研究支出	Basic Research	516438	35662	366160	75672	16760	22184
应用研究支出	Applied Research	1134250	162086	513199	352152	56389	50424
试验发展支出	Experimental Development	8638400	176565	82174	7313723	967794	98144
R&D经费外部支出（万元）	**External Expenditure on R&D (10 000 yuan)**	**585619**	**139890**	**67672**	**344988**	**31904**	**1166**

17–26 R&D人员情况(2021年)
R&D Personnel (2021)

项　目	Item	有R&D活动的单位数（个） Number of Enterprises Having R&D Activities (unit)	R&D人员（人） R&D Personnel (person)	#女性 Female	全时人员 Full-time Personnel	非全时人员 Part-time Personnel
总　计	**Total**	**11261**	**326048**	**82256**	**212363**	**113685**
按执行部门分组	**By Performer**					
科研机构	Scientific Research Institution	85	8128	2495	7010	1118
高等学校	Higher Education	214	58565	24212	21539	37026
企业	Enterprises	10839	253162	53490	180209	72953
工业企业	Industrial Enterprises	10000	215291	46507	154658	60633
非工业企业	Non Industrial Enterprises	839	37871	6983	25551	12320
事业单位	Institution	123	6193	2059	3605	2588
按国民经济行业分组	**By Sector**					
农、林、牧、渔业	Agriculture, Forestry, Farming of Animals and Fishing	19	119	9	67	52
采矿业	Mining	211	3950	622	2795	1155
制造业	Manufacturing	9596	207511	45130	149526	57985
电力、燃气及水的生产和供应业	Production and Distribution of Electricity, Gas and Water	193	3830	755	2337	1493
建筑业	Construction	185	19769	2010	11871	7898
批发和零售业	Wholesale and Retail Trade	4	67	11	53	14
交通运输、仓储和邮政业	Traffic,Transport,Storage and Post	43	951	199	662	289
信息传输、计算机服务和软件业	Information Transfer,Computer Services and Software	156	4829	1252	3986	843
金融业	Finance	3	244	37	191	53
租赁和商务服务业	Tenancy and Business Services	51	535	152	378	157
科学研究、技术服务和地质勘查业	Scientific Research,Technical Service and Geologic Perambulation	428	22051	6130	17052	4999
水利、环境和公共设施管理业	Management of Water Conservancy,Environment and Public Establishment	42	544	177	413	131
教育	Education	200	54138	22270	17940	36198
卫生、社会保障和社会福利业	Sanitation,Social Security&Social Welfare	86	6784	3234	4479	2305
文化、体育和娱乐业	Culture,Sports and Entertainment	44	726	268	613	113
按地区分组	**By Region**					
长沙市	Changsha	2582	126012	32833	81442	44570
株洲市	Zhuzhou	645	29576	7133	21830	7746
湘潭市	Xiangtan	875	26915	6789	14703	12212
衡阳市	Hengyang	944	24282	5889	16456	7826
邵阳市	Shaoyang	1019	15778	4251	10232	5546
岳阳市	Yueyang	992	22634	4541	15386	7248
常德市	Changde	841	16241	4525	10443	5798
张家界市	Zhangjiajie	93	971	303	538	433
益阳市	Yiyang	705	12571	3314	8021	4550
郴州市	Chenzhou	742	15833	3548	10319	5514
永州市	Yongzhou	762	13467	3733	9418	4049
怀化市	Huaihua	418	8343	2334	5159	3184
娄底市	Loudi	503	10094	2011	6539	3555
湘西州	Xiangxi	140	3331	1052	1877	1454

17–27 R&D 人员全时当量情况(2021年)
Full-time Equivalent of R&D Personnel (2021)

单位：人年 (man–year)

项 目	Item	R&D 人员全时当量 Full–time Equivalent of R&D Personnel	基础研究人员 Basic Research Personnel	应用研究人员 Applied Research Personnel	试验发展人员 Experimental Development Personnel
总 计	**Total**	**209328**	**14647**	**26497**	**168184**
按执行部门分组	**By Performer**				
科研机构	Scientific Research Institution	7601	991	2331	4279
高等学校	Higher Education	25923	12064	11744	2113
企业	Enterprises	171228	1380	11013	158835
工业企业	Industrial Enterprises	143908	709	8714	134485
非工业企业	Non Industrial Enterprises	27320	671	2299	24350
事业单位	Institution	4576	212	1409	2957
按国民经济行业分组	**By Sector**				
农、林、牧、渔业	Agriculture, Forestry, Farming of Animals and Fishing	79			79
采矿业	Mining	2930		270	2660
制造业	Manufacturing	138531	696	8308	129527
电力、燃气及水的生产和供应业	Production and Distribution of Electricity, Gas and Water	2447	12	136	2298
建筑业	Construction	15251	167	800	14284
批发零售业	Wholesale and Retail Trade	42			42
交通运输、仓储和邮政业	Traffic,Transport,Storage and Post	603	9	8	587
信息传输、计算机服务和软件业	Information Transfer,Computer Services and Software	3490	151	183	3156
金融业	Finance	100			100
租赁和商务服务业	Tenancy and Business Services	321		9	313
科学研究、技术服务和地质勘查业	Scientific Research,Technical Service and Geologic Perambulation	17344	1388	4553	11402
水利、环境和公共设施管理业	Management of Water Conservancy,Environment and Public Establishment	360	2	14	344
教育	Education	22878	10684	10459	1732
卫生、社会保障和社会福利业	Sanitation,Social Security&Social Welfare	4489	1537	1749	1205
文化、体育和娱乐业	Culture,Sports and Entertainment	464	1	8	455
按地区分组	**By Region**				
长沙市	Changsha	81764	8482	11742	61539
株洲市	Zhuzhou	19146	842	2478	15825
湘潭市	Xiangtan	16583	1956	2381	12244
衡阳市	Hengyang	16408	1316	1645	13448
邵阳市	Shaoyang	9830	112	866	8854
岳阳市	Yueyang	14110	301	1764	12045
常德市	Changde	9548	359	724	8466
张家界市	Zhangjiajie	585		38	547
益阳市	Yiyang	7924	113	876	6936
郴州市	Chenzhou	10671	153	2018	8500
永州市	Yongzhou	8502	233	351	7920
怀化市	Huaihua	5331	455	859	4017
娄底市	Loudi	7094	102	542	6450
湘西州	Xiangxi	1832	223	216	1393

17－28　按经费来源分 R&D 经费内部支出情况（2021年）

Intramural Expenditure on R&D by Sources (2021)

单位：万元　　　　(10 000 yuan)

项　目	Item	R&D 经费内部支出 Intramural Expenditure on R&D	政府资金 Government Funds	企业资金 Self-raised Funds by Enterprises	境外资金 Foreign Funds	其他 Other Funds
总　计	**Total**	**10289088**	**1314616**	**8842205**	**613**	**131653**
按执行部门分组	**By Performer**					
科研机构	Scientific Research Institution	374313	310647	26348	107	37211
高等学校	Higher Education	961532	548055	344589	496	68392
企业	Enterprises	8782491	357340	8423693	10	1448
工业企业	Industrial Enterprises	7741547	333434	7406665	10	1438
非工业企业	Non Industrial Enterprises	1040944	23907	1017027		10
事业单位	Institution	170752	98574	47576		24603
按国民经济行业分组	**By Sector**					
农、林、牧、渔业	Agriculture, Forestry, Farming of Animals and Fishing	1835	298	1527		10
采矿业	Mining	133605	1229	132376		
制造业	Manufacturing	7479223	331155	7146621	10	1438
电力、燃气及水的生产和供应业	Production and Distribution of Electricity, Gas and Water	128718	1050	127668		
建筑业	Construction	562717	2307	560410		
批发零售业	Wholesale and Retail Trade	1491	58	1433		
交通运输、仓储和邮政业	Traffic,Transport,Storage and Post	17079	273	16806		
信息传输、计算机服务和软件业	Information Transfer,Computer Services and Software	143874	2169	141705		
金融业	Finance	2506		2506		
租赁和商务服务业	Tenancy and Business Services	11083	148	10935		
科学研究、技术服务和地质勘查业	Scientific Research,Technical Service and Geologic Perambulation	719312	401101	256293	107	61811
水利、环境和公共设施管理业	Management of Water Conservancy,Environment and Public Establishment	12720	487	12233		
教育	Education	850116	481315	305912	461	62428
卫生、社会保障和社会福利业	Sanitation, Social Security&Social Welfare	179908	92636	81270	35	5967
文化、体育和娱乐业	Culture, Sports and Entertainment	44901	391	44510		
按地区分组	**By Region**					
长沙市	Changsha	3670930	641611	2938415	603	90300
株洲市	Zhuzhou	1031358	351239	675814		4305
湘潭市	Xiangtan	746544	84342	654851	10	7341
衡阳市	Hengyang	739691	101577	621281		16834
邵阳市	Shaoyang	478984	8661	470317		5
岳阳市	Yueyang	980603	20884	959145		574
常德市	Changde	565411	19865	543229		2317
张家界市	Zhangjiajie	21554	1406	20130		17
益阳市	Yiyang	368896	11007	357830		59
郴州市	Chenzhou	599002	16722	579447		2833
永州市	Yongzhou	423637	8770	413377		1491
怀化市	Huaihua	243713	22140	217230		4343
娄底市	Loudi	350545	8367	341977		201
湘西州	Xiangxi	68220	18028	49160		1032

17-29 按支出用途分 R&D 经费内部支出情况(2021年)
Intramural Expenditure on R&D by Use (2021)

单位：万元 (10 000 yuan)

项 目	Item	R&D 经费内部支出 Intramural Expenditure on R&D	日常性支出 Daily Expenses	#人员劳务费 Service Fees	资产性支出 Capital Expendi-tures
总　计	**Total**	**10289088**	**9732860**	**2684942**	**556229**
按执行部门分组	**By Performer**				
科研机构	Scientific Research Institution	374313	349056	123474	25257
高等学校	Higher Education	961532	785037	339995	176496
企业	Enterprises	8782491	8457993	2139600	324497
工业企业	Industrial Enterprises	7741547	7438490	1603671	303057
非工业企业	Non Industrial Enterprises	1040944	1019504	535930	21440
事业单位	Institution	170752	140774	81872	29979
按国民经济行业分组	**By Sector**				
农、林、牧、渔业	Agriculture, Forestry, Farming of Animals and Fishing	1835	1443	343	392
采矿业	Mining	133605	129354	20024	4251
制造业	Manufacturing	7479223	7188613	1558003	290610
电力、燃气及水的生产和供应业	Production and Distribution of Electricity, Gas and Water	128718	120523	25644	8196
建筑业	Construction	562717	557466	281979	5252
批发零售业	Wholesale and Retail Trade	1491	1455	444	36
交通运输、仓储和邮政业	Traffic, Transport, Storage and Post	17079	16760	4727	319
信息传输、计算机服务和软件业	Information Transfer, Computer Services and Software	143874	140367	69922	3507
金融业	Finance	2506	1232	1107	1275
租赁和商务服务业	Tenancy and Business Services	11083	10885	3332	198
科学研究、技术服务和地质勘查业	Scientific Research, Technical Service and Geologic Perambulation	719312	667664	321869	51648
水利、环境和公共设施管理业	Management of Water Conservancy, Environment and Public Establishment	12720	12195	4004	525
教育	Education	850116	699044	288671	151071
卫生、社会保障和社会福利业	Sanitation, Social Security&Social Welfare	179908	142056	85553	37842
文化、体育和娱乐业	Culture, Sports and Entertainment	44901	43794	19321	1107
按地区分组	**By Region**				
长沙市	Changsha	3670930	3393310	1376221	277620
株洲市	Zhuzhou	1031358	991115	312077	40244
湘潭市	Xiangtan	746544	712043	179386	34501
衡阳市	Hengyang	739691	677632	159909	62060
邵阳市	Shaoyang	478984	460961	87702	18022
岳阳市	Yueyang	980603	930720	122834	49883
常德市	Changde	565411	547880	95366	17531
张家界市	Zhangjiajie	21554	20734	5297	820
益阳市	Yiyang	368896	357429	71785	11467
郴州市	Chenzhou	599002	584034	81677	14968
永州市	Yongzhou	423637	416988	65685	6649
怀化市	Huaihua	243713	235246	41317	8468
娄底市	Loudi	350545	341632	68240	8913
湘西州	Xiangxi	68220	63136	17447	5084

17−30 按活动类型分 R&D 经费内部支出情况 (2021年)
Intramural Expenditure on R&D by Activities (2021)

单位：万元 (10 000 yuan)

项　目	Item	R&D 经费内部支出 Intramural Expenditure on R&D	基础研究支出 Basic Research	应用研究支出 Applied Research	试验发展支出 Experimental Development
总　计	**Total**	**10289088**	**516438**	**1134250**	**8638400**
按执行部门分组	**By Performer**				
科研机构	Scientific Research Institution	374313	35662	162086	176565
高等学校	Higher Education	961532	366160	513199	82174
企业	Enterprises	8782491	92432	408541	8281517
工业企业	Industrial Enterprises	7741547	75672	352152	7313723
非工业企业	Non Industrial Enterprises	1040944	16760	56389	967794
事业单位	Institution	170752	22184	50424	98144
按国民经济行业分组	**By Sector**				
农、林、牧、渔业	Agriculture, Forestry, Farming of Animals and Fishing	1835			1835
采矿业	Mining	133605		12731	120875
制造业	Manufacturing	7479223	75031	331951	7072241
电力、燃气及水的生产和供应业	Production and Distribution of Electricity, Gas and Water	128718	641	7470	120607
建筑业	Construction	562717	2920	21539	538259
批发零售业	Wholesale and Retail Trade	1491			1491
交通运输、仓储和邮政业	Traffic,Transport,Storage and Post	17079	148	52	16878
信息传输、计算机服务和软件业	Information Transfer,Computer Services and Software	143874	3182	2619	138073
金融业	Finance	2506			2506
租赁和商务服务业	Tenancy and Business Services	11083		48	11035
科学研究、技术服务和地质勘查业	Scientific Research,Technical Service and Geologic Perambulation	719312	45803	223530	449979
水利、环境和公共设施管理业	Management of Water Conservancy,Environment and Public Establishment	12720	42	931	11747
教育	Education	850116	316898	463859	69359
卫生、社会保障和社会福利业	Sanitation,Social Security&Social Welfare	179908	71758.4	69274.6	38874.9
文化、体育和娱乐业	Culture,Sports and Entertainment	44901	14	246	44642
按地区分组	**By Region**				
长沙市	Changsha	3670930	281130	475774	2914027
株洲市	Zhuzhou	1031358	68599	133923	828836
湘潭市	Xiangtan	746544	40903	74096	631545
衡阳市	Hengyang	739691	60209	83253	596230
邵阳市	Shaoyang	478984	3415	32310	443259
岳阳市	Yueyang	980603	23446	110568	846589
常德市	Changde	565411	7350	33527	524534
张家界市	Zhangjiajie	21554	306	595	20653
益阳市	Yiyang	368896	4292	30863	333742
郴州市	Chenzhou	599002	3502	94699	500801
永州市	Yongzhou	423637	5097	8965	409575
怀化市	Huaihua	243713	8755	30704	204255
娄底市	Loudi	350545	2888	18815	328843
湘西州	Xiangxi	68220	6549	6160	55512

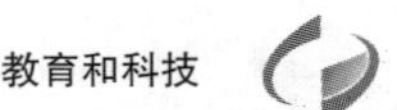

17-31 R&D经费外部支出情况(2021年)
External Expenditure on R&D (2021)

单位：万元 (10 000 yuan)

项目	Item	R&D经费外部支出 External Expenditure on R&D	对境内研究机构支出 To Domestic Research Institutions	对境内高等学校支出 To Domestic Higher Education	对境内企业支出 To Domestic Enterprises	对境外机构支出 To Foreign Institutions
总 计	**Total**	**585619**	**120551**	**73720**	**360765**	**28796**
按执行部门分组	**By Performer**					
科研机构	Scientific Research Institution	139890	15185	6251	117462	
高等学校	Higher Education	67672	15837	18620	19887	12608
企业	Enterprises	376892	89436	48675	222593	16189
工业企业	Industrial Enterprises	344988	80155	44508	204138	16188
非工业企业	Non Industrial Enterprises	31904	9282	4167	18455	1
事业单位	Institution	1166	93	174	824	
按国民经济行业分组	**By Sector**					
农、林、牧、渔业	Agriculture, Forestry, Farming of Animals and Fishing	65	41	25		
采矿业	Mining	2485	894	751	834	7
制造业	Manufacturing	333291	78138	42022	196951	16180
电力、燃气及水的生产和供应业	Production and Distribution of Electricity, Gas and Water	9211	1123	1735	6353	
建筑业	Construction	5888	2127	950	2811	
批发零售业	Wholesale and Retail Trade					
交通运输、仓储和邮政业	Traffic,Transport,Storage and Post	705	678		27	
信息传输、计算机服务和软件业	Information Transfer,Computer Services and Software	6012	95	118	5798	1
金融业	Finance	342	342			
租赁和商务服务业	Tenancy and Business Services	239	144		95	
科学研究、技术服务和地质勘查业	Scientific Research,Technical Service and Geologic Perambulation	157277	21113	9499	125598	
水利、环境和公共设施管理业	Management of Water Conservancy,Environment and Public Establishment	184	20		164	
教育	Education	60616	15806	13115	18369	12608
卫生、社会保障和社会福利业	Sanitation,Social Security&Social Welfare	7525	31.3	5506	1987	
文化、体育和娱乐业	Culture,Sports and Entertainment	1778			1778	
按地区分组	**By Region**					
长沙市	Changsha	339793	44555	33939	237938	22117
株洲市	Zhuzhou	116697	17301	5842	87237	5806
湘潭市	Xiangtan	21976	7349	7875	6209	543
衡阳市	Hengyang	4609	1564	1342	1655	43
邵阳市	Shaoyang	4723	3595	416	642	70
岳阳市	Yueyang	48992	32748	10236	5912	70
常德市	Changde	15494	5200	2478	7737	78
张家界市	Zhangjiajie	623	114	150	360	
益阳市	Yiyang	11935	1473	7801	2590	71
郴州市	Chenzhou	10761	2075	823	7863	
永州市	Yongzhou	3422	1434	1173	815	
怀化市	Huaihua	2044	1146	338	559	
娄底市	Loudi	3671	1597	1212	863	
湘西州	Xiangxi	830	401	93	386	

17—32 R&D 活动产出情况 (2021年)
Statistics on R&D Outputs (2021)

项　目	Item	专利申请数(件) Patent Applications (item)	#发明专利 Inventions	有效发明专利数(件) Effective Inventions (item)	发表科技论文(篇) Scientific Papers Issued (piece)
总　计	**Total**	**65826**	**28186**	**79849**	**71244**
按执行部门分组	**By Performer**				
科研机构	Scientific Research Institution	848	584	2060	2442
高等学校	Higher Education	16742	8114	23420	61478
企业	Enterprises	47946	19319	53760	6420
工业企业	Industrial Enterprises	40839	16609	47087	3502
非工业企业	Non Industrial Enterprises	7107	2710	6673	2918
事业单位	Institution	290	169	609	904
按国民经济行业分组	**By Sector**				
农、林、牧、渔业	Agriculture, Forestry, Farming of Animals and Fishing	5	2	3	12
采矿业	Mining	303	104	185	22
制造业	Manufacturing	39469	15911	45486	3001
电力、燃气及水的生产和供应业	Production and Distribution of Electricity, Gas and Water	1067	594	1416	479
建筑业	Construction	2744	688	1208	1249
批发零售业	Wholesale and Retail Trade	13	10	31	6
交通运输、仓储和邮政业	Traffic,Transport,Storage and Post	68	18	92	8
信息传输、计算机服务和软件业	Information Transfer,Computer Services and Software	745	415	925	39
金融业	Finance				1
租赁和商务服务业	Tenancy and Business Services	71	32	114	
科学研究、技术服务和地质勘查业	Scientific Research,Technical Service and Geologic Perambulation	4050	1999	6557	4609
水利、环境和公共设施管理业	Management of Water Conservancy,Environment and Public Establishment	163	58	230	39
教育	Education	15773	7703	22914	56661
卫生、社会保障和社会福利业	Sanitation,Social Security&Social Welfare	1086	457	605	5117
文化、体育和娱乐业	Culture,Sports and Entertainment	269	195	83	1
按地区分组	**By Region**				
长沙市	Changsha	31808	14653	41674	47774
株洲市	Zhuzhou	8433	3878	12328	3483
湘潭市	Xiangtan	3597	1559	7268	5627
衡阳市	Hengyang	3137	1115	2686	4370
邵阳市	Shaoyang	2815	705	1284	1127
岳阳市	Yueyang	3496	1407	3649	1037
常德市	Changde	2753	1133	2904	1766
张家界市	Zhangjiajie	211	48	236	68
益阳市	Yiyang	2263	903	2045	1246
郴州市	Chenzhou	1897	676	1728	1040
永州市	Yongzhou	1481	607	1137	1170
怀化市	Huaihua	1861	712	1044	803
娄底市	Loudi	1549	655	1141	986
湘西州	Xiangxi	525	135	725	747

17-33 规模以上工业企业科技活动情况(2021年)
Basic Statistics on Scientific and Technological Activities in Industrial Enterprises above Designated Size (2021)

指 标	Item	合 计 Total	大 型 Large	中型 Medium	小型 Small	微型 Miniature
企业基本情况	**Statistics on Industrial Enterprises**					
工业企业个数 (个)	Number of Industrial Enterprises (unit)	19380	184	1494	14833	2869
#有 R&D 活动的企业个数	#Number of Units Having R&D Activities	9999	168	1161	8303	367
R&D 人员 (人)	R&D Personnel (person)	215288	48115	56369	108632	2172
#女性	#Female	46507	10162	12317	23386	642
#全时人员	#Full-time Personnel	154657	35279	40901	76982	1495
R&D 活动情况	**Statistics on R&D Activities**					
R&D 人员全时当量 (人年)	Full-time Equivalent of R&D Personnel (man-year)	143908	33545	37729	71155	1478
R&D 经费内部支出 (万元)	Intramural Expenditure on R&D (10 000 yuan)	7661149	2270515	1785525	3533317	71793
按经费来源分	by Sources					
政府资金	Government Funds	333434	246939	40105	46015	375
企业资金	Self-raised Funds by Enterprises	7326268	2023571	1744412	3486867	71418
境外资金	Foreign Funds	10			10	
其他	Other Funds	1438	5	1008	425	
按支出用途分	by Use					
日常性支出	Daily Expenses	7360401	2161925	1687411	3441814	69251
#人员劳务费	#Service Fees	1575473	620016	411434	536209	7815
资产性支出	Capital Expenditures	300748	108590	98114	91503	2542
R&D 经费外部支出 (万元)	External Expenditure on R&D (10 000 yuan)	344988	185064	77654	81563	706
新产品开发及生产情况	**Statistics on New Products Development and Production**					
新产品开发项目数 (项)	Number of New Products (item)	36852	3678	7121	25202	851
新产品开发经费支出 (万元)	Expenditure on New Products Development (10 000 yuan)	9416664	2975875	2080155	4262717	97917
新产品销售收入 (万元)	Sales Revenue of New Products (10 000 yuan)	121692312	45859728	29514537	45708458	609589
#出口	#Exported	7076561	4975287	1183099	911221	6954
专利情况	**Statistics on Patents**					
专利申请数 (件)	Patent Applications (item)	40576	9609	8738	21612	617
有效发明专利数 (件)	Inventions in Force (item)	46937	14714	10189	21326	708
发表科技论文 (篇)	Number of Published Scientific Papers (piece)	3433	1911	794	718	10
拥有注册商标数 (件)	Number of Registered Trademark (item)	26933	10797	5708	10188	240

17-34 规模以上工业企业R&D人员情况(2021年)

R&D Personnel in Industrial Enterprises above Designated Size (2021)

类 别	Item	有R&D活动的单位数(个) Number of Enterprises Having R&D Activities (unit)	R&D人员(人) R&D Personnel (person)	#全时人员 Full-time Personnel	R&D人员全时当量(人年) Full-time Equivalent of R&D Personnel (man-year)
总计	**Total**	**9999**	**215288**	**154657**	**143908**
按企业规模分组	**By Size**				
大型	Large	168	48115	35279	33545
中型	Medium	1161	56369	40901	37729
小型	Small	8303	108632	76982	71155
微型	Miniature	367	2172	1495	1478
按登记注册类型分组	**By Registration Status**				
内资企业	Domestic-funded Enterprises	9714	196043	139866	130864
国有	State-owned Enterprises	55	4000	2485	2938
集体	Collective-owned Enterprises	18	412	258	266
股份合作	Cooperative Enterprises	4	76	58	47
国有联营	State Joint Ownership Enterprises	2	16	14	14
集体联营	Collective Joint Ownership Enterprises				
国有与集体联营	Joint State-collective Enterprises	2	17	14	9
其他联营	Other Joint Ownership Enterprises				
国有独资公司	State-funded Corporations	85	7744	5492	5004
其他有限责任公司	Other Limited Liability Corporations	912	30735	21322	20901
股份有限公司	Share-holding Corporations Ltd.	152	14899	11001	10536
私营独资	Private-funded Enterprises	195	2106	1513	1306
私营合伙	Private Partnership Enterprises	87	1006	769	618
私营有限责任公司	Private Limited Liability Corporations	7854	121307	86639	79619
私营股份有限公司	Private Share-holding Corporations Ltd.	347	13696	10275	9580
其他内资	Other Enterprises	1	29	26	27
港澳台商投资	Enterprises With Investment from Hong Kong, Macao and Taiwan	155	12450	9950	8479
外商投资	Enterprises With Foreign Investment	130	6795	4841	4565

17-34 续表 Continued

类 别	Item	有R&D活动的单位数（个）Number of Enterprises Having R&D Activities (unit)	R&D人员（人）R&D Personnel (person)	#全时人员 Full-time Personnel	R&D人员全时当量（人年）Full-time Equivalent of R&D Personnel (man-year)
按工业行业大类分组	**By Industrial Branch**				
煤炭开采和洗选业	Mining and Washing of Coal	27	666	511	521
黑色金属矿采选业	Mining and Processing of Ferrous Metal Ores	13	206	158	159
有色金属矿采选业	Mining and Processing of Non-ferrous Metal Ores	55	1578	980	1135
非金属矿采选业	Mining Processing of Nonmetal Ores	116	1500	1146	1115
其他采矿业	Mining of Other Ores N.E.C				
农副食品加工业	Processing of Food from Agricultural Products	865	12015	8365	7669
食品制造业	Manufacture of Foods	309	6279	3851	4136
酒、饮料和精制茶制造业	Manufacture of Liquor, Beverage and Refined Tea	127	1891	1406	1269
烟草制品业	Manufacture of Tobacco	6	475	107	295
纺织业	Manufacture of Textile	134	3048	2027	1916
纺织服装、服饰业	Manufacture of Textile Wearing and Clothing Apparel	138	2290	1799	1535
皮革、毛皮、羽毛及其制品和制鞋业	Leather, Fur, Feather and Its Products and Footwear	288	5069	3649	3177
木材加工和木、竹、藤、棕、草制品业	Processing of Timbers, Manufacture of Wood, Bamboo, Rattan, Palm and Straw Products	248	3196	2180	2154
家具制造业	Manufacture of Furniture	119	1389	968	937
造纸和纸制品业	Manufacture of Paper and Paper Products	117	1853	1244	1170
印刷和记录媒介复制业	Printing, Reproduction of Recording Media	119	2004	1379	1133
文教、工美、体育和娱乐用品制造业	Manufacture of Articles for Culture, Education, Artwork, Sport and Entertainment Activity	186	2931	1923	1804
石油、煤炭及其他燃料加工业	Processing of Petroleum, Coal and Other Fuels	55	1062	669	617
化学原料和化学制品制造业	Manufacture of Chemical Raw Material and Chemical Products	819	12625	8635	8091
医药制造业	Manufacture of Medicines	298	7437	5404	5056
化学纤维制造业	Manufacture of Chemical Fiber	14	315	255	169
橡胶和塑料制品业	Manufacture of Rubber and Plastic Products	312	4176	3040	2665
非金属矿物制品业	Manufacture of Non-metallic Mineral Products	1313	20584	14695	13528
黑色金属冶炼和压延加工业	Manufacture and Processing of Ferrous Metals	70	4489	2684	3613
有色金属冶炼和压延加工业	Manufacture and Processing of Non-ferrous Metals	254	8284	5453	5630
金属制品业	Manufacture of Metal Products	651	11041	7498	7586
通用设备制造业	Manufacture of General Purpose Machinery	669	14767	10310	10036
专用设备制造业	Manufacture of Special Purpose Machinery	625	16199	12294	10632
汽车制造业	Manufacture of Automobile	247	8038	5848	5638
铁路、船舶、航空航天和其他运输设备制造业	Manufacture of Railways, Ships, Aerospace and Other Transport Equipment	122	9216	7179	5968
电气机械和器材制造业	Manufacture of Electrical Machinery and Equipment	595	13500	10139	8863
计算机、通信和其他电子设备制造业	Manufacture of Computer, Communication and Other Electronic Equipment	618	28259	22694	19694
仪器仪表制造业	Manufacture of Measuring Instrument	124	2628	2089	1889
其他制造业	Other Manufacture	52	943	725	652
废弃资源综合利用业	Utilization of Waste Resources	96	1274	862	836
金属制品、机械和设备修理业	Maintenance of Metal Products, Machinery and Equipment	5	231	154	172
电力、热力生产和供应业	Production and Supply of Electric Power and Heat Power	121	2593	1525	1701
燃气生产和供应业	Production and Distribution of Gas	22	411	242	233
水的生产和供应业	Production and Distribution of Water	50	826	570	512

17−35 规模以上工业企业按经费来源分 R&D 经费内部支出情况 (2021年)

Intramural R&D Expenditures in Industrial Enterprises above Designated Size by Sources (2021)

单位：万元 (10 000 yuan)

类 别	Item	R&D 经费内部支出 Intramural Expenditure on R&D	政府资金 Government Funds	企业资金 Self-raised Funds by Enterprises	境外资金 Foreign Funds	其 他 Other Funds
总计	**Total**	**7661149**	**333434**	**7326268**	**10**	**1438**
按企业规模分组	**By Size**					
大型	Large	2270515	246939	2023571		5
中型	Medium	1785525	40105	1744412		1008
小型	Small	3533317	46015	3486867	10	425
微型	Miniature	71793	375	71418		
按登记注册类型分组	**By Registration Status**					
内资企业	Domestic-funded Enterprises	7090513	323595	6765470	10	1438
国有	State-owned Enterprises	146771	16585	129527		660
集体	Collective-owned Enterprises	4798	15	4784		
股份合作	Cooperative Enterprises	3167		3167		
国有联营	State Joint Ownership Enterprises	679		679		
集体联营	Collective Joint Ownership Enterprises					
国有与集体联营	Joint State-collective Enterprises	709		709		
其他联营	Other Joint Ownership Enterprises					
国有独资公司	State-funded Corporations	333455	13211	320244		
其他有限责任公司	Other Limited Liability Corporations	1445387	171378	1273837	10	163
股份有限公司	Share-holding Corporations Ltd.	633785	71900	561564		321
私营独资	Private-funded Enterprises	61324	7	61317		
私营合伙	Private Partnership Enterprises	21341	226	21116		
私营有限责任公司	Private Limited Liability Corporations	4008248	40355	3967614		279
私营股份有限公司	Private Share-holding Corporations Ltd.	430122	9910	420196		16
其他内资	Other Enterprises	727	10	717		
港澳台商投资	Enterprises With Investment from Hong Kong, Macao and Taiwan	278464	8972	269492		
外商投资	Enterprises With Foreign Investment	292172	867	291305		

17-35 续表 Continued

单位：万元 (10 000 yuan)

类别	Item	R&D经费内部支出 Intramural Expenditure on R&D	政府资金 Government Funds	企业资金 Self-raised Funds by Enterprises	境外资金 Foreign Funds	其他 Other Funds
按工业行业大类分组	**By Industrial Branch**					
煤炭开采和洗选业	Mining and Washing of Coal	7860	14	7846		
黑色金属矿采选业	Mining and Processing of Ferrous Metal Ores	5446		5446		
有色金属矿采选业	Mining and Processing of Non-ferrous Metal Ores	56426	1190	55237		
非金属矿采选业	Mining and Processing of Nonmetal Ores	63873	25	63848		
其他采矿业	Mining of Other Ores N.E.C					
农副食品加工业	Processing of Food from Agricultural Products	499034	4762	494272		
食品制造业	Manufacture of Foods	157994	1433	156434		128
酒、饮料和精制茶制造业	Manufacture of Liquor, Beverage and Refined Tea	45438	571	44867		
烟草制品业	Manufacture of Tobacco	13659		13659		
纺织业	Manufacture of Textile	57414	843	56571		
纺织服装、服饰业	Manufacture of Textile Wearing and Clothing Apparel	65743	58	65685		
皮革、毛皮、羽毛及其制品和制鞋业	Leather, Fur, Feather and Its Products and Footwear	137734	107	137628		
木材加工和木、竹、藤、棕、草制品业	Processing of Timbers, Manufacture of Wood, Bamboo, Rattan, Palm and Straw Products	133192	502	132690		
家具制造业	Manufacture of Furniture	49847	158	49689		
造纸和纸制品业	Manufacture of Paper and Paper Products	66158	132	66026		
印刷和记录媒介复制业	Printing, Reproduction of Recording Media	55495	573	54922		
文教、工美、体育和娱乐用品制造业	Manufacture of Articles for Culture, Education, Artwork, Sport and Entertainment Activity	67756	1272	66484		
石油、煤炭及其他燃料加工业	Processing of Petroleum, Coal and Other Fuels	35902	336	35566		
化学原料和化学制品制造业	Manufacture of Chemical Raw Material and Chemical Products	330508	2431	328006		71
医药制造业	Manufacture of Medicines	263666	4264	259361		41
化学纤维制造业	Manufacture of Chemical Fiber	17524	260	17264		
橡胶和塑料制品业	Manufacture of Rubber and Plastic Products	165796	967	164818		11
非金属矿物制品业	Manufacture of Non-metallic Mineral Products	421978	4771	417188		20
黑色金属冶炼和压延加工业	Manufacture and Processing of Ferrous Metals	296799	3515	293284		
有色金属冶炼和压延加工业	Manufacture and Processing of Non-ferrous Metals	318743	5760	312982		
金属制品业	Manufacture of Metal Products	450906	10507	440390	10	
通用设备制造业	Manufacture of General Purpose Machinery	599738	10011	589710		16
专用设备制造业	Manufacture of Special Purpose Machinery	697182	20088	677093		
汽车制造业	Manufacture of Automobile	362609	4089	358468		52
铁路、船舶、航空航天和其他运输设备制造业	Manufacture of Railways, Ships, Aerospace and Other Transport Equipment	527146	155916	371105		125
电气机械和器材制造业	Manufacture of Electrical Machinery and Equipment	474995	8057	466938		
计算机、通信和其他电子设备制造业	Manufacture of Computer, Communication and Other Electronic Equipment	913633	86571	826087		975
仪器仪表制造业	Manufacture of Measuring Instrument	75929	1851	74078		
其他制造业	Other Manufacture	40846	920	39926		
废弃资源综合利用业	Utilization of Waste Resources	52000	429	51571		
金属制品、机械和设备修理业	Maintenance of Metal Products, Machinery and Equipment	3462		3462		
电力、热力生产和供应业	Production and Supply of Electric Power and Heat Power	84227	550	83677		
燃气生产和供应业	Production and Distribution of Gas	19474		19474		
水的生产和供应业	Production and Distribution of Water	25018	500	24518		

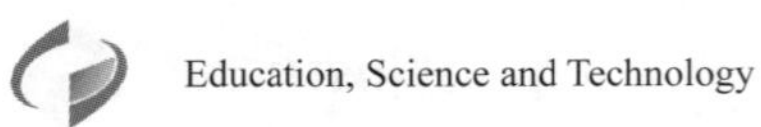

17-36 规模以上工业企业按支出用途分 R&D 经费内部支出情况 (2021年)

Intramural R&D Expenditures in Industrial Enterprises above Designated Size by Use (2021)

单位：万元 (10 000 yuan)

类 别	Item	R&D 经费内部支出 Intramural Expenditure on R&D	日常性支出 Daily Expenses	#人员劳务费 Service Fees	资产性支出 Capital Expenditures
总计	**Total**	**7661149**	**7360401**	**1575473**	**300748**
按企业规模分组	**By Size**				
大型	Large	2270515	2161925	620016	108590
中型	Medium	1785525	1687411	411434	98114
小型	Small	3533317	3441814	536209	91503
微型	Miniature	71793	69251	7815	2542
按登记注册类型分组	**By Registration Status**				
内资企业	Domestic-funded Enterprises	7090513	6815379	1426278	275134
国有	State-owned Enterprises	146771	119527	50003	27244
集体	Collective-owned Enterprises	4798	4663	1167	136
股份合作	Cooperative Enterprises	3167	3136	527	31
国有联营	State Joint Ownership Enterprises	679	657	76	22
集体联营	Collective Joint Ownership Enterprises				
国有与集体联营	Joint State-collective Enterprises	709	709	61	
其他联营	Other Joint Ownership Enterprises				
国有独资公司	State-funded Corporations	333455	320474	87279	12982
其他有限责任公司	Other Limited Liability Corporations	1445387	1384316	299548	61071
股份有限公司	Share-holding Corporations Ltd.	633785	601648	208621	32137
私营独资	Private-funded Enterprises	61324	60044	10605	1280
私营合伙	Private Partnership Enterprises	21341	20757	3593	584
私营有限责任公司	Private Limited Liability Corporations	4008248	3893131	632031	115116
私营股份有限公司	Private Share-holding Corporations Ltd.	430122	405609	132257	24514
其他内资	Other Enterprises	727	709	510	18
港澳台商投资	Enterprises With Investment from Hong Kong, Macao and Taiwan	278464	270746	90607	7718
外商投资	Enterprises With Foreign Investment	292172	274276	58589	17897

17-36 续表 Continued

单位：万元 (10 000 yuan)

类别	Item	R&D经费内部支出 Intramural Expenditure on R&D	日常性支出 Daily Expenses	#人员劳务费 Service Fees	资产性支出 Capital Expenditures
按工业行业大类分组	**By Industrial Branch**				
煤炭开采和洗选业	Mining and Washing of Coal	7860	7857	2176	3
黑色金属矿采选业	Mining and Processing of Ferrous Metal Ores	5446	4807	796	639
有色金属矿采选业	Mining and Processing of Non-ferrous Metal Ores	56426	54995	10703	1432
非金属矿采选业	Mining and Processing of Nonmetal Ores	63873	61695	6349	2178
其他采矿业	Mining of Other Ores N.E.C				
农副食品加工业	Processing of Food from Agricultural Products	499034	491327	50112	7707
食品制造业	Manufacture of Foods	157994	149837	30509	8158
酒、饮料和精制茶制造业	Manufacture of Liquor, Beverage and Refined Tea	45438	43669	8567	1769
烟草制品业	Manufacture of Tobacco	13659	13336	10426	323
纺织业	Manufacture of Textile	57414	56361	10645	1053
纺织服装、服饰业	Manufacture of Textile Wearing and Clothing Apparel	65743	63962	9882	1781
皮革、毛皮、羽毛及其制品和制鞋业	Leather, Fur, Feather and Its Products and Footwear	137734	134105	19828	3629
木材加工和木、竹、藤、棕、草制品业	Processing of Timbers, Manufacture of Wood, Bamboo, Rattan, Palm and Straw Products	133192	129586	13060	3607
家具制造业	Manufacture of Furniture	49847	49029	5555	818
造纸和纸制品业	Manufacture of Paper and Paper Products	66158	64093	11182	2065
印刷和记录媒介复制业	Printing, Reproduction of Recording Media	55495	52959	9703	2536
文教、工美、体育和娱乐用品制造业	Manufacture of Articles for Culture, Education, Artwork, Sport and Entertainment Activity	67756	66341	11768	1415
石油、煤炭及其他燃料加工业	Processing of Petroleum, Coal and Other Fuels	35902	29819	9609	6084
化学原料和化学制品制造业	Manufacture of Chemical Raw Material and Chemical Products	330508	316850	68540	13657
医药制造业	Manufacture of Medicines	263666	248938	47039	14728
化学纤维制造业	Manufacture of Chemical Fiber	17524	17523	1254	1
橡胶和塑料制品业	Manufacture of Rubber and Plastic Products	165796	161659	19834	4137
非金属矿物制品业	Manufacture of Non-metallic Mineral Products	421978	403955	97034	18024
黑色金属冶炼和压延加工业	Manufacture and Processing of Ferrous Metals	296799	294380	62225	2420
有色金属冶炼和压延加工业	Manufacture and Processing of Non-ferrous Metals	318743	301463	48845	17280
金属制品业	Manufacture of Metal Products	450906	440062	54889	10844
通用设备制造业	Manufacture of General Purpose Machinery	599738	585783	112192	13955
专用设备制造业	Manufacture of Special Purpose Machinery	697182	670203	186525	26979
汽车制造业	Manufacture of Automobile	362609	350772	79911	11837
铁路、船舶、航空航天和其他运输设备制造业	Manufacture of Railways, Ships, Aerospace and Other Transport Equipment	527146	495710	161862	31437
电气机械和器材制造业	Manufacture of Electrical Machinery and Equipment	474995	463611	87222	11384
计算机、通信和其他电子设备制造业	Manufacture of Computer, Communication and Other Electronic Equipment	913633	848073	262340	65560
仪器仪表制造业	Manufacture of Measuring Instrument	75929	73696	28333	2234
其他制造业	Other Manufacture	40846	40154	3553	691
废弃资源综合利用业	Utilization of Waste Resources	52000	50437	6281	1563
金属制品、机械和设备修理业	Maintenance of Metal Products, Machinery and Equipment	3462	2832	1081	630
电力、热力生产和供应业	Production and Supply of Electric Power and Heat Power	84227	77091	17094	7136
燃气生产和供应业	Production and Distribution of Gas	19474	19018	3605	456
水的生产和供应业	Production and Distribution of Water	25018	24414	4945	604

17-37 规模以上工业企业科技活动产出情况(2021年)
Basic Statistics on Scientific and Technological Outputs in Industrial Enterprises above Designated Size (2021)

类 别	Item	新产品销售收入(万元) Sales Revenue of New Products (10 000 yuan)	#出口 Exported	专利申请数(件) Patent Applic-ations (item)	有效发明专利数(件) Inventions In Force (item)
总计	**Total**	**121692312**	**7076561**	**40576**	**46937**
按企业规模分组	**By Size**				
大型	Large	45859728	4975287	9609	14714
中型	Medium	29514537	1183099	8738	10189
小型	Small	45708458	911221	21612	21326
微型	Miniature	609589	6954	617	708
按登记注册类型分组	**By Registration Status**				
内资企业	Domestic-funded Enterprises	109550319	3686415	38318	45047
国有	State-owned Enterprises	2650489	32326	1498	2986
集体	Collective-owned Enterprises	40318		26	8
股份合作	Cooperative Enterprises	3556		14	1
国有联营	State Joint Ownership Enterprises	10802		10	7
集体联营	Collective Joint Ownership Enterprises				
国有与集体联营	Joint State-collective Enterprises				
其他联营	Other Joint Ownership Enterprises				
国有独资公司	State-funded Corporations	8839633	254713	1000	2134
其他有限责任公司	Other Limited Liability Corporations	22953789	426689	5975	8290
股份有限公司	Share-holding Corporations Ltd.	10730888	549241	4020	8128
私营独资	Private-funded Enterprises	893040	45769	164	82
私营合伙	Private Partnership Enterprises	353817	10123	97	23
私营有限责任公司	Private Limited Liability Corporations	56639979	1694270	22384	18966
私营股份有限公司	Private Share-holding Corporations Ltd.	6432442	673284	3112	4417
其他内资	Other Enterprises	1568		18	5
港澳台商投资	Enterprises With Investment from Hong Kong, Macao and Taiwan	5705097	3074675	1013	1073
外商投资	Enterprises With Foreign Investment	6436896	315471	1245	817

17—37 续表 Continued

类 别	Item	新产品销售收入（万元）Sales Revenue of New Products (10 000 yuan)	#出口 Exported	专利申请数（件）Patent Applic-ations (item)	有效发明专利数（件）Inventions In Force (item)
按工业行业大类分组	**By Industrial Branch**				
煤炭开采和洗选业	Mining and Washing of Coal	85767		7	7
黑色金属矿采选业	Mining and Processing of Ferrous Metal Ores	60966		7	10
有色金属矿采选业	Mining and Processing of Non-ferrous Metal Ores	390145	1800	108	112
非金属矿采选业	Mining and Processing of Nonmetal Ores	761238	24954	181	56
其他采矿业	Mining of Other Ores N.E.C				
农副食品加工业	Processing of Food from Agricultural Products	6064157	7557	1618	1446
食品制造业	Manufacture of Foods	3147556	47026	784	761
酒、饮料和精制茶制造业	Manufacture of Liquor, Beverage and Refined Tea	1492798	63941	485	465
烟草制品业	Manufacture of Tobacco	360382		157	425
纺织业	Manufacture of Textile	1535868	26956	296	145
纺织服装、服饰业	Manufacture of Textile Wearing and Clothing Apparel	705304	27869	217	113
皮革、毛皮、羽毛及其制品和制鞋业	Leather, Fur, Feather and Its Products and Footwear	1777610	120585	541	174
木材加工和木、竹、藤、棕、草制品业	Processing of Timbers, Manufacture of Wood, Bamboo, Rattan, Palm and Straw Products	1154980	2078	295	236
家具制造业	Manufacture of Furniture	565204	5629	218	203
造纸和纸制品业	Manufacture of Paper and Paper Products	1435048	2539	328	377
印刷和记录媒介复制业	Printing, Reproduction of Recording Media	1021321	8107	295	297
文教、工美、体育和娱乐用品制造业	Manufacture of Articles for Culture, Education, Artwork, Sport and Entertainment Activity	1423080	306350	466	240
石油、煤炭及其他燃料加工业	Processing of Petroleum, Coal and Other Fuels	1434949	5719	123	373
化学原料和化学制品制造业	Manufacture of Chemical Raw Material and Chemical Products	6717804	334015	2143	2602
医药制造业	Manufacture of Medicines	4229168	70222	1139	2059
化学纤维制造业	Manufacture of Chemical Fiber	116782		39	11
橡胶和塑料制品业	Manufacture of Rubber and Plastic Products	2086788	23630	830	979
非金属矿物制品业	Manufacture of Non-metallic Mineral Products	6766587	157664	3141	2506
黑色金属冶炼和压延加工业	Manufacture and Processing of Ferrous Metals	9696409	214581	299	353
有色金属冶炼和压延加工业	Manufacture and Processing of Non-ferrous Metals	8674174	133286	1757	2239
金属制品业	Manufacture of Metal Products	4902826	61097	2018	1848
通用设备制造业	Manufacture of General Purpose Machinery	11035491	500289	3637	5233
专用设备制造业	Manufacture of Special Purpose Machinery	8860701	456157	5501	5979
汽车制造业	Manufacture of Automobile	7371781	89098	1653	1670
铁路、船舶、航空航天和其他运输设备制造业	Manufacture of Railways, Ships, Aerospace and Other Transport Equipment	4682788	149548	2585	4171
电气机械和器材制造业	Manufacture of Electrical Machinery and Equipment	7465944	196461	2687	3096
计算机、通信和其他电子设备制造业	Manufacture of Computer, Communication and Other Electronic Equipment	12734444	3871065	4250	5797
仪器仪表制造业	Manufacture of Measuring Instrument	666367	3799	768	1052
其他制造业	Other Manufacture	614043	164539	166	201
废弃资源综合利用业	Utilization of Waste Resources	789336		754	229
金属制品、机械和设备修理业	Maintenance of Metal Products, Machinery and Equipment	41717		16	56
电力、热力生产和供应业	Production and Supply of Electric Power and Heat Power	442836		920	1246
燃气生产和供应业	Production and Distribution of Gas	238271		60	78
水的生产和供应业	Production and Distribution of Water	141685		87	92

17-38 大中型工业企业科技活动情况(2021年)
Basic Statistics on Scientific and Technological Activities in Large and Medium-sized Industrial Enterprises (2021)

指 标		Item		合 计 Total	# 大型 Large	# 中型 Medium
企业基本情况		**Statistics on Industrial Enterprises**				
大中型工业企业个数	(个)	Number of Large and Medium-Sized Industrial Enterprises	(unit)	1678	184	1494
# 有 R&D 活动的企业个数		# Number of Units Having R&D Activities		1329	168	1161
R&D 人员	(人)	R&D Personnel	(person)	104484	48115	56369
# 女性		# Female		22479	10162	12317
# 全时人员		# Full-time Personnel		76180	35279	40901
R&D 活动情况		**Statistics on R&D Activities**				
R&D 人员全时当量	(人年)	Full-time Equivalent of R&D Personnel	(man-year)	71274	33545	37729
R&D 经费内部支出	(万元)	Intramural Expenditure on R&D	(10 000 yuan)	4056039	2270515	1785525
按经费来源分		by Sources				
政府资金		Government Funds		287044	246939	40105
企业资金		Self-raised Funds by Enterprises		3767983	2023571	1744412
境外资金		Foreign Funds				
其他		Other Funds		1013	5	1008
按支出用途分		by Use				
日常性支出		Daily Expenses		3849336	2161925	1687411
# 人员劳务费		# Service Fees		1031450	620016	411434
资产性支出		Capital Expenditures		206703	108590	98114
R&D 经费外部支出	(万元)	External Expenditure on R&D	(10 000 yuan)	262719	185064	77654
新产品开发及生产情况		**Statistics on New Products Development and Production**				
新产品开发项目数	(项)	Number of New Products	(item)	10799	3678	7121
新产品开发经费支出	(万元)	Expenditure on New Products Development	(10 000 yuan)	5056030	2975875	2080155
新产品销售收入	(万元)	Sales Revenue of New Products	(10 000 yuan)	75374265	45859728	29514537
# 出口		# Exported		6158385	4975287	1183099
专利情况		**Statistics on Patents**				
专利申请数	(件)	Patent Applications	(item)	18347	9609	8738
有效发明专利数	(件)	Inventions In Force	(item)	24903	14714	10189
发表科技论文	(篇)	Number of Published Scientific Papers	(piece)	2705	1911	794
拥有注册商标数	(件)	Number of Registered Trademark	(item)	16505	10797	5708

17-39 大中型工业企业 R&D 人员情况（2021年）
R&D Personnel in Large and Medium-sized Industrial Enterprises (2021)

类　别	Item	有 R&D 活动的单位数（个）Number of Enterprises Having R&D Activities (unit)	R&D 人员（人）R&D Personnel (person)	#全时人员 Full-time Personnel	R&D 人员全时当量（人年）Full-time Equivalent of R&D Personnel (man-year)
总计	**Total**	**1329**	**104484**	**76180**	**71274**
按企业规模分组	**By Size**				
大型企业	Large	168	48115	35279	33545
中型企业	Medium	1161	56369	40901	37729
按登记注册类型分组	**By Registration Status**				
内资企业	Domestic-funded Enterprises	1206	87945	63147	60028
国有	State-owned Enterprises	25	3527	2118	2619
集体	Collective-owned Enterprises	7	250	191	152
股份合作	Cooperative Enterprises	1	16	12	10
国有联营	State Joint Ownership Enterprises				
集体联营	Collective Joint Ownership Enterprises				
国有与集体联营	Joint State-collective Enterprises	1	4	2	2
其他联营	Other Joint Ownership Enterprises				
国有独资公司	State-funded Corporations	45	7035	4990	4587
其他有限责任公司	Other Limited Liability Corporations	199	19881	13416	13709
股份有限公司	Share-holding Corporations Ltd.	68	13467	9946	9541
私营独资	Private-funded Enterprises	15	637	490	379
私营合伙	Private Partnership Enterprises	14	398	325	246
私营有限责任公司	Private Limited Liability Corporations	754	34281	25236	22762
私营股份有限公司	Private Share-holding Corporations Ltd.	77	8449	6421	6020
其他内资	Other Enterprises				
港澳台商投资	Enterprises With Investment from Hong Kong, Macao and Taiwan	67	11031	9100	7592
外商投资	Enterprises With Foreign Investment	56	5508	3933	3654

17−39 续表 Continued

类 别	Item	有R&D活动的单位数（个）Number of Enterprises Having R&D Activities (unit)	R&D人员（人）R&D Personnel (person)	#全时人员 Full−time Personnel	R&D人员全时当量（人年）Full−time Equivalent of R&D Personnel (man−year)
按工业行业大类分组	**By Industrial Branch**				
煤炭开采和洗选业	Mining and Washing of Coal	15	590	463	468
黑色金属矿采选业	Mining and Processing of Ferrous Metal Ores	2	73	58	57
有色金属矿采选业	Mining and Processing of Non−ferrous Metal Ores	23	1209	735	836
非金属矿采选业	Mining and Processing of Nonmetal Ores	11	492	417	414
其他采矿业	Mining of Other Ores N.E.C				
农副食品加工业	Processing of Food from Agricultural Products	76	3317	2382	2097
食品制造业	Manufacture of Foods	39	2923	1586	1911
酒、饮料和精制茶制造业	Manufacture of Liquor, Beverage and Refined Tea	14	672	540	479
烟草制品业	Manufacture of Tobacco	4	451	96	276
纺织业	Manufacture of Textile	42	1952	1286	1213
纺织服装、服饰业	Manufacture of Textile Wearing and Clothing Apparel	25	1032	899	715
皮革、毛皮、羽毛及其制品和制鞋业	Leather, Fur, Feather and Its Products and Footwear	48	2274	1702	1400
木材加工和木、竹、藤、棕、草制品业	Processing of Timbers, Manufacture of Wood, Bamboo, Rattan, Palm and Straw Products	27	638	492	455
家具制造业	Manufacture of Furniture	8	298	190	193
造纸和纸制品业	Manufacture of Paper and Paper Products	13	664	446	363
印刷和记录媒介复制业	Printing, Reproduction of Recording Media	18	661	481	345
文教、工美、体育和娱乐用品制造业	Manufacture of Articles for Culture, Education, Artwork, Sport and Entertainment Activity	24	923	555	573
石油、煤炭及其他燃料加工业	Processing of Petroleum, Coal and Other Fuels	6	598	314	328
化学原料和化学制品制造业	Manufacture of Chemical Raw Material and Chemical Products	102	4339	2949	2648
医药制造业	Manufacture of Medicines	51	3477	2607	2433
化学纤维制造业	Manufacture of Chemical Fiber	4	237	206	121
橡胶和塑料制品业	Manufacture of Rubber and Plastic Products	22	926	754	597
非金属矿物制品业	Manufacture of Non−metallic Mineral Products	162	7616	5475	4932
黑色金属冶炼和压延加工业	Manufacture and Processing of Ferrous Metals	11	3683	2192	3031
有色金属冶炼和压延加工业	Manufacture and Processing of Non−ferrous Metals	42	4466	2830	2998
金属制品业	Manufacture of Metal Products	57	3590	2440	2545
通用设备制造业	Manufacture of General Purpose Machinery	64	6643	4446	4679
专用设备制造业	Manufacture of Special Purpose Machinery	68	8619	6655	5721
汽车制造业	Manufacture of Automobile	42	5179	3893	3822
铁路、船舶、航空航天和其他运输设备制造业	Manufacture of Railways, Ships, Aerospace and Other Transport Equipment	26	7492	5939	4824
电气机械和器材制造业	Manufacture of Electrical Machinery and Equipment	87	6162	4629	4327
计算机、通信和其他电子设备制造业	Manufacture of Computer, Communication and Other Electronic Equipment	131	19805	16278	14078
仪器仪表制造业	Manufacture of Measuring Instrument	14	950	767	725
其他制造业	Other Manufacture	8	274	223	186
废弃资源综合利用业	Utilization of Waste Resources	5	234	150	178
金属制品、机械和设备修理业	Maintenance of Metal Products, Machinery and Equipment	2	130	81	106
电力、热力生产和供应业	Production and Supply of Electric Power and Heat Power	19	1372	701	937
燃气生产和供应业	Production and Distribution of Gas	5	163	84	55
水的生产和供应业	Production and Distribution of Water	12	360	239	208

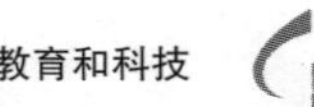

17-40 大中型工业企业按经费来源分R&D经费内部支出情况(2021年)
Intramural R&D Expenditures in Large and Medium-sized Industrial Enterprises by Sources (2021)

单位：万元 (10 000 yuan)

类别	Item	R&D经费内部支出 Intramural Expenditure on R&D	政府资金 Government Funds	企业资金 Self-raised Funds by Enterprises	境外资金 Foreign Funds	其他 Other Funds
总计	**Total**	**4056039**	**287044**	**3767983**		**1013**
按企业规模分组	**By Size**					
大型企业	Large	2270515	246939	2023571		5
中型企业	Medium	1785525	40105	1744412		1008
按登记注册类型分组	**By Registration Status**					
内资企业	Domestic-funded Enterprises	3561862	278615	3282234		1013
国有	State-owned Enterprises	133485	15799	117041		645
集体	Collective-owned Enterprises	2135		2135		
股份合作	Cooperative Enterprises	840		840		
国有联营	State Joint Ownership Enterprises					
集体联营	Collective Joint Ownership Enterprises					
国有与集体联营	Joint State-collective Enterprises	123		123		
其他联营	Other Joint Ownership Enterprises					
国有独资公司	State-funded Corporations	307571	12711	294861		
其他有限责任公司	Other Limited Liability Corporations	1099289	161994	937290		5
股份有限公司	Share-holding Corporations Ltd.	594125	71158	522646		321
私营独资	Private-funded Enterprises	17831	1	17830		
私营合伙	Private Partnership Enterprises	4922		4922		
私营有限责任公司	Private Limited Liability Corporations	1140510	11305	1129164		41
私营股份有限公司	Private Share-holding Corporations Ltd.	261032	5648	255384		
其他内资	Other Enterprises					
港澳台商投资	Enterprises With Investment from Hong Kong, Macao and Taiwan	242025	8069	233956		
外商投资	Enterprises With Foreign Investment	252152	360	251792		

17-40 续表 Continued

单位：万元 (10 000 yuan)

类　别	Item	R&D经费内部支出 Intramural Expenditure on R&D	政府资金 Government Funds	企业资金 Self-raised Funds by Enterprises	境外资金 Foreign Funds	其　他 Other Funds
按工业行业大类分组	**By Industrial Branch**					
煤炭开采和洗选业	Mining and Washing of Coal	6840		6840		
黑色金属矿采选业	Mining and Processing of Ferrous Metal Ores	1702		1702		
有色金属矿采选业	Mining and Processing of Non-ferrous Metal Ores	38003	1060	36943		
非金属矿采选业	Mining and Processing of Nonmetal Ores	18735	15	18720		
其他采矿业	Mining of Other Ores N.E.C					
农副食品加工业	Processing of Food from Agricultural Products	122890	819	122070		
食品制造业	Manufacture of Foods	68133	480	67652		
酒、饮料和精制茶制造业	Manufacture of Liquor, Beverage and Refined Tea	22093	269	21824		
烟草制品业	Manufacture of Tobacco	12728		12728		
纺织业	Manufacture of Textile	32459	289	32170		
纺织服装、服饰业	Manufacture of Textile Wearing and Clothing Apparel	22715	46	22669		
皮革、毛皮、羽毛及其制品和制鞋业	Leather, Fur, Feather and Its Products and Footwear	49676	71	49606		
木材加工和木、竹、藤、棕、草制品业	Processing of Timbers, Manufacture of Wood, Bamboo, Rattan, Palm and Straw Products	39249	303	38947		
家具制造业	Manufacture of Furniture	10020	132	9888		
造纸和纸制品业	Manufacture of Paper and Paper Products	31872	11	31861		
印刷和记录媒介复制业	Printing, Reproduction of Recording Media	18624		18624		
文教、工美、体育和娱乐用品制造业	Manufacture of Articles for Culture, Education, Artwork, Sport and Entertainment Activity	17920	516	17404		
石油、煤炭及其他燃料加工业	Processing of Petroleum, Coal and Other Fuels	26310	331	25980		
化学原料和化学制品制造业	Manufacture of Chemical Raw Material and Chemical Products	98407	352	98055		
医药制造业	Manufacture of Medicines	121582	2593	118948		41
化学纤维制造业	Manufacture of Chemical Fiber	8644		8644		
橡胶和塑料制品业	Manufacture of Rubber and Plastic Products	40730	372	40359		
非金属矿物制品业	Manufacture of Non-metallic Mineral Products	121992	815	121176		
黑色金属冶炼和压延加工业	Manufacture and Processing of Ferrous Metals	272387	3391	268996		
有色金属冶炼和压延加工业	Manufacture and Processing of Non-ferrous Metals	146431	3084	143348		
金属制品业	Manufacture of Metal Products	166557	8913	157644		
通用设备制造业	Manufacture of General Purpose Machinery	337060	5709	331352		
专用设备制造业	Manufacture of Special Purpose Machinery	468037	17204	450832		
汽车制造业	Manufacture of Automobile	284186	3438	280748		
铁路、船舶、航空航天和其他运输设备制造业	Manufacture of Railways, Ships, Aerospace and Other Transport Equipment	477092	153282	323805		5
电气机械和器材制造业	Manufacture of Electrical Machinery and Equipment	229393	4592	224801		
计算机、通信和其他电子设备制造业	Manufacture of Computer, Communication and Other Electronic Equipment	621651	76604	544080		966
仪器仪表制造业	Manufacture of Measuring Instrument	29601	1056	28545		
其他制造业	Other Manufacture	18305	358	17947		
废弃资源综合利用业	Utilization of Waste Resources	6579		6579		
金属制品、机械和设备修理业	Maintenance of Metal Products, Machinery and Equipment	2655		2655		
电力、热力生产和供应业	Production and Supply of Electric Power and Heat Power	47513	491	47023		
燃气生产和供应业	Production and Distribution of Gas	5652		5652		
水的生产和供应业	Production and Distribution of Water	11616	450	11167		

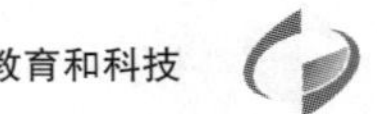

17−41 大中型工业企业按支出用途分 R&D 经费内部支出情况（2021年）
Intramural R&D Expenditures in Large and Medium-sized Industrial Enterprises by Use (2021)

单位：万元 (10 000 yuan)

类别	Item	R&D 经费内部支出 Intramural Expenditure on R&D	日常性支出 Daily Expenses	#人员劳务费 Service Fees	资产性支出 Capital Expenditures
总计	**Total**	**4056039**	**3849336**	**1031450**	**206703**
按企业规模分组	**By Size**				
大型企业	Large	2270515	2161925	620016	108590
中型企业	Medium	1785525	1687411	411434	98114
按登记注册类型分组	**By Registration Status**				
内资企业	Domestic-funded Enterprises	3561862	3379406	899167	182456
国有	State-owned Enterprises	133485	107564	45902	25921
集体	Collective-owned Enterprises	2135	2019	814	116
股份合作	Cooperative Enterprises	840	840	113	
国有联营	State Joint Ownership Enterprises				
集体联营	Collective Joint Ownership Enterprises				
国有与集体联营	Joint State-collective Enterprises	123	123	30	
其他联营	Other Joint Ownership Enterprises				
国有独资公司	State-funded Corporations	307571	295344	80845	12228
其他有限责任公司	Other Limited Liability Corporations	1099289	1048995	227445	50293
股份有限公司	Share-holding Corporations Ltd.	594125	563987	200020	30138
私营独资	Private-funded Enterprises	17831	17769	4603	63
私营合伙	Private Partnership Enterprises	4922	4899	1345	23
私营有限责任公司	Private Limited Liability Corporations	1140510	1096989	237778	43521
私营股份有限公司	Private Share-holding Corporations Ltd.	261032	240878	100272	20153
其他内资	Other Enterprises				
港澳台商投资	Enterprises With Investment from Hong Kong, Macao and Taiwan	242025	234909	83019	7116
外商投资	Enterprises With Foreign Investment	252152	235021	49264	17131

17-41 续表 Continued

单位：万元 (10 000 yuan)

类 别	Item	R&D经费内部支出 Intramural Expenditure on R&D	日常性支出 Daily Expenses	#人员劳务费 Service Fees	资产性支出 Capital Expenditures
按工业行业大类分组	By Industrial Branch				
煤炭开采和洗选业	Mining and Washing of Coal	6840	6837	1842	3
黑色金属矿采选业	Mining and Processing of Ferrous Metal Ores	1702	1142	507	560
有色金属矿采选业	Mining and Processing of Non-ferrous Metal Ores	38003	36947	8913	1056
非金属矿采选业	Mining and Processing of Nonmetal Ores	18735	18227	1988	507
其他采矿业	Mining of Other Ores N.E.C				
农副食品加工业	Processing of Food from Agricultural Products	122890	120874	16939	2015
食品制造业	Manufacture of Foods	68133	63619	14640	4513
酒、饮料和精制茶制造业	Manufacture of Liquor, Beverage and Refined Tea	22093	21788	4108	305
烟草制品业	Manufacture of Tobacco	12728	12709	10303	19
纺织业	Manufacture of Textile	32459	31834	7067	625
纺织服装、服饰业	Manufacture of Textile Wearing and Clothing Apparel	22715	21809	4911	906
皮革、毛皮、羽毛及其制品和制鞋业	Leather, Fur, Feather and Its Products and Footwear	49676	48531	9088	1145
木材加工和木、竹、藤、棕、草制品业	Processing of Timbers, Manufacture of Wood, Bamboo, Rattan, Palm and Straw Products	39249	38470	3768	779
家具制造业	Manufacture of Furniture	10020	9973	931	47
造纸和纸制品业	Manufacture of Paper and Paper Products	31872	31574	4936	298
印刷和记录媒介复制业	Printing, Reproduction of Recording Media	18624	18559	4106	66
文教、工美、体育和娱乐用品制造业	Manufacture of Articles for Culture, Education, Artwork, Sport and Entertainment Activity	17920	17729	5143	191
石油、煤炭及其他燃料加工业	Processing of Petroleum, Coal and Other Fuels	26310	20653	7721	5657
化学原料和化学制品制造业	Manufacture of Chemical Raw Material and Chemical Products	98407	94892	27823	3516
医药制造业	Manufacture of Medicines	121582	110333	26063	11249
化学纤维制造业	Manufacture of Chemical Fiber	8644	8644	719	
橡胶和塑料制品业	Manufacture of Rubber and Plastic Products	40730	39385	6405	1346
非金属矿物制品业	Manufacture of Non-metallic Mineral Products	121992	113179	40247	8813
黑色金属冶炼和压延加工业	Manufacture and Processing of Ferrous Metals	272387	270505	58072	1882
有色金属冶炼和压延加工业	Manufacture and Processing of Non-ferrous Metals	146431	131480	30354	14951
金属制品业	Manufacture of Metal Products	166557	161453	22713	5104
通用设备制造业	Manufacture of General Purpose Machinery	337060	329035	69132	8026
专用设备制造业	Manufacture of Special Purpose Machinery	468037	446283	143285	21753
汽车制造业	Manufacture of Automobile	284186	274733	64861	9454
铁路、船舶、航空航天和其他运输设备制造业	Manufacture of Railways, Ships, Aerospace and Other Transport Equipment	477092	448467	148774	28625
电气机械和器材制造业	Manufacture of Electrical Machinery and Equipment	229393	223310	49572	6083
计算机、通信和其他电子设备制造业	Manufacture of Computer, Communication and Other Electronic Equipment	621651	563660	206432	57991
仪器仪表制造业	Manufacture of Measuring Instrument	29601	28366	12174	1236
其他制造业	Other Manufacture	18305	18305	1139	
废弃资源综合利用业	Utilization of Waste Resources	6579	6382	1390	198
金属制品、机械和设备修理业	Maintenance of Metal Products, Machinery and Equipment	2655	2031	761	624
电力、热力生产和供应业	Production and Supply of Electric Power and Heat Power	47513	40912	10200	6602
燃气生产和供应业	Production and Distribution of Gas	5652	5582	1991	70
水的生产和供应业	Production and Distribution of Water	11616	11127	2435	489

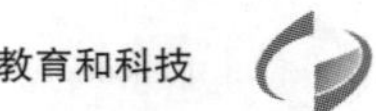

17–42 大中型工业企业科技活动产出情况（2021年）

Basic Statistics on Scientific and Technological Outputs in Large and Medium-sized Industrial Enterprises (2021)

类 别	Item	新产品销售收入（万元）Sales Revenue of New Products (10 000 yuan)	#出口 Exported	专利申请数（件）Patent Applic-ations (item)	有效发明专利数（件）Inventions In Force (item)
总计	**Total**	**75374265**	**6158385**	**18347**	**24903**
按企业规模分组	**By Size**				
大型企业	Large	45859728	4975287	9609	14714
中型企业	Medium	29514537	1183099	8738	10189
按登记注册类型分组	**By Registration Status**				
内资企业	Domestic-funded Enterprises	64377350	2812677	16475	23435
国有	State-owned Enterprises	2583919	32326	1370	2793
集体	Collective-owned Enterprises	2222		19	3
股份合作	Cooperative Enterprises	3556			
国有联营	State Joint Ownership Enterprises				
集体联营	Collective Joint Ownership Enterprises				
国有与集体联营	Joint State-collective Enterprises				
其他联营	Other Joint Ownership Enterprises				
国有独资公司	State-funded Corporations	8629777	252933	820	1777
其他有限责任公司	Other Limited Liability Corporations	17121037	325214	3073	4752
股份有限公司	Share-holding Corporations Ltd.	10119552	513792	3655	7118
私营独资	Private-funded Enterprises	216445	6892	58	14
私营合伙	Private Partnership Enterprises	108659		28	
私营有限责任公司	Private Limited Liability Corporations	21543819	1077879	5617	4679
私营股份有限公司	Private Share-holding Corporations Ltd.	4048365	603641	1835	2299
其他内资	Other Enterprises				
港澳台商投资	Enterprises With Investment from Hong Kong, Macao and Taiwan	5224006	3044931	776	907
外商投资	Enterprises With Foreign Investment	5772909	300777	1096	561

17-42 续表 Continued

类 别	Item	新产品销售收入（万元） Sales Revenue of New Products (10 000 yuan)	#出口 Exported	专利申请数（件） Patent Applic-ations (item)	有效发明专利数（件） Inventions In Force (item)
按工业行业大类分组	**By Industrial Branch**				
煤炭开采和洗选业	Mining and Washing of Coal	38590		6	6
黑色金属矿采选业	Mining and Processing of Ferrous Metal Ores	15680		4	
有色金属矿采选业	Mining and Processing of Non-ferrous Metal Ores	321598		60	51
非金属矿采选业	Mining and Processing of Nonmetal Ores	277822	21991	65	18
其他采矿业	Mining of Other Ores N.E.C				
农副食品加工业	Processing of Food from Agricultural Products	2002450		258	262
食品制造业	Manufacture of Foods	1560242	38083	215	165
酒、饮料和精制茶制造业	Manufacture of Liquor, Beverage and Refined Tea	532139		103	89
烟草制品业	Manufacture of Tobacco	360382		157	425
纺织业	Manufacture of Textile	983286	14297	127	77
纺织服装、服饰业	Manufacture of Textile Wearing and Clothing Apparel	208260	19011	88	39
皮革、毛皮、羽毛及其制品和制鞋业	Leather, Fur, Feather and Its Products and Footwear	810737	47631	133	64
木材加工和木、竹、藤、棕、草制品业	Processing of Timbers, Manufacture of Wood, Bamboo, Rattan, Palm and Straw Products	354381		56	58
家具制造业	Manufacture of Furniture	173445	5529	34	23
造纸和纸制品业	Manufacture of Paper and Paper Products	763974		95	154
印刷和记录媒介复制业	Printing, Reproduction of Recording Media	394042	1213	72	95
文教、工美、体育和娱乐用品制造业	Manufacture of Articles for Culture, Education, Artwork, Sport and Entertainment Activity	517067	243888	146	58
石油、煤炭及其他燃料加工业	Processing of Petroleum, Coal and Other Fuels	1338658		76	285
化学原料和化学制品制造业	Manufacture of Chemical Raw Material and Chemical Products	2472459	131714	423	554
医药制造业	Manufacture of Medicines	2430617	23402	303	952
化学纤维制造业	Manufacture of Chemical Fiber	24516		14	2
橡胶和塑料制品业	Manufacture of Rubber and Plastic Products	615111	2620	194	319
非金属矿物制品业	Manufacture of Non-metallic Mineral Products	2709276	74293	1150	884
黑色金属冶炼和压延加工业	Manufacture and Processing of Ferrous Metals	9384795	181049	199	242
有色金属冶炼和压延加工业	Manufacture and Processing of Non-ferrous Metals	4767876	76492	972	1274
金属制品业	Manufacture of Metal Products	1818141	22330	567	812
通用设备制造业	Manufacture of General Purpose Machinery	7949026	480899	1699	2896
专用设备制造业	Manufacture of Special Purpose Machinery	6517152	414980	3214	3408
汽车制造业	Manufacture of Automobile	6470943	75460	1147	934
铁路、船舶、航空航天和其他运输设备制造业	Manufacture of Railways, Ships, Aerospace and Other Transport Equipment	4141785	148376	2033	3555
电气机械和器材制造业	Manufacture of Electrical Machinery and Equipment	4181716	165563	1042	1306
计算机、通信和其他电子设备制造业	Manufacture of Computer, Communication and Other Electronic Equipment	10195553	3805842	2445	4181
仪器仪表制造业	Manufacture of Measuring Instrument	345095	1400	331	473
其他制造业	Other Manufacture	320102	162324	53	14
废弃资源综合利用业	Utilization of Waste Resources	30643		36	13
金属制品、机械和设备修理业	Maintenance of Metal Products, Machinery and Equipment	27662		8	2
电力、热力生产和供应业	Production and Supply of Electric Power and Heat Power	233056		760	1130
燃气生产和供应业	Production and Distribution of Gas			10	29
水的生产和供应业	Production and Distribution of Water	85988		52	54

17-43 企业创新基本情况(2021年)
Basic Situation of Enterprise Innovation (2021)

指 标	Item	合 计 Total	#工业 Industry	#建筑业 Construction	#服务业 Services
企业创新基本情况	**The Basic Situation of Enterprise Innovation**				
企业数 (个)	Companies (unit)	36096	19380	1660	15056
开展创新活动企业数 (个)	Carry Out Innovation Activities (unit)	18099	13274	685	4140
实现创新企业	Realize Innovative Enterprises	15332	10742	638	3952
同时实现四种创新企业	Four Innovative Enterprises are Implemented Simultaneously	3163	2644	65	454
开展创新活动企业占比 (%)	The Proportion of Enterprises Engaged in Innovation Activities (%)	50.1	68.5	41.3	27.5
实现创新企业占比	Realize the Proportion of Innovative Enterprises	42.5	55.4	38.4	26.2
同时实现四种创新企业占比	At the Same Time, There are Four Innovative Enterprises	8.8	13.6	3.9	3.0
产品和工艺创新情况	**Product and Process Innovation**				
(一)产品和工艺创新分布情况	**The Distribution of Product and Process Innovation**				
1.开展产品或工艺创新活动企业数 (个)	Number of Enterprises in Product or Process Innovation Activities (unit)	15063	12663	435	1965
实现产品创新企业	Implement Product Innovation Enterprise	7577	6480	153	944
实现工艺创新企业	Implement Innovation Enterprise	9216	7583	322	1311
2.开展产品或工艺创新活动企业占比 (%)	Responsible for Product or Process Innovation Activities (%)	41.7	65.3	26.2	13.1
实现产品创新企业占比	The Proportion of Product Innovation Enterprises is Realized	21.0	33.4	9.2	6.3
实现工艺创新企业占比	Realize the Proportion of Technological Innovation Enterprises	25.5	39.1	19.4	8.7
同时实现产品和工艺创新企业占比	The Proportion of Product and Process Innovation Enterprises are both Realized	16.3	26.2	8.0	4.5
仅实现产品创新企业占比(无工艺创新)	Only Realize the Proportion of Product Innovation Enterprises (No process innovation)	4.7	7.2	1.3	1.8
仅实现工艺创新企业占比(无产品创新)	Only Realize the Proportion of Technological Innovation Enterprises (No product innovation)	9.2	12.9	11.4	4.2
仅有正在进行或中止的创新活动企业占比	There is Only an Ongoing or Discontinued Innovation Enterprise Share	11.5	19.0	5.5	2.6
(二)产品创新开发情况	**Product Innovation and Development**				
在实现产品创新企业中,以下列形式进行开发的企业占比 (%)	In the Implementation of Product Innovation Enterprises, the Proportion of Enterprises Developed in the Following Form (%)				
本企业独立开发或与集团内企业合作开发	Independently Developed by the Enterprise or in Cooperation with Enterprises in the Group	85.1	88.4	64.1	65.4
与境内其他企业合作开发	Develop Cooperation with Other Enterprises in China	8.8	7.2	16.3	18.9
本企业与境内研究机构或高等学校合作开发	The Enterprise and Domestic Research Institutions or Institutions of Higher Learning Cooperation Development	8.2	7.9	13.7	9.3
与境外企业或机构合作开发	Working with Overseas Enterprises or Institutions	1.0	0.8	0.7	2.9
在其他单位开发的基础上调整或改进,或委托其他企业或机构开发	Adjust or Improve on the Basis of the Development of Other Units, or Entrust Other Enterprises or Institutions to Develop	5.8	4.2	22.9	14.6
其他	Other	8.2	6.2	22.2	20.0
(三)工艺创新开发情况	**Development of Technological Innovation**				
在实现工艺创新企业中,以下列形式进行开发的企业占比 (%)	In the Implementation of Technological Innovation Enterprises, the Proportion Enterprises Developed in the Following Form (%)				
本企业独立开发或与集团内企业合作开发	Independently Developed by the Enterprise or in Cooperation with Enterprises in the Group	79.2	84.5	63.7	52.5

17-43 续表 1 Continued

指 标	Item	合 计 Total	#工业 Industry	#建筑业 Construc-tion	#服务业 Services
本企业与境内其他企业合作开发	The Company is Cooperating with Other Enterprises in China	10.5	8.9	14.3	18.8
本企业与境内研究机构或高等学校合作开发	The Enterprise and Domestic Research Institutions or Institutions of Higher Learning Cooperation Development	8.0	8.0	11.8	7.4
本企业与境外企业或机构合作开发	The Company is Cooperating with Overseas Enterprises or Institutions	0.9	0.8	1.2	1.4
在其他单位开发的基础上调整或改进，或委托其他企业或机构开发	Adjust or Improve on the Basis of the Development of Other Units, or Entrust Other Enterprises or Institutions to Develop	9.4	6.3	22.4	24.0
其他	Other	11.2	8.4	23.0	24.6
产品或工艺创新活动类型及创新费用情况	**Product or Process Innovation Activity Type and Innovation Cost Situation**				
（一）产品或工艺创新活动类型	**Type of Product or Process Innovation**				
在开展产品或工艺创新活动企业中，有下列活动形式的企业占比（%）	Among the Enterprises that Carry Out Product or Process Innovation Activities, the Proportion of Enterprises with The Following Activities (%)				
内部研发	Internal Research and Development	74.1	79.0	61.8	45.9
外部研发	The External Research and Development	7.7	7.3	10.1	9.8
获得机器设备和软件	Get Machine Equipment and Software	72.9	82.1	30.1	23.2
从外部获取相关技术	Get the Technology from The Outside	2.1	0.9	9.2	8.3
相关培训	Related Training	28.7	26.2	49.0	39.9
市场推介	Market Introduction	13.5	12.3	22.5	19.5
相关设计	Related Design	13.2	13.7	4.1	12.3
其他创新活动	Other Innovative Activities	17.1	16.1	28.5	20.8
（二）工业企业创新费用支出情况	**Expenditure on Innovation Expenses of Industrial Enterprises**				
创新费用支出合计（亿元）	Total Expenditure on Innovation Expenses (100 million yuan)	1159.8	1159.8		
1. 内部研发经费支出所占比重（%）	Proportion of Internal r&d Expenditure (%)	66.1	66.1		
2. 外部研发经费支出所占比重（%）	Proportion of External r&d Expenditure (%)	3.0	3.0		
3. 获得机器设备和软件经费支出所占比重（%）	Account for the Proportion of Equipment and Software Expenditure (%)	28.3	28.3		
4. 从外部获取相关技术经费支出所占比重（%）	The Proportion of Relevant Technical Expenses from External Access (%)	2.7	2.7		
产品或工艺创新信息来源情况	**Product or Process Innovation Information Source Situation**				
在开展产品或工艺创新活动企业中，下列信息对创新影响较大的企业占比（%）	Among the Enterprises that Carry Out Product or Process Innovation Activities, the Following Information will Make up the Proportion of Enterprises with Greater Impact on Innovation (%)				
企业内部信息或企业集团内部信息	Enterprise Internal Information or Enterprise Group Internal Information	37.2	38.2	36.5	34.1
高等学校或研究机构的信息	Information about Institutions of Higher Learning or Research Institutes	10.5	11.8	11.4	5.9
政府部门或行业协会的信息	Information From Government Departments or Trade Associations	25.9	23.0	44.1	32.2

注：创新费用支出情况仅包含规模工业企业。
The Cost of Innovation Expense Only Includes Scale Industrial Enterprises.

17-43 续表 2 Continued

指 标	Item	合 计 Total	#工业 Industry	#建筑业 Construction	#服务业 Services
设备、原材料、组件或软件供应商的信息	Information about Suppliers of Equipment, Raw Materials, Components or Software	21.6	23.0	23.8	16.9
客户或消费者的信息	Customer or Consumer Information	37.7	35.9	25.7	45.7
竞争对手、同行业其他企业的信息	Information about Competitors and Other Enterprises in the Same Industry	22.4	19.8	29.5	29.5
咨询顾问、市场分析及中介机构的信息	Information on Consultants, Market Analysis and Intermediaries	8.2	6.7	12.3	12.4
商品交易会、展览会的信息，或来自文献、期刊、出版物的信息或互联网媒体的信息	Information on Trade Fairs, Exhibitions, or Information from Literature, Journals, Publications, or Internet Media	14.8	14.5	12.3	16.3
其他	Other	7.2	5.3	13.0	12.4
产品或工艺创新合作情况	**Product or Process Innovation Cooperation**				
（一）产品或工艺创新合作开展情况	**Product or Process Innovation Cooperation**				
开展创新合作的企业数 （个）	Number of Enterprises Engaged in Innovative Cooperation (unit)	11406	8322	421	2663
创新合作企业占全部企业的比重（%）	Innovative Cooperative Enterprises Account for the Proportion of All Enterprises. (%)	31.6	42.9	25.4	17.7
在创新合作企业中，与下列伙伴开展合作的企业占比 （%）	The Proportion of Enterprises Engaged in Cooperation with the Following Partners in Innovative Cooperative Enterprises (%)				
集团内其他企业	Other Enterprises Within the Group	33.6	34.0	37.5	31.4
高等学校	Institutions of Higher Learning	25.0	27.6	29.0	16.2
研究机构	Research Institution	15.3	17.5	15.9	8.5
政府部门或行业协会	Government Departments or Trade Associations	25.5	22.8	34.9	32.3
供应商	Suppliers	36.8	39.4	36.3	29.0
客户	Clients	44.6	43.3	28.5	51.3
竞争对手或同行业企业	Competitors or Companies in the Same Industry	18.5	16.2	21.1	25.3
咨询顾问、市场分析及中介机构	Consultants, Market Analysts and Intermediaries	14.3	12.9	20.9	17.7
其他合作对象	Other Cooperative Objects	18.6	14.3	33.0	29.7
（二）产品或工艺创新合作伙伴	**Product or Process Innovation Cooperation Partner**				
在创新合作企业中，下列合作伙伴对企业创新有较大价值的企业占比（%）	Among the Innovative Cooperative Enterprises, the Following Partners Make up the Proportion of Enterprises with Greater Value for Enterprise Innovation (%)				
集团内其他企业	Other Enterprises Within the Group	29.6	30.3	31.8	27.0
高等学校	Institutions of Higher Learning	21.4	23.9	25.2	13.3
研究机构	Research Institution	11.8	13.6	11.9	6.0
政府部门或行业协会	Government Departments or Trade Associations	22.0	19.5	30.4	28.3
供应商	Suppliers	30.8	33.2	29.7	23.7
客户或消费者	Customer or Consumer	38.9	37.4	25.4	45.7
竞争对手或同行业企业	Competitors or Companies in the Same Industry	15.1	13.3	16.6	20.3
咨询顾问、市场分析及中介机构	Consultants, Market Analysts and Intermediaries	11.0	10.0	16.2	13.5
其他合作对象	Other Cooperative Objects	13.2	10.0	24.0	21.6
（三）产学研合作形式	**Cooperation in Production and Study**				
开展产学研合作的企业数 （个）	The Number of Enterprises Engaged in the Cooperation of Production and Academic Research (unit)	3512	2859	143	510
产学研合作企业占比 （%）	Proportion of Industry-university-research Partners (%)	30.8	34.4	34.0	19.2

17-43 续表 3 Continued

指 标	Item	合 计 Total	#工业 Industry	#建筑业 Construction	#服务业 Services
在产学研合作企业中，以下列为主要合作形式的企业占比 (%)	**In the Cooperative Enterprise of Production and Research, the Following are Listed as the Proportion of Enterprises in the Form of Major Cooperation (%)**				
共同完成科研项目	To Jointly Complete the Research Project	60.4	61.4	67.1	52.7
在企业建立研发机构	Establish r&d Facilities in Enterprises	20.9	22.1	15.4	15.7
在高校或研究机构中设立研发机构	A Research and Development Institution is Established in a University or Research Institution	38.4	37.3	37.8	44.3
聘用高校或研究机构人员到企业兼职	Hire University or Research Staff to Work Part-time	23.8	23.9	20.3	24.5
其他形式	Other Forms	16.0	14.6	17.5	23.1
产品或工艺创新阻碍因素情况	**Product or Process Innovation Hinders the Situation**				
在全部企业中，下列各项是创新主要阻碍因素的企业占比 (%)	Among All Enterprises, the Following are the Proportion of Enterprises that are the Main Obstacles to Innovation (%)				
缺乏内部资金	Lack of Internal Funding	13.0	15.3	16.3	9.8
缺乏风险投资	Lack of Venture Capital	8.8	10.0	8.3	7.4
缺乏银行贷款	Lack of Bank Loans	11.8	14.6	11.1	8.2
创新成本过高	The Cost of Innovation is too High	22.9	29.5	24.6	14.3
缺乏人才或人才流失	Lack of Talent or Brain Drain	29.3	36.3	32.1	19.9
缺乏技术信息	Lack of Technical Information	15.8	19.8	21.7	9.9
缺乏市场信息	Lack of Market Information	9.2	9.1	8.7	9.2
难以找到创新合作伙伴	Find an Innovative Partner is Hard	6.7	6.4	9.9	6.6
市场已被占领	The Market has been Occupied	3.1	2.4	2.7	4.1
不能确定市场需求	Cannot Determine Market Demand	10.6	11.6	15.3	8.7
创新成果易被低成本模仿	Innovation is Easily Copied by Low Cost	4.8	6.4	3.7	2.8
没有创新的必要	There is no Need for Innovation	11.5	7.0	17.6	16.5
知识产权及相关情况	**Intellectual Property and Related Conditions**				
采取了知识产权保护或相关措施的企业数 (个)	The Number of Enterprises(s) Taking Intellectual Property Protection or Related Measures (unit)	18793	12737	790	5266
采取了知识产权保护或相关措施的企业占全部企业的比重 (%)	Enterprises Taking Intellectual Property Protection or Related Measures Account for The Proportion of all Enterprises (%)	52.1	65.7	47.6	35.0
在全部企业中，采取下列知识产权保护或相关措施的企业占比 (%)	In all Enterprises, the Proportion of Enterprises Taking the Following Intellectual Property Protection or Related Measures (%)				
申请了发明专利	Applied for the Invention Patent	10.5	17.8	6.3	1.5
申请了注册商标	Apply for a Registered Trademark	10.5	14.2	3.7	6.6
进行了版权登记	Copyright Registration	2.7	3.3	1.7	2.1
形成了国家或行业技术标准	A National or Industry Technical Standard is Formed	5.0	6.4	6.3	3.1
对技术秘密进行内部保护	Internal Protection of Technical Secrets	12.3	17.9	7.3	5.6
应用了难以复制的复杂技术	Applies Complex Technologies that are Difficult to Replicate	3.3	4.6	3.3	1.7
发挥了时间上的先发优势	Play the First Mover Advantage of Time	17.9	16.4	21.4	19.4
组织和营销创新情况	**Organizing and Marketing Innovation**				
实现组织或营销创新企业数 (个)	To Achieve Organizational or Marketing Innovation Enterprises (unit)	11890	7746	530	3614
在全部企业中，实现组织或营销创新企业占比 (%)	In all Enterprises, the Proportion of Organizational or Marketing Innovation Enterprises is Realized. (%)	32.9	40.0	31.9	24.0
实现组织创新企业占比	Realize the Proportion of Innovation Enterprises	26.3	31.9	30.4	18.5
实现营销创新企业占比	Realize the Proportion of Marketing Innovation Enterprises	25.4	32.5	12.3	17.6
同时实现组织和营销创新企业占比	The Company also Realizes the Proportion of Organization and Marketing Innovation Enterprises	18.7	24.4	10.8	12.2

17-44 企业家对创新的认识及相关情况(2021年)
Entrepreneur's Understanding of Innovation and Related Situation (2021)

单位：%　　(%)

指　标	Item	合　计 Total	#工业 Industry	#建筑业 Construction	#服务业 Services
企业家基本情况	**The Basic Situation of Entrepreneurs**				
(一)企业家教育程度构成	**Entrepreneur Education Degree Composition**				
在企业家中，下列各类人员占比	In the Enterprise Home, the Following Categories of Personnel				
博士	Dr.	1.8	1.8	1.0	2.2
硕士	A Master's Degree	8.5	6.8	7.6	14.0
本科	Undergraduate Course	45.3	44.5	61.0	45.7
大专	College	30.2	31.4	26.7	26.9
其他	Other	13.1	14.4	3.8	10.2
(二)企业家对创新的总体认识	**The Overall Understanding of Innovation by Entrepreneurs**				
在企业家中，认为创新对企业的生存和发展	In the Enterprise Home, Think Innovation to Enterprise's Survival and Development				
起了重要作用的人员占比	The Number of People Who Play an Important Role	41.5	44.0	32.4	34.4
起了一定作用的人员占比	The Proportion of People Who Play a Certain Role	52.0	50.2	59.0	56.6
不起作用的人员占比	Percentage of People Who are not Working	6.6	5.7	8.6	9.0
创新成功影响因素情况	**Innovative Success Factors**				
在开展创新活动企业中，认为下列各项是创新成功最重要因素的企业家占比	Among the Enterprises that Carry out Innovative Activities, the Proportion of Entrepreneurs who Consider the Following are the Most Important Factors of Innovation Success				
有创新精神的企业家	Innovative Entrepreneurs	74.0	77.7	58.5	63.0
充足的经费支持	Adequate Funding Support	66.9	70.2	55.3	56.8
高素质的人才	High Quality Talent	72.5	75.2	64.9	63.8
员工对企业的认同感	Employees' Sense of Identity	76.6	78.4	74.5	70.0
企业内部的激励措施	Internal Incentives	72.9	75.2	64.9	65.5
有效的技术战略或计划	Effective Technical Strategy or Plan	69.0	71.3	58.5	62.1
畅通的信息渠道	Unblocked Information Channels	68.2	70.8	62.8	60.0
可信赖的创新合作伙伴	Trustworthy Innovative Partner	63.7	66.2	54.3	56.3
优惠政策的扶持	Support for Preferential Policies	68.2	71.3	55.3	58.8

17-44 续表 Continued

单位：% (%)

指 标	Item	合 计 Total	#工业 Industry	#建筑业 Construction	#服务业 Services
创新激励措施及效果情况	**Innovative Incentive Measures and Effects**				
在开展创新活动企业中，认为下列措施"有效果"的企业家占比	Among the Innovative Enterprises, the Proportion of Entrepreneurs who Think the Following Measures are "Very Good"				
股权或期权	Stock or Option	19.9	21.7	6.4	15.5
增加工资或奖金	Increase Salary or Bonus	67.3	72.0	46.8	53.4
汽车住房等物质奖励	Car Housing and Other Material Rewards	20.7	23.8	4.3	12.3
岗位调整或升职机会	Post Adjustment or Promotion Opportunities	59.9	63.4	43.6	49.8
培训或深造机会	Training or Further Study	47.6	51.0	28.7	38.7
政策对创新的影响情况	**The Impact of Policy on Innovation**				
在开展创新活动企业中，认为下列政策效果较明显的企业家占比	Among the Enterprises that Carry out Innovation Activities, the Proportion of Entrepreneurs who Think the Following Policy Effect is Obvious				
企业研发费用加计扣除税收优惠政策	The Research and Development Expenses of the Enterprise Shall be Deducted from the Preferential Tax Policy	53.8	61.3	31.3	30.3
高新技术企业所得税减免政策	The Policy of Tax Reduction for High-tech Enterprises	47.7	54.6	31.3	25.3
企业研发活动专用仪器设备加速折旧政策	The Special Instrument Equipment for Enterprise Development Activities Accelerated Depreciation Policy	43.2	50.6	21.9	19.7
技术转让、技术开发收入免征增值税和技术转让减免所得税优惠政策	Technology Transfer and Technology Development Income are Exempted from Value-added Tax and Technology Transfer Tax Breaks	36.3	42.4	18.8	17.3
促进科技转化相关政策	Policies to Promote the Transformation of Science and Technology	44.4	51.9	22.9	20.7
科技创新税收政策	Scientific and Technological Innovation Tax Policy				
鼓励企业吸引和培养人才的相关政策	Encourage Enterprises to Attract and Cultivate Talents Related Policies	45.0	51.0	26.0	26.3
金融支持相关政策	Financial Support Related Policies	45.4	52.1	24.0	24.6
创造和保护知识产权的相关政策	The Creation and Protection of Intellectual Property Rights Policies	47.7	55.0	28.1	24.6
优先发展产业的支持政策	Prioritize Industry Support Policies	47.1	54.1	25.0	25.5

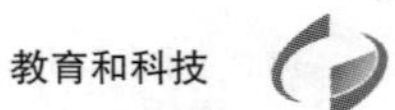

17-45 规模以上工业企业创新活动总体情况(2021年)
The Overall Situation of Large-scale Industrial Enterprises Innovation Activities (2021)

类别	Item	开展创新活动企业数(个) Carry Out Innovation Activities (Unit)	#实现创新企业 Realize Innovative Enterprises	#同时实现四种创新企业 Four Innovative Enterprises are Implemented Simultaneously	在全部企业中占比(%) In the Total Enterprise Proportion(%) 开展创新活动企业 Carry Out Innovation Activities	实现创新企业 Realize Innovative Enterprises	同时实现四种创新企业 Four Innovative Enterprises are Implemented Simultaneously
总计	**Total**	**13274**	**10742**	**2644**	**68.5**	**55.4**	**13.6**
按企业规模分组	**By Size**						
大型	Large	178	165	73	96.7	89.7	39.7
中型	Medium	1305	1178	333	87.3	78.8	22.3
小型	Small	11129	8947	2168	75.0	60.3	14.6
微型	Miniature	662	452	70	23.1	15.8	2.4
按登记注册类型分组	**By Registration Status**						
内资企业	Domestic-funded Enterprises	12912	10439	2578	68.3	55.2	13.6
国有	State-owned Enterprises	75	60	10	44.9	35.9	6.0
集体	Collective-owned Enterprises	24	16	4	39.3	26.2	6.6
股份合作	Cooperative Enterprises	5	3		100.0	60.0	0.0
国有联营	State Joint Ownership Enterprises	2	1	1	50.0	25.0	25.0
集体联营	Collective Joint Ownership Enterprises						
国有与集体联营	Joint State-collective Enterprises	2	1		100.0	50.0	
其他联营	Other Joint Ownership Enterprises						
国有独资公司	State-funded Corporations	114	101	21	69.9	62.0	12.9
其他有限责任公司	Other Limited Liability Corporations	1218	1007	251	73.1	60.4	15.1
股份有限公司	Share-holding Corporations Ltd.	181	162	53	83.8	75.0	24.5
私营企业	Private Enterprises	11290	9087	2237	68.0	54.7	13.5
其他内资	Other Enterprises	1	1	1	50.0	50.0	50.0
港澳台商投资	Enterprises With Investment from Hong Kong, Macao and Taiwan	197	160	37	73.8	59.9	13.9
外商投资	Enterprises With Foreign Investment	165	143	29	76.4	66.2	13.4

17-45 续表

指 标	Item	开展创新活动企业数（个） Carry Out Innovation Activities(Unit)
按工业行业大类分组	**By Industrial Branch**	
煤炭开采和洗选业	Mining and Washing of Coal	38
黑色金属矿采选业	Mining of Ferrous Metal Ores	16
有色金属矿采选业	Mining of Non-ferrous Metal Ores	68
非金属矿采选业	Mining and Processing of Nonmetal Ores	156
其他采矿业	Mining of Other Ores N.E.C	
农副食品加工业	Processing of Food from Agricultural Products	1239
食品制造业	Manufacture of Foods	431
酒、饮料和精制茶制造业	Manufacture of Liquor, Beverage and Refined Tea	420
烟草制品业	Manufacture of Tobacco	7
纺织业	Manufacture of Textile	180
纺织服装、服饰业	Manufacture of Textile Wearing and Clothing Apparel	188
皮革、毛皮、羽毛及其制品和制鞋业	Leather, Fur, Feather and Its Products and Footwear	341
木材加工和木、竹、藤、棕、草制品业	Processing of Timbers, Manufacture of Wood, Bamboo, Rattan, Palm and Straw Products	304
家具制造业	Manufacture of Furniture	160
造纸和纸制品业	Manufacture of Paper and Paper Products	177
印刷和记录媒介复制业	Printing,Reproduction of Recording Media	189
文教、工美、体育和娱乐用品制造业	Manufacture of Articles for Culture, Education, Artwork, Sport and Entertainment Activity	242
石油、煤炭及其他燃料加工业	Processing of Petroleum, Coal and Other Fuels	67
化学原料和化学制品制造业	Manufacture of Chemical Raw Material and Chemical Products	1002
医药制造业	Manufacture of Medicines	366
化学纤维制造业	Manufacture of Chemical Fiber	16
橡胶和塑料制品业	Manufacture of Rubber and Plastic Products	403
非金属矿物制品业	Manufacture of Non-metallic Mineral Products	1797
黑色金属冶炼和压延加工业	Manufacture and Processing of Ferrous Metals	90
有色金属冶炼和压延加工业	Manufacture and Processing of Non-ferrous Metals	326
金属制品业	Manufacture of Metal Products	854
通用设备制造业	Manufacture of General Purpose Machinery	847
专用设备制造业	Manufacture of Special Purpose Machinery	767
汽车制造业	Manufacture of Automobile	306
铁路、船舶、航空航天和其他运输设备制造业	Manufacture of Railways, Ships, Aerospace and Other Transport Equipment	160
电气机械和器材制造业	Manufacture of Electrical Machinery and Equipment	735
计算机、通信和其他电子设备制造业	Manufacture of Computer, Communication and Other Electronic Equipment	744
仪器仪表制造业	Manufacture of Measuring Instrument	146
其他制造业	Other Manufacture	72
废弃资源综合利用业	Utilization of Waste Resources	114
金属制品、机械和设备修理业	Maintenance of Metal Products, Machinery and Equipment	5
电力、热力生产和供应业	Production and Supply of Electric Power and Heat Power	184
燃气生产和供应业	Production and Distribution of Gas	41
水的生产和供应业	Production and Distribution of Water	76

Continued

		在全部企业中占比（%） In the Total Enterprise Proportion (%)		
#实现创新企业 Realize Innovative Enterprises	#同时实现四种创新企业 Four Innovative Enterprises are Implemented Simultaneously	开展创新活动企业 Carry out Innovative Activities	实现创新企业 Realize Innovative Enterprises	同时实现四种创新企业 Four Innovative Enterprises are Implemented Simultaneously
26	1	30.6	21.0	0.8
10	1	57.1	35.7	3.6
44	6	62.4	40.4	5.5
118	19	46.6	35.2	5.7
989	254	69.6	55.6	14.3
349	83	73.4	59.5	14.1
335	86	71.4	57.0	14.6
6	1	77.8	66.7	11.1
135	38	62.9	47.2	13.3
157	37	55.5	46.3	10.9
277	91	46.3	37.5	12.4
217	43	65.7	46.9	9.3
110	23	63.7	43.8	9.2
139	43	65.3	51.3	15.9
159	39	65.9	55.4	13.6
200	51	65.4	54.1	13.8
52	8	63.2	49.1	7.5
868	224	68.8	59.6	15.4
320	97	83.9	73.4	22.2
14	3	80.0	70.0	15.0
340	106	70.8	59.8	18.6
1373	241	62.7	47.9	8.4
64	14	68.2	48.5	10.6
270	89	73.8	61.1	20.1
701	141	72.9	59.9	12.0
698	181	78.0	64.3	16.7
660	189	79.6	68.5	19.6
255	77	72.2	60.1	18.2
148	38	75.5	69.8	17.9
611	164	81.6	67.8	18.2
635	174	80.5	68.7	18.8
130	30	86.9	77.4	17.9
56	17	70.6	54.9	16.7
86	21	61.6	46.5	11.4
5	2	62.5	62.5	25.0
108	8	45.9	26.9	2.0
32	1	58.6	45.7	1.4
45	3	43.9	26.0	1.7

主要统计指标解释

普通高等学校 指按国家规定的设置标准和审批程序批准举办的，通过全国普通高等学校统一招生考试，招收高中毕业生为主要培养对象，实施高等学历教育的全日制大学、独立设置的学院和高等专科学校、高等职业学校及其他机构（独立学院和分校、大专班）。

大学、独立设置的学院主要实施本科层次以上教育。高等专科学校、高等职业学校实施专科层次教育。其他机构是承担国家普通招生计划任务不计校数的机构，包括独立学院、普通高等学校分校、大专班和批准筹建的普通高等学校等。独立学院指由普通本科高校按新机制、新模式举办的本科层次的二级学院，一些普通本科高校按公办机制和模式建立的二级学院，“分校”或其他类似的二级办学机构不属此范畴。

小学学龄儿童净入学率 指调查范围内已入小学学习的学龄儿童占校内外学龄儿童总数（包括弱智儿童，不包括盲聋哑儿童）的比重。计算公式为：

$$\text{小学学龄儿童净入学率}=\frac{\text{已入学的小学学龄儿童数}}{\text{校内外小学学龄儿童总数}}\times 100\%$$

科技活动 指在自然科学、农业科学、医药科学、工程与技术科学、人文与社会科学领域（简称科学技术领域）中，与科技知识的产生、发展、传播和应用密切相关的有组织的活动。可分为研究与试验发展(R&D)、研究与试验发展成果应用及相关的科技服务三类活动。该定义是联合国教科文组织考虑成员国特别是发展中国家开展科技统计工作的需要，而对科技活动所作的统计界定。

科技活动经费内部支出 指报告年内用于科技活动的实际支出，包括劳务费、科研业务费、科研管理费，非基建投资购建的固定资产、科研基建支出以及其他用于科技活动的支出。不包括生产性活动支出、归还贷款支出及转拨外单位支出。反映科技投入实际完成情况。

研究与试验发展(R&D) 指在科学技术领域，为增加知识总量，以及运用这些知识去创造新的应用进行的系统的创造性的活动，包括基础研究、应用研究、试验发展三类活动。国际上通常采用R&D活动的规模和强度指标反映一国的科技实力和核心竞争力。

基础研究 指一种不预设任何特定应用或使用目的的实验性或理论性工作，其主要目的是为获得（已发生）现象和可观察事实的基本原理、规律和新知识。其成果通常表现为提出一般原理、理论或规律，并以论文、著作、研究报告等形式为主。

应用研究 指为获取新知识，达到某一特定的实际目的或目标而开展的初始性研究。应用研究是为了确定基础研究成果的可能用途，或确定实现特定和预定目标的新方法。其研究成果以论文、著作、研究报告、原理性模型或发明专利等形式为主。

试验发展 指利用从科学研究、实际经验中获取的知识和研究过程中产生的其他知识，开发新的产品、工艺或改进现有产品、工艺而进行的系统性研究。其研究成果以专利、专有技术，以及具有新颖性的产品原型、原始样机及装置等形式为主。

产品创新 指企业推出了全新的或有重大改进的产品。产品创新的“新”要体现在产品的功能或特性上，包括技术规范、材料、组件、用户友好性等方面的重大改进。不包括产品仅有外观变化或其他微小改变的情况，也不包括直接转销。此处的“新”是指该产品对本企业而言必须是新的，但对于其他企业或整个市场而言不一定是新的。这里的产品既包括货物，也包括服务。货物方面产品创新的例子有新能源汽车、新功能手机等；服务方面产品创新的例子有新的保修服务，如显著延长的新产品保修期限等。

工艺创新 指企业采用了全新的或有重大改进的生产方法、工艺设备或辅助性活动。工艺创新的“新”要体现在技术、设备或流程上；它对本企业而言必须是新的，但对于其他企业或整个市场而言不一定是新的。不包括单纯的组织管理方式的变化。此处的辅助性活动指企业的采购、物流、财务、信息化等活动。

组织（管理）创新 指企业采取了此前从未使用过的全新的组织管理方式，主要涉及企业的经营模式、组织结构或外部关系等方面。不包括单纯的合并或收购。组织（管理）创新应是企业管理层战略决策的结果。此处的“新”是指它对本企业而言必须是新的，但对于其他企业或整个市场而言不一定是新的。

营销创新 指企业采用了此前从未使用过的全新的营销概念或营销策略，主要涉及产品（服务）设计或包装、产品（服务）推广、产品（服务）销售渠道、产品（服务）定价等方面。不包括季节性、周期性变化和其他常规的营销方式变化。此处的“新”是指它对本企业而言必须是新的，

但对于其他企业或整个市场而言不一定是新的。

R&D 人员　指报告期 R&D 活动单位中从事基础研究、应用研究和试验发展活动的人员。包括直接参加上述三类 R&D 活动的人员，以及与上述三类 R&D 活动相关的管理人员和直接服务人员，即直接为 R&D 活动提供资料文献、材料供应、设备维护等服务的人员。不包括为 R&D 活动提供间接服务的人员，如餐饮服务、安保人员等。

R&D 人员全时当量　指报告期 R&D 人员按实际从事 R&D 活动时间计算的工作量，以“人年”为计量单位。为国际上比较科技人力投入而制定的可比指标。

R&D 经费支出　指报告期调查单位内部为实施 R&D 活动而实际发生的全部经费，按支出性质分为日常性支出和资产性支出。不包括调查单位委托其他单位或与其他单位合作开展 R&D 活动而转拨给其他单位的全部经费。

R&D 经费支出中政府资金　指 R&D 经费支出中来自于各级政府财政的各类资金，包括财政科学技术支出和财政其他功能支出的资金用于 R&D 活动的实际支出。

R&D 经费支出中企业资金　指 R&D 经费支出中来自于企业的各类资金。对企业而言，企业资金指企业自有资金、接受其他企业委托开展 R&D 活动而获得的资金，以及从金融机构贷款获得的开展 R&D 活动的资金；对科研院所、高校等事业单位而言，企业资金是指因接受从企业委托开展 R&D 活动而获得的各类资金。

R&D 项目（课题）数　R&D 项目（课题）是进行 R&D 活动的基本组织形式，通常由 R&D 活动执行单位依据项目立项书或合同书等形式明确项目任务、目标、人员和经费等。

R&D 项目（课题）人员全时当量　指实际参加研发项目（课题）活动人员折合的全时当量。

R&D 项目（课题）经费支出　指调查单位内部在报告年度进行研发项目（课题）研究和试制等的实际支出。包括劳务费、其他日常支出、固定资产购建费、外协加工费等，不包括委托或与外单位合作进行项目（课题）研究而拨付给对方使用的经费。

新产品销售收入　指报告期企业销售新产品实现的销售收入。新产品是指采用新技术原理、新设计构思研制、生产的全新产品，或在结构、材质、工艺等某一方面比原有产品有明显改进，从而显著提高了产品性能或扩大了使用功能的产品。既包括经政府有关部门认定并在有效期内的新产品，也包括企业自行研制开发，未经政府有关部门认定，从投产之日起一年之内的新产品。

专利　是专利权的简称，是对发明人的发明创造经审查合格后，由专利局依据专利法授予发明人和设计人对该项发明创造享有的专有权。包括发明、实用新型和外观设计。反映拥有自主知识产权的科技和设计成果情况。

发明（专利）　指对产品、方法或者其改进所提出的新的技术方案。是国际通行的反映拥有自主知识产权技术的核心指标。

实用新型（专利）　指对产品的形状、构造或者其结合所提出的适于实用的新的技术方案。反映具有一定技术含量的技术成果情况。

外观设计（专利）　指对产品的形状、图案、色彩或者其结合所作出的富有美感并适于工业上应用的新设计。反映拥有自主知识产权的外观设计成果情况。

Explanatory Notes on Main Statistical Indicators

Regular Institutions of Higher Education refer to educational establishments set up according to the government evaluation and approval procedures, recruiting graduates from senior secondary schools as the main target by National Matriculation TEST. They include full-time universities, colleges, institutions of higher professional education, institutions of higher vocational education, institutions of higher vocational education and others (non-university tertiary, branch schools and undergraduate classes).

Universities and colleges primarily provide undergraduate courses; institutions of higher professional education and institutions of higher vocational education primarily provide professional trainings; and others refer to educational establishments, which are responsible for enrolling higher education students under the State Plan but not enumerated in the total number of schools, including: branch schools of universities and colleges, and universities and colleges that have been approved and under plan for construction. Non-university tertiary refers to the regular undergraduate branch college which is running in new mechanism and mode, excluding the branch schools and other similar branches of educational institutions.

Net Enrolment Ratio of Primary Schools refers to the proportion of school age children enrolled at schools to the total number of school age children both in and outside schools (including retarded children, but excluding blind, deaf and mute children). The formula is:

$$\text{Net Enrolment Ratio of Primary Schools} = \frac{\text{Total Primary School - age Children at Schools}}{\text{Total Primary School - age Children Whether or Not Attending School}} \times 100\%$$

Scientific and Technological Activities (S&T Activities) refer to organized activities which are closely related with the creation, development, dissemination and application of the scientific and technical knowledge in the fields of natural sciences, agricultural science, medical science, engineering and technological science, humanities and social sciences (referred to as scientific and technological fields). S&T activities can be classified in to 3 categories: research and development (R&D) activities, application of R&D results, and related S&T services. This statistical definition is made by UNICHIEF for scientific and technological activities to meet the need of carrying out statistical work in this field for its member countries in particular those developing countries.

Internal Expenditures for Scientific and Technological Activities refers to the actual expenditure for scientific and technological activities during the year of the report, including labor, scientific research, business expenses, the scientific research management fees, the infrastructure investment and construction of fixed assets for science and technology activities, scientific research infrastructure spending and other spending. Excluding productive activity expenditures, repayment of loan expenditures and transfer of out-of-unit expenditures. To reflect the actual completion of technology input.

Research and Development (R&D) refers to systematic and creative activities in the field of science and technology aiming at increasing the knowledge and using the knowledge for new application. R&D includes 3 categories of activities: basic research, applied research and experimentation for development. The scale and intensity of R&D are widely used internationally to reflect the strength of S&T and the core competitiveness of a country in the world.

Basic Research refers to experimental or theoretical work undertaken primarily to acquire new knowledge of the underlying foundations of phenomena and observable facts, without any particular application or use in view. Basic research usually formulates hypotheses, theories or laws , and its results are mainly released or disseminated in the form of scientific papers or monographs or research reports.

Applied Research refers to original investigation undertaken in order to acquire new knowledge. It is directed primarily towards a specific, practical aim or objective. Purpose of the applied research is to identify the possible uses of results from basic research, or to explore new (fundamental) methods or new approaches. Results of applied research are expressed in the form of scientific papers, monographs, fundamental models or invention patents.

Experimental Development refers to systematic work, drawing on knowledge gained from research and practical experience and producing additional knowledge, which is directed to producing new products or processes or to improving existing products or processes. Results of experimental development activities are embodied in patents, exclusive technology, and monotype of new products or

equipment.

Product Innovation refers to the introduction of new or significantly improved products by enterprises. The innovation should be reflected by the functions or features of the products, including improvement on technical specifications, materials, parts, user-friendliness etc. Simple appearance change or other subtle changes are not included, neither is direct reselling. The product must be new to the enterprise, but it is not necessarily new to other enterprises or the whole market.

The products here cover both goods and services. Examples of innovation on goods include new energy vehicles and mobile phones with new functions; examples of innovation on services include new warranty service, such as significantly extended new warranty period of products.

Process Innovation refers to the implementation of new or significantly improved production methods, process equipments or supporting activities by enterprises. The innovation should be reflected by technology, equipment or process. It must be new to the enterprise, but it is not necessarily new to other enterprises or the whole market. Simple change of organization and management mode is not included. Supporting activities cover purchase, logistics, account and compute activities.

Organizational (management) Innovation refers to the adoption of a completely new organizational management mode, which has never been used before. It mainly involves the business model, organizational structure or external relations of enterprises. It does not include pure mergers or acquisitions. Organizational (management) innovation should be the result of strategic decision-making of enterprise management. The term "new" here means that it must be new to the enterprise, but not necessarily new to other enterprises or the whole market.

Marketing Innovation refers to the implementation of completely new marketing concepts or marketing strategies that have never been used before. It mainly involves product (service) design or packaging, product (service) promotion, product (service) sales channels, product (service) pricing and so on. It does not include seasonal, cyclical and other conventional marketing changes. The term "new" here means that it must be new to the enterprise, but not necessarily new to other enterprises or the whole market.

R&D Personnel refer to person of R&D activities units engaged in basic research, applied research, and experimental development at the reference period, including person of directly participating in the three activities above, as well as managment and direct service staff related to R&D activities, such as literature provision, material supply,equipment maintenance staff, it excludes person providing indirect support and ancillary services, such as canteen and security staff.

Full-time Equivalent of R&D Personnel refers to the ratio of working hours actually spent on R&D during a specific reference period (usually a calendar year) divided by the total number of hours conventionally worked in the same period by an individual or by a group. The measurement unit of the ratio is "man-years". This is an internationally comparable indicator of S&T manpower input.

Expenditure on R&D refers to the real expenditure of surveyed units on their own R&D activities in reporting period. It is divided into current expenditures and gross fixed capital expenditures for R&D according to the nature of expenditure. It doesn't include the fees transferred to cooperated or entrusted agencies on R&D activities.

Expenditure on R&D from Government Funds refers to the expenditure of funds on R&D activities from government agencies at different levels, including appropriate funds on science and technology from financial departments, and the real expenditure of other fiscal functional funds on R&D activities from government agencies.

Expenditure on R&D from Enterprises funds refers to the expenditure of all kinds of funds on R&D activities from enterprises. In terms of enterprises, it refers to the expenditure of self-raised funds of enterprises, funds from other enterprises through entrustment, loans from financial institutions on R&D activities. In terms of public institutions, such as institution of scientific research and universities, it refers to the expenditure of funds from enterprises through entrustment.

Number of R&D Projects (subjects) R&D Projects (subjects) are the basic forms of R&D activities, The project task, target, personnel and expenditure are usually defined by R&D activity execution unit according to project approval specification or contract document.

Full-time Equivalent of Personnel on R&D Projects (subjects) refers to the full-time equivalent of person actually engaged in R&D projects (subjects).

Expenditure on R&D Projects (subjects) refers to the real expenditure of internal funds of the surveyed units on research and test of R&D projects (subjects) at the reference year, including service fee, other daily expenditure, cost for fixed assets, cost of external process, it excludes expenditure of funds transferred to other cooperated or entrusted units of the projects.

Sales Income of New Products refers to the sales income of new products of the enterprises at the reference period. New products refer to products developed and produced with new technologies and designs or improved in structure, material, process or other aspects so that their performance are improved or their functions expanded. New products include those affirmed by government authorities in their validity period and also those developed by enterprises without the affirmation of government authorities within one year after they are put into production.

Patent is an abbreviation for the patent right and refers to the exclusive right of ownership by the inventors or designers for the creation or inventions, given from the patent offices after due process of assessment and approval in accordance with the Patent Law. Patents are granted for inventions, utility models and designs. This indicator reflects the achievements of S&T and design with independent intellectual property.

Patented Inventions refer to new technical proposals to the products or methods or their modifications. This is universal core indicator reflecting the technologies with independent intellectual property.

Patented Utility Models refer to the practical and new technical proposals on the shape and structure of the product or the combination of both. This indicator reflects the condition of technological results with certain technical content.

Designs refer to the aesthetics and industrially applicable new designs for the shape, pattern and colour of the product, or their combinations. This indicator reflects the appearance design achievements with independent intellectual property.

18 文化、体育和卫生

Culture, Sports and Public Health

资料整理人员：肖首雄　　甘杨辉

18-1 文化事业基本情况

Basic Statistics on Culture

年份 Year	艺术表演团体 （个） Art Performance Troupes (unit)	公共图书馆 （个） Public Libraries (unit)	博物馆 （个） Museums (unit)	图书出版总印数 （万册） Number of Books Published (10 000 copies)	杂志出版总印数 （万册） Number of Magazines Published (10 000 copies)	报纸出版总印数 （万份） Number of Newspapers Published (10 000 copies)	广播人口覆盖率 （%） Listener Rating (%)	电视人口覆盖率 （%） Viewer Rating (%)
1949	53	1						
1950	53	1						
1951	75	1	1	484	43			
1952	90	1	1	1647	245	5785		
1953	108	2	1	1489	40	4719		
1954	113	2	1	1976	6	4503		
1955	111	3	1	2671	52	5402		
1956	114	13	2	3237	116	6851		
1957	116	15	3	3610	169	6530		
1958	118	35	4	9591	371	19317		
1959	137	36	7	8326	678	25253		
1960	134	53	9	6347	402	33318		
1961	135	46	9	4190	165	9024		
1962	136	34	9	3298	150	6983		
1963	144	30	10	3950	172	6771		
1964	143	29	12	5889	228	15911		
1965	134	43	11	7563	211	17000		
1966	131	42	12	12797	271	20571		
1967	137	35	15	12074		12054		
1968	124	35	17	8811		15185		
1969	104	26	18	6551		10694		
1970	106	25	19	15149		10028		
1971	119	28	20	7886	293	10799		
1972	137	42	15	10072	515	20134		
1973	134	40	20	11340	1056	31744		
1974	136	49	18	12170	1226	33662		
1975	137	40	17	15181	1656	33861		
1976	137	72	19	9457	10239	38363		
1977	137	74	20	14588	822	36931		
1978	141	72	19	16479	1296	31921		
1979	137	76	20	16685	1372	33685		
1980	138	77	22	21745	1169	34801		
1981	140	85	19	28012	1437	33070		
1982	139	91	13	30514	1656	36050		
1983	137	98	15	30013	1925	52655		
1984	126	101	19	30240	3019	63653		
1985	115	110	31	35629	5944	67727	50.3	75.1

18-1 续表 Continued

年份 Year	艺术表演团体（个） Art Performance Troupes (unit)	公共图书馆（个） Public Libraries (unit)	博物馆（个） Museums (unit)	图书出版总印数（万册） Number of Books Published (10 000 copies)	杂志出版总印数（万册） Number of Magazines Published (10 000 copies)	报纸出版总印数（万份） Number of Newspapers Published (10 000 copies)	广播人口覆盖率（%） Listener Rating (%)	电视人口覆盖率（%） Viewer Rating (%)
1986	108	113	31	30202	5437	62209	50.3	78.0
1987	107	113	38	33376	6632	72898	54.0	85.0
1988	96	114	42	37715	6556	71960	54.8	86.5
1989	91	116	43	35055	5235	47146	54.8	86.5
1990	91	116	42	32134	5226	51749	54.8	86.5
1991	89	116	50	35085	6430	60658	54.8	86.9
1992	90	116	51	36436	7002	67890	54.8	86.9
1993	89	116	54	33503	8022	73754	54.8	86.9
1994	89	116	55	29597	7400	57718	54.8	86.9
1995	89	116	57	33677	7768	62425	54.8	86.9
1996	88	115	60	39393	7844	63585	68.5	88.1
1997	86	115	67	37494	7686	68726	78.6	87.7
1998	88	115	68	36582	8920	75879	79.1	88.2
1999	88	115	68	30765	12437	84995	81.1	90.4
2000	91	115	71	24844	10504	83467	81.5	91.4
2001	87	115	72	23808	10051	92273	81.6	91.7
2002	87	115	74	32600	11207	95198	81.7	91.8
2003	86	115	73	29556	12577	113514	81.8	91.9
2004	91	115	71	30525	19133	104165	82.1	92.1
2005	91	120	73	33238	11708	106428	82.5	92.4
2006	93	120	73	27946	9957	103489	88.4	94.0
2007	96	120	73	31310	8849	110207	89.0	94.7
2008	98	120	74	29103	9063	104235	91.1	95.7
2009	110	120	75	26192	11373	126346	91.7	96.1
2010	201	124	81	31153	12762	129101	92.0	96.4
2011	114	130	85	34528	12584	122640	92.6	96.8
2012	141	136	95	36290	12680	131889	93.0	97.2
2013	227	136	103	35803	12991	134113	93.3	97.4
2014	271	136	109	42194	13442	136738	93.5	97.5
2015	273	137	113	48545	14099	133554	94.1	98.0
2016	439	137	115	51704	13966	98425	94.7	98.3
2017	534	139	120	45901	11684	92912	98.5	99.3
2018	510	140	121	45340	8768	85143	99.0	99.6
2019	575	141	117	48747	9451	79440	99.4	99.7
2020	631	143	122	48269	9549	72306	99.4	99.7
2021	675	144	162	50978	9218	66948	99.4	99.8

注：2010 年起，艺术表演团体含民间职业剧团，此前为文化部门专业剧团数据。

From 2010, arts performance troupes included folk troupes. And before that, arts performance troupes included professional troupes of cultural department only.

18–2 文化和旅游机构及人员(2021年)
Cultural and Tourism Organizations and Personnel (2021)

类别	Item	合计 Total		文化和旅游部门 Ministry of Culture and Tourism		其他部门 Other Department	
		机构（个） Institutions (unit)	人员（人） Personnel (person)	机构（个） Institutions (unit)	人员（人） Personnel (person)	机构（个） Institutions (unit)	人员（人） Personnel (person)
总计	**Total**	**13432**	**150204**	**3351**	**34249**	**10081**	**115955**
艺术表演团体	Art Performance Troupes	675	20096	101	4066	574	16030
艺术表演场馆	Art Performance Places	122	3552	58	1059	64	2493
公共图书馆	Public Libraries	144	2168	144	2168		
文化馆	Cultural Centers	146	2133	146	2133		
文化站	Cultural Stations	2209	9038	2209	9038		
其中：乡镇综合文化站	Cultural Stations in Townships	1862	7637	1862	7637		
艺术展览创作机构	Art Exhibition & Authoring Institutions	44	312	43	256	1	56
文化和旅游部门教育机构	Culture and Tourism Sector Educational Institutions	3	658	3	658		
文化和旅游科研机构	Cultural and Tourism Research Institutes	7	94	7	94		
文化市场经营机构	Cultural Marketing Institutions	7972	58069			7972	58069
文化和旅游行政部门	Culture and Tourism Administration	143	5892	143	5892		
其他文化和旅游机构	Others	208	4505	206	4176	2	329

18-3 艺术业机构和人员
Art Institutions and Personnel

类　别	Item	2020		2021	
		机构（个）Institutions (unit)	人员（人）Personnel (person)	机构（个）Institutions (unit)	人员（人）Personnel (person)
艺术表演团体	**Art Performance Troupes**	**631**	**15987**	**675**	**20096**
话剧、儿童剧、滑稽剧类	Drama,Children's Play and Comedy Troupes	5	300	10	480
歌舞团、音乐类	Song and Dance Troupe, Music	172	4601	164	5328
京剧、昆曲类	Beijing Opera,Kunqu Opera	5	292	6	463
地方戏曲类	Local Opera	241	5623	274	6993
曲艺类	Folk Arts	16	397	32	774
杂技、魔术、马戏类	Acrobatics, Magic and Circus	4	121	10	350
综合性艺术表演团体	Comprehensive Performing Arts Groups	188	4653	179	5708
艺术表演场馆	**Art Performance Places(Theaters and Music Halls)**	**110**	**2790**	**122**	**3552**
文化和旅游部门教育机构	**Culture and Tourism Sector Educational Institutions**	**4**	**785**	**3**	**658**
文化和旅游科研机构	**Cultural and Tourism Research Institutes**	**7**	**90**	**7**	**94**

18-4 出版发行、文物、图书馆、群众文化业机构人员(2021年)

Number of Institutions and Personnel in Publishing and Distribution, Cultural Relics, Libraries and Mass Culture (2021)

类别	Item	合计 Total		文化部门 Culture Department		其他部门 Other Department	
		机构(个) Institutions (unit)	人员(人) Personnel (person)	机构(个) Institutions (unit)	人员(人) Personnel (person)	机构(个) Institutions (unit)	人员(人) Personnel (person)
出版发行事业	**Publishing and Distribution**						
图书	Books Published	13	1454				
报纸	Newspaper Published	71	5041				
杂志	Magazines Published	253	1539				
音像出版(不含电子出版权)	Audio-visual Publishing (Excluding Electronic Publishing Rights)	6	102				
音像电子出版(含两个出版权)	Audiovisual Electronic Publishing (Including Two Publishing Rights)						
复制	Copy	1	41				
出版物印刷	Publication to Print	478	17319				
发行(邮政不计入)	Distribution(Postal Service Excluded)	5364	20760				
印刷物质供销	Print Material Supply and Marketing	1	160				
文物事业	**Cultural Relics**	**328**	**5788**	**291**	**4709**	**37**	**1079**
文物保护管理机构	Protection and Management Agencies	39	586	39	586		
博物馆	Museums	162	4100	125	3021	37	1079
文物科研机构	Relics Scientific Research Institutions	8	220	8	220		
文物行政部门	Cultural Heritage Administration Department	117	870	117	870		
其他文物机构	Others	2	12	2	12		
图书馆事业	**Libraries**	**144**	**2168**	**144**	**2168**		
群众文化服务	**Mass Culture**						
文化馆	Cultural Centers	146	2133	146	2133		
文化站	Cultural Stations	2209	9038	2209	9038		

注：文物保护管理机构的人员包含文物行政主管机关中文物事业编制的人员。

Protection and management agencies include administrative departments and other agencies.

18–5 图书、杂志、报纸出版情况
Statistics on Books, Magazines and Newspapers Published

年份 Year	图书 Books Published			杂志 Magazines Published			报纸 Newspaper Published		
	种数（种）Number of Publica-tions(kind)	总印数（万册）Printed Copies (10 000 copies)	总印张（亿印张）Printed Sheets (100 million sheets)	种数（种）Number of Publica-tions(kind)	总印数（万册）Printed Copies (10 000 copies)	总印张（亿印张）Printed Sheets(100 million sheets)	种数（种）Number of Publica-tions(kind)	总印数（万份）Printed Copies (10 000 copies)	总印张（亿印张）Printed Sheets (100 million sheets)
1995	2357	33677	14.90	208	7768	1.75	63	62425	6.90
2000	3156	24844	12.37	244	10504	2.11	95	83467	12.75
2001	3346	23808	12.70	251	10051	2.27	109	92273	18.65
2002	3504	32600	18.10	263	11207	2.66	109	95198	21.59
2003	3702	29556	16.80	269	12577	3.20	106	113514	31.50
2004	3896	30525	16.11	247	19133	3.96	86	104165	34.60
2005	4068	33238	17.99	233	11708	4.20	88	106428	34.87
2006	4163	27946	15.96	244	9957	3.35	61	103489	38.06
2007	4354	31310	17.39	237	8849	3.72	85	110207	38.77
2008	5095	28094	18.72	235	9063	3.52	84	104235	40.14
2009	5938	26192	17.22	240	11508	5.45	86	126807	45.02
2010	7396	31153	18.71	247	12762	5.82	88	129101	54.52
2011	9949	34528	22.40	248	12584	5.63	87	122640	46.11
2012	10823	36290	24.10	248	12680	5.59	87	131889	52.57
2013	11418	35803	24.67	247	12991	2.66	86	134113	52.70
2014	10931	42194	29.89	247	13442	6.28	48	136738	51.45
2015	11364	48545	37.66	248	14099	6.86	48	133554	47.86
2016	12618	51704	39.32	250	13966	6.41	48	98425	28.30
2017	12219	45901	38.48	253	11684	5.44	48	92913	23.38
2018	9805	45340	39.44	253	8768	4.33	48	84801	20.64
2019	10397	48747	41.38	254	9451	4.70	47	79440	18.98
2020	10167	48269	40.49	254	9549	4.43	44	72306	16.28
2021	11045	50978	43.91	253	9218	4.25	43	66948	15.64

注：图书种数不包括租型图书。
The total collection books excludes the books for rental.

18-6 广播、电视事业情况
Statistics on Broadcasting and Television Stations

项　目	Item	2000	2010	2020	2021
广播电视从业人员　（万人）	**Number of Employees of Broadcasting and Television (10 000 persons)**	**2.32**	**3.30**	**4.79**	**4.71**
广播电视台　（座）	**Radio and Television Station (set)**			**104**	**104**
广播	**Broadcasting**				
广播电台数　（座）	Number of Broadcasting Stations (set)	11	13		
广播电台节目套数　（套）	Number of Broadcasting Program (set)	53	97	120	120
平均每日公共广播节目播出时间（小时）	Public Service Broadcasting Hours Per Day (hour)	483	917	1441	1462
中、短波转播发射台数　（座）	Transmission and Relaying Stations of Medium and Short Ware Broad Cast (set)	25	25	18	18
中、短波发射机　（部）	Medium Wave and Short Wave Broadcast Transmitters (set)	36	46	54	54
中、短波发射机功率（千瓦）	Power of Medium and Short Wave Broadcast Transmitters (kw)	579	591	542	686
覆盖率　（%）	Listener-coverage Rate (%)	81.46	91.99	99.37	99.42
电视	**Television**				
电视台数　（座）	Number of Television Stations (set)	16	15	4	4
电视节目套数　（套）	Number of Television Program (set)	33	139	144	137
平均公共电视节目每周播出时间（小时）	Public Service Television Hours Per Week (hour)	2338	13740	15053	15342
调频、电视转播发射台　（座）	FM and TV Transmitting Station (set)	542	195	134	133
电视发射机　（部）	Television Transmitters (set)	720	403	393	399
电视发射机功率　（千瓦）	Power of Television Transmitters (kw)	291.00	434.37	368.07	371.57
覆盖率　（%）	Viewer-coverage Rate (%)	91.38	96.43	99.74	99.75

注：1. 根据国家广电总局修订的《广播电视和网络视听统计调查制度》，2019 年起，广播电台、电视台以呼号编码进行区分。
2. 2020 年报专门对调频、电视转播发射台情况进行了调查，按实际地址进行计算。

a. According to the Radio, Television and Internet Audio-visual Survey System, revised by the State Administration of Press, Publication, Radio, Film and Television (SARFT), starting in 2019.

b. The 2020 annual report specifically investigated the situation of FM and TV transmission stations, and calculated according to the actual address.

18-7 卫生事业基本情况
Basic Statistics on Health Institutions

年份 Year	卫生机构数（个）Number of Health Institutions (unit)	#医院、卫生院 Hospitals	卫生机构床位数（万床）Number of Beds in Health Institution (10 000 beds)	#医院、卫生院 Hospitals	卫生技术人员数（万人）Medical Technical Personnel (10 000 persons)	#医生 Doctors	每千人口拥有 Per 1000 Persons: 床位数（张）Number of Beds (bed)	每千人口拥有 Per 1000 Persons: 执业（助理）医师数（人）Number of Professional (Assistant) Doctors (person)
1949	239	113	0.39	0.27	1.69	1.48	0.13	0.50
1950	264	123	0.39	0.28	1.67	1.48	0.13	0.48
1951	443	130	0.52	0.39	1.81	1.52	0.16	0.48
1952	2531	149	0.64	0.48	2.39	1.67	0.20	0.51
1953	3209	153	0.64	0.48	2.79	1.82	0.19	0.54
1954	3966	164	0.65	0.48	3.70	2.19	0.19	0.64
1955	4587	176	0.69	0.51	4.37	2.69	0.20	0.78
1956	7741	235	0.87	0.61	5.22	2.73	0.25	0.78
1957	8079	330	1.04	0.67	5.53	2.83	0.29	0.79
1958	12705	5307	5.00	1.75	6.44	3.04	1.36	0.83
1959	22495	5370	4.95	1.66	6.76	3.24	1.34	0.88
1960	21987	4289	5.01	2.35	6.97	3.29	1.40	0.92
1961	18517	3390	4.12	2.44	7.08	3.43	1.17	0.98
1962	12118	416	2.67	2.25	6.29	3.33	0.74	0.93
1963	11613	388	2.63	2.29	6.39	3.34	0.71	0.90
1964	11240	395	2.88	2.28	6.24	3.31	0.76	0.87
1965	11124	484	3.11	2.44	6.28	3.34	0.80	0.86
1966	10424	1014	3.68	2.69	6.29	3.24	0.92	0.81
1967	6285	3983	4.06	2.55	6.11	3.11	0.99	0.75
1968	6161	3945	4.27	2.45	6.25	3.31	1.01	0.78
1969	6144	4026	4.62	2.52	6.29	3.36	1.06	0.77
1970	7056	4447	5.83	3.31	6.54	3.54	1.30	0.79
1971	7042	4280	6.63	3.73	7.10	3.62	1.44	0.79
1972	7372	4264	7.28	4.96	7.95	3.72	1.55	0.79
1973	7898	4309	7.93	3.75	8.53	4.14	1.65	0.86
1974	8239	4340	8.67	4.02	9.26	4.43	1.77	0.90
1975	8707	4365	9.36	4.34	10.04	4.85	1.88	0.97
1976	8987	4383	9.88	4.45	10.73	5.23	1.95	1.03
1977	9259	4397	10.49	5.25	11.20	5.23	2.05	1.02
1978	9477	4374	11.14	5.52	11.54	5.38	2.16	1.04
1979	9753	4387	11.56	5.93	12.54	5.80	2.21	1.11
1980	9871	4402	11.58	6.05	13.16	5.88	2.19	1.11
1981	10222	4375	11.26	6.11	13.96	6.20	2.10	1.16
1982	10262	4334	11.41	6.28	14.29	6.40	2.09	1.17
1983	10324	4335	11.54	6.45	14.84	6.59	2.10	1.20
1984	10507	4357	11.80	6.75	15.26	6.76	2.12	1.22
1985	10552	4226	11.93	6.97	15.54	6.90	2.12	1.23
1986	10352	4112	12.22	7.35	15.81	6.91	2.15	1.21
1987	10392	4132	12.69	7.76	16.28	7.06	2.20	1.22

18−7 续表 Continued

年份 Year	卫生机构数（个） Number of Health Institutions (unit)	#医院、卫生院 Hospitals	卫生机构床位数（万床） Number of Beds in Health Institution (10 000 beds)	#医院、卫生院 Hospitals	卫生技术人员数（万人） Medical Technical Personnel (10 000 persons)	#医生 Doctors	每千人口拥有 Per 1000 Persons 床位数（张） Number of Beds (bed)	执业（助理）医师数（人） Number of Professional (Assistant) Doctors (person)
1988	10376	4114	12.93	8.12	16.89	7.83	2.19	1.32
1989	10492	4197	13.16	8.32	17.27	8.15	2.19	1.36
1990	10552	4191	13.36	8.48	17.63	8.26	2.19	1.35
1991	10557	4219	13.52	8.67	17.81	8.17	2.19	1.33
1992	10579	4229	13.65	8.85	18.29	8.23	2.20	1.43
1993	9604	4187	13.64	9.03	18.38	8.13	2.18	1.30
1994	9931	4314	13.42	8.92	18.98	8.39	2.13	1.33
1995	9137	3879	13.52	9.04	19.25	8.46	2.13	1.33
1996	9031	3423	13.36	9.08	20.22	9.57	2.08	1.41
1997	9177	3349	13.47	9.24	20.56	10.61	2.08	1.64
1998	9711	3318	13.43	9.28	21.25	9.32	2.07	1.43
1999	4259	3359	14.00	13.46	19.50	8.00	2.23	1.29
2000	4286	3339	14.34	13.21	19.88	8.80	2.19	1.35
2001	4205	3335	14.62	13.43	19.89	8.90	2.20	1.35
2002	4272	3332	14.00	13.00	19.00	8.00	2.16	1.19
2003	4016	3348	14.49	13.00	18.95	7.90	2.18	1.20
2004	4039	3340	14.79	13.70	18.89	7.90	2.21	1.19
2005	4097	3324	15.22	14.16	18.94	7.99	2.26	1.19
2006	4082	3242	16.02	14.97	19.00	8.05	2.37	1.19
2007	14521	3165	17.24	16.17	22.06	9.25	2.53	1.35
2008	14455	3111	18.79	17.47	23.21	9.63	2.75	1.41
2009	14374	3103	21.20	19.73	24.81	10.07	3.07	1.46
2010	14175	3066	23.33	21.59	26.26	10.42	3.29	1.47
2011	14266	3096	26.14	24.20	27.55	10.59	3.96	1.61
2012	14225	3092	29.44	26.78	29.71	11.67	4.43	1.76
2013	17364	3226	31.70	29.25	32.34	12.74	4.74	1.91
2014	16872	3318	35.55	33.05	34.14	13.34	5.28	1.98
2015	17824	3470	39.65	36.85	37.08	15.08	5.84	2.22
2016	16717	3534	42.81	39.56	39.27	16.07	6.28	2.36
2017	16500	3542	45.22	41.99	41.56	17.31	6.59	2.52
2018	16262	3764	48.46	45.02	43.76	18.10	7.02	2.62
2019	57232	3789	50.63	47.07	50.24	19.05	7.32	2.75
2020	56042	3796	51.98	48.43	50.00	19.04	7.82	2.87
2021	55677	3815	53.23	49.61	50.61	19.25	8.04	2.91

注：1. 2002 年及以后卫生机构数为登记注册数，医生系执业（助理）医师数。机构数不含村卫生室。

2. 2007 年起卫计委网络直报数据包含了诊所、医务室、卫生所、社区服务站；而 2007 年以前是没有包括的。

3. 2019 年起卫生机构数为登记注册数，机构数包含村卫生室。

a. Number of health institutions since 2002 are the number of registration, doctors refer to the certified (assistant) doctors.

b. The Direct Network Report from the National Health Commission of the People's Republic of China data includes outpatient departments, medical stations clinics, health service centers since 2007. But before 2007, has not included.

c. Since 2019, the number of health institutions has been registered, including village clinics.

18-8 各类卫生机构、床位和人员(2021年)

项 目	Item	机 构（个）Number of Institutions (unit)	床位数（张）Number of Reality Beds (bed)
总 计	**Total**	**55677**	**532278**
医院	Hospitals	1716	389837
综合医院	General Hospitals	848	230041
中医医院	Hospitals of Chinese Medicine	211	63730
中西医结合医院	Hospitals of Traditional Chinese and Western Medicine	35	3459
民族医院	National Hospitals	1	40
专科医院	Specialized Hospitals	608	90962
口腔医院	Hospitals for Oral Cavity Diseases	70	978
眼科医院	Ophthalmology Hospitals	67	3249
耳鼻喉科医院	Otorhinolaryngology Hospitals	11	682
肿瘤医院	Tumor Hospitals	11	5841
心血管病医院	Cardiovascular Hospitals	4	558
妇产（科）医院	Hospitals for Maternity and Child Care	43	3135
儿童医院	Children's Hospitals	3	1661
精神病医院	Mental Hospitals	124	47322
传染病医院	Hospitals for Infectious Diseases	2	575
皮肤病医院	Hospitals for Occupational Diseases	13	426
结核病医院	Tuberculosis Hospitals	1	896
骨科医院	Orthopaedics Hospitals	37	3711
康复医院	Rehabilitation Hospitals	57	10280
整形外科医院	Plastic Hospitals	2	20
美容医院	Cosmetic Hospitals	22	435
其他专科医院	Other Specialized Hospitals	141	11193
社区卫生服务中心（站）	Health Service Center and Station for Community	970	18164
卫生院	Health Centers	2099	106303
村卫生室	The Village Health Room	37078	
门诊部	Clinics	1008	460
诊所、卫生所、医务室	Outpatient Departments, Clinics and Medical Stations	12199	
急救中心（站）	First-aid Stations	4	
采供血机构	Institutions for Collection and Supply of Blood	18	
妇幼保健院（所、站）	Maternity and Child Care Centers	137	13584
专科疾病防治院（所、站）	Specialized Disease Prevention and Treatment Institute	78	3750
疾病预防控制中心	Disease Prevention & Control Centers	144	
卫生监督所（中心）	Medical Supervision Institutes	136	
医学科学研究机构	Research Institutes of Medical Sciences	1	
医学在职培训机构	Medical In-service Training Institute	1	
健康教育所（站、中心）	Health Education Institute (Station, Centre)	3	
其他卫生机构	Other Health Care Institutions	68	180

Health Care Institutions, Beds and Personnel by Type (2021)

卫生工作人员（人） Health Personnel (person)	#卫生技术人员 Medical Technical Personnel	执业（助理）医师 Professional (Assistant) Doctors	执业医师 Doctors	注册护士 Senior Nurse & Nurse	药师（士） Pharmacist	技师（士） Laboratory Technician	卫生监督员 Health Supervisor	其他 Others
619806	**506134**	**192493**	**152837**	**239222**	**22387**	**28673**	**2731**	**20628**
369389	313067	101997	94343	168257	13791	18514		10508
240208	207670	67793	63534	113434	8067	11929		6447
65255	56468	19164	17892	28286	3648	3374		1996
3155	2580	821	641	1380	132	168		79
32	27	11	5	11	1	4		
60246	46056	14104	12191	25026	1929	3018		1979
3414	2606	1102	919	1306	32	79		87
5428	3456	933	783	1974	135	175		239
538	433	146	113	225	20	26		16
5626	4831	1463	1403	2615	236	388		129
542	464	163	157	251	25	23		2
4461	3355	1169	1008	1682	137	283		84
2048	1824	527	525	1053	79	113		52
16199	12050	3389	2854	7079	531	559		492
557	441	123	111	236	32	43		7
459	380	131	104	180	30	23		16
609	532	179	179	269	20	43		21
3125	2524	737	546	1252	92	171		272
6532	5152	1533	1357	2621	199	590		209
150	136	50	40	76	6	4		
1387	767	277	248	430	32	24		4
9171	7105	2182	1844	3777	323	474		349
26354	22954	9445	6997	9963	1364	1176		1006
88811	76973	32674	17535	28605	4973	4186		6535
44709	14983	12959	3520	1887	137			
10814	8801	4335	3624	3827	180	282		177
31431	29793	16976	14346	11450	637	178		552
101	68	25	24	42				1
1773	1334	141	113	867	7	298	1	20
28760	24776	9182	8390	11969	942	2030		653
3120	2321	983	759	930	108	195		105
9663	7198	3548	3003	946	233	1572	10	889
3289	2826						2720	106
11	8	3	2	1	3			1
11	3	2	1		1			
35	6	5	5	1				
1465	959	176	153	463	11	240		69

18-9 医疗机构运营情况(2021年)
Basic Statistics of Operation on Health Care Institutions (2021)

类别	Item	诊疗人次（人次） Number of Patients Treated (person-time)	#门诊、急诊人次 Out-patients and Emergency Patients	病床周转次数（次） Turn Over of Beds (time)	病床工作日（天） Days Per Bed in Use (day)	病床使用率（%） Utilization Rate of Beds (%)
总　计	**Total**	**301255142**	**276114709**	**30.0**	**266.1**	**72.9**
医院	**Hospitals**	**121763057**	**116962694**	**28.8**	**283.1**	**77.6**
综合医院	General Hospitals	87685759	84814876	33.5	282.0	77.3
中医医院	Hospitals of Chinese Medicine	19902389	19209457	31.0	292.7	80.2
中西医结合医院	Hospitals of Traditional Chinese and Western Medicine	734151	677197	23.6	204.4	56.0
民族医院	National Hospitals	8363	8363	30.8	196.7	53.9
专科医院	Specialized Hospitals	13388940	12229638	14.5	282.7	77.5
口腔医院	Hospitals for Oral Cavity Diseases	1509762	1466864	25.5	87.2	23.9
眼科医院	Ophthalmology Hospitals	1998334	1879277	35.2	136.6	37.4
耳鼻喉科医院	Otorhinolaryngology Hospitals	80220	71724	24.5	189.5	51.9
肿瘤医院	Tumor Hospitals	1218149	1205585	44.7	372.2	102.0
心血管病医院	Cardiovascular Hospitals	193888	190379	28.7	284.2	77.9
妇产（科）医院	Hospitals for Maternity and Child Care	1190552	1058325	21.0	136.0	37.3
儿童医院	Children's Hospitals	1404786	1404786	36.1	286.2	78.4
精神病医院	Mental Hospitals	1838862	1727633	5.5	324.7	89.0
传染病医院	Hospitals for Infectious Diseases	79117	76598	18.6	188.9	51.8
皮肤病医院	Hospitals for Occupational Diseases	79601	71634	19.1	168.4	46.1
结核病医院	Tuberculosis Hospitals	107926	88112	38.3	463.5	127.0
骨科医院	Orthopaedics Hospitals	484573	456423	23.5	236.1	64.7
康复医院	Rehabilitation Hospitals	720113	580106	11.7	255.4	70.0
整形外科医院	Plastic Hospitals	9575	9575	44.1	202.8	55.6
美容医院	Cosmetic Hospitals	359692	345852	30.5	81.0	22.2
其他专科医院	Other Specialized Hospitals	2113790	1596765	20.1	176.9	48.5
护理院	Nursing Home	43455	23163	8.2	173.4	47.5
疗养院	Sanatorium	1341	1341	42.6	195.0	53.4
社区卫生服务中心（站）	**Health Service Center for Community**	**21236593**	**19632860**	**24.8**	**190.0**	**52.1**
卫生院	**Health Centers**	**56236216**	**49543650**	**34.4**	**222.2**	**60.9**
村卫生室	**The Village Health Room**	**56746048**	**48391385**			
门诊部	**Clinics**	**3819634**	**2870964**			
妇幼保健院（所、站）	**Maternity and Child Care Centers**	**12980680**	**12819789**	**40.2**	**214.3**	**58.7**
专科疾病防治院（所、站）	**Specialized Disease Prevention and Treatment Institute**	**652670**	**593574**	**17.1**	**272.9**	**74.8**

18-10 诊所、卫生所、医务室基本情况(2021年)
Statistics on Clinics, Health Service Stations and Health Center (2021)

项　目		Item		诊　所 Clinics	医务室、卫生所 Health Center and Health-room、Health Service Stations for Community
机构总数	**(个)**	**Number of Institutions**	**(unit)**	**10759**	**1440**
总人员数	**(人)**	**Number of Personnel**	**(person)**	**27771**	**3660**
卫生技术人员		Medical Technical Personnel		26280	3513
执业(助理)医师		Professional (Assistant) Doctors		14995	1981
执业医师		Doctors		12815	1531
注册护士		Registered Nurse		10109	1341
药剂师(士)		Pharmacist		561	76
技师(士)		Skilled Technician		155	23
#检验人员		#Laboratory Technician		77	16
其他		Others		460	92
工勤技能人员		Logistic Personnel		449	18
总收入	**(万元)**	**Annual Income**	**(10 000 yuan)**	**398556.9**	**86745.4**
总支出	**(万元)**	**Annual Expenditure**	**(10 000 yuan)**	**232822.4**	**37031.0**
诊疗人次数	**(万人次)**	**Number of Visits**	**(10 000 person-times)**	**2434.75**	**338.67**

18-11 村卫生室基本情况(2021年)
Statistics on Village Health Center (2021)

项　目		Item		合计 Total	按主办单位分 Grouped by Organizers				
					村办 Village	乡医院设点 Township	联合办 Combine	私人办 Private	其他 Other
机构数	(个)	Number of Institutions	(unit)	37078	24956	1670	923	6082	3447
执业(助理)医师	(人)	Number of Doctors and Assistant Doctors	(person)	12959	9415	745	194	2200	1150
注册护士	(人)	Registered Nurses	(Person)	1887	1127	110	14	585	161
乡村医生和卫生员	(人)	Number of Village Doctors & Assistants	(person)	29726	20233	1625	600	4689	2579
#乡村医生		#Number of Village Doctors		28981	19798	1511	595	4571	2506
卫生员		Health Professional		745	435	114	5	118	73
总收入	(万元)	Annual Income	(10 000 yuan)	225987.3	153323.7	10363.5	4243.2	37580.6	20476.2
总支出	(万元)	Annual Expenditure	(10 000 yuan)	171372.0	117200.8	7821.4	2965.3	28200.6	15183.9
诊疗人次数	(万人次)	Number of Children Vaccinate	(10 000 person-times)	5674.60	3931.13	203.89	114.14	904.30	521.14

18-12 体育事业情况
Statistics on Sports

项 目	Item	2000	2010	2020	2021
体育系统从业人数 （人）	**Staff and Workers in Sports Commissions (person)**	**5303**	**5341**	**5559**	**6076**
体育场地数 （个）	**Stadiums (unit)**	**37**	**24216**	**149461**	**137617**
体育馆 （个）	**Gymnasiums (unit)**	**55**	**186**	**264**	**262**
游泳跳水场（馆） （个）	**Swimming and Diving (Pavilion) (unit)**	**111**	**180**	**784**	**952**
举办县级以上运动会 （次）	**Number of Sports Meets Above County Level (time)**	**1705**	**436**	**208**	**453**
等级运动员发展人数 （人）	**Number of Athletes in Grades (person)**	**5175**	**1295**	**1833**	**2183**
#国际级运动健将	#International Master of Sports	2	2	1	2
国家级运动健将	National Master of Sports	31	17	45	48
一 级	First Grade Sportsmen	13	277	446	512
二 级	Second Grade Sportsmen	890	998	1335	1619
三 级	Third Grade Sportsmen	2191			
少年级	Juvenile Grade Sportsmen	2048			
等级裁判员发展人数 （人）	**Number of Referees in Grades (person)**	**4173**	**2901**	**6608**	**4212**
#国家级裁判员	#National Referees	21	33		
打破纪录情况 （人/次/项）	**Basic Situation of Records Chalked Up (person/time/event)**				
#世界纪录	#World Records	3/1/5	2/3/3		
亚洲纪录	Asia Records		2/3/3		
全国纪录	National Records	1/1/1	36892	2/4/2	5/8/8
获奖情况 （枚）	**Basic Situation of Medallion Won (piece)**				
参加全国比赛获奖	National Competitions			103	133
#金 牌	#Gold-plate	32	44	34	58
银 牌	Silver-plate	36	21	40	40
铜 牌	Copper-plate	36	52	29	35
参加国际比赛获奖	International Competitions				27
#金 牌	#Gold-plate	12	22		16
银 牌	Silver-plate	7	12		7
铜 牌	Copper-plate	6	6		4

注：1. 参加全国比赛指参加全国性的成人竞技比赛。参加国际比赛指参加世界锦标赛、世界杯赛、奥运会、亚洲锦标赛和亚运会。
2. 奖牌数包括我省运动员参加国家队集体项目所得的奖牌。
3. 从2002年起，等级运动员不含三级和少年级运动员。

a. National games refer to nation-wide adult athletics. International games include the world championship, the world cup, the Olympics,the Asia championship and the Asian Games.

b. The number of medals includes that of medals won by athletes of our province in national collective events.

c. The number of athletes in grades excludes third grade sportsmen and juvenile grade sportsmen since 2002.

主要统计指标解释

广播／电视节目综合人口覆盖率 指根据国家广播电视总局制定的《广播电视人口覆盖率统计技术标准和方法》进行统计调查的，在对象区内能接收到由中央、省、地市或县通过无线、有线或卫星等各种技术方式转播的各级广播／电视节目的人口数占对象区总人口数的百分比。

艺术表演团体 指由文化部门主办或实行行业管理（经文化行政部门审批并领取营业性演出许可证），专门从事表演艺术等活动的各类专业艺术表演团体，含民间职业剧团。不包括群众业余文艺表演团队。

艺术表演场馆 指由文化部门主办或实行行业管理（向文化行政部门备案或领取合资／合作演出场所许可证），有观众席、舞台、灯光设备，公开售票、专供文艺团体演出的文化活动场所。

文化市场经营机构 指经文化市场行政部门审批或备案并领取相关许可或备案文件的、从事文化经营和文化服务活动的机构。

医疗卫生机构 指从卫生（卫生计生）行政部门取得《医疗机构执业许可证》《中医诊所备案证》《计划生育技术服务许可证》，或从民政、工商行政、机构编制管理部门取得法人单位登记证书，为社会提供医疗服务、公共卫生服务或从事医学科研和医学在职培训等工作的单位。医疗卫生机构包括医院、基层医疗卫生机构、专业公共卫生机构、其他医疗卫生机构。

医院 包括综合医院、中医医院、中西医结合医院、民族医院、各类专科医院和护理院，不包括专科疾病防治院、妇幼保健院和疗养院，包括医学院校附属医院。

基层医疗卫生机构 包括社区卫生服务中心、社区卫生服务站、街道卫生院、乡镇卫生院、村卫生室、门诊部、诊所（医务室）。

专业公共卫生机构 包括疾病预防控制中心、专科疾病防治机构、妇幼保健机构（含妇幼保健计划生育服务中心）、健康教育机构、急救中心（站）、采供血机构、卫生监督机构、取得《医疗机构执业许可证》或《计划生育技术服务许可证》的计划生育技术服务机构。

卫生人员 指在医院、基层医疗卫生机构、专业公共卫生机构及其他医疗卫生机构工作的职工，包括卫生技术人员、乡村医生和卫生员、其他技术人员、管理人员和工勤人员。一律按支付年底工资的在岗职工统计，包括各类聘任人员（含合同工）及返聘本单位半年以上人员，不包括临时工、离退休人员、退职人员、离开本单位仍保留劳动关系人员、本单位返聘和临聘不足半年人员。

卫生技术人员 包括执业医师、执业助理医师、注册护士、药师（士）、检验技师（士）、影像技师、卫生监督员和见习医（药、护、技）师（士）等卫生专业人员。不包括从事管理工作的卫生技术人员（如院长、副院长、党委书记等）。

执业医师 指《医师执业证》“级别”为“执业医师”且实际从事医疗、预防保健工作的人员，不包括实际从事管理工作的执业医师。执业医师类别分为临床、中医、口腔和公共卫生四类。

执业助理医师 指《医师执业证》“级别”为“执业助理医师”且实际从事医疗、预防保健工作的人员，不包括实际从事管理工作的执业助理医师。执业助理医师类别分为临床、中医、口腔和公共卫生四类。

每千人口卫生技术人员 每千人口卫生技术人员＝卫生技术人员数／人口数 ×1000。人口数系年末常住人口。

每千人口执业（助理）医师 每千人口执业（助理）医师＝（执业医师数＋执业助理医师数）／人口数 ×1000。人口数系年末常住人口。

床位数 指年底固定实有床位（非编制床位），包括正规床、简易床、监护床、超过半年加床、正在消毒和修理床位、因扩建或大修而停用的床位，不包括产科新生儿床、接产室待产床、库存床、观察床、临时加床和病人家属陪侍床。

每千人口医疗卫生机构床位 每千人口医疗卫生机构床位＝医疗卫生机构床位数／人口数 ×1000。人口数系年末常住人口。

Explanatory Notes on Main Statistical Indicators

Population Coverage Rate of Radio/Television Programs refers to the percentage of population in the target region who can receive radio/television programmes transmitted by national, provincial, municipal or county stations through wireless, cable or satellite techniques, according to Statistical Standard and Method on Television and Radio Coverage of Population established by the State Administration of Radio and Television.

Arts Performance Troupes refer to the various professional performing arts groups, sponsored by the cultural departments or guided by the cultural societies (approved by the cultural administration authority, or permitted with the commercial performance certificate), including non-public troupes. The mass amateur arts performance troupes are not included.

Arts Performance Venues refer to the various venues for cultural activities, which are sponsored by the cultural departments or guided by the cultural societies (registered in the cultural market administration, or permitted with the cooperative performance certificate), with the facility of auditorium, stage and lighting, and selling tickets to the public.

Institutions of Cultural Market Management refer to the institutions engaged in cultural management and cultural services, with registration and permits certificate and documents from cultural market administration.

Health Care Institutions refer to the units which have been qualified with the Certification of Health Care Institution, filing certificate of traditional Chinese medicine clinic, certification of family planning technical service by the administration of health (family planning), or qualified with the Certification of Corporate Unit by the civil affairs, administration for industry and commerce, and engaging in medical care services, public health services, or medicine research and on-job training, etc., including: hospitals, health care institutions at grass-root level, specialized public health institutions, and other health care institutions.

Hospitals include general hospitals, traditional Chinese medicine hospitals, hospitals of integrated traditional Chinese and western medicine, nationalities hospitals, specialized hospitals and nursing hospitals, as well as affiliated hospitals of medical colleges, excluding specialized disease prevention and treatment institutes, maternal and child health centers and convalescent hospitals.

Health Care Institutions at Grass-root Level include community health service centers, community health service stations, sub-district health centers, township health centers, village clinics, outpatient departments and clinics.

Specialized Public Health Institutions include CDC, specialized disease prevention and treatment institutions, maternal and children health centers (including maternal and children health care and family planning service centers), health education institutions, emergency centers (first-aid stations), blood gathering and supplying institutions, health inspection institutions, and family planning technical service institutions that obtained the Certification of Health Care Institution or certification of family planning technical service.

Health Personnel refer to all employees engaged in the health care institutions, such as hospitals, health care institutions at grass-root level, specialized public health institutions, and other health care institutions, including health technical personnel, village doctors and assistants, other technical personnel, administrative staffs and logistics technical workers. Data are based on the year end payroll, including personnel employed (including contract workers) and re-employed after retirement by the institution for more than 6 months, excluding temporary workers, retired personnel, resigned personnel, personnel who have left the institution but kept the contract relation and personnel who are re-employed after retirement or temporarily employed for less than 6 months.

Health Technical Personnel refer to the professional staff engaged in health care, including licensed physicians and physician assistants, registered nurses, pharmacists, laboratory and imaging technicians, health care supervisors and intern doctors, pharmacists, nurses, and technical personnel, excluding health technical personnel engaged in management (e.g. president, vice president and secretary of the party committee etc).

Licensed Physicians refer to the medical workers with licenses of qualified doctors and are employed in medical treatment, disease prevention or healthcare institutions, excluding the licensed doctors engaged in management. The physicians are divided into 4 categories: clinician, Chinese medicine, stomatology and public health.

Licensed Physician Assistants refer to the medical workers with licenses of qualified assistant doctors and are employed in medical treatment, disease prevention or healthcare institutions, excluding the licensed assistant doctors engaged in management. Physician assistants are divided into 4 categories: clinician, Chinese medicine, stomatology and public health.

Number of Health Technical Personnel per 1000 Population The formula is:

Number of health technical personnel per 1000 population = number of health technical personnel / population *1000

The population refer to permanent population at year-end.

Number of Licensed Physicians & Physician Assistants

per 1000 Population The formula is:

Number of licensed physicians & physician assistants per 1000 population = (number of licensed physicians + number of licensed physician assistants) / population *1000

The population refer to permanent resident population at year-end.

Number of Beds refer to the actual fixed beds (not the authorized beds) at year-end, including regular beds, simple beds, monitoring beds, extra bed over 6 months, beds under disinfection or repairing, beds deactivated due to expansion or overhaul, not including neonatal beds, pre-delivery beds, inventory beds, observation beds, temporary beds and family accompany beds.

Number of Beds of Health Care Institutions per 1000 Population the formula is:

Number of beds of health care institutions per 1000 population = number of beds of health care institutions / population *1000

The population refer to permanent resident population at year-end.

党群、政法和社会服务

Party and Mass, Politics and Law, Social Service

资料整理人员：肖首雄　　甘杨辉

19-1　历届省人民代表大会的代表人数

Number of Deputies to All the Previous Provincial People's Congress

单位：人　　(person)

项　目	Item	代表总数 Total Number of All Deputies	# 女性代表 Female Deputies	占代表总数（%） As Percentage to Total (%)	# 少数民族代表 Deputies From National Minorities	占代表总数（%） As Percentage to Total (%)
第一届（1954）	First Congress (1954)	552	36	6.5	9	1.6
第二届（1958）	Second Congress (1958)	552	36	6.5	9	1.6
第三届（1964）	Third Congress (1964)	662	148	22.4	57	8.6
省革命委员会（1968）	The Provincial Revolutionary Committee (1968)	160				
第五届（1977）	Fifth Congress (1977)	1252	274	21.9	72	5.8
第六届（1983）	Sixth Congress (1983)	988	225	22.8	84	8.5
第七届（1988）	Seventh Congress (1988)	874	210	24.0	78	8.9
第八届（1993）	Eighth Congress (1993)	870	191	22.0	87	10.0
第九届（1997）	Ninth Congress (1997)	763	175	22.9	85	11.1
第十届（2003）	Tenth Congress (2003)	772	149	19.3	82	10.8
第十一届（2007）	Eleventh Congress (2007)	774	149	19.3	82	10.8
第十二届（2012）	Twelfth Congress (2012)	768	130	16.9	83	10.8
第十三届（2018）	Thirteenth Congress (2018)	764	207	27.1	97	12.7

注：1968 年省革命委员会召开了全体委员会议，代表人数为委员人数。

The plenary meeting was held by the provincial revolutionary committee in 1968, and the number of delegates was that of committee members.

19-2　历届省政治协商会议的委员人数

Number of Deputies to All the Previous Provincial People's Political Consultative Conferences

单位：人　　(person)

项　目	Item	委员总数 Total Number of All Deputies	# 中国共产党代表 Deputies from the Communist Party of China	占代表总数（%） As Percentage to Total (%)	# 少数民族代表 Deputies From National Minorities	占代表总数（%） As Percentage to Total (%)
第一届（1955）	First Congress (1955)	175	39	22.3	6	3.4
第二届（1959）	Second Congress (1959)	396	131	33.1	15	3.8
第三届（1964）	Third Congress (1964)	398	134	33.7	20	5.0
第四届（1977）	Fourth Congress (1977)	500	222	44.4	26	5.2
第五届（1983）	Fifth Congress (1983)	732	270	36.9	38	5.2
第六届（1988）	Sixth Congress (1988)	703	280	39.8	58	8.3
第七届（1993）	Seventh Congress (1993)	724	288	39.8	61	8.4
第八届（1997）	Eighth Congress (1997)	716	280	39.1	70	9.8
第九届（2003）	Ninth Congress (2003)	728	281	38.6	72	10.6
第十届（2007）	Tenth Congress (2007)	750	289	38.5	65	8.7
第十一届（2012）	Eleventh Congress (2012)	749	278	37.1	69	9.2
第十二届（2018）	Twelfth Congress (2018)	751	281	37.4	73	9.7

19−3 工会工作情况
Labor Union Work

项　目	Item	2000	2010	2020	2021
工会基层组织个数（万个）	Number of Grassroots Unions (10 000 unit)	4.10	9.01	14.87	12.51
工会会员人数（万人）	Union Membership (10 000 persons)			1168.92	1065.98
其中：女性	# Female			421.14	394.99
已建工会组织的基层单位在岗职工人数（万人）	Number of Staff and Workers in Grassroots Unions (10 000 persons)	487.00	1067.85	1279.00	1125.61
已建工会组织的基层单位会员数（万人）					1065.98
工会专职干部数（万人）	Full-time Cadres (10 000 persons)	2.14	4.41	6.34	5.89
其中：女性	# Female				2.53
已建立职代会制度的单位个数（万个）	Number of Units Established With Workers Delegating Congress System (10 000 units)	1.34	2.67	13.97	12.13
本年度提出合理化建议（万件）	Advanced Rationalization Proposals This Year (10 000 pieces)	66.60	17.66	25.57	22.86
实行厂务公开的企业单位（万个）	Implementation of Factory Affairs of the Business Units (10 000 units)			13.69	10.23
签订集体合同的企业单位（万个）	Sign a Collective Contract of the Business Units (10 000 units)			9.42	9.80
建立劳动争议调解组织（万个）	Establish a Labor Dispute Mediation Organizations (10 000 units)			1.71	1.56
建立工会劳动法律监督组织（个）	Number of Units Established With Labor Law Supervision Organization (unit)	6295	6746	22301	16808

19−4 其他社会福利事业单位机构和人员
Institution and Personnel in Social Welfare and Special Care

项　目	Item	机构数（个） Number of Institutions (unit)		职工人数（人） Staff and Workers (person)	
		2020	2021	2020	2021
福利企业单位	**Social Welfare Institutions and Enterprises**				
假肢厂	Artificial Limb Factories	1	1	91	89
安置农场	Placement Farm	2	2	37	37
救助类社会服务机构	**Relief Type of Social Service Agencies**				
救助管理站	Salvation Management Station	103	104	944	957
流浪儿童救助保护中心	The Centers of Salvation and Safeguard Children on the Tramp	20	19	194	168
殡仪事业单位	**Funeral and Interment Institutions**	**144**	**151**	**2652**	**2741**

19-5 提供住宿的社会服务机构基本情况(2021年)

Basic Statistics of Social Service Agencies with Accommodate (2021)

项 目	Item	机构（个）Institution (unit)	职工（人）Staff and Workers (person)	床位（张）Beds (unit)	年末在院、服务人数（人）Number of people in the hospital and serving at the end of the year (person)
民政服务机构总计	**Total Civil Service Agencies**	**2596**	**27302**	**279077**	**124385**
市场监管部门登记的提供住宿单位	Accommodation Units Registered by the Market Supervision Department	212	4310	35578	11339
编制部门提供住宿单位	Compiling Department Provide Accommodation Units	1955	15827	179733	88605
民政部门登记提供住宿单位	Civil Affairs Department Registration Provide Accommodation Units	354	6428	60240	22866
一个机构多块牌子的提供住宿单位	A Multi-brand Residential Unit of an Organization	35	737	3526	1575
在总计中	**Among Total**				
养老机构	Elderly and Disabled Service Agencies	2417	23341	261904	116124
#社会福利院	#City Pension Service Agencies	87	3406	23158	12238
#特困人员供养机构	#Pension Services in Rural Areas	1759	8305	139984	67773
#养老公寓等各类养老机构	#Psychopathic Welfare Homes	571	11630	98762	36113
精神疾病服务机构	Service Organization on Mental Retardation and Mental Illness	12	2277	6702	5022
儿童福利和救助保护机构	Child Welfare Agencies	47	559	4203	1528
其他提供住宿机构	Other Adoption Agencies	120	1125	6268	1711
退役军人	**Veterans**	**209**	**2168**	**4287**	**1690**
复退军人精神病院	Reinstate a Military Psychiatric Hospital				
荣誉军人康复医院	Honorary Military Rehabilitation Hospital	3	661	1300	989
复员军人疗养院	Nursing Home for Ex-servicemen				
光荣院	Glorious Institute	86	502	2987	1149
军休所	Soldier's Rest House	120	1005		9552

注：1. 民政提供住宿机构分为：养老机构，精神疾病服务机构，儿童福利和救助保护机构，其他提供住宿机构这四大类。

2. 我省暂时没有复员军人疗养院，由荣军医院承担复员军人疗养任务，1-4 级残疾军人集中供养。

a. The residential institutions provided by the civil administration are divided into four categories: old-age care institutions, mental illness service institutions, child welfare and rescue and protection institutions, and other residential institutions.

b. There is no convalescent homes for demobilized soldiers,and Rongjun Hospital provides convalescence services for demobilized soldiers soldiers and disabled soldiers of level 1-4.

19–6 社会救济和福利主要费用
Value of Major Social Relief and Welfare Funds

单位：万元 (10 000 yuan)

项　目	Item	2020	2021
社会救助	Social Assistance	1106978.0	1097078.8
其中：城市居民最低生活保障事业费	Among: Funds for Urban Residents Receiving Minimum Income Relief	237857.4	218789.9
农村居民最低生活保障事业费	Funds for Rural Residents Receiving Minimum Income Relief	455920.5	473576.2
其他社会救助	Other Social Assistance	10833.0	11854.5
社会福利事业费	Social Welfare Funds	436256.8	441084.8
民政管理事务事业费	Civil Administration Affairs Funds	181540.0	198469.8
行政事业单位离退休人员经费	Administration Institution Retired Persons Funds	5055.8	4510.4
其他款项用于民政支出	Other Funds Use in the Civil Administration	73855.1	52360.8
抚恤事业费	Commiserate	619478.5	649525.5
退役安置事业费	Settle Down	410820.0	345145.7
医疗救助	Medical Assistance	229617.0	219527.0
自然灾害生活救助资金	Relief Funds for Natural Disasters	66540.0	20565.0

19–7 婚姻登记情况
Basic Statistics on Marriage Registration

项　目		Item		2000	2010	2020	2021
准予登记结婚	**（万对）**	**Registered Marriages**	**(10 000 couples)**	**38.31**	**63.46**	**35.75**	**30.17**
初婚	（万人）	First Marriages	(10 000 persons)	71.77	113.53	52.99	45.42
再婚	（万人）	Remarriages	(10 000 persons)	4.85	13.39	18.51	14.92
离婚人数	**（万对）**	**Number of Divorces**	**(10 000 couples)**	**6.45**	**15.37**	**19.8**	**13.68**
离婚率	（‰）	Divorce Rate	(‰)	1.97	4.39	2.98	2.07

注：数据不包含涉港澳台和涉外的婚姻登记。
The data do not include marriage registrations involving Hong Kong, Macao, Taiwan and foreign nationals.

19-8 律师、公证、调解工作基本情况

Basic Statistics on Lawyers, Notarization and Mediation

项 目		Item		2000	2010	2020	2021
律师工作		**Lawyers**					
律师事务所	（个）	Number of Law Offices	(unit)	352	529	942	992
律师	（人）	Number of Lawyers	(person)	4888	7059	18191	20481
担任法律顾问工作	（家）	Number of Units with Permanent Legal Advisors	(unit)	7899	9310	23606	22401
刑事案件代理及辩护	（件）	Agent & Defender of Criminal Cases	(case)	13664	18804	46565	44193
民事案件诉讼代理	（件）	Agent of Civil Cases	(case)	25820	40756	160950	197317
经济案件诉讼代理	（件）	Agent in Litigation of Economic Cases	(case)			79652	98036
非诉讼法律事务	（件）	Agent of Non-litigious Legal Affairs	(case)	25883	26509	53369	52335
行政案件诉讼代理	（件）	Agent of Administrative Action	(case)	2156	2032	8145	8447
公证工作		**Notarization**					
公证处	（个）	Number of Notary Offices	(unit)	138	121	111	110
公证人员	（人）	Notarization Personnel	(person)	604	620	454	447
出证公证文书	（件）	Number of Show Notarized Documents	(case)	317705	126398	288764	295480
国内经济合同公证	（件）	Notarization of Domestic Economic Contracts	(case)			10708	9611
基层司法工作		**Grassroots Judicial Work**					
基层法律服务所	（个）	Primary Legal Service Office	(person)			502	495
基层法律工作人员	（人）	Grassroots Legal Staff	(person)			3047	2889
人民调解工作		**Number of People's Mediation**					
专职司法助理员	（人）	Number of Full-time Judicial Assistants	(person)	4114	5210	4609	3569
人民调解委员会	（个）	Number of People's Mediation Committees	(person)	57231	54535	33301	32693
调解人员	（人）	Number of Mediators	(person)	723389	254881	140653	129783
调解民间纠纷	（件）	Number of Civil Disputes Mediated	(case)	340612	374123	313370	247077

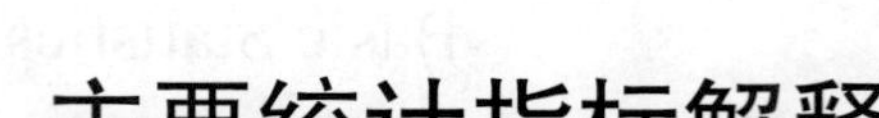

主要统计指标解释

律　师　指依法取得律师执业证书，担任法律顾问，民事（刑事、行政）案件代理人、刑事案件辩护人、办理非诉讼业务，解答法律询问，代写法律事务文书等，为社会提供法律服务的人员。

公证人员　指在公证处工作的人员总称，包括公证处主任、副主任、公证员、公证员助理（助理公证员）和其他从事辅助性工作的人员。

公证文书　指公证处根据当事人申请，依照事实和法律，按照法定程序制作的，具有法律效力的司法证明文书。

调解员　指在人民调解委员会担负调解民间纠纷工作的人员，包括调解委员会的委员和调解小组的调解员。该指标主要反映从事人民调解工作的人员数量。

调解民间纠纷　指调解委员会按照法律规定，根据自愿原则，用说服教育的方法调解民间发生的有关民事权利和义务争执的件数，包括调解成功数和调解未成功数。该指标主要反映人民调解委员会的工作量。

Explanatory Notes on Main Statistical Indicators

Lawyers　are certified legal workers according to law, and who are employed by legal counseling firms to act as legal advisers, agents in criminal or civil lawsuits, or defenders in criminal lawsuits, or to handle non litigious legal affairs, to advise on matters of law or to write legal papers for others, and provide service to the public.

Notary Personnel　refers to people working for notary offices including: directors, deputy directors, notaries, assistant notaries and other people providing assistance.

Notary Documents　refer to the judicial notary documents drawn up at the request of the interested party and are in accordance with facts and the law and following certain legal proceedings.

Mediators　refers to the personnel who are responsible for the mediation of civil disputes in the people's mediation committee, including members of the mediation committee and mediators of mediation teams. The index mainly reflects the number of people engaged in mediation work of the people.

Mediating Civil Disputes　refers to the mediation committee shall, in accordance with the law and on a voluntary basis, use persuade education method on civil rights and obligations dispute mediation folk, the number of successful and unsuccessful mediation including mediation. The index mainly reflects the workload of the people's mediation committee.

区域经济

Regional Economy

资料整理人员：屈雄英　陈晗文　郑一璞　宋　超
赵　宏　张　驰　田杰平　彭　颖
王月松　廖闻菲　王梓权　王　璐

20-1 “长株潭城市群”主要经济指标情况(2021年)
Main Economic Indicators of "Chang-Zhu-Tan City Clusters" (2021)

指 标		Item		绝对值 Value	比上年增长 Increase over 2020 (%)	全省比重 Percentage (%)
常住人口	(万人)	Resident Population	(10 000 persons)	1683.11	0.8	25.4
生产总值	(亿元)	Gross Regional Product	(100 million yuan)	19239.31	7.6	41.8
第一产业增加值		Primary Industry		857.03	9.3	19.8
第二产业增加值		Secondary Industry		8192.82	6.4	45.2
第三产业增加值		Tertiary Industry		10189.46	8.5	43.1
人均地区生产总值	(元)	Per Capita Gross Regional Product	(yuan)	114791	5.8	
固定资产投资	(亿元)	Fixed Assets Investment	(100 million yuan)		7.3	38.9
地方一般公共预算收入	(亿元)	General Public Budget Revenue	(100 million yuan)	1494.90	5.2	46.0
一般公共预算支出	(亿元)	General Public Budget Expenditure	(100 million yuan)	2302.32	1.7	27.7
全体居民人均可支配收入	(元)	Per Capita Disposable Income of All Residents	(yuan)	48924	8.1	
城镇居民人均可支配收入	(元)	Per Capita Disposable Income of Urban Households	(yuan)	56989	7.2	
农村居民人均可支配收入	(元)	Per Capita Disposable Income of Rural Households	(yuan)	31729	10.1	
农林牧渔业总产值	(亿元)	Gross Output Value of Farming, Forestry, Animal, Husbandry and Fishery	(100 million yuan)	1441.81	10.4	18.8
规模以上工业企业单位数	(个)	Number of Industrial Enterprises above Designated Size	(unit)	6105	3.3	31.6
规模以上工业企业利润总额	(亿元)	Total Profits of Industrial Enterprises above Designated Size	(100 million yuan)	969.12	-15.5	37.0
社会消费品零售总额	(亿元)	Total Retail Sales of Consumer Goods	(100 million yuan)	7228.44	14.5	38.9
进出口总额	(万美元)	Total Exports and Imports	(USD 10 000)	5208748	27.7	56.2
出口额		Exports		3662822	35.8	56.1
实际使用外资	(万美元)	Actually Used Foreign Capital	(USD 10 000)	206693		85.6
金融机构人民币存款余额	(亿元)	Deposits in Financial Organizations	(100 million yuan)	31219.74	8.0	50.1
金融机构人民币贷款余额	(亿元)	Loans in Financial Organizations	(100 million yuan)	32539.20	12.1	58.6

注：1. 地区生产总值、农林牧渔总产值占全省比重为占全省市州汇总数据比重。

2. 实际使用外资金额 2021 年前包括直接投资和间接投资，2021 年不包括外商投资企业在湘设立内资企业的投资数据（后表同）。

a. The proportion of regional GDP、Gross Output Value of Farming、Forestry、Animal Husbandry and Fishery in the province is the proportion of the total data of the provinces and cities.

b. The actual amount of foreign capital used before 2021 includes direct investment and indirect investment. The year 2021 does not include the investment data of foreign-invested enterprises setting up domestic enterprises in Hunan (the following table is the same).

20-2 “环长株潭城市群”主要经济指标情况(2021年)
Main Economic Indicators of "The Rim Chang-Zhu-Tan City Clusters" (2021)

指　标		Item		绝对值 Value	比上年增长 Increase over 2020(%)	全省比重 Percentage (%)
常住人口	(万人)	Resident Population	(10 000 persons)	4135.72	0.1	62.5
生产总值	(亿元)	Gross Regional Product	(100 million yuan)	35381.78	7.8	76.8
第一产业增加值		Primary Industry		2761.51	9.2	63.9
第二产业增加值		Secondary Industry		14631.91	6.6	80.7
第三产业增加值		Tertiary Industry		17988.36	8.5	76.2
人均地区生产总值	(元)	Per Capita Gross Regional Product	(yuan)	85575	7.5	
固定资产投资	(亿元)	Fixed Assets Investment	(100 million yuan)		8.0	72.1
地方一般公共预算收入	(亿元)	General Public Budget Revenue	(100 million yuan)	2234.70	6.7	68.7
一般公共预算支出	(亿元)	General Public Budget Expenditure	(100 million yuan)	4694.39	-0.4	56.4
全体居民人均可支配收入	(元)	Per Capita Disposable Income of All Residents	(yuan)	37060	8.5	
城镇居民人均可支配收入	(元)	Per Capita Disposable Income of Urban Households	(yuan)	47305	7.5	
农村居民人均可支配收入	(元)	Per Capita Disposable Income of Rural Households	(yuan)	23722	10.4	
农林牧渔业总产值	(亿元)	Gross Output Value of Farming, Forestry, Animal, Husbandry and Fishery	(100 million yuan)	4838.09	10.3	63.1
规模以上工业企业单位数	(个)	Number of Industrial Enterprises above Designated Size	(unit)	13415	5.4	69.5
规模以上工业企业利润总额	(亿元)	Total Profits of Industrial Enterprises above Designated Size	(100 million yuan)	1940.87	-3.8	74.1
社会消费品零售总额	(亿元)	Total Retail Sales of Consumer Goods	(100 million yuan)	14080.47	14.5	75.7
进出口总额	(万美元)	Total Exports and Imports	(USD 10 000)	7668365	31.4	82.7
出口额		Exports		5105898	36.9	78.3
实际使用外资	(万美元)	Actually Used Foreign Capital	(USD 10 000)	223284		92.5
金融机构人民币存款余额	(亿元)	Deposits in Financial Organizations	(100 million yuan)	48047.18	8.5	77.1
金融机构人民币贷款余额	(亿元)	Loans in Financial Organizations	(100 million yuan)	44458.13	12.7	80.1

20-3 “湘南地区”主要经济指标情况(2021年)
Main Economic Indicators of "Southern Hunan" (2021)

指 标	Item	绝对值 Value	比上年增长 Increase over 2020 (%)	全省比重 Percentage (%)
常住人口 （万人）	Resident Population (10 000 persons)	1646.94	-0.9	24.9
生产总值 （亿元）	Gross Regional Product (100 million yuan)	8871.47	8.1	19.3
第一产业增加值	Primary Industry	1136.07	9.4	26.3
第二产业增加值	Secondary Industry	3137.73	7.8	17.3
第三产业增加值	Tertiary Industry	4597.67	8.1	19.5
人均地区生产总值 （元）	Per Capita Gross Regional Product (yuan)	53627	8.8	
固定资产投资 （亿元）	Fixed Assets Investment (100 million yuan)		7.5	22.0
地方一般公共预算收入 （亿元）	General Public Budget Revenue (100 million yuan)	488.72	9.7	15.0
一般公共预算支出 （亿元）	General Public Budget Expenditure (100 million yuan)	1533.53	-0.6	18.4
全体居民人均可支配收入 （元）	Per Capita Disposable Income of All Residents (yuan)	29543	8.7	
城镇居民人均可支配收入 （元）	Per Capita Disposable Income of Urban Households (yuan)	39222	7.5	
农村居民人均可支配收入 （元）	Per Capita Disposable Income of Rural Households (yuan)	20309	10.2	
农林牧渔业总产值 （亿元）	Gross Output Value of Farming, Forestry, Animal, Husbandry and Fishery (100 million yuan)	2106.54	10.5	27.5
规模以上工业企业单位数 （个）	Number of Industrial Enterprises above Designated Size (unit)	3905	6.6	20.2
规模以上工业企业利润总额（亿元）	Total Profits of Industrial Enterprises above Designated Size (100 million yuan)	420.08	17.9	16.0
社会消费品零售总额 （亿元）	Total Retail Sales of Consumer Goods (100 million yuan)	3768.44	14.2	20.3
进出口总额 （万美元）	Total Exports and Imports (USD 10 000)	1732830	39.2	18.7
出口额	Exports	1286363	44.0	19.7
实际使用外资 （万美元）	Actually Used Foreign Capital (USD 10 000)	11496		4.8
金融机构人民币存款余额 （亿元）	Deposits in Financial Organizations (100 million yuan)	10307.01	8.9	16.5
金融机构人民币贷款余额 （亿元）	Loans in Financial Organizations (100 million yuan)	7107.28	12.4	12.8

20-4 “大湘西地区”主要经济指标情况(2021年)
Main Economic Indicators of "Great Xiangxi Region" (2021)

指　标	Item	绝对值 Value	比上年增长 Increase over 2020 (%)	全省比重 Percentage (%)
常住人口（万人）	Resident Population (10 000 persons)	1881.12	-0.9	28.4
生产总值（亿元）	Gross Regional Product (100 million yuan)	7477.50	8.0	16.2
第一产业增加值	Primary Industry	1075.42	9.3	24.9
第二产业增加值	Secondary Industry	2381.31	7.4	13.1
第三产业增加值	Tertiary Industry	4020.77	7.9	17.0
人均地区生产总值（元）	Per Capita Gross Regional Product (yuan)	39579	8.8	
固定资产投资（亿元）	Fixed Assets Investment (100 million yuan)		6.2	16.5
地方一般公共预算收入（亿元）	General Public Budget Revenue (100 million yuan)	427.61	11.9	13.2
一般公共预算支出（亿元）	General Public Budget Expenditure (100 million yuan)	1903.28	-2.7	22.9
全体居民人均可支配收入（元）	Per Capita Disposable Income of All Residents (yuan)	22190	9.2	
城镇居民人均可支配收入（元）	Per Capita Disposable Income of Urban Households (yuan)	32589	7.7	
农村居民人均可支配收入（元）	Per Capita Disposable Income of Rural Households (yuan)	14345	10.8	
农林牧渔业总产值（亿元）	Gross Output Value of Farming, Forestry, Animal, Husbandry and Fishery (100 million yuan)	1856.89	10.5	24.2
规模以上工业企业单位数（个）	Number of Industrial Enterprises above Designated Size (unit)	4407	5.9	22.8
规模以上工业企业利润总额（亿元）	Total Profits of Industrial Enterprises above Designated Size (100 million yuan)	553.01	18.4	21.1
社会消费品零售总额（亿元）	Total Retail Sales of Consumer Goods (100 million yuan)	3338.94	13.8	18.0
进出口总额（万美元）	Total Exports and Imports (USD 10 000)	744813	14.8	8.0
出口额	Exports	490678	2.3	7.5
实际使用外资（万美元）	Actually Used Foreign Capital (USD 10 000)	11251		4.7
金融机构人民币存款余额（亿元）	Deposits in Financial Organizations (100 million yuan)	10789.84	7.5	17.3
金融机构人民币贷款余额（亿元）	Loans in Financial Organizations (100 million yuan)	7817.20	14.9	14.1

20-5 “洞庭湖区”主要经济指标情况(2021年)
Main Economic Indicators of "Dongting Lake" (2021)

指 标	Item	绝对值 Value	比上年增长 Increase over 2020 (%)	全省比重 Percentage (%)
常住人口 （万人）	Resident Population (10 000 persons)	1410.83	-0.5	21.3
生产总值 （亿元）	Gross Regional Product (100 million yuan)	10476.40	8.0	22.7
第一产业增加值	Primary Industry	1254.40	9.2	29.0
第二产业增加值	Secondary Industry	4414.23	6.9	24.4
第三产业增加值	Tertiary Industry	4807.77	8.6	20.4
人均地区生产总值 （元）	Per Capita Gross Regional Product (yuan)	74082	8.9	
固定资产投资 （亿元）	Fixed Assets Investment (100 million yuan)		9.5	21.1
地方一般公共预算收入 （亿元）	General Public Budget Revenue (100 million yuan)	465.10	11.1	14.3
一般公共预算支出 （亿元）	General Public Budget Expenditure (100 million yuan)	1489.01	-3.5	17.9
全体居民人均可支配收入 （元）	Per Capita Disposable Income of All Residents (yuan)	29165	9.3	
城镇居民人均可支配收入 （元）	Per Capita Disposable Income of Urban Households (yuan)	38143	8.1	
农村居民人均可支配收入 （元）	Per Capita Disposable Income of Rural Households (yuan)	20208	10.7	
农林牧渔业总产值 （亿元）	Gross Output Value of Farming, Forestry, Animal, Husbandry and Fishery (100 million yuan)	2257.13	10.2	29.5
规模以上工业企业单位数 （个）	Number of Industrial Enterprises above Designated Size (unit)	4899	8.3	25.4
规模以上工业企业利润总额（亿元）	Total Profits of Industrial Enterprises above Designated Size (100 million yuan)	673.98	8.5	25.7
社会消费品零售总额 （亿元）	Total Retail Sales of Consumer Goods (100 million yuan)	4261.03	14.8	22.9
进出口总额 （万美元）	Total Exports and Imports (USD 10 000)	1585094	44.6	17.1
出口额	Exports	1083747	52.2	16.6
实际使用外资 （万美元）	Actually Used Foreign Capital (USD 10 000)	12050		5.0
金融机构人民币存款余额 （亿元）	Deposits in Financial Organizations (100 million yuan)	9798.05	9.4	15.7
金融机构人民币贷款余额 （亿元）	Loans in Financial Organizations (100 million yuan)	7545.06	15.9	13.6

20–6 各市州市辖区人口情况(2021年)
The Population of Municipal Districts of Each City and State (2021)

市 州	Cities and States	年末总户籍户数（万户）The Household Registration Number (10 000 households)	年平均户籍人口（万人）Average Annual Registered Population (10 000 persons)
长沙市	Changsha	137.40	380.44
株洲市	Zhuzhou	45.39	131.97
湘潭市	Xiangtan	30.58	84.96
衡阳市	Hengyang	36.50	82.50
邵阳市	Shaoyang	24.26	68.79
岳阳市	Yueyang	44.97	110.18
常德市	Changde	45.44	136.70
张家界市	Zhangjiajie	21.89	53.86
益阳市	Yiyang	46.35	133.31
郴州市	Chenzhou	31.17	80.39
永州市	Yongzhou	39.87	116.95
怀化市	Huaihua	16.00	41.00
娄底市	Loudi	24.99	61.08
湘西州	Xiangxi	11.28	31.60

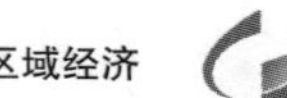

20-7 各市州市辖区土地面积情况(2021年)
Land Area of Municipal Districts of Each City and State (2021)

单位：平方公里 (sq.km)

市州	Cities and States	建成区面积 Developed Areas	城市现状建设用地面积 City Status Construction Land Area	居住用地面积 Living Space
长沙市	Changsha	572	466	190
株洲市	Zhuzhou			
湘潭市	Xiangtan	90	126	49
衡阳市	Hengyang	150	150	52
邵阳市	Shaoyang			29
岳阳市	Yueyang	121	113	33
常德市	Changde	131	115	39
张家界市	Zhangjiajie	39	38	16
益阳市	Yiyang	94	74	31
郴州市	Chenzhou	80	73	34
永州市	Yongzhou	74	69	16
怀化市	Huaihua	66	55	29
娄底市	Loudi	54	54	17
湘西州	Xiangxi	38	31	20

20-8 各市州市辖区生产总值情况(2021年)
GDP of Municipal Districts of Each City and State (2021)

市 州	Cities and States	地区生产总值(当年价格)(亿元) Gross Domestic Product (100 million yuan)	第一产业增加值 Value added of the First Primary Industry	第二产业增加值 Added value of the Secondary Industry	第三产业增加值 Added value of the Tertiary Industry
长沙市	Changsha	8483.77	75.48	2848.97	5559.32
株洲市	Zhuzhou	1794.61	54.27	890.49	849.85
湘潭市	Xiangtan	1350.50	25.51	678.31	646.68
衡阳市	Hengyang	1398.89	20.32	480.63	897.94
邵阳市	Shaoyang	460.67	16.40	189.47	254.80
岳阳市	Yueyang	2019.19	63.79	888.38	1067.02
常德市	Changde	1816.00	87.46	912.73	815.81
张家界市	Zhangjiajie	285.28	27.56	35.83	221.89
益阳市	Yiyang	862.26	78.66	454.40	329.21
郴州市	Chenzhou	809.07	36.25	308.25	464.57
永州市	Yongzhou	636.58	90.14	212.72	333.72
怀化市	Huaihua	430.00	12.00	93.00	325.00
娄底市	Loudi	651.96	25.22	312.45	314.29
湘西州	Xiangxi	220.24	10.37	83.29	126.58

20-9 各市州市辖区财政收支情况(2021年)

Revenue and Expenditure of Municipal Districts of Each City and State (2021)

单位：万元 (10 000 yuan)

市 州	Cities and States	地方一般公共预算收入 General Public Budget Revenue	各项税收 Taxes Revenue	一般公共预算支出 Public Budgetary Expenditure
长沙市	Changsha	8786642	6403031	10794218
株洲市	Zhuzhou	1241145	919018	2890595
湘潭市	Xiangtan	209958	164921	299104
衡阳市	Hengyang	837397	475317	2107400
邵阳市	Shaoyang	476504	297058	1309325
岳阳市	Yueyang	947845	617513	2126575
常德市	Changde	395865	273279	1194895
张家界市	Zhangjiajie	104646	80206	554130
益阳市	Yiyang	508663	340704	1296902
郴州市	Chenzhou	668772	490954	1548728
永州市	Yongzhou	253670	155649	857663
怀化市	Huaihua	92684	67223	272395
娄底市	Loudi	523774	351882	1016023
湘西州	Xiangxi	171357	73230	354949

20-10 各市州市辖区规模以上工业情况(2021年)
Above Scale Industry of Municipal Districts of Each City and State (2021)

市 州	Cities and States	规模以上工业企业数（个）Number of Enterprises (unit)	营业收入（万元）Operating Income (10 000 yuan)	营业成本（万元）Operating Cost (10 000 yuan)	利润总额（万元）Total Profits (10 000 yuan)
长沙市	Changsha	957			
株洲市	Zhuzhou	682	15290000	12840000	580000
湘潭市	Xiangtan	584	20246410	16715841	824635
衡阳市	Hengyang	303	6803539	5442749	404248
邵阳市	Shaoyang	348	5150972	4346516	472899
岳阳市	Yueyang	485	22629602	18996867	677180
常德市	Changde	552	7958092	8548136	952564
张家界市	Zhangjiajie	93	455805	355577	24742
益阳市	Yiyang	632	18806108	15743579	551215
郴州市	Chenzhou	257	5609435	4682402	332206
永州市	Yongzhou	316	3973625	3338377	160850
怀化市	Huaihua	79	1260175	981058	92627
娄底市	Loudi	326	14895937	12975010	877248
湘西州	Xiangxi	91	1008631	64455	151896

20-11 各市州市辖区贸易主要情况(2021年)
Trade of Municipal Districts of Each City and State (2021)

市州	Cities and States	社会消费品零售总额（万元）Total Retail Sales of Consumer Goods (10 000 yuan)	限额以上批发零售企业 法人数（个）Number of Corporate Enterprises (unit)	限额以上批发零售企业 商品销售总额（万元）Total Sales of Goods (10 000 yuan)
长沙市	Changsha	35367337	1335	53050694
株洲市	Zhuzhou	6504545	568	6754627
湘潭市	Xiangtan	5636522	323	6628173
衡阳市	Hengyang	9054203	362	6043808
邵阳市	Shaoyang	2772912	181	3088200
岳阳市	Yueyang	9382173	454	8505539
常德市	Changde	6564913	259	4874523
张家界市	Zhangjiajie	1148561	74	785493
益阳市	Yiyang	3687177	195	2960980
郴州市	Chenzhou	2013741	266	7857345
永州市	Yongzhou	3012742	185	2582253
怀化市	Huaihua	2945838	194	2881631
娄底市	Loudi	2329688	123	1987025
湘西州	Xiangxi	1191066	84	1842990

20-12 各市州市辖区教育情况（2021年）
Education of Municipal Districts of Each City and State (2021)

市 州	Cities and States	普通中学专任教师数（人）Regular Secondary Schools Teachers (person)	小学专任教师数（人）Primary Schools Teachers (person)	普通中学在校学生数（万人）Regular Secondary Schools Students (10 000 persons)	小学在校学生数（万人）Primary Schools Students (10 000 persons)
长沙市	Changsha	20861	25760	26.90	46.05
株洲市	Zhuzhou	7354	6228	8.34	13.08
湘潭市	Xiangtan	2906	3467	3.23	6.69
衡阳市	Hengyang	5398	6381	7.90	11.54
邵阳市	Shaoyang	3327	3470	5.20	7.02
岳阳市	Yueyang	5211	3849	5.39	8.19
常德市	Changde	5152	5253	5.90	8.71
张家界市	Zhangjiajie	2635	2174	2.77	4.28
益阳市	Yiyang	4958	4884	6.50	8.93
郴州市	Chenzhou	7590	4653	8.93	11.25
永州市	Yongzhou	6287	5254	8.64	10.10
怀化市	Huaihua	4895	3513	5.19	7.37
娄底市	Loudi	4067	3834	5.63	8.27
湘西州	Xiangxi	1980	2036	2.73	4.00

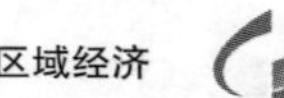

20-13 各市州市辖区文化、体育、卫生情况(2021年)
Culture, Sports and Health of Municipal Districts of Each City and State (2021)

市 州	Cities and States	公共图书馆图书总藏量（万册） Books of Total Reserves of Public Libraries (10 000 copies)	体育场地数（个） Number of Sports Venues (unit)	卫生机构数（个） Number of Health Institutions (unit)	卫生机构床位数（张） Number of Beds in Health Institutions (bed)	医生数（执业医师+执业助理医师）（人） The Number of Doctors (Doctors and Assistant Doctors) (person)
长沙市	Changsha		11402	2510	59248	25446
株洲市	Zhuzhou	203.87	4549	1145	14152	6107
湘潭市	Xiangtan	83.42	3722	778	11661	4480
衡阳市	Hengyang	151.70	4432	912	17579	6143
邵阳市	Shaoyang	109.04	1796	532	11482	3781
岳阳市	Yueyang	54.58	2039	422	11340	3905
常德市	Changde	8.90	3313	1418	13615	5434
张家界市	Zhangjiajie	27.39	1333	395	4534	2027
益阳市	Yiyang	100.31	2117	1058	13311	4462
郴州市	Chenzhou	57.00	1699	779	12197	4711
永州市	Yongzhou	208.11	2226	1004	12095	3990
怀化市	Huaihua	93.00	1322	544	10058	3944
娄底市	Loudi	90.01	5874	329	8874	2739
湘西州	Xiangxi	8.00	1322	441	6690	2554

20－14 各市州市辖区社会保障情况(2021年)
Social Security of Municipal Districts of Each City and State (2021)

单位：人 (person)

市 州	Cities and States	城镇职工基本养老保险参保人数 Number of People Participating in Basic Endowment Insurance for Urban Employees	城乡居民基本医疗保险参保人数 Number of People Participating in Basic Medical Insurance for Urban and Rural Residents	失业保险参保人数 Person Covered of Unemployment Insurance Contributors	工伤保险参保人数 Work Injury Insurance Contributors	城市居民最低生活保障人数 City Residents Minimum Living Security Number
长沙市	Changsha	2983762	585717	1637806	1365892	17477
株洲市	Zhuzhou	870864	321639	372717	405400	9059
湘潭市	Xiangtan	502466	111171	291517	279432	15215
衡阳市	Hengyang	679284	145951	364919	212685	3417
邵阳市	Shaoyang	177705	163169	127982	171379	7272
岳阳市	Yueyang	630214	237376	276810	459359	3420
常德市	Changde	692165	516967	126600	265594	10224
张家界市	Zhangjiajie	80626	271081	32688	81410	1662
益阳市	Yiyang	106564	605113	49807	109800	15982
郴州市	Chenzhou	204375	256007	53620	80147	17221
永州市	Yongzhou	299341	531291	140703	197491	11488
怀化市	Huaihua		90408	146186	38000	2380
娄底市	Loudi	260329	174602	174918	133426	10835
湘西州	Xiangxi	47380	115318	20025	34716	3887

各市、州主要经济和社会统计指标

Main Economic and Social Statistics Indicators of Cities and States

资料整理人员：郑一璞　欧阳普　宋　超　赵　宏
邓鸿鹄　张　驰　吕　涛　田杰平
谢　凡　贺淑贞　彭　颖　王月松
周　波　杨　耒　吕　燕　何　达
廖闻菲　彭开吾　王　丹　陈晗文
朱　鹏　易　贝　孙　靖　凌　骞
陈　思　王梓权　粟子林　孙邦昕
韩建芳　肖首雄　赵莉淇　郭开金
邓海波　付硕果　王　璐　傅磊峰
陈　婷

21-1 按产业和主要行业分的地区生产总值(2021年)

市 州	Cities and States	地区生产总值(亿元) Gross Regional Product (100 million yuan)	第一产业 Primary Industry	第二产业 Secondary Industry	第三产业 Tertiary Industry	农、林、牧、渔业 Agriculture, Forestry, Animal Husbandry and Fishery	工 业 Industry
长沙市	Changsha	13270.70	425.56	5251.30	7593.85	452.49	3816.25
株洲市	Zhuzhou	3420.26	259.39	1627.68	1533.19	268.75	1269.63
湘潭市	Xiangtan	2548.35	172.08	1313.85	1062.42	182.09	1089.20
衡阳市	Hengyang	3840.31	445.98	1301.21	2093.12	478.54	946.96
邵阳市	Shaoyang	2461.53	408.88	786.18	1266.48	429.09	596.56
岳阳市	Yueyang	4402.98	462.49	1834.02	2106.46	491.18	1538.09
常德市	Changde	4054.15	467.55	1686.87	1899.72	506.14	1346.45
张家界市	Zhangjiajie	580.29	82.82	81.66	415.81	86.40	48.04
益阳市	Yiyang	2019.27	324.35	893.33	801.59	345.78	750.65
郴州市	Chenzhou	2770.08	291.58	1092.85	1385.65	302.24	938.99
永州市	Yongzhou	2261.08	398.51	743.67	1118.90	419.08	596.51
怀化市	Huaihua	1817.80	265.62	550.64	1001.55	272.49	449.64
娄底市	Loudi	1825.76	204.10	723.65	898.02	211.38	579.34
湘西州	Xiangxi	792.11	114.00	239.19	438.91	115.73	196.02

Gross Domestic Product by Three Strata of Industry and Main Sectors (2021)

建筑业 Construction	批发和零售业 Wholesale and Retail Trade	交通运输、仓储和邮政业 Traffic, Transport, Storage and Post	住宿和餐饮业 Accommodation and Restaurants	金融业 Finance	房地产业 Real Estate	其他服务业 Other Services	人均地区生产总值（元） Per Capita Gross Regional Product (yuan)
1437.36	1417.24	435.34	338.51	973.50	805.06	3594.94	130745
358.45	459.55	102.34	56.94	123.65	200.08	580.87	87852
226.40	239.47	55.72	36.20	94.82	192.34	432.11	93793
354.40	410.10	147.33	63.79	133.19	293.06	1012.93	57909
189.75	116.26	87.46	21.01	118.18	189.68	713.54	37783
297.46	382.09	162.62	69.37	124.21	272.88	1065.07	87267
341.34	527.94	165.43	104.33	130.14	208.04	724.33	77118
33.67	51.63	42.32	20.29	44.04	60.73	193.15	38333
142.95	153.48	51.99	23.41	93.85	119.52	337.65	52597
154.92	287.15	91.16	64.71	117.31	144.99	668.60	59342
147.18	182.72	72.81	22.56	108.45	167.44	544.35	43122
101.39	125.93	110.64	34.44	94.35	141.80	487.13	39767
144.40	176.62	94.90	34.65	75.13	97.06	412.28	47893
43.68	32.85	32.32	23.25	57.17	52.70	238.39	31935

21-2 按产业和主要行业分的地区生产总值指数(2021年)

市 州	Cities and States	地区生产总值(%) Gross Regional Product (%)	第一产业 Primary Industry	第二产业 Secondary Industry	第三产业 Tertiary Industry	农、林、牧、渔业 Agriculture, Forestry, Animal Husbandry and Fishery	工 业 Industry
长沙市	Changsha	107.5	109.1	105.2	108.9	108.9	106.9
株洲市	Zhuzhou	108.3	109.3	108.8	107.6	109.2	110.5
湘潭市	Xiangtan	107.8	109.8	108.1	107.0	109.6	109.0
衡阳市	Hengyang	108.1	109.2	107.8	108.0	109.0	109.6
邵阳市	Shaoyang	108.5	109.4	107.7	108.6	109.3	108.6
岳阳市	Yueyang	108.1	109.2	107.5	108.3	109.0	108.2
常德市	Changde	107.7	109.4	105.5	109.1	109.2	106.7
张家界市	Zhangjiajie	104.5	109.0	94.5	105.7	108.9	105.8
益阳市	Yiyang	108.3	109.1	108.3	108.0	108.9	108.9
郴州市	Chenzhou	108.8	109.5	108.9	108.6	109.4	109.6
永州市	Yongzhou	107.5	109.7	106.1	107.5	109.5	108.4
怀化市	Huaihua	108.4	109.4	109.7	107.4	109.3	110.8
娄底市	Loudi	107.7	109.2	106.0	108.7	109.1	107.2
湘西州	Xiangxi	108.7	109.2	110.3	107.6	109.2	112.7

Indices of Gross Domestic Product by Three Strata of Industry and Main Sectors (2021)

建筑业 Construction	批发和零售业 Wholesale and Retail Trade	交通运输、仓储和邮政业 Traffic, Transport, Storage and Post	住宿和餐饮业 Accommodation and Restaurants	金融业 Finance	房地产业 Real Estate	其他服务业 Other Services	人均地区生产总值（%） Per Capita Gross Regional Product (%)
101.1	108.8	108.4	112.6	105.7	105.4	110.3	104.3
103.1	108.1	107.3	114.3	102.0	100.0	110.6	108.5
104.1	111.1	107.6	115.7	102.6	96.4	110.1	108.2
103.2	109.2	107.4	113.3	102.8	103.3	109.4	108.8
104.9	108.3	109.9	112.7	103.6	105.5	110.1	110.0
103.9	110.6	108.7	111.3	105.0	101.6	109.5	108.7
101.2	110.0	107.3	114.4	103.9	101.8	111.4	108.9
81.8	101.4	106.4	112.1	100.9	99.3	109.4	104.7
105.0	109.9	106.7	115.6	106.7	103.1	109.1	109.4
104.6	112.3	107.4	115.5	103.6	103.8	108.5	108.9
97.6	109.8	107.0	116.7	103.6	97.5	110.7	108.4
105.2	108.2	108.9	112.8	102.9	100.0	109.7	109.0
101.5	110.3	107.5	112.6	104.2	103.3	110.2	108.1
100.7	108.0	107.9	109.4	103.9	102.5	109.5	109.3

21−3 年末常住人口(2021年)
Population at the Year-end (2021)

市 州	Cities and States	总户数（万户） Households (10 000 households)	年末常住人口（万人） Population at the Year-end (10 000 persons)	按城乡分 By Residence 城镇人口 Urban	乡村人口 Rural	城镇化率(%) Urbanization Rate (%)
全 省	**Total**	**2368.58**	**6622.00**	**3954.01**	**2667.99**	**59.71**
长沙市	Changsha	361.61	1023.93	851.53	172.40	83.16
株洲市	Zhuzhou	133.64	388.33	279.76	108.57	72.04
湘潭市	Xiangtan	99.16	270.85	176.48	94.37	65.16
衡阳市	Hengyang	237.76	662.10	365.71	296.39	55.23
邵阳市	Shaoyang	230.56	646.83	343.05	303.78	53.04
岳阳市	Yueyang	175.23	504.22	310.58	193.64	61.60
常德市	Changde	195.47	523.83	299.61	224.22	57.20
张家界市	Zhangjiajie	54.92	151.03	79.09	71.94	52.37
益阳市	Yiyang	140.49	382.78	196.12	186.66	51.24
郴州市	Chenzhou	169.26	465.79	275.02	190.77	59.04
永州市	Yongzhou	178.57	519.05	248.66	270.39	47.91
怀化市	Huaihua	171.84	455.95	219.37	236.58	48.11
娄底市	Loudi	135.06	379.68	181.33	198.35	47.76
湘西州	Xiangxi	85.01	247.63	127.70	119.93	51.57

21-4 “四上”企业分行业从业人员年末人数(2021年)

The Number of Employees in Each Industry of "Four Scale" Enterprises at the Year-end (2021)

单位：万人 (10 000 persons)

市　州	Cities and States	采掘业 Mining	制造业 Manu-facturing	电力、热力、燃气及水生产和供应业及水的生产和供应 Production and Supply of Electricity, Heat,Gas and Water	建筑业 Construc-ticn	批发和零售业 Wholesale and Retail Trade
全　省	**Total**	**8.50**	**252.25**	**14.20**	**156.74**	**42.65**
长沙市	Changsha	0.24	58.42	0.91	34.56	14.16
株洲市	Zhuzhou	1.01	35.28	0.60	16.57	2.71
湘潭市	Xiangtan	0.13	15.42	0.29	12.58	5.05
衡阳市	Hengyang	1.58	15.77	0.69	14.60	2.23
邵阳市	Shaoyang	0.59	18.86	0.69	12.08	2.93
岳阳市	Yueyang	0.46	23.89	0.59	12.58	2.46
常德市	Changde	0.28	18.26	0.62	10.56	3.01
张家界市	Zhangjiajie	0.09	1.27	0.08	1.43	0.61
益阳市	Yiyang	0.18	16.12	0.24	8.39	1.48
郴州市	Chenzhou	2.12	13.60	0.71	7.01	2.49
永州市	Yongzhou	0.22	14.74	0.92	8.01	1.78
怀化市	Huaihua	0.28	6.72	0.62	4.85	1.72
娄底市	Loudi	1.25	10.36	0.39	12.17	1.25
湘西州	Xiangxi	0.06	2.71	0.39	1.35	0.76
其　他	Others		0.83	6.45		

注：“四上”企业指规模以上工业、服务业法人单位；有资质的建筑业法人单位；限额以上批发和零售业、住宿和餐饮业法人单位；有开发经营活动的全部房地产开发经营业法人单位（下同）。

An enterprise of "four scale" refers to a legal entity of industry or service industry above the scale; Qualified legal entity in construction industry; Corporate units of wholesale and retail, accommodation and catering industries above designated size; All legal entities engaged in real estate development and business activities (The same below).

21-4 续表

单位：万人

市 州	Cities and States	交通运输、仓储和邮政业 Transport, Storage and Post	住宿和餐饮业 Acco-mmodation and Restaurants	信息传输、软件和信息技术服务业 Information Transfer, Computer Services and Software	房地产业 Real Estate Trade	租赁和商务服务业 Tenancy and Business Services
全 省	**Total**	**19.68**	**13.97**	**9.97**	**23.36**	**21.20**
长沙市	Changsha	8.44	5.49	5.61	7.30	10.37
株洲市	Zhuzhou	0.70	1.16	0.37	2.41	1.06
湘潭市	Xiangtan	0.69	0.52	0.20	1.05	0.71
衡阳市	Hengyang	1.55	0.92	0.45	1.94	1.41
邵阳市	Shaoyang	0.99	0.90	0.39	1.33	0.77
岳阳市	Yueyang	1.45	0.78	0.54	1.92	1.34
常德市	Changde	1.47	0.88	0.51	1.19	1.60
张家界市	Zhangjiajie	0.20	0.41	0.15	0.23	0.15
益阳市	Yiyang	0.46	0.35	0.26	0.50	0.13
郴州市	Chenzhou	0.87	0.86	0.29	1.87	0.54
永州市	Yongzhou	0.67	0.58	0.30	1.15	0.40
怀化市	Huaihua	0.84	0.38	0.37	1.32	0.53
娄底市	Loudi	0.96	0.43	0.27	0.59	1.86
湘西州	Xiangxi	0.40	0.30	0.28	0.55	0.34
其 他	Others					

Continued

(10 000 persons)

科学研究和技术服务业 Scientific Research and Technical Services	水利、环境和公共设施管理业 Management of Water Conservancy, Public Facilities	居民服务、修理和其他服务业 Services to Households, Repair and Other Services	教　育 Education	卫 生 和社会工作 Health and Social Service	文化体育和娱乐业 Culture, Sports and Entertainment
9.88	**2.78**	**4.61**	**5.09**	**5.90**	**5.56**
5.94	0.56	1.42	0.40	1.77	2.16
0.54	0.28	0.55	0.42	0.44	0.29
0.28	0.06	0.11	0.12	0.13	0.37
0.30	0.19	0.47	1.10	0.48	0.26
0.18	0.15	0.59	0.91	1.00	0.32
0.90	0.27	0.22	0.32	0.34	0.47
0.88	0.22	0.40	0.54	0.45	0.42
	0.12	0.05		0.11	0.11
0.10	0.06	0.02	0.03	0.12	0.20
0.45	0.17	0.18	0.60	0.27	0.17
0.03	0.14	0.26	0.30	0.28	0.16
0.10	0.21	0.10	0.05	0.12	0.28
0.10	0.22	0.14	0.10	0.34	0.33
0.08	0.14	0.10	0.19	0.06	0.02

21-5 "四上"企业年末从业人员(2021年)

单位：万人

市 州	Cities and States	从业人员期末人数 Number of Employees at the End of the Term	国有企业 State-owned Enterprises	集体企业 Collective-owned Enterprises	股份合作企业 Enterprises Cooperated by Joint-stock
全 省	**Total**	**596.34**	**21.60**	**8.20**	**0.39**
长沙市	Changsha	157.73	2.05	0.40	0.01
株洲市	Zhuzhou	64.39	1.03	0.49	0.06
湘潭市	Xiangtan	37.73	0.44	0.20	0.02
衡阳市	Hengyang	43.94	1.05	0.89	
邵阳市	Shaoyang	42.70	0.95	1.18	0.04
岳阳市	Yueyang	48.53	2.34	0.54	0.07
常德市	Changde	41.30	0.60	0.02	
张家界市	Zhangjiajie	5.01	0.17	0.22	0.02
益阳市	Yiyang	28.64	1.31	0.12	0.02
郴州市	Chenzhou	32.20	1.34	0.17	0.04
永州市	Yongzhou	29.95	1.21	1.77	0.05
怀化市	Huaihua	18.47	0.73	0.79	0.03
娄底市	Loudi	30.75	0.73	1.01	
湘西州	Xiangxi	7.72	0.62	0.41	0.04
其 他	Others	7.28	7.03		

注：从2020年开始，由于调查制度改变，本表数据口径修改为"四上"企业，与上年数据不可比。

Number of Employed Persons in "Four Scale" Enterprises at the Year-end (2021)

(10 000 persons)

联营企业 Cooperative Enterprises	有限责任公司 Limited Liability Company	股份有限公司 Company Limited by Shares	私营企业 Individual-owned Enterprises	其他企业 Enterprises of Other Types of Ownership	港、澳、台商投资企业 Enterprises Funded by Entrepreneurs From Hong Kong, Macao and Taiwan	外商投资企业 Enterprises Funded by Foreigners
0.24	**188.19**	**38.89**	**295.28**	**5.37**	**26.87**	**11.31**
0.03	55.63	10.11	67.05	0.52	16.38	5.80
	17.07	6.39	37.27	0.34	0.71	1.03
	12.28	5.15	18.18	0.10	0.75	0.60
	17.51	1.79	20.22	0.98	1.08	0.42
0.02	10.80	1.65	25.73	0.77	1.43	0.12
0.01	15.21	3.76	24.87	0.42	0.49	0.82
0.07	17.71	1.64	18.53	1.00	1.43	0.29
	1.85	0.33	2.19		0.15	0.08
0.04	6.57	3.48	16.58	0.03	0.25	0.25
	9.98	1.69	16.17	0.71	1.49	0.61
0.01	6.63	0.85	16.74	0.26	1.56	0.88
	5.08	0.71	10.69	0.03	0.30	0.12
0.05	9.87	0.91	17.09	0.06	0.80	0.24
	2.00	0.44	3.98	0.14	0.04	0.04

Starting from 2020, due to the change of the survey system, the data caliber in this table is modified to "four scale" enterprises, which cannot be compared with the data of last year.

21-6 “四上”企业年末在岗职工人数(2021年)

Number of Employees On the Job in "Four Scale" Enterprises at the Year-end (2021)

单位：万人 (10 000 persons)

市 州	Cities and States	在岗职工 Staff and Workers on the Job	国有企业 State-owned Enterprises	集体企业 Collective-owned Enterprises	其他企业 Enterprises of Other Types of Ownership
全 省	**Total**	**559.23**	**19.67**	**6.85**	**532.70**
长沙市	Changsha	149.83	1.92	0.39	147.52
株洲市	Zhuzhou	60.39	0.89	0.43	59.07
湘潭市	Xiangtan	35.35	0.43	0.20	34.72
衡阳市	Hengyang	41.01	0.89	0.76	39.36
邵阳市	Shaoyang	40.26	0.90	0.84	38.52
岳阳市	Yueyang	45.14	1.80	0.41	42.92
常德市	Changde	38.39	0.58	0.02	37.79
张家界市	Zhangjiajie	4.59	0.12	0.11	4.35
益阳市	Yiyang	26.64	1.03	0.08	25.53
郴州市	Chenzhou	29.83	1.32	0.14	28.37
永州市	Yongzhou	28.12	0.94	1.63	25.55
怀化市	Huaihua	16.99	0.60	0.66	15.73
娄底市	Loudi	28.18	0.65	0.84	26.69
湘西州	Xiangxi	7.23	0.56	0.33	6.34
其 他	Others	7.28	7.03		0.25

注：从2020年开始，由于调查制度改变，本表数据口径修改为“四上”企业，与上年数据不可比。

Starting from 2020, due to the change of the survey system, the data caliber in this table is modified to "four scale" enterprises, which cannot be compared with the data of last year.

21−7 “四上”企业在岗职工工资总额和年平均工资(2021年)

Total Wages and Average Annual Wages of Employees On the Job in "Four Scale" Enterprises (2021)

市 州	Cities and States	在岗职工工资总额（亿元） Total Wages of Staff and Workers on the Job (100 million yuan)	#国有企业 State-owned Enterprises	#集体企业 Collective-owned Enterprises	在岗职工年平均工资（元） Average Annual Wages of Staff and Workers on the Job (yuan)	#国有企业 Stateowned Enterprises	#集体企业 Collective Enterprises	#其他 Others	在岗职工年平均工资发展速度（上年=100） The Growth Rate of Average Annual Wages (preceding year=100)
全 省	**Total**	**3734.06**	**228.80**	**32.53**	**68694**	**117146**	**51336**	**67078**	**107.1**
长沙市	Changsha	1253.48	34.26	2.21	86341	180185	53164	85188	102.2
株洲市	Zhuzhou	426.23	9.05	2.54	72359	101698	64375	71957	107.4
湘潭市	Xiangtan	203.81	3.40	1.73	61611	80457	86453	61212	107.5
衡阳市	Hengyang	231.99	8.75	3.43	58244	99272	47943	57491	105.1
邵阳市	Shaoyang	208.00	7.61	4.21	52814	84404	51112	52095	107.1
岳阳市	Yueyang	272.66	15.79	2.36	62089	91046	57624	60930	112.1
常德市	Changde	233.15	7.14	0.11	61958	126398	53671	60980	106.6
张家界市	Zhangjiajie	24.89	1.14	0.63	54553	92350	53691	53501	106.2
益阳市	Yiyang	142.54	6.75	0.51	55299	65088	58351	54876	107.3
郴州市	Chenzhou	168.54	10.86	0.81	57374	82062	56255	56209	108.7
永州市	Yongzhou	147.30	8.67	5.21	54129	92066	41004	53368	109.3
怀化市	Huaihua	93.14	3.86	3.22	55566	64378	53727	55297	107.5
娄底市	Loudi	175.85	4.22	4.42	63746	67701	53819	63964	106.7
湘西州	Xiangxi	42.60	4.34	1.14	60012	79459	35555	59564	111.3
其 他	Others	109.86	102.97		150852	146233		285863	102.8

注：从2020年开始，由于调查制度改变，本表数据口径修改为“四上”企业，与上年数据不可比。

Starting from 2020, due to the change of the survey system, the data caliber in this table is modified to "four scale" enterprises, which cannot be compared with the data of last year.

21−8 固定资产投资增速、按行业分固定资产投资占比(2021年)

单位：%

市 州	Cities and States	固定资产投资增速 Fixed Asset Investment Growth	按行业分固定资产投资占比							
			农、林、牧、渔业 Agriculture, Forestry, Farming of Animals and Fishing	采矿业 Mining	制造业 Manufacturing	电力、燃气及水的生产和供应业 Production and Distribution of Electricity, Gas and Water	建筑业 Construction	批发和零售业 Wholesale and Retail Trade	交通运输、仓储和邮政业 Transportation, Storage and Postal Services	住宿和餐饮业 Accommodation and Catering
全 省	**Total**	**8.0**	**100.0**	**100.0**	**100.0**	**100.0**	**100.0**	**100.0**	**100.0**	**100.0**
长沙市	Changsha	8.2	5.4	6.0	21.0	21.1	6.4	19.8	23.7	23.6
株洲市	Zhuzhou	3.3	7.6	4.8	9.8	5.0	10.9	4.6	2.9	7.2
湘潭市	Xiangtan	9.1	1.2	3.0	8.9	4.5	15.8	5.7	2.2	12.3
衡阳市	Hengyang	9.5	11.9	5.7	7.7	5.6	20.1	9.6	6.7	8.5
邵阳市	Shaoyang	8.2	12.5	1.5	5.8	6.1	4.1	7.9	5.4	6.7
岳阳市	Yueyang	10.5	5.4	3.5	11.2	9.2	7.4	15.6	6.0	6.6
常德市	Changde	8.7	13.6	3.2	8.1	7.2	1.4	8.8	5.6	9.2
张家界市	Zhangjiajie	−20.0	0.6	0.2	0.2	1.1	0.2	0.7	0.9	1.0
益阳市	Yiyang	9.0	5.2	4.6	5.8	4.2	3.4	4.0	3.4	5.5
郴州市	Chenzhou	9.6	13.9	46.0	8.2	12.5	10.2	6.6	4.0	9.8
永州市	Yongzhou	2.1	8.7	9.0	5.0	10.8	10.2	9.2	6.2	5.1
怀化市	Huaihua	12.1	8.3	3.9	2.7	5.6	3.9	3.7	6.5	1.4
娄底市	Loudi	4.2	4.6	8.3	5.2	5.3	6.2	3.4	2.4	1.8
湘西州	Xiangxi	9.2	1.0	0.4	0.6	1.8		0.3	3.4	1.4

Fixed Asset Investment Growth, The Proportion of Investment in Fixed Assets by Sector (2021)

(%)

The Proportion of Investment in Fixed Assets by Sector										
信息传输、软件和信息技术服务业 Information Transmission, Software and IT Services	金融业 Finance	房地产业 Real Estate Trade	租赁和商务服务业 Tenancy and Business Services	科学研究、技术服务业 Scientific Research, Technical Services	水利、环境和公共设施管理业 Management of Water Conservancy, Environment and Public Establishment	居民服务、修理和其他服务业 Resident Services, Repairs and Other Services	教育 Education	卫生和社会工作业 Health and Social Work Sector	文化、体育和娱乐业 Culture, Sports and Entertainment	公共管理、社会保障和社会组织 Public Administration, Social Security and Social Organizations
100.0	**100.0**	**100.0**	**100.0**	**100.0**	**100.0**	**100.0**	**100.0**	**100.0**	**100.0**	**100.0**
42.7	58.8	39.0	30.4	16.7	18.2	11.4	27.0	15.1	19.4	13.1
4.4	1.4	7.0	8.2	3.3	7.6	8.8	7.0	5.8	3.7	2.8
21.4	1.0	4.9	11.4	18.4	7.1	9.8	6.8	7.6	8.0	2.6
8.8	5.6	7.1	8.9	13.6	7.8	18.0	7.4	9.3	16.2	2.4
2.1	2.8	6.1	1.9	4.7	5.2	4.5	4.9	6.6	3.4	0.1
1.9	13.4	4.5	9.3	8.8	9.2	8.1	6.5	6.2	7.4	56.6
3.0	8.8	5.9	6.8	5.6	10.8	7.8	7.4	10.5	5.1	5.8
0.6	0.4	1.7	1.3		0.8	2.8	0.4	0.8	1.3	0.8
0.3	0.9	3.7	1.3	1.3	7.5	14.2	4.2	4.5	4.1	1.4
5.5	2.5	4.6	10.3	17.7	8.9	5.8	12.0	8.7	10.1	5.0
2.9	0.3	4.4	2.9	3.3	7.6	3.2	6.7	8.6	4.9	3.5
2.7	3.1	5.4	5.6	3.7	4.5	3.8	4.6	6.5	8.3	3.3
3.0	0.3	3.3	1.4	2.3	3.7	0.8	2.8	6.2	5.1	1.7
0.6	0.6	2.6	0.1	0.5	1.1	0.9	2.4	2.6	2.8	0.9

21–9 固定资产投资项目个数、项目投产率（2021年）
Number of Fixed Assets Investment Project, Project Production Rate (2021)

市 州	Cities and States	施工项目（个）Number of Construction Projects (unit)	全部建成投产项目（个）Projects Completed and Put into Use (unit)	项目投产率（%）Project Commissioning Rate (%)
全 省	**Total**	**31121**	**20061**	**64.5**
长沙市	Changsha	5055	3356	66.4
株洲市	Zhuzhou	2675	1776	66.4
湘潭市	Xiangtan	2626	1808	68.8
衡阳市	Hengyang	2528	1670	66.1
邵阳市	Shaoyang	2793	1922	68.8
岳阳市	Yueyang	2145	1378	64.2
常德市	Changde	2818	1557	55.3
张家界市	Zhangjiajie	351	184	52.4
益阳市	Yiyang	1593	1017	63.8
郴州市	Chenzhou	2344	1600	68.3
永州市	Yongzhou	2220	1449	65.3
怀化市	Huaihua	1689	1100	65.1
娄底市	Loudi	1668	1037	62.2
湘西州	Xiangxi	599	207	34.6

注：施工、全投项目及项目投产率未包括房地产开发统计资料。

The data of projects under construction, projects completed put into use and rate of projects completed put into use excluded information of real estate development.

21-10 房地产开发情况(2021年)
Real Estate Development (2021)

市州	Cities and States	开发公司个数（个）Number of Development Enterprises (unit)	国有经济 State-owned Enterprises	集体经济 Collective-owned Enterprises	外商投资经济 Foreign Funded Enterprises	港澳台投资经济 Economy With Funded From H.K,Macao and Taiwan	房地产开发投资（亿元）Investment (100 million yuan)
全省	**Total**	**4783**	**152**	**6**	**33**	**62**	**5427.83**
长沙市	Changsha	882	46		12	25	2236.12
株洲市	Zhuzhou	419	22	2	3	5	417.22
湘潭市	Xiangtan	166	8		1	1	281.48
衡阳市	Hengyang	490	6	1	4	5	355.68
邵阳市	Shaoyang	342	7	1		2	276.84
岳阳市	Yueyang	425	8		8	5	236.71
常德市	Changde	281	12		1	2	332.51
张家界市	Zhangjiajie	87	3		1	3	100.81
益阳市	Yiyang	207	8	1			169.24
郴州市	Chenzhou	419	13		1	6	227.16
永州市	Yongzhou	314	6		2	2	196.58
怀化市	Huaihua	326	3	1		4	294.70
娄底市	Loudi	210	2			2	150.24
湘西州	Xiangxi	215	8				152.53

21-10 续表 Continued

市 州	Cities and States	主营业务收入（亿元）Main Business Revenue (100 million yuan)	土地转让收入 Land Transferred	商品房屋销售收入 Commercial Houses Sold	房屋出租收入 Houses Leased	其他收入 Others	营业税金及附加（亿元）Business Taxes and Additional (100 million yuan)	利润总额（亿元）Total Profits (100 million yuan)
全 省	**Total**	**4035.01**	**32.55**	**3902.71**	**23.52**	**43.56**	**176.87**	**101.19**
长沙市	Changsha	1634.23	11.13	1562.98	15.91	20.76	70.49	36.36
株洲市	Zhuzhou	255.28	5.38	244.74	2.49	2.00	14.13	4.09
湘潭市	Xiangtan	191.93	1.56	188.79	0.10	1.46	7.48	6.27
衡阳市	Hengyang	236.46	1.88	226.01	0.36	7.32	11.40	7.24
邵阳市	Shaoyang	155.32	1.32	152.32	0.21	1.48	7.52	2.10
岳阳市	Yueyang	302.38	2.40	296.80	0.51	1.95	8.73	9.50
常德市	Changde	308.66	2.45	301.43	0.51	4.26	11.81	6.06
张家界市	Zhangjiajie	36.50		36.47	0.01	0.02	3.15	-0.20
益阳市	Yiyang	135.09	5.26	127.06	1.58	1.18	7.31	-1.24
郴州市	Chenzhou	231.40		229.20	0.66	0.98	10.27	6.17
永州市	Yongzhou	188.67	0.23	187.70	0.04	0.15	8.12	17.90
怀化市	Huaihua	151.46	0.88	148.21	0.54	1.65	8.67	3.69
娄底市	Loudi	102.25		95.97	0.49	0.18	3.68	-0.84
湘西州	Xiangxi	105.39	0.06	105.02	0.10	0.19	4.12	4.09

21-11 商品房屋销售情况(2021年)
Sales of Commercial House (2021)

市 州	Cities and States	商品房屋销售面积(平方米)		商品房屋销售额(万元)		商品房平均销售价格(元/平方米)	
		Floor Space of Selling Commercial House (sq.m)	#住宅 Residential Buildings	Total Sales of Commercial House (10 000 yuan)	#住宅 Residential Buildings	Average Selling Price of Selling Commercial House(yuan/sq.m)	#住宅 Residential Buildings
全 省	**Total**	**91887931**	**83167099**	**60405125**	**53904398**	**6573.78**	**6481.46**
长沙市	Changsha	26057927	23048639	26203218	23323107	10055.76	10119.08
株洲市	Zhuzhou	5746808	4760746	3284460	2822029	5715.28	5927.70
湘潭市	Xiangtan	4263352	3976632	2360045	2204887	5535.66	5544.61
衡阳市	Hengyang	6850771	6479645	3458425	3208471	5048.23	4951.62
邵阳市	Shaoyang	6073474	5613124	2806814	2529475	4621.43	4506.36
岳阳市	Yueyang	5615402	4992091	3190561	2803987	5681.80	5616.86
常德市	Changde	5850024	5383524	3336441	2888399	5703.29	5365.26
张家界市	Zhangjiajie	1018276	968573	588449	543629	5778.88	5612.68
益阳市	Yiyang	4205106	3793149	2126146	1922279	5056.11	5067.77
郴州市	Chenzhou	8127285	7272405	4081272	3637780	5021.69	5002.17
永州市	Yongzhou	5624545	5108487	2939057	2594583	5225.41	5078.97
怀化市	Huaihua	6809474	6527355	3228097	2950933	4740.60	4520.87
娄底市	Loudi	3428041	3159592	1810718	1596837	5282.08	5053.93
湘西州	Xiangxi	2217446	2083137	991422	878002	4471.01	4214.81

21-12 房地产开发建设房屋建筑面积和价值（2021年）
Floor Space of Building and Value of Real Estate Development (2021)

市 州	Cities and States	施工房屋面积（平方米）Floor Space of Buildings under Construction (sq.m)	竣工房屋面积（平方米）Floor Space of Buildings Completed (sq.m)	房屋建筑面积竣工率（%）Rate of Floor Space of Buildings Completed (%)	竣工房屋价值（万元）Value of Buildings Completed (10 000 yuan)
全 省	**Total**	**426608934**	**46042279**	**10.8**	**15693957**
长沙市	Changsha	128724924	12071828	9.4	6405216
株洲市	Zhuzhou	41958554	3127328	7.5	1100487
湘潭市	Xiangtan	23118043	4581489	19.8	1338407
衡阳市	Hengyang	31181563	3213083	10.3	676919
邵阳市	Shaoyang	20049498	2159584	10.8	678208
岳阳市	Yueyang	28871980	2416836	8.4	744435
常德市	Changde	28531859	2983543	10.5	985011
张家界市	Zhangjiajie	6266033	171660	2.7	63801
益阳市	Yiyang	14123728	694527	4.9	147702
郴州市	Chenzhou	31376206	2236749	7.1	554061
永州市	Yongzhou	17335877	3950422	22.8	834676
怀化市	Huaihua	24293486	3308234	13.6	755270
娄底市	Loudi	14695421	2422058	16.5	659808
湘西州	Xiangxi	16081762	2704938	16.8	749956

21-13 地方财政收入情况(2021年)
Public Budgetary Revenue (2021)

单位：亿元 (100 million yuan)

市 州	Cities and States	地方一般公共预算收入 General Public Budget Revenue	税收收入 Taxes Revenue	增值税 Value Added Tax	企业所得税 Income Tax of Enterprises	个人所得税 Individual Income Tax	非税收入 No-tax Revenue
全 省	**Total**	**3250.69**	**2245.99**	**784.17**	**270.97**	**91.77**	**1004.70**
长沙市	Changsha	1188.31	879.77	293.22	119.99	54.63	308.53
株洲市	Zhuzhou	179.82	128.10	41.29	10.46	3.60	51.71
湘潭市	Xiangtan	126.77	84.35	33.63	7.24	2.02	42.43
衡阳市	Hengyang	183.93	123.41	33.70	9.79	2.37	60.52
邵阳市	Shaoyang	118.50	75.97	24.67	7.27	1.71	42.52
岳阳市	Yueyang	171.14	108.14	40.05	8.80	2.57	63.00
常德市	Changde	203.36	129.54	30.80	11.40	2.83	73.82
张家界市	Zhangjiajie	36.08	24.89	5.51	2.29	1.23	11.19
益阳市	Yiyang	90.60	59.79	19.89	5.82	2.31	30.81
郴州市	Chenzhou	160.84	115.85	38.92	6.25	1.91	44.99
永州市	Yongzhou	143.95	98.91	24.38	5.12	1.62	45.04
怀化市	Huaihua	111.98	79.03	17.44	4.45	1.55	32.95
娄底市	Loudi	90.77	62.30	26.69	6.14	1.27	28.47
湘西州	Xiangxi	70.27	39.89	13.43	4.03	1.01	30.38

21-14 公共财政支出情况(2021年)
Public Budgetary Expenditure (2021)

单位：亿元 (100 million yuan)

市 州	Cities and States	一般公共预算支出 General Public Budget Expenditure	教育 Education	社会保障和就业 Social Security Programs and Employment	卫生健康 Health	农林水利事务 Agriculture, Forest and Irrigation	一般公共服务 General Public Services
全 省	**Total**	**8325.50**	**1373.63**	**1312.65**	**739.92**	**949.01**	**820.29**
长沙市	Changsha	1541.59	255.99	136.62	83.91	99.34	178.28
株洲市	Zhuzhou	487.07	71.30	51.11	39.02	42.38	61.63
湘潭市	Xiangtan	273.66	38.01	35.46	24.69	30.30	31.91
衡阳市	Hengyang	564.63	96.00	85.61	66.85	61.42	59.94
邵阳市	Shaoyang	583.87	108.97	76.56	67.87	82.20	63.33
岳阳市	Yueyang	535.02	74.49	69.74	54.32	67.39	55.48
常德市	Changde	597.08	84.45	82.41	61.11	89.74	51.83
张家界市	Zhangjiajie	182.99	27.27	24.46	18.17	26.22	22.63
益阳市	Yiyang	356.92	60.06	52.60	45.02	55.49	39.67
郴州市	Chenzhou	474.67	85.03	68.70	56.77	60.27	38.26
永州市	Yongzhou	494.23	97.53	75.67	59.41	82.24	42.39
怀化市	Huaihua	469.66	88.00	66.76	51.78	82.06	43.05
娄底市	Loudi	338.44	66.69	45.16	37.27	46.55	45.48
湘西州	Xiangxi	328.33	59.68	43.75	38.29	62.11	38.04

21−15 金融机构人民币存款情况（2021年）
RMB Deposits of Financial Institutions (2021)

单位：亿元 (100 million yuan)

市 州	Cities and States	各项存款 Deposits	住户存款 Personal Deposits	非金融企业存款 Corporate Deposits	机关团体存款 Corporate Deposits	财政性存款 Fiscal Deposits	非银行业金融机构存款 Non-banking Financial Institutions Deposit
全 省	**Total**	**62339.85**	**35423.81**	**13446.91**	**1330.54**	**9039.04**	**3066.37**
长沙市	Changsha	24923.07	8245.94	8419.19	632.57	4683.14	2921.13
株洲市	Zhuzhou	3778.92	2479.71	766.36	70.08	434.90	26.56
湘潭市	Xiangtan	2517.74	1812.84	437.70	21.12	235.14	10.20
衡阳市	Hengyang	4662.85	3505.29	556.17	59.20	530.30	9.29
邵阳市	Shaoyang	3581.61	2780.59	379.40	41.03	377.52	1.86
岳阳市	Yueyang	3306.48	2181.71	549.90	77.31	473.22	23.41
常德市	Changde	3949.51	2800.94	534.88	152.61	436.63	23.47
张家界市	Zhangjiajie	973.01	649.13	108.24	16.95	176.25	22.12
益阳市	Yiyang	2542.06	1880.38	300.52	57.78	301.72	0.82
郴州市	Chenzhou	2943.70	2165.49	390.76	44.51	336.34	5.66
永州市	Yongzhou	2700.47	2154.92	231.23	45.64	257.04	10.55
怀化市	Huaihua	2459.03	1929.58	193.78	37.73	296.01	1.38
娄底市	Loudi	2366.55	1829.58	227.30	23.70	285.36	0.15
湘西州	Xiangxi	1409.64	1002.93	180.52	50.31	170.22	5.55

21-16 金融机构人民币贷款情况(2021年)
RMB Loans of Financial Institutions (2021)

单位：亿元 (100 million yuan)

市 州	Cities and States	各项贷款 Loans	住户贷款 Households Loans	非金融企业及机关团体贷款 Non-financial Enterprises and Institutions Loans
全 省	**Total**	**55508.70**	**20776.20**	**34677.35**
长沙市	Changsha	26976.22	8384.16	18545.22
株洲市	Zhuzhou	2878.18	1258.46	1618.68
湘潭市	Xiangtan	2684.81	769.38	1914.39
衡阳市	Hengyang	2855.90	1354.75	1500.97
邵阳市	Shaoyang	2285.25	1109.79	1174.24
岳阳市	Yueyang	2830.31	1041.35	1788.79
常德市	Changde	2895.20	1212.54	1678.43
张家界市	Zhangjiajie	1046.05	402.76	643.25
益阳市	Yiyang	1819.56	698.99	1120.44
郴州市	Chenzhou	2208.04	1173.09	1034.89
永州市	Yongzhou	2043.33	1072.59	970.66
怀化市	Huaihua	1705.21	931.45	773.64
娄底市	Loudi	1517.96	658.04	859.91
湘西州	Xiangxi	1262.73	596.77	665.96

21-17 农业基本情况（2021年）
Basic Indicators of Agriculture (2021)

市 州	Cities and States	第一产业从业人员（万人） Workers in The Primary Industry (10 000 persons)	造林面积（万公顷） Afforesta-tion Areas (10 000 hectares)
全 省	**Total**	**801.00**	**43.12**
长沙市	Changsha	54.59	0.41
株洲市	Zhuzhou	29.85	2.85
湘潭市	Xiangtan	29.09	1.19
衡阳市	Hengyang	93.38	4.55
邵阳市	Shaoyang	97.04	5.80
岳阳市	Yueyang	59.36	3.76
常德市	Changde	79.56	3.93
张家界市	Zhangjiajie	23.08	1.34
益阳市	Yiyang	57.80	3.00
郴州市	Chenzhou	61.54	5.55
永州市	Yongzhou	74.19	3.58
怀化市	Huaihua	67.23	2.92
娄底市	Loudi	41.08	1.96
湘西州	Xiangxi	33.22	2.28

21-18 农业生产条件(2021年)
Condition of Agricultural Production (2021)

市 州	Cities and States	农业机械总动力（万千瓦）Total Power of Agricultural Machinery (10 000 kw)	有效灌溉面积（千公顷）Effective Irrigated Area (1000 hectares)	化肥施用量（万吨）Consumption of Chemical Fertilizers (10 000 tons)	农村用电量（万千瓦时）Electricity Consumed in Rural Areas (10 000 kwh)	每公顷面积产量（公斤）Yield Per Hectare (kg)		
						粮食 Grain Crops	棉花 Cotton	油料 Oil-bearing Crops
全　省	**Total**	**6676.40**	**3238.00**	**219.06**	**1422223**	**6461**	**1338**	**1777**
长沙市	Changsha	623.30	236.45	16.75	191929	6894	1325	1812
株洲市	Zhuzhou	424.57	165.12	9.60	111562	7028	1506	1716
湘潭市	Xiangtan	295.88	141.60	9.21	65820	7151	787	1684
衡阳市	Hengyang	603.98	272.44	21.44	218160	6673	1139	1656
邵阳市	Shaoyang	521.32	292.83	21.05	114449	6750	1100	1824
岳阳市	Yueyang	662.76	335.07	20.45	87915	6346	1352	1754
常德市	Changde	673.86	472.12	31.71	144587	6521	1360	1948
张家界市	Zhangjiajie	120.29	55.76	5.58	22292	5123	902	1721
益阳市	Yiyang	576.92	291.43	18.75	135846	6456	1520	1758
郴州市	Chenzhou	455.72	202.47	16.34	75968	6054	905	1831
永州市	Yongzhou	670.16	290.33	22.00	86299	6254	1409	1879
怀化市	Huaihua	478.35	201.86	10.90	68082	6370	595	1591
娄底市	Loudi	372.04	106.27	8.25	78671	6443	1328	1760
湘西州	Xiangxi	197.25	174.26	7.04	20643	5454	661	1585

21-19 主要农业机械年末拥有量(2021年)
Year-end Possession of Major Agriculture Machinery (2021)

市 州	Cities and States	大中型拖拉机 Large and Medium Tractors		小型及手扶拖拉机 Mini and Walking Tractors		排灌机械 Machinery for Agricultural Drainage and Irrigation
		台 (unit)	千瓦 (kw)	台 (unit)	千瓦 (kw)	台 (unit)
全 省	**Total**	**107626**	**4322346.18**	**214468**	**2681720.03**	**2424101**
长沙市	Changsha	9235	413566.70	25252	314070.95	208491
株洲市	Zhuzhou	4740	188629.52	26239	303516.62	37709
湘潭市	Xiangtan	4599	96504.37	3010	43579.60	180308
衡阳市	Hengyang	7726	311940.00	15231	224182.01	260757
邵阳市	Shaoyang	5947	247909.18	8083	100803.92	213187
岳阳市	Yueyang	12163	507562.13	25483	338973.57	178688
常德市	Changde	16545	702805.38	24517	324650.30	198622
张家界市	Zhangjiajie	1991	87998.66	2339	35981.80	42190
益阳市	Yiyang	10453	588409.80	24150	279599.00	276469
郴州市	Chenzhou	13974	449809.71	19506	206597.66	106589
永州市	Yongzhou	12611	429332.00	22939	285083.00	313544
怀化市	Huaihua	3612	149768.40	5209	66387.70	155800
娄底市	Loudi	2721	96582.65	7462	89969.70	222699
湘西州	Xiangxi	1309	51527.68	5048	68319.20	29048

21-20 机耕面积及水库、堤防(2021年)

Tractor-ploughed Area, Reservoirs and Dikes (2021)

市 州	Cities and States	机耕面积（千公顷）Tractor Ploughed Area (1000 hectares)	水 库（座）Number of Reservoirs (set)	堤防长度（公里）Total Length of Dikes (km)
全 省	**Total**	**6315.02**	**13737**	**20227.11**
长沙市	Changsha	492.24	611	1508.69
株洲市	Zhuzhou	263.59	957	970.69
湘潭市	Xiangtan	266.17	375	993.77
衡阳市	Hengyang	665.69	1531	2202.78
邵阳市	Shaoyang	529.26	1291	347.38
岳阳市	Yueyang	732.42	1567	2599.57
常德市	Changde	993.98	1406	3388.43
张家界市	Zhangjiajie	100.89	257	360.23
益阳市	Yiyang	496.93	621	3362.59
郴州市	Chenzhou	382.86	1038	1161.96
永州市	Yongzhou	585.51	1368	1132.42
怀化市	Huaihua	388.08	1288	958.69
娄底市	Loudi	236.72	742	467.76
湘西州	Xiangxi	180.69	685	772.15

注：机耕面积由农机部门提供，水库、堤防长度数据由水利部门提供。

The Date of Tractor-Ploughed Area are provided by Department of agriculture machinery, The Data of Reservoirs and Dikes are provided by Department of the water conservancy.

21-21 农林牧渔业总产值(2021年)

Gross Output Value of Farming, Forestry, Animal Husbandry and Fishery (2021)

单位：万元 (10 000 yuan)

市 州	Cities and States	农林牧渔业总产值 Gross Output Value of Farming, Forestry, Animal Husbandry and Fishery	指 数（上年=100）Indices (preceding year=100)	农业产值 Output Value of Farming	林业产值 Output Value of Forestry	牧业产值 Output Value of Animal Husbandry	渔业产值 Output Value of Fishery	农林牧渔专业及辅助性活动产值 Output Value of Farming, Forestry, Animal Husbandry, Fishery and Auxiliary Activities
长沙市	Changsha	7315233	110.1	4516665	391920	1701658	274659	430332
株洲市	Zhuzhou	4063649	110.4	1922361	330893	1486263	173489	150643
湘潭市	Xiangtan	3039181	110.9	1218152	146328	1328141	178051	168509
衡阳市	Hengyang	7968706	110.2	2800016	607200	3345349	696276	519865
邵阳市	Shaoyang	6969692	110.6	3585294	209177	2631622	194298	349301
岳阳市	Yueyang	8044486	110.2	3391767	230726	2414525	1566652	440816
常德市	Changde	8451477	110.4	3739935	221764	3091201	819507	579069
张家界市	Zhangjiajie	1378772	110.0	792111	103270	385931	43733	53727
益阳市	Yiyang	6075305	110.0	3072622	169353	1626623	837790	368917
郴州市	Chenzhou	5221949	110.7	2389340	473969	1979041	179681	199918
永州市	Yongzhou	7874700	110.8	3384393	965424	2665683	466906	392294
怀化市	Huaihua	4786230	110.5	2300346	340653	1891178	150352	103702
娄底市	Loudi	3422862	110.3	1650542	84955	1397229	166093	124042
湘西州	Xiangxi	2011327	110.4	1281006	53979	628075	22831	25436

21-22　经济作物播种面积(2021年)
Sown Area of Cash Crops (2021)

单位：千公顷　　(1000 hectares)

市　州	Cities and States	油料面积 Area of Oil	烤烟面积 Area of Flue-cured Tobacco	蔬菜面积 Area of Vegetables
全　省	**Total**	**1479.83**	**86.66**	**1391.46**
长沙市	Changsha	57.45	5.74	163.64
株洲市	Zhuzhou	53.93	1.51	82.65
湘潭市	Xiangtan	34.00		57.88
衡阳市	Hengyang	198.39	4.99	66.50
邵阳市	Shaoyang	119.45	3.86	156.40
岳阳市	Yueyang	128.66	0.04	81.92
常德市	Changde	305.86	4.30	123.90
张家界市	Zhangjiajie	51.10	6.32	39.23
益阳市	Yiyang	136.47	0.08	134.57
郴州市	Chenzhou	75.16	26.92	111.13
永州市	Yongzhou	96.96	19.25	199.78
怀化市	Huaihua	121.68	0.66	73.18
娄底市	Loudi	42.31	0.12	43.11
湘西州	Xiangxi	58.40	12.86	57.59

21−23 主要经济作物及水产品产量(2021年)
Output of Main Cash Crop and Aquatic Product (2021)

单位：吨 (ton)

市 州	Cities and States	油料产量 Oil-Bearing Crops	油菜籽 Rapeseeds	苎麻 Ramie	烤烟 Flue-cured Tobacco	蔬菜 Vegetables
全 省	**Total**	**2629953**	**2302509**	**3509**	**184105**	**42689229**
长沙市	Changsha	104106	90222	3	10715	5746452
株洲市	Zhuzhou	92550	77874	1225	3892	3391945
湘潭市	Xiangtan	57254	53410	23		1747106
衡阳市	Hengyang	328509	302102	55	11301	2212251
邵阳市	Shaoyang	217868	164689	93	8431	3226910
岳阳市	Yueyang	225640	199627	201	151	2702539
常德市	Changde	595781	577307	1293	7968	3572733
张家界市	Zhangjiajie	87961	77211	1	14890	1060867
益阳市	Yiyang	239902	221551	309	98	4901139
郴州市	Chenzhou	137588	101240		60036	3493623
永州市	Yongzhou	182210	124424	11	43776	6431639
怀化市	Loudi	193582	180762	4	1577	1719845
娄底市	Huaihua	74466	55073	105	198	1669153
湘西州	Xiangxi	92538	77017	186	21072	813027

21−23 续表 Continued

单位：吨 (ton)

市 州	Cities and States	茶叶 Tea	水果产量 Fruit	柑橘 Citrus	水产品产量 Aquatic Products
全 省	**Total**	**258537**	**11936422**	**6432003**	**2661061**
长沙市	Changsha	47062	395018	108257	120660
株洲市	Zhuzhou	2635	432240	84007	101951
湘潭市	Xiangtan	2287	124531	19746	99709
衡阳市	Hengyang	4446	561361	82811	290196
邵阳市	Shaoyang	6686	1227050	700931	96733
岳阳市	Yueyang	16803	555325	109028	533099
常德市	Changde	29417	1425673	1104593	474261
张家界市	Zhangjiajie	4607	338326	270353	8685
益阳市	Yiyang	98440	640811	247483	447563
郴州市	Chenzhou	9092	998329	460278	112139
永州市	Yongzhou	3266	1733634	721176	190603
怀化市	Loudi	12776	2251210	1743340	79091
娄底市	Huaihua	7881	299210	82240	91219
湘西州	Xiangxi	13139	953705	697760	15152

21–24 主要林产品产量(2021年)
Output of Major Forest Products (2021)

市　州	Cities and States	油茶籽（吨）Tea-oil Seeds (ton)	竹笋干（吨）Bamboo Shoots (ton)	木材采伐量（万方）Woods Cuts (10 000 cu.m)	竹材采伐量（万根）Bamboo Cuts (10 000 roots)
全　省	**Total**	**1716414**	**76098**	**483.48**	**25828.86**
长沙市	Changsha	111000	642	19.67	1581.45
株洲市	Zhuzhou	238451	7122	20.09	2188.94
湘潭市	Xiangtan	14323	48	4.26	20.13
衡阳市	Hengyang	367962	18624	27.98	1980.13
邵阳市	Shaoyang	182053	4400	31.06	1167.80
岳阳市	Yueyang	39209	8090	82.63	11624.62
常德市	Changde	88899	1411	66.48	1115.56
张家界市	Zhangjiajie	7230	305	5.14	5.00
益阳市	Yiyang	24675	6434	52.78	1901.39
郴州市	Chenzhou	153012	12242	46.36	1204.65
永州市	Yongzhou	320049	6161	54.89	836.61
怀化市	Huaihua	128116	8103	66.27	1130.80
娄底市	Loudi	19389	2255	2.28	1059.70
湘西州	Xiangxi	22040	261	3.60	12.08

注：全省数据含14市州及湖南省林业种苗繁育示范中心数据。
The data of the province includes the data of 14 prefectures and Hunan Provincial Forestry Seed and Seedling Breeding Demonstration Center.

21−25 规模以上工业企业个数(2021年)
The Number of Units of Industrial Enterprises above Designated Size (2021)

单位：个 (unit)

市 州	Cities and States	工业企业单位个数 The Number of Units of Industrial Enterprises	按轻重工业分 According to Light and Heavy Industries		按登记注册类型分 Divided by Type of Registration			
			轻工业 Light Industry	重工业 Heavy Industry	国有控股 State-owned Enterprises	内资企业 Domestic Funded	港澳台商投资企业 Enterprises with Funds from Hongkong, Macao and Taiwan	外商投资企业 Foreign Funded
全 省	**Total**	**19301**	**7544**	**11757**	**862**	**18826**	**266**	**209**
长沙市	Changsha	2881	876	2005	172	2748	64	69
株洲市	Zhuzhou	1931	517	1414	106	1900	15	16
湘潭市	Xiangtan	1293	385	908	41	1259	16	18
衡阳市	Hengyang	1422	579	843	82	1393	19	10
邵阳市	Shaoyang	2055	1254	801	47	2037	15	3
岳阳市	Yueyang	1836	828	1008	47	1804	16	16
常德市	Changde	1657	695	962	66	1615	25	17
张家界市	Zhangjiajie	242	142	100	7	239	1	2
益阳市	Yiyang	1406	677	729	49	1384	11	11
郴州市	Chenzhou	1221	324	897	81	1175	30	16
永州市	Yongzhou	1262	525	737	66	1209	35	18
怀化市	Huaihua	785	280	505	54	771	8	6
娄底市	Loudi	989	293	696	31	975	8	6
湘西州	Xiangxi	336	172	164	28	333	2	1

21-26 规模以上工业企业基本情况（2021年）

Basic Indicators of Industrial Enterprises above Designated Size (2021)

单位：亿元 (100 million yuan)

市 州	Cities and States	工业增加值指数（上年=100） Index of Value Added of Industry (preceding year=100)	营业收入 Revenue of Bussiness	利润总额 Total Profits	资产总计 Total Assets of Industrial Enterprises	负债合计 Total Liabilities of Industrial Enterprises
全 省	**Total**	**108.4**	**43408.68**	**2618.32**	**34562.87**	**17511.63**
长沙市	Changsha	107.2	8235.95	628.85	11317.39	6071.88
株洲市	Zhuzhou	111.7	3297.36	214.03	4529.42	2168.60
湘潭市	Xiangtan	109.6	4263.31	126.24	2195.82	1234.14
衡阳市	Hengyang	109.5	2006.35	132.47	1832.85	1002.20
邵阳市	Shaoyang	109.9	2783.82	265.22	1168.41	540.63
岳阳市	Yueyang	108.4	6384.27	314.80	2677.70	1187.33
常德市	Changde	105.9	3647.44	241.80	2551.54	1205.73
张家界市	Zhangjiajie	103.0	123.45	6.48	150.96	77.19
益阳市	Yiyang	109.7	3262.36	117.38	1410.89	740.43
郴州市	Chenzhou	110.1	3070.25	181.27	1808.44	896.64
永州市	Yongzhou	108.0	1964.62	106.34	1331.98	632.18
怀化市	Huaihua	110.6	1271.99	79.54	978.15	399.05
娄底市	Loudi	107.8	2654.50	165.30	1502.04	654.79
湘西州	Xiangxi	118.1	338.81	36.47	429.13	248.69

21-27 主要工业产品产量(2021年)

市 州	Cities and States	纱（万吨） Yarn (10 000 tons)	布（亿米） Cloth (100 million meters)	针棉织品（折用纱线）（万吨） Cotton Knitwear (10 000tons)	机制纸及纸板（万吨） Machine-made Paper and Paperboard (10 000 tons)	卷 烟（万箱） Cigarettes (10 000 cases)
全 省	**Total**	**104.19**	**1.04**	**0.84**	**343.75**	**328.83**
长沙市	Changsha	1.51			54.21	114.11
株洲市	Zhuzhou	5.27			4.67	
湘潭市	Xiangtan	1.30			0.38	
衡阳市	Hengyang	1.56			30.30	
邵阳市	Shaoyang	3.98	0.20		49.74	
岳阳市	Yueyang	46.51	0.13		114.08	
常德市	Changde	21.39	0.34		41.97	162.76
张家界市	Zhangjiajie					
益阳市	Yiyang	18.51	0.33	0.84	2.53	
郴州市	Chenzhou	0.63			27.28	28.76
永州市	Yongzhou				1.87	23.20
怀化市	Huaihua	2.04	0.04		16.71	
娄底市	Loudi					
湘西州	Xiangxi	1.49				

21-27 续表

市 州	Cities and States	钢 材（万吨） Steel (10 000 tons)	水 泥（万吨） Cement (10 000 tons)	平板玻璃（万重量箱） Plate Class (10 000 weight cases)	硫 酸（万吨） Sulfuric Acid (10 000 tons)	烧 碱（万吨） Caustic Soda (10 000 tons)
全 省	**Total**	**2979.70**	**10408.05**	**3984.68**	**189.33**	**62.02**
长沙市	Changsha	1.69	673.45		2.92	
株洲市	Zhuzhou		516.12	2404.00	4.83	
湘潭市	Xiangtan	1040.96	530.46	32.77		
衡阳市	Hengyang	189.69	802.65		142.55	42.86
邵阳市	Shaoyang	0.42	1060.18			
岳阳市	Yueyang	13.83	360.98			8.92
常德市	Changde		1350.32	184.71		
张家界市	Zhangjiajie		134.87			
益阳市	Yiyang	16.63	668.53	2.29		
郴州市	Chenzhou	0.32	1048.55	1336.62	6.64	
永州市	Yongzhou	11.84	1312.92	24.73		
怀化市	Huaihua	4.21	726.47		5.84	1.30
娄底市	Loudi	1700.11	974.98			
湘西州	Xiangxi		247.59	0.06	26.55	

Output of Major Industrial Products (2021)

化学药品原药 （吨） Original Chemical Drug (ton)	食用植物油 （万吨） Edible Vegetable Oil (10 000 tons)	饲 料 （万吨） Mixed Fodder (10 000 tons)	粗 钢 （万吨） Crude Steel (10 000 tons)	生 铁 （万吨） Pig Iron (10 000 tons)	原 煤 （万吨） Coal (10 000 tons)	发电量 （亿千瓦时） Electricity (100 million kw.h)	水力发电 Hydro-power
188446.77	**287.23**	**2038.31**	**2612.68**	**2177.35**	**723.38**	**1658.62**	**485.96**
42879.01	23.13	229.21				102.92	25.51
1153.15	1.55	145.40			11.37	99.48	19.46
121.10	0.27	40.13	1100.04	905.23		123.13	0.82
1.60	4.56	79.71	176.95	127.21	174.38	73.57	22.44
26544.67	10.67	68.36			12.89	124.45	51.75
103062.43	150.37	740.34				148.81	0.26
1562.28	58.27	221.38				162.87	31.77
1386.00	0.32	6.57				4.67	2.46
	9.35	254.66				144.22	39.27
	1.44	56.72			234.57	173.20	28.48
52.70	17.00	65.49		4.01		130.21	56.34
11681.19	9.21	105.35				206.13	187.18
2.64	0.92	24.21	1335.69	1140.89	290.17	146.20	3.82
	0.16	0.79				18.75	16.40

Continued

化学农药（原药） （万吨） Chemical Pesticide (10 000 tons)	化学肥料（折纯量） （万吨） Chemical Fertilizers (10 000 tons)	氮 肥 Nitrogen Fertilizers	磷 肥 Phosphate Fertilizers	电 石 （万吨） Calcium Carbide (10 000 tons)	初级形态的塑料 （万吨） Primary Plastics (10 000 tons)	矿山专用设备 （万吨） Mining Special Equipment (10 000 tons)	金属切削机床 （台） Metal-cutting Machine Tools(unit)
16.85	**59.56**	**50.40**	**9.16**	**19.69**	**63.71**	**63.98**	**3040**
1.07	1.55		1.55		0.51	0.46	1582
1.11					1.38	0.16	86
						19.18	34
				3.27	8.34	2.29	
0.11					1.74	4.29	51
10.01	42.86	42.86			37.59	2.74	62
2.53	6.82	1.09	5.73		1.86	2.51	
					0.21		
1.77					9.68	0.03	897
	1.22	1.22				2.29	
					1.96	0.56	328
0.25	1.89		1.89	16.42		0.44	
	5.22	5.22			0.44	29.03	

21–28 建筑企业主要经济指标(2021年)

Main Economic Indicators on Construction Enterprises (2021)

单位：亿元 (100 million yuan)

市 州	Cities and States	企业单位数（个）Number of Enterprises (unit)	从业人员数（万人）Number of Employees (10 000 persons)	建筑业总产值 Gross Output Value of Construction	企业总收入 Total Income of Enterprises	利税总额合计 Total Pre-tax Profits	利润总额合计 Total Profits
全 省	**Total**	**3744**	**301.25**	**13280.16**	**11254.79**	**754.54**	**360.66**
长沙市	Changsha	981	128.90	6823.82	6141.50	332.74	186.53
株洲市	Zhuzhou	386	25.16	1102.51	819.50	53.67	21.42
湘潭市	Xiangtan	211	23.80	648.74	525.50	30.31	13.25
衡阳市	Hengyang	285	22.90	740.50	574.10	42.44	20.35
邵阳市	Shaoyang	267	14.13	651.14	567.95	55.70	20.00
岳阳市	Yueyang	358	17.76	686.20	550.46	59.40	28.30
常德市	Changde	179	12.39	487.24	408.99	30.01	12.24
张家界市	Zhangjiajie	80	1.74	66.82	56.12	4.72	1.99
益阳市	Yiyang	148	10.20	419.13	331.97	31.05	12.93
郴州市	Chenzhou	224	9.72	510.80	323.65	27.18	12.32
永州市	Yongzhou	182	10.77	338.79	225.78	27.59	11.41
怀化市	Huaihua	188	7.97	257.90	215.94	22.74	9.88
娄底市	Loudi	161	14.36	511.54	472.39	34.54	10.18
湘西州	Xiangxi	94	1.44	35.02	40.95	2.45	-0.16

21-29 公路长度(2021年)
Length of Highways (2021)

单位：公里 (km)

市 州	Cities and States	里程总计 Total Length of Highways	等级公路 Expressway and Class Ⅰ to Ⅳ Highway	高速公路 Express-way	一级公路 First Class	二级公路 Second Class	三级公路 Third Class	四级公路 Fourth Class	等外路 Highway Below Class Ⅳ
全 省	**Total**	**241940**	**231019**	**7083**	**3054**	**16378**	**6332**	**198172**	**10921**
长沙市	Changsha	16299	15121	724	468	1226	865	11838	1177
株洲市	Zhuzhou	13933	13802	490	185	1178	134	11814	131
湘潭市	Xiangtan	7970	5740	284	164	465	200	4627	2230
衡阳市	Hengyang	21203	19381	697	134	1300	207	17043	1822
邵阳市	Shaoyang	22615	21314	583	94	1632	585	18421	1301
岳阳市	Yueyang	20665	20527	487	413	1107	390	18131	138
常德市	Changde	22836	22811	529	488	1274	553	19966	25
张家界市	Zhangjiajie	9241	8100	185	79	489	532	6815	1142
益阳市	Yiyang	16397	16007	452	234	1271	189	13861	390
郴州市	Chenzhou	18088	17354	579	223	1502	515	14535	734
永州市	Yongzhou	23253	22364	492	249	1426	545	19652	889
怀化市	Huaihua	20892	20753	717	114	1576	694	17653	139
娄底市	Loudi	15204	14729	383	182	822	346	12995	475
湘西州	Xiangxi	13345	13017	482	30	1110	577	10819	327

注：资料来源于省交通厅。2006年起等外路包含村道。

Figures in this table form Transportation Bureau of Hunan Province. Highway below class Ⅳ includes country road since 2006.

21-30 民用车辆拥有量(2021年)
Number of Civil Motor Vehicles (2021)

市 州	Cities and States	合 计（辆） Total (unit)	私人汽车 Private Car	汽 车 Civil Motor Vehicles 载 客 Passenger Vehicles	载 货 Trucks Vehicles	摩托车 Motors	拖拉机 Tractors	其 他 类型车 Other Motor Vehicles	机动车驾驶员（人） Number of Motor Drivers (person)	#汽车驾驶员 Automobile Drivers
全 省	**Total**	**16283064**	**9637910**	**9311996**	**952301**	**5551024**	**200680**	**108259**	**18544297**	**16310625**
长沙市	Changsha	3437036	2712313	2830386	171519	365343	23134	9642	3792203	3685940
株洲市	Zhuzhou	912349	602712	589131	49200	236415	23886	8488	1197889	1085497
湘潭市	Xiangtan	682142	420065	414162	31154	217926	4664	9195	832053	754623
衡阳市	Hengyang	1185751	724625	691482	70016	387804	15853	8655	1509456	1388335
邵阳市	Shaoyang	1240836	711803	646647	91335	478865	7992	5204	1518941	1329821
岳阳市	Yueyang	1243726	735452	698247	68291	421504	26606	17100	1452791	1291285
常德市	Changde	1382719	703213	670428	71157	573212	33761	19385	1397887	1198683
张家界市	Zhangjiajie	473545	190181	179282	23619	264699	3061	225	422949	314589
益阳市	Yiyang	968295	522778	486055	55099	374021	24323	16505	1197098	1010016
郴州市	Chenzhou	986269	571965	530070	75553	356606	9756	3312	1071588	949203
永州市	Yongzhou	961809	566258	509226	77590	345177	11855	4895	1194877	953693
怀化市	Huaihua	1294490	477076	431779	67161	778669	5396	2162	1188434	883187
娄底市	Loudi	1022731	479177	434012	66276	503641	4503	2624	1202165	1031472
湘西州	Xiangxi	491366	220292	201089	34331	247142	5890	867	565966	434281

21－31 邮电业务量(2021年)

Volume of Postal and Telecommunications Services (2021)

市 州	Cities and States	邮政业务总量（亿元）Revenue from Postal (100 million yuan)	电信业务总量（亿元）Revenue from Telecommu-nication (100 million yuan)	邮政业务收入（亿元）Income from Postal (100 million yuan)	电信业务收入（亿元）Income from Telecommu-nication (100 million yuan)	函件（万件）Letters (10 000 pieces)	报刊期发数（万份）Parcels (10 000 copies)	固定电话用户（万户）Fixed Telephone Subscribers (10 000 households)	移动电话用户（万户）Mobile Telephone Subscribers (10 000 households)	固定互联网用户数（万户）Number of Local Internet Users (10 000 households)
全 省	**Total**	**295.84**	**628.99**	**266.64**	**517.20**	**1699.59**	**474.70**	**568.34**	**6942.31**	**2322.99**
长沙市	Changsha	130.85	150.01	113.24	131.89	1479.52	121.81	144.54	1368.98	488.95
株洲市	Zhuzhou	17.73	38.52	15.82	32.45	22.00	24.48	36.56	434.74	148.62
湘潭市	Xiangtan	7.94	29.75	7.67	22.28	20.19	19.26	22.54	311.80	126.54
衡阳市	Hengyang	21.43	49.00	20.35	39.40	16.19	38.19	71.77	608.73	197.23
邵阳市	Shaoyang	19.60	46.84	16.93	36.90	19.93	36.63	30.91	581.02	176.16
岳阳市	Yueyang	16.14	42.33	13.67	36.63	24.73	29.36	81.54	525.08	171.60
常德市	Changde	15.11	45.23	13.96	38.42	22.72	38.38	32.30	543.72	182.36
张家界市	Zhangjiajie	2.88	17.39	3.07	12.75	6.58	12.00	9.00	170.03	62.90
益阳市	Yiyang	13.30	31.31	12.52	26.35	9.99	24.03	24.75	391.40	127.34
郴州市	Chenzhou	12.37	40.20	12.65	31.87	18.05	28.45	41.89	473.12	151.34
永州市	Yongzhou	10.54	36.50	10.70	29.13	10.32	33.15	20.05	446.73	139.77
怀化市	Huaihua	10.96	41.33	11.41	32.60	18.87	26.92	24.22	461.96	145.28
娄底市	Loudi	12.38	34.33	9.55	26.76	22.26	23.28	20.29	379.82	123.47
湘西州	Xiangxi	4.60	25.21	5.10	19.75	8.24	18.75	7.96	245.17	81.44

21－32 规模以上服务业企业主要经济指标(2021年)

单位：亿元

市 州	Cities and States	单位数（个）Number of Enterprises (unit)	年初存货 Inventory Year-early	流动资产合计 Circulating Funds	应收账款 Net Value of Account Received	存货 Inventory
全 省	**Total**	**7314**	**4819.85**	**14776.80**	**1327.69**	**5118.88**
长沙市	Changsha	1717	2030.34	6881.95	538.28	2169.95
株洲市	Zhuzhou	523	717.36	1841.13	177.46	778.16
湘潭市	Xiangtan	310	7.45	139.18	32.62	7.76
衡阳市	Hengyang	657	509.69	1225.47	192.95	518.07
邵阳市	Shaoyang	642	384.38	875.04	41.50	399.73
岳阳市	Yueyang	1075	110.24	278.77	53.86	88.13
常德市	Changde	753	552.16	2187.12	134.27	622.73
张家界市	Zhangjiajie	110	2.12	71.60	9.72	2.10
益阳市	Yiyang	123	114.68	252.89	13.18	121.17
郴州市	Chenzhou	426	16.93	209.23	35.54	20.47
永州市	Yongzhou	269	23.40	81.95	8.50	27.25
怀化市	Huaihua	230	78.95	167.87	10.51	77.25
娄底市	Loudi	345	268.22	503.88	68.64	283.15
湘西州	Xiangxi	134	3.93	60.71	10.66	2.97

21－32 续表 1

单位：亿元

市 州	Cities and States	所有者权益合计 Total Rights of Owners	营业收入 Operating Income	营业成本 Operating Cost	税金及附加 Tax and Extra Charges
全 省	**Total**	**12824.29**	**5605.07**	**4376.72**	**67.51**
长沙市	Changsha	6841.12	2812.46	2193.79	31.10
株洲市	Zhuzhou	1319.05	557.99	470.57	5.48
湘潭市	Xiangtan	126.80	175.60	137.76	1.98
衡阳市	Hengyang	813.66	354.91	282.93	4.43
邵阳市	Shaoyang	682.89	183.00	133.44	1.41
岳阳市	Yueyang	474.30	379.72	267.19	10.11
常德市	Changde	1377.55	426.74	349.36	3.20
张家界市	Zhangjiajie	68.07	44.22	32.87	0.26
益阳市	Yiyang	141.46	74.17	52.52	1.58
郴州市	Chenzhou	320.43	170.51	139.97	1.18
永州市	Yongzhou	191.95	100.94	73.08	0.40
怀化市	Huaihua	116.30	105.67	75.47	2.11
娄底市	Loudi	278.26	163.19	125.66	3.92
湘西州	Xiangxi	72.47	55.97	42.11	0.34

Major Economic Indicators of Service Enterprises above Designated Size (2021)

(100 million yuan)

固定资产原价 Original Price of Fixed Assets	累计折旧 Accumulated Depreciation	本年折旧 Depreciation this Year	资产总计 Total Assets	负债合计 Total Liability
9749.24	**1775.53**	**254.82**	**31366.94**	**18542.65**
6895.73	686.40	94.13	16607.43	9766.31
369.82	117.76	15.58	3015.33	1696.29
164.92	68.08	9.41	365.77	238.97
471.31	170.91	22.58	2058.54	1244.87
215.80	85.88	13.73	1407.83	724.94
229.15	85.63	13.29	916.02	441.72
442.17	143.52	19.54	3801.62	2424.07
115.00	49.45	7.21	219.63	151.55
102.62	58.14	7.89	509.51	368.05
225.65	90.34	12.39	629.66	309.23
129.09	54.66	7.38	378.20	186.25
135.26	60.83	9.67	375.95	259.65
154.79	56.89	15.47	912.84	634.58
97.92	47.05	6.53	168.63	96.16

Continued

(100 million yuan)

销售费用 Operation Expense	管理费用 Management Expense	财务费用 Financial Expense	利息收入 Interest Revenue
287.18	**433.74**	**247.70**	**20.83**
165.75	211.41	172.55	15.24
18.18	35.25	11.39	1.29
8.81	14.89	3.80	0.19
13.09	23.44	9.77	0.68
10.48	21.00	4.18	1.23
16.69	27.27	6.00	0.30
14.01	33.04	11.26	0.98
4.15	5.19	2.71	0.28
4.34	7.35	10.71	0.15
7.43	15.19	3.21	0.07
5.56	8.98	5.03	0.04
7.73	10.38	3.12	0.05
7.60	12.34	2.61	0.29
3.36	8.01	1.35	0.04

21-32 续表 2 Continued

单位：亿元

市 州	Cities and States	利息支出 Interest Expense	投资收益 Income from Investment	营业利润 Operating Profit	营业外收入 Non-operating Income	营业外支出 Non-operating Income
全 省	**Total**	**231.53**	**113.40**	**339.65**	**82.62**	**23.18**
长沙市	Changsha	177.57	88.06	130.63	39.30	6.29
株洲市	Zhuzhou	8.95	20.61	44.16	4.08	1.21
湘潭市	Xiangtan	2.85	0.29	8.94	0.97	0.42
衡阳市	Hengyang	7.81	0.23	27.52	4.50	1.71
邵阳市	Shaoyang	3.89	0.40	14.08	8.04	0.85
岳阳市	Yueyang	2.21	1.53	55.49	4.45	3.59
常德市	Changde	10.91	0.59	25.22	4.43	1.14
张家界市	Zhangjiajie	2.69	0.34	-0.92	3.10	0.50
益阳市	Yiyang	4.51	0.22	3.08	2.05	0.90
郴州市	Chenzhou	2.49	0.37	4.95	3.68	0.62
永州市	Yongzhou	1.80	0.01	7.97	0.46	0.41
怀化市	Huaihua	2.63	0.22	5.79	4.42	4.53
娄底市	Loudi	2.22	0.77	12.23	1.23	0.49
湘西州	Xiangxi	1.00	-0.23	0.51	1.92	0.52

21-32 续表 3 Continued

单位：亿元

市 州	Cities and States	利润总额 Total Profit	所得税费用 Income Tax and Fee	应付职工薪酬 Total Sum of Wages Payable	应交增值税 Value Added Payable	平均用工人数（万人） Average Number of Employment of the Current Year (10 000 persons)
全 省	**Total**	**399.09**	**43.96**	**868.94**	**114.82**	**96.61**
长沙市	Changsha	163.63	22.11	483.49	60.93	41.68
株洲市	Zhuzhou	47.02	2.90	51.98	15.63	6.24
湘潭市	Xiangtan	9.49	1.27	23.81	3.93	3.31
衡阳市	Hengyang	30.31	3.09	45.35	6.55	6.70
邵阳市	Shaoyang	21.27	1.78	38.94	3.40	6.18
岳阳市	Yueyang	56.35	4.58	42.00	6.80	6.01
常德市	Changde	28.51	2.66	49.76	4.95	7.01
张家界市	Zhangjiajie	1.67	0.92	6.88	1.25	0.87
益阳市	Yiyang	4.22	0.46	13.76	1.70	1.33
郴州市	Chenzhou	8.01	0.81	28.68	3.31	4.22
永州市	Yongzhou	8.02	0.70	20.65	0.77	3.61
怀化市	Huaihua	5.68	0.93	23.33	1.88	3.23
娄底市	Loudi	12.97	1.29	27.40	2.36	4.53
湘西州	Xiangxi	1.91	0.46	12.94	1.37	1.69

21−33 国内外贸易、对外经济和旅游(2021年)
Domestic Trade, Foreign Trade, Foreign Economy and Tourism (2021)

市 州	Cities and States	社会消费品零售总额 (亿元) Total Retail Sales of Consumer Goods (100 million yuan)	社会消费品零售总额增速 (%) Total Retail Sales of Consumer Goods Growth Rate (%)	实际使用外资金额 (万美元) Amount of Foreign Capital Actually Used (USD 10 000)	旅游业总收入 (亿元) Income of Tourism (100 million yuan)
全 省	**Total**	**18596.85**	**14.4**	**241490**	
长沙市	Changsha	5111.57	14.4	200734	
株洲市	Zhuzhou	1246.93	14.4	874	
湘潭市	Xiangtan	869.94	15.9	5085	
衡阳市	Hengyang	1812.80	13.7	1540	
邵阳市	Shaoyang	1382.35	14.4	3317	
岳阳市	Yueyang	1807.87	14.9	4113	
常德市	Changde	1633.85	14.4	5132	
张家界市	Zhangjiajie	204.77	4.0	2403	
益阳市	Yiyang	819.32	15.4	2805	
郴州市	Chenzhou	1056.37	14.6	5691	
永州市	Yongzhou	899.26	14.9	4265	
怀化市	Huaihua	695.31	14.6	2225	
娄底市	Loudi	778.20	14.6	3001	
湘西州	Xiangxi	278.31	14.3	305	

21−34 限额以上批发零售贸易业商品购销存总额(2021年)
Total Purchases, Sales and Inventory of Enterprise above Designated Size in Wholesale and Retail Trade (2021)

单位：万元 (10 000 yuan)

市 州	Cities and States	购进总额 Total Goods Purchase	销售总额 Total Sales	批发额 Wholesale	零售额 Retail Trade	年末库存总额 Inventory at the Year-end
全 省	**Total**	**130484568**	**145793944**	**86964248**	**57747432**	**7610064**
长沙市	Changsha	63956923	63491366	44729369	18116706	4064387
株洲市	Zhuzhou	8935172	9739224	5424233	4264551	464826
湘潭市	Xiangtan	5981005	7701785	2895379	4724696	162949
衡阳市	Hengyang	6005401	7702320	4070195	3563889	312585
邵阳市	Shaoyang	5195372	6785426	2325452	4431829	237954
岳阳市	Yueyang	9622023	11330293	6512238	4730213	599362
常德市	Changde	5349990	6690171	2671968	4008419	348313
张家界市	Zhangjiajie	550662	902546	424792	477626	64212
益阳市	Yiyang	3479841	4283802	2085989	2191838	183508
郴州市	Chenzhou	9736652	11382851	8102731	3274881	586652
永州市	Yongzhou	3422697	4652290	1545917	3088626	203196
怀化市	Huaihua	2490257	3548948	1498055	2021796	193381
娄底市	Loudi	4414547	5361518	3175949	2132936	110226
湘西州	Xiangxi	1344028	2221406	1501980	719426	78514

21−35 限额以上批发零售、住宿餐饮业法人企业数（2021年）
Number of Corporation Units above Designated Size in Wholesale and Retail Trade, Hotels and Catering Services (2021)

单位：个 (unit)

市 州	Cities and States	合计 Total	批发业 Wholesale Trade	零售业 Retail Trade	住宿业 Hotels	餐饮业 Catering Services
全 省	**Total**	**13551**	**3461**	**7290**	**1166**	**1634**
长沙市	Changsha	2693	1223	881	178	411
株洲市	Zhuzhou	1398	427	643	122	206
湘潭市	Xiangtan	634	123	403	35	73
衡阳市	Hengyang	1034	232	565	119	118
邵阳市	Shaoyang	1557	184	1083	103	187
岳阳市	Yueyang	1098	343	583	66	106
常德市	Changde	974	161	606	82	125
张家界市	Zhangjiajie	203	17	118	48	20
益阳市	Yiyang	603	125	381	51	46
郴州市	Chenzhou	1085	279	579	113	114
永州市	Yongzhou	834	70	595	73	96
怀化市	Huaihua	552	108	324	66	54
娄底市	Loudi	654	120	405	62	67
湘西州	Xiangxi	232	49	124	48	11

21-36 限额以上批发零售、住宿餐饮业从业人员(2021年)
Number of Person Employed in Enterprises Units above Designated Size in Wholesale and Retail Trade, Hotels and Catering Services (2021)

单位：人 (person)

市 州	Cities and States	合计 Total	批发业 Wholesale Trade	零售业 Retail Trade	住宿业 Hotels	餐饮业 Catering Services
全 省	**Total**	**566003**	**130152**	**296154**	**61233**	**78464**
长沙市	Changsha	196525	56047	85599	14693	40186
株洲市	Zhuzhou	38673	11104	15973	5483	6113
湘潭市	Xiangtan	55757	4658	45868	2260	2971
衡阳市	Hengyang	31548	5879	16423	5236	4010
邵阳市	Shaoyang	38349	6842	22484	4717	4306
岳阳市	Yueyang	32427	9223	15361	4100	3743
常德市	Changde	38916	5505	24600	3915	4896
张家界市	Zhangjiajie	10182	1481	4606	3421	674
益阳市	Yiyang	18374	5289	9543	2037	1505
郴州市	Chenzhou	33572	10912	14024	5537	3099
永州市	Yongzhou	23353	4090	13476	2327	3460
怀化市	Huaihua	21001	3570	13657	2410	1364
娄底市	Loudi	16773	2952	9560	2396	1865
湘西州	Xiangxi	10553	2600	4980	2701	272

21-37 亿元及以上商品交易市场基本情况(2021年)

Basic Statistics on Commodity Exchange Markets of Turnover above 100 Million Yuan (2021)

市州	Cities and States	市场数（个）Number of Markets (unit)	摊位总数（个）Number of Stalls (unit)	出租摊位个数（个）Number of Rented Stall (unit)	营业面积（万平方米）Operation Area (10 000 sq.m)	成交额（亿元）Turnover (100 million yuan)
全 省	**Total**	**283**	**202027**	**165566**	**1191.63**	**5006.64**
长沙市	Changsha	54	60692	48898	585.85	3527.82
株洲市	Zhuzhou	42	24131	17873	104.32	258.04
湘潭市	Xiangtan	10	6939	3985	38.44	45.88
衡阳市	Hengyang	33	13426	11173	34.42	176.52
邵阳市	Shaoyang	18	16255	14691	80.49	219.25
岳阳市	Yueyang	21	17222	15889	113.26	92.11
常德市	Changde	25	12634	11690	60.52	190.49
张家界市	Zhangjiajie					
益阳市	Yiyang	10	4100	3720	22.89	66.19
郴州市	Chenzhou	16	9205	8257	29.24	87.68
永州市	Yongzhou	11	7072	6598	16.48	58.84
怀化市	Huaihua	18	12295	6427	59.12	120.10
娄底市	Loudi	14	10265	10009	25.11	117.87
湘西州	Xiangxi	11	7791	6356	21.47	45.85

21-38 进出口商品总值（2021年）
Major Import and Export Commodities in Value (2021)

市 州	Cities and States	进出口总值（万美元）Total Exports and Imports (USD 10 000)	出 口 Exports	进 口 Imports	比上年增减（%）Increase Rate in 2020 Over 2019 (%)
全 省	**Total**	**9271486**	**6523609**	**2747877**	**31.2**
长沙市	Changsha	4303703	3062080	1241623	26.4
株洲市	Zhuzhou	356066	265671	90395	23.5
湘潭市	Xiangtan	548979	335071	213908	42.7
衡阳市	Hengyang	577908	299252	278656	30.2
邵阳市	Shaoyang	371465	362263	9202	-2.4
岳阳市	Yueyang	948637	491432	457205	56.8
常德市	Changde	295804	260588	35216	29.7
张家界市	Zhangjiajie	19919	18819	1100	35.4
益阳市	Yiyang	340654	331727	8926	29.2
郴州市	Chenzhou	708782	554489	154293	44.6
永州市	Yongzhou	446139	432622	13517	43.2
怀化市	Huaihua	30729	23582	7147	47.0
娄底市	Loudi	296614	60078	236536	36.8
湘西州	Xiangxi	26087	25936	151	61.9

21–39　外商投资情况（2021年）
Foreign Investment (2021)

市　州	Cities and States	新设企业数（个）Number of Newly Established Enterprises (case)	实际使用外资（万美元）Actually Used Foreign Capital (USD 10 000)
全　省	**Total**	**438**	**241490**
长沙市	Changsha	222	200734
株洲市	Zhuzhou	18	874
湘潭市	Xiangtan	10	5085
衡阳市	Hengyang	19	1540
邵阳市	Shaoyang	17	3317
岳阳市	Yueyang	17	4113
常德市	Changde	24	5132
张家界市	Zhangjiajie	11	2403
益阳市	Yiyang	14	2805
郴州市	Chenzhou	33	5691
永州市	Yongzhou	21	4265
怀化市	Huaihua	12	2225
娄底市	Loudi	9	3001
湘西州	Xiangxi	11	305

21-40 内联引资情况(2021年)
Inline Capital Introduction (2021)

市 州	Cities and States	项目个数（个）Number of Projects (case)	实际到位资金（亿元）Amount of Domestic Capital Actually Used (100 million yuan)
全 省	**Total**	**6817**	**11280.31**
长沙市	Changsha	758	2028.01
株洲市	Zhuzhou	543	918.83
湘潭市	Xiangtan	498	747.12
衡阳市	Hengyang	888	853.86
邵阳市	Shaoyang	472	747.99
岳阳市	Yueyang	618	1160.52
常德市	Changde	461	969.85
张家界市	Zhangjiajie	59	118.27
益阳市	Yiyang	467	677.35
郴州市	Chenzhou	801	1153.32
永州市	Yongzhou	442	600.06
怀化市	Huaihua	293	538.13
娄底市	Loudi	343	586.13
湘西州	Xiangxi	174	180.88

注：内联引资是指吸收的省外境内资金。

Domestic Direct Investment is refers to the capital absorbed from other provinces in China.

21–41 对外经济合作情况(2021年)
Foreign Economic Cooperation (2021)

市 州	Cities and States	对外承包工程完成营业额（万美元）The Completed Turnover of Foreign Contracted Projects (USD 10 000)	派出各类劳务人员数（人）The Number of Labor Personnel Dispatched (person)	新增中方合同投资额（万美元）The Amount of New Chinese Contract Investment (USD 10 000)	对外实际投资额（万美元）Actual Foreign Investment (USD 10 000)
全 省	**Total**	**275998**	**2834**	**82163**	**166555**
长沙市	Changsha	16932	175	70069	146568
株洲市	Zhuzhou		262		7923
湘潭市	Xiangtan	2500	312	928	729
衡阳市	Hengyang	1829	194	800	637
邵阳市	Shaoyang	565	347	72	667
岳阳市	Yueyang	262	337	160	90
常德市	Changde	1999	285	1506	565
张家界市	Zhangjiajie		94	741	177
益阳市	Yiyang	29	177	1111	624
郴州市	Chenzhou		134	4546	387
永州市	Yongzhou	66	107	571	98
怀化市	Huaihua	195	134	252	102
娄底市	Loudi	6030	191	607	210
湘西州	Xiangxi		85		151

注：1. 对外承包工程完成营业额、新增中方合同投资额、对外实际投资额的全省总计中包括省直企业的数据。

2. 派出各类劳务人员数包含了全国对外劳务合作与对外承包工程企业从湖南外派人员数据，故统计口径与2020年有所差异。

a. The completed turnover of foreign contracted projects, the newly increased contracted investment from the Chinese side and the actual foreign investment of the whole province include the data of the enterprises directly under the province.

b. The number of dispatched labor personnel includes the data of personnel dispatched from Hunan by national foreign labor cooperation and foreign contracted engineering enterprises, so the statistical caliber is different from that in 2020.

21-42 高新技术产业情况(2021年)
Basic Statistics on High-tech Industries (2021)

单位：亿元 (100 million yuan)

市 州	Cities and States	企业单位数（个）Number of Enterprises (unit)	高新技术产业总产值 Gross Output Value of High-tech Industries	高新技术产业增加值 Added Value of High-tech Industries	高新技术产业营业收入 Operating Income of High-tech Industry	#出口收入 Exports Revenue	高新技术产业利税总额 Profits and Tax of High-tech Industries	#利润总额 Total of Profit and Tax
全 省	**Total**	**14035**	**38994.09**	**10994.55**	**36613.75**	**1528.89**	**2789.95**	**1831.35**
长沙市	Changsha	4230	12360.64	3820.64	11997.53	610.59	1073.77	691.81
株洲市	Zhuzhou	1050	3442.36	1016.11	2984.19	156.64	254.24	165.64
湘潭市	Xiangtan	670	3730.98	977.24	3342.62	211.25	159.33	101.68
衡阳市	Hengyang	858	1988.02	644.15	1842.74	107.04	154.30	96.20
邵阳市	Shaoyang	1195	2158.99	524.77	1931.76	161.40	126.29	93.77
岳阳市	Yueyang	1121	4309.10	1137.77	3918.05	57.90	301.79	161.59
常德市	Changde	1145	2368.51	514.16	2209.89	55.65	186.83	134.96
张家界市	Zhangjiajie	128	79.07	27.92	73.82	2.31	5.44	3.09
益阳市	Yiyang	768	2170.38	511.53	2103.99	56.94	118.07	85.61
郴州市	Chenzhou	803	2071.74	657.41	1931.93	33.93	125.08	86.82
永州市	Yongzhou	867	1323.84	362.64	1142.87	36.80	65.00	51.15
怀化市	Huaihua	583	995.47	335.13	935.88	4.33	63.22	43.61
娄底市	Loudi	419	1800.00	400.58	1994.08	23.96	136.52	102.46
湘西州	Xiangxi	198	195.00	64.52	204.42	10.15	20.08	12.97

21-43 研究与试验发展（R&D）经费内部支出
Intramural Expenditures on R&D

单位：万元 (10 000 yuan)

市 州	Cities and States	2016	2017	2018	2019	2020	2021
全 省	**Total**	**4688418**	**5685310**	**6582729**	**7871638**	**8987001**	**10289088**
长沙市	Changsha	1987142	2479808	2658638	3161830	3575208	3670930
株洲市	Zhuzhou	473047	524085	752326	874440	1015382	1031358
湘潭市	Xiangtan	314754	381386	407076	508482	591689	746544
衡阳市	Hengyang	234877	301167	379766	461595	634314	739691
邵阳市	Shaoyang	155103	187926	220420	209546	280303	478984
岳阳市	Yueyang	516579	572310	552028	591797	626289	980603
常德市	Changde	355867	354794	362043	491578	564606	565411
张家界	Zhangjiajie	11409	15938	16647	29253	39399	21554
益阳市	Yiyang	146651	189201	280337	336619	349381	368896
郴州市	Chenzhou	204278	251214	278829	275828	304091	599002
永州市	Yongzhou	85209	131020	254264	314019	342774	423637
怀化市	Huaihua	64790	123174	216771	282273	311237	243713
娄底市	Loudi	127659	159144	182556	290049	301489	350545
湘西州	Xiangxi	11053	14142	21028	44331	50837	68220

21–44 规模以上工业企业 R&D 人员情况(2021年)
R&D Personnel in Industrial Enterprises above Designated Size (2021)

市 州	Cities and States	有 R&D 活动的单位数（个） Number of Enterprises Having R&D Activities (unit)	R&D 人员（人） R&D Personnel (person)	#全时人员 Fulltime Personnel	R&D 人员全时当量（人年） Fulltime Equivalent of R&D Personnel (man-year)
全 省	**Total**	**9999**	**215288**	**154657**	**143908**
长沙市	Changsha	1929	58618	44406	39901
株洲市	Zhuzhou	608	23106	18387	15351
湘潭市	Xiangtan	792	16676	10538	11421
衡阳市	Hengyang	863	16369	11807	11712
邵阳市	Shaoyang	994	13885	9419	8805
岳阳市	Yueyang	909	20185	13793	12456
常德市	Changde	780	12916	9296	8171
张家界市	Zhangjiajie	79	722	427	425
益阳市	Yiyang	684	10995	7547	7332
郴州市	Chenzhou	701	13325	9260	9246
永州市	Yongzhou	689	11287	8453	7347
怀化市	Huaihua	377	6193	3940	3963
娄底市	Loudi	474	9257	6197	6700
湘西州	Xiangxi	120	1754	1187	1079

21-45 规模以上工业企业按经费来源分 R&D 经费内部支出情况（2021年）

Intramural R&D Expenditures in Industrial Enterprises above Designated Size by Sources (2021)

单位：万元 (10 000 yuan)

市 州	Cities and States	R&D 经费内部支出 Intramural Expenditure on R&D	政府资金 Government Funds	企业资金 Self-raised Funds by Enterprises	境外资金 Foreign Funds	其 他 Other Funds
全 省	**Total**	**7661149**	**333434**	**7326268**	**10**	**1438**
长沙市	Changsha	1980001	67000	1912342		660
株洲市	Zhuzhou	801383	205389	595617		378
湘潭市	Xiangtan	598853	17293	581535	10	16
衡阳市	Hengyang	541142	3316	537764		61
邵阳市	Shaoyang	448498	2239	446258		
岳阳市	Yueyang	910030	10656	899375		
常德市	Changde	502225	4618	497303		304
张家界市	Zhangjiajie	15446	400	15045		
益阳市	Yiyang	331884	3231	328645		8
郴州市	Chenzhou	555759	8512	547246		
永州市	Yongzhou	397461	1928	395533		
怀化市	Huaihua	201904	2864	199040		
娄底市	Loudi	337540	4457	333083		
湘西州	Xiangxi	39025	1531	37482		12

21-46 规模以上工业企业按支出用途分 R&D 经费内部支出情况（2021年）
Intramural R&D Expenditures in Industrial Enterprises above Designated Size by Use (2021)

单位：万元 (10 000 yuan)

市 州	Cities and States	R&D 经费内部支出 Intramural Expenditure on R&D	日常性支出 Daily Expenses	#人员劳务费 Service Fees	资产性支出 Capital Expenditures
全 省	**Total**	**7661149**	**7360401**	**1575473**	**300748**
长沙市	Changsha	1980001	1846071	592217	133931
株洲市	Zhuzhou	801383	764124	254733	37260
湘潭市	Xiangtan	598853	587097	121043	11756
衡阳市	Hengyang	541142	520722	82303	20419
邵阳市	Shaoyang	448498	434861	74997	13637
岳阳市	Yueyang	910030	871980	100961	38050
常德市	Changde	502225	495150	73489	7075
张家界市	Zhangjiajie	15446	14919	2956	526
益阳市	Yiyang	331884	322440	63227	9444
郴州市	Chenzhou	555759	542819	64239	12939
永州市	Yongzhou	397461	393602	51380	3859
怀化市	Huaihua	201904	201015	24295	889
娄底市	Loudi	337540	330262	63249	7278
湘西州	Xiangxi	39025	35338	6385	3686

21-47 规模以上工业企业科技活动产出情况(2021年)
Basic Statistics on Scientific and Technological Outputs in Industrial Enterprises above Designated Size (2021)

市 州	Cities and States	新产品销售收入(万元) Sales Revenue of New Products (10 000 yuan)	#出口 Exported	专 利 申请数(件) Patent Applications (item)	有效发明专利数(件) Effective Inventions (item)
全 省	**Total**	**121692312**	**7076561**	**40576**	**46937**
长沙市	Changsha	32238010	4277460	16168	19552
株洲市	Zhuzhou	9991647	389125	6218	10310
湘潭市	Xiangtan	12471069	158448	1770	2378
衡阳市	Hengyang	5281860	231933	1790	1700
邵阳市	Shaoyang	7209162	426061	2247	1115
岳阳市	Yueyang	16016648	428529	2991	3061
常德市	Changde	8797740	211980	2271	2452
张家界市	Zhangjiajie	162369	3481	138	200
益阳市	Yiyang	4411787	284427	1794	1745
郴州市	Chenzhou	5452747	177884	1645	1649
永州市	Yongzhou	6768565	258511	1179	929
怀化市	Huaihua	1958447	40712	905	831
娄底市	Loudi	10636677	144062	1124	743
湘西州	Xiangxi	295585	43950	336	272

21-48 大中型工业企业 R&D 人员情况 (2021年)

R&D Personnel in Large and Medium-sized Industrial Enterprises (2021)

市 州	Cities and States	有 R&D 活动的单位数（个）Number of Enterprises Having R&D Activities (unit)	R&D 人员（人）R&D Personnel (person)	#全时人员 Fulltime Personnel	R&D 人员全时当量（人年）Fulltime Equivalent of R&D Personnel (man-year)
全 省	**Total**	**1329**	**104484**	**76180**	**71274**
长沙市	Changsha	267	35765	27389	24528
株洲市	Zhuzhou	195	17606	14090	11681
湘潭市	Xiangtan	64	6937	4540	5007
衡阳市	Hengyang	117	7397	4990	5227
邵阳市	Shaoyang	83	3778	2559	2480
岳阳市	Yueyang	153	7948	5503	5020
常德市	Changde	111	5182	3762	3347
张家界市	Zhangjiajie				
益阳市	Yiyang	83	4281	2701	2857
郴州市	Chenzhou	83	5491	3713	3966
永州市	Yongzhou	88	3212	2592	1928
怀化市	Huaihua	23	1771	1000	1306
娄底市	Loudi	50	4629	2991	3643
湘西州	Xiangxi	12	487	350	284

21－49 大中型工业企业按经费来源分 R&D 经费内部支出情况（2021年）
Intramural R&D Expenditures in Large and Medium-sized Industrial Enterprises by Sources (2021)

单位：万元 (10 000 yuan)

市 州	Cities and States	R&D 经费内部支出 Intramural Expenditure on R&D	政府资金 Government Funds	企业资金 Self-raised Funds by Enterprises	境外资金 Foreign Funds	其 他 Other Funds
全 省	**Total**	**4056039**	**287044**	**3767983**		**1013**
长沙市	Changsha	1390151	48833	1340673		645
株洲市	Zhuzhou	673255	203313	469616		326
湘潭市	Xiangtan	337955	14937	323018		
衡阳市	Hengyang	272849	2070	270738		41
邵阳市	Shaoyang	156230	1145	155086		
岳阳市	Yueyang	369877	4025	365852		
常德市	Changde	197047	2573	194475		
张家界市	Zhangjiajie					
益阳市	Yiyang	142256	1121	141134		
郴州市	Chenzhou	157132	3735	153397		
永州市	Yongzhou	89523	467	89056		
怀化市	Huaihua	35919	1850	34068		
娄底市	Loudi	219780	2543	217237		
湘西州	Xiangxi	14067	433	13633		

21－50 大中型工业企业按支出用途分 R&D 经费内部支出情况（2021年）
Intramural R&D Expenditures in Large and Medium-sized Industrial Enterprises by Use (2021)

单位：万元 (10 000 yuan)

市 州	Cities and States	R&D 经费内部支出 Intramural Expenditure on R&D	日常性支出 Daily Expenditures	#人员劳务费 Service Fees	资产性支出 Capital Expenditures
全 省	**Total**	**4056039**	**3849336**	**1031450**	**206703**
长沙市	Changsha	1390151	1279570	426807	110581
株洲市	Zhuzhou	673255	640929	215301	32326
湘潭市	Xiangtan	337955	329587	80636	8368
衡阳市	Hengyang	272849	262578	47059	10271
邵阳市	Shaoyang	156230	150685	35060	5545
岳阳市	Yueyang	369877	351974	52934	17902
常德市	Changde	197047	193792	40753	3256
张家界市	Zhangjiajie				
益阳市	Yiyang	142256	136767	33340	5489
郴州市	Chenzhou	157132	151922	31063	5210
永州市	Yongzhou	89523	88417	17040	1106
怀化市	Huaihua	35919	35815	6569	103
娄底市	Loudi	219780	215984	42795	3795
湘西州	Xiangxi	14067	11314	2094	2752

21－51　大中型工业企业科技活动产出情况（2021年）

Basic Statistics on Scientific and Technological Outputs in Large and Medium-sized Industrial Enterprises (2021)

市　州	Cities and States	新产品销售收入（万元） Sales Revenue of New Products (10 000 yuan)	#出口 Exported	专利申请数（件） Patent Applications (item)	有效发明专利数（件） Effective Inventions (item)
全　省	**Total**	**75374265**	**6158385**	**18347**	**24903**
长沙市	Changsha	25310179	3982574	8987	11093
株洲市	Zhuzhou	7748858	336546	4137	7592
湘潭市	Xiangtan	7935745	143839	756	1124
衡阳市	Hengyang	3618213	202095	577	639
邵阳市	Shaoyang	3220041	290014	522	336
岳阳市	Yueyang	8434715	381120	759	981
常德市	Changde	4399953	141097	778	1060
张家界市	Zhangjiajie				
益阳市	Yiyang	1625563	251354	708	754
郴州市	Chenzhou	2117327	129974	360	667
永州市	Yongzhou	1635754	180572	206	181
怀化市	Huaihua	473598	37974	191	245
娄底市	Loudi	8728026	81226	299	220
湘西州	Xiangxi	126293		67	11

21−52 幼儿园与小学基本情况(2021年)
Statistics on Kindergartens and Primary Schools (2021)

市 州	Cities and States	幼儿园数（个）Kindergartens (unit)	在园儿童数（人）Student Enrollment (person)	普通小学学校数（个）Primary Schools (person)	普通小学专任教师数（人）Primary Schools Fulltime Teachers (person)	普通小学招生数（人）Primary Schools New Student Enrollment (person)	普通小学在校学生数（人）Primary Schools Student Enrollment (person)	普通小学毕业生数（人）Primary Schools Graduates (person)
全 省	**Total**	**16312**	**2293887**	**7132**	**311039**	**840357**	**5300555**	**886737**
长沙市	Changsha	2453	428989	923	43170	142657	761276	100110
株洲市	Zhuzhou	1138	141018	373	16368	48843	304029	48020
湘潭市	Xiangtan	702	81370	373	9895	28051	169937	25045
衡阳市	Hengyang	1522	214114	989	33869	80067	553572	99428
邵阳市	Shaoyang	1620	196673	904	33011	84486	570702	102706
岳阳市	Yueyang	1266	176956	628	20840	59579	358385	60879
常德市	Changde	989	141529	416	18559	50880	307746	54050
张家界市	Zhangjiajie	358	44945	96	6520	16602	107732	20419
益阳市	Yiyang	900	121359	406	16108	43122	267440	42037
郴州市	Chenzhou	1192	156130	360	26794	63569	443589	82973
永州市	Yongzhou	1673	202403	484	29682	71225	479663	91130
怀化市	Huaihua	937	162036	240	23116	61241	384567	64355
娄底市	Loudi	854	129298	728	19115	54133	361167	56680
湘西州	Xiangxi	708	97067	212	13992	35902	230750	38905

21−53 普通中学基本情况（2021年）
Statistics on Regular Secondary Schools (2021)

市 州	Cities and States	学校数（个） Number of Schools (unit)	专任教师数（人） Number of Fulltime Teachers (person)	招生数（人） New Student Enrollment (person)	在校学生数（人） Student Enrollment (person)	毕业生数（人） Graduates (person)
全 省	**Total**	**4098**	**290633**	**1377485**	**3928110**	**1234405**
长沙市	Changsha	365	36800	167346	471805	137894
株洲市	Zhuzhou	207	15378	72941	209531	61693
湘潭市	Xiangtan	158	9155	39894	114706	37938
衡阳市	Hengyang	461	31970	157918	450041	144896
邵阳市	Shaoyang	475	30541	159368	461681	154376
岳阳市	Yueyang	302	21112	93037	264463	83389
常德市	Changde	284	19981	82399	234318	71745
张家界市	Zhangjiajie	104	6654	30332	86792	27513
益阳市	Yiyang	219	15484	65064	188832	62173
郴州市	Chenzhou	311	25202	130207	367571	114813
永州市	Yongzhou	356	27095	135795	387465	121747
怀化市	Huaihua	373	20148	96535	271500	84506
娄底市	Loudi	300	18817	89719	259072	81196
湘西州	Xiangxi	183	12296	56930	160333	50526

21－54 普通高等学校基本情况（2021年）
Statistics on Regular Institutions of Higher Education (2021)

市州	Cities and States	学校数（个）Number of Schools (unit)	专任教师数（人）Number of Full-time Teachers (person)	普通本专科招生数（人）General College Enrollment (person)	普通本专科在校学生数（人）Number of Undergraduate and Junior College Students (person)	普通本专科毕业生数（人）Number of College Graduates (person)
全省	**Total**	**114**	**79247**	**494085**	**1596103**	**394182**
长沙市	Changsha	52	37811	222074	726846	185102
株洲市	Zhuzhou	9	5435	36985	116903	29124
湘潭市	Xiangtan	11	7744	47707	160053	39444
衡阳市	Hengyang	9	6704	45070	147612	34930
邵阳市	Shaoyang	3	2669	12061	43475	9599
岳阳市	Yueyang	4	2253	18077	59889	15723
常德市	Changde	5	2177	23777	70152	16508
张家界市	Zhangjiajie	1	1696	7755	21163	4737
益阳市	Yiyang	4	2593	16522	51621	12729
郴州市	Chenzhou	3	1687	10796	34554	8905
永州市	Yongzhou	4	1943	13666	41540	9439
怀化市	Huaihua	4	3527	13493	44139	8254
娄底市	Loudi	3	2118	14366	43154	11140
湘西州	Xiangxi	2	890	11736	35002	8548

21-55 各级学校(2021年)
Number of Schools by Level (2021)

单位：个 (unit)

市 州	Cities and States	普通高等学校 Regular Institutions of Higher Education	中等学校 Secondary Schools	中等职业教育 Vocational Secondary Education	普通中学 Regular Secondary Schools	普通小学 Primary Schools
全 省	**Total**	**114**	**4594**	**496**	**4098**	**7132**
长沙市	Changsha	52	424	59	365	923
株洲市	Zhuzhou	9	229	22	207	373
湘潭市	Xiangtan	11	181	23	158	373
衡阳市	Hengyang	9	515	54	461	989
邵阳市	Shaoyang	3	544	69	475	904
岳阳市	Yueyang	4	335	33	302	628
常德市	Changde	5	327	43	284	416
张家界市	Zhangjiajie	1	113	9	104	96
益阳市	Yiyang	4	241	22	219	406
郴州市	Chenzhou	3	340	29	311	360
永州市	Yongzhou	4	397	41	356	484
怀化市	Huaihua	4	414	41	373	240
娄底市	Loudi	3	323	23	300	728
湘西州	Xiangxi	2	211	28	183	212

21−56 各级学校教职工(2021年)
Number of School Staff and Workers by Level (2021)

单位：人 (person)

市 州	Cities and States	普通高等学校 Regular Institutions of Higher Education	中等学校 Secondary Schools	中等职业教育 Vocational Secondary Education	普通中学 Regular Secondary Schools	普通小学 Primary Schools
全 省	**Total**	**113308**	**416687**	**43575**	**373112**	**269113**
长沙市	Changsha	56434	52222	6768	45454	39409
株洲市	Zhuzhou	7172	21822	2067	19755	14357
湘潭市	Xiangtan	10488	12743	1673	11070	9274
衡阳市	Hengyang	9356	46244	5174	41070	31707
邵阳市	Shaoyang	3000	42991	4567	38424	28903
岳阳市	Yueyang	3613	29359	3053	26306	18323
常德市	Changde	4998	30848	3598	27250	14441
张家界市	Zhangjiajie	1038	9598	800	8798	5364
益阳市	Yiyang	3424	21767	2355	19412	14512
郴州市	Chenzhou	2416	35954	2660	33294	22015
永州市	Yongzhou	2917	38297	4294	34003	26451
怀化市	Huaihua	2770	30843	2881	27962	17704
娄底市	Loudi	3111	26743	2192	24551	14936
湘西州	Xiangxi	2571	17256	1493	15763	11737

21－57 各级学校专任教师（2021年）
Number of Full-time Teachers by Level (2021)

单位：人 (person)

市　州	Cities and States	普通高等学校 Regular Institutions of Higher Education	中等学校 Secondary Schools	中等职业教育 Vocational Secondary Education	普通中学 Regular Secondary Schools	普通小学 Primary Schools
全　省	**Total**	**79247**	**328094**	**37461**	**290633**	**311039**
长沙市	Changsha	37811	42575	5775	36800	43170
株洲市	Zhuzhou	5435	17031	1653	15378	16368
湘潭市	Xiangtan	7744	10445	1290	9155	9895
衡阳市	Hengyang	6704	35881	3911	31970	33869
邵阳市	Shaoyang	2669	34204	3663	30541	33011
岳阳市	Yueyang	2253	23769	2657	21112	20840
常德市	Changde	2177	23114	3133	19981	18559
张家界市	Zhangjiajie	1696	7374	720	6654	6520
益阳市	Yiyang	2593	17618	2134	15484	16108
郴州市	Chenzhou	1687	27611	2409	25202	26794
永州市	Yongzhou	1943	31082	3987	27095	29682
怀化市	Huaihua	3527	22762	2614	20148	23116
娄底市	Loudi	2118	20817	2000	18817	19115
湘西州	Xiangxi	890	13811	1515	12296	13992

21-58 各级学校在校学生(2021年)
Number of Students Enrollment by Level (2021)

单位：人 (person)

市 州	Cities and States	普通高等学校 Regular Institutions of Higher Education	中等学校 Secondary Schools	中等职业教育 Vocational Secondary Education	普通中学 Regular Secondary Schools	普通小学 Primary Schools
全 省	**Total**	**1596103**	**4674662**	**746552**	**3928110**	**5300555**
长沙市	Changsha	726846	586650	114845	471805	761276
株洲市	Zhuzhou	116903	237064	27533	209531	304029
湘潭市	Xiangtan	160053	134877	20171	114706	169937
衡阳市	Hengyang	147612	521037	70996	450041	553572
邵阳市	Shaoyang	43475	546562	84881	461681	570702
岳阳市	Yueyang	59889	318851	54388	264463	358385
常德市	Changde	70152	285229	50911	234318	307746
张家界市	Zhangjiajie	21163	101449	14657	86792	107732
益阳市	Yiyang	51621	227576	38744	188832	267440
郴州市	Chenzhou	34554	425775	58204	367571	443589
永州市	Yongzhou	41540	468455	80990	387465	479663
怀化市	Huaihua	44139	328686	57186	271500	384567
娄底市	Loudi	43154	304742	45670	259072	361167
湘西州	Xiangxi	35002	187709	27376	160333	230750

注：普通高等学校在校学生为普通本专科在校学生。
The students in ordinary institutions of higher learning are ordinary undergraduates and junior college students.

21−59 公共图书馆、广播和电视综合人口覆盖情况(2021年)
Statistics on Public Libraries、Coverage of Radio and TV Program Broadcasting (2021)

市　州	Cities and States	公共图书馆（个）Public Libraries (unit)	公共图书馆藏书量（万册）The Quantity of Books in Public Libraries (10 000 copies)	艺术馆、文化馆个数（个）Art Galleries, Cultural Centers Number of Projects(Unit)	广播综合人口覆盖率（%）Listener Rating (%)	电视综合人口覆盖率（%）Viewer Rating (%)
全　省	**Total**	**144**	**4828.08**	**146**	**99.42**	**99.75**
长沙市	Changsha	12	1258.27	11	100.00	100.00
株洲市	Zhuzhou	8	375.41	10	100.00	100.00
湘潭市	Xiangtan	7	195.06	6	100.00	100.00
衡阳市	Hengyang	15	270.33	13	99.92	99.90
邵阳市	Shaoyang	14	277.83	13	99.45	99.22
岳阳市	Yueyang	11	557.85	11	99.99	99.99
常德市	Changde	9	229.87	10	100.00	99.95
张家界市	Zhangjiajie	4	50.62	5	94.25	99.39
益阳市	Yiyang	7	193.37	9	99.55	99.92
郴州市	Chenzhou	12	222.28	14	99.93	99.93
永州市	Yongzhou	12	632.48	12	99.02	99.16
怀化市	Huaihua	14	237.54	5	99.55	99.76
娄底市	Loudi	7	189.07	7	99.97	99.97
湘西州	Xiangxi	12	138.09	10	98.69	98.83

注：长沙市公共图书馆个数及藏书量，艺术馆、文化馆个数包含省本级数据。

The number of public libraries and collections, as well as the number of art galleries and cultural centers in Changsha include the provincial-level data.

21-60 卫生机构基本情况(2021年)
Basic Statistics on Health Institutions (2021)

市 州	Cities and States	卫生机构数(个)		卫生机构床位数(张)		卫生机构人员数(人)			
		Number of Health Institutions (unit)	医院、卫生院 Hospitals、Health Centers	Number of Reality Beds (unit)	医院卫生院数 Hospitals、Health Centers	Number of Employed Person in Health Institutions (person)	卫生技术人员 Medical &Technical Personnel	执业(助理)医师 Certified (Assistant) Doctors	注册护士 Registered Nurses
全 省	**Total**	**55677**	**3815**	**532278**	**496140**	**619806**	**506134**	**192493**	**239222**
长沙市	Changsha	4926	334	87174	78804	113164	94669	35449	46165
株洲市	Zhuzhou	3032	217	29536	27536	37058	30799	11744	14518
湘潭市	Xiangtan	2359	127	21469	20276	27018	22972	8616	11151
衡阳市	Hengyang	4552	357	50554	46829	61908	50298	18065	25364
邵阳市	Shaoyang	5662	342	48230	46099	54391	42203	15905	19839
岳阳市	Yueyang	4152	278	37216	34073	42349	34710	13622	15869
常德市	Changde	5172	291	41684	38331	45707	36932	14935	16697
张家界市	Zhangjiajie	1285	121	10765	9856	13114	10734	4129	4609
益阳市	Yiyang	3738	207	31342	28016	35394	28838	11443	13329
郴州市	Chenzhou	4114	334	37097	35379	41853	34514	12783	16826
永州市	Yongzhou	5320	315	43429	40518	45415	37033	14478	17360
怀化市	Huaihua	4623	428	41165	39849	44794	36610	13519	17075
娄底市	Loudi	3780	199	30060	28734	32774	26022	10738	11328
湘西州	Xiangxi	2962	265	22557	21840	24867	19800	7067	9092

21-61 居民消费价格分类指数(2021年)
Consumer Price Indices by Category (2021)

以上年为 100 (preceding year=100)

市 州	Cities and States	居民消费价格指数 Consumer Price Index	食品烟酒 Food Tobacoo and Liquor	衣着 Clothing	居住 Residence	生活用品及服务 Articles for Daily Use and Services	交通和通信 Transport and Commun-ications	教育文化和娱乐 Education, Culture and Recreation	医疗保健 Health Care	其他用品和服务 Other Articles and Services
全 省	**Total**	**100.5**	**98.0**	**100.7**	**101.2**	**100.3**	**104.8**	**101.0**	**100.7**	**97.9**
长沙市	Changsha	101.1	99.2	101.2	101.9	100.5	104.7	101.2	100.7	98.9
株洲市	Zhuzhou	100.7	99.0	100.6	100.8	100.6	104.1	101.3	100.6	99.6
湘潭市	Xiangtan	100.7	98.9	100.7	100.7	100.1	104.9	101.5	101.3	93.8
衡阳市	Hengyang	100.3	98.0	100.0	100.4	99.4	105.0	99.4	104.0	98.0
邵阳市	Shaoyang	100.2	98.0	100.8	100.4	100.3	104.0	101.9	100.9	95.4
岳阳市	Yueyang	100.3	97.9	100.0	99.9	100.1	104.7	101.8	101.7	98.0
常德市	Changde	100.2	98.1	100.5	100.6	100.3	104.4	100.3	100.4	98.0
张家界市	Zhangjiajie	99.6	97.7	101.3	97.1	100.9	106.2	100.4	100.3	96.9
益阳市	Yiyang	100.2	97.3	100.3	101.0	99.0	105.3	100.5	100.4	99.3
郴州市	Chenzhou	100.0	97.9	101.1	100.3	99.9	105.1	100.6	99.0	92.6
永州市	Yongzhou	100.2	98.6	100.4	99.3	100.0	104.8	101.5	99.0	99.5
怀化市	Huaihua	100.4	98.0	100.9	100.2	99.8	104.4	100.5	105.2	96.6
娄底市	Loudi	100.3	98.4	100.7	100.8	99.7	104.6	101.1	100.3	93.4
湘西州	Xiangxi	100.0	97.5	100.2	100.4	99.8	104.3	100.9	100.5	98.2

21-62 商品零售价格指数(2021年)
Retail Price Index (2021)

以上年为100 (preceding year=100)

市 州	Cities and States	商品零售价格指数 Retail Price Index	食品 Food	饮料、烟酒 Beverages, Tobacco and Liquor	服装、鞋帽 Garments, Shoes and Hats	纺织品 Textiles	家用电器及音像器材 Household Appliances Music and Video Equipment	文化办公用品 Cultural and Office Appliances	日用品 Articles for Daily Use	体育娱乐用品 Sports and Recreation Articles
全 省	**Total**	**101.6**	**97.8**	**102.8**	**100.8**	**100.8**	**101.3**	**100.7**	**99.9**	**100.5**
长沙市	Changsha	102.0	98.4	104.7	101.2	101.4	101.6	100.4	100.3	100.9
株洲市	Zhuzhou	101.9	98.8	100.7	100.6	100.7	100.7	101.2	99.9	100.2
湘潭市	Xiangtan	101.5	98.5	101.4	100.7	103.9	101.1	100.3	99.3	100.0
衡阳市	Hengyang	101.2	97.7	100.5	100.0	100.0	100.4	98.8	99.7	100.2
邵阳市	Shaoyang	101.4	97.4	103.0	100.8	101.0	102.1	101.4	99.5	101.7
岳阳市	Yueyang	101.0	97.6	100.0	100.0	99.5	102.3	100.0	99.7	100.2
常德市	Changde	101.3	97.8	100.6	100.5	100.2	101.0	103.2	100.3	100.4
张家界市	Zhangjiajie	101.6	97.3	100.9	101.3	100.1	102.9	102.9	99.7	99.9
益阳市	Yiyang	100.8	96.6	103.4	100.3	97.1	100.3	99.8	99.0	99.9
郴州市	Chenzhou	101.0	97.2	103.1	101.1	100.9	100.8	100.0	99.2	99.2
永州市	Yongzhou	101.0	98.3	101.5	100.4	100.0	100.5	99.8	99.5	100.0
怀化市	Huaihua	101.4	97.5	101.7	100.9	100.0	99.8	100.3	99.6	100.0
娄底市	Loudi	101.2	97.8	104.1	100.7	100.0	100.9	100.1	99.7	101.0
湘西州	Xiangxi	100.9	97.3	100.0	100.1	99.7	100.7	103.3	99.6	99.1

21-62 续表 Continued

以上年为 100 (preceding year=100)

市 州	Cities and States	交通、通信用品 Transportation and Communication Appliances	家 具 Furniture	化妆品 Cosmetics	金银饰品 Gold and Silver Ornaments	中西药品及医疗保健用品 Traditional Chinese and Western Medicines and Health Care Articles	书报杂志及电子出版物 Book, Newspapers, Magazines and Electronic Publication	燃 料 Fuels	建筑材料及五金电料 Building Materials and Hardware
全 省	**Total**	**101.0**	**100.5**	**99.1**	**99.1**	**100.9**	**100.3**	**114.9**	**101.5**
长沙市	Changsha	101.4	100.8	99.5	99.0	101.1	99.5	115.2	101.5
株洲市	Zhuzhou	100.6	104.0	99.0	98.5	101.2	100.3	114.1	101.3
湘潭市	Xiangtan	100.8	100.6	98.4	99.4	101.8	100.3	114.8	100.3
衡阳市	Hengyang	100.5	100.0	98.3	99.3	98.5	100.0	114.9	102.5
邵阳市	Shaoyang	100.1	100.4	98.9	100.0	101.7	100.9	113.5	102.0
岳阳市	Yueyang	100.4	100.0	98.7	98.5	99.8	101.1	115.9	100.5
常德市	Changde	100.3	100.6	99.2	100.0	100.5	100.6	115.6	100.4
张家界市	Zhangjiajie	103.1	101.5	98.4	101.8	100.4	100.4	113.3	101.2
益阳市	Yiyang	101.3	99.8	97.7	95.4	98.2	103.3	115.4	99.4
郴州市	Chenzhou	100.6	100.0	97.6	99.6	99.8	100.0	112.9	104.0
永州市	Yongzhou	100.4	100.0	98.1	100.8	99.5	100.2	114.4	100.7
怀化市	Huaihua	99.8	98.7	98.4	96.3	101.5	101.4	114.3	101.9
娄底市	Loudi	100.6	100.1	96.8	99.6	99.2	99.9	113.3	102.4
湘西州	Xiangxi	101.1	101.1	98.2	96.4	99.7	100.2	114.1	100.1

21-63 住户调查主要指标(2021年)

Major Households Survey Indicators (2021)

市 州	Cities and States	全体居民人均可支配收入（元）Per Capita Disposable Income Provincewide (yuan)	城镇居民人均可支配收入 Per Capita Disposable Income of Urban Households		农村居民人均可支配收入 Per Capita Disposable Income of Rural Households	
			绝对值（元）Value (yuan)	增速（%）Growth Rate (%)	绝对值（元）Value (yuan)	增速（%）Growth Rate (%)
全 省	**Total**	**31993**	**44866**	**7.6**	**18295**	**10.3**
长沙市	Changsha	55587	62145	7.2	38195	9.9
株洲市	Zhuzhou	42402	52399	7.4	25657	10.4
湘潭市	Xiangtan	37170	44772	7.1	25036	10.6
衡阳市	Hengyang	32577	41364	7.5	23499	10.3
邵阳市	Shaoyang	23118	33374	8.2	15700	11.2
岳阳市	Yueyang	31236	39799	8.3	20168	10.9
常德市	Changde	28733	38339	8.1	19904	10.8
张家界市	Zhangjiajie	20699	29780	6.8	12669	9.8
益阳市	Yiyang	27845	35842	7.7	20741	10.2
郴州市	Chenzhou	29600	39874	7.8	19303	10.1
永州市	Yongzhou	25679	35128	7.0	18062	10.2
怀化市	Huaihua	21635	32634	7.6	13321	11.1
娄底市	Loudi	24010	34702	7.9	15628	10.5
湘西州	Xiangxi	19660	29774	6.9	12332	9.7

21−64 能源消耗指标(2021年)
Index of Energy Consumption (2021)

市　州	Cities and States	万元地区生产总值能耗上升或下降(±%) Energy Consumption Per 10 000 yuan GDP Increase/Decrease (±%)	能源消费总量增速(%) Total Energy Consumption Growth (%)	万元地区生产总值电耗上升或下降(±%) Electric Power Consumption per 10 000 yuan GDP Increase/Decrease (±%)
全　省	**Total**	**-3.5**	**3.9**	**3.7**
长沙市	Changsha	−3.3	3.9	9.6
株洲市	Zhuzhou	−3.2	4.8	4.5
湘潭市	Xiangtan	−3.6	3.9	1.8
衡阳市	Hengyang	−4.1	3.7	−1.7
邵阳市	Shaoyang	−4.3	3.8	1.3
岳阳市	Yueyang	−3.9	3.9	1.9
常德市	Changde	−4.2	3.2	0.4
张家界市	Zhangjiajie	−3.9	0.4	3.1
益阳市	Yiyang	−4.1	3.9	6.6
郴州市	Chenzhou	−4.0	4.5	−6.0
永州市	Yongzhou	−5.5	1.6	6.2
怀化市	Huaihua	−3.6	4.5	6.5
娄底市	Loudi	−4.0	3.4	3.1
湘西州	Xiangxi	−2.3	6.2	−0.4

21-65 规模以上工业企业综合能源消费量
Total Energy Consumption of Scale Industry

单位：万吨标准煤 (10 000 tce)

市 州	Cities and States	2017	2018	2019	2020	2021
长沙市	Changsha	487.71	416.80	405.19	449.96	461.59
株洲市	Zhuzhou	413.69	406.92	388.22	383.87	386.62
湘潭市	Xiangtan	647.32	695.20	725.57	746.51	798.80
衡阳市	Hengyang	390.16	399.32	428.98	431.25	424.14
邵阳市	Shaoyang	279.25	283.63	283.16	242.61	258.28
岳阳市	Yueyang	932.66	984.85	1014.57	1004.03	1066.42
常德市	Changde	428.18	467.55	476.52	463.63	514.93
张家界市	Zhangjiajie	30.40	24.39	23.25	21.83	21.08
益阳市	Yiyang	360.27	361.99	341.79	339.21	362.83
郴州市	Chenzhou	482.28	477.57	482.04	462.94	490.29
永州市	Yongzhou	168.42	183.42	180.86	188.23	217.28
怀化市	Huaihua	177.45	166.24	151.94	154.15	155.62
娄底市	Loudi	1043.77	1085.38	1089.32	1049.12	1087.33
湘西州	Xiangxi	60.45	47.38	53.16	54.55	58.16

注：综合能源消费量按当量值计算。
Comprehensive energy consumption is calculated by the corresponding amount.

21-66 规模以上工业企业主要能源品种工业生产消费量(2021年)

市 州	Cities and States	能源合计（吨标准煤） Total Energy (tce)	原 煤（吨） Raw Coal (ton)	洗精煤（吨） Cleaned Coal (ton)	焦 炭（吨） Coke (ton)	天然气（万立方米） Natural Gas (10 000 cu.m)
全 省	**Total**	**108250263**	**56938256**	**9508622**	**10078704**	**187973**
长沙市	Changsha	5786424	3196406		185	38436
株洲市	Zhuzhou	4785000	4040779		4403	42871
湘潭市	Xiangtan	15598169	4332868	3970272	4019822	3114
衡阳市	Hengyang	5383302	3565743		709558	18723
邵阳市	Shaoyang	3405702	3118262		674	5210
岳阳市	Yueyang	26636263	9570147		287	39071
常德市	Changde	6911617	6734018		3854	9693
张家界市	Zhangjiajie	233254	209456			49
益阳市	Yiyang	4842123	4540216		11534	7317
郴州市	Chenzhou	6998717	6628716	293576	133426	13097
永州市	Yongzhou	2542503	2150386		129619	1183
怀化市	Huaihua	1677044	647959		195630	292
娄底市	Loudi	21014227	7854042	5244774	4869534	6704
湘西州	Xiangxi	607519	349259		179	370

Main Energy Consumption of Industrial Enterprises above Designated Size (2021)

原 油（吨） Crude Oil (ton)	汽 油（吨） Gasoline (ton)	煤 油（吨） Kerosene (ton)	柴 油（吨） Diesel Oil (ton)	燃料油（吨） Fuel Oil (ton)	液化石油气（吨） LPG (ton)	电 力（万千瓦时） Electric Power (10 000 kwh)
8098648	**139156**	**14337**	**345742**	**155564**	**159973**	**10443115**
	10568	5	35611	3865	527	1466164
	4099	72	26038	47119	100110	521826
	8344	3	17060	562	2	903532
1654	8994	3	28991	122	2	850610
49	5526	1238	19769	1011	29215	409973
8096945	72977	12195	61668	14266	27271	897855
	1757	187	20123	3170	32	659906
	728		3750			31804
	16413	153	52612	238	345	375111
	3595	453	20164	46049	27	692696
	445	27	6298	26	479	370248
	4172	2	23539	32898	1528	496073
	1103		21926	596	433	1062020
	433		5857	5642	2	237660

21-67 规模以上工业企业取水总量
Water Intake Amount of Scale Industry

单位：万立方米 (10 000 cu.m)

市　州	Cities and States	2017	2018	2019	2020	2021
全　省	**Total**	**386128.39**	**386225.28**	**396468.75**	**420190.27**	**439760.69**
长沙市	Changsha	111628.24	101080.88	108045.11	126151.46	138391.56
株洲市	Zhuzhou	29648.88	30792.72	30641.74	30691.65	31950.94
湘潭市	Xiangtan	22509.74	22886.40	21009.45	25337.59	22702.10
衡阳市	Hengyang	27028.93	27742.63	30423.21	29002.79	28145.63
邵阳市	Shaoyang	26896.29	28899.46	26994.75	25468.95	26683.52
岳阳市	Yueyang	36511.75	35028.44	34919.53	36398.52	35735.58
常德市	Changde	27890.28	30087.38	31608.13	30442.79	32124.98
张家界市	Zhangjiajie	4292.12	4676.77	6625.29	7702.07	6268.26
益阳市	Yiyang	14401.83	15390.56	12333.00	13227.00	16197.96
郴州市	Chenzhou	22346.02	21358.55	20909.89	19814.98	21540.98
永州市	Yongzhou	21351.25	21471.63	23562.85	24190.80	26569.32
怀化市	Huaihua	14357.03	18984.21	20870.38	22658.22	22081.77
娄底市	Loudi	18238.23	18974.20	19240.79	20047.19	21118.14
湘西州	Xiangxi	7814.48	7835.77	8363.73	8215.71	9462.63

注：根据国家新修订的报表制度，水、火电企业用于冷却机组的河湖海冷却用水（包括循环冷却用水和直抽直排冷却用水）不计入取水量。

According to the new revision of the reporting system,thermal power enterprises for the rivers and lakes water cooling water cooling unit (including circulating cooling water and cooling water straight pulling straight row) are not included in the water.

21-68 分产业法人单位数(2021年)
Corporate Units by Industry (2021)

单位：个 (unit)

市 州	Cities and States	合计 Total	第一产业 Primary Industry	第二产业 Secondary Industry	第三产业 Tertiary Industry
全 省	**Total**	**935745**	**67657**	**167984**	**700104**
长沙市	Changsha	290668	10862	40341	239465
株洲市	Zhuzhou	45612	2166	11090	32356
湘潭市	Xiangtan	36180	2673	8173	25334
衡阳市	Hengyang	71780	6991	13571	51218
邵阳市	Shaoyang	64605	7532	13205	43868
岳阳市	Yueyang	74447	4703	15193	54551
常德市	Changde	63854	4401	12339	47114
张家界市	Zhangjiajie	19790	2157	3276	14357
益阳市	Yiyang	49978	4012	11733	34233
郴州市	Chenzhou	51237	5476	8840	36921
永州市	Yongzhou	53510	4502	10229	38779
怀化市	Huaihua	40342	4622	6519	29201
娄底市	Loudi	43184	6523	8210	28451
湘西州	Xiangxi	30558	1037	5265	24256

21–69 分机构类型法人单位数(2021年)
Corporate Units by Organization Type (2021)

单位：个 (unit)

市 州	Cities and States	合计 Total	企业 Enterprises	事业单位 Public Institution	机关 Government Department	社会团体 Social Organization	民办非企业单位 Private Non-enterprise Units	基金会 Foundation	居委会 Neighborhood Committee	村委会 Village Committee	农民专业合作社 Farmer Specialized Cooperative	其他组织机构 Other Organization
全 省	**Total**	**935745**	**738644**	**36540**	**9160**	**17076**	**21950**	**322**	**5391**	**23870**	**79431**	**3361**
长沙市	Changsha	290668	270006	3643	780	2186	4461	115	759	828	7292	598
株洲市	Zhuzhou	45612	35174	1480	546	933	1450	13	371	1005	4574	66
湘潭市	Xiangtan	36180	28619	962	373	1094	1153	19	202	721	2931	106
衡阳市	Hengyang	71780	53851	3614	822	1192	2284	21	499	2281	6779	437
邵阳市	Shaoyang	64605	43816	4077	821	1414	1379	8	447	3198	9052	393
岳阳市	Yueyang	74447	58537	2784	704	1513	1803	47	453	1379	6919	308
常德市	Changde	63854	48704	3257	797	1564	1491	23	707	1565	5504	242
张家界市	Zhangjiajie	19790	13795	1053	349	726	516	4	157	860	2283	47
益阳市	Yiyang	49978	37863	2043	476	1195	1310	18	289	1168	5413	203
郴州市	Chenzhou	51237	37370	2220	745	1200	1259	13	358	2046	5897	129
永州市	Yongzhou	53510	35617	3604	916	1225	1807	13	335	2973	6902	118
怀化市	Huaihua	40342	25789	3495	871	1272	1073	7	293	2449	4709	384
娄底市	Loudi	43184	31795	1187	409	809	1211	10	292	1822	5475	174
湘西州	Xiangxi	30558	17708	3121	551	753	753	11	229	1575	5701	156

21−70 分行业法人单位数（2021年）
Corporate Units by Sector (2021)

单位：个 (unit)

市 州	Cities and States	合计 Total	农、林、牧、渔业 Agriculture, Forestry, Animal Husbandry and Fishing	采矿业 Mining	制造业 Manufacturing	电力、燃气及水的生产和供应业 Production and Supply of Electricity, Gas and Water	建筑业 Construction	批发和零售业 Whole-sale and Retail Trade	交通运输、仓储和邮政业 Transport, Storage and Post	住宿和餐饮业 Lodging and Catering Services	信息传输、计算机服务和软件业 Information Transmission, Computer Services and Software
全 省	**Total**	**935745**	**88916**	**3529**	**81494**	**7284**	**76605**	**215185**	**20313**	**16506**	**42731**
长沙市	Changsha	290668	12452	147	18227	515	21924	72563	6219	6408	23582
株洲市	Zhuzhou	45612	2997	284	6857	475	3537	12617	998	822	1304
湘潭市	Xiangtan	36180	3422	81	4619	131	3400	7700	890	570	1296
衡阳市	Hengyang	71780	10004	350	5733	363	7177	15460	1544	1174	2420
邵阳市	Shaoyang	64605	10941	303	7393	850	4675	13080	1013	1042	1539
岳阳市	Yueyang	74447	6661	287	7608	587	6790	17876	2204	1016	2498
常德市	Changde	63854	5800	257	6384	539	5228	15427	1511	1133	2159
张家界市	Zhangjiajie	19790	2457	156	1143	209	1773	4059	354	669	458
益阳市	Yiyang	49978	6615	137	6851	377	4410	12770	1154	786	1074
郴州市	Chenzhou	51237	6632	475	4196	956	3238	11816	1142	796	1768
永州市	Yongzhou	53510	7126	274	4354	905	4705	9695	1058	643	1498
怀化市	Huaihua	40342	5126	209	2637	577	3109	7477	851	554	1221
娄底市	Loudi	43184	7119	315	3854	540	3517	9957	870	537	1221
湘西州	Xiangxi	30558	1564	254	1638	260	3122	4688	505	356	693

21-70 续表 Continued

单位：个 (unit)

市 州	Cities and States	金融业 Banking	房地产业 Real Estate	租赁和商务服务业 Leasing and Business Services	科学研究、技术服务和地质勘查业 Scientific Research, Technical Service and Geologic Perambulation	水利、环境和公共设施管理业 Water Conservancy, Environment and Public Facilities Management	居民服务和其他服务业 Services to Households and Other Services	教育 Education	卫生、社会保障和社会福利业 Sanitation, Social Security and Social Welfare	文化、体育和娱乐业 Culture, Sports and Entertainment	公共管理和社会组织 Public Management and Social Organization	国际组织 International Organization
全 省	**Total**	**2342**	**29569**	**109269**	**66523**	**8594**	**17637**	**35911**	**11744**	**31077**	**70516**	
长沙市	Changsha	861	9339	51454	30506	2545	6485	6796	2273	12431	5941	
株洲市	Zhuzhou	129	1604	3751	1987	388	764	2173	550	1052	3323	
湘潭市	Xiangtan	94	1020	3855	2183	306	592	1613	496	1197	2715	
衡阳市	Hengyang	176	2662	6572	3452	555	1163	3520	1084	2004	6367	
邵阳市	Shaoyang	119	1839	4886	2281	593	977	3325	909	1428	7412	
岳阳市	Yueyang	171	2424	7325	4761	849	1644	2923	968	2652	5203	
常德市	Changde	185	1806	6020	3785	689	1226	2391	1115	1964	6235	
张家界市	Zhangjiajie	48	512	2476	544	221	483	926	309	561	2432	
益阳市	Yiyang	87	1186	3730	1691	369	906	1873	689	1290	3983	
郴州市	Chenzhou	134	1987	4269	3180	495	790	2123	687	1535	5018	
永州市	Yongzhou	110	1791	4723	3304	452	745	3092	759	1377	6899	
怀化市	Huaihua	79	1479	3492	1703	391	686	2055	871	1250	6575	
娄底市	Loudi	93	1097	3850	1869	304	704	1692	437	1380	3828	
湘西州	Xiangxi	56	823	2866	5277	437	472	1409	597	956	4585	

21−71 “一套表”联网直报调查单位数（2021年）
“A Set of Table” Networking Straight Survey Respondent Numbers (2021)

单位：个 (unit)

市 州	Cities and States	合计 Total	工业 Industry	建筑业 Construction	批发零售业 Wholesale and Retail Trade	住宿餐饮业 Lodging and Catering Services	房地产业 Real Estate	服务业 Service	投资 Investment
全 省	**Total**	**56461**	**19342**	**3744**	**10751**	**2800**	**4803**	**7607**	**7414**
长沙市	Changsha	10449	2875	980	2103	589	882	1807	1213
株洲市	Zhuzhou	5204	1927	386	1071	328	420	545	527
湘潭市	Xiangtan	2911	1290	211	526	108	166	315	295
衡阳市	Hengyang	4467	1423	285	797	237	490	672	563
邵阳市	Shaoyang	5477	2056	267	1267	290	345	678	574
岳阳市	Yueyang	5434	1837	360	926	172	425	1104	610
常德市	Changde	4617	1654	179	767	207	289	787	734
张家界市	Zhangjiajie	834	241	80	135	68	89	111	110
益阳市	Yiyang	2870	1407	148	506	97	207	129	376
郴州市	Chenzhou	4272	1261	224	858	227	420	427	855
永州市	Yongzhou	3452	1263	182	665	169	315	292	566
怀化市	Huaihua	2494	783	187	432	120	326	252	394
娄底市	Loudi	2726	989	161	525	129	213	353	356
湘西州	Xiangxi	1254	336	94	173	59	216	135	241

注：“一套表”联网直报单位是指规模以上工业企业、限额以上批发零售住宿餐饮企业、资质以内的建筑业企业和房地产开发企业、规模以上服务业企业、其他有5000万元以上在建项目的法人单位。

“A set of table” Networking straight survey respondent refers to within the industrial enterprises above Designated Size, enterprises above Designated Size of whole sale and retail trade and hotels and catering services, Other legal entities with projects under construction of more than 50 million yuan。

21-72 新增“一套表”联网直报调查单位数(2021年)
Newly Increased “A Set of Table” Networking Straight Survey Respondent Numbers (2021)

单位：个 (unit)

市 州	Cities and States	合计 Total	工业 Industry	建筑业 Construction	批发零售业 Wholesale and Retail Trade	住宿餐饮业 Lodging and Catering Services	房地产业 Real Estate	服务业 Service	投资 Investment
全 省	**Total**	**8359**	**2258**	**404**	**1358**	**478**	**593**	**1093**	**2175**
长沙市	Changsha	1555	241	89	331	167	125	267	335
株洲市	Zhuzhou	788	216	55	145	62	30	80	200
湘潭市	Xiangtan	404	152	19	55	20	14	65	79
衡阳市	Hengyang	733	199	33	124	56	54	81	186
邵阳市	Shaoyang	781	351	42	90	26	56	86	130
岳阳市	Yueyang	816	205	34	128	25	31	210	183
常德市	Changde	635	187	32	76	28	27	81	204
张家界市	Zhangjiajie	102	37	11	14	0	14	4	22
益阳市	Yiyang	408	173	25	50	7	31	16	106
郴州市	Chenzhou	838	192	18	146	25	50	71	336
永州市	Yongzhou	452	102	20	56	22	51	39	162
怀化市	Huaihua	308	78	7	40	15	36	22	110
娄底市	Loudi	345	79	13	65	9	43	45	91
湘西州	Xiangxi	194	46	6	38	16	31	26	31

21-73 退出“一套表”联网直报调查单位数(2021年)
Exited“A Set of Table”Networking Straight Survey Respondent Numbers (2021)

单位：个 (unit)

市 州	Cities and States	合计 Total	工业 Industry	建筑业 Construction	批发零售业 Wholesale and Retail Trade	住宿餐饮业 Lodging and Catering Services	房地产业 Real Estate	服务业 Service	投资 Investment
全 省	**Total**	**6900**	**1724**	**174**	**1538**	**329**	**655**	**811**	**1669**
长沙市	Changsha	1465	229	68	358	73	134	308	295
株洲市	Zhuzhou	433	87	11	87	23	49	38	138
湘潭市	Xiangtan	252	55	10	54	7	26	38	62
衡阳市	Hengyang	550	181	13	112	31	39	64	110
邵阳市	Shaoyang	731	306	9	203	43	33	40	97
岳阳市	Yueyang	437	66	19	90	19	73	79	91
常德市	Changde	424	114	8	55	10	26	43	168
张家界市	Zhangjiajie	117	12	1	20	8	37	5	34
益阳市	Yiyang	325	103	6	58	7	30	8	113
郴州市	Chenzhou	742	146	9	190	47	75	72	203
永州市	Yongzhou	601	199	10	106	31	55	34	166
怀化市	Huaihua	203	38	2	24	5	36	31	67
娄底市	Loudi	532	168	5	171	23	37	49	79
湘西州	Xiangxi	88	20	3	10	2	5	2	46

22

各县（市、区）主要经济和社会统计指标

Main Economic and Social Statistics Indicators of Counties and Cities (Districts)

资料整理人员：郑一璞　欧阳普　宋　超　赵　宏
张　驰　田杰平　谢　凡　贺淑贞
彭　颖　王月松　廖闻菲　彭开吾
王　丹　陈晗文　朱　鹏　易　贝
王　璐　陈　婷　李清如　王梓权
肖首雄　赵莉淇　郭开会　甘杨辉

22−1 年末常住人口(2021年)
Population at the Year-end (2021)

市县名称	Cities and Counties	总户数（万户）Households (10 000 households)	年末常住人口（万人）Population at the Year-end (10 000 persons)	按城乡分 By Residence 城镇人口 Urban	乡村人口 Rural	城镇化率(%) Urbanization Rate (%)
芙蓉区	Furong District	24.47	64.49	64.49		100.00
天心区	Tianxin District	31.00	85.74	84.95	0.79	99.08
岳麓区	Yuelu District	58.40	157.98	149.29	8.69	94.50
开福区	Kaifu District	31.80	85.00	82.11	2.89	96.60
雨花区	Yuhua District	46.64	127.30	124.12	3.18	97.50
望城区	Wangcheng District	29.17	93.47	74.39	19.08	79.59
长沙县	Changsha County	47.87	140.01	104.52	35.49	74.65
浏阳市	Liuyang City	42.81	143.01	90.08	52.93	62.99
宁乡市	Ningxiang City	49.45	126.93	77.58	49.35	61.12
荷塘区	Hetang District	12.59	34.50	33.78	0.72	97.91
芦淞区	Lousong District	11.00	30.37	27.95	2.42	92.03
石峰区	Shifeng District	10.64	33.75	32.46	1.29	96.18
天元区	Tianyuan District	17.27	48.35	43.76	4.59	90.51
渌口区	Lukou District	9.96	25.85	13.94	11.91	53.93
攸　县	You County	22.61	62.64	36.09	26.55	57.61
茶陵县	Chaling County	16.62	48.86	25.82	23.04	52.84
炎陵县	Yanling County	5.76	15.91	9.02	6.89	56.69
醴陵市	Liling City	27.19	88.10	56.94	31.16	64.63
雨湖区	Yuhu District	21.26	61.89	51.70	10.19	83.54
岳塘区	Yuetang District	18.18	48.46	46.30	2.16	95.54
湘潭县	Xiangtan County	29.17	78.13	35.88	42.25	45.92
湘乡市	Xiangxiang City	27.02	72.02	36.56	35.46	50.76
韶山市	Shaoshan City	3.53	10.35	6.04	4.31	58.36
珠晖区	Zhuhui District	12.62	33.64	30.85	2.79	91.71
雁峰区	Yanfeng District	9.07	24.71	24.48	0.23	99.07
石鼓区	Shigu District	8.66	22.71	20.67	2.04	91.02
蒸湘区	Zhengxiang District	16.85	47.94	43.44	4.50	90.61
南岳区	Nanyue District	2.18	6.99	5.10	1.89	72.96
衡阳县	Hengyang County	32.90	88.32	39.51	48.81	44.74
衡南县	Hengnan County	29.01	79.81	37.45	42.36	46.92
衡山县	Hengshan County	11.94	33.41	16.04	17.37	48.01
衡东县	Hengdong County	19.99	56.01	21.14	34.87	37.74
祁东县	Qidong County	29.32	76.79	32.90	43.89	42.84
耒阳市	Leiyang City	38.03	113.01	53.60	59.41	47.43
常宁市	Changning City	27.19	78.76	40.53	38.23	51.46
双清区	Shuangqing District	11.53	31.95	28.76	3.19	90.02
大祥区	Daxiang District	14.12	36.28	31.95	4.33	88.07
北塔区	Beita District	4.85	12.33	9.89	2.44	80.21

22-1 续表 1 Continued

市县名称	Cities and Counties	总户数（万户）Households (10 000 households)	年末常住人口（万人）Population at the Year-end (10 000 persons)	按城乡分 By Residence 城镇人口 Urban	乡村人口 Rural	城镇化率(%) Urbanization Rate (%)
新邵县	Xinshao County	20.42	59.99	27.18	32.81	45.31
邵阳县	Shaoyang County	24.57	73.11	33.84	39.27	46.29
隆回县	Longhui County	35.91	100.08	43.50	56.58	43.47
洞口县	Dongkou County	23.02	66.94	32.75	34.19	48.92
绥宁县	Suining County	11.02	28.82	11.90	16.92	41.29
新宁县	Xinning County	16.97	50.64	23.50	27.14	46.41
城步县	Chengbu County	7.81	22.53	9.72	12.81	43.14
武冈市	Wugang City	23.05	63.09	31.72	31.37	50.28
邵东市	Shaodong City	37.29	101.07	58.34	42.73	57.72
岳阳楼区	Yueyanglou District	35.03	98.29	92.97	5.32	94.59
云溪区	Yunxi District	5.11	15.39	9.26	6.13	60.17
君山区	Junshan District	6.95	20.12	11.14	8.98	55.37
岳阳县	Yueyang County	20.84	56.03	30.37	25.66	54.20
华容县	Huarong County	19.41	55.27	29.88	25.39	54.06
湘阴县	Xiangyin County	21.28	58.26	31.33	26.93	53.78
平江县	Pingjiang County	30.71	94.53	50.75	43.78	53.69
汨罗市	Miluo City	20.97	63.07	29.35	33.72	46.54
临湘市	Linxiang City	14.93	43.26	25.53	17.73	59.02
武陵区	Wuling District	27.00	72.92	66.53	6.39	91.24
鼎城区	Dingcheng District	27.25	73.17	44.39	28.78	60.67
安乡县	Anxiang County	16.07	42.22	18.17	24.05	43.04
汉寿县	Hanshou County	25.05	70.04	34.46	35.58	49.20
澧　县	Li County	27.47	71.63	43.46	28.17	60.67
临澧县	Linli County	12.89	37.00	16.90	20.10	45.68
桃源县	Taoyuan County	30.62	80.27	35.05	45.22	43.67
石门县	Shimen County	21.34	55.50	26.80	28.70	48.27
津市市	Jinshi City	7.78	21.08	13.85	7.23	65.70
永定区	Yongding District	18.62	51.20	32.30	18.90	63.09
武陵源区	Wulingyuan District	2.21	6.07	4.22	1.85	69.52
慈利县	Cili County	20.44	56.22	26.92	29.30	47.88
桑植县	Sangzhi County	13.65	37.54	15.65	21.89	41.69
资阳区	Ziyang District	12.45	35.47	19.01	16.46	53.59
赫山区	Heshan District	33.73	88.94	57.64	31.30	64.81
南　县	Nan County	19.75	56.62	27.62	29.00	48.78
大通湖区	Datonghu District	2.87	8.11	4.26	3.85	52.53
桃江县	Taojiang County	25.27	68.12	36.42	31.70	53.46
安化县	Anhua County	27.14	77.53	27.51	50.02	35.48
沅江市	Yuanjiang City	22.15	56.10	27.92	28.18	49.77
北湖区	Beihu District	20.83	57.58	50.54	7.04	87.77
苏仙区	Suxian District	16.26	43.63	32.50	11.13	74.49
桂阳县	Guiyang County	25.65	70.63	38.70	31.93	54.79
宜章县	Yizhang County	19.56	56.52	29.56	26.96	52.30
永兴县	Yongxing County	19.46	53.63	29.46	24.17	54.93

22-1 续表 2 Continued

市县名称	Cities and Counties	总户数（万户）Households (10 000 households)	年末常住人口（万人）Population at the Year-end (10 000 persons)	按城乡分 By Residence 城镇人口 Urban	乡村人口 Rural	城镇化率(%) Urbanization Rate (%)
嘉禾县	Jiahe County	12.29	34.17	17.15	17.02	50.19
临武县	Linwu County	11.38	32.14	16.64	15.50	51.77
汝城县	Rucheng County	12.16	34.31	16.11	18.20	46.95
桂东县	Guidong County	6.28	16.02	6.22	9.80	38.83
安仁县	Anren County	12.54	35.03	16.65	18.38	47.53
资兴市	Zixing City	12.85	32.13	21.49	10.64	66.88
零陵区	Lingling District	20.23	56.71	32.93	23.78	58.07
冷水滩区	Lengshuitan District	22.22	57.97	37.07	20.90	63.95
东安县	Dongan County	17.51	48.97	20.13	28.84	41.11
双牌县	Shuangpai County	4.35	15.55	7.59	7.96	48.81
道　县	Dao County	19.83	58.58	29.30	29.28	50.02
江永县	Jiangyong County	7.38	21.98	7.65	14.33	34.80
宁远县	Ningyuan County	21.38	65.95	32.23	33.72	48.87
蓝山县	Lanshan County	11.23	32.82	17.35	15.47	52.86
新田县	Xintian County	12.23	34.19	16.97	17.22	49.63
江华县	Jianghua County	15.24	45.14	16.61	28.53	36.80
祁阳市	Qiyang City	26.97	81.19	30.83	50.36	37.97
鹤城区	Hecheng District	24.93	71.30	58.49	12.81	82.03
中方县	Zhongfang County	8.97	23.63	10.49	13.14	44.39
沅陵县	Yuanling County	19.66	50.84	21.59	29.25	42.47
辰溪县	Chenxi County	15.73	40.53	17.01	23.52	41.97
溆浦县	Xupu County	27.68	75.75	22.82	52.93	30.13
会同县	Huitong County	11.55	29.05	11.43	17.62	39.35
麻阳县	Mayang County	11.11	28.82	14.00	14.82	48.58
新晃县	Xinhuang County	8.11	22.04	9.60	12.44	43.56
芷江县	Zhijiang County	12.54	30.73	14.45	16.28	47.02
靖州县	Jingzhou County	8.33	23.35	12.08	11.27	51.73
通道县	Tongdao County	6.82	20.09	8.62	11.47	42.91
洪江市	Hongjiang City	13.76	34.12	13.99	20.13	41.00
洪江区	Hongjiang District	2.65	5.70	4.80	0.90	84.21
娄星区	Louxing District	26.71	75.32	56.45	18.87	74.95
双峰县	Shuangfeng County	24.95	68.11	27.94	40.17	41.02
新化县	Xinhua County	39.21	118.03	39.12	78.91	33.14
冷水江市	Lengshuijiang City	11.18	32.76	24.65	8.11	75.24
涟源市	Lianyuan City	33.01	85.46	33.17	52.29	38.81
吉首市	Jishou City	14.85	43.12	32.19	10.93	74.65
泸溪县	Luxi County	8.50	23.49	10.36	13.13	44.10
凤凰县	Fenghuang County	11.65	35.36	15.20	20.16	42.99
花垣县	Huayuan County	7.19	24.23	10.38	13.85	42.84
保靖县	Baojing County	7.71	23.16	10.57	12.59	45.64
古丈县	Guzhang County	4.03	10.72	4.91	5.81	45.80
永顺县	Yongshun County	15.06	40.73	20.28	20.45	49.79
龙山县	Longshan County	16.02	46.82	23.81	23.01	50.85

22-2 “四上”企业从业人员年末人数(2021年)

The Number of Employees of "Four Scale" Enterprises at the Year-end (2021)

单位：万人 (10 000 persons)

市县名称	Cities and Counties	从业人员年末人数 Number of Employees at the Year-end	在岗职工 Staff and Workers on the Job	#国有企业 State-owned Enterprises	#集体企业 Collective-owned Enterprises	#其他企业 Enterprises of Other Types of Ownership	其他从业人员 Other Employed Persons
芙蓉区	Furong District	12.29	10.51	0.31	0.17	10.03	1.78
天心区	Tianxin District	16.89	15.80	0.18		15.63	1.09
岳麓区	Yuelu District	24.26	23.35	0.16		23.19	0.91
开福区	Kaifu District	11.64	11.00	0.53	0.02	10.45	0.64
雨花区	Yuhua District	20.28	19.04	0.46	0.01	18.56	1.24
望城区	Wangcheng District	16.36	15.58	0.14		15.43	0.78
长沙县	Changsha County	22.05	21.70	0.05		21.66	0.35
浏阳市	Liuyang City	22.37	21.52	0.03	0.12	21.37	0.85
宁乡市	Ningxiang City	11.58	11.32	0.06	0.06	11.20	0.26
荷塘区	Hetang District	4.19	3.84	0.30		3.54	0.36
芦淞区	Lusong District	5.27	4.57	0.14		4.43	0.70
石峰区	Shifeng District	6.19	5.98	0.04		5.94	0.21
天元区	Tianyuan District	9.45	8.52	0.24		8.28	0.92
渌口区	Lukou District	4.39	3.15	0.03	0.09	3.03	1.23
攸　县	You County	5.26	5.13	0.04	0.04	5.04	0.13
茶陵县	Chaling County	3.93	3.69	0.04		3.64	0.24
炎陵县	Yanling County	1.56	1.51	0.01	0.01	1.49	0.05
醴陵市	Liling City	24.15	24.00	0.05	0.28	23.67	0.16
雨湖区	Yuhu District	12.62	12.03	0.18	0.03	11.83	0.59
岳塘区	Yuetang District	9.07	8.00	0.19	0.15	7.65	1.08
湘潭县	Xiangtan County	7.42	7.28			7.28	0.14
湘乡市	Xiangxiang City	7.31	6.76	0.01		6.75	0.55
韶山市	Shaoshan City	1.30	1.29	0.05	0.03	1.21	0.02
珠晖区	Zhuhui District	1.57	1.51		0.02	1.49	0.06
雁峰区	Yanfeng District	4.10	3.98	0.02	0.01	3.95	0.12
石鼓区	Shigu District	3.84	3.68	0.02	0.04	3.61	0.17
蒸湘区	Zhengxiang District	6.78	5.92	0.33	0.03	5.56	0.86
南岳区	Nanyue District	0.36	0.31	0.01		0.30	0.05
衡阳县	Hengyang County	4.86	4.84	0.05	0.33	4.46	0.02
衡南县	Hengnan County	6.11	5.36	0.06	0.07	5.22	0.76
衡山县	Hengshan County	2.80	2.75	0.01		2.74	0.05
衡东县	Hengdong County	3.04	2.99	0.09	0.05	2.85	0.05
祁东县	Qidong County	3.72	3.28	0.09	0.09	3.10	0.44
耒阳市	Leiyang City	3.61	3.37	0.14	0.07	3.16	0.24
常宁市	Changning City	3.15	3.02	0.06	0.05	2.91	0.14
双清区	Shuangqing District	7.68	7.02	0.20	0.11	6.71	0.66
大祥区	Daxiang District	3.11	2.70	0.16	0.06	2.49	0.41
北塔区	Beita District	1.53	1.46			1.46	0.06

22-2 续表 1 Continued

单位：万人 (10 000 persons)

市县名称	Cities and Counties	从业人员年末人数 Number of Employees at the Year-end	在岗职工 Staff and Workers on the Job	#国有企业 State-owned Enterprises	#集体企业 Collective-owned Enterprises	#其他企业 Enterprises of Other Types of Ownership	其他从业人员 Other Employed Persons
新邵县	Xinshao County	2.72	2.60	0.14		2.46	0.11
邵阳县	Shaoyang County	3.37	3.27	0.11	0.34	2.83	0.10
隆回县	Longhui County	3.61	3.55	0.12		3.43	0.06
洞口县	Dongkou County	3.17	3.05	0.01		3.04	0.12
绥宁县	Suining County	1.83	1.64	0.06		1.58	0.19
新宁县	Xinning County	2.50	2.39	0.01		2.38	0.11
城步县	Chengbu County	0.64	0.57	0.01		0.55	0.07
武冈市	Wugang City	2.95	2.59	0.04	0.33	2.21	0.36
邵东市	Shaodong City	9.59	9.40	0.03		9.37	0.19
岳阳楼区	Yueyanglou District	12.88	11.51	0.30	0.01	11.20	1.37
云溪区	Yunxi District	5.36	5.09	0.59	0.07	4.43	0.27
君山区	Junshan District	2.74	2.62	0.30	0.06	2.26	0.12
岳阳县	Yueyang County	3.88	3.73	0.09	0.06	3.58	0.16
华容县	Huarong County	3.63	3.56	0.04	0.15	3.37	0.07
湘阴县	Xiangyin County	4.51	4.34	0.03	0.01	4.29	0.17
平江县	Pingjiang County	5.26	4.58	0.15	0.02	4.40	0.68
汨罗市	Miluo City	6.89	6.61	0.22	0.03	6.36	0.28
临湘市	Linxiang City	3.38	3.11	0.07	0.01	3.03	0.27
武陵区	Wuling District	10.01	9.00	0.38		8.62	1.01
鼎城区	Dingchen District	6.93	6.54	0.02		6.52	0.40
安乡县	Anxiang County	3.39	3.27			3.26	0.12
汉寿县	Hanshou County	4.53	4.40	0.02		4.38	0.13
澧　县	Li County	3.90	3.74	0.08	0.01	3.66	0.16
临澧县	Linli County	2.31	2.19	0.02	0.01	2.16	0.12
桃源县	Taoyuan County	4.47	3.98			3.97	0.49
石门县	Shimen County	3.23	2.80	0.02		2.78	0.43
津市市	Jinshi City	2.53	2.48	0.03		2.44	0.05
永定区	Yongding District	2.83	2.73	0.08		2.65	0.10
武陵源区	Wulingyuan District	0.38	0.37	0.01		0.35	0.01
慈利县	Cili County	1.25	0.97	0.02	0.11	0.84	0.28
桑植县	Sangzhi County	0.55	0.52	0.02		0.50	0.03
资阳区	Ziyang District	3.86	3.79	0.67		3.12	0.07
赫山区	Heshan District	10.88	9.93	0.18	0.06	9.69	0.95
南　县	Nan County	2.11	2.04	0.02		2.02	0.07
大通湖区	Datonghu District	0.13	0.12			0.12	0.01
桃江县	Taojiang County	5.74	5.18	0.03		5.14	0.57
安化县	Anhua County	2.24	2.07	0.10	0.02	1.95	0.17
沅江市	Yuanjiang City	3.81	3.64	0.03		3.61	0.17
北湖区	Beihu District	7.67	6.39	1.03	0.02	5.33	1.28
苏仙区	Suxian District	4.69	4.50	0.09		4.41	0.19
桂阳县	Guiyang County	4.12	3.76	0.01	0.02	3.73	0.36
宜章县	Yizhang County	2.64	2.62	0.02		2.60	0.02
永兴县	Yongxing County	2.24	2.22	0.02	0.03	2.16	0.03

22-2 续表 2 Continued

单位：万人 (10 000 persons)

市县名称	Cities and Counties	从业人员年末人数 Number of Employees at the Year-end	在岗职工 Staff and Workers on the Job	#国有企业 State-owned Enterprises	#集体企业 Collective-owned Enterprises	#其他企业 Enterprises of Other Types of Ownership	其他从业人员 Other Employed Persons
嘉禾县	Jiahe County	1.99	1.91	0.02	0.05	1.84	0.08
临武县	Linwu County	1.44	1.44	0.03	0.02	1.38	
汝城县	Rucheng County	0.85	0.78			0.78	0.07
桂东县	Guidong County	0.76	0.71			0.71	0.05
安仁县	Anren County	1.39	1.27	0.05		1.22	0.12
资兴市	Zixing City	4.41	4.24	0.04		4.20	0.17
零陵区	Lingling District	2.33	2.22	0.08	0.12	2.02	0.11
冷水滩区	Lengshuitan District	5.03	4.77	0.26	0.11	4.40	0.27
东安县	Dongan County	3.71	2.87	0.19		2.69	0.84
双牌县	Shuangpai County	1.37	1.34	0.02	0.07	1.24	0.03
道　县	Dao County	2.87	2.72	0.02	0.60	2.09	0.16
江永县	Jiangyong County	0.81	0.81	0.08	0.03	0.70	
宁远县	Ningyuan Couny	4.51	4.45	0.14	0.25	4.06	0.05
蓝山县	Lanshan County	2.13	2.09	0.01	0.18	1.91	0.04
新田县	Xintian County	0.85	0.81	0.02	0.03	0.76	0.04
江华县	Jianghua County	1.95	1.93	0.02	0.04	1.87	0.02
祁阳市	Qiyang City	4.38	4.11	0.10	0.20	3.81	0.27
鹤城区	Hecheng District	4.64	4.16	0.18	0.02	3.97	0.48
中方县	Zhongfang County	1.84	1.77			1.77	0.07
沅陵县	Yuanling County	2.14	2.12	0.26		1.86	0.02
辰溪县	Chenxi County	1.17	0.99		0.19	0.80	0.18
溆浦县	Xupu County	1.98	1.81	0.04	0.03	1.74	0.17
会同县	Huitong County	0.62	0.50		0.01	0.49	0.11
麻阳县	Mayang County	0.98	0.93	0.02	0.22	0.69	0.05
新晃县	Xinhuang County	1.06	1.04	0.02	0.07	0.96	0.02
芷江县	Zhijiang County	0.64	0.63			0.63	0.01
靖州县	Jingzhou County	0.95	0.80	0.02	0.04	0.74	0.15
通道县	Tongdao County	0.71	0.69	0.02	0.04	0.63	0.02
洪江市	Hongjiang City	1.19	1.04	0.03	0.05	0.96	0.16
洪江区	Hongjiang District	0.56	0.51	0.01		0.50	0.06
娄星区	Louxing District	12.76	11.34	0.22	0.11	11.02	1.42
双峰县	Shuangfeng County	3.25	3.20	0.01	0.10	3.09	0.05
新化县	Xinhua County	5.94	5.78	0.08	0.15	5.54	0.16
冷水江市	Lengshuijiang City	4.28	3.91	0.13	0.38	3.40	0.38
涟源市	Lianyuan City	4.52	3.96	0.21	0.11	3.65	0.56
吉首市	Jishou City	3.48	3.15	0.36	0.07	2.72	0.33
泸溪县	Luxi County	0.70	0.69	0.06	0.04	0.60	0.02
凤凰县	Fenghuang County	0.53	0.53		0.02	0.50	
花垣县	Huayuan County	0.66	0.65	0.04	0.01	0.60	0.01
保靖县	Baojing County	0.50	0.49	0.04	0.04	0.41	0.01
古丈县	Guzhang County	0.26	0.23			0.23	0.03
永顺县	Yongshun County	0.66	0.65	0.02	0.14	0.49	0.01
龙山县	Longshan County	0.92	0.84	0.04	0.01	0.79	0.08

22–3 “四上”企业在岗职工工资总额和年平均工资(2021年)
Total Wages and Average Annual Wages of Employees On the Job in "Four Scale" Enterprises (2021)

市县名称	Cities and Counties	在岗职工工资总额 (万元) Total Wages of Staff and Workers on the Job (10 000 yuan)	#国有企业 State-owned Enterprises	#集体企业 Collective-owned Enterprises	在岗职工年平均工资 (元) Average Annual Wages of Staff and Workers on the Job (yuan)	#国有企业 State-owned Enterprises	#集体企业 Collective-owned Enterprises	在岗职工年平均工资发展速度 (上年=100) The Growth Rate of Average Annual Wages (preceding year=100)
芙蓉区	Furong District	790903	26437	11114	76249	87281	56763	114.7
天心区	Tianxin District	1264223	21379		79479	118968		101.3
岳麓区	Yuelu District	2434791	18548		107386	124567		111.0
开福区	Kaifu District	1126344	149491	1480	102995	286656	60889	113.2
雨花区	Yuhua District	1687451	79991	940	97583	170013	64397	107.8
望城区	Wangcheng District	1089616	35170	306	73622	258790	71070	107.4
长沙县	Changsha County	1942866	4042	59	90638	88833	65333	89.6
浏阳市	Liuyang City	1291052	3006	4931	62088	94235	40951	108.5
宁乡市	Ningxiang City	907618	4503	3229	82748	69927	59134	122.5
荷塘区	Hetang District	249669	29070		65561	98845		106.7
芦淞区	Lousong District	335504	24542		74064	171141		108.0
石峰区	Shifeng District	663438	4280		111988	122280		107.2
天元区	Tianyuan District	727083	20568		87572	78834		105.8
渌口区	Lukou District	214764	959	6435	66776	58103	70867	103.9
攸　县	You County	289603	3278	2907	57900	73016	79638	105.2
茶陵县	Chaling County	192084	3351	96	53592	79606	39917	104.5
炎陵县	Yanling County	79258	348	1211	53276	41369	90396	114.4
醴陵市	Liling City	1510871	4105	14769	65548	92049	59386	109.0
雨湖区	Yuhu District	654547	12132	1128	57319	65756	42402	108.2
岳塘区	Yuetang District	613011	19924	14875	77814	103340	99301	106.7
湘潭县	Xiangtan County	344776			54632			106.3
湘乡市	Xiangxiang City	351663	411		56172	58714		106.2
韶山市	Shaoshan City	74080	1551	1279	61163	40273	54417	112.0
珠晖区	Zhuhui District	109642		924	71503		57738	107.8
雁峰区	Yanfeng District	259480	1933	391	65713	90322	32592	104.1
石鼓区	Shigu District	229276	1849	1680	64248	80026	43859	109.1
蒸湘区	Zhengxiang District	429672	51492	1839	71767	153660	49700	103.7
南岳区	Nanyue District	13996	273		45994	44032		111.6
衡阳县	Hengyang County	233181	5955	16790	52775	120309	58118	104.8
衡南县	Hengnan County	246103	2698	1654	47597	41059	25961	101.1
衡山县	Hengshan County	119974	678	143	48659	63327	47500	109.9
衡东县	Hengdong County	151223	4118	2416	51437	47063	38966	104.6
祁东县	Qidong County	162790	5392	3597	50928	57668	41824	100.4
耒阳市	Leiyang City	188838	10237	2386	56701	77788	38115	106.1
常宁市	Changning City	175771	2884	2441	59222	50427	54124	108.1
双清区	Shuangqing District	492657	35744	4748	69252	179256	45222	109.6
大祥区	Daxiang District	153612	10057	2742	57862	64757	48269	102.1
北塔区	Beita District	76872	41		53941	25563		110.1

22−3 续表 1 Continued

市县名称	Cities and Counties	在岗职工工资总额（万元） Total Wages of Staff and Workers on the Job (10 000 yuan)	#国有经济 State-owned Units	#城镇集体经济 Urban Collective Owned Units	在岗职工年平均工资（元） Average Annual Wages of Staff and Workers on the Job (yuan)	#国有经济 State-owned Units	#城镇集体经济 Urban Collective Owned Units	在岗职工年平均工资发展速度（上年=100） The Growth Rate of Average Annual Wages (preceding year=100)
新邵县	Xinshao County	145671	12064		58143	84544		136.8
邵阳县	Shaoyang County	169393	4510	19754	52592	41798	58238	98.1
隆回县	Longhui County	182973	4823		54230	37097		108.4
洞口县	Dongkou County	129869	235	120	43998	42709	42929	87.2
绥宁县	Suining County	68683	2718		42857	42600		109.2
新宁县	Xinning County	101555	930		43226	91196		106.7
城步县	Chengbu County	23703	401		41381	28636		102.1
武冈市	Wugang City	129133	1567	14701	50417	41024	46055	126.9
邵东市	Shaodong City	405866	3043		44842	91114		95.6
岳阳楼区	Yueyanglou District	803191	26188	742	71547	87323	91654	108.8
云溪区	Yunxi District	429498	92795	5733	86068	157093	84189	97.7
君山区	Junshan District	102657	10703	2219	42235	41973	38321	116.1
岳阳县	Yueyang County	193360	5436	3414	53093	60398	60961	116.4
华容县	Huarong County	150815	1510	7984	42644	43379	51842	120.4
湘阴县	Xiangyin County	258018	2484	942	61780	72853	104622	118.4
平江县	Pingjiang County	244755	6306	1180	54271	43583	51074	108.9
汨罗市	Miluo City	392424	9641	1178	61549	45201	42229	110.4
临湘市	Linxiang City	151891	2819	228	50176	39376	39379	112.7
武陵区	Wuling District	666657	60089		74532	155029		108.6
鼎城区	Dingchen District	420313	1091		65582	63064		103.6
安乡县	Anxiang County	167521	110		52874	28077		106.5
汉寿县	Hanshou County	240563	1192	31	58467	70515	38375	103.1
澧　县	Li County	208324	2309	595	56897	41973	66865	106.2
临澧县	Linli County	119499	1953	350	55770	87932	52179	107.1
桃源县	Taoyuan County	230853	349	64	57221	71245	30667	109.5
石门县	Shimen County	155417	2166	103	56085	98458	36929	103.3
津市市	Jinshi City	122372	2144		51320	61071		107.2
永定区	Yongding District	157150	9056		57995	119951		108.8
武陵源区	Wulingyuan District	19999	442		53117	29858		103.7
慈利县	Cili County	46740	669	6309	47972	38866	53691	101.3
桑植县	Sangzhi County	25017	1192		49825	76929		103.8
资阳区	Ziyang District	210911	28899		56069	43391		99.5
赫山区	Heshan District	578267	24253	2905	60852	131310	50961	112.1
南　县	Nan County	94995	1221	23	50193	59005	57500	106.2
大通湖区	Datonghu District	5063	46		43425	38500		95.5
桃江县	Taojiang County	246881	2858	119	49982	84550	44037	101.2
安化县	Anhua County	115312	9107	922	56135	85267	57600	108.8
沅江市	Yuanjiang City	179059	1179	1167	49382	46593	98034	107.0
北湖区	Beihu District	429709	89913	1511	67540	86446	72981	108.2
苏仙区	Suxian District	263956	5654		60088	62332		108.9
桂阳县	Guiyang County	237755	580	954	64563	61723	48197	104.6
宜章县	Yizhang County	126677	1421		49763	70337		104.7
永兴县	Yongxing County	115203	979	1704	52814	45106	53250	109.1

22-3 续表 2 Continued

市县名称	Cities and Counties	在岗职工工资总额（万元）Total Wages of Staff and Workers on the Job (10 000 yuan)	#国有经济 State-owned Units	#城镇集体经济 Urban Collective Owned Units	在岗职工年平均工资（元）Average Annual Wages of Staff and Workers on the Job (yuan)	#国有经济 State-owned Units	#城镇集体经济 Urban Collective Owned Units	在岗职工年平均工资发展速度（上年=100）The Growth Rate of Average Annual Wages (preceding year=100)
嘉禾县	Jiahe County	115175	1709	2875	60156	78376	58200	110.2
临武县	Linwu County	61119	1246	1062	43547	39195	47851	109.2
汝城县	Rucheng County	39227	25		51799	41667		122.0
桂东县	Guidong County	29727			42749			104.0
安仁县	Anren County	54830	2086		46203	46980		108.5
资兴市	Zixing City	212070	4964		49844	117075		112.5
零陵区	Lingling District	115339	6173	3231	54681	75927	33619	119.0
冷水滩区	Lengshuitan District	303089	45601	2919	64545	169964	28177	112.2
东安县	Dongan County	169762	17112		60221	94021		112.9
双牌县	Shuangpai County	71733	2613	2612	54897	113126	38920	101.4
道　县	Dao County	108987	1095	12877	45932	64781	42541	107.8
江永县	Jiangyong County	43445	3136	1324	55309	44237	56585	103.3
宁远县	Ningyuan County	204251	4940	7439	47047	32756	30551	105.3
蓝山县	Lanshan County	120030	228	7210	58067	42925	44317	102.2
新田县	Xintian County	34011	1175	1365	41716	68684	47069	95.0
江华县	Jianghua County	97640	1121	1677	51104	50260	42040	115.0
祁阳市	Qiyang City	204714	3496	11462	51317	33747	56461	108.9
鹤城区	Hecheng District	263781	22839	837	63645	128598	49212	106.5
中方县	Zhongfang County	107784			60682			116.4
沅陵县	Yuanling County	100417	7754		46766	29338		113.1
辰溪县	Chenxi County	57935		14197	58092		69764	108.2
溆浦县	Xupu County	103835	1535	1959	59747	35369	69975	100.6
会同县	Huitong County	23099		390	47460		34786	107.3
麻阳县	Mayang County	44625	1681	7408	53068	83218	45869	106.1
新晃县	Xinhuang County	48645	607	3034	47888	43357	46044	101.7
芷江县	Zhijiang County	35509			57217			109.0
靖州县	Jingzhou County	36999	1185	1425	46627	63688	48135	107.0
通道县	Tongdao County	34790	1196	1025	52792	52227	36208	105.7
洪江市	Hongjiang City	48277	1458	1957	45899	47970	35641	104.7
洪江区	Hongjiang District	25750	340		52402	41938		111.3
娄星区	Louxing District	782722	20795	4484	70023	98977	41942	110.8
双峰县	Shuangfeng County	174364	610	5835	55732	52145	58238	102.9
新化县	Xinhua County	339126	2949	9414	60604	35025	62386	101.1
冷水江市	Lengshuijiang City	222587	7828	16630	57185	59936	47270	105.6
涟源市	Lianyuan City	239744	10003	7849	63229	53633	70269	104.0
吉首市	Jishou City	235025	33357	2099	75856	95060	33635	118.6
泸溪县	Luxi County	31669	2481	1153	47759	43995	36022	106.5
凤凰县	Fenghuang County	23485		1085	45949		42557	110.8
花垣县	Huayuan County	35602	2383	695	55282	53912	55560	111.2
保靖县	Baojing County	19467	1717	980	40429	41786	26983	101.6
古丈县	Guzhang County	11306			48421			117.0
永顺县	Yongshun County	30135	608	4871	45874	35331	35375	99.2
龙山县	Longshan County	39288	2815	492	48515	78415	36467	100.9

22-4 地区生产总值(2021年)

Gross Domestic Product (2021)

市县名称	Cities and Counties	地区生产总值（万元）Gross Regional Product (10 000 yuan)	第一产业 Primary Industry	第二产业 Secondary Industry	第三产业 Tertiary Industry	指数（上年=100）Indices (preceding year=100)	人均GDP（元）Per Capita Gross Regional Product (yuan)
芙蓉区	Furong District	12682391	60	1583316	11099016	108.3	196962
天心区	Tianxin District	12153670	14044	3742377	8397249	107.8	143440
岳麓区	Yuelu District	15020090	106325	4280815	10632951	107.8	96642
开福区	Kaifu District	11352947	10752	1622605	9719591	108.0	135817
雨花区	Yuhua District	23600206	57057	12987871	10555279	107.4	185858
望城区	Wangcheng District	10028426	566602	4272741	5189083	107.2	109828
长沙县	Changsha County	20032973	885680	10681142	8466150	107.6	144309
浏阳市	Liuyang City	16165620	1302121	8409170	6454329	107.3	112991
宁乡市	Ningxiang City	11670232	1312943	4929943	5427346	107.3	92095
荷塘区	Hetang District	2709856	53521	1408833	1247502	108.2	78094
芦淞区	Lousong District	4557260	73164	2128661	2355435	107.6	149223
石峰区	Shifeng District	3903770	51831	2372735	1479204	107.1	115326
天元区	Tianyuan District	5126312	110870	2254635	2760807	108.3	106576
渌口区	Lukou District	1648905	253327	740073	655505	108.4	63542
攸　县	You County	4571587	683541	1677462	2210584	106.9	72750
茶陵县	Chaling County	2451850	431962	849847	1170041	109.1	50017
炎陵县	Yanling County	981201	166936	432256	382009	108.8	61440
醴陵市	Liling City	8251853	768769	4412283	3070802	109.7	93400
雨湖区	Yuhu District	7020576	180026	3220104	3620447	107.8	113491
岳塘区	Yuetang District	6484506	75082	3563026	2846398	107.6	133812
湘潭县	Xiangtan County	5463536	700121	2982268	1781147	108.2	69502
湘乡市	Xiangxiang City	5455969	689038	2882801	1884131	108.4	75317
韶山市	Shaoshan City	1058870	76504	490292	492074	107.9	102405
珠晖区	Zhuhui District	2943523	96793	1095838	1750893	107.3	87397
雁峰区	Yanfeng District	2928520	23484	1675514	1229521	108.9	118372
石鼓区	Shigu District	2865047	25408	670062	2169577	108.4	126047
蒸湘区	Zhengxiang District	4723255	32467	1308867	3381921	108.8	98689
南岳区	Nanyue District	528527	25026	56019	447482	108.2	75396
衡阳县	Hengyang County	3949081	736610	1449544	1762928	107.9	44587
衡南县	Hengnan County	3873824	716493	1371876	1785455	108.3	48599
衡山县	Hengshan County	1874954	387307	736027	751619	107.8	55985
衡东县	Hengdong County	3156415	514779	1107533	1534103	108.3	56094
祁东县	Qidong County	3355641	629716	1036756	1689168	108.4	43733
耒阳市	Leiyang City	4193682	654719	1183333	2355631	107.7	36945
常宁市	Changning City	4010625	617019	1320751	2072854	108.6	50832
双清区	Shuangqing District	1921699	49699	944066	927934	107.2	60336
大祥区	Daxiang District	2108513	74674	755580	1278259	108.7	58134
北塔区	Beita District	576415	39623	195007	341785	107.5	46825

注：总量指标按当年价格计算，指数按可比价格计算。
Aggregate data are calculated at current prices, while indices are calculated at comparable prices.

22-4 续表 1 Continued

市县名称	Cities and Counties	地区生产总值（万元）Gross Regional Product (10 000 yuan)	第一产业 Primary Industry	第二产业 Secondary Industry	第三产业 Tertiary Industry	指数（上年=100）Indices (preceding year=100)	人均GDP（元）Per Capita Gross Regional Product (yuan)
新邵县	Xinshao County	1768307	377798	516309	874200	107.1	29170
邵阳县	Shaoyang County	1951068	456343	615792	878933	108.6	26316
隆回县	Longhui County	2559414	524230	694385	1340799	109.5	25459
洞口县	Dongkou County	2049860	639787	506435	903639	108.6	30504
绥宁县	Suining County	1083668	254957	291296	537415	107.4	37445
新宁县	Xinning County	1271872	358576	304102	609194	108.0	24934
城步县	Chengbu County	614329	132198	153555	328576	108.5	27147
武冈市	Wugang City	1858035	592682	444138	821215	108.7	29256
邵东市	Shaodong City	6852101	595172	2519263	3737665	109.4	66843
岳阳楼区	Yueyanglou District	15106487	144598	6257639	8704250	116.1	153881
云溪区	Yunxi District	3280940	121539	2042032	1117370	101.1	213325
君山区	Junshan District	1804407	371744	584106	848558	108.4	89593
岳阳县	Yueyang County	3858049	693172	1609908	1554969	108.1	68759
华容县	Huarong County	3946362	934979	1284046	1727336	108.1	71324
湘阴县	Xiangyin County	3690247	723684	1412386	1554176	108.4	63265
平江县	Pingjiang County	3612392	597599	1356773	1658020	108.6	38166
汨罗市	Miluo City	5632144	625278	2544014	2462852	108.1	89187
临湘市	Linxiang City	3098768	412356	1249311	1437101	107.8	71582
武陵区	Wuling District	13589015	108674	7524876	5955465	106.1	186049
鼎城区	Dingchen District	4570971	765909	1602396	2202666	108.4	62215
安乡县	Anxiang County	2401997	463337	676204	1262456	107.9	56557
汉寿县	Hanshou County	3620344	617651	1277844	1724849	108.8	51498
澧　县	Li County	4170908	593703	1344404	2232801	107.7	58026
临澧县	Linli County	2198386	365974	802182	1030230	108.0	59192
桃源县	Taoyuan County	4629308	973797	1537712	2117799	108.7	57464
石门县	Shimen County	3424986	522575	1264428	1637983	108.9	61490
津市市	Jinshi City	1935557	263920	838657	832980	107.9	91429
永定区	Yongding District	2396691	251916	344582	1800193	103.7	46135
武陵源区	Wulingyuan District	456163	23718	13700	418745	106.5	75150
慈利县	Cili County	1885985	388156	304636	1193192	104.6	33793
桑植县	Sangzhi County	1064071	164405	153679	745987	105.7	28330
资阳区	Ziyang District	2142572	273980	1123730	744862	108.3	60286
赫山区	Heshan District	6480114	512546	3420302	2547266	108.7	72884
南　县	Nan County	3024662	763573	881146	1379942	108.4	53129
大通湖区	Datonghu District	416868	142891	115353	158624	106.7	50776
桃江县	Taojiang County	3019367	472264	1425531	1121572	106.7	44188
安化县	Anhua County	2609139	522737	898421	1187982	108.3	33532
沅江市	Yuanjiang City	2916685	698407	1186870	1031407	108.3	51714
北湖区	Beihu District	4538673	158232	1283844	3096597	109.8	78837
苏仙区	Suxian District	3552031	204285	1798674	1549072	109.0	81413
桂阳县	Guiyang County	4131260	597221	1581879	1952160	108.8	58335
宜章县	Yizhang County	2421808	292619	848929	1280260	108.8	42720
永兴县	Yongxing County	3477866	358068	1299554	1820244	109.3	64680

22-4 续表 2 Continued

市县名称	Cities and Counties	地区生产总值（万元）Gross Regional Product (10 000 yuan)	第一产业 Primary Industry	第二产业 Secondary Industry	第三产业 Tertiary Industry	指数（上年=100）Indices (preceding year=100)	人均 GDP（元）Per Capita Gross Regional Product (yuan)
嘉禾县	Jiahe County	1575353	245353	628636	701364	108.9	45982
临武县	Linwu County	1636647	181087	735354	720206	109.0	50764
汝城县	Rucheng County	1000606	181475	274836	544295	108.2	29079
桂东县	Guidong County	505312	70789	138092	296431	108.2	31444
安仁县	Anren County	1243300	265479	380656	597165	108.0	35381
资兴市	Zixing City	3617937	361167	1958051	1298719	108.8	112254
零陵区	Lingling District	2469792	449495	1018949	1001348	108.2	43674
冷水滩区	Lengshuitan District	3896009	451910	1108284	2335815	108.5	66965
东安县	Dongan County	2090908	432819	776054	882035	108.1	42637
双牌县	Shuangpai County	844832	195665	324937	324231	107.9	53948
道　县	Dao County	2426642	472608	694867	1259167	108.7	40189
江永县	Jiangyong County	876653	272003	221057	383593	108.0	38433
宁远县	Ningyuan County	2520775	367441	834365	1318969	108.8	37506
蓝山县	Lanshan County	1388536	201661	620933	565941	108.3	42179
新田县	Xintian County	878831	237467	124539	516825	90.9	25622
江华县	Jianghua County	1460855	314541	513388	632926	106.5	32449
祁阳市	Qiyang City	3757013	589505	1199329	1968179	108.6	45656
鹤城区	Hecheng District	4301126	123741	929563	3247822	108.2	60520
中方县	Zhongfang County	1296961	183320	599852	513789	107.9	55190
沅陵县	Yuanling County	1957667	308040	890041	759586	108.8	38386
辰溪县	Chenxi County	1348707	235079	366692	746936	109.0	33211
溆浦县	Xupu County	2003234	448306	545602	1009326	108.4	26491
会同县	Huitong County	1002615	173652	174416	654546	107.8	34466
麻阳县	Mayang County	1011173	212938	317996	480239	108.5	33605
新晃县	Xinhuang County	811488	121944	250129	439414	108.3	36769
芷江县	Zhijiang County	1132403	245405	301930	585068	108.8	36814
靖州县	Jingzhou County	923346	181163	251514	490668	108.6	39510
通道县	Tongdao County	608385	93277	183693	331415	108.7	30253
洪江市	Hongjiang City	1345556	296500	474951	574105	108.0	39401
洪江区	Hongjiang District	435384	32800	219993	182592	107.7	76383
娄星区	Louxing District	6519575	252193	3124454	3142929	108.5	86581
双峰县	Shuangfeng City	2770695	546832	875296	1348566	106.0	40537
新化县	Xinhua County	3098138	586666	911989	1599482	108.0	26068
冷水江市	Lengshuijiang City	2572662	123827	1152178	1296656	107.2	78220
涟源市	Lianyuan City	3296571	531466	1172548	1592558	108.0	38404
吉首市	Jishou City	2202359	103696	832931	1265732	109.5	51626
泸溪县	Luxi County	778591	117529	282748	378314	107.5	33047
凤凰县	Fenghuang County	959305	127959	197628	633717	108.1	27183
花垣县	Huayuan County	832564	97243	302027	433293	109.3	34107
保靖县	Baojing County	800549	117080	302881	380587	108.8	34373
古丈县	Guzhang County	339174	82475	80027	176671	107.6	31347
永顺县	Yongshun County	948446	228987	176141	543318	108.3	23229
龙山县	Longshan County	1060064	265067	217495	577501	108.4	22464

22–5 农林牧渔业总产值（2021年）
Gross Output Value of Farming, Forestry, Animal Husbandry and Fishery (2021)

单位：万元 (10 000 yuan)

市县名称	Cities and Counties	农林牧渔业总产值 Gross Output Value of Farming, Forestry, Animal Husbandry and Fishery	指数（上年=100）Indices (preceding year=100)	农业产值 Output Value of Farming	林业产值 Output Value of Forestry	牧业产值 Output Value of Animal Husbandry	渔业产值 Output Value of Fishery	农林牧渔专业及辅助性活动产值 Output Value of Farming, Forestry, Animal Husbandry, Fishery and Auxiliary Activities
芙蓉区	Furong District	134	94.6	1			101	32
天心区	Tianxin District	23511	93.9	15846		3395	3140	1130
岳麓区	Yuelu District	161062	95.7	124990	3953	13127	12087	6906
开福区	Kaifu District	21194	93.9	13231		4770	2442	752
雨花区	Yuhua District	88836	106.2	79428		2992	2852	3564
望城区	Wangcheng District	1004045	109.8	672010	14847	153128	94567	69494
长沙县	Changsha County	1495595	111.0	1066142	45793	272155	33753	77752
浏阳市	Liuyang City	2265052	110.7	1243357	251251	582630	53353	134462
宁乡市	Ningxiang City	2255803	110.7	1301660	76076	669462	72365	136240
荷塘区	Hetang District	77277	104.7	54740	692	13141	7261	1443
芦淞区	Lousong District	86977	108.5	60786	401	19599	4557	1634
石峰区	Shifeng District	101393	105.6	84387	2557	5731	5721	2997
天元区	Tianyuan District	126235	107.5	80438	10221	25241	8361	1974
渌口区	Lukou District	481533	111.6	177355	36353	227981	21672	18172
攸　县	You County	1192531	108.9	597501	89204	401634	46113	58079
茶陵县	Chaling County	630235	114.7	242705	48342	294013	30688	14487
炎陵县	Yanling County	221439	108.8	115283	50905	40596	2384	12271
醴陵市	Liling City	1146029	110.9	509166	92218	458327	46732	39586
雨湖区	Yuhu District	340520	110.3	120244	8793	176370	11684	23429
岳塘区	Yuetang District	147042	110.1	62187	9404	45066	5689	24696
湘潭县	Xiangtan County	1224584	110.9	498904	57700	522433	78855	66691
湘乡市	Xiangxiang City	1191622	111.0	485092	65427	516653	75341	49109
韶山市	Shaoshan City	135413	110.7	51725	5004	67619	6482	4584
珠晖区	Zhuhui District	160987	109.2	94903	845	45682	9055	10503
雁峰区	Yanfeng District	40028	109.1	23310	1111	6517	6480	2611
石鼓区	Shigu District	41647	109.3	20831	3241	9430	5429	2717
蒸湘区	Zhengxiang District	60414	109.4	29955	1792	14699	10027	3941
南岳区	Nanyue District	42826	109.0	23038	5658	10303	1032	2794
衡阳县	Hengyang County	1338537	110.4	403239	84864	615860	147250	87324
衡南县	Hengnan County	1289753	110.5	415480	90708	591138	108286	84141
衡山县	Hengshan County	672709	110.3	190932	88693	295841	53357	43886
衡东县	Hengdong County	892105	110.2	309224	112304	352084	60293	58199
祁东县	Qidong County	1147473	110.1	500256	34303	429846	108209	74859
耒阳市	Leiyang City	1244802	109.9	427376	63594	568540	104083	81209
常宁市	Changning City	1037427	110.0	361473	120086	405411	82776	67680
双清区	Shuangqing District	119397	107.6	40118	56	34958	2954	41311
大祥区	Daxiang District	162318	111.8	61317	1056	38616	4310	57019
北塔区	Beita District	71359	107.6	28840	496	20994	2571	18458

22-5 续表 1 Continued

单位：万元 (10 000 yuan)

市县名称	Cities and Counties	农林牧渔业总产值 Gross Output Value of Farming, Forestry, Animal Husbandry and Fishery	指数（上年=100）Indices (preceding year=100)	农业产值 Output Value of Farming	林业产值 Output Value of Forestry	牧业产值 Output Value of Animal Husbandry	渔业产值 Output Value of Fishery	农林牧渔专业及辅助性活动产值 Output Value of Farming, Forestry, Animal Husbandry, Fishery and Auxiliary Activities
新邵县	Xinshao County	643125	109.4	297366	17791	274274	12332	41362
邵阳县	Shaoyang County	761851	110.3	368137	32499	316928	19887	24401
隆回县	Longhui County	973710	111.3	567339	27911	329278	26750	22433
洞口县	Dongkou County	1129478	110.0	598517	26838	404272	36288	63563
绥宁县	Suining County	480128	111.7	179923	45321	240881	4032	9971
新宁县	Xinning County	500151	111.6	269480	13359	191770	9238	16303
城步县	Chengbu County	247978	110.8	100553	21016	116435	1612	8362
武冈市	Wugang City	854300	110.8	423038	17222	380719	20448	12873
邵东市	Shaodong City	1025896	111.1	650665	5613	282497	53876	33245
岳阳楼区	Yueyanglou District	224141	104.5	148054	6838	20843	33265	15140
云溪区	Yunxi District	209301	105.3	82516	6594	55891	52554	11745
君山区	Junshan District	638793	109.8	355032	13979	86312	147667	35802
岳阳县	Yueyang County	1177559	111.6	495596	18795	458707	140404	64057
华容县	Huarong County	1686699	108.2	796384	14489	293873	495726	86227
湘阴县	Xiangyin County	1333139	111.4	469155	34224	323551	438455	67753
平江县	Pingjiang County	1016924	111.3	406716	86342	445960	20886	57020
汨罗市	Miluo City	1064388	110.7	375404	19757	485749	118592	64886
临湘市	Linxiang City	693543	111.6	262908	29707	243639	119103	38186
武陵区	Wuling District	217204	108.7	110568	972	8539	43184	53941
鼎城区	Dingcheng District	1398502	110.8	594567	70315	483690	151869	98061
安乡县	Anxiang County	805761	110.9	353202	6182	217094	181169	48114
汉寿县	Hanshou County	1111915	110.3	519381	27617	333254	154181	77482
澧　县	Li County	1135044	109.9	469257	21721	391737	125220	127109
临澧县	Linli County	680583	110.6	292287	17385	289138	42619	39155
桃源县	Taoyuan County	1699439	110.4	813528	24534	743211	61477	56689
石门县	Shimen County	918306	110.3	458314	12884	388048	20286	38774
津市市	Jinshi City	484724	110.7	128833	40154	236490	39501	39745
永定区	Yongding District	419930	109.8	274494	30112	68261	13631	33431
武陵源区	Wulingyuan District	40522	109.6	20280	4609	12532	683	2418
慈利县	Cili County	650907	110.5	330925	46228	243619	17955	12179
桑植县	Sangzhi County	267413	110.2	166412	22321	61518	11463	5699
资阳区	Ziyang District	504546	110.0	304939	2831	120931	56097	19748
赫山区	Heshan District	992688	110.0	506191	35041	330479	57024	63953
南　县	Nan County	1431031	109.5	708031	4343	261306	379293	78058
大通湖区	Datonghu District	260977	106.2	161437	1435	24824	60617	12664
桃江县	Taojiang County	925696	109.7	456983	64349	307781	20287	76296
安化县	Anhua County	969067	111.0	484595	52048	342425	23731	66268
沅江市	Yuanjiang City	1252277	110.0	611883	10741	263701	301358	64594
北湖区	Beihu District	313375	110.8	168410	24787	105464	6835	7879
苏仙区	Suxian District	383280	111.0	147657	21784	181033	18457	14349
桂阳县	Guiyang County	1050968	110.7	490964	89542	390728	24907	54828
宜章县	Yizhang County	487779	110.7	253231	14293	196328	8928	14999
永兴县	Yongxing County	536463	110.7	232247	50194	199837	30541	23644

22-5 续表 2 Continued

单位：万元 (10 000 yuan)

市县名称	Cities and Counties	农林牧渔业总产值 Gross Output Value of Farming, Forestry, Animal Husbandry and Fishery	指数（上年=100）Indices (preceding year=100)	农业产值 Output Value of Farming	林业产值 Output Value of Forestry	牧业产值 Output Value of Animal Husbandry	渔业产值 Output Value of Fishery	农林牧渔专业及辅助性活动产值 Output Value of Farming, Forestry, Animal Husbandry, Fishery and Auxiliary Activities
嘉禾县	Jiahe County	461212	110.5	179877	28201	230857	4758	17520
临武县	Linwu County	317495	110.6	166515	16652	116950	5432	11948
汝城县	Rucheng County	436976	110.4	203464	90591	134445	1730	6746
桂东县	Guidong County	134304	110.9	63752	17481	46904	566	5602
安仁县	Anren County	475110	110.8	247396	49709	139651	15027	23327
资兴市	Zixing City	624985	111.1	235829	70735	236845	62500	19077
零陵区	Lingling District	956209	111.0	431547	55190	385025	43757	40690
冷水滩区	Lengshuitan District	807396	110.5	359969	42710	310440	54689	39588
东安县	Dongan County	842603	110.4	408324	64992	285522	50704	33061
双牌县	Shuangpai County	414438	110.7	59989	182764	137000	10355	24330
道　县	Dao County	937708	110.2	454995	95703	254445	71225	61340
江永县	Jiangyong County	542096	110.8	254059	45790	204953	11278	26016
宁远县	Ningyuan County	765405	111.3	293747	59587	320168	56365	35538
蓝山县	Lanshan County	406925	111.1	172762	81544	118870	4434	29315
新田县	Xintian County	467884	111.1	214832	31942	184942	19191	16977
江华县	Jianghua County	634061	111.0	208054	190096	199212	7057	29642
祁阳市	Qiyang City	1099975	111.0	526115	115106	265106	137851	55797
鹤城区	Hecheng District	232876	110.5	127776	8986	79687	7985	8442
中方县	Zhongfang County	317280	110.3	130319	51629	120259	11212	3861
沅陵县	Yuanling County	552265	110.6	292792	45462	171936	33830	8244
辰溪县	Chenxi County	427472	110.6	202946	18437	183700	13483	8907
溆浦县	Xupu County	766690	110.9	322475	65201	341923	19310	17782
会同县	Huitong County	317676	110.2	113722	58845	129874	7726	7509
麻阳县	Mayang County	398221	110.0	247656	5718	126059	10208	8579
新晃县	Xinhuang County	245026	110.5	71846	5459	158028	1979	7714
芷江县	Zhijiang County	444385	110.8	245675	12423	162414	12896	10978
靖州县	Jingzhou County	336461	110.4	136842	13785	168982	11147	5705
通道县	Tongdao County	202459	110.5	84196	29400	83224	4212	1427
洪江市	Hongjiang City	500579	110.3	305399	23506	142571	15435	13668
洪江区	Hongjiang District	44840	110.0	18703	1801	22519	931	886
娄星区	Louxing District	409449	110.2	248595	9647	119761	17562	13884
双峰县	Shuangfeng County	897046	110.2	482864	25840	302371	47001	38970
新化县	Xinhua County	981539	109.9	476924	21103	394122	56875	32516
冷水江市	Lengshuijiang City	218494	109.9	76246	6803	120603	7849	6993
涟源市	Lianyuan City	916334	111.2	365914	21562	460372	36807	31679
吉首市	Jishou City	179481	110.4	122027	3204	47788	3358	3105
泸溪县	Luxi County	208899	110.4	125506	6068	72029	2635	2660
凤凰县	Fenghuang County	227350	110.5	143452	5390	73655	1632	3222
花垣县	Huayuan County	178499	110.5	89839	4289	78746	2984	2640
保靖县	Baojing County	206662	110.5	130690	2832	67967	2555	2618
古丈县	Guzhang County	144557	110.5	98822	6600	34638	1915	2582
永顺县	Yongshun County	404860	110.3	254740	13072	128952	3948	4148
龙山县	Longshan County	461018	110.3	315930	12524	124300	3803	4461

22-6 灌溉面积及水库、堤防（2021年）
Irrigated Area and Reservoirs, Dikes (2021)

市县名称	Cities and Counties	有效灌溉面积（千公顷） Irrigated Area (1 000 hectares)	水库（座） Number of Reservoirs (set)	堤防长度（公里） Total Length of Dikes (km)
芙蓉区	Furong District	0.01		15.25
天心区	Tianxin District	1.00	3	22.56
岳麓区	Yuelu District	11.52	39	86.87
开福区	Kaifu District	2.93	19	59.93
雨花区	Yuhua District	3.95	13	55.41
望城区	Wangcheng District	28.44	47	242.95
长沙县	Changsha County	53.23	138	99.34
浏阳市	Liuyang City	63.55	190	139.80
宁乡市	Ningxiang City	71.82	162	786.58
荷塘区	Hetang District	2.92	17	19.16
芦淞区	Lousong District	3.80	14	28.91
石峰区	Shifeng District	2.98	8	22.99
天元区	Tianyuan District	6.67	26	46.55
渌口区	Lukou District	19.74	101	94.82
攸　县	You County	41.98	294	79.18
茶陵县	Chaling County	26.12	247	87.17
炎陵县	Yanling County	13.25	39	29.25
醴陵市	Liling City	47.66	211	562.66
雨湖区	Yuhu District	12.93	10	72.67
岳塘区	Yuetang District	2.62	4	59.02
湘潭县	Xiangtan County	67.19	133	130.95
湘乡市	Xiangxiang City	52.77	175	674.02
韶山市	Shaoshan City	6.09	53	57.11
珠晖区	Zhuhui District	3.66	24	76.08
雁峰区	Yanfeng District	0.97	9	32.98
石鼓区	Shigu District	1.48	10	35.67
蒸湘区	Zhengxiang District	1.16	10	41.57
南岳区	Nanyue District	1.14	11	116.91
衡阳县	Hengyang County	52.43	221	374.10
衡南县	Hengnan County	55.94	268	163.74
衡山县	Hengshan County	18.66	86	608.11
衡东县	Hengdong County	28.31	164	104.39
祁东县	Qidong County	41.08	189	466.90
耒阳市	Leiyang City	25.40	271	67.83
常宁市	Changning City	42.21	268	114.50
双清区	Shuangqing District	3.28	1	1.51
大祥区	Daxiang District	5.05	26	6.20
北塔区	Beita District	2.30	13	9.67

22-6 续表 1 Continued

市县名称	Cities and Counties	有效灌溉面积（千公顷）Irrigated Area (1 000 hectares)	水 库（座）Number of Reservoirs (set)	堤防长度（公里）Total Length of Dikes (km)
新邵县	Xinshao County	21.07	94	39.60
邵阳县	Shaoyang County	45.01	255	8.06
隆回县	Longhui County	46.00	266	32.00
洞口县	Dongkou County	43.30	168	12.40
绥宁县	Suining County	18.77	51	96.50
新宁县	Xinning County	28.19	116	19.32
城步县	Chengbu County	12.68	50	30.67
武冈市	Wugang City	35.96	125	30.80
邵东市	Shaodong City	31.22	126	60.65
岳阳楼区	Yueyanglou District	7.47	66	23.96
云溪区	Yunxi District	6.49	26	144.13
君山区	Junshan District	25.77	38	267.46
岳阳县	Yueyang County	43.68	250	152.67
华容县	Huarong County	66.11	74	728.05
湘阴县	Xiangyin County	64.94	140	565.74
平江县	Pingjiang County	39.40	320	141.67
汨罗市	Miluo City	43.52	363	224.47
临湘市	Linxiang City	37.69	290	351.42
武陵区	Wuling District	7.27		165.46
鼎城区	Dingcheng District	83.45	175	828.99
安乡县	Anxiang County	48.40	11	403.19
汉寿县	Hanshou County	85.98	342	866.67
澧　县	Li County	72.35	157	402.40
临澧县	Linli County	40.18	177	66.07
桃源县	Taoyuan County	86.32	346	304.48
石门县	Shimen County	36.55	170	245.27
津市市	Jinshi City	11.62	28	105.90
永定区	Yongding District	15.49	90	85.58
武陵源区	Wulingyuan District	1.05	10	53.99
慈利县	Cili County	26.17	108	36.23
桑植县	Sangzhi County	13.05	49	184.43
资阳区	Ziyang District	22.80	36	262.21
赫山区	Heshan District	43.92	172	406.96
南　县	Nan County	85.30	1	878.96
大通湖区	Datonghu District	16.07		189.50
桃江县	Taojiang County	41.09	222	43.53
安化县	Anhua County	27.26	175	942.04
沅江市	Yuanjiang City	71.06	15	828.89
北湖区	Beihu District	9.71	15	113.50
苏仙区	Suxian District	14.19	61	51.76
桂阳县	Guiyang County	33.44	255	116.16
宜章县	Yizhang County	31.67	90	106.57
永兴县	Yongxing County	24.25	145	17.97

22-6 续表 2 Continued

市县名称	Cities and Counties	有效灌溉面积（千公顷）Irrigated Area (1 000 hectares)	水 库（座）Number of Reservoirs (set)	堤防长度（公里）Total Length of Dikes (km)
嘉禾县	Jiahe County	13.69	94	7.27
临武县	Linwu County	17.77	84	87.60
汝城县	Rucheng County	17.91	78	406.89
桂东县	Guidong County	1.33	21	179.00
安仁县	Anren County	21.83	110	63.56
资兴市	Zixing City	16.68	85	11.68
零陵区	Lingling District	32.05	163	82.37
冷水滩区	Lengshuitan District	22.19	118	42.77
东安县	Dongan County	37.30	221	375.20
双牌县	Shuangpai County	7.56	52	260.20
道　县	Dao County	44.22	103	26.86
江永县	Jiangyong County	13.38	72	57.52
宁远县	Ningyuan County	35.41	166	48.90
蓝山县	Lanshan County	15.16	45	113.10
新田县	Xintian County	11.97	69	44.41
江华县	Jianghua County	20.74	114	39.96
祁阳市	Qiyang City	50.35	245	41.13
鹤城区	Hecheng District	7.09	44	51.11
中方县	Zhongfang County	11.46	111	130.11
沅陵县	Yuanling County	20.67	117	75.83
辰溪县	Chenxi County	17.90	145	103.04
溆浦县	Xupu County	32.42	145	133.09
会同县	Huitong County	15.77	105	221.35
麻阳县	Mayang County	13.91	178	18.95
新晃县	Xinhuang County	10.53	52	79.26
芷江县	Zhijiang County	16.52	154	41.63
靖州县	Jingzhou County	19.93	56	30.15
通道县	Tongdao County	14.02	47	31.64
洪江市	Hongjiang City	19.70	127	37.66
洪江区	Hongjiang District	1.94	7	4.87
娄星区	Louxing District	12.30	63	76.35
双峰县	Shuangfeng County	29.09	204	101.92
新化县	Xinhua County	26.95	282	196.09
冷水江市	Lengshuijiang City	5.85	30	37.23
涟源市	Lianyuan City	32.08	163	56.17
吉首市	Jishou City	10.30	45	39.20
泸溪县	Luxi County	20.49	140	23.76
凤凰县	Fenghuang County	29.08	98	341.48
花垣县	Huayuan County	20.04	58	22.25
保靖县	Baojing County	19.79	78	37.18
古丈县	Guzhang County	10.10	46	63.35
永顺县	Yongshun County	33.30	122	194.18
龙山县	Longshan County	31.17	98	50.75

22-7 农作物播种面积(2021年)
Sown Area of Crops (2021)

单位：千公顷 (1 000 hectares)

市县名称	Cities and Counties	农作物播种面积 Total Sown Area	粮食作物 Area of Grain Crops	稻谷面积 Area of Rice	油料面积 Area of Oil	蔬菜面积 Area of Vegetables
芙蓉区	Furong District					
天心区	Tianxin District	1.38	0.26	0.25	0.01	1.04
岳麓区	Yuelu District	13.13	5.83	5.57	1.05	5.13
开福区	Kaifu District	2.23	1.28	1.24	0.02	0.90
雨花区	Yuhua District	0.82	0.25	0.22	0.02	0.55
望城区	Wangcheng District	89.70	44.30	42.64	5.81	35.24
长沙县	Changsha County	124.74	75.67	63.27	9.38	28.97
浏阳市	Liuyang City	170.93	79.28	72.95	33.42	44.57
宁乡市	Ningxiang City	172.72	106.50	100.39	7.74	47.23
荷塘区	Hetang District	7.63	2.67	2.15	0.71	3.35
芦淞区	Lousong District	7.22	3.33	3.04	0.28	3.20
石峰区	Shifeng District	5.23	0.80	0.62	0.44	3.14
天元区	Tianyuan District	10.54	5.14	4.77	0.61	4.60
渌口区	Lukou District	49.73	28.82	26.96	4.63	12.07
攸　县	You County	116.59	61.23	58.87	18.19	24.55
茶陵县	Chaling County	65.76	37.35	36.14	12.62	8.07
炎陵县	Yanling County	21.17	12.40	9.80	2.54	3.24
醴陵市	Liling City	114.55	69.67	65.60	13.90	20.44
雨湖区	Yuhu District	25.64	14.08	13.06	2.93	7.10
岳塘区	Yuetang District	3.33	0.97	0.85	0.10	2.15
湘潭县	Xiangtan County	127.97	83.70	82.03	13.63	21.22
湘乡市	Xiangxiang City	122.22	66.15	64.44	14.45	24.47
韶山市	Shaoshan City	14.10	5.46	5.31	2.89	2.95
珠晖区	Zhuhui District	6.55	2.00	1.76	1.30	2.77
雁峰区	Yanfeng District	1.72	0.60	0.54	0.15	0.82
石鼓区	Shigu District	2.36	1.07	1.01	0.42	0.78
蒸湘区	Zhengxiang District	2.43	1.00	0.94	0.37	0.89
南岳区	Nanyue District	3.05	2.00	1.56	0.08	0.68
衡阳县	Hengyang County	147.40	85.67	78.30	45.36	6.30
衡南县	Hengnan County	146.86	88.67	80.41	38.31	6.68
衡山县	Hengshan County	50.72	32.67	31.13	9.87	5.10
衡东县	Hengdong County	91.56	57.33	52.36	20.47	7.07
祁东县	Qidong County	118.50	69.33	61.89	26.97	14.13
耒阳市	Leiyang City	128.88	74.00	68.19	33.38	12.18
常宁市	Changning City	99.75	57.67	51.51	21.71	9.09
双清区	Shuangqing District	7.98	4.16	2.93	0.49	2.16
大祥区	Daxiang District	18.06	10.45	9.00	1.55	2.81
北塔区	Beita District	5.28	2.87	2.07	0.41	1.61

注：粮食数据由国家统计局湖南调查总队提供。
The grain data are provided by hunan Survey Team of National Bureau of Statistics.

22-7 续表 1 Continued

单位：千公顷 (1 000 hectares)

市县名称	Cities and Counties	农作物播种面积 Total Sown Area	粮食作物 Area of Grain Crops	稻谷面积 Area of Rice	油料面积 Area of Oil	蔬菜面积 Area of Vegetables
新邵县	Xinshao County	80.46	48.84	39.06	9.69	12.98
邵阳县	Shaoyang County	115.15	69.62	56.60	19.57	17.51
隆回县	Longhui County	139.30	72.16	60.81	9.38	39.12
洞口县	Dongkou County	143.48	73.33	63.75	29.09	22.52
绥宁县	Suining County	46.99	21.36	17.60	6.08	11.11
新宁县	Xinning County	70.77	43.93	33.52	6.47	9.04
城步县	Chengbu County	30.18	14.91	10.64	2.93	5.91
武冈市	Wugang City	103.11	67.47	54.23	12.47	13.51
邵东市	Shaodong City	120.99	68.71	55.81	21.32	18.12
岳阳楼区	Yueyanglou District	12.85	5.16	4.37	1.71	4.51
云溪区	Yunxi District	8.76	3.68	2.73	1.64	2.37
君山区	Junshan District	51.73	24.01	17.44	12.58	7.93
岳阳县	Yueyang County	118.16	80.32	73.13	18.77	12.62
华容县	Huarong County	156.41	86.12	80.82	40.32	14.71
湘阴县	Xiangyin County	111.36	75.42	67.07	10.79	10.89
平江县	Pingjiang County	100.10	66.70	59.94	16.65	10.78
汨罗市	Miluo City	105.33	76.37	65.96	11.26	9.94
临湘市	Linxiang City	84.76	56.43	50.45	14.93	8.17
武陵区	Wuling District	20.10	12.81	11.14	2.53	4.06
鼎城区	Dingcheng District	193.63	105.94	101.63	46.77	25.60
安乡县	Anxiang County	122.90	53.69	49.47	42.31	14.79
汉寿县	Hanshou County	168.27	96.02	93.21	41.01	21.21
澧　县	Li County	155.69	77.61	68.24	44.41	16.23
临澧县	Linli County	105.04	53.19	49.00	31.58	9.64
桃源县	Taoyuan County	205.92	119.21	106.52	53.60	17.49
石门县	Shimen County	99.72	48.36	28.66	29.11	11.44
津市市	Jinshi City	43.10	22.67	20.78	14.53	3.43
永定区	Yongding District	58.45	28.54	16.77	11.77	14.12
武陵源区	Wulingyuan District	5.27	2.73	1.00	0.60	1.18
慈利县	Cili County	99.70	58.01	27.76	24.95	11.22
桑植县	Sangzhi County	68.91	38.29	14.26	13.78	12.70
资阳区	Ziyang District	73.09	42.75	40.61	5.97	17.36
赫山区	Heshan District	112.30	73.17	69.56	6.37	20.42
南　县	Nan County	169.71	74.96	67.62	45.10	32.17
大通湖区	Datonghu District	41.37	17.91	16.72	8.61	10.12
桃江县	Taojiang County	111.17	58.61	52.59	21.14	19.96
安化县	Anhua County	101.79	45.02	30.94	26.34	17.89
沅江市	Yuanjiang City	149.67	71.41	67.80	31.55	26.77
北湖区	Beihu District	28.58	9.61	7.96	1.08	12.47
苏仙区	Suxian District	32.83	19.02	15.31	3.22	7.13
桂阳县	Guiyang County	95.00	48.01	33.13	7.99	14.16
宜章县	Yizhang County	75.52	45.54	31.50	6.53	13.17
永兴县	Yongxing County	93.13	45.37	38.11	15.92	15.91

22-7 续表 2 Continued

单位：千公顷 (1 000 hectares)

市县名称	Cities and Counties	农作物播种面积 Total Sown Area	粮食作物 Area of Grain Crops	稻谷面积 Area of Rice	油料面积 Area of Oil	蔬菜面积 Area of Vegetables
嘉禾县	Jiahe County	36.62	20.83	14.91	3.91	6.35
临武县	Linwu County	39.00	20.21	13.59	3.67	8.00
汝城县	Rucheng County	39.46	22.55	15.59	4.25	10.54
桂东县	Guidong County	18.35	11.35	8.45	2.45	2.52
安仁县	Anren County	81.22	45.29	41.19	19.41	8.25
资兴市	Zixing City	51.37	26.96	19.12	6.72	12.65
零陵区	Lingling District	106.54	55.58	50.17	15.74	28.24
冷水滩区	Lengshuitan District	86.64	50.05	43.03	6.83	18.21
东安县	Dongan County	103.62	57.51	48.15	5.07	24.75
双牌县	Shuangpai County	26.75	14.50	10.68	1.37	6.11
道　县	Dao County	109.84	57.73	46.82	9.45	32.65
江永县	Jiangyong County	55.85	24.99	18.67	9.51	18.33
宁远县	Ningyuan County	70.29	48.14	40.50	6.28	9.33
蓝山县	Lanshan County	52.23	23.02	19.26	7.89	9.97
新田县	Xintian County	52.71	29.81	20.57	2.30	13.21
江华县	Jianghua County	65.63	38.60	26.08	7.62	11.16
祁阳市	Qiyang City	155.74	84.43	70.92	24.90	27.81
鹤城区	Hecheng District	18.02	7.46	6.71	1.62	8.13
中方县	Zhongfang County	34.74	19.64	12.93	8.21	3.40
沅陵县	Yuanling County	77.18	44.85	29.33	17.91	12.99
辰溪县	Chenxi County	67.22	32.90	21.99	18.92	7.59
溆浦县	Xupu County	87.63	54.72	32.35	20.82	7.82
会同县	Huitong County	31.98	19.65	14.93	6.85	4.80
麻阳县	Mayang County	32.28	20.03	14.58	7.30	2.46
新晃县	Xinhuang County	24.03	16.39	10.80	4.35	3.05
芷江县	Zhijiang County	58.60	34.65	22.41	10.87	9.23
靖州县	Jingzhou County	35.35	20.99	17.47	6.99	4.70
通道县	Tongdao County	28.13	13.80	12.17	6.60	2.94
洪江市	Hongjiang City	59.89	26.50	18.24	10.90	5.63
洪江区	Hongjiang District	2.01	1.00	0.69	0.35	0.45
娄星区	Louxing District	35.65	20.80	15.66	4.28	7.35
双峰县	Shuangfeng County	112.04	78.48	66.54	13.05	13.33
新化县	Xinhua County	118.97	76.13	56.13	10.90	10.57
冷水江市	Lengshuijiang City	12.18	7.01	5.03	1.36	2.39
涟源市	Lianyuan City	90.20	63.50	45.32	12.72	9.48
吉首市	Jishou City	25.54	9.18	6.12	5.22	6.04
泸溪县	Luxi County	40.15	15.01	11.05	9.53	7.56
凤凰县	Fenghuang County	55.57	27.51	16.66	7.41	10.90
花垣县	Huayuan County	32.53	18.45	10.70	4.42	5.00
保靖县	Baojing County	34.63	17.61	8.68	5.81	5.16
古丈县	Guzhang County	16.93	8.33	4.70	2.91	3.22
永顺县	Yongshun County	67.75	38.67	24.50	12.09	10.38
龙山县	Longshan County	65.44	33.81	16.55	11.01	9.33

22-8 主要农产品产量(2021年)
Output of Major Farm Crops (2021)

单位：吨 (ton)

市县名称	Cities and Counties	粮食合计 Total Grain	稻谷 Rice	小麦 Wheat	玉米 Corn	大豆 Beans	薯类折粮 Tubers
芙蓉区	Furong District						
天心区	Tianxin District	2106	2038		11	3	54
岳麓区	Yuelu District	43533	42275		256	85	827
开福区	Kaifu District	9234	9068			17	133
雨花区	Yuhua District	1825	1691		9	31	94
望城区	Wangcheng District	306004	297488		1171	560	6301
长沙县	Changsha County	506075	438746		27196	6412	28924
浏阳市	Liuyang City	562412	530829		10070	5291	13829
宁乡市	Ningxiang City	729233	693207	379	22781	2761	9229
荷塘区	Hetang District	17806	15368		827	150	1268
芦淞区	Lusong District	22012	20707		509	132	521
石峰区	Shifeng District	5509	4694		93	150	521
天元区	Tianyuan District	35038	33370		330	250	944
渌口区	Lukou District	201048	192143		2128	1542	3923
攸　县	You County	436521	425889		3565	2551	3815
茶陵县	Chaling County	256872	251616		1387	930	1455
炎陵县	Yanling County	86223	73393		2566	1967	7828
醴陵市	Liling City	495028	473947		12963	1689	5011
雨湖区	Yuhu District	94804	89773		1981	539	1710
岳塘区	Yuetang District	7500	7012		62	67	325
湘潭县	Xiangtan County	596873	587961		3674	356	3712
湘乡市	Xiangxiang City	476806	464045		9881	627	1999
韶山市	Shaoshan City	42107	41561		156	76	228
珠晖区	Zhuhui District	12184	11109			396	626
雁峰区	Yanfeng District	3649	3305		258	43	43
石鼓区	Shigu District	6654	6439			33	156
蒸湘区	Zhengxiang District	6390	6100		85	78	100
南岳区	Nanyue District	11570	9404		482	433	1020
衡阳县	Hengyang County	599763	558849	123	18784	7207	11661
衡南县	Hengnan County	609632	574466	671	6910	3272	16119
衡山县	Hengshan County	216432	207690		956	457	6289
衡东县	Hengdong County	389805	366965		5583	4844	5799
祁东县	Qidong County	446941	402427	475	26221	4925	11632
耒阳市	Leiyang City	478238	446940	79	8132	3863	16873
常宁市	Changning City	368273	337048	1657	13437	6006	8687
双清区	Shuangqing District	24400	18762	36	2712	621	2116
大祥区	Daxiang District	59972	52763	66	3897	903	2233
北塔区	Beita District	18259	13402	114	3038	413	1227

22-8 续表 1 Continued

单位：吨 (ton)

市县名称	Cities and Counties	粮食合计 Total Grain	稻谷 Rice	小麦 Wheat	玉米 Corn	大豆 Beans	薯类折粮 Tubers
新邵县	Xinshao County	315388	258468	4387	37046	9236	4536
邵阳县	Shaoyang County	467422	392660	657	52698	4456	9770
隆回县	Longhui County	526482	457804	881	36643	2592	25314
洞口县	Dongkou County	491181	433807	1614	38708	5877	7832
绥宁县	Suining County	153326	134122		6332	1852	9763
新宁县	Xinning County	300229	232079	203	54398	2251	10789
城步县	Chengbu County	84481	64652	68	13424	721	5398
武冈市	Wugang City	467101	376524	260	71428	4051	13924
邵东市	Shaodong City	451804	376028	2719	40395	12655	16390
岳阳楼区	Yueyanglou District	30358	27654	172	518	237	1311
云溪区	Yunxi District	24808	20034		1728	342	2519
君山区	Junshan District	145123	113397	5026	22321	2124	1724
岳阳县	Yueyang County	512937	476916	135	21054	2161	11760
华容县	Huarong County	547088	524662	2641	15097	1342	2164
湘阴县	Xiangyin County	488527	445583		29576	3462	8612
平江县	Pingjiang County	423587	388252	1710	25560	1538	5415
汨罗市	Miluo City	483077	431521	113	38073	3131	7708
临湘市	Linxiang City	353898	330809	4058	8705	3805	5866
武陵区	Wuling District	87938	80790		1524	3492	1930
鼎城区	Dingcheng District	703065	678706	5593	13552	1478	2470
安乡县	Anxiang County	354139	332697	7824	9179	1838	1910
汉寿县	Hanshou County	621327	606186	360	4275	1421	7298
澧　县	Li County	527170	472424	9712	33148	2846	6765
临澧县	Linli County	339527	312111	1442	17278	1474	6912
桃源县	Taoyuan County	760712	690178	798	46271	8469	10346
石门县	Shimen County	308385	196139	3950	83611	3506	15510
津市市	Jinshi City	141586	133598	2442	158	754	4150
永定区	Yongding District	147895	99164		25630	3399	18927
武陵源区	Wulingyuan District	14675	7248		4667	518	2238
慈利县	Cili County	337586	191847	262	99862	6363	38193
桑植县	Sangzhi County	153426	83185	165	31243	4336	34105
资阳区	Ziyang District	279576	266732		5906	596	5794
赫山区	Heshan District	496027	475431	1054	11146	881	5675
南　县	Nan County	512376	474487	3691	22212	1807	7837
大通湖区	Datonghu District	120009	114305	886	2776	225	1361
桃江县	Taojiang County	371002	340393	1618	18586	1644	7225
安化县	Anhua County	244525	185984	198	42675	3368	9744
沅江市	Yuanjiang City	458868	439363	1857	12326	913	2964
北湖区	Beihu District	57258	49580		3226	432	3957
苏仙区	Suxian District	117272	95894		11556	219	9237
桂阳县	Guiyang County	291238	220374		17922	8144	42436
宜章县	Yizhang County	274294	200553		57658	1861	13588
永兴县	Yongxing County	272249	238842		16579	986	14721

22-8 续表 2 Continued

单位：吨 (ton)

市县名称	Cities and Counties	粮食合计 Total Grain	稻谷 Rice	小麦 Wheat	玉米 Corn	大豆 Beans	薯类折粮 Tubers
嘉禾县	Jiahe County	123908	92512		20356	2512	7804
临武县	Linwu County	120808	88165		26605	1721	3534
汝城县	Rucheng County	146684	114313		17523	5769	9079
桂东县	Guidong County	66962	56183		7938	550	2291
安仁县	Anren County	296420	277503		8559	3526	6494
资兴市	Zixing City	138405	109394		18349	672	9428
零陵区	Lingling District	361809	332386		12645	5911	8766
冷水滩区	Lengshuitan District	324461	287211		23187	7948	3799
东安县	Dongan County	370501	319575		24203	7641	14491
双牌县	Shuangpai County	72754	58071	109	8280	946	4600
道　县	Dao County	367533	310569		29782	7867	16120
江永县	Jiangyong County	135752	106398		20545	1051	7132
宁远县	Ningyuan County	311650	266044		14586	10775	16158
蓝山县	Lanshan County	136889	120264	193	9049	1462	4523
新田县	Xintian County	157574	125601	80	16299	6478	7711
江华县	Jianghua County	235189	157581		70850	686	5257
祁阳市	Qiyang City	555228	480619	77	24587	13238	31522
鹤城区	Hecheng District	55053	51827		2016	6	1086
中方县	Zhongfang County	116269	92152		16014	912	6191
沅陵县	Yuanling County	258757	200993		35785	4286	14654
辰溪县	Chenxi County	212473	164033	36	31260	3223	11654
溆浦县	Xupu County	366686	258018	302	85263	3002	15689
会同县	Huitong County	134139	112311		16277	102	4958
麻阳县	Mayang County	116427	95514		12958	33	7802
新晃县	Xinhuang County	82853	57071		18896	134	6716
芷江县	Zhijiang County	236706	177304		47029	1531	9750
靖州县	Jingzhou County	138053	122495		5647	577	8944
通道县	Tongdao County	93631	85025		5201	97	3267
洪江市	Hongjiang City	173282	135221		24854	1278	11665
洪江区	Hongjiang District	7062	5570		870	49	573
娄星区	Louxing District	140038	113047	492	16523	4358	4835
双峰县	Shuangfeng County	512645	449195	902	51801	4603	4660
新化县	Xinhua County	487793	379727	3320	84459	6086	8758
冷水江市	Lengshuijiang City	42675	33998	661	6014	468	1034
涟源市	Lianyuan City	401198	309148	1436	70613	6444	9567
吉首市	Jishou City	54060	39556		8409	1093	4811
泸溪县	Luxi County	84000	67955	122	9637	1431	4426
凤凰县	Fenghuang County	133579	93111		23555	3698	12603
花垣县	Huayuan County	95729	65670		18909	3188	7796
保靖县	Baojing County	96025	55181	59	25140	2464	12675
古丈县	Guzhang County	34907	24080		6420	1078	3214
永顺县	Yongshun County	230047	158221	745	35200	4198	31529
龙山县	Longshan County	191013	112820	56	33002	3151	41774

22-8 续表 3 Continued

单位：吨 (ton)

市县名称	Cities and Counties	棉花 Cotton	油料 Oil-bearing	#油菜籽 Rapeseeds	黄红麻 Jute and Ambary Hemp	苎麻 Ramie	烤烟 Fluecured Tobacco	茶叶 Tea	柑橘 Citrus
芙蓉区	Furong District								
天心区	Tianxin District		13	13					46
岳麓区	Yuelu District		2259	1987				51	3907
开福区	Kaifu District		23	23					
雨花区	Yuhua District		28	28					
望城区	Wangcheng District		12398	9249		3		819	6827
长沙县	Changsha County		16128	13856				39826	17497
浏阳市	Liuyang City		58519	55379			5838	1744	57549
宁乡市	Ningxiang City	5	14738	9687			4877	4622	22431
荷塘区	Hetang District		1137	940				51	1524
芦淞区	Lousong District	8	372	340				48	3672
石峰区	Shifeng District		685	596					1096
天元区	Tianyuan District		631	579				153	2906
渌口区	Lukou District	214	9080	6939		6		708	7482
攸　县	You County	18	28622	24761		600	255	357	29506
茶陵县	Chaling County	670	26506	20899		619	3637	383	30395
炎陵县	Yanling County		3996	2959				334	2695
醴陵市	Liling City		21521	19861				601	4731
雨湖区	Yuhu District		5210	4523				91	1748
岳塘区	Yuetang District		230	134				24	305
湘潭县	Xiangtan County	52	22846	21144		23		1131	12307
湘乡市	Xiangxiang City	29	24453	23319				920	4910
韶山市	Shaoshan City	3	4515	4290				121	476
珠晖区	Zhuhui District		2074	1615					3363
雁峰区	Yanfeng District		228	189					1585
石鼓区	Shigu District		637	586					1068
蒸湘区	Zhengxiang District		599	506					1551
南岳区	Nanyue District		154	89				193	418
衡阳县	Hengyang County	4188	73122	71357	20	14	1501	24	20703
衡南县	Hengnan County	2203	62960	57447			2899	680	10852
衡山县	Hengshan County	24	16955	16251				442	2756
衡东县	Hengdong County	40	32145	28919		5		400	5407
祁东县	Qidong County	575	43716	39390			2100	113	9293
耒阳市	Leiyang City	362	59332	53827	40	36	1781	336	14632
常宁市	Changning City	815	36587	31927			3020	2258	11183
双清区	Shuangqing District		1071	521					3016
大祥区	Daxiang District		2523	1402				16	21364
北塔区	Beita District		664	405				1	2001

22-8 续表 4 Continued

单位：吨 (ton)

市县名称	Cities and Counties	棉花 Cotton	油料 Oil-bearing	#油菜籽 Rapeseeds	黄红麻 Jute and Ambary Hemp	苎麻 Ramie	烤烟 Fluecured Tobacco	茶叶 Tea	柑橘 Citrus
新邵县	Xinshao County		17419	13326				77	23239
邵阳县	Shaoyang County		38612	28634		21	2309	53	18764
隆回县	Longhui County		16335	11954			4154	264	24266
洞口县	Dongkou County	1	46840	41575		57	102	4567	107616
绥宁县	Suining County		6958	6735		8		113	40275
新宁县	Xinning County		11428	7334		7	1842	101	326970
城步自治县	Chengbu County		4306	3304				170	2900
武冈市	Wugang City		22782	17355			24	889	104842
邵东市	Shaodong City		48930	32144	100			435	25678
岳阳楼区	Yueyanglou District	5	2928	2680				268	1348
云溪区	Yunxi District	3	2712	2236				178	2133
君山区	Junshan District	2731	19054	18698		41	9	109	7899
岳阳县	Yueyang County	988	32465	25480			19	1372	14308
华容县	Huarong County	11361	71286	70917			81	861	28168
湘阴县	Xiangyin County	8	18759	15651		160		2633	28929
平江县	Pingjiang County	601	33748	25227			42	3660	15178
汨罗市	Miluo City	551	18084	16278				2946	8665
临湘市	Linxiang City	1581	26604	22460				4776	2400
武陵区	Wuling District	188	4274	3877					24225
鼎城区	Dingcheng District	9699	90393	87852			15	175	48387
安乡县	Anxiang County	10346	80314	79823		322		51	44370
汉寿县	Hanshou County	2742	76875	74102		524		1220	65780
澧　县	Li County	12305	92081	89754				454	181517
临澧县	Linli County	3927	59808	59336			2008	129	83647
桃源县	Taoyuan County	3967	112056	105779		427	2376	10328	194061
石门县	Shimen County	1041	52122	50800		20	3569	16916	438423
津市市	Jinshi City	2191	27858	25985				144	24183
永定区	Yongding District		22343	17813		1	2420	813	61534
武陵源区	Wulingyuan District		1213	886				197	1314
慈利县	Cili County	68	41984	38982			4975	2352	184177
桑植县	Sangzhi County		22421	19530			7495	1245	23328
资阳区	Ziyang District	1001	9526	9390		12		2087	9708
赫山区	Heshan District		11073	9038		33		4087	22691
南　县	Nan County	4263	84060	83766		128			65441
大通湖区	Datonghu District	665	13476	13435		29			17084
桃江县	Taojiang County		37938	31796				16519	17281
安化县	Anhua County		42565	33132		13	98	75554	29851
沅江市	Yuanjiang City	1060	54740	54429		123		193	102511
北湖区	Beihu District		2081	1374			1487	132	8260
苏仙区	Suxian District		6407	5146			4132	140	7550
桂阳县	Guiyang County		16445	7722			30026	274	18400
宜章县	Yizhang County		11973	7267			5405	1372	151244
永兴县	Yongxing County		25202	21674			4520	452	111736

22-8 续表 5 Continued

单位：吨 (ton)

市县名称	Cities and Counties	棉花 Cotton	油料 Oil-bearing	#油菜籽 Rapeseeds	黄红麻 Jute and Ambary Hemp	苎麻 Ramie	烤烟 Fluecured Tobacco	茶叶 Tea	柑橘 Citrus
嘉禾县	Jiahe County		10037	4799			7145	52	28158
临武县	Linwu County		7520	4463			2170	64	11567
汝城县	Rucheng County		7397	4982				444	7894
桂东县	Guidong County		3222	3120				3348	1063
安仁县	Anren County	5	34929	29504			5050	567	25232
资兴市	Zixing City		12375	11189			101	2247	89174
零陵区	Lingling District	3	24204	19100	27		570	811	79971
冷水滩区	Lengshuitan District	53	13089	8274			584	2	37469
东安县	Dongan County	6	11722	4497			1270	8	36335
双牌县	Shuangpai County		2217	1499				73	7588
道　县	Dao County	79	18721	12587			4165	22	175381
江永县	Jiangyong County	6	16067	11976			3348	118	178810
宁远县	Ningyuan County		12192	8852			12147	404	75045
蓝山县	Lanshan County	104	16741	13124			7276	506	21989
新田县	Xintian County		4715	1866		11	6598	178	1193
江华县	Jianghua County		15097	8018			7668	835	15723
祁阳市	Qiyang City	93	47445	34631			150	309	91672
鹤城区	Hecheng District		2471	2268					13014
中方县	Zhongfang County		12184	11451				39	24337
沅陵县	Yuanling County		28773	26235			18	10519	20880
辰溪县	Chenxi County	13	31388	30611				23	166341
溆浦县	Xupu County	142	32983	31430			7	1046	127073
会同县	Huitong County		11111	10871	12	1	0	743	69547
麻阳县	Mayang County		11997	9771				23	636106
新晃县	Xinhuang County		5854	5512		3	21		5723
芷江县	Zhijiang County		18270	15071			933	41	219030
靖州县	Jingzhou County		10517	10156			515	51	26678
通道县	Tongdao County	23	10726	10548			2	225	13821
洪江市	Hongjiang City	2	16722	16254			81	66	417419
洪江区	Hongjiang District		585	585					3371
娄星区	Louxing District		8908	5098			32	583	18950
双峰县	Shuangfeng County	29	22794	19454		24	14	1565	10704
新化县	Xinhua County	24	19011	12965	97	55	100	4016	8630
冷水江市	Lengshuijiang City		2092	1814				225	13491
涟源市	Lianyuan City	10	21660	15742		26	52	1492	30465
吉首市	Jishou City		8017	6999		20	365	1649	81350
泸溪县	Luxi County	63	15321	14269		141	1013	3	194896
凤凰县	Fenghuang County		10572	8837		25	2572	52	79136
花垣县	Huayuan County		7525	5920			2738	33	19728
保靖县	Baojing County		8706	6166			1600	1120	142626
古丈县	Guzhang County		5013	4530			601	9580	27439
永顺县	Yongshun County		20554	16127			4222	678	89675
龙山县	Longshan County		16830	14169			7961	24	62910

22-9 主要林产品和水产品产量(2021年)
Output of Major Forest Products and Aquatic Products (2021)

市县名称	Cities and Counties	油茶籽 (吨) Tea-oil Seeds (ton)	竹笋干 (吨) Bamboo Shoots (ton)	木 材 采伐量 (万方) Woods Cuts (10 000 cu.m)	竹 材 采伐量 (万根) Bamboo Cuts (10 000 roots)	水产品 (吨) Bamboo Cuts (ton)	#鱼 Fish
芙蓉区	Furong District					60	60
天心区	Tianxin District					1578	1563
岳麓区	Yuelu District	118	22	0.95	1.55	7200	7037
开福区	Kaifu District			0.15	5.60	1880	1670
雨花区	Yuhua District	38				2264	2259
望城区	Wangcheng District	1260	60	0.90	22.00	38663	27958
长沙县	Changsha County	3867	10	1.01	28.00	14426	13850
浏阳市	Liuyang City	94500	550	8.31	600.00	22814	22426
宁乡市	Ningxiang City	11217		8.35	924.30	31775	28711
荷塘区	Hetang District	883	26	0.05	10.96	4176	3974
芦淞区	Lousong District	92		0.07	203.35	2838	2746
石峰区	Shifeng District	1935	300	0.06	1.30	3191	3191
天元区	Tianyuan District	634		0.12		4904	4876
渌口区	Lukou District	34800	50	0.99	120.00	12475	11085
攸　县	You County	43413	31	7.92	990.00	26530	25592
茶陵县	Chaling County	46808	3000	2.23	470.00	18350	18040
炎陵县	Yanling County	9486	3050	8.07	363.48	1415	1371
醴陵市	Liling City	100400	665	0.59	29.85	28072	27369
雨湖区	Yuhu District	533	8	0.56	3.10	8750	8666
岳塘区	Yuetang District	328	1			2554	2523
湘潭县	Xiangtan County	8307	20	3.10	11.40	44880	41029
湘乡市	Xiangxiang City	4875	19	0.61	5.63	40416	36977
韶山市	Shaoshan City	280				3109	2948
珠晖区	Zhuhui District	2400	200	0.08	17.00	3776	3697
雁峰区	Yanfeng District			0.08	0.53	2700	2700
石鼓区	Shigu District			0.24	16.05	2256	2247
蒸湘区	Zhengxiang District	150		0.42	3.70	4408	4318
南岳区	Nanyue District	12	185	0.01	2.93	441	417
衡阳县	Hengyang County	63100		1.06	38.64	61354	58294
衡南县	Hengnan County	31788		3.35	12.00	45119	43708
衡山县	Hengshan County	10419		0.94	10.00	22232	21705
衡东县	Hengdong County	59791	15000	17.90	500.00	24688	23766
祁东县	Qidong County	29500	90	0.20	1.00	45089	44346
耒阳市	Leiyang City	87400	1749	1.28	1315.50	43368	36793
常宁市	Changning City	83402	1400	2.43	62.78	34765	34142
双清区	Shuangqing District	81		0.38	0.21	1259	1181
大祥区	Daxiang District	6	158			2368	2289
北塔区	Beita District	50		0.20	0.26	1419	1416

22–9 续表 1 Continued

市县名称	Cities and Counties	油茶籽 (吨) Tea-oil Seeds (ton)	竹笋干 (吨) Bamboo Shoots (ton)	木 材 采伐量 (万方) Woods Cuts (10 000 cu.m)	竹 材 采伐量 (万根) Bamboo Cuts (10 000 roots)	水产品 (吨) Bamboo Cuts (ton)	
							#鱼 Fish
新邵县	Xinshao County	2822	590	0.18	12.00	11393	10855
邵阳县	Shaoyang County	90522	40	0.13		12860	12629
隆回县	Longhui County	13342	650	3.18	19.00	9863	9651
洞口县	Dongkou County	9440	157	6.94	35.01	17580	16337
绥宁县	Suining County	5091	1077	5.79	700.00	1835	1745
新宁县	Xinning County	733	186	2.70	186.20	5418	5304
城步县	Chengbu County	2069	1142	5.02	149.20	915	901
武冈市	Wugang City	15632		6.25	65.93	7121	7049
邵东市	Shaodong City	42265	400	0.30		24702	22873
岳阳楼区	Yueyanglou District			10.24	45.07	7140	7140
云溪区	Yunxi District	491		3.10	165.90	13865	11993
君山区	Junshan District			1.50		37882	17642
岳阳县	Yueyang County	2400	2000	3.00	90.00	45475	38327
华容县	Huarong County	295		5.01	17.80	156079	104094
湘阴县	Xiangyin County	1000	3680	3.31	2.85	186090	175974
平江县	Pingjiang County	30868	540	2.88	322.00	7672	7316
汨罗市	Miluo City	2690	320	46.54	1601.00	35353	27617
临湘市	Linxiang City	1465	1550	7.05	9380.00	43543	9917
武陵区	Wuling District	2358		11.10	8.77	13850	13446
鼎城区	Dingcheng District	31916	1360	0.78	827.00	62900	51281
安乡县	Anxiang County			14.10		139600	114535
汉寿县	Hanshou County	8679		23.24	180.50	86747	48894
澧　县	Li County	2280		9.21	6.00	73983	54573
临澧县	Linli County	15493		0.37	0.30	23525	21179
桃源县	Taoyuan County	24492	51	6.12	90.00	33086	30099
石门县	Shimen County	2789		0.55	2.00	11385	11050
津市市	Jinshi City	892		1.01	1.00	29185	25640
永定区	Yongding District	1425		1.21		1828	1616
武陵源区	Wulingyuan District			0.35	2.00	29	22
慈利县	Cili County	655	305	2.83	3.00	6012	5390
桑植县	Sangzhi County	5150		0.75		816	515
资阳区	Ziyang District	387	46	2.12	39.90	33992	26015
赫山区	Heshan District	10530		11.21	209.60	30100	21430
南　县	Nan County			4.50	1.89	194121	61140
大通湖区	Datonghu District			1.04		40560	23350
桃江县	Taojiang County	2498	5188	3.05	1300.00	13450	10858
安化县	Anhua County	11260	1200	6.86	350.00	12730	12330
沅江市	Yuanjiang City			24.00		163170	122725
北湖区	Beihu District	4976	3105	1.66	83.50	3081	2968
苏仙区	Suxian District	8285	1560	2.40	200.00	14140	13696
桂阳县	Guiyang County	21097	3	3.22	16.00	13100	12913
宜章县	Yizhang County	17635	2016	2.98	21.40	5755	5555
永兴县	Yongxing County	51146	1603	6.07	39.96	22579	21344

22-9 续表 2 Continued

市县名称	Cities and Counties	油茶籽（吨）Tea-oil Seeds (ton)	竹笋干（吨）Bamboo Shoots (ton)	木 材 采伐量（万方）Woods Cuts (10 000 cu.m)	竹 材 采伐量（万根）Bamboo Cuts (10 000 roots)	水产品（吨）Bamboo Cuts (ton)	# 鱼 Fish
嘉禾县	Jiahe County	5275	2	1.67		3225	3093
临武县	Linwu County	4732	272	2.22	8.35	6120	5816
汝城县	Rucheng County	8541	2650	7.71	350.94	1128	1117
桂东县	Guidong County	5489	221	5.70	132.00	460	432
安仁县	Anren County	20790		2.98	11.50	7912	6297
资兴市	Zixing City	5046	810	9.76	341.00	34639	34413
零陵区	Lingling District	8503	1856	2.15	80.10	15944	14685
冷水滩区	Lengshuitan District	14043		1.97	6.70	13464	13015
东安县	Dongan County	25081		2.46	366.53	24000	23515
双牌县	Shuangpai County	680	593	4.28	3.10	7949	7885
道　县	Dao County	35701	187	4.06	8.38	25428	25200
江永县	Jiangyong County	2884	42	5.40		16120	13792
宁远县	Ningyuan County	110550	678	6.70	89.46	24505	23296
蓝山县	Lanshan County	5156	145	7.28	194.58	2548	2501
新田县	Xintian County	3639		2.08	50.00	7280	7138
江华县	Jianghua County	27432	1300	14.00	2.17	5006	3451
祁阳市	Qiyang City	86380	1360	4.50	35.60	48359	45700
鹤城区	Hecheng District	2428	110	1.24	44.82	4105	4018
中方县	Zhongfang County	26272	131	4.52	16.00	6463	6305
沅陵县	Yuanling County	9888		1.38	200.00	16155	14071
辰溪县	Chenxi County	27384	72	5.71	0.59	8005	8000
溆浦县	Xupu County	18292		9.39	90.00	10616	9528
会同县	Huitong County	12736	6859	9.16	548.96	3858	3819
麻阳县	Mayang County	1431	250	1.87	4.50	3349	3240
新晃县	Xinhuang County		83	1.84	1.43	2002	2002
芷江县	Zhijiang County	5823	473	4.51	31.75	9117	8690
靖州县	Jingzhou County	1099	47	8.02	11.00	3962	3481
通道县	Tongdao County	12512		11.45	12.75	2694	2524
洪江市	Hongjiang City	9960	18	6.66	50.00	8320	7970
洪江区	Hongjiang District	291	60	0.51	119.00	445	424
娄星区	Louxing District	2430	258	0.19	2.81	8645	8226
双峰县	Shuangfeng County	4964	52	0.43	483.00	27081	24733
新化县	Xinhua County	3314	1945	1.35	550.00	30425	29830
冷水江市	Lengshuijiang City	2831		0.05	8.67	4689	4688
涟源市	Lianyuan City	5850		0.26	15.23	20379	20128
吉首市	Jishou City	400	190	0.07	0.68	2016	1911
泸溪县	Luxi County	1024		0.11		1923	1453
凤凰县	Fenghuang County	1866		0.70	0.20	954	953
花垣县	Huayuan County	2191				2050	1995
保靖县	Baojing County	436		0.80		2654	2636
古丈县	Guzhang County	2042	2			725	709
永顺县	Yongshun County	11143	3	1.31	1.20	2822	2802
龙山县	Longshan County	2938	66	0.60	10.00	2008	1934

22−10 规模以上工业营业收入(2021年)
Revenue of Major Business of Industrial Enterprises above Designated Size (2021)

单位：万元 (10 000 yuan)

市县名称	Cities and Counties	营业收入 Revenue of Business	#国有经济 State-owned Economic	#集体经济 Collective Owned Economic
芙蓉区	Furong District	538740	5931	
天心区	Tianxin District	3005948	2548587	
岳麓区	Yuelu District	14835255	143270	
开福区	Kaifu District	1343029		
雨花区	Yuhua District	6873640	3026944	
望城区	Wangcheng District	8587529		1622
长沙县	Changsha County	14693337	92061	
浏阳市	Liuyang City	18497304	16381	44964
宁乡市	Ningxiang City	13984682	45990	17894
荷塘区	Hetang District	2209267	990029	
芦淞区	Lousong District	2449526	258882	
石峰区	Shifeng District	5950959	48233	
天元区	Tianyuan District	5806340	586650	
渌口区	Lukou District	1197273	2644	
攸 县	You County	3711744	21058	37590
茶陵县	Chaling County	962427	18826	
炎陵县	Yanling County	984116		
醴陵市	Liling City	9701954	35755	102531
雨湖区	Yuhu District	8954524	4696	8628
岳塘区	Yuetang District	12488475	830635	99657
湘潭县	Xiangtan County	7440537		
湘乡市	Xiangxiang City	11161905		
韶山市	Shaoshan City	2587634		
珠晖区	Zhuhui District	584726	184896	
雁峰区	Yanfeng District	3221594		
石鼓区	Shigu District	1583116	56953	
蒸湘区	Zhengxiang District	2579802	923849	195
南岳区	Nanyue District			
衡阳县	Hengyang County	2188084	4152	
衡南县	Hengnan County	1124513		
衡山县	Hengshan County	1587571	1970	
衡东县	Hengdong County	1637564	8234	
祁东县	Qidong County	767846	11680	
耒阳市	Leiyang City	1667141	26448	
常宁市	Changning City	3121495	7524	
双清区	Shuangqing District	3491859	19668	
大祥区	Daxiang District	1670765	568560	
北塔区	Beita District	532804		

22-10 续表 1 Continued

单位：万元 (10 000 yuan)

市县名称	Cities and Counties	营业收入 Revenue of Business	#国有经济 State-owned Economic	#集体经济 Collective Owned Economic
新邵县	Xinshao County	2233252	40104	
邵阳县	Shaoyang County	1534408	3824	
隆回县	Longhui County	2178302	13164	
洞口县	Dongkou County	2264002		
绥宁县	Suining County	1181937	6912	
新宁县	Xinning County	830549	9296	
城步县	Chengbu County	183296		
武冈市	Wugang City	1052147	2701	
邵东市	Shaodong City	10684845	11586	
岳阳楼区	Yueyanglou District	7965421	782607	
云溪区	Yunxi District	13308280	2003043	4207
君山区	Junshan District	2138508	30709	521
岳阳县	Yueyang County	7362602	21600	513
华容县	Huarong County	6913732	102282	
湘阴县	Xiangyin County	3945299	17393	
平江县	Pingjiang City	6021590	377213	
汨罗市	Miluo City	12171641		219
临湘市	Linxiang County	4015587	5792	
武陵区	Wuling District	11496151	6725758	
鼎城区	Dingcheng District	5530761	2979	
安乡县	Anxiang County	1447969		
汉寿县	Hanshou County	3545748	5140	
澧　县	Li County	3445952		
临澧县	Linli County	1459816	3186	
桃源县	Taoyuan County	2440076		876
石门县	Shimen County	3654908	33738	
津市市	Jinshi City	3452996	6008	
永定区	Yongdi District	605824	161649	
武陵源区	Wulingyuan District	11630		
慈利县	Cili County	413012	4355	
桑植县	Sangzhi County	203991	2873	
资阳区	Ziyang District	4531671		
赫山区	Heshan District	14289935	599442	
南　县	Nan County	1995110	2908	
大通湖区	Datonghu District	512165		
桃江县	Taojiang County	5571379	4891	214
安化县	Anhua County	1690456	139938	
沅江市	Yuanjiang City	4545080	18844	
北湖区	Beihu District	1862448	77562	
苏仙区	Suxian District	4879494	1144691	
桂阳县	Guiyang County	7101935		118
宜章县	Yizhang County	1802628	1475	
永兴县	Yongxing County	5203716	189637	

22-10 续表 2 Continued

单位：万元 (10 000 yuan)

市县名称	Cities and Counties	营业收入 Revenue of Business	#国有经济 State-owned Economic	#集体经济 Collective Owned Economic
嘉禾县	Jiahe County	2314758	2295	
临武县	Linwu County	1005461		
汝城县	Rucheng County	389770		
桂东县	Guidong County	119491		
安仁县	Anren County	733300	6651	
资兴市	Zixing City	5289544	32715	
零陵区	Lingling District	1670706	499395	
冷水滩区	Lengshuitan District	3463297	571777	
东安县	DonganCounty	1688596	79897	
双牌县	Shuangpai County	933632	35694	
道　县	Dao County	1727925	5448	
江永县	Jiangyong County	645386	7505	
宁远县	Ningyuan County	1828418	26304	
蓝山县	Lanshan County	2055281		
新田县	Xintian County	195779	2640	
江华县	Jianghua County	1782277	7073	
祁阳市	Qiyang City	3654902	20979	
鹤城区	Hecheng District	1866856	617212	
中方县	Zhongfang County	1783309		
沅陵县	Yuanling County	1705370	5002	
辰溪县	Chenxi County	824449	306613	
溆浦县	Xupu County	1027596	2383	1603
会同县	Huitong County	176477		
麻阳县	Mayang County	791453	9238	
新晃县	Xinhuang County	741213		
芷江县	Zhijiang County	785896		
靖州县	Jingzhou County	780482	7706	
通道县	Tongdao County	567490	5291	
洪江市	Hongjiang City	950364	144937	
洪江区	Hongjiang District	718943	61649	
娄星区	Louxing District	15525990	668353	
双峰县	Shuangfeng County	2044623	2829	
新化县	Xinhua County	2280053		272
冷水江市	Lengshuijiang City	3402868	5607	
涟源市	Lianyuan County	3291482	3037	2016
吉首市	Jishou County	1323858	270402	
泸溪县	Luxi County	562157	6022	
凤凰县	Fenghuang County	66725		
花垣县	Huayuan County	510350	5195	
保靖县	Baojing County	350154	21591	
古丈县	Guzhang County	128584		
永顺县	Yongshun County	132577	13889	
龙山县	Longshan County	313737	34914	

22−11 规模以上工业企业基本情况（2021年）
Basic Indicators of Industrial Enterprises above Designated Size (2021)

单位：万元 (10 000 yuan)

市县名称	Cities and Counties	利润总额 Total Profits	资产总计 Total Assets	负债合计 Total Liabilities	平均用工人数（万人） Annual Average Employees (10 000 persons)
芙蓉区	Furong District	29657	722002	312641	0.45
天心区	Tianxin District	31301	4986085	3351952	1.99
岳麓区	Yuelu District	1533804	36565678	21097315	7.67
开福区	Kaifu District	148404	1782079	1065480	0.98
雨花区	Yuhua District	400485	8442633	4318185	3.15
望城区	Wangcheng District	508195	10235957	5588327	6.14
长沙县	Changsha County	625083	20804340	11116971	12.92
浏阳市	Liuyang City	1843408	15631757	5512876	19.33
宁乡市	Ningxiang City	1168157	14003390	8355074	9.10
荷塘区	Hetang District	105770	2707880	1475998	1.94
芦淞区	Lousong District	115975	5007773	2693796	2.54
石峰区	Shifeng District	454133	10732903	4531235	4.21
天元区	Tianyuan District	−105347	10536805	8825730	3.98
渌口区	Lukou District	239775	1035351	586759	0.67
攸　县	You County	255003	2771561	1281529	3.22
茶陵县	Chaling County	74236	716649	321282	2.08
炎陵县	Yanling County	115076	786221	398382	1.18
醴陵市	Liling City	885651	10949033	1571288	21.75
雨湖区	Yuhu District	259409	9308358	5584168	4.52
岳塘区	Yuetang District	598717	9060896	4941352	4.01
湘潭县	Xiangtan County	241779	2140082	1041126	6.98
湘乡市	Xiangxiang City	118352	947779	538819	3.60
韶山市	Shaoshan City	44110	501123	235971	0.73
珠晖区	Zhuhui District	26299	648861	349458	0.47
雁峰区	Yanfeng District	157311	3447806	2027972	2.67
石鼓区	Shigu District	158795	1480912	809256	1.23
蒸湘区	Zhengxiang District	67247	3219851	2103572	1.52
南岳区	Nanyue District				
衡阳县	Hengyang County	148921	1847075	670299	3.40
衡南县	Hengnan County	111455	1067339	431981	1.88
衡山县	Hengshan County	167905	716547	332780	2.24
衡东县	Hengdong County	197724	1086095	577600	2.78
祁东县	Qidong County	46168	872431	426256	1.92
耒阳市	Leiyang City	95087	2111108	1125047	3.14
常宁市	Changning City	147837	1830521	1167749	1.97
双清区	Shuangqing District	285607	2550599	1528467	3.02
大祥区	Daxiang District	125895	1474349	979032	0.68
北塔区	Beita District	62426	338119	229040	0.31

22-11 续表 1 Continued

单位：万元 (10 000 yuan)

市县名称	Cities and Counties	利润总额 Total Profits	资产总计 Total Assets	负债合计 Total Liabilities	平均用工人数（万人） Annual Average Employees (10 000 persons)
新邵县	Xinshao County	201767	1169406	412385	1.67
邵阳县	Shaoyang County	238546	626056	261471	1.45
隆回县	Longhui County	87761	989158	331317	2.50
洞口县	Dongkou County	81713	614387	213077	2.78
绥宁县	Suining County	139905	547317	251197	1.00
新宁县	Xinning County	42955	342015	146975	1.07
城步县	Chengbu County	9267	379256	270512	0.26
武冈市	Wugang City	43930	657544	331772	1.15
邵东市	Shaodong City	1332419	1995875	451063	9.17
岳阳楼区	Yueyanglou District	241863	7432997	4356138	3.87
云溪区	Yunxi District	341543	6382505	3504215	6.80
君山区	Junshan District	96442	772445	238133	2.29
岳阳县	Yueyang County	524152	2440857	533236	2.80
华容县	Huarong County	409180	2623650	587778	3.01
湘阴县	Xiangyin County	261611	1751660	678114	1.78
平江县	Pingjiang City	214741	1453712	564193	7.45
汨罗市	Miluo City	947238	2837237	1013181	6.37
临湘市	Linxiang County	111267	1081982	398289	2.18
武陵区	Wuling District	1036182	10222468	3464074	4.31
鼎城区	Dingcheng District	261732	4871740	3181049	2.81
安乡县	Anxiang County	38332	579479	345758	1.29
汉寿县	Hanshou County	368665	2090339	1157045	2.68
澧　县	Li County	151681	1515652	788346	2.92
临澧县	Linli County	90273	1037171	550404	1.49
桃源县	Taoyuan County	128065	1798431	679935	2.30
石门县	Shimen County	121550	2045710	1184090	2.11
津市市	Jinshi City	221482	1354390	706569	2.89
永定区	Yongdi District	24578	827079	453777	0.70
武陵源区	Wulingyuan District	468	11474	6264	0.04
慈利县	Cili County	17371	436146	246918	0.52
桑植县	Sangzhi County	22375	234904	64985	0.29
资阳区	Ziyang District	168846	1920666	1112486	2.66
赫山区	Heshan District	382786	5524511	3087272	5.85
南　县	Nan County	60946	1357109	648059	1.07
大通湖区	Datonghu District	15419	295790	153997	0.20
桃江县	Taojiang County	210023	1903927	927333	5.58
安化县	Anhua County	111414	1468245	836699	1.43
沅江市	Yuanjiang City	239806	1934447	792496	3.12
北湖区	Beihu District	24761	3640413	2401263	1.37
苏仙区	Suxian District	364389	4119071	2053077	3.03
桂阳县	Guiyang County	397959	2425362	683018	2.65
宜章县	Yizhang County	162778	1059846	544012	1.90
永兴县	Yongxing County	122287	1948990	1018597	4.30

22–11 续表 2 Continued

单位：万元 (10 000 yuan)

市县名称	Cities and Counties	利润总额 Total Profits	资产总计 Total Assets	负债合计 Total Liabilities	平均用工人数（万人） Annual Average Employees (10 000 persons)
嘉禾县	Jiahe County	228315	793957	271622	1.42
临武县	Linwu County	63728	638496	192787	1.19
汝城县	Rucheng County	32542	559332	305441	0.43
桂东县	Guidong County	13806	171071	97407	0.24
安仁县	Anren County	27497	391341	211487	0.82
资兴市	Zixing City	374671	2336537	1187694	2.88
零陵区	Lingling District	130755	1235124	453665	1.18
冷水滩区	Lengshuitan District	96703	2431684	1312528	2.66
东安县	DonganCounty	73721	1495289	860482	2.35
双牌县	Shuangpai County	77186	405394	95367	2.25
道　县	Dao County	38504	882694	357344	0.93
江永县	Jiangyong County	45937	699186	374203	2.07
宁远县	Ningyuan County	116276	1032596	495096	0.54
蓝山县	Lanshan County	30141	488822	194101	2.70
新田县	Xintian County	5704	222105	104353	1.64
江华县	Jianghua County	193554	2650075	1192066	0.41
祁阳市	Qiyang City	254874	1776820	882620	1.74
鹤城区	Hecheng District	93768	1365964	862239	0.93
中方县	Zhongfang County	215377	1707547	910841	1.50
沅陵县	Yuanling County	90763	1272105	–197478	0.74
辰溪县	Chenxi County	70256	1339491	1020990	0.60
溆浦县	Xupu County	36404	434414	241756	1.47
会同县	Huitong County	6117	163707	107015	0.24
麻阳县	Mayang County	29051	278001	129048	0.31
新晃县	Xinhuang County	10711	242209	86021	0.61
芷江县	Zhijiang County	31775	291357	101594	0.43
靖州县	Jingzhou County	11934	195249	59956	0.64
通道县	Tongdao County	80142	449988	224944	0.44
洪江市	Hongjiang City	49116	1430570	274548	0.79
洪江区	Hongjiang District	69991	610887	169056	0.38
娄星区	Louxing District	878432	7591063	3975344	3.79
双峰县	Shuangfeng County	147360	941813	180401	2.42
新化县	Xinhua County	218198	1163344	493685	2.81
冷水江市	Lengshuijiang City	52035	2237088	1368972	1.92
涟源市	Lianyuan County	356931	3087110	529475	1.94
吉首市	Jishou County	185745	1906568	977566	1.17
泸溪县	Luxi County	14015	320342	183179	0.43
凤凰县	Fenghuang County	5047	229823	142102	0.13
花垣县	Huayuan County	70536	723868	521000	0.52
保靖县	Baojing County	41977	298625	163045	0.33
古丈县	Guzhang County	4533	146023	89700	0.13
永顺县	Yongshun County	13093	299504	188241	0.20
龙山县	Longshan County	29738	366553	222112	0.49

22-12　固定资产投资比上年增长情况(2021年)
Investment in Fixed Assets Increased over the Previous Year (2021)

单位：%　　　　(%)

市县名称	Cities and Counties	比上年增长 Growth Rate over Preceding Year	市县名称	Cities and Counties	比上年增长 Growth Rate over Preceding Year	市县名称	Cities and Counties	比上年增长 Growth Rate over Preceding Year
芙蓉区	Furong District	6.2	洞口县	Dongkou County	13.5	临武县	Linwu County	9.6
天心区	Tianxin District	9.0	绥宁县	Suining County	9.3	汝城县	Rucheng County	9.6
岳麓区	Yuelu District	9.3	新宁县	Xinning County	5.8	桂东县	Guidong County	9.6
开福区	Kaifu District	3.7	城步县	Chengbu County	10.1	安仁县	Anren County	9.4
雨花区	Yuhua District	5.7	武冈市	Wugang City	10.3	资兴市	Zixing City	10.0
望城区	Wangcheng District	10.0	邵东市	Shaodong City	10.6	零陵区	Lingling District	6.8
长沙县	Changsha County	9.9	岳阳楼区	Yueyanglou District	13.0	冷水滩区	Lengshuitan District	6.5
浏阳市	Liuyang City	9.9	云溪区	Yunxi District	19.8	东安县	Dongan County	5.8
宁乡市	Ningxiang City	8.3	君山区	Junshan District	8.9	双牌县	Shuangpai County	5.9
荷塘区	Hetang District	7.6	岳阳县	Yueyang County	12.3	道　县	Dao County	6.0
芦淞区	Lusong District	7.7	华容县	Huarong County	11.5	江永县	Jiangyong County	-16.3
石峰区	Shifeng District	5.6	湘阴县	Xiangyin County	11.5	宁远县	Ningyuan County	10.5
天元区	Tianyuan District	4.5	平江县	Pingjiang County	9.8	蓝山县	Lanshan County	4.8
渌口区	Lukou District	5.7	汨罗市	Miluo City	14.1	新田县	Xintian County	-45.7
攸　县	You County	-3.0	临湘市	Linxiang City	11.5	江华县	Jianghua County	0.5
茶陵县	Chaling County	7.1	武陵区	Wuling District	-1.1	祁阳市	Qiyang City	2.4
炎陵县	Yanling County	8.9	鼎城区	Dingcheng District	14.3	鹤城区	Hecheng District	11.2
醴陵市	Liling County	-6.1	安乡县	Anxiang County	11.9	中方县	Zhongfang County	12.8
雨湖区	Yuhu District	8.8	汉寿县	Hanshou County	20.2	沅陵县	Yuanling County	14.1
岳塘区	Yuetang District	8.7	澧　县	Li County	-5.1	辰溪县	Chenxi County	14.0
湘潭县	Xiangtan County	14.1	临澧县	Linli County	15.7	溆浦县	Xupu County	11.4
湘乡市	Xiangxiang City	13.6	桃源县	Taoyuan County	13.0	会同县	Huitong County	13.6
韶山市	Shaoshan City	13.1	石门县	Shimen County	10.0	麻阳县	Mayang County	13.4
珠晖区	Zhuhui District	-8.5	津市市	Jinshi City	19.0	新晃县	Xinhuang County	13.8
雁峰区	Yanfeng District	1.0	永定区	Yongding District	-22.0	芷江县	Zhijiang County	13.4
石鼓区	Shigu District	9.6	武陵源区	Wulingyuan District	-13.4	靖州县	Jingzhou County	13.8
蒸湘区	Zhengxiang District	8.8	慈利县	Cili County	-19.2	通道县	Tongdao County	13.2
南岳区	Nanyue District	10.0	桑植县	Sangzhi County	-17.8	洪江市	Hongjiang City	3.6
衡阳县	Hengyang County	13.4	资阳区	Ziyang District	9.8	洪江区	Hongjiang District	13.7
衡南县	Hengnan County	14.3	赫山区	Heshan District	8.3	娄星区	Louxing District	6.4
衡山县	Hengshan County	14.5	南　县	Nan County	8.3	双峰县	Shuangfeng County	-5.1
衡东县	Hengdong County	14.0	大通湖区	Datonghu District	0.3	新化县	Xinhua County	8.2
祁东县	Qidong County	13.6	桃江县	Taojiang County	5.7	冷水江市	Lengshuijian City	-1.5
耒阳市	Leiyang City	11.0	安化县	Anhua County	11.6	涟源市	Lianyuan City	10.1
常宁市	Changning City	13.6	沅江市	Yuanjiang City	13.6	吉首市	Jishou City	14.3
双清区	Shuangqing District	8.2	北湖区	Beihu District	10.2	泸溪县	Luxi County	-29.8
大祥区	Daxiang District	0.2	苏仙区	Suxian District	9.9	凤凰县	Fenghuang County	11.8
北塔区	Beita District	3.2	桂阳县	Guiyang County	9.9	花垣县	Huayuan County	23.0
新邵县	Xinshao County	-8.4	宜章县	Yizhang County	9.6	保靖县	Baojing County	18.2
邵阳县	Shaoyang County	13.3	永兴县	Yongxing County	9.9	古丈县	Guzhang County	18.0
隆回县	Longhui County	18.2	嘉禾县	Jiahe County	9.6	永顺县	Yongshun County	10.5
						龙山县	Longshan County	-4.9

22-13 房地产开发投资情况（2021年）
Real Estate Development Investment (2021)

单位：万元 (10 000yuan)

市县名称	Cities and Counties	房地产开发投资 Real Estate Development Investment	市县名称	Cities and Counties	房地产开发投资 Real Estate Development Investment	市县名称	Cities and Counties	房地产开发投资 Real Estate Development Investment
芙蓉区	Furong District	1356498	洞口县	Dongkou County	183134	临武县	Linwu County	120010
天心区	Tianxin District	1508230	绥宁县	Suining County	60531	汝城县	Rucheng County	122477
岳麓区	Yuelu District	5443037	新宁县	Xinning County	121310	桂东县	Guidong County	50552
开福区	Kaifu District	2904251	城步县	Chengbu County	74098	安仁县	Anren County	93140
雨花区	Yuhua District	3831170	武冈市	Wugang City	188478	资兴市	Zixing City	183609
望城区	Wangcheng District	2176197	邵东市	Shaodong City	494106	零陵区	Lingling District	215402
长沙县	Changsha County	2843120	岳阳楼区	Yueyanglou District	1091240	冷水滩区	Lengshuitan District	563155
浏阳市	Liuyang City	764586	云溪区	Yunxi District	85417	东安县	Dongan County	135182
宁乡市	Ningxiang City	1534084	君山区	Junshan District	72697	双牌县	Shuangpai County	40188
荷塘区	Hetang District	280117	岳阳县	Yueyang County	113663	道　县	Dao County	205463
芦淞区	Lusong District	318436	华容县	Huarong County	138005	江永县	Jiangyong County	93630
石峰区	Shifeng District	446578	湘阴县	Xiangyin County	260020	宁远县	Ningyuan County	84502
天元区	Tianyuan District	1674891	平江县	Pingjiang County	208292	蓝山县	Lanshan County	110704
渌口区	Lukou District	206271	汨罗市	Miluo City	198858	新田县	Xintian County	71357
攸　县	You County	283554	临湘市	Linxiang City	164134	江华县	Jianghua County	233252
茶陵县	Chaling County	188941	武陵区	Wuling District	1431084	祁阳市	Qiyang City	144625
炎陵县	Yanling County	48239	鼎城区	Dingcheng District	421866	鹤城区	Hecheng District	1295817
醴陵市	Liling County	661986	安乡县	Anxiang County	119833	中方县	Zhongfang County	142741
雨湖区	Yuhu District	669059	汉寿县	Hanshou County	217142	沅陵县	Yuanling County	153600
岳塘区	Yuetang District	585660	澧　县	Li County	285411	辰溪县	Chenxi County	163832
湘潭县	Xiangtan County	243653	临澧县	Linli County	261887	溆浦县	Xupu County	471541
湘乡市	Xiangxiang City	270664	桃源县	Taoyuan County	226647	会同县	Huitong County	82488
韶山市	Shaoshan City	100818	石门县	Shimen County	279678	麻阳县	Mayang County	164221
珠晖区	Zhuhui District	283780	津市市	Jinshi City	81322	新晃县	Xinhuang County	96061
雁峰区	Yanfeng District	187871	永定区	Yongding District	679950	芷江县	Zhijiang County	112061
石鼓区	Shigu District	281964	武陵源区	Wulingyuan District	25680	靖州县	Jingzhou County	67178
蒸湘区	Zhengxiang District	720712	慈利县	Cili County	208303	通道县	Tongdao County	54675
南岳区	Nanyue District	58635	桑植县	Sangzhi County	94172	洪江市	Hongjiang City	102621
衡阳县	Hengyang County	197022	资阳区	Ziyang District	141864	洪江区	Hongjiang District	40167
衡南县	Hengnan County	181651	赫山区	Heshan District	662264	娄星区	Louxing District	690876
衡山县	Hengshan County	77716	南　县	Nan County	301678	双峰县	Shuangfeng County	139194
衡东县	Hengdong County	205322	大通湖区	Datonghu District	4698	新化县	Xinhua County	388300
祁东县	Qidong County	204844	桃江县	Taojiang County	159048	冷水江市	Lengshuijian City	183187
耒阳市	Leiyang City	481083	安化县	Anhua County	212544	涟源市	Lianyuan City	100869
常宁市	Changning City	174470	沅江市	Yuanjiang City	164862	吉首市	Jishou City	753467
双清区	Shuangqing District	367585	北湖区	Beihu District	559191	泸溪县	Luxi County	12197
大祥区	Daxiang District	447848	苏仙区	Suxian District	445925	凤凰县	Fenghuang County	230741
北塔区	Beita District	337985	桂阳县	Guiyang County	227062	花垣县	Huayuan County	80239
新邵县	Xinshao County	195312	宜章县	Yizhang County	281881	保靖县	Baojing County	49136
邵阳县	Shaoyang County	152425	永兴县	Yongxing County	93314	古丈县	Guzhang County	27860
隆回县	Longhui County	145613	嘉禾县	Jiahe County	94463	永顺县	Yongshun County	120394
						龙山县	Longshan County	251281

22-14 社会消费品零售总额(2021年)
Total Value of Retail Sales of Consumer Goods (2021)

市县名称	Cities and Counties	消费品零售总额(亿元) Total Retail Sales of Consumer Goods (100 million yuan)	增速(%) Growth Rate (%)	市县名称	Cities and Counties	消费品零售总额(亿元) Total Retail Sales of Consumer Goods (100 million yuan)	增速(%) Growth Rate (%)
芙蓉区	Furong District	658.62	14.5	衡山县	Hengshan County	49.05	13.4
天心区	Tianxin District	463.03	13.6	衡东县	Hengdong County	126.06	13.9
岳麓区	Yuelu District	614.94	12.3	祁东县	Qidong County	151.76	13.5
开福区	Kaifu District	584.02	14.2	耒阳市	Leiyang City	187.20	13.7
雨花区	Yuhua District	755.08	14.1	常宁市	Changning City	133.75	13.8
望城区	Wangcheng District	461.04	15.9	双清区	Shuangqing District	146.65	14.0
长沙县	Changsha County	643.44	14.6	大祥区	Daxiang District	105.33	14.4
浏阳市	Liuyang City	441.96	15.6	北塔区	Beita District	25.30	14.7
宁乡市	Ningxiang City	489.44	15.3	新邵县	Xinshao County	104.91	14.1
荷塘区	Hetang Distract	91.31	14.3	邵阳县	Shaoyang County	131.76	14.8
芦淞区	Lusong Distract	233.06	12.5	隆回县	Longhui County	166.84	14.3
石峰区	Shifeng Distract	82.45	12.7	洞口县	Dongkou County	117.76	14.4
天元区	Tianyuan Distract	184.28	14.5	绥宁县	Suining County	54.58	14.9
渌口区	Lukou Distract	59.36	18.1	新宁县	Xinning County	76.26	14.5
攸　县	You County	171.26	15.2	城步县	Chengbu County	39.82	14.6
茶陵县	Chaling County	101.47	14.3	武冈市	Wugang City	104.99	14.4
炎陵县	Yanling County	37.82	18.8	邵东市	Shaodong City	308.13	14.3
醴陵市	Liling City	285.92	14.4	岳阳楼区	Yueyanglou District	830.49	15.6
雨湖区	Yuhu District	419.02	15.7	云溪区	Yunxi District	44.33	15.2
岳塘区	Yuetang District	144.63	15.9	君山区	Junshan District	63.40	15.5
湘潭县	Xiangtan County	126.06	16.3	岳阳县	Yueyang County	152.91	14.4
湘乡市	Xiangxiang City	151.74	16.2	华容县	Huarong County	145.87	14.3
韶山市	Shaoshan City	28.49	15.8	湘阴县	Xiangyin County	143.21	14.3
珠晖区	Zhuhui District	138.08	13.6	平江县	Pingjiang County	162.73	14.3
雁峰区	Yanfeng District	130.95	13.4	汨罗市	Miluo City	158.72	13.0
石鼓区	Shigu District	255.58	13.5	临湘市	Linxiang City	106.21	14.6
蒸湘区	Zhengxiang District	337.83	13.9	武陵区	Wuling District	428.82	14.5
南岳区	Nanyue District	42.98	13.8	鼎城区	Dingcheng District	227.49	14.2
衡阳县	Hengyang County	129.79	13.6	安乡县	Anxiang County	112.71	14.1
衡南县	Hengnan County	129.77	13.7	汉寿县	Hanshou County	144.83	14.5

22-14 续表 1 Continued

市县名称	Cities and Counties	消费品零售总额（亿元）Total Retail Sales of Consumer Goods (100 million yuan)	增速（%）Growth Rate (%)	市县名称	Cities and Counties	消费品零售总额（亿元）Total Retail Sales of Consumer Goods (100 million yuan)	增速（%）Growth Rate (%)
澧　县	Li County	204.08	14.0	江永县	Jiangyong County	29.45	15.0
临澧县	Linli County	93.81	14.2	宁远县	Ningyuan County	92.08	15.2
桃源县	Taoyuan County	202.95	14.3	蓝山县	Lanshan County	51.98	15.7
石门县	Shimen County	140.80	14.9	新田县	Xintian County	38.23	10.1
津市市	Jinshi City	78.36	14.7	江华县	Jianghua County	69.44	10.5
永定区	Yongding District	96.76	4.5	祁阳市	Qiyang City	128.98	15.8
武陵源区	Wulingyuan District	18.10	5.4	鹤城区	Hecheng District	294.58	14.4
慈利县	Cili County	56.91	3.3	中方县	Zhongfang County	17.64	13.1
桑植县	Sangzhi County	33.01	2.9	沅陵县	Yuanling County	50.91	16.0
资阳区	Ziyang District	78.09	15.6	辰溪县	Chenxi County	38.67	15.7
赫山区	Heshan District	290.63	15.2	溆浦县	Xupu County	75.60	14.0
南　县	Nan County	120.62	15.4	会同县	Huitong County	23.23	15.0
大通湖区	Datonghu District	22.59	15.2	麻阳县	Mayang County	30.59	15.2
桃江县	Taojiang County	123.24	15.0	新晃县	Xinhuang County	28.73	13.3
安化县	Anhua County	99.08	15.7	芷江县	Zhijiang County	34.47	14.6
沅江市	Yuanjiang City	107.67	15.8	靖州县	Jingzhou County	33.33	15.9
北湖区	Beihu District	260.84	14.7	通道县	Tongdao County	18.99	14.1
苏仙区	Suxian District	133.58	14.6	洪江市	Hongjiang City	33.79	14.5
桂阳县	Guiyang County	151.30	14.9	洪江区	Hongjiang District	14.79	12.8
宜章县	Yizhang County	91.83	14.3	娄星区	Louxing District	232.97	15.0
永兴县	Yongxing County	123.12	14.8	双峰县	Shuangfeng County	120.22	13.4
嘉禾县	Jiahe County	48.40	14.2	新化县	Xinhua County	179.79	15.0
临武县	Linwu County	49.34	14.3	冷水江市	Lengshuijiang City	82.97	14.7
汝城县	Rucheng County	41.61	14.3	涟源市	Lianyuan City	162.26	14.6
桂东县	Guidong County	28.34	14.3	吉首市	Jishou City	119.11	16.0
安仁县	Anren County	63.38	14.6	泸溪县	Luxi County	19.60	13.7
资兴市	Zixing City	64.64	14.8	凤凰县	Fenghuang County	46.12	12.8
零陵区	Lingling District	112.19	16.0	花垣县	Huayuan County	14.54	13.7
冷水滩区	Lengshuitan District	189.08	15.2	保靖县	Baojing County	10.90	13.0
东安县	Dongan County	68.64	15.1	古丈县	Guzhang County	7.19	13.0
双牌县	Shuangpai County	30.56	15.5	永顺县	Yongshun County	26.87	12.9
道　县	Dao County	88.64	15.7	龙山县	Longshan County	33.97	13.1

22-15 地方财政收入与支出(2021年)
Public Budgetary Revenue and Expenditure (2021)

单位：万元 (10 000 yuan)

市县名称	Cities and Counties	地方一般公共预算收入 General Public Budget Revenue	一般公共预算支出 General Public Budget Expenditure	市县名称	Cities and Counties	地方一般公共预算收入 General Public Budget Revenue	一般公共预算支出 General Public Budget Expenditure
芙蓉区	Furong District	369252	618134	衡山县	Hengshan County	83506	263720
天心区	Tianxin District	671928	769797	衡东县	Hengdong County	87711	423014
岳麓区	Yuelu District	674679	838552	祁东县	Qidong County	106822	599673
开福区	Kaifu District	666117	750331	耒阳市	Leiyang City	169268	521255
雨花区	Yuhua District	801938	942743	常宁市	Changning City	122836	568719
望城区	Wangcheng District	860083	1176165	双清区	Shuangqing District	28126	123053
长沙县	Changsha County	1325724	1778278	大祥区	Daxiang District	30448	131967
浏阳市	Liuyang City	1042573	1637498	北塔区	Beita District	13564	77258
宁乡市	Ningxiang City	728118	1205938	新邵县	Xinshao County	80453	504593
荷塘区	Hetang District	40563	184103	邵阳县	Shaoyang County	67121	497035
芦淞区	Lusong District	36581	129418	隆回县	Longhui County	104185	664746
石峰区	Shifeng District	51556	191109	洞口县	Dongkou County	76705	570930
天元区	Tianyuan District	477889	546432	绥宁县	Suining County	20920	320628
渌口区	Lukou District	100489	336493	新宁县	Xinning County	55122	376494
攸　县	You County	124199	508757	城步县	Chengbu County	27769	282909
茶陵县	Chaling County	89535	445659	武冈市	Wugang City	85249	582681
炎陵县	Yanling County	38334	202241	邵东市	Shaodong City	190952	726082
醴陵市	Liling City	304941	823435	岳阳楼区	Yueyanglou District	101800	263236
雨湖区	Yuhu District	101247	173162	云溪区	Yunxi District	41773	131770
岳塘区	Yuetang District	108711	125942	君山区	Junshan District	37506	189211
湘潭县	Xiangtan County	178480	515078	岳阳县	Yueyang County	84394	471942
湘乡市	Xiangxiang City	157557	527889	华容县	Huarong County	67676	481503
韶山市	Shaoshan City	69034	143970	湘阴县	Xiangyin County	258263	574367
珠晖区	Zhuhui District	27482	118977	平江县	Pingjiang County	134396	773365
雁峰区	Yanfeng District	38895	93668	汨罗市	Miluo City	122177	437338
石鼓区	Shigu District	32318	139769	临湘市	Linxiang City	81742	399954
蒸湘区	Zhengxiang District	45485	116391	武陵区	Wuling District	125368	322003
南岳区	Nanyue District	52780	112735	鼎城区	Dingcheng District	177789	567084
衡阳县	Hengyang County	110155	540111	安乡县	Anxiang County	39196	419673
衡南县	Hengnan County	127913	622360	汉寿县	Hanshou County	163278	619719

22-15 续表 Continued

单位：万元 (10 000 yuan)

市县名称	Cities and Counties	地方一般公共预算收入 General Public Budget Revenue	一般公共预算支出 General Public Budget Expenditure	市县名称	Cities and Counties	地方一般公共预算收入 General Public Budget Revenue	一般公共预算支出 General Public Budget Expenditure
澧　县	Li County	154515	596171	江永县	Jiangyong County	51297	233228
临澧县	Linli County	68245	331344	宁远县	Ningyuan County	158565	574400
桃源县	Taoyuan County	152879	747223	蓝山县	Lanshan County	92356	353699
石门县	Shimen County	122296	621093	新田县	Xintian County	58950	289119
津市市	Jinshi City	55431	182431	江华县	Jianghua County	99323	412269
永定区	Yongding District	67397	419932	祁阳市	Qiyang County	180871	605363
武陵源区	Wulingyuan District	37249	134198	鹤城区	Hecheng District	92684	272395
慈利县	Cili County	81159	488697	中方县	Zhongfang County	54303	227763
桑植县	Sangzhi County	37635	381592	沅陵县	Yuanling County	102964	439422
资阳区	Ziyang District	41704	250545	辰溪县	Chenxi County	65657	400017
赫山区	Heshan District	83262	412929	溆浦县	Xupu County	74108	644447
南　县	Nan County	90456	613386	会同县	Huitong County	44821	261942
大通湖区	Datonghu District	21169	118740	麻阳县	Mayang County	46563	325393
桃江县	Taojiang County	89012	502167	新晃县	Xinhuang County	45998	245365
安化县	Anhua County	95690	656501	芷江县	Zhijiang County	61015	309490
沅江市	Yuanjiang City	122177	500213	靖州县	Jingzhou County	39070	266734
北湖区	Beihu District	76034	311603	通道县	Tongdao County	31402	225091
苏仙区	Suxian District	70644	368326	洪江市	Hongjiang City	62967	299235
桂阳县	Guiyang County	186620	600228	洪江区	Hongjiang District	25369	103265
宜章县	Yizhang County	98996	381386	娄星区	Louxing District	92256	344215
永兴县	Yongxing County	161872	426688	双峰县	Shuangfeng County	75701	572833
嘉禾县	Jiahe County	85540	261396	新化县	Xinhua County	130191	846545
临武县	Linwu County	88537	284838	冷水江市	Lengshuijiang City	90984	300106
汝城县	Rucheng County	51120	339800	涟源市	Lianyuan City	87096	648865
桂东县	Guidong County	28685	184030	吉首市	Jishou City	113718	354949
安仁县	Anren County	49252	308954	泸溪县	Luxi County	38678	281327
资兴市	Zixing City	188970	410623	凤凰县	Fenghuang County	78737	326496
零陵区	Lingling District	130174	411606	花垣县	Huayuan County	56599	302195
冷水滩区	Lengshuitan District	84585	410068	保靖县	Baojing County	31516	289102
东安县	Dongan County	105212	368588	古丈县	Guzhang County	27168	202191
双牌县	Shuangpai County	54022	195551	永顺县	Yongshun County	51257	458292
道　县	Dao County	126996	472801	龙山县	Longshan County	76529	532099

22-16 各级学校（2021年）
Number of Schools by Level (2021)

单位：所 (unit)

市县名称	Cities and Counties	中等学校 Secondary Schools	中等职业教育 Vocational Secondary Education	普通中学 Regular Secondary Schools	普通小学 Primary Schools
芙蓉区	Furong District	14	5	9	38
天心区	Tianxin District	23	5	18	52
岳麓区	Yuelu District	52	11	41	85
开福区	Kaifu District	22	1	21	53
雨花区	Yuhua District	34	8	26	77
望城区	Wangcheng District	48	5	43	88
长沙县	Changsha County	62	10	52	132
浏阳市	Liuyang City	76	4	72	217
宁乡市	Ningxiang City	93	10	83	181
荷塘区	Hetang District	25	11	14	19
芦淞区	Lusong District	12		12	22
石峰区	Shifeng District	12	1	11	16
天元区	Tianyuan District	13	1	12	34
渌口区	Lukou District	26	1	25	24
攸　县	You County	35	2	33	61
茶陵县	Chaling County	31	1	30	35
炎陵县	Yanling County	20	1	19	11
醴陵市	Liling City	55	4	51	151
雨湖区	Yuhu District	29	9	20	51
岳塘区	Yuetang District	17	5	12	28
湘潭县	Xiangtan County	75	5	70	130
湘乡市	Xiangxiang City	57	3	54	150
韶山市	Shaoshan City	3	1	2	14
珠晖区	Zhuhui District	21	7	14	39
雁峰区	Yanfeng District	26	12	14	26
石鼓区	Shigu District	10	1	9	28
蒸湘区	Zhengxiang District	21	5	16	35
南岳区	Nanyue District	5	1	4	10
衡阳县	Hengyang County	86	6	80	254
衡南县	Hengnan County	63	5	58	131
衡山县	Hengshan County	37	4	33	39
衡东县	Hengdong County	47	1	46	77
祁东县	Qidong County	65	3	62	131
耒阳市	Leiyang City	72	4	68	135
常宁市	Changning City	62	5	57	84
双清区	Shuangqing District	33	13	20	33
大祥区	Daxiang District	36	17	19	36
北塔区	Beita District	11	4	7	14

22-16 续表 1 Continued

单位：所 (unit)

市县名称	Cities and Counties	中等学校 Secondary Schools	中等职业教育 Vocational Secondary Education	普通中学 Regular Secondary Schools	普通小学 Primary Schools
新邵县	Xinshao County	52	3	49	162
邵阳县	Shaoyang County	57	3	54	115
隆回县	Longhui County	78	4	74	115
洞口县	Dongkou County	63	6	57	104
绥宁县	Suining County	23	2	21	29
新宁县	Xinning County	38	4	34	49
城步县	Chengbu County	25	2	23	20
武冈市	Wugang City	57	8	49	65
邵东市	Shaodong City	71	3	68	162
岳阳楼区	Yueyanglou District	53	13	40	76
云溪区	Yunxi District	11	1	10	22
君山区	Junshan District	10	2	8	29
岳阳县	Yueyang County	35	2	33	67
华容县	Huarong County	34	1	33	66
湘阴县	Xiangyin County	44	4	40	74
平江县	Pingjiang City	63	3	60	161
汨罗市	Miluo City	55	5	50	94
临湘市	Linxiang County	30	2	28	39
武陵区	Wuling District	45	15	30	42
鼎城区	Dingcheng District	45	4	41	34
安乡县	Anxiang County	28	3	25	10
汉寿县	Hanshou County	40	4	36	63
澧　县	Li County	35	4	31	62
临澧县	Linli County	25	2	23	47
桃源县	Taoyuan County	56	5	51	64
石门县	Shimen County	39	3	36	78
津市市	Jinshi City	14	3	11	16
永定区	Yongdi District	31	3	28	39
武陵源区	Wulingyuan District	3		3	5
慈利县	Cili County	42	3	39	31
桑植县	Sangzhi County	37	3	34	21
资阳区	Ziyang District	18	3	15	42
赫山区	Heshan District	54	11	43	76
南　县	Nan County	36	2	34	72
桃江县	Taojiang County	53	2	51	88
安化县	Anhua County	48	1	47	76
沅江市	Yuanjiang City	32	3	29	52
北湖区	Beihu District	36	5	31	37
苏仙区	Suxian District	32	7	25	22
桂阳县	Guiyang County	47	2	45	48
宜章县	Yizhang County	44	3	41	51
永兴县	Yongxing County	35	2	33	48

22-16 续表 2 Continued

单位：所 (unit)

市县名称	Cities and Counties	中等学校 Secondary Schools	中等职业教育 Vocational Secondary Education	普通中学 Regular Secondary Schools	普通小学 Primary Schools
嘉禾县	Jiahe County	31	2	29	21
临武县	Linwu County	22	1	21	40
汝城县	Rucheng County	28	2	26	13
桂东县	Guidong County	14	1	13	28
安仁县	Anren County	29	2	27	24
资兴市	Zixing City	22	2	20	28
零陵区	Lingling District	37	5	32	61
冷水滩区	Lengshuitan District	52	8	44	37
东安县	Dongan County	39	5	34	34
双牌县	Shuangpai County	16	1	15	14
道　县	Dao County	42	2	40	45
江永县	Jiangyong County	19	2	17	20
宁远县	Ningyuan County	51	8	43	63
蓝山县	Lanshan County	32	2	30	18
新田县	Xintian County	30	2	28	21
江华县	Jianghua County	29	3	26	52
祁阳市	Qiyang City	50	3	47	119
鹤城区	Hecheng District	60	15	45	34
中方县	Zhongfang County	24	1	23	10
沅陵县	Yuanling County	52	4	48	15
辰溪县	Chenxi County	37	3	34	15
溆浦县	Xupu County	62	2	60	30
会同县	Huitong County	29	2	27	17
麻阳县	Mayang County	27	2	25	22
新晃县	Xinhuang County	22	1	21	19
芷江县	Zhijiang County	30	3	27	24
靖州县	Jingzhou County	18	1	17	15
通道县	Tongdao County	13	1	12	24
洪江市	Hongjiang City	40	6	34	15
娄星区	Louxing District	41	6	35	76
双峰县	Shuangfeng County	65	1	64	164
新化县	Xinhua County	121	7	114	242
冷水江市	Lengshuijiang City	35	6	29	46
涟源市	Lianyuan County	61	3	58	200
吉首市	Jishou County	32	9	23	27
泸溪县	Luxi County	20	2	18	16
凤凰县	Fenghuang County	26	3	23	31
花垣县	Huayuan County	26	3	23	23
保靖县	Baojing County	19	2	17	28
古丈县	Guzhang County	13	2	11	9
永顺县	Yongshun County	42	3	39	31
龙山县	Longshan County	33	4	29	47

22-17 各级学校教职工（2021年）
Number of School Staff and Workers by Level (2021)

单位：人 (person)

市县名称	Cities and Counties	中等学校 Secondary Schools	中等职业教育 Vocational Secondary Education	普通中学 Regular Secondary Schools	普通小学 Primary Schools
芙蓉区	Furong District	1802	179	1623	2518
天心区	Tianxin District	3781	589	3192	2943
岳麓区	Yuelu District	7904	816	7088	6047
开福区	Kaifu District	3913	2	3911	3077
雨花区	Yuhua District	7560	1439	6121	5244
望城区	Wangcheng District	5429	793	4636	2969
长沙县	Changsha County	7063	1290	5773	5797
浏阳市	Liuyang City	7497	467	7030	5938
宁乡市	Ningxiang City	7273	1193	6080	4876
荷塘区	Hetang District	3082	930	2152	1448
芦淞区	Lusong District	1437	20	1417	1188
石峰区	Shifeng District	1335	151	1184	798
天元区	Tianyuan District	2076	53	2023	2218
渌口区	Lukou District	1648	158	1490	728
攸　县	You County	4001	233	3768	1932
茶陵县	Chaling County	3118	109	3009	1786
炎陵县	Yanling County	997	53	944	500
醴陵市	Liling City	4128	360	3768	3759
雨湖区	Yuhu District	2444	666	1778	2251
岳塘区	Yuetang District	1787	309	1478	1385
湘潭县	Xiangtan County	4803	435	4368	2429
湘乡市	Xiangxiang City	3456	219	3237	2741
韶山市	Shaoshan City	253	44	209	468
珠晖区	Zhuhui District	1786	628	1158	1284
雁峰区	Yanfeng District	3268	1621	1647	1103
石鼓区	Shigu District	963	17	946	1100
蒸湘区	Zhengxiang District	3370	443	2927	2277
南岳区	Nanyue District	393	24	369	474
衡阳县	Hengyang County	5207	396	4811	3681
衡南县	Hengnan County	5850	390	5460	4073
衡山县	Hengshan County	2671	311	2360	1333
衡东县	Hengdong County	3877	152	3725	2618
祁东县	Qidong County	5573	414	5159	3993
耒阳市	Leiyang City	8409	359	8050	6192
常宁市	Changning City	4877	419	4458	3579
双清区	Shuangqing District	2128	478	1650	1282
大祥区	Daxiang District	2886	972	1914	1870
北塔区	Beita District	862	141	721	394

22-17 续表 1 Continued

单位：人 (person)

市县名称	Cities and Counties	中等学校 Secondary Schools	中等职业教育 Vocational Secondary Education	普通中学 Regular Secondary Schools	普通小学 Primary Schools
新邵县	Xinshao County	3813	209	3604	2851
邵阳县	Shaoyang County	4029	198	3831	3361
隆回县	Longhui County	6471	546	5925	3925
洞口县	Dongkou County	4671	568	4103	3264
绥宁县	Suining County	2003	103	1900	1224
新宁县	Xinning County	2941	262	2679	2437
城步县	Chengbu County	1571	83	1488	1057
武冈市	Wugang City	5212	675	4537	2789
邵东市	Shaodong City	6404	332	6072	4449
岳阳楼区	Yueyanglou District	6128	1115	5013	3849
云溪区	Yunxi District	900	16	884	521
君山区	Junshan District	786	112	674	592
岳阳县	Yueyang County	2938	276	2662	2095
华容县	Huarong County	2883	183	2700	1679
湘阴县	Xiangyin County	3726	325	3401	1641
平江县	Pingjiang City	5414	353	5061	3987
汨罗市	Miluo City	4136	450	3686	1971
临湘市	Linxiang County	2448	223	2225	1988
武陵区	Wuling District	5795	1370	4425	2242
鼎城区	Dingcheng District	3199	50	3149	1790
安乡县	Anxiang County	2825	284	2541	518
汉寿县	Hanshou County	4030	243	3787	1775
澧　县	Li County	4133	417	3716	2418
临澧县	Linli County	2061	151	1910	1183
桃源县	Taoyuan County	4792	603	4189	2034
石门县	Shimen County	3088	352	2736	1939
津市市	Jinshi City	925	128	797	542
永定区	Yongdi District	3000	200	2800	2017
武陵源区	Wulingyuan District	374	56	318	229
慈利县	Cili County	3296	358	2938	1988
桑植县	Sangzhi County	2928	186	2742	1130
资阳区	Ziyang District	1592	126	1466	1301
赫山区	Heshan District	6102	913	5189	2678
南　县	Nan County	3102	245	2857	2557
桃江县	Taojiang County	3800	366	3434	2267
安化县	Anhua County	4168	390	3778	3511
沅江市	Yuanjiang City	3003	315	2688	2198
北湖区	Beihu District	5672	587	5085	2860
苏仙区	Suxian District	3414	320	3094	1700
桂阳县	Guiyang County	4653	308	4345	3827
宜章县	Yizhang County	4090	297	3793	2765
永兴县	Yongxing County	4179	188	3991	2047

22-17 续表 2 Continued

单位：人 (person)

市县名称	Cities and Counties	中等学校 Secondary Schools	中等职业教育 Vocational Secondary Education	普通中学 Regular Secondary Schools	普通小学 Primary Schools
嘉禾县	Jiahe County	2528	169	2359	1375
临武县	Linwu County	2541	160	2381	1982
汝城县	Rucheng County	3301	238	3063	1608
桂东县	Guidong County	1057	61	996	622
安仁县	Anren County	2674	158	2516	1779
资兴市	Zixing City	1845	174	1671	1450
零陵区	Lingling District	4163	553	3610	2513
冷水滩区	Lengshuitan District	5293	567	4726	2910
东安县	DonganCounty	2724	259	2465	2331
双牌县	Shuangpai County	961	107	854	713
道　县	Dao County	4359	470	3889	3681
江永县	Jiangyong County	1745	182	1563	1146
宁远县	Ningyuan County	4380	647	3733	3576
蓝山县	Lanshan County	3075	281	2794	1166
新田县	Xintian County	2940	255	2685	1583
江华县	Jianghua County	2559	314	2245	2525
祁阳市	Qiyang City	6098	659	5439	4307
鹤城区	Hecheng District	5604	717	4887	3062
中方县	Zhongfang County	1653	124	1529	698
沅陵县	Yuanling County	4066	224	3842	1398
辰溪县	Chenxi County	2735	160	2575	1348
溆浦县	Xupu County	4619	320	4299	3121
会同县	Huitong County	1752	153	1599	1162
麻阳县	Mayang County	1713	122	1591	1535
新晃县	Xinhuang County	1545	125	1420	768
芷江县	Zhijiang County	1883	333	1550	1278
靖州县	Jingzhou County	1355	197	1158	1073
通道县	Tongdao County	1198	135	1063	1137
洪江市	Hongjiang City	2720	271	2449	1124
娄星区	Louxing District	5906	564	5342	3011
双峰县	Shuangfeng County	4934	216	4718	2910
新化县	Xinhua County	8158	421	7737	4490
冷水江市	Lengshuijiang City	3467	719	2748	1229
涟源市	Lianyuan County	4278	272	4006	3296
吉首市	Jishou County	3073	464	2609	2033
泸溪县	Luxi County	1849	202	1647	1158
凤凰县	Fenghuang County	2243	173	2070	1607
花垣县	Huayuan County	1813	122	1691	1209
保靖县	Baojing County	1370	127	1243	1108
古丈县	Guzhang County	775	48	727	461
永顺县	Yongshun County	3163	180	2983	1742
龙山县	Longshan County	2970	177	2793	2419

22−18 各级学校专任教师(2021年)
Number of Full-time Teachers by Level (2021)

单位：人 (person)

市县名称	Cities and Counties	中等学校 Secondary Schools	中等职业教育 Vocational Secondary Education	普通中学 Regular Secondary Schools	普通小学 Primary Schools
芙蓉区	Furong District	1664	133	1531	2515
天心区	Tianxin District	2937	385	2552	3303
岳麓区	Yuelu District	6639	865	5774	6856
开福区	Kaifu District	2851	2	2849	3338
雨花区	Yuhua District	6312	1264	5048	5606
望城区	Wangcheng District	3746	639	3107	4142
长沙县	Changsha County	5482	1216	4266	6098
浏阳市	Liuyang City	6611	424	6187	6319
宁乡市	Ningxiang City	6333	847	5486	4993
荷塘区	Hetang District	2426	707	1719	1567
芦淞区	Lusong District	1202	32	1170	1282
石峰区	Shifeng District	968	145	823	1071
天元区	Tianyuan District	1533	31	1502	2369
渌口区	Lukou District	1254	95	1159	900
攸　县	You County	3060	204	2856	2244
茶陵县	Chaling County	2229	90	2139	2269
炎陵县	Yanling County	678	42	636	676
醴陵市	Liling City	3681	307	3374	3990
雨湖区	Yuhu District	1938	515	1423	2280
岳塘区	Yuetang District	1408	197	1211	1454
湘潭县	Xiangtan County	3997	371	3626	2674
湘乡市	Xiangxiang City	2869	164	2705	3024
韶山市	Shaoshan City	233	43	190	463
珠晖区	Zhuhui District	1391	442	949	1297
雁峰区	Yanfeng District	2535	1122	1413	1070
石鼓区	Shigu District	765	75	690	1146
蒸湘区	Zhengxiang District	2313	293	2020	2422
南岳区	Nanyue District	346	20	326	446
衡阳县	Hengyang County	4206	315	3891	3859
衡南县	Hengnan County	4602	265	4337	4193
衡山县	Hengshan County	1884	244	1640	1616
衡东县	Hengdong County	2740	143	2597	2963
祁东县	Qidong County	4482	389	4093	4155
耒阳市	Leiyang City	6497	283	6214	6823
常宁市	Changning City	4120	320	3800	3879
双清区	Shuangqing District	1593	263	1330	1337
大祥区	Daxiang District	2332	740	1592	1824
北塔区	Beita District	563	94	469	569

22-18 续表 1 Continued

单位：人 (person)

市县名称	Cities and Counties	中等学校 Secondary Schools	中等职业教育 Vocational Secondary Education	普通中学 Regular Secondary Schools	普通小学 Primary Schools
新邵县	Xinshao County	3187	189	2998	3154
邵阳县	Shaoyang County	3463	170	3293	3572
隆回县	Longhui County	5048	462	4586	4892
洞口县	Dongkou County	3968	521	3447	3483
绥宁县	Suining County	1342	85	1257	1646
新宁县	Xinning County	2455	215	2240	2625
城步县	Chengbu County	1122	80	1042	1427
武冈市	Wugang City	3864	566	3298	3576
邵东市	Shaodong City	5267	278	4989	4906
岳阳楼区	Yueyanglou District	4871	965	3906	4169
云溪区	Yunxi District	757	22	735	616
君山区	Junshan District	680	58	622	576
岳阳县	Yueyang County	2521	232	2289	2248
华容县	Huarong County	2317	176	2141	1908
湘阴县	Xiangyin County	2866	272	2594	2297
平江县	Pingjiang City	4493	344	4149	4533
汨罗市	Miluo City	3072	408	2664	2437
临湘市	Linxiang County	2192	180	2012	2056
武陵区	Wuling District	3801	1051	2750	2960
鼎城区	Dingcheng District	2455	44	2411	2283
安乡县	Anxiang County	1641	226	1415	1132
汉寿县	Hanshou County	3026	370	2656	2475
澧　县	Li County	3541	384	3157	2801
临澧县	Linli County	1755	132	1623	1238
桃源县	Taoyuan County	3572	492	3080	2865
石门县	Shimen County	2528	315	2213	2175
津市市	Jinshi City	795	119	676	630
永定区	Yongdi District	2364	179	2185	2228
武陵源区	Wulingyuan District	291	53	238	252
慈利县	Cili County	2659	320	2339	2199
桑植县	Sangzhi County	2060	168	1892	1841
资阳区	Ziyang District	1403	163	1240	1378
赫山区	Heshan District	4451	733	3718	3506
南　县	Nan County	2705	237	2468	2605
桃江县	Taojiang County	3050	316	2734	2496
安化县	Anhua County	3500	380	3120	3603
沅江市	Yuanjiang City	2509	305	2204	2520
北湖区	Beihu District	4279	538	3741	3718
苏仙区	Suxian District	2365	299	2066	2425
桂阳县	Guiyang County	4021	277	3744	4053
宜章县	Yizhang County	3192	279	2913	3219
永兴县	Yongxing County	3012	172	2840	2886

22-18 续表 2 Continued

单位：人 (person)

市县名称	Cities and Counties	中等学校 Secondary Schools	中等职业教育 Vocational Secondary Education	普通中学 Regular Secondary Schools	普通小学 Primary Schools
嘉禾县	Jiahe County	1957	158	1799	1701
临武县	Linwu County	2084	150	1934	2159
汝城县	Rucheng County	2381	210	2171	2194
桂东县	Guidong County	781	47	734	793
安仁县	Anren County	2083	127	1956	1968
资兴市	Zixing City	1456	152	1304	1678
零陵区	Lingling District	3490	668	2822	2773
冷水滩区	Lengshuitan District	3913	448	3465	3496
东安县	DonganCounty	2388	236	2152	2513
双牌县	Shuangpai County	754	103	651	852
道　县	Dao County	3819	433	3386	3899
江永县	Jiangyong County	1340	169	1171	1395
宁远县	Ningyuan County	3894	583	3311	3691
蓝山县	Lanshan County	2083	264	1819	2021
新田县	Xintian County	2371	252	2119	2003
江华县	Jianghua County	2314	295	2019	2666
祁阳市	Qiyang City	4716	536	4180	4373
鹤城区	Hecheng District	4245	579	3666	3513
中方县	Zhongfang County	1120	182	938	1199
沅陵县	Yuanling County	2644	199	2445	2538
辰溪县	Chenxi County	1794	157	1637	2069
溆浦县	Xupu County	3395	303	3092	4110
会同县	Huitong County	1403	152	1251	1452
麻阳县	Mayang County	1513	122	1391	1614
新晃县	Xinhuang County	1098	120	978	1043
芷江县	Zhijiang County	1544	283	1261	1460
靖州县	Jingzhou County	1136	170	966	1208
通道县	Tongdao County	1016	121	895	1139
洪江市	Hongjiang City	1854	226	1628	1771
娄星区	Louxing District	4594	527	4067	3834
双峰县	Shuangfeng County	4014	208	3806	3602
新化县	Xinhua County	5986	386	5600	6024
冷水江市	Lengshuijiang City	2538	641	1897	1974
涟源市	Lianyuan County	3685	238	3447	3681
吉首市	Jishou County	2689	574	2115	2194
泸溪县	Luxi County	1534	187	1347	1396
凤凰县	Fenghuang County	1732	147	1585	2003
花垣县	Huayuan County	1349	113	1236	1479
保靖县	Baojing County	1170	123	1047	1231
古丈县	Guzhang County	558	42	516	644
永顺县	Yongshun County	2359	164	2195	2303
龙山县	Longshan County	2420	165	2255	2742

22-19 各级学校在校学生(2021年)
Number of Students Enrollment by Level (2021)

单位：人 (person)

市县名称	Cities and Counties	中等学校 Secondary Schools	中等职业教育 Vocational Secondary Education	普通中学 Regular Secondary Schools	普通小学 Primary Schools
芙蓉区	Furong District	22082	1762	20320	45115
天心区	Tianxin District	40282	5496	34786	57660
岳麓区	Yuelu District	91991	17357	74634	126741
开福区	Kaifu District	35272	22	35250	57344
雨花区	Yuhua District	91986	27160	64826	102327
望城区	Wangcheng District	51557	12374	39183	71264
长沙县	Changsha County	80111	24442	55669	105783
浏阳市	Liuyang City	91333	9458	81875	112071
宁乡市	Ningxiang City	82036	16774	65262	82971
荷塘区	Hetang District	35492	11503	23989	30467
芦淞区	Lusong District	14705	266	14439	25110
石峰区	Shifeng District	12882	2656	10226	20106
天元区	Tianyuan District	21623	543	21080	41935
渌口区	Lukou District	14367	707	13660	13218
攸　县	You County	42301	3304	38997	48813
茶陵县	Chaling County	35639	1999	33640	44099
炎陵县	Yanling County	8534	387	8147	12180
醴陵市	Liling City	51521	6168	45353	68101
雨湖区	Yuhu District	27440	10703	16737	38651
岳塘区	Yuetang District	16206	692	15514	28285
湘潭县	Xiangtan County	50408	5040	45368	49382
湘乡市	Xiangxiang City	37590	3081	34509	47462
韶山市	Shaoshan City	3233	655	2578	6157
珠晖区	Zhuhui District	23257	8848	14409	21773
雁峰区	Yanfeng District	43820	20575	23245	21178
石鼓区	Shigu District	10175	1533	8642	20513
蒸湘区	Zhengxiang District	33309	5326	27983	43949
南岳区	Nanyue District	5154	421	4733	7988
衡阳县	Hengyang County	54740	5675	49065	59126
衡南县	Hengnan County	66431	5163	61268	59996
衡山县	Hengshan County	25311	3812	21499	27002
衡东县	Hengdong County	40323	3240	37083	49879
祁东县	Qidong County	60234	5328	54906	64711
耒阳市	Leiyang City	95854	3865	91989	112299
常宁市	Changning City	62429	7210	55219	65158
双清区	Shuangqing District	25224	5666	19558	24869
大祥区	Daxiang District	46702	21178	25524	34798
北塔区	Beita District	10346	3427	6919	10498

22-19 续表 1 Continued

单位：人 (person)

市县名称	Cities and Counties	中等学校 Secondary Schools	中等职业教育 Vocational Secondary Education	普通中学 Regular Secondary Schools	普通小学 Primary Schools
新邵县	Xinshao County	46583	3579	43004	48951
邵阳县	Shaoyang County	46876	4608	42268	52461
隆回县	Longhui County	92893	9720	83173	100875
洞口县	Dongkou County	60119	10877	49242	68203
绥宁县	Suining County	18683	1517	17166	22860
新宁县	Xinning County	41301	4214	37087	47032
城步县	Chengbu County	14826	747	14079	20643
武冈市	Wugang City	60309	11445	48864	57510
邵东市	Shaodong City	82700	7903	74797	82002
岳阳楼区	Yueyanglou District	67755	16195	51560	81892
云溪区	Yunxi District	9055	486	8569	9803
君山区	Junshan District	9657	1603	8054	11466
岳阳县	Yueyang County	35760	5509	30251	40655
华容县	Huarong County	27864	5577	22287	31262
湘阴县	Xiangyin County	33231	4684	28547	34026
平江县	Pingjiang City	65014	8063	56951	72718
汨罗市	Miluo City	40381	8053	32328	43610
临湘市	Linxiang County	30134	4218	25916	32953
武陵区	Wuling District	53078	18799	34279	52466
鼎城区	Dingcheng District	24770		24770	34735
安乡县	Anxiang County	18351	3056	15295	17058
汉寿县	Hanshou County	41277	6846	34431	43960
澧　县	Li County	41690	6405	35285	44988
临澧县	Linli County	20323	2575	17748	21719
桃源县	Taoyuan County	45982	6585	39397	50525
石门县	Shimen County	32846	5811	27035	33958
津市市	Jinshi City	6912	834	6078	8337
永定区	Yongdi District	33761	5511	28250	38738
武陵源区	Wulingyuan District	4202	845	3357	4067
慈利县	Cili County	33602	4970	28632	35324
桑植县	Sangzhi County	29884	3331	26553	29603
资阳区	Ziyang District	19629	2480	17149	21885
赫山区	Heshan District	62449	14409	48040	67608
南　县	Nan County	27745	5206	22539	33149
桃江县	Taojiang County	41532	5266	36266	48113
安化县	Anhua County	49149	7338	41811	61183
沅江市	Yuanjiang City	27072	4045	23027	35502
北湖区	Beihu District	66474	11697	54777	66747
苏仙区	Suxian District	37958	8301	29657	40720
桂阳县	Guiyang County	62810	7731	55079	62369
宜章县	Yizhang County	52542	6889	45653	56911
永兴县	Yongxing County	44593	4071	40522	47392

22—19 续表 2 Continued

单位：人 (person)

市县名称	Cities and Counties	中等学校 Secondary Schools	中等职业教育 Vocational Secondary Education	普通中学 Regular Secondary Schools	普通小学 Primary Schools
嘉禾县	Jiahe County	31714	4389	27325	30479
临武县	Linwu County	34736	3798	30938	34094
汝城县	Rucheng County	33554	3853	29701	35329
桂东县	Guidong County	11971	1557	10414	12687
安仁县	Anren County	29072	2953	26119	33060
资兴市	Zixing City	20351	2965	17386	23801
零陵区	Lingling District	53847	15017	38830	41332
冷水滩区	Lengshuitan District	56988	9358	47630	59853
东安县	DonganCounty	35183	5102	30081	42087
双牌县	Shuangpai County	9740	1643	8097	10365
道　县	Dao County	58469	7947	50522	59967
江永县	Jiangyong County	19543	3099	16444	23406
宁远县	Ningyuan County	65583	10243	55340	63718
蓝山县	Lanshan County	29754	5887	23867	31832
新田县	Xintian County	32857	5125	27732	34152
江华县	Jianghua County	38260	6286	31974	48493
祁阳市	Qiyang City	68231	11283	56948	64458
鹤城区	Hecheng District	67178	15230	51948	73712
中方县	Zhongfang County	14679	3901	10778	16944
沅陵县	Yuanling County	32184	3930	28254	36108
辰溪县	Chenxi County	25472	2801	22671	31513
溆浦县	Xupu County	55209	7775	47434	69693
会同县	Huitong County	20772	3062	17710	24485
麻阳县	Mayang County	21714	2246	19468	28199
新晃县	Xinhuang County	15951	2071	13880	18141
芷江县	Zhijiang County	22890	6718	16172	22059
靖州县	Jingzhou County	16523	3730	12793	20498
通道县	Tongdao County	14475	2041	12434	17715
洪江市	Hongjiang City	21639	3681	17958	25500
娄星区	Louxing District	70514	14226	56288	82739
双峰县	Shuangfeng County	55434	6882	48552	54557
新化县	Xinhua County	93933	9110	84823	129387
冷水江市	Lengshuijiang City	32681	7986	24695	35595
涟源市	Lianyuan County	52180	7466	44714	58889
吉首市	Jishou County	37872	10476	27396	40015
泸溪县	Luxi County	17971	2538	15433	21396
凤凰县	Fenghuang County	24455	2905	21550	32703
花垣县	Huayuan County	20483	2246	18237	25946
保靖县	Baojing County	15338	2081	13257	17106
古丈县	Guzhang County	5968	373	5595	7646
永顺县	Yongshun County	31164	3246	27918	38681
龙山县	Longshan County	34458	3511	30947	47257

22–20 卫生机构、人员与床位(2021年)
Health Care Institutions, Personnel and Beds (2021)

市县名称	Cities and Counties	机构(个) Number of Institutions (unit)	床位(张) Number of Beds (unit)	卫生技术人员(人) Medical Technical Personnel (person)	执业(助理)医师 Assistant Doctors	注册护士 Registered Nurse	药师(士) Pharmacist	技师(士) Laboratory Technician	卫生监督员 Health Supervisor	其他 Others
芙蓉区	Furong District	332	9879	13493	4598	7343	407	862		283
天心区	Tianxin District	271	4115	5383	2094	2560	229	283	11	206
岳麓区	Yuelu District	466	14288	14847	5333	7233	705	1090	15	471
开福区	Kaifu District	339	10140	14094	5057	6923	521	938	75	580
雨花区	Yuhua District	537	16928	17527	6394	8793	774	1003	77	486
望城区	Wangcheng District	566	3901	4667	1976	2056	221	230	18	166
长沙县	Changsha County	564	7424	8202	3250	3803	328	663	6	152
浏阳市	Liuyang City	1135	11467	10234	4202	4757	494	518	26	237
宁乡市	Ningxiang City	716	9032	6222	2545	2697	395	325	20	240
荷塘区	Hetang District	259	3211	2913	1123	1425	144	164	7	50
芦淞区	Lusong District	233	3452	4674	1661	2404	201	270	5	133
石峰区	Shifeng District	145	1892	2001	725	955	89	126	10	96
天元区	Tianyuan District	307	4013	5739	2029	2853	210	386	49	212
渌口区	Lukou District	201	1584	1265	569	523	55	67	6	45
攸　县	You County	495	4640	3920	1636	1747	162	212	17	146
茶陵县	Chaling County	505	3256	2702	1060	1068	159	197	1	217
炎陵县	Yanling County	198	1210	1082	457	425	80	57	9	54
醴陵市	Liling City	689	6278	6503	2484	3118	308	348	30	215
雨湖区	Yuhu District	415	7260	7718	2674	4001	393	469	8	173
岳塘区	Yuetang District	363	4401	4969	1806	2497	213	306	53	94
湘潭县	Xiangtan County	775	4234	4520	1885	1958	279	225	23	150
湘乡市	Xiangxiang City	744	5008	5126	2002	2415	241	259	17	192
韶山市	Shaoshan City	62	566	639	249	280	56	37	6	11
珠晖区	Zhuhui District	199	4593	3781	1234	2101	186	187	9	64
雁峰区	Yanfeng District	181	2601	3463	1246	1831	145	197	3	41
石鼓区	Shigu District	166	4354	4882	1631	2703	179	228	22	119
蒸湘区	Zhengxiang District	309	5328	5023	1769	2637	241	271	4	101
南岳区	Nanyue District	57	703	774	263	387	62	43	5	14
衡阳县	Hengyang County	781	5884	6134	2246	3287	213	188	40	160
衡南县	Hengnan County	561	4847	4048	1715	1775	206	207	32	113
衡山县	Hengshan County	257	2283	2309	827	1041	191	98	23	129
衡东县	Hengdong County	349	3916	3623	1278	1751	269	183	22	120
祁东县	Qidong County	457	4769	5191	1889	2446	264	333	40	219
耒阳市	Leiyang City	527	6301	5803	2188	2761	288	262	0	304
常宁市	Changning City	708	4975	5267	1779	2644	259	231	39	315
双清区	Shuangqing District	177	4518	4442	1443	2309	200	254	18	218
大祥区	Daxiang District	265	6654	6069	2136	3123	228	358	37	187
北塔区	Beita District	90	310	503	202	226	13	46	3	13

注：本表资料包含医务室、卫生保健所、诊所和村卫生室。
The Infirmary, health care, Clinic and Village health were included.

22-20 续表 1 Continued

市县名称	Cities and Counties	机构（个）Number of Instituti-ons (unit)	床位（张）Number of Beds (unit)	卫生技术人员（人）Medical Technical Personnel (person)	执业（助理）医师 Assistant Doctors	注册护士 Registered Nurse	药师（士） Pharmacist	技师（士） Laboratory Technician	卫生监督员 Health Supervisor	其他 Others
新邵县	Xinshao County	585	3968	3504	1282	1651	163	245	23	140
邵阳县	Shaoyang County	932	4670	2988	1135	1326	159	206	23	139
隆回县	Longhui County	772	6581	5969	2174	3025	249	316	41	164
洞口县	Dongkou County	468	3899	3253	1414	1311	144	229	6	149
绥宁县	Suining County	263	2076	2354	988	989	85	115	23	154
新宁县	Xinning County	699	3525	2919	1092	1234	125	171	19	278
城步县	Chengbu County	210	1397	1264	422	609	66	76	14	77
武冈市	Wugang City	423	4942	4120	1581	1922	143	193	30	251
邵东市	Shaodong City	778	5690	4818	2036	2114	223	278	23	144
岳阳楼区	Yueyanglou District	422	11340	11215	3905	5704	479	725	84	318
云溪区	Yunxi District	123	1251	1226	473	575	53	60	6	59
君山区	Junshan District	159	1325	932	427	324	46	67	11	57
岳阳县	Yueyang County	265	3572	3431	1446	1529	110	158	20	168
华容县	Huarong County	531	4226	3285	1444	1462	101	161	31	86
湘阴县	Xiangyin County	598	4112	3996	1658	1748	163	197	48	182
平江县	Pingjiang City	985	5039	4292	1585	1944	267	250	34	212
汨罗市	Miluo City	627	3341	3525	1638	1294	213	187	16	177
临湘市	Linxiang County	442	3010	2808	1046	1289	119	177	19	158
武陵区	Wuling District	619	9069	10675	3903	5588	338	540	51	255
鼎城区	Dingcheng District	799	4546	3257	1531	1285	132	169	12	128
安乡县	Anxiang County	373	3696	2280	836	1038	117	138	24	127
汉寿县	Hanshou County	791	5100	4224	1764	1766	194	290	18	192
澧　县	Li County	612	5220	4448	2103	1769	161	215	13	187
临澧县	Linli County	389	2275	2241	874	985	119	131	15	117
桃源县	Taoyuan County	847	5423	4261	1824	1744	204	210	15	264
石门县	Shimen County	541	4632	4050	1517	1863	217	215	11	227
津市市	Jinshi City	201	1723	1496	583	659	88	80	5	81
永定区	Yongdi District	351	4300	4980	1918	2210	256	365	36	195
武陵源区	Wulingyuan District	44	234	294	109	123	19	19	10	14
慈利县	Cili County	568	3902	3241	1278	1365	198	159	6	235
桑植县	Sangzhi County	322	2329	2219	824	911	112	167	17	188
资阳区	Ziyang District	345	2861	2954	1154	1461	109	132	16	82
赫山区	Heshan District	713	10450	8650	3308	4164	351	527	32	268
南　县	Nan County	615	3825	3482	1363	1555	142	185	30	207
桃江县	Taojiang County	503	4727	4441	1724	1995	208	222	25	267
安化县	Anhua County	898	6013	5590	2391	2455	295	230	21	198
沅江市	Yuanjiang City	664	3466	3721	1503	1699	165	195	27	132
北湖区	Beihu District	411	8481	8987	3148	4585	268	544	54	388
苏仙区	Suxian District	368	3716	3831	1563	1781	169	214	18	86
桂阳县	Guiyang County	597	4371	4406	1652	2281	129	131	38	175
宜章县	Yizhang County	526	4052	3318	1166	1595	147	159	20	231
永兴县	Yongxing County	458	3763	3304	1219	1743	87	116	10	129

22-20 续表 2 Continued

市县名称	Cities and Counties	机构（个）Number of Instituti-ons (unit)	床位（张）Number of Beds (unit)	卫生技术人员（人）Medical Technical Personnel (person)	执业（助理）医师 Assistant Doctors	注册护士 Registered Nurse	药师（士）Pharmacist	技师（士）Laboratory Technician	卫生监督员 Health Supervisor	其他 Others
嘉禾县	Jiahe County	264	2735	1987	720	907	122	104	12	122
临武县	Linwu County	382	1977	1634	623	751	73	101	12	74
汝城县	Rucheng County	324	2394	2000	740	908	94	125	12	121
桂东县	Guidong County	175	1073	930	350	361	42	60	8	109
安仁县	Anren County	328	2387	1986	719	918	112	131	12	94
资兴市	Zixing City	281	2148	2131	883	996	90	113	13	36
零陵区	Lingling District	525	4335	3598	1434	1641	134	229	44	116
冷水滩区	Lengshuitan District	479	7760	6915	2556	3523	257	411	66	102
东安县	DonganCounty	623	3668	2758	1205	1151	117	139	25	121
双牌县	Shuangpai County	226	1293	1037	400	445	66	82	9	35
道　县	Dao County	503	3978	3695	1578	1639	117	166	18	177
江永县	Jiangyong County	216	1692	1628	680	761	65	89	7	26
宁远县	Ningyuan County	654	5035	4712	1771	2355	164	268	28	126
蓝山县	Lanshan County	401	2272	2062	669	1067	88	137	22	79
新田县	Xintian County	432	2664	2055	749	955	101	140	13	97
江华县	Jianghua County	431	3551	2917	959	1262	141	185	13	357
祁阳市	Qiyang City	830	7181	5656	2477	2561	200	225	12	181
鹤城区	Hecheng District	544	10058	11094	3944	5706	420	703	65	256
中方县	Zhongfang County	198	1176	915	378	329	49	67	15	77
沅陵县	Yuanling County	576	4402	3184	1159	1443	165	171	1	245
辰溪县	Chenxi County	445	3286	2520	863	1202	124	178	25	128
溆浦县	Xupu County	809	6554	4998	1762	2366	217	249	11	393
会同县	Huitong County	402	2619	2294	965	1015	120	120	4	70
麻阳县	Mayang County	285	2599	2271	848	1077	126	135	25	60
新晃县	Xinhuang County	195	2375	1644	615	686	73	110	15	145
芷江县	Zhijiang County	337	2259	1967	820	827	81	99	9	131
靖州县	Jingzhou County	225	1214	1542	590	666	72	86	9	119
通道县	Tongdao County	199	1542	1532	538	660	97	99	11	127
洪江市	Hongjiang City	408	3081	2649	1037	1098	155	160	24	175
娄星区	Louxing District	329	8874	7586	2739	3848	294	446	60	199
双峰县	Shuangfeng County	839	4571	4266	2015	1658	141	202	32	218
新化县	Xinhua County	1308	7519	6760	2861	2773	257	297	68	504
冷水江市	Lengshuijiang City	306	3022	2773	1231	1156	164	142	24	56
涟源市	Lianyuan County	998	6074	4637	1892	1893	239	244	67	302
吉首市	Jishou County	416	6915	6447	2293	3262	242	406	46	198
泸溪县	Luxi County	227	1443	1544	530	704	71	87	16	136
凤凰县	Fenghuang County	413	1835	1773	644	752	86	118	21	152
花垣县	Huayuan County	275	2016	1860	660	806	106	116	12	160
保靖县	Baojing County	451	1718	1710	569	689	79	96	17	260
古丈县	Guzhang County	164	782	809	317	298	47	51	7	89
永顺县	Yongshun County	484	3618	2573	943	1160	119	128	24	199
龙山县	Longshan County	532	4230	3084	1111	1421	119	173	16	244

22–21 住户调查主要指标(2021年)
Major Households Survey Indicators (2021)

单位：元 (yuan)

市县名称	Cities and Counties	全体居民人均可支配收入 Per Capita Disposable Income of All Residents	城镇居民人均可支配收入 Per Capita Disposable Income of Urban Households		农村居民人均可支配收入 Per Capita Disposable Income of Rural Households	
			绝对值 Value	增速（%）Growth Rate (%)	绝对值 Value	增速（%）Growth Rate (%)
芙蓉区	Furong District	66324.4	66324.4	7.0		
天心区	Tianxin District	66716.0	66716.0	7.1		
岳麓区	Yuelu District	66411.0	66411.0	7.4		
开福区	Kaifu District	65412.2	65412.2	7.1		
雨花区	Yuhua District	66958.5	66958.5	7.3		
望城区	Wangcheng District	50608.0	57916.7	7.5	41512.0	10.0
长沙县	Changsha County	50266.6	57133.6	6.9	40781.2	9.8
浏阳市	Liuyang City	49502.6	56506.6	7.0	40758.2	9.7
宁乡市	Ningxiang City	43992.3	52690.2	7.2	34788.3	10.2
荷塘区	Hetang District	55301.0	55301.0	7.4		
芦淞区	Lusong District	58307.0	58307.0	7.7		
石峰区	Shifeng District	55870.0	55870.0	7.3		
天元区	Tianyuan District	63781.0	63781.0	7.5		
渌口区	Lukou District	29416.8	41841.0	7.6	24329.0	10.4
攸　县	You County	40625.1	46957.0	7.3	33365.0	10.2
茶陵县	Chaling County	26766.9	40669.0	7.4	12847.2	11.4
炎陵县	Yanling County	22050.3	34817.0	7.5	11907.0	11.3
醴陵市	Liling City	41959.3	48445.1	7.7	33886.0	10.1
雨湖区	Yuhu District	45532.4	45878.3	7.0	39235.9	10.4
岳塘区	Yuetang District	44715.9	44990.7	7.0	39356.2	10.3
湘潭县	Xiangtan County	30839.5	42275.8	7.2	23846.4	10.7
湘乡市	Xiangxiang City	30775.9	42809.7	7.3	23348.7	10.6
韶山市	Shaoshan City	43725.2	49140.0	7.5	33432.9	10.5
珠晖区	Zhuhui District	43828.4	44407.1	8.2		
雁峰区	Yanfeng District	43376.0	43377.2	8.4		
石鼓区	Shigu District	45907.6	45908.4	8.5		
蒸湘区	Zhengxiang District	44441.0	44524.9	8.2		
南岳区	Nanyue District	48740.3	49174.0	7.9		
衡阳县	Hengyang County	29580.0	40277.2	7.2	23124.1	10.8
衡南县	Hengnan County	31544.0	39847.0	7.1	26480.0	10.1
衡山县	Hengshan County	31470.8	40166.4	6.8	26336.0	9.9
衡东县	Hengdong County	30477.0	39910.0	6.8	25167.0	9.8
祁东县	Qidong County	24045.0	32449.3	7.6	18577.0	10.4
耒阳市	Leiyang City	33938.2	41827.1	7.0	26152.0	10.4
常宁市	Changning City	30389.1	39500.1	7.4	22165.0	10.7
双清区	Shuangqing District	35072.8	37131.0	8.6	25621.3	10.8
大祥区	Daxiang District	33653.0	36277.6	8.7	25230.3	10.9
北塔区	Beita District	30226.3	33218.4	8.9	22968.9	10.9

22-21 续表 1 Continued

单位：元 (yuan)

市县名称	Cities and Counties	全体居民人均可支配收入 Per Capita Disposable Income of All Residents	城镇居民人均可支配收入 Per Capita Disposable Income of Urban Households		农村居民人均可支配收入 Per Capita Disposable Income of Rural Households	
			绝对值 Value	增速（%） Growth Rate (%)	绝对值 Value	增速（%） Growth Rate (%)
新邵县	Xinshao County	20941.1	32924.4	7.9	14830.8	11.2
邵阳县	Shaoyang County	21062.2	32574.4	8.0	14681.7	11.4
隆回县	Longhui County	19169.6	30654.3	7.8	14091.7	11.9
洞口县	Dongkou County	22005.9	33082.0	8.3	14576.9	11.6
绥宁县	Suining County	18076.3	30081.7	7.6	13377.0	11.1
新宁县	Xinning County	19883.8	31653.9	8.4	13234.9	11.0
城步县	Chengbu County	16641.2	28867.3	7.6	11424.0	11.9
武冈市	Wugang City	23016.8	32444.9	8.2	16355.7	11.5
邵东市	Shaodong City	34094.0	41009.4	8.5	28071.4	11.3
岳阳楼区	Yueyanglou District	44004.1	44004.1	8.5		
云溪区	Yunxi District	46048.1	46048.1	8.3		
君山区	Junshan District	32207.8	39068.0	8.7	23559.1	10.9
岳阳县	Yueyang County	27733.5	35171.1	8.0	21414.9	11.0
华容县	Huarong County	30290.0	36342.0	8.5	25331.0	11.0
湘阴县	Xiangyin County	30130.0	37720.6	7.9	23638.0	10.6
平江县	Pingjiang City	19109.0	28809.0	8.1	12601.0	11.3
汨罗市	Miluo City	31722.6	39228.5	8.3	23139.0	10.7
临湘市	Linxiang County	27755.0	35308.2	8.6	20698.1	10.9
武陵区	Wuling District	46094.0	47036.0	8.5	34546.1	10.6
鼎城区	Dingcheng District	30471.8	41500.6	8.2	20767.0	10.8
安乡县	Anxiang County	24867.0	32664.4	7.7	20023.8	10.6
汉寿县	Hanshou County	27484.0	37762.1	8.6	21441.1	11.3
澧　县	Li County	26405.0	35966.1	8.1	21586.2	10.2
临澧县	Linli County	29553.8	39120.1	7.8	21919.6	10.1
桃源县	Taoyuan County	25815.4	36719.3	8.0	19668.3	11.3
石门县	Shimen County	21746.0	30703.4	8.4	15775.8	12.2
津市市	Jinshi City	33345.2	40559.2	7.9	20404.1	10.8
永定区	Yongdi District	24273.3	33806.6	6.5	13467.2	9.7
武陵源区	Wulingyuan District	28771.2	35350.2	6.6	17121.3	9.6
慈利县	Cili County	20243.0	29100.0	7.7	14212.0	10.7
桑植县	Sangzhi County	14771.4	20694.7	7.4	11240.8	10.6
资阳区	Ziyang District	31366.3	37307.2	7.9	24517.4	9.8
赫山区	Heshan District	37257.2	44958.2	7.5	24936.2	10.3
南　县	Nan County	27401.2	34871.1	7.1	21517.3	10.4
桃江县	Taojiang County	26898.1	36196.0	7.2	20226.2	9.7
安化县	Anhua County	15481.0	22768.0	7.8	12109.0	11.3
沅江市	Yuanjiang City	32289.0	41310.0	8.2	23942.0	10.5
北湖区	Beihu District	41721.1	45025.1	8.2	28248.4	10.1
苏仙区	Suxian District	37086.2	43101.3	8.0	25837.9	9.8
桂阳县	Guiyang County	32818.9	42123.1	7.4	24903.8	10.2
宜章县	Yizhang County	22901.9	36667.8	7.9	12631.9	10.7
永兴县	Yongxing County	30574.9	39598.0	7.8	22781.8	9.6

22-21 续表 2 Continued

单位：元 (yuan)

市县名称	Cities and Counties	全体居民人均可支配收入 Per Capita Disposable Income of All Residents	城镇居民人均可支配收入 Per Capita Disposable Income of Urban Households		农村居民人均可支配收入 Per Capita Disposable Income of Rural Households	
			绝对值 Value	增速（%）Growth Rate (%)	绝对值 Value	增速（%）Growth Rate (%)
嘉禾县	Jiahe County	26790.1	34468.0	7.4	20562.2	9.9
临武县	Linwu County	23777.1	33929.3	7.4	16916.0	10.0
汝城县	Rucheng County	17756.3	26497.4	7.3	13079.3	10.5
桂东县	Guidong County	17269.1	25026.9	7.6	12570.2	10.6
安仁县	Anren County	20923.2	30298.1	8.1	14364.2	10.4
资兴市	Zixing City	35962.1	42190.0	8.1	25480.2	10.0
零陵区	Lingling District	31351.0	36834.6	7.5	24738.3	10.3
冷水滩区	Lengshuitan District	35676.8	40345.1	6.9	26480.8	10.0
东安县	DonganCounty	25689.0	36746.0	7.2	19096.9	10.2
双牌县	Shuangpai County	19497.8	31273.2	7.4	11735.2	9.8
道　县	Dao County	25870.0	33890.0	6.8	20302.2	10.5
江永县	Jiangyong County	18790.0	29622.0	6.8	13366.7	9.7
宁远县	Ningyuan County	24423.2	33010.8	7.3	19025.1	10.7
蓝山县	Lanshan County	25980.9	35307.0	6.9	18881.0	10.6
新田县	Xintian County	18815.2	30070.0	6.5	12221.1	10.4
江华县	Jianghua County	20067.9	30517.1	6.6	13844.9	10.1
祁阳市	Qiyang City	26764.5	38398.1	7.1	18053.3	10.0
鹤城区	Hecheng District	38276.2	39910.2	7.2	19788.3	11.2
中方县	Zhongfang County	21044.3	33639.8	8.0	15224.4	11.1
沅陵县	Yuanling County	18432.4	28094.3	8.5	13063.0	11.9
辰溪县	Chenxi County	18762.4	28741.4	8.4	13622.4	11.7
溆浦县	Xupu County	20038.1	28731.8	7.9	15238.0	10.8
会同县	Huitong County	18287.9	27390.0	8.6	13771.0	11.5
麻阳县	Mayang County	17172.2	28344.0	7.6	11779.3	10.7
新晃县	Xinhuang County	16492.8	25794.0	7.1	11969.0	11.6
芷江县	Zhijiang County	17865.2	29484.0	7.5	12263.1	12.0
靖州县	Jingzhou County	19591.1	27175.0	7.8	13275.0	11.0
通道县	Tongdao County	15898.3	26174.3	7.7	11427.3	12.1
洪江市	Hongjiang City	20470.9	29195.8	7.1	14907.9	10.6
娄星区	Louxing District	38793.0	40661.2	9.4	25046.3	11.0
双峰县	Shuangfeng County	19452.0	26410.0	7.8	16275.0	10.5
新化县	Xinhua County	16365.0	26109.0	7.9	11871.0	10.4
冷水江市	Lengshuijiang City	38615.0	42448.4	7.8	25679.9	11.1
涟源市	Lianyuan County	18781.0	27974.0	8.7	13771.0	12.1
吉首市	Jishou County	30724.2	36390.3	6.8	14334.0	9.4
泸溪县	Luxi County	18571.8	28618.3	7.8	11562.4	10.7
凤凰县	Fenghuang County	19000.2	29879.1	6.7	13679.2	10.6
花垣县	Huayuan County	18865.5	29646.6	7.4	12002.5	10.9
保靖县	Baojing County	18483.0	27038.0	7.6	13108.0	11.1
古丈县	Guzhang County	16305.5	25566.2	6.9	10982.1	9.5
永顺县	Yongshun County	16639.0	25954.0	6.3	11203.0	10.7
龙山县	Longshan County	17559.7	26516.1	6.5	12651.0	9.6

22-22 全体居民人均可支配收入及消费支出(2021年)

市县名称	Cities and Counties	人均可支配收入(元) Per Capita Disposable Income (yuan)	工资性收入 Income of Wages and Salaries	经营净收入 Net Business Income	财产净收入 Net Income from Property	转移净收入 Net Income from Transfer
芙蓉区	Furong District	66324.4	31155.9	7944.2	13435.0	13789.2
天心区	Tianxin District	66716.0	34309.0	9285.0	8658.0	14464.0
岳麓区	Yuelu District	66411.0	40724.0	8322.0	6105.0	11260.0
开福区	Kaifu District	65412.2	32891.8	4269.5	8331.0	19919.9
雨花区	Yuhua District	66958.5	35784.3	9313.3	5612.5	16248.3
望城区	Wangcheng District	50608.0	30594.1	13377.2	3398.1	3238.5
长沙县	Changsha County	50266.6	34361.1	6450.2	6640.6	2814.7
浏阳市	Liuyang City	49502.6	28868.7	13055.3	2807.4	4771.3
宁乡市	Ningxiang City	43992.3	25971.2	7608.8	4119.8	6292.4
荷塘区	Hetang District	55301.0	34845.2	3179.4	3184.9	14091.5
芦淞区	Lusong District	58307.0	31540.6	11570.2	4628.7	10567.5
石峰区	Shifeng District	55870.0	33184.6	9136.4	8615.7	4933.3
天元区	Tianyuan District	63781.0	44196.7	2341.6	4108.1	13134.6
渌口区	Lukou District	29416.8	13493.6	5140.5	1333.9	9448.9
攸　县	You County	40625.1	13486.5	13045.0	3029.3	11064.3
茶陵县	Chaling County	26766.9	11678.8	2429.4	1847.6	10811.1
炎陵县	Yanling County	22050.3	11914.4	3504.9	1101.9	5529.0
醴陵市	Liling City	41959.3	17781.7	11900.2	4327.2	7950.2
雨湖区	Yuhu District	45532.4	23873.0	5586.4	2961.5	13111.4
岳塘区	Yuetang District	44715.9	25748.9	2690.5	3287.3	12989.1
湘潭县	Xiangtan County	30839.5	17245.9	7354.6	1216.3	5022.7
湘乡市	Xiangxiang City	30775.9	16890.4	5258.1	3170.1	5457.2
韶山市	Shaoshan City	43725.2	26416.2	9450.0	1490.6	6368.4
珠晖区	Zhuhui District	43828.4	25195.5	3565.5	4484.6	10582.8
雁峰区	Yanfeng District	43376.0	31320.3	3233.9	1821.2	7000.6
石鼓区	Shigu District	45907.6	30995.9	6417.7	4722.4	3771.6
蒸湘区	Zhengxiang District	44441.0	30257.9	1060.8	4448.3	8674.1
南岳区	Nanyue District	48740.3	24509.3	8791.1	9019.2	6420.6
衡阳县	Hengyang County	29580.0	18193.8	6017.9	1332.8	4035.5
衡南县	Hengnan County	31544.0	18839.5	4130.8	1683.7	6889.9
衡山县	Hengshan County	31470.8	15895.6	8579.0	1328.8	5667.4
衡东县	Hengdong County	30477.0	19931.7	2635.1	1606.9	6303.3
祁东县	Qidong County	24045.0	9181.2	4183.4	1924.4	8756.0
耒阳市	Leiyang City	33938.2	18474.3	4684.9	3628.8	7150.3
常宁市	Changning City	30389.1	16182.3	5407.1	1539.6	7260.1
双清区	Shuangqing District	35072.8	17567.7	3354.0	3171.7	10979.4
大祥区	Daxiang District	33653.0	16847.0	4105.6	2212.0	10488.4
北塔区	Beita District	30226.3	18458.7	4271.7	3170.6	4325.3

Per Capita Disposable Income and Consumption Expenditure (2021)

人均消费支出（元） Per Capita Consumption Expenditure (yuan)	食品烟酒 Food,Tobacco and Liquor	衣着 Clothing	居住 Residence	生活用品及服务 Household Facilities, Articles and Services	交通通信 Transport and Communications	教育文化娱乐服务 Education, Cultural and Recreation	医疗保健 Health Care and Medical Services	其他用品和服务 Miscellaneous Goods and Services
46032.3	12252.7	3612.3	8245.3	2960.1	4525.2	9305.3	3630.3	1501.1
46425.0	11996.0	2459.0	7225.0	3109.0	7999.0	8898.0	3680.0	1059.0
48032.0	12836.0	2831.0	8821.0	3256.0	5813.0	9920.0	3317.0	1238.0
37991.1	11881.4	2327.2	7211.8	2392.3	2578.9	7665.7	3492.0	441.8
51377.8	13440.1	3024.9	9418.5	6135.7	4119.0	10584.4	3731.1	923.9
33295.7	8651.7	1930.1	6351.4	1947.6	5246.9	6897.1	1686.1	584.9
32219.1	8674.7	2077.2	5739.5	2206.5	4517.9	6881.2	1818.4	303.7
28665.8	7268.2	1768.2	6091.4	1706.4	3344.0	5701.4	2025.5	760.6
30835.2	7893.9	1777.8	6346.0	2007.3	3970.5	6659.4	1519.2	661.1
37853.0	11760.4	2021.4	6014.2	1927.3	7223.5	5324.0	3081.2	501.1
36752.0	10288.5	2228.5	6162.2	3408.7	4617.7	6140.0	3323.2	583.3
37893.0	11730.2	2474.9	6043.3	3005.2	5084.8	5819.7	2391.1	1343.7
41096.0	11335.1	2462.8	6768.8	2573.3	6743.6	6460.9	3308.2	1443.1
21424.4	6713.3	956.1	4704.7	1252.1	2361.3	3133.1	1789.6	514.2
25137.4	5982.1	1142.9	7520.2	1232.3	2725.1	2975.1	3320.4	239.4
18235.5	5196.6	961.2	4788.5	1198.8	1665.5	2618.5	1388.7	417.8
15834.1	4320.0	747.6	3729.4	666.6	2255.1	2461.5	1523.3	130.8
27054.6	7582.3	1577.9	4862.4	1700.3	3656.2	5282.3	1904.1	489.0
33208.6	10177.1	2396.9	5259.2	2631.7	3835.4	6041.2	2238.2	628.9
34457.1	11768.9	2605.5	4982.2	2028.1	4269.4	6266.2	1950.3	586.4
20738.8	6169.8	1265.4	4088.8	1148.2	2172.7	3514.9	2021.4	357.5
24055.2	6939.7	1830.4	5417.4	1549.6	2317.5	3707.0	1875.4	418.3
31217.3	9577.7	2674.5	5389.4	2425.9	3808.0	5725.5	1297.1	319.3
30928.9	8128.8	1903.5	5509.5	2051.6	5501.8	5650.4	1639.0	544.5
29791.8	10832.2	2456.1	4314.9	2834.5	2294.2	4464.9	1809.0	786.1
38014.8	10499.7	3147.4	5673.4	2085.8	3742.9	8863.3	2192.8	1809.4
38389.5	11468.1	2691.2	6510.7	2879.2	5421.2	5538.7	2939.4	940.9
30596.2	7919.6	1563.9	10521.9	2086.8	2360.9	3284.7	2322.4	536.1
22553.9	7034.2	1539.3	4707.3	1348.7	2132.5	3699.2	1633.8	458.8
24842.0	8863.7	1635.2	3956.7	1726.1	3016.2	3538.5	1568.2	537.5
24554.4	7185.0	1279.9	5760.9	1823.4	2788.4	3673.0	1636.0	407.8
21737.3	5788.1	1708.0	5101.5	1330.2	2435.3	3636.6	1496.3	241.3
20920.5	7135.3	1037.9	4046.7	1122.8	2257.5	2845.3	2279.9	195.1
22846.4	7196.0	1539.8	3838.6	1182.7	3169.7	3854.7	1816.1	248.9
24648.6	7143.5	1433.0	4703.5	1451.1	3053.4	3992.5	2289.6	582.2
19877.1	7847.8	1115.0	3809.7	1129.2	1683.1	2368.2	1486.6	437.4
23448.5	7725.5	2128.5	3641.9	1429.5	2569.4	2730.6	1860.3	1362.8
23976.8	6653.7	1305.6	3657.6	1296.7	4179.1	3089.4	3381.8	413.0

22-22 续表 1

市县名称	Cities and Counties	人均可支配收入（元）Per Capita Disposable Income (yuan)	工资性收入 Income of Wages and Salaries	经营净收入 Net Business Income	财产净收入 Net Income from Property	转移净收入 Net Income from Transfer
新邵县	Xinshao County	20941.1	9703.1	3054.5	886.4	7297.1
邵阳县	Shaoyang County	21062.2	8531.3	5272.2	972.8	6285.8
隆回县	Longhui County	19169.6	8031.0	4809.5	1091.9	5237.1
洞口县	Dongkou County	22005.9	11308.2	2866.6	513.5	7317.5
绥宁县	Suining County	18076.3	9882.5	2575.1	1071.9	4546.8
新宁县	Xinning County	19883.8	10583.7	4016.2	1896.4	3387.5
城步县	Chengbu County	16641.2	8846.9	1875.4	1217.7	4701.3
武冈市	Wugang City	23016.8	14752.8	1807.7	937.9	5518.4
邵东市	Shaodong City	34094.0	15314.8	7962.5	5381.4	5435.2
岳阳楼区	Yueyanglou District	44004.1	31481.9	2785.9	3190.7	6545.7
云溪区	Yunxi District	46048.1	29463.6	4259.1	3426.9	8898.6
君山区	Junshan District	32207.8	13227.9	8963.0	1100.3	8916.6
岳阳县	Yueyang County	27733.5	9266.3	7159.9	1113.2	10194.0
华容县	Huarong County	30290.0	13539.8	8735.6	2554.8	5459.8
湘阴县	Xiangyin County	30130.0	13427.3	6962.2	921.8	8818.6
平江县	Pingjiang City	19109.0	10704.8	1679.7	940.3	5784.1
汨罗市	Miluo City	31722.6	18157.9	4172.8	1749.2	7642.7
临湘市	Linxiang County	27755.0	13183.2	8219.9	1953.6	4398.3
武陵区	Wuling District	46094.0	25902.7	6951.5	3920.7	9319.1
鼎城区	Dingcheng District	30471.8	14188.7	8054.6	1920.0	6308.5
安乡县	Anxiang County	24867.0	10402.3	6413.6	1186.0	6865.1
汉寿县	Hanshou County	27484.0	11268.3	8574.8	1892.1	5748.8
澧　县	Li County	26405.0	14127.8	7315.7	1205.9	3755.6
临澧县	Linli County	29553.8	14031.7	7017.8	1912.7	6591.6
桃源县	Taoyuan County	25815.4	10924.9	7902.2	1265.3	5723.0
石门县	Shimen County	21746.0	8887.4	6837.0	1046.5	4975.1
津市市	Jinshi City	33345.2	14801.9	5837.5	2081.8	10624.0
永定区	Yongdi District	24273.3	11747.1	3697.6	3083.8	5744.8
武陵源区	Wulingyuan District	28771.2	17072.0	4450.2	5580.7	1668.4
慈利县	Cili County	20243.0	10990.3	3603.3	665.3	4984.2
桑植县	Sangzhi County	14771.4	6330.1	4278.4	914.6	3248.3
资阳区	Ziyang District	31366.3	18337.6	4445.1	1986.5	6597.0
赫山区	Heshan District	37257.2	20680.7	5730.3	2754.4	8091.7
南　县	Nan County	27401.2	10125.9	9165.3	1637.4	6472.7
桃江县	Taojiang County	26898.1	12161.9	7587.3	1138.8	6010.2
安化县	Anhua County	15481.0	7607.8	2293.3	1019.4	4560.5
沅江市	Yuanjiang City	32289.0	13656.5	11318.2	2341.7	4972.6
北湖区	Beihu District	41721.1	23757.3	7319.2	3786.8	6857.9
苏仙区	Suxian District	37086.2	23173.5	4381.4	3408.7	6122.6
桂阳县	Guiyang County	32818.9	18378.4	5501.4	3077.7	5861.4
宜章县	Yizhang County	22901.9	15120.8	2574.1	789.4	4417.5
永兴县	Yongxing County	30574.9	16866.7	5393.4	624.9	7689.9

Continued

人均消费支出（元）Per Capita Consumption Expenditure (yuan)	食品烟酒 Food,Tobacco and Liquor	衣着 Clothing	居住 Residence	生活用品及服务 Household Facilities, Articles and Services	交通通信 Transport and Communications	教育文化娱乐服务 Education, Cultural and Recreation	医疗保健 Health Care and Medical Services	其他用品和服务 Miscellaneous Goods and Services
15538.4	5407.1	884.5	3659.1	755.3	1284.8	2066.8	1239.0	241.8
16287.7	5191.7	977.4	3320.7	731.3	1818.9	2343.0	1600.5	304.2
15504.9	4790.7	805.5	4099.3	749.1	1287.4	2010.8	1495.6	266.4
16799.9	5818.1	1018.4	3083.0	815.6	1662.8	1939.8	2184.4	277.7
12568.4	3969.0	740.6	2529.6	677.5	1348.6	1970.3	1131.6	201.2
17093.0	5297.5	903.9	4209.9	957.6	1825.7	1917.7	1694.5	286.3
15800.6	4969.8	969.0	3632.1	873.9	1801.7	2047.1	1294.9	212.2
16855.5	5209.9	617.4	4424.2	881.0	1824.7	2380.1	1379.5	138.7
23874.1	7759.8	1495.0	5520.4	1178.8	3087.3	3258.2	1353.2	221.4
33218.0	10218.3	2193.2	7066.4	1739.2	4107.4	4677.3	2282.5	933.8
29100.4	9882.0	3127.3	3180.2	2029.7	3029.7	5026.6	1995.1	829.8
21418.8	6891.3	1686.1	3645.5	1501.8	3098.0	2440.3	1686.8	469.0
16169.6	5377.3	995.0	3753.0	1107.3	1340.0	1888.0	1535.9	173.0
19370.6	5499.1	1298.0	3513.6	1142.2	1938.8	4065.1	1553.7	360.0
23783.0	6622.5	1509.0	4911.9	1664.3	2834.2	3758.9	2050.6	431.6
16255.4	4509.4	1085.9	3615.1	995.0	1352.3	2812.5	1629.0	256.2
24601.4	7283.7	1769.0	5437.8	1820.8	3202.1	2822.8	1761.4	503.8
20671.0	6650.2	1705.6	4550.7	1264.2	2211.3	2743.4	1328.7	216.8
42602.9	12878.3	3126.5	8607.5	2979.5	4444.6	7326.2	2142.3	1098.0
24778.6	8088.6	1529.1	5389.1	1414.8	2680.7	2944.5	2320.2	411.6
19742.4	6179.9	1338.5	4308.1	1257.9	1986.1	2817.4	1446.0	408.6
19708.4	6042.9	1171.1	3924.5	1175.9	2059.8	3196.6	1754.6	383.0
22518.6	7340.0	1570.6	4818.9	1499.0	2492.3	3023.8	1478.5	295.6
21657.5	6181.2	1290.7	5284.4	1134.3	2603.1	2655.8	2169.7	338.2
20008.2	5884.1	1225.4	4184.5	1243.6	2295.6	3097.2	1718.4	359.3
21791.3	6082.0	1124.8	5019.5	1333.2	2465.4	2886.6	2495.4	384.4
25953.9	8511.8	1822.7	4734.9	1393.9	2877.5	4562.4	1317.7	732.9
18563.4	5072.9	1199.2	5543.1	826.1	1779.4	2911.5	1040.1	191.3
20460.2	5605.0	1397.3	5796.4	1084.8	1919.5	3186.0	1232.6	238.7
17637.1	4617.7	1259.8	3804.4	1264.1	1936.1	2617.9	1739.8	397.2
13746.5	4055.3	829.1	4170.3	706.3	1146.1	1793.6	697.7	348.0
22923.4	7813.7	1340.4	3773.8	1020.7	4058.4	2900.5	1703.5	312.4
24957.2	7857.3	1841.6	4526.9	1158.7	5384.1	2202.1	1704.9	281.5
21126.9	6558.1	1132.0	4961.2	1266.2	2807.9	1867.3	2137.0	397.3
20601.3	5898.3	1124.9	4585.4	1117.5	2829.3	2771.6	1959.7	314.8
13927.0	4104.6	764.9	4315.0	675.3	1049.4	2008.0	850.4	159.6
23880.3	8104.3	1214.5	2832.6	1126.2	4490.5	4277.7	1231.6	603.0
30901.6	8811.4	1795.1	6491.1	1846.3	3119.3	6237.4	2115.3	485.7
24468.6	7893.9	1638.1	4417.1	2024.2	2997.5	3043.7	1762.5	691.7
22247.4	7764.4	1252.1	4241.1	1348.1	2451.6	3087.8	1648.1	454.1
17034.1	6017.5	1100.1	3195.8	624.3	1764.1	2609.3	1569.1	154.0
17651.6	6588.8	1060.5	3149.6	1067.0	2454.5	1788.7	1336.6	205.9

22-22 续表 2

市县名称	Cities and Counties	人均可支配收入（元） Per Capita Disposable Income (yuan)	工资性收入 Income of Wages and Salaries	经营净收入 Net Business Income	财产净收入 Net Income from Property	转移净收入 Net Income from Transfer
嘉禾县	Jiahe County	26790.1	14740.3	5390.5	1895.3	4763.9
临武县	Linwu County	23777.1	14682.2	3026.3	1485.7	4582.9
汝城县	Rucheng County	17756.3	11921.2	2034.5	1074.5	2726.1
桂东县	Guidong County	17269.1	8700.4	3522.9	1077.0	3968.9
安仁县	Anren County	20923.2	10264.2	3208.2	1639.0	5811.8
资兴市	Zixing City	35962.1	15828.1	10069.3	2164.5	7900.2
零陵区	Lingling District	31351.0	18177.7	5497.3	2330.5	5345.5
冷水滩	Lengshuitan District	35676.8	17469.4	11595.1	2018.2	4594.0
东安县	DonganCounty	25689.0	12532.8	6021.2	1977.0	5158.1
双牌县	Shuangpai County	19497.8	10375.3	3700.5	1394.9	4027.2
道　县	Dao County	25870.0	12557.4	5606.1	1719.8	5986.8
江永县	Jiangyong County	18790.0	9447.1	5007.8	1079.0	3256.2
宁远县	Ningyuan County	24423.2	11313.8	4041.6	1439.8	7628.0
蓝山县	Lanshan County	25980.9	12871.6	4095.3	3173.5	5840.5
新田县	Xintian County	18815.2	9108.4	4215.9	1264.6	4226.3
江华县	Jianghua County	20067.9	10133.4	3725.3	1465.2	4744.0
祁阳市	Qiyang City	26764.5	13769.7	4973.7	2169.0	5852.1
鹤城区	Hecheng District	38276.2	24967.0	2917.0	3180.4	7211.9
中方县	Zhongfang County	21044.3	11970.6	5942.6	867.5	2263.6
沅陵县	Yuanling County	18432.4	7761.2	3177.1	980.8	6513.3
辰溪县	Chenxi County	18762.4	10664.7	2118.5	463.8	5515.3
溆浦县	Xupu County	20038.1	8776.4	4748.7	812.9	5700.1
会同县	Huitong County	18287.9	8876.3	3058.0	616.0	5737.6
麻阳县	Mayang County	17172.2	8546.9	3067.6	476.8	5080.9
新晃县	Xinhuang County	16492.8	8654.5	2928.1	778.1	4132.1
芷江县	Zhijiang County	17865.2	7650.2	5250.0	969.5	3995.5
靖州县	Jingzhou County	19591.1	9164.2	5300.9	533.8	4592.2
通道县	Tongdao County	15898.3	8457.7	2662.8	728.1	4049.7
洪江市	Hongjiang City	20470.9	9539.0	5542.6	679.3	4710.0
娄星区	Louxing District	38793.0	21228.3	5409.0	2591.3	9564.4
双峰县	Shuangfeng County	19452.0	9038.5	2664.2	565.0	7184.3
新化县	Xinhua County	16365.0	8345.4	2443.8	914.2	4661.5
冷水江市	Lengshuijiang City	38615.0	19577.8	4917.5	1856.7	12262.9
涟源市	Lianyuan County	18781.0	8064.0	3235.3	721.4	6760.4
吉首市	Jishou County	30724.2	19856.1	2854.5	1800.4	6213.2
泸溪县	Luxi County	18571.8	8441.0	4295.5	722.9	5112.4
凤凰县	Fenghuang County	19000.2	9125.5	3106.9	711.6	6056.2
花垣县	Huayuan County	18865.5	10372.0	3644.7	810.1	4038.6
保靖县	Baojing County	18483.0	9644.5	3618.0	931.6	4289.0
古丈县	Guzhang County	16305.5	7564.6	2357.5	857.0	5526.4
永顺县	Yongshun County	16639.0	9903.6	2281.1	896.2	3558.1
龙山县	Longshan County	17559.7	7985.5	4341.5	1337.2	3895.5

Continued

人均消费支出（元）Per Capita Consumption Expenditure (yuan)	食品烟酒 Food,Tobacco and Liquor	衣着 Clothing	居住 Residence	生活用品及服务 Household Facilities, Articles and Services	交通通信 Transport and Communications	教育文化娱乐服务 Education, Cultural and Recreation	医疗保健 Health Care and Medical Services	其他用品和服务 Miscellaneous Goods and Services
21018.4	6958.7	962.5	3520.8	1236.6	2579.2	3079.3	2104.5	576.9
16812.7	5746.2	1078.8	3202.7	965.3	1605.6	2624.3	1262.4	327.5
17150.4	4871.3	1121.2	3643.6	1082.1	2578.9	2239.9	1232.7	380.7
14471.4	4305.6	699.9	2937.7	764.4	1758.8	2525.7	1188.4	290.8
18361.3	5746.9	1279.2	4607.3	1109.5	1921.8	2145.1	1316.6	234.9
22844.2	6821.9	1424.3	4273.7	1496.1	2615.0	3482.2	2191.0	539.9
23413.6	7537.2	1606.5	4846.0	935.2	3277.4	3022.4	1940.7	248.3
22698.3	6206.2	1433.8	4858.4	1411.9	3602.1	2674.8	1896.7	614.4
19968.8	6582.9	1182.1	3677.3	1284.2	1821.8	3720.1	1295.3	405.2
16500.2	6283.9	639.5	4543.8	457.2	1477.7	1976.6	962.6	158.9
18035.3	5536.5	866.1	4975.6	924.0	1590.4	2452.5	1359.4	330.7
14422.4	4630.0	742.3	2908.5	878.1	1560.6	1628.4	1813.5	261.1
18897.3	6242.5	724.8	5079.7	717.7	1350.0	3529.0	1046.3	207.1
22316.3	7632.0	1354.1	5243.4	1204.2	1904.2	3412.9	1219.2	346.3
15119.5	4847.1	793.0	4253.4	814.7	1329.9	1588.4	1318.1	174.7
13866.0	4240.0	658.6	3291.3	636.9	1520.9	2369.2	943.7	205.5
21366.3	6583.5	1283.1	4675.9	1204.3	3098.5	2715.4	1236.5	569.2
31293.6	7878.2	2310.5	6181.4	2604.8	3561.1	5128.1	2288.6	1340.9
14843.3	4667.6	935.3	2266.9	675.5	2279.8	2390.7	1472.6	155.0
14500.5	5148.2	883.9	3249.4	756.1	1296.3	1785.4	1192.6	188.6
15831.4	5853.3	1048.0	2786.8	974.7	1865.1	2015.5	1026.2	261.9
15589.5	5305.2	1076.0	3354.4	860.6	1421.0	2061.4	1268.2	242.7
14513.5	4416.7	851.0	2765.4	690.6	1436.6	2553.5	1514.0	285.7
13476.3	4536.5	843.3	3063.9	765.3	1175.6	2038.6	832.3	220.7
13101.8	4495.5	742.4	2788.2	668.5	1042.8	2077.1	1056.6	230.7
13990.4	4196.7	1030.5	2560.2	843.7	1735.9	2257.4	1058.7	307.4
14482.9	4837.6	965.9	2951.7	865.0	1405.7	2063.3	1146.2	247.4
12259.7	3980.8	656.1	2469.6	627.0	1085.2	1974.3	1285.0	181.6
17473.5	5401.2	1159.7	3204.4	933.9	2522.4	2645.5	1337.6	268.8
25896.3	7388.5	1783.3	4524.3	2073.9	3145.3	4313.7	2132.3	535.0
14502.4	5009.9	882.3	3867.7	669.3	1140.9	1742.5	1113.4	76.3
16223.8	5237.1	1126.5	2946.0	1023.3	1508.3	2111.2	1864.4	407.0
19928.6	7089.4	1347.9	3184.1	1718.0	1420.0	2838.5	1785.6	545.2
16741.0	4922.9	1111.8	4305.0	1022.5	1483.4	2364.1	1208.6	322.8
20668.3	6397.0	1384.4	4041.0	1260.4	2620.2	2700.8	1821.0	443.5
12922.2	4522.9	749.0	2671.5	778.4	1083.7	1935.1	1012.2	169.5
14019.5	3947.8	833.2	3377.3	1051.2	1650.4	1749.3	1164.0	246.4
12358.0	3781.9	748.8	2707.7	680.2	1339.0	1522.4	1395.5	182.6
14547.9	4603.9	899.2	2843.4	968.3	1676.9	1849.8	1479.4	227.0
11615.2	4151.5	818.3	1868.9	789.4	1063.9	1823.9	879.3	219.9
13969.6	4862.7	952.8	2961.6	728.8	1186.7	1978.4	1058.4	240.3
14756.7	4073.6	698.8	3833.3	737.2	1490.6	2333.6	1375.1	214.5